史料纂集

妙法院日次記　第二十

凡例

一、史料纂集は、史學・文學をはじめ日本文化研究上必須のものでありながら、今日まで未刊に屬するところの古記錄・古文書の類を中核とし、更に既刊の重要史料中、現段階において全面的改定が學術的見地より要請されるものをこれに加え、集成公刊するものである。

一、本書『妙法院日次記』は、京都妙法院門跡（天台宗）の坊官の日次記であり、寛文十二年より明治元年まで現存している。

一、本冊には天明四年より天明六年までを収める。

一、校訂上の要領は、第一冊の凡例に掲げた通りである。

一、本書の公刊に當って、妙法院門跡（門主菅原信海大僧正）は「妙法院史研究會」を組織され、種々格別の便宜を與えられた。特に記して深甚の謝意を表する。

一、本書の校訂は、妙法院所屬「妙法院史研究會」（村山修一・今中寛司・杣田善雄・野本覺成・水尾寂芳・藤平寛田・荒槇純隆・三崎義泉の諸氏）が專らその事にあたられた。併せて銘記して深謝の意を表する。

平成十六年五月

續群書類從完成會

目次

目　次

*御學問所にて大福御雜煮等
*御書院にて御盃
*梅之間にて御通
眞仁親王護摩堂にて長日不動法
梅之間にて禁裏御祈禱普賢法
御座間にて元旦御儀
*御座之間にて御口祝
*御境內諸社諸堂御參詣

妙法院日次記　第二十

天明四甲辰年日次記

〔正　月〕　御用番菅谷中務卿(寛常)、

元旦、丁亥、晴、當番、松井相模守(永亨)・木崎河內(正達)・三谷藏人(寛重)・山下監物(重好)、

一、寅刻護摩堂江渡御、

一、同刻於護摩堂、長日不動供勤行御開闢、行法御開闢、

一、於梅之間、從禁裏御所御內ゝ被仰出候御祈禱普賢供、御勤修也、

一、於御座間御獻、

一、於御座間御禮、　日嚴院僧正堯忠、

一、於同所御禮、喜多治部卿(永春)・菅谷中務卿・今小路兵部卿(行先)・松井西市正(永昌)・松井相模守・木崎河內・三谷藏人・三上大膳・伊丹將監・山下監物・中村帶刀・木崎兵庫・初瀨川采女・友田掃部・藪澤雅樂・小畑主稅・中嶋織部(敬藏)・岡本內匠・九鬼主殿・三谷鐵之丞・山下常五郎・寶生院(善資)・惠乘房(玄隆)・法雲房(是空)・松井丹波(長亨)・堀部多仲、

松井若狹守(永喜)・初瀨川參河介(宗邦)・鈴木求馬(重翼)、依歡樂不參也、

一、於御學問所大福・御雜煮等如御嘉例御祝、

一、於御書院小坂僧正(堯忠)御盃被遣、

一、於梅之間御通如例、

御盃、坊官・諸大夫・侍法師・御近習・出家・承仕・中奥但承仕・中奥者御積、院家衆、

御流、茶道中・青侍中、

御盃、山本內藏・篠田主膳・三宅宗達・三宅宗仙・三宅宗甫・三宅圓達・岩水右衛門・村若左門・同縫殿、香山大學・市川養元歡樂、

御流、若山源之進・津田源吾、

御目見計、中村金左衛門、舊冬青侍格御取立、初而御視被仰付候也、

御祝儀松、例之通、

一、於御座之間御口祝被下之、三谷鐵之允・山下常五郎・青水民之介、

一、於御座間御盃被下之、寶生院・知足庵、

一、午刻前御參詣、小坂僧正扈從、御供、今小路兵部卿・藪澤雅樂・堀部多仲・松井權之進・末吉味右衛

*院家中諸禮の傳奏觸
智積院御禮參上
養源院御禮參上
*鷹司政熙伺候
*關東への年賀進物につき御聞繕書
御鏡餅御錫御祝
*所司代より年賀御祝儀獻上
菱花ひら御祝
御歳日御祝
*御附武家伺候
京都代官參上
御祝儀獻上

門・津田源吾、御鎮守幷飛梅天満宮社・大佛殿幷荒神・蓮華王院、
一、朝御膳、良家衆御相伴、
一、御家頼一統御雑煮被下之如例、御廣間坊官・諸大夫中、中之間侍法師・御近習・出家・承仕・中奥中、三之間茶道・青侍中、新奥之間常勤無之輩、
一、知(智)積院(實巖鑁啓)僧正爲御禮參上、於御書院御盃被下之、方金百疋獻上、
一、養源院前大僧正(堯海)御禮參上、申置、扇子[三]本入獻上、
一、勝安養院僧正(洞海)・普應院少僧都、使者を以御祝詞被申上候也、
元二、戊子、晴、當番、菅谷中務卿(寛常)・初瀬川三河介・伊丹將監・中嶋織部、
一、坊官より獻上之御鏡餅・御錫幷諸大夫より獻上之御錫等御祝、
一、村瀬掃部爲御禮參上、於御座之間御口祝被下之、
一、入夜例年之通ひし花ひら御祝、小坂僧正御相伴、
一、依御歳日御祝儀、御吸物・御酒、小坂僧正御相伴、
一、御家頼一統御祝酒被下候也、
一、小堀數馬(邦直)參上、御祝儀申上、御太刀・馬代銀十兩獻上、
一、木村宗右衞門御祝儀申上、
元三、己丑、晴、當番、今小路兵部卿・松井西市正・三上大膳・九鬼主殿、
一、傳奏衆より、來十三日院家中諸禮御觸、例年之通到來也、
一、市川養元御禮參上、萬金丹獻上、
一、香山大學同斷、扇子壹箱獻上、
一、角倉與市(玄壽)御祝儀申上、十帖一折獻上、
四日、庚寅、晴、當番、松井相模守・木崎河內・三谷藏人・山下監物、
一、鷹司左大將樣(政熙)爲御年賀御成、御玄關ニ而被仰置、
一、關東江年頭御祝儀被進物、二條表江御使、何日比可被差向候哉、御聞繕書、例之通御附武家へ被差向之候也、
一、所司代牧野越中守(貞長)、使者を以年頭御祝儀被申上、御太刀・馬代獻上、尤獻上物者、追而參上之節及披露候也、
一、山門安祥院(最天)年頭御禮參上、扇子一箱獻上、
五日、辛卯、曇、申刻過雨、當番、菅谷中務卿・山下監物・中嶋織部、
一、御附水原攝津守(保明)・渡邊筑後守(直)・小笠原伊豆守(信甫)年頭御禮參上、
一、京極樣より年始御祝詞御使被進、
一、木下道正庵御禮參上、解毒丸獻上、

大山崎社司伺候御麻神酒獻上
*下御靈社御參詣上御殿にて御祝膳
*參內三御所閑院宮へ御成
山科岱安他へ御祝下賜

一、小松谷正林寺、扇子三本入獻上、
六日、壬辰、晴、當番、松井西市正・松井相模守・三上大膳・中嶋織部、
一、大山崎社司津田左近爲御禮參上、御麻幷神酒獻上、於梅之間御口祝被下之、於御玄關三ノ間湯漬被下候也、
一、山科岱安御禮、金屑丸獻上、於御座之間御口祝被下之、
一、市川養元、元日歡樂ニ付、今日於御座之間御祝被下之、
一、松下見立御禮參上、於御座之間御口祝被下之、龍腦丹獻上、
一、香山大學元日不參ニ付、今日御祝被下候也、
一、藤嶋木工助於御座間御盃被下候也、

智積院役僧伺候獻上物
*勝安養院普應院より院家中諸禮御斷の通知
高森因玄以下へ御口祝下賜
*泉山へ御代香使
*三時知恩寺庸君へ疱瘡の御見舞

(正月七日)
人日、癸巳、晴、當番、松井相模守・木崎河内・三谷藏人・山下監物、
一、知(智)山安養院・鑑事妙德院・役者光照院・養眞院、於梅ノ間御口祝被下之、各青銅三十疋ツヽ獻上候也、
一、今日御禮御對面御口祝被下輩、高森因玄・同因順・高森正因・柳川了長・野田內藏丞・三上勘解由・甲賀祐元、於御座間御口祝被下之、於御廣間御雜煮被下候也、

八日、甲午、快晴、當番、菅谷中務卿・伊丹將監・中嶋織部、
一、東本願寺(乘如光遍)御門跡より使者を以、御祝詞申上、千代宮(光遍室、伏見宮貞建女)樣より御傳言也、
一、辰刻御出門、下御靈社江御參詣、上御殿江被爲入、御口祝・御雜煮・御吸物・御酒・夕御膳等如御嘉例、午刻御參內、未半刻御退出、次大女院(舍子)御所被仰置、次仙洞(後櫻町)御所申刻過御退出、次女院(富子)御所被仰入、酉刻過御退出、閑院樣(典仁)被爲成、亥半刻御本殿江還御也、當年者尋常御車寄より御參內也、御板輿、御衣躰御鈍色・五條御袈裟・御檜扇、御供菅谷法眼寬常直綴白袴・御近習四人熨斗目・青侍五人同斷、
一、御所〻〻御獻進物如例年、御使菅谷法眼相勤也、
一、九條攝政(尚實)樣・閑院宮樣江御使、右同人、
一、山門惣持坊(順性)御禮參上、扇子三本入獻上、
一、勝安養院僧正・普應院少僧都、使者を以來ル十三日諸禮依歡樂御斷被申上候、尤油小路(隆前)家迄御斷申入候、此段宜御沙汰被賴入候旨坊官中迄書付持參候也、
九日、乙未、晴、當番、今小路兵部卿・松井西市正・三上大膳・九鬼主殿、
一、泉涌寺江御代香使今小路兵部卿、
一、三時知恩寺(尊信)樣御附弟庸《モチ》君樣、御疱瘡爲御見舞、御人

所司代より御目錄の御請使
*御師範常樂院御禮參上
御年賀に御成
*嚴王院年賀
聖門兩宮より御年賀
*淨妙庵より越前の自然薯獻上
*閑院宮へ御節御祝に御招請
*大御乳人へ紗綾御進呈
日吉二宮社司より御祝儀御禮獻上
知門宮御年賀御成
青門宮御成御對面

形一箱被進之、御使岡本内匠、
一、牧野越中守、使者を以昨日御目錄之通被遣候御請被申上候也、
十日、丙申、當番、松井相模守・木崎河内・三谷藏人・山下監物、
一、辰刻御出門、爲御年賀御成、
九條樣(尙實)　鷹司樣(輔平)　仁門樣(深仁)御里坊　一條樣(輝良)　近衞樣(經熙)
大聖寺樣(天巖永皎)　高照院樣　二條樣(治孝)　一門樣(尊映)御里坊
房君樣(織仁室、鷹司輔平女)　有栖川樣(織仁)　開明門院樣(定子)　輪門樣(公延)御里坊
林丘寺樣(博山元敞)御里坊　聖門樣(忠譽)　青門樣(尊眞)　知門樣(尊峯)
申刻還御、御供、松井相模守・友田掃部・藪澤雅樂・九鬼主殿・堀部多仲・青侍五人、
一、聖護院宮樣より年頭爲御祝詞御使を以被仰進、新宮(盈仁)樣よりも御同樣、
一、祇園寶壽院(行快)、歡樂ニ付、使者を以御祝儀申上、十帖壹本獻上、
一、山本卜泉御禮、奇香油獻上、
十一日、丁酉、晴、當番、菅谷中務卿・伊丹將監・中嶋織部、
一、日吉二宮社司中御祝儀申上、扇子貳本入・御札獻上、
一、知門樣爲御年賀御成、被仰置、
一、青門樣御成、先御書院へ御通、御茶・御多葉粉盆出、

於御座間御對顏、御口祝被進、御獻・御吸物・御酒、次夕御膳被進、御寛話之上還御、御供坊官隱岐刑部卿御口祝被下候也、
一、御師範常樂院(志岸)御禮、御菓子一折獻上、於御座間御盃被下候也、於御座間御湯漬被下之、
一、西塔東谷惣代嚴王院(慈寂)年頭御禮、御札・扇子五本入幷自分御禮扇子三本入獻上、於御廣間御湯漬被下也、御座間ニ而御口祝可被下候處、勝手ニ付乍自由御斷申上、退去候也、
一、同谷本行院御禮、扇子三本入獻上、右同斷、
一、同谷妙觀院(俊榮)、右同斷、於御座間御口祝被下也、
一、淨妙庵(惠宅)より越前越路山之產自然薯蕷獻上也、
一、岸紹易御禮參上、於御座間御口祝被下之、於御廣間湯漬被下之、
一、閑院樣御使被進、來十三日御節御祝被遊候間御成被進候樣被仰進候也、
一、大御乳人より去冬御美敷事濟され候爲御歡、文匣之內被上候ニ付、此御方より之爲御祝儀紗綾一反被遣候也、
一、西塔南谷惣代眞藏院扇子五本入獻上、

*慈覺大師御正忌法事
山門惣代伺候
*庸君薨去につき近衞家へ御悔使
御鏡開
三時知恩寺御附弟庸君薨去
新善法寺より獻上物
*小泉有彝より門主方違の勘文差上
閑院宮御節御祝延期
閑院宮より月次御詠草の通知
*新奥之間へ御方違

一、同南尾惣代溪廣院(堯璦)、同斷、
十二日、戊戌、晴、當番、今小路兵部卿・松井西市正・三上大膳・九鬼主殿、
一、山門院内惣代執行代喜見院(最音)、御禮扇子拾本入井自分御禮扇子三本入獻上之、於御書院御盃被下之、自分於御座間御口祝被下候也、
一、御鏡開御祝儀、御雜煮・御吸物・御酒、如御嘉例、
一、入江樣(尊信)御附弟庸君樣薨去之旨申來也、
一、伊丹主水年頭御禮參上、
一、八幡新善法寺(祐清)、使を以御札・油煙墨獻上、
一、上乘院僧正(慈周)爲御禮御伺公、御玄關ニて申置、
一、山門圓覺院(貫剛)扇子五本入獻上、
十三日、己亥、晴、當番、松井西市正・松井相模守・山下監物・中嶋織部、
一、佛光寺(順如堯祐)御門跡より使者を以年頭御祝詞被申上候也、
一、閑院樣御節、今日御祝被遊候處、庸君樣御事ニて御延引、
一、閑院宮樣より御使、
御口演覺
御月次始御題被進之候、來ル廿八日被取集候間、廿四日迄之内御詠草被入御覽候樣思召候事、
正月十三日　閑院宮御使　山本求馬

一、慈覺大師(圓仁)御正忌於梅之間御法事、法華讀誦、
一、山門寂光院年始爲御禮參上、於御座間御口祝被下、扇子壹箱獻上候也、
一、入江樣御附弟庸君樣薨去ニ付、近衞准后樣(内前)・内府樣(經熙)・入江樣江御悔被仰進候也、御使岡本内匠、
一、平田因幡守(元敷)御禮參上、
十四日、庚子、曇、節分、當番、菅谷中務卿・伊丹將監・中嶋織部、
一、本願寺兩御門跡(法如光闡・乘如光遍)より使者を以、年頭御祝詞被仰上候也、
一、惠宅(淨妙庵)參殿、御對面、
一、小泉陰陽大屬(有彝)御方違勘文差上候也、
御方違之事
御行年　十七
御方角　坤　未申
御吉方　艮　丑寅
節分　今年正月十四日庚子　時戌
天明四年正月八日　陰陽大屬源有□此字不分明、彝歟
一、御方違戌刻新奥之間江被爲成、御口祝・御雜煮・御吸物・御酒等御祝、及雞鳴之式御座之間江還御、小坂僧正御相伴、

新奥ノ間南北西之方御屏風、西ノ方上東ノ方入口毛氈鋪之、

一、慈覺大師御正忌御法事、於梅之間御執行、出仕日嚴院僧正・常樂院・寶生院・惠乘房・法雲房・安住房、

一、山門北尾惣代寶嚴院、扇子五本入獻上、

一、山門藥樹院、扇子三本入獻上、

十五日、辛丑、快晴、當番、今小路兵部卿・松井西市正・三上大膳・九鬼主殿、

一、巳刻御出門、閑院様へ御成、御供松井西市正・中嶋織部・初瀬川采女、

一、播州清水寺一山惣代瑞柳院・全性院於梅ノ間御視、瑞柳院へ御口祝被下之、御禮十帖壹本・白銀壹枚・扇子一箱獻上、

同所觀聲院(稱潤)・知足院・吉祥院・法輪院繼目御禮、於梅之間御視被仰付、小鷹五帖・扇子一箱ツヽ獻上之、

一、金剛院綱麿殿年頭御禮御參、於梅之間御雜煮出、御留主御所故、御對面無之、

一、高野山惣分惣代報恩院參上、白銀一枚獻上、御留主御所ゆへ御視無之、於鶴ノ間湯漬被下之、當番及挨拶、

一、四辻前大納言殿(公亨)使者を以、年頭御禮被申上、且此御方より御祝儀拜受御請被申上候也、

十六日、壬寅、當番、松井相模守・木崎河内・三谷藏人・山下監物、

一、興正寺御門跡(寂聴常順)より年始御祝詞被仰上候也、

一、金剛院綱丸殿御參、於御書院御盃被遣候事、

一、坂本社司樹下式部少輔御禮參上、於御玄關上ノ間御湯漬被下、於梅ノ間御盃被下候也、社司中より御禮扇子三本入獻上、自分御札獻上、

一、鳴瀧法印御禮、扇子三本入獻上、於御座ノ間御口祝被下之、

一、入江様御附弟庸君様御葬送ニ付、諷經被差出候事、御使僧惠乘房、

十七日、癸卯、晴、當番、松井相模守・木崎河内・三谷藏人・山下監物、

一、山門慈雲院參上、於御座間御盃被下候也、法雲院舊冬慈雲院室御預り也、

一、坂本生源寺民部大輔(行整)、御廡・扇子三本入獻上、於御玄關湯漬被下之、於梅ノ間御盃可被下處、差急乍自由御斷申上、退去候也、

一、本願寺西御門跡(法如光闡)・東御門跡(乗如光遍)・興正寺御門跡へ年頭御祝詞被仰遣候也、彼方より使者を以御祝儀被申上候御挨拶も被仰遣候也、

一、山門金光院(榮範)御禮參上、扇子三本入獻上之、

新奥之間の室禮
慈覺大師御法事
*興正寺より年賀
*金剛院綱麿へ御盃
*日吉社司へ御盃
閑院宮へ御成
*鳴瀧法印へ御口祝
播州清水寺惣代等伺候獻上物
*庸君御葬送に諷經使御遣
*慈雲院へ御盃
金剛院綱麿年賀參上
*日吉社司御廡獻上
高野山惣代參上
*東西本願寺興正寺へ年頭賀詞
四辻公亨より年賀使

*有栖川宮年賀御成
*常樂院御講釋
無動寺惣代參上
*泉山へ御代香使
慈明院參上
關東への年賀御祝儀を所司代へ差向
*坊城俊親より來月護持御勤修の通知
*圓山安養寺一山參上
*西九條在家二十軒全燒
京都代官より年賀御請申上
閑院宮へ御節御招請につき御成
*閑院宮へ御詠草御供覽
*盛化門院百か日に泉般兩寺へ御葩
角倉玄壽より年賀御請申上
*常樂院御講釋奉
魚山惣代へ御口祝
*惠心院參上

一、西塔北谷惣代正教坊同斷、扇子五本入獻上、
十八日、甲辰、雨、當番、今小路兵部卿・松井西市正・三上大膳・九鬼主殿、
一、無動寺惣代蓮光院御禮參上、扇子三本入獻上、
一、慈明院前大僧正年始御禮御伺公、
一、公方様(徳川家治)・大納言様(徳川家齊)江年頭御祝儀如例年、所司代亭江
御使木崎河内被差向候也、
公方様江昆布一箱・狗脊一箱・御樽代金五百疋、
大納言様江昆布一箱・干蕨一箱・紗綾三卷、
一、魚山惣代理覺院(惠觀)御禮參上、扇子五本入獻上、
十九日、乙巳、雨、當番、松井相模守・木崎河内・三谷藏人・山下監物、
一、小堀數馬(邦直)使を以、年始御祝儀御使被遣候御請申上、
一、閑院宮様御節依御招請御成、辰刻御出門、還御子刻、
御供相模守(松井永亨)・大膳(三上)・主税(小畑)、御先三人、
一、蘆浦護法院大僧都年始爲御禮參殿、御留主故被申置
退去、扇子三本入獻之、
廿日、丙午、晴、當番、菅谷中務卿・伊丹將監・中嶋織部、
一、角倉與一(玄壽)、年始御祝儀御目錄之通拜領御請申上候也、
一、魚山惣代理覺院御禮參上、扇子五本入獻上之、於御
座間御口祝被下之、
廿一日、丁未、當番、今小路兵部卿・松井西市正・三上大膳・九鬼主殿、

一、有栖川宮様(織仁)爲御年賀御成、
一、常樂院(志岸)御講釋奉、
一、泉涌寺江御代香使、
廿二日、戊申、快晴、當番、松井相模守・木崎河内・三谷藏人・山下監物、
一、坊城辨殿(俊親)より勝安養院僧正へ消息到來、
來月護持御勤修被仰出候也、則御領掌被遊候旨、
小坂僧正より御返書、靑侍中持參也、
一、圓山安養寺一山爲御禮參上、獻上物如例年、於梅ノ
間御口祝被下候也、
一、子刻頃、西九條在家貳十軒餘燒失、丑刻過消火候也、
一、山門覺林院(堯端)權僧正御禮參上、扇子三本入獻上、
廿三日、己酉、曇、時ゝ雹、當番、菅谷中務卿・伊丹將監・中嶋織部、
一、閑院一品宮様(典仁)へ御詠草被入御覽、御使靑侍中、
一、仁門様へ御書被進、卽御返書被進候也、御使靑侍中、
一、盛化門院様(維子)御百ケ日、泉・般兩寺江葩三十片ツヽ被
備之、御使菅谷法眼、
一、常樂院御講釋奉、
一、山門惠心院(良湛)前大僧正御禮參上、扇子五本入獻上、
廿四日、庚戌、快晴、當番、今小路兵部卿・松井西市正・三上大膳・山下監物、
一、常樂院御講釋奉、

清水寺他諸社御参詣
*松井永喜へ御口祝
*金剛院綱麿より浴油御札御團富興行白銀獻上
平田元雅へ御口祝
*閑院宮へ御成
*禁裏へ御内々御祈禱卷數撫物御返上
大津賀仲安へ御口祝
*藪澤雅樂へ繼母死去につき御暇
*護持御本尊持參
江戸青龍院より年賀
閑院宮へ御月次和歌始めて御詠進

廿五日、辛亥、晴、當番、松井相模守代中務卿・木崎河内・三谷藏人・山下監物、
一、午刻御出門、清水寺・祇園社・吉田社幷春日社・北野聖廟・新玉津嶋・因幡堂御參詣、申半刻還御、御供木崎河内・山下監物・木崎兵庫、御先三人、茶道武知喜好、
一、山門維摩院權僧正(實乘)使僧大教房、御禮申上、扇子三本入獻上、
一、同正覺院前大僧正(豪靖)參上、同斷、
廿六日、壬子、晴、當番、菅谷中務卿・伊丹將監・中嶋織部、
一、常樂院御講釋奉、閑院様御内
一、平田杢權頭(元雅)御禮參上、御口祝被下候也、於新奥間湯漬被下候也、
廿七日、癸丑、曇、午後雨、當番、今小路兵部卿・松井西市正・三上大膳・九鬼主殿、
一、常樂院御講釋奉、
一、大津賀仲安御禮參上、於御座間御口祝被下拜謁被仰付、於御廣間御湯漬被下候也、
一、江戸青龍院より年始御祝儀、淺草海苔一箱獻上、
廿八日、甲寅、晴、當番、松井相模守・木崎河内・三谷藏人・山下監物、
一、常樂院御講釋奉、
一、閑院様江御月次始御詠進和歌御短册被進之、御使丸茂矢内、
一、松井若狭守(永喜)於御座間御口祝被下之、元日不參故今日御禮申上候也、
一、金剛院綱麿殿より浴油御札・御團獻上之、
一、同所より例月之富興行無滯相濟候ニ付、御菓子料白銀十枚被上之、
廿九日、乙卯、晴、當番、菅谷中務卿・伊丹將監・中嶋織部、
一、常樂院御講釋奉、
一、閑院宮様より御書被進候也、
晦日、丙辰、晴、當番、今小路兵部卿・松井西市正・三上大膳・九鬼主殿、
一、巳刻御出門、閑院様江御成、亥刻還御、御供松井西市正・初瀬川釆女・堀部多仲、
一、禁裏御所御内〻御祈禱御結願、御卷數幷御撫物被差上候也、長はし御局へ御書ニ而被上候也、
一、藪澤雅樂、繼母死去ニ付、三旬之御暇被下候也、
一、護持御本尊北小路極﨟(俊冬)持參、於鶴之間菅谷中務卿出會、御本尊・御撫物等御倉山科玄蕃權介より寶生院受取之、御對面可爲在候處、御留主故、小坂僧正御面會有之、退去也、御倉山科玄蕃權介・衞士重主計參上候也、

萬里小路政房より御機嫌伺
*去寅年の大川筋高役銀受領につき傳奏觸
正觀院代僧伺候
*輪門宮より年賀御使
*關東使へ薰物進呈
*關東より寒中御見舞物に御喜色との傳達につき御附武家より手紙
勸修寺經逸より議奏就任御歡使に御禮言上
*閑院宮へ御詠草御供覽
*德川家齊より寒中御見舞物御喜色と所司代より傳達
四御所へ御參閑院宮へ御成
*先宮御忌日廟御代參
*閑院宮より禁中にての內々御當座に御參御招につき御參承諾
閑院宮へ御當座御詠草を御供覽

一、萬里小路(政房)前大納言殿使者を以被伺御機嫌、且舊冬寒中御尋・歳末御祝・年始御祝儀拜受御請、且又引籠被居候節御尋被遣候御請等被申上、今日者伺公御禮御伺等可被申上處、御用出來候ニ付、先以使者御請御伺等被申上候由也、使者徳岡正親、

一、山門正觀院前大僧正(義遍)、代僧を以年始御禮申上ル、扇子五本入獻上、尤所勞ニ付乍略代僧を以申上候也、

一、同所上乘院(慈周)御禮參上、

閏正月

朔日、丁巳、晴、當番、松井相模守(永亨)・木崎河内(正達)・三谷藏人(寛重)・山下監物(重好)、

一、勸修寺中納言殿(經逸)使を以、此度議奏役被仰出候御歡御使被遣候御禮申上候也、

一、巳半刻御出門、四御所(光格・後櫻町・舍子・富子)御參、未刻過御退出、閑院樣(典仁)江被爲成、亥刻還御也、御供木崎河内・中村帶刀・中嶋織部(敬藏)、青侍三人、

一、當日御禮參上、山本內藏・篠田主膳・香山大學・三宅宗仙・岩永右衞門、

二日、戊午、快晴、當番、菅谷中務卿(寛常)・伊丹將監・中嶋織部、

一、一品宮(典仁)樣江御當座御詠草被入御覽候也、御使末吉味右衞門、

一、去ゝ寅年大川筋御普請御入用高役銀、村ゝより掛屋方江相渡候ニ付、前ゝ通掛屋手形ニ納手形被相添、今日より來六日迄之內、油小路(隆前)家へ御差出可被成之旨、傳奏衆より被相觸候事、

三日、己未、曇、入夜雨、當番、今小路兵部卿(行先)・松井西市正(永昌)・三上大膳・九鬼主殿、

一、輪王寺宮(公延)樣御使小杉修理、此節御使御差登セニ付、年始御祝詞被仰進、昆布一折五十本被進候也、

一、關東使中條山城守(信復)江薰物一器被遣之、御使、(以下缺)

一、御附武家より書狀ニ而、關東へ寒中御見舞被進物有之候御喜色之段被相達候間、明四日午刻牧野越中守(貞長)御役宅へ可罷越旨申來、承知之旨及返答候也、

四日、庚申、晴、當番、松井相模守・木崎河内・三谷藏人・山下監物、

一、一品宮樣江御當座御詠草被入御覽候事、

一、關東大納言(徳川家齊)樣江寒中御見舞被進物御喜色之段、今日於二條表牧野越中守被達候也、三谷藏人行向、

五日、辛酉、晴、當番、菅谷中務卿・伊丹將監・中嶋織部、

一、三摩地院宮(堯恭)樣御忌日、御廟へ御代參、今小路兵部卿、

一、閑院樣諸大夫中より奉書ニ而、明六日於禁中御小座敷、御內ゝ御當座被爲在候ニ付、御參可被爲在旨之御沙汰ニ付、御參被爲在候樣ニ思召候旨被仰進、御

返答ニ、御承知被遊候、猶明日其御所江向可被爲成
候旨被仰進候也、

勧修寺良顕へ院家以下の名簿提出

一、勧修寺辨殿(良顕)江院家・准院家・坊官・侍法師・承仕・
院家候人等、官位・實名・年齢等書付差出、御使末
吉味衞門、

一通、小奉書四ツ折
妙法院宮
院家
勝安養院 僧正法印堯海 四十二
日嚴院 僧正法印堯忠 三十二
普應院 少僧都法眼洞海 十六
准院家
越前國中野専照寺 權僧正法印譽章 四十六
播磨國御嶽山清水寺執行 光明王院 法印大僧都頼哲 六十二
肥後國藤崎八幡宮執行 護國院 法印大僧都憲海 五十六

一通、
妙法院宮
坊官
菅谷中務卿法眼寛常 二十六
今小路兵部卿法橋行先 二十二
侍法師
木崎河内法眼正逵 七十二
承仕
松井丹波法橋長亨 五十四

一通、
妙法院宮
坊官隠居
喜多法印永春 八十一

一通、
勝安養院候人
濱崎法橋惟敬 四十一
日嚴院候人
藤井法橋平章 五十六

*坊城俊親へ諸大夫侍の名簿提出

一、坊城辨殿(俊親)江諸大夫・侍、官位・實名・年齢書付被差
出、
妙法院宮
諸大夫
松井 從五位下西市正兼長門守源永昌 四十三
松井 正六位下相模守源永亨 三十二

*九條尙實より御返書
*三時知恩寺へ御附弟庸君御朦中御見舞品
閑院宮へ御成參內
*泉山へ御代參
*萬里小路政房伺候
石山基名年賀伺候
常樂院參殿
*廬山寺御代參
常樂院御講釋奉
九條尙實へ御書
大坂御貸附支配人に新屋平藏仰付
*兩傳奏衆へ御下關につき御使
感應寺年賀參上
*五條醒ケ井通出火
*閑院宮醴進上

松井　正六位下若狭守源永喜　十四

侍

山田　從六位下大炊大允源政澄　二十六

初瀬川　從六位下三河介源宗邦　四十一

六日、壬戌、晴、當番、今小路兵部卿・松井西市正・三上大膳・九鬼主殿、

一、辰半刻御出門、先閑院樣へ被爲成、未刻御參內、亥刻還御也、御供木崎河內・伊丹將監・木崎兵庫、御先三人、

一、石山前中納言殿(基名)年始御禮御伺公、御留主ゆへ被申置御退去也、

一、御師範常樂院(志岸)、今日下山參殿、

七日、癸亥、晴、當番、木崎河內・三谷藏人・山下監物、

一、常樂院御講釋奉、

一、攝政樣(九條尙實)へ御書被進之、御使靑侍中、

一、御貸附支配人、大坂紀伊國屋久次郎病身依願退役、跡役大坂京町堀江壹丁目新屋平藏へ被仰付、御禮白銀五枚・扇子三本入獻上、

八日、甲子、晴、當番、菅谷中務卿・伊丹將監・中嶋織部、

一、泉南妙見山感應寺年始御禮、御札・洗米獻上、

一、常樂院御講釋奉、

一、攝政樣より昨日之御返書被進之、

一、入江樣(尊信)へ御朦中爲御見舞、餠饅頭・井籠貳組被進之、御使岡本內匠、

九日、乙丑、晴、當番、今小路兵部卿・松井西市正・三上大膳・九鬼主殿、

一、泉涌寺江御代參、今小路兵部卿、

一、萬里小路前大納言殿(政房)御伺公、於御座ノ間御對面、暫御咄、尋而於梅ノ間御湯漬出之、已後御退出、

十日、丙寅、曇、入夜雨、當番、松井相模守・菅谷中務卿・三谷藏人・山下監物代主殿、

一、常樂院御講釋奉、

十一日、丁卯、雨、當番、菅谷中務卿・中嶋織部、將監所勞斷、

一、廬山寺江御代參、今小路兵部卿、

十二日、戊辰、晴、當番、今小路兵部卿・松井西市正・三上大膳・九鬼主殿、

一、常樂院御講釋奉、

一、(マヽ)

十三日、己巳、雨、當番、松井相模守・木崎河內・三谷藏人・山下監物、

一、常樂院御講釋奉、

一、兩傳奏衆(油小路隆前・久我信通)江近々關東發駕ニ付、御使被遣候事、御使岡本內匠、

一、丑刻頃出火、醒ケ井通五條上ル所、

一、閑院一品宮樣へ醴一器被進候也、御使岡本內匠、

一、山門戒光院繼目御禮扇子三本入獻上、
十四日、庚午、晴、當番、菅谷中務卿・伊丹將監・中嶋織部、
一、養源院前大僧正、以役僧御屆申上候口上書、
　口上
此度公邊へ相願、當院爲修復、境内於元三大師堂、長日護摩供再興修行、當十八日より開闢仕候間、御屆申上候、以上、
　正月十三日　養源院前大僧正
十五日、辛未、晴、當番、今小路兵部卿・松井西市正・三上大膳・九鬼主殿、
一、常樂院御講釋奉、
一、當日御禮參上、山本内藏・篠田主膳・村若縫殿、
一、村若縫殿元服濟候ニ付、昆布一折三十本獻上、
十六日、壬申、晴、申刻過雨、當番、松井相模守・木崎河内・三谷藏人・山下監物、
一、常樂院御講釋奉、
一、淨妙庵惠宅參上、於御座ノ間御對面、暫時御咄被爲在候也、
一、小泉陰陽少屬(有重)依願、已來參上之節者、御廣間江通候樣被仰付候事、木崎河内面會、先達而御方違勘進被仰付候ニ付、金百疋被下候也、
十七日、癸酉、晴、當番、今小路兵部卿・伊丹將監、

戒光院參上
＊元三大師御遠忌御逮夜御法事
養源院より元三大師堂にて長日護摩供の御屆
＊元三大師法華八講
村若縫殿元服相濟み獻上物
＊大坂御貸附支配人に新屋平藏仰付を傳奏代へ御屆
惠宅參上御對面
小泉有重に今後は御廣間へ御通仰付御方違勘進に金百疋下賜
＊泉山御代香

一、常樂院御講釋奉、
一、元三大師(良源)御遠忌、於梅ノ間御逮夜御法事御執行候也、
上　日嚴院僧正(堯忠)　山門常樂院　山門當時京住安詳院(最天)　御寺中寶生院(善資)
惠乘房(玄隆)　法雲房(是空)　安住房
十八日、甲戌、晴、當番、今小路兵部卿・松井西市正・三上大膳・九鬼主殿、
一、元三大師御遠忌、於梅ノ間法花八講御修行、
一、御法事御布施物、
一、金百疋宛、日嚴院僧正・常樂院・安詳院　一、銀貳兩宛、寶生院・惠乘房・法雲房・安住房
十九日、乙亥、晴、當番、松井相模守・木崎河内・三谷藏人・山下監物、
一、常樂院御講釋奉、
廿日、丙子、晴、當番、菅谷中務卿・伊丹將監・中嶋織部、
一、御貸附支配人、大坂南本町貳丁目紀伊國屋久次郎退役并跡支配京町堀口壹丁目新屋平藏、此度支配人ニ被仰付候御屆書、傳奏代萬里小路(政房)・廣橋(伊光)兩家へ被差出候也、御使松井權之進、
廿一日、丁丑、晴、當番、今小路兵部卿・松井西市正・三上大膳・九鬼主殿、
一、泉涌寺江御代香使、今小路兵部卿、
一、常樂院御講釋奉、
廿二日、戊寅、晴、當番、松井相模守・木崎河内・三谷藏人・山下監物、

閑院宮へ御成後參內

一、巳刻御出門、先閑院樣江被爲成、夫より御參內、還御亥刻過、御供菅谷中務卿・友田掃部・九鬼主殿、御先三人、

夜中大火千代原村より二十一軒燒失と御屆

一、酉半刻過西方出火、西岡邊、餘程大火と相見へ、空うつり暫時月夜のことし、所不詳、丑刻頃千代原村百姓兩人御勘定所江來、今宵初夜時頃、當村百姓忠左衞門家より出火、折節風強く家數貳十壹軒燒失仕候、漸南ノ方ニ而小家十軒計相殘り申候、此段御屆申上候由申來り候也、

*安住房を御家來として御召抱

廿三日、己卯、雨、當番、菅谷中務卿・伊丹將監・中嶋織部、

千代原村へ役人派遣御救米五石代銀御下賜

一、昨夜千代原村出火ニ付、人歩ニ而も可被差向候處、方角聢と不相分無其儀、今日爲見屆町役人石野忠三郎罷越、燒失之百姓共江爲御救米五石・代銀拾枚被下之、忠三郎持參、庄屋より取計、配當仕候樣申、庄屋へ相渡候也、請取書、所之類火等之樣子見屆候而罷歸り候事、

*御小書院にて御稽古茶

*禁裏より來月御內々御祈禱撫物の通知

廿四日、庚辰、晴、當番、今小路兵部卿・松井西市正・三上大膳・九鬼主殿、

*護持御本尊幷御撫物御返却

一、常樂院御講釋奉、

御小書院にて御茶事

一、於御小書院御茶被遊、喜多（永春）法印・三宅宗仙被召候事、

傳奏代へ御由緒書提出

一、傳奏代萬里小路家へ御由緒書例之通被差出、御使松井權之進、

廿五日、辛巳、晴、當番、松井相模守・木崎河內・三谷藏人・山下監物、

一、常樂院御講釋奉、

一、常樂院弟子安住房、先達而御同宿御語來ニ被召出候處、此度御家來ニ被召抱候事、

廿六日、壬午、快晴、當番、菅谷中務卿・伊丹將監所労斷・中嶋織部、

一、常樂院御講釋奉、

一、中嶋織部同斷、

廿七日、癸未、晴、當番、今小路兵部卿・松井西市正・三上大膳・九鬼主殿、

一、常樂院御講釋奉、

廿八日、甲申、晴、當番、松井相模守・木崎河內・三谷藏人・山下監物、

一、於御小書院御稽古御茶被催、治部卿（喜多永春）・宗仙（三宅）・紹易（岸）被召御茶被下候也、

廿九日、乙酉、晴、當番、菅谷中務卿・伊丹將監・中嶋織部、

一、常樂院・中嶋織部御講釋奉、

一、長橋御局より文言、來月御內〻御祈禱御撫物被進候也、

一、護持御本尊幷御撫物爲申出、細川彥次・藏人・御倉・衞士等參上、於鶴ノ間松井相模守出會、御本尊幷御撫物等御倉江寶生院相渡、已後於梅ノ間藏人江御對

金剛院綱麿より富興行相濟み白銀獻上

來月三日所司代年賀參上と御附武家より手紙

四御所へ御參

閑院宮へ御成

*日嚴院にて開明門院の法事三十日勤行

安住房へ初御視仰付

*藪澤雅樂忌明御禮言上

*所司代年賀伺候

*鷹司政熈へ御書

大坂御貸附下支配人に中村屋序助を仰付御墨附相渡

*岸紹易御茶御稽古奉

面被爲在候也、

一、金剛院綱丸殿より例月之富興行相濟候ニ付、白銀十枚被上之候也、

一、御附武家より手紙到來、來月三日牧野越中守年始爲御禮參上仕候、御差支も無御座候哉承度、尤痛所有之、御玄關ニ而申置候由申來、三日何之御差支も無之旨、中務卿(菅谷寛常)より及返答、

二月

朔旦、丙戌、曇、未刻過より雨、晩來雪、深更雪積ル、

當番、今小路兵部卿(行先)・松井西市正(永昌)・三上大膳・九鬼主殿、

一、辰半刻御出門、先御參院(後櫻町)、次女院(富子)御所、大女院(舍子)御所、御參內(光格)、未刻御退出、夫より閑院樣(典仁)江被爲成、丑半刻還御、御供松井相模守(永亨)・三上大膳・小畑主税、御先三人、

一、御同宿安住房、初而御視被仰付候也、於御座間、〔以下缺〕

一、當日御禮參上、山本內藏・篠田主膳・三宅宗達・三宅宗甫・香山大學・市川養元・岩永右衞門、

二日、丁亥、晴、當番、松井相模守・木崎河內(正達)・三谷藏人(寛重)・山下監物(重好)、

一、大坂表御貸附下支配人中村屋序助と申者相願、則願之通御許容、今日於麝香之間菅谷法眼(寛常)・木崎法眼(正達)謁、御墨附被下置、於御內玄關監物出會、定法書一通相渡也、

白銀三枚・扇子一箱獻上、

御墨附左之通、

大佛殿御修復金貸附之儀、先達而從公儀被仰出候右貸附下支配、今度依願其方江被仰付候間、其旨相心得諸事麁略之儀、堅有之間敷者也、

天明四年辰二月

木崎河內　判

松井西市正　判

菅谷中務卿(寛常)　判

中村屋

序助江、

一、日嚴院殿(堯忠)於自坊爲許、去秋被相催候處、門院樣(開明門院定子)御事ニ付、日數三十日之內、五日相濟、延引之處又ゝ昨日より來ル廿五日迄被相催候事、

一、藪澤雅樂、今日忌明御禮申上候也、

三日、戊子、快晴、當番、菅谷中務卿・中嶋織部(敬藏)、

一、牧野越中守(貞長)年頭御禮伺公、御玄關下座莚ニて申置也、

一、鷹司左大將樣(政熈)江御書被進、御使靑侍中、

一、岸紹易參上、於御學問所御茶御稽古奉、

所司代へ伺候御挨拶使
*五條大橋の片側通行は修理完了し常の往來に復すとの觸
聖門新宮より御書
三宅宗仙より來る十三日岸紹易茶席に御召出につき御禮言上
*女一宮は自今女院御所に御在との觸
常樂院御講釋奉
*知足庵參上十三日岸紹易の茶會に御召の御請言上
禁裏并に仙洞の春日祭御神事につき議奏觸
*大坂貸附支配交替し新屋平藏に仰付につき大坂町奉行より傳奏衆への通達の寫を受領

一、所司代(牧野貞長)御役宅江今日伺公、御挨拶被仰遣候也、御使
藪澤雅樂、
一、常樂院(志岸)・織部(中嶋敬藏)御講釋奉、
四日、己丑、晴、當番、今小路兵部卿・松井西市正・三上大膳・九鬼主殿、
一、聖護院新宮(盈仁)様より御書被進候也、
一、西塔東谷學頭代嚴王院(慈寂)參上、西市正面會、
一、三宅宗仙參上、來ル十三日、岸紹易席ニ而御茶獻上仕候、其節、宗仙御詰ニ被召連候様被仰付候御禮申上候也、
五日、庚寅、雨、當番、松井相模守・木崎河内・三谷藏人・山下監物、
一、常樂院御講釋奉、
六日、辛卯、晴、當番、菅谷中務卿・中嶋織部、
一、常樂院御講釋奉、
一、議奏觸到來、

口上覺

就來ル十一日春日祭、從來九日晩到十二日朝禁裏(光格)様御神事、從十日晩十二日朝ニ到仙洞(後櫻町)様御神事ニ候、此段爲御心得各迄可申入旨、議奏中被申付如此ニ候、已上、

二月五日

又一通、

賀茂川筋五條大橋大破ニ付、橋中通より片側宛、右橋引受人共より大修復致し候ニ付、片側人馬共往來相成候得共、修復中材木持運候ニ付、宮方・堂上方御通行之節、自然可致混雜哉と存、向ゝ江御通達可被下旨、去年九月得御意候處、右修復皆出來、常躰之通往來相成候間、此段向ゝ江御通達可被下候、已上、

又一通、

女一宮(欣子)様御事、自今被爲在女院(富子)御所候、此段爲御心得各迄可申入旨、被申付如此候、已上、

二月五日　議奏雜掌

御宛所如例、

一、知足庵參上、來十三日於岸紹易庵御茶獻上ニ付、其節御詰ニ可被召連旨蒙仰、雜有右御請申上候也、
一、萬里小路家(政房)より御家來御招ニ付、岡本内匠罷越候處、大坂町奉行書面之寫、被相達候事、

大佛殿修覆銀貸附支配、當表南本町貳丁目紀伊國屋久次郎相勤居候處、此度被差免、同所京町堀壹丁目紀伊國や十左衛門借屋新屋平藏儀、右貸附支

配被申付、先規之通三郷町觸差出候様被致度旨、妙法院宮より傳奏代衆江被達候書付貳通、御到來之由ニ而被遣之、久次郎儀も相通候旨、書付差出、平藏儀者、右貸附支配相勤度旨、書付差出候ニ付、所之もの共呼出差障有無相糺候處、障無之旨書付差出候ニ付承届、定例之證文申付、町觸差出候間、右之趣傳奏衆江宜御通達可被下候、右爲御報如此御座候、已上、

二月四日　小田切土佐守(直年)
佐野備後守(政親)

水原攝津守様(保明)
渡邊筑後守様(直)

追而本文之趣、戸田因幡守殿(忠寛)江相達及御報候、

七日、壬辰、晴、當番、今小路兵部卿・松井西市正・三上大膳・九鬼主殿、

一、常樂院御講釋奉、

一、金剛院殿雑掌三上勘解由相招、西市正(松井永昌)面會、當秋宮(眞仁)御方山門御住山御治定ニ付、其節綱丸殿ニも住山有之候様被仰出候、依之當五月中頃迄ニ入院得度被仰付候間、日限治定之上可被申上、且又右得度迄者間も有之候事故、當月廿日頃迄ニ内々ニ而院室へ被引移、日々御參殿於御側御經御稽古等被仰付候段申達、御請之儀者、晩來迄之内被申上候様申聞候事、

一、萬里小路家へ昨日被達候大坂奉行所より紙面之寫、御返却、且御承知書被差出候也、御使青侍中、

一、常樂院御講釋奉、

八日、癸巳、晴、當番、松井相模守・木崎河内・三谷藏人代主殿・山下監物、返番大膳、

一、三上勘解由參上、木崎河内面會、昨日被仰出候趣、則綱丸殿御請被申上候、且又内々引越之儀、當月廿一日被致治定候、右御屆被申上候由也、

九日、甲午、當番、菅谷中務卿・中嶋織部、

一、常樂院參上、於御座之間御講釋奉、

一、泉涌寺江御代參、今小路兵部卿、

一、岸紹易御茶御稽古奉、

十日、乙未、巳刻頃大雨、午後快晴、當番、今小路兵部卿・松井西市正・三上大膳・九鬼主殿、

一、辰半刻御出門、閑院様へ被爲成、還御子刻過、御供菅谷法眼・藪澤雅樂・九鬼主殿、

一、常樂院御講釋奉、

十一日、丙申、曇、當番、松井相模守・木崎河内・三谷藏人・山下監物、

十二日、丁酉、當番、菅谷中務卿・中嶋織部、

*前日の大坂奉行所の紙面を萬里小路家へ御返却

*綱麿より入院得度と御稽古の儀御請と言上

*泉山御代參

*大坂町奉行書面は大坂城代にも報告濟

*岸紹易御茶御稽古奉

*閑院宮へ御成

當秋妙門主山門御住山につき金剛院綱麿は五月中頃迄に入院得度し當月二十日頃迄に院室へ引移り御參殿御側にて御經稽古あるやう申入

岸紹易明日の事御伺
*禁裏仙洞兩御所より涅槃會御鬮拜受
一樹庵へ御成岸紹易御茶を獻上
*閑院宮と御互に御鬮進上
*閑院宮を經て參內勝安養院兩僧より涅槃會御掛圖
*知足庵一樹庵參上御茶事紹易參上昨日の御成に御禮言上
*仙洞御所御車寄屋根修理につき議奏觸
知足庵三宅宗仙昨日の御禮
禁裏仙洞へ涅槃會御賭獻上
閑院宮へ御賭進上
綱麿より御賭進上
涅槃會御鬮

一、常樂院御講釋奉、中嶋織部同斷、
一、岸紹易參上、明日御成相伺、於御座間御對面也、
十三日、戊戌、曇後雨、當番、今小路兵部卿・松井西市正・三上大膳・九鬼主殿、
一、巳刻御出門、一樹庵(岸紹易)江御成、紹易御茶獻上、還御子半刻、御供松井西市正・山下監物・中村帶刀・安福勝太左衞門・松井權之進・吉見文內、御詰喜多治部(永春)卿、知足庵・三宅宗仙被召連候也、
一、勝安養院(堯海)僧正、普應院(洞海)少僧都より涅槃會御賭被差上候也、
十四日、己亥、晴、當番、松井相模守・木崎河內・三谷藏人・山下監物、
一、一樹庵(岸)紹易參上、昨日者御成、御機嫌能還御被爲遊、難有奉存候、御禮申上ル、於御小書院御對面、
一、知足庵・三宅宗仙、昨日之御禮申上ル、於御小書院御對面、
一、禁裏御所・仙洞御所江涅槃會御賭被獻候事、御使岡本內匠、
一、閑院宮樣江御賭被進候事、
一、綱丸殿より涅槃會賭被上候事、
十五日、庚子、晴、當番、菅谷中務卿・中嶋織部、
一、涅槃會御鬮、例之通、

十六日、辛丑、當番、今小路兵部卿・松井西市正・三上大膳・九鬼主殿、
一、禁裏御所・仙洞御所より涅槃會御鬮、昨夜御里坊迄爲持被進、御請使岡本內匠相務也、
一、閑院宮樣江涅槃會御鬮爲持被進、彼御方よりも被進候也、
十七日、壬寅、雨後晴、當番、松井相模守・木崎河內・三谷藏人・山下監物、
一、巳刻御出門、先閑院樣江被爲成、未刻御參內、亥刻還御、御供松井相模守・初瀨川采女・九鬼主殿、
十八日、癸卯、快晴、當番、菅谷中務卿・中嶋織部、
一、知足庵・一樹庵參上、於御小書院御茶被爲在候也、
一、議奏觸到來、

口上覺

仙洞樣御車寄屋根御修復ニ付、從來廿二日御車寄南方土戸より諸大夫之間江御昇降可被遊候、猶御修復相濟候ハヽ、其節御通達可有御座候、此段爲御心得各迄可申入旨、議奏中被申付如此候、以上、

二月十七日　議奏中雜掌

御宛所如例、

十九日、甲辰、快晴、當番、今小路兵部卿・松井西市正・三上大膳・九鬼主殿、
廿日、乙巳、晴、當番、松井相模守・木崎河內・三谷藏人・山下監物、

仁門宮へ弘法大師御遠忌につき御供と御見舞進上
*西本願寺より上馬町の家屋敷は金剛院隠居所次で眞仁親王御別殿となしたるも以前は西御門主の掛屋敷として取得し相讓る節は御門と玄關を取拂ふ旨申入
櫛笥隆望伺候御對面
金剛院綱麿明日院室へ御移住の御届
金剛院より上馬町別業を讓渡の御届
後西院百回忌につき泉般兩寺へ御參詣
金剛院綱麿へ院室御移住につき御祝儀御遣
綱麿參上拜領物御請言上御對面
*十禪師講にて松井永昌より蒸籠獻上
*播州清水寺光明王院年賀獻上御對面

一、仁和寺宮樣(深仁)江御使、弘法大師(空海)九百五十年忌御取越御法事御執行ニ付、御内〻御菓子一折被備之、爲御見舞井籠饅頭壹荷被進之、御使中村帶刀、
一、櫛笥中將殿(隆望)、時候御伺御伺公、於御座間御對面、御菓子御相伴、已後於梅ノ間湯漬出ル、
一、金剛院綱麿殿、明廿一日御内〻院室へ被引移候旨、使者を以御届被申上候事、
一、金剛院殿使者を以、上馬町別業此度望之もの有之、被相讓候旨、御届被申上候事、
廿一日、丙午、初雷、雨、當番、菅谷中務卿・中嶋織部、
一、就後西院樣百回御忌、泉・般兩寺江御參詣、御葩三十葉ツヽ被備之、御供木崎河内・三上大膳熨斗目着・友田掃部・藪澤雅樂・九鬼主殿、御先五人、
一、金剛院綱丸殿、今日院室へ内〻御引移ニ付、爲御祝儀、昆布一折五十本被遣之、御使小畑主税、
廿二日、丁未、當番、今小路兵部卿・松井西市正・三上大膳・九鬼主殿、
一、金剛院綱丸殿御參殿、昨日院室江内〻引移ニ付爲御祝儀御使拜領物等御請被申上、爲伺御機嫌御菓子一折被上之、於御座之間御對面、御口祝被遣之、
一、本願寺西御門跡(法如光闡)、使者秋田藏人を以、御境内上馬町

南側表口拾間・裏行四拾五間、右家屋敷壹ケ所永原屋茂兵衞所持ニ候處、先達而金剛院殿御所望ニ候而隱居所ニ相成、其後宮樣御別殿ニも相成候、然ル處、當時御入用無之候ニ付、已前町役家之儀ニ候得者、御門井御玄關等御取拂之趣、本御門主御聞及、幸大谷江間近ク勝手ニも相成候ニ付、本御門主掛屋敷ニ其儘被成置、町分之所植木屋又兵衞名前ニ而被致買得度、御門井御玄關ハ其儘ニ而御借用被成度、尤後〻右屋敷御門主御入用ニ無之、若外へ被相讓候節者、御門井御玄關等取拂之儀被及御掛合候上、被相讓候樣可被致旨ニ而、御所望被仰上候也、
御返答ニ、猶此御方より御答可被仰入旨也、追而御領掌被爲有、彼御方役人より一札差出、四月廿九日ニ記之有、
廿三日、戊申、晴、當番、松井相模守・木崎河内・三谷藏人・山下監物代主殿、
廿四日、己酉、晴、午後時〻雨、當番、菅谷中務卿・中嶋織部、
一、十禪師講、祭主松井西市正、恒例之通蒸籠壹組獻上、
但舊年觸穢ニよつて延引、
廿五日、庚戌、雨、當番、今小路兵部卿・松井西市正・三上大膳・九鬼主殿、
一、播ノ清水寺光明王院(賴哲)年頭御禮、金百疋・扇子三本入

*禁裏御内々御祈禱卷數御撫物を長橋御局へ獻上
*當秋御住山の宿院本覺院を檢分に松井永昌以下相越し少々修繕する積りにて下山
*御境内耳塚町にて出火役向の者共馳向ひ消火
*淨土眞宗各門跡より御見舞使
*所司代町奉行より御機嫌御伺候
閑院宮へ御成
*閑院宮より御見舞使
御父宮御誕生日御祝儀進上
岸紹易關東へ發足を傳奏へ御屆
*四御所へ當日御祝詞
御父宮へ御誕生日御祝儀進上
*禁裏以下へ有卦入御祝儀獻上

獻上、於御書院御對面、御口祝被下候也、
廿六日、辛亥、晴、當番、松井相模守・木崎河内・三谷藏人・山下監物、
一、當秋より御住山ニ付、御宿院東谷本覺院御治定ニ付、爲見分松井西市正・中村帶刀（御修理方）・下役中井甚九郎・佐原與右衞門登山、先南谷常樂院（志岸）へ被越、夫より常樂院同道ニ而本覺院へ相越、學頭代嚴王院（慈寂）・寂光院（亮乗）等面談有之、格別御繕ひニも不及、御湯殿新造、疊替、掛樋、其外少ゝツヽ取繕候而よろしき趣也、申半刻頃より下山候事、
廿七日、壬子、晴、當番、菅谷中務卿・三上大膳、
一、巳刻過御出門、閑院樣へ御成、還御亥半刻、御供菅谷中務卿・山下監物・小畑主税、御先三人、
一、一品宮樣（典仁）御誕生日爲御祝儀、小頂一盞被進之、
一、岸紹易關東發足ニ付、依願傳奏衆へ御屆被差出候事、
廿八日、癸丑、曇、當番、今小路兵部卿・松井西市正・三上大膳・九鬼主殿、
一、閑院一品宮樣江昨日御誕生日爲御祝儀、昆布一折被進候也、御使岡本内匠、
廿九日、甲寅、雨、當番、松井相模守・木崎法眼・三谷藏人・山下監物、
晦日、乙卯、曇、夜雨、當番、菅谷中務卿・中嶋織部、
一、常樂院參殿、
一、中嶋織部御講釋奉、
一、禁裏御所御内ゝ御祈禱御卷數・御撫物・長はし御局迄御書ニて被上候也、御使藪澤雅樂、
一、寅刻計御境内耳塚町東側出火、早速代官方伊丹將監・山下監物・御修理方中村帶刀・町役人・火消之もの馳向相防、月番火消・所司代火消等來、卯刻前消火、
一、出火ニ付、本願寺東西御門跡（乗如光遍・法如光闡）・興正寺御門跡（寂聴常順）・佛光寺御門跡（順如堯祐）より以使者御見舞被申上候也、
一、所司代・町奉行より使者を以伺御機嫌候也、
一、閑院宮樣より御使を以御見舞被仰進候也、

三　月

朔旦、丙辰、雨後晴、當番、今小路兵部卿（行先）・松井西市正（永昌）・三上大膳・九鬼主殿、
一、四御所（光格・後櫻町・舍子・富子）江當日御祝詞、御使を以被仰上候事、
一、御有卦入御祝儀御獻進物、左之通、御使木崎法眼（正達）、
禁裏樣（光格）江、御紋付御文匣（一二）一折・昆布一箱、
仙洞樣（後櫻町）江、木地御見臺一箱、
女一宮樣（欣子）江、鳥籠御菓子入一箱（花林細工）・御菓子紅梅糖・白梅糖、
但、禁裏樣へ者御内ゝニ而御鼻紙臺被獻之、尤十三日長は

し御局迄御文ニて被上候也、
一、常樂院(志岸)御講釋奉、
一、禁裏御所より、今曉出火御見舞御使被進候也、
一、青門樣(尊眞)より、御近火御見廻被仰進候也、
一、出火ニ付御使被進候ケ所へ、御挨拶御使被差向候事、
一、當日御禮參上、山本內藏・篠田主膳・三宅宗仙・香山大學、所労御斷、
一、大聖寺宮樣(天巖永皎)より、從今年五ケ年之間諸事御省略ニ付、御祝儀事、其外暑寒等も御音物等堅御斷之由、御家來より手紙ニて申來候事、
二日、丁巳、雨、當番、松井相模守(永亨)・木崎河內(正達)・三谷藏人(寛重)・山下監物(重好)、
一、常樂院御講釋奉、
一、智積院僧正(實嚴鏤啓)より、上巳之御祝儀例之通、押餅一折五枚獻上、
一、松井若狹守(永喜)出勤被仰付、御給米七石被下候也、
上巳、戊午、晴、當番、菅谷中務卿(寛常)・松井若狹守・中嶋織部(敬藏)、
一、於御座ノ間、當日御禮如例、
一、辰半刻御出門、當日御禮、四御所江御參、御供松井西市正(永昌)・藪澤雅樂・中嶋織部、
一、當日御禮參上之輩、山本內藏・篠田主膳・三宅宗

常樂院屢々御講釋奉
禁裏より出火御見舞使
青門宮より御見舞
*常樂院弟子一位初御視
出火御見舞の各所へ御挨拶使
*青門宮より當日御祝詞
大聖寺宮より五ケ年間諸事御省略との手紙
*勝安養院兩僧より當日御祝詞
*圓教院參上東塔執行代に仰付られし御届
御座ノ間にて上巳御禮
*稱名寺眞譽より病身につき後住を宣譽に仰付らるゝやうとの願書
四御所へ御參

達・同圓達・三宅宗仙・岩永右衞門・市川養元・村若左門・知足庵・嶋村紹億・野田內藏丞・三上勘解由、
一、常樂院弟子一位、依願初而御視被仰付候事、
一、青門樣より當日御祝儀被仰進、此御方より御使被進候御挨拶も被仰進候也、
一、智積院僧正代養眞院、當日御祝詞申上候也、
一、勝安養院僧正(堯海)・普應院少僧都(洞海)、使を以當日御祝詞被申上候也、
四日、己未、晴、當番、今小路兵部卿・松井西市正・三上大膳・九鬼主殿、
一、常樂院參上、於御座之間御講釋奉、
一、山門東塔執行代圓教院(靜然)參殿、此度執行代惣持坊(順性)退役被仰付、跡役圓教院江被仰付候御届申上ル、於鶴ノ間西市正(松井永昌)面會候也、
一、御末寺稱名寺眞譽、願書御勘定所江差出候事、
乍恐奉願口上書
一、拙僧儀、關東學寮詰相濟上京仕候故、去ル寅十二月後見洞譽より諸向相渡候ニ付、其旨御屆申上候處、御聞濟被成下、住職相勤難有奉存候、然ル處、近來病身ニ罷成、保養茂相加候得共、何分快氣不

仕、寺役等難相勤迷惑仕候ニ付、今般法縁高倉通松原下ル町長香寺隱居宣譽と申僧江、稱名寺寺役諸向共相渡、住職相勤させ、私儀隱居仕、心儘ニ保養相加へ申度奉願候、右之趣御聞届御許容被成下候者、難有可奉存候、尤法類・檀家共一統相談之上、奉願候儀ニ御座候得者、右宣譽住職之儀奉願候儀ニ付、法縁者勿論、檀家共聊差障候儀無御座候間、願之通被仰付被下候者、難有奉存候、且又宣譽儀、傳法出世之僧ニ御座候間、稱名寺寺格之通、寺役幷御用向等、先年被爲仰付候通、御境内四ケ寺之上座仕、先格之通相勤候樣、是又奉願候、是等之趣、願之通被爲仰付被下候ハヽ、連印之者共、其外檀家一統、難有可奉存候、已上、

天明四年辰三月四日

稱名寺 眞譽印

長香寺隱居 宣譽印

宣譽法類長香寺現住 程譽印

同 本覺寺 東譽印

稱名寺由緒寺附法類 長講堂 義譽印

眞譽法類 喜運寺 圓廓印

稱名寺末寺 西福寺 澤演印

檀家惣代

菱屋平兵衞印

丹波や七兵衞印

龜屋平兵衞印

金屋佐兵衞印

奈良屋平兵衞印

御本寺樣

御役人中樣

五日、庚申、快晴、當番、松井相模守・木崎河内・三谷藏人代主殿・山下監物、

一、常樂院御講釋奉、

一、佛光寺了源上人御遠忌ニ付、葩被贈之、御門跡(順如堯祐)江右法會爲御見舞、井籠壹荷被遣之、知宮樣(寛如堯超室、知足院)へも御見廻、御口上計、御使僧法雲房(是空)、

六日、辛酉、晴、當番、菅谷中務卿・松井若狹守・伊丹將監・中嶋織部、

一、常樂院・中嶋織部、御講釋奉、

一、稻葉丹後守(正諶)使者を以、御境内出火之節、人數被差向御挨拶御使被遣候御請申上候也、使者武田與一右衞門、

一、御末寺稱名寺眞譽、隱居後住願書差上候ニ付、專稱

*佛光寺へ了源上人御遠忌につき御葩御見舞御遣

*淀藩主稲葉正諶より御境内出火の節の御挨拶御請使

*稱名寺の後住願出につき專稱寺専定寺淨心寺に御尋

*土岐元信伺候
*知足庵等三名に御茶仰付
*甲賀祐元伺候
興正寺より有卦入御祝儀の御禮言上
*稱名寺願書連印の者を呼出し後住に宣譽を仰付
東本願寺へ先代門主二十五回忌の御見舞
參內閑院宮へも御成
泉山御代香
石山基名伺候御對面
*伏見奉行より桃山桃畑に堂上方御出の節は前日に御番所へ申出られるやうとの申入

寺・專定寺・淨心寺江、於御勘定所右稱名寺願書之趣申聞セ、右願之通被仰付候而も差支等有無相尋、尤是迄繼目願之節、右三ケ寺へ御尋之儀も先格無之候得共、是迄ハ弟子讓り候儀ニ候得者無其儀、此度者後住法緣を以相願候儀ニ付、一應御尋有之候也、右御尋ニ付、差支無之旨、追而書付差出候事、委ハ御勘定所ニ記、

一、興正寺(寂聽常順)御門跡使者を以、此間有卦入御祝儀御使被遣候御禮被仰上候也、

七日、辛酉、快晴、當番、今小路兵部卿・九鬼主殿、

一、本願寺東御門跡(乘如光遍)江、先御門跡(從如光超)廿五回忌法事被執行ニ付、爲御見舞羊羹一折十棹被遣之、御使中村帶刀、

八日、壬戌、雨、申刻頃ヨリ晴、當番、松井相模守・木崎河內・三谷藏人・山下監物、

一、辰半刻御出門、御參內、閑院樣へも御成、亥半刻還御也、御供松井相模守・藪澤雅樂・堀部多仲、御先三人、

九日、癸亥、當番、菅谷中務卿・松井若狹守・伊丹將監・中嶋織部、

一、常樂院御講釋奉、

一、泉涌寺江御代香使、今小路兵部卿、

一、石山前中納言殿(基名)御伺公、於御座ノ間御對面、已後於梅ノ間御吸物・御酒・湯漬等被出候事、

一、土岐元信、久々所勞罷在、今日伺御機嫌參上、於御座間御口祝被下候也、

一、知足庵・嶋村紹億・三宅宗仙參上、於御小書院御茶被仰付候也、

十日、甲子、曇、當番、今小路兵部卿・大膳代三谷藏人・九鬼主殿、

一、常樂院御講釋奉、

一、甲賀祐元、時候御機嫌相窺候也、

十一日、乙丑、雨、當番、松井相模守・木崎河內・三谷藏人・山下監物、

一、御末寺稱名寺眞譽・長香寺隱居宣譽、其外先日之願書連印之もの、今日御勘定所へ呼出、伊丹將監出會候而、稱名寺眞譽隱居、宣譽後住之儀、願之通被仰付候旨申渡、繼目御禮之儀も、尙又近日之內是より日限申遣旨相達候也、

一、傳奏觸到來、

口上覺

別紙之通、武邊より申來候間、爲御心得各迄可申入旨、兩傳奏被申付如斯ニ候、已上、

三月七日　兩傳奏雜掌

一、伏見奉行小堀和泉守(政方)支配內、桃山井桃畑盛、其外年中近年度々堂上方より忍ニ而御出之事ニ候、已來も

*志土路燒花生

*閑院宮へ御成

稱名寺宣譽に明日繼目御禮を申渡

*石山基陳伺候故宮御染筆を相願

後白河法皇御逮夜御法事

*稱名寺參上繼目御禮御目見

後白河院御正忌御法事曼供に御成

御有卦入につき禁裏以下各所へ御獻進

御出有之候ハ丶、出入方・町方町家迄前日ニ被申越、出入方之ものより御番所江申出候樣致度候、左候得者、指支并不禮等無之樣ニ申付候儀ニ御座候、此段夫々無忽度樣御通達有之候樣致度候、和泉守(小堀政方)申聞候事、

十二日、丙寅、快晴、當番、菅谷中務卿・松井若狹守・伊丹將監・中嶋織部、

一、常樂院御講釋奉、

一、御末寺稱名寺後住宣譽、今日呼出、御玄關三ノ間ニて菅谷法眼面會、明十三日繼目御禮可申上旨申渡候事、

一、後白川法皇御正忌、於法住寺御逮夜御法事御執行、法花讀誦、小坂僧正(堯忠)・常樂院大僧都・惠乘房(玄隆)・法雲房・安住房出仕也、

十三日、丁卯、雨、當番、今小路兵部卿・伊丹將監・九鬼主殿、

一、巳刻御出門、法住寺へ御成、午刻還御、

一、後白河院樣御正忌、於法住寺御法事御執行、

曼供　上(眞仁)　出仕　小坂僧正・常樂院・安詳院(最天)・惠乘房・法雲房・安住房、

一、御有卦入ニ付、御祝儀御使被進候ケ所、御使木崎河內・堀部多仲、

禁裏樣江御文匣御鼻紙臺、御內々ニて被獻候也、表向者朔日ニ被獻候也、長はし御局迄御書ニて被進之、

閑院一品宮樣江御水指眞手桶、遠州好、手炭計、

輪門樣(公延)江御花生志土路燒一箱、

堂上方・御局方・女中方江被遣物、御進物帳、委略之、

一、未刻御出門、閑院樣へ御成、還御亥刻過、

御供木崎河內・木崎兵庫、九鬼主殿、

一、石山三位殿(基陳)御伺公、御留主御所故、申置、此間前中納(基名)言殿御出之節被相願候故宮樣(堯恭)御染筆物之儀、尚又宜敷被相願候由也、

一、御末寺稱名寺住職(眞譽)繼目爲御禮參上、於御玄關三ノ間吸物・御酒被下之、末寺西福寺(澤演)へも於小玄關吸物・御酒被下之、於梅間御目見被仰付候也、

御禮錄、

一、金子五百疋 奉書十帖　獻上　一、金貳百疋 扇子三本入　日嚴院殿

一、金子百疋 扇子三本入　金剛院殿　一、金子百疋 延紙五束　宛、　表役 菅谷中務卿・松井西市正・木崎河內

一、金子百疋ツ丶、　今小路兵部卿・松井相模守・松井若狹守　一、銀子五匁 延紙三束　宛、　代官 伊丹將監・山下監物

一、銀子壹兩ツ丶、　町役人兩人　一、銀子壹兩　御玄關取次

十四日、戊辰、快晴、當番、木崎河內・三谷藏人・山下監物、

佛光寺より御挨拶使
*閑院宮へ御詠草御上覽
關東との年賀御進物につき所司代へ出頭との御附衆手紙
*御妹君孝宮御成御遊覽御饗應御土產進上
*閑院宮へ御短册進上
*石山基名へ御清書御屆
關東との年賀進物につき所司代より御達
京都代官より關東よりの銀五十枚受領
伊勢多賀御代參
*石山基名より故宮御染筆拜借願出により計十六枚御遣
*閑院兩宮明日御成との御案內
勸修寺經逸より有卦入御祝儀御請言上

一、佛光寺(順如堯祐)御門跡より使者を以、此間法會ニ付御備物且爲御尋一種被遣候御請被申上、知宮(前門主堯超室)樣よりも御同樣御傳達被仰進候事、
一、御附武家より坊官・諸大夫中江來狀、關東より年頭御祝儀被進物有之、相達候間、明十五日巳刻所司代(牧野貞長)亭江壹人被越候樣申來、
又壹通、
此御方より關東へ被進物有之、御喜色之段相達候間、明十五日巳刻所司代亭へ被越候樣申來候也、
十五日、己巳、晴、當番、松井相模守・松井若狹守・伊丹將監・中嶋織部、
一、昨日御附より達之趣ニ付、牧野越中守御役宅江松井相模守行向、年頭御祝儀被進物被達、井此御方より被進物御喜色之旨も被達候也、公方樣(德川家治)・大納言樣(德川家齊)より被進物、例年之通、
一、小堀數馬(邦直)使者を以、公方樣より銀三拾枚、大納言樣より銀二十枚持參候事、伊丹將監出會受取候也、受取書例之通相渡、
一、勢州・多賀御代參、松井權之進、今日發足、
一、菅谷中務卿・小畑主稅、依願勢州發足之事、
一、勸修寺中納言殿(經逸)より、有卦入御祝儀拜受御禮、以使者被申上候也、
一、閑院一品宮(典仁)樣へ御詠草被入御覽候事、
十六日、庚午、快晴、當番、今小路兵部卿・松井西市正・三上大膳・九鬼主殿、
一、巳刻過、孝宮樣御成、御庭御遊覽、於積翠亭御提重・御吸もの・御酒等被進、戌刻過還御也、還御之節、御土產筭・御花杜若一筒被進之、
一、閑院樣へ御短册被進之、
一、石山中納言殿へ御淸書爲持被遣候事、御使吉見文內、
一、山門喜見院(最音)參上、此度東叡山江移轉被仰出候ニ付、御暇乞參上候也、西市正面會、
一、勸修寺中納言殿より、有卦入御祝儀被遣候御請、使を以被申上候也、
十七日、辛未、晴、當番、木崎河內・三谷藏人・山下監物、
十八日、壬申、晴、當番、松井相模守・松井若狹守・伊丹將監・中嶋織部、
一、常樂院御講釋奉、
一、石山前中納言殿、先達御願被申上置候故宮樣御染筆物拜借、使者を以被申出候事、則御染筆一行物・二行物、合十六枚被遣候也、
一、閑院樣諸大夫中より奉書ニて、明日天氣好候ハヽ、兩宮樣(典仁・美仁)可被爲成候旨、御案內被仰進候也、兼而御約

*閑院宮へ御成
參內
寶生院湯治より歸洛御菓子獻上
專修寺より有卦入御祝詞言上
*泉山御代參
閑院兩宮御成にて御饗應
*智積院へ弘法大師九百五十年忌につき御供
*智積院より赤飯煮染

東被爲在候而、十五日ニ可被爲成候處、御差支御延引、よつて明日被爲成候御事也、
十九日、癸酉、快晴、當番、今小路兵部卿・松井西市正・三上大膳・九鬼主殿、
一、寶生院(善資)先達而湯治被相願候處、上京ニ付御届申上、御菓子入獻上、
一、專修寺(圓遵)御門跡樣より御使、先達而有卦入御悦被進候御挨拶也、
一、依御兼約、閑院兩宮樣、午刻頃御成、先御書院江御通、夫より御座間江被爲入、御口祝被進、御茶・御多葉粉盆、御挨拶之上、夕御膳被進、於御小書院御菓子・御薄茶被進、夫より東御堂へ被爲成、還御掛御庭江被爲成、於積翠亭御提重・御吸物・御酒等被進、御供之御上﨟壹方・御年寄・若女中等御相伴、御船等へも被爲成、酉刻過御座間へ還御、於御小書院御夜食被進、已後御薄茶被進之、御供御近習藤木掃部被召、御炭被仰付、掃部へ御茶被下候也、亥半刻還御、帥宮樣(典仁)より羊羹一折五棹、尹宮樣(美仁)より井籠一荷被進之候也、御上﨟より干菓子一折貳袋被上之、御年寄・小左近・盤代左兵衞より高麗煎餅一折獻上、還御之節、箏一折・御花一筒被進之、御上﨟へ烟草入被下之、
廿日、甲戌、快晴、當番、木崎河内・三谷藏人・山下監物、
一、巳刻御出門、先閑院樣へ被爲成、未刻御參內、酉刻過還御也、御供松井相模守・中村帶刀・堀部多仲、御先三人、
廿一日、乙亥、雨、當番、松井相模守・松井若狹守・伊丹將監・中嶋織部、
一、泉涌寺江御代香使、今小路兵部卿、
一、智積院、祖師弘法大師(空海)九百五十年忌法事ニ付、白銀壹枚御備、僧正(實巖鏤啓)江爲御尋蒸籠壹荷被遣之、御使青侍中、
一、右法事ニ付、鑑事・集議・役者江爲御見舞被下候奉書案、
抑今般高祖大師(空海)御遠忌被相催候ニ付、爲御尋蒸籠三荷、目錄之通被下之候、此段宜申達旨、如此ニ候也、
三月廿一日　菅――
鑑事
集議御中　松――
役者　木――(使若黨)
一、智積院僧正(實巖鏤啓)より、大師御遠忌ニ付、赤飯・煮染一折獻上之、

普應院御年賀參殿御對面大坂虎屋饅頭獻上
金剛院より大坂富興行に三上勘解由差下さるる御届
*日嚴院開帳三ケ寺及び盧山寺へ御參詣三ケ寺へ御奉納金
*閑院宮へ御成
智積院より拜領物御請の御禮
御小書院にて御茶事
*日嚴院より開帳に拜借の道具返上
伊勢御代參歸京御麻御札獻上
*金剛院より富興行相濟み御菓子料獻上
*山門執行代參上御對面
*四御所女一宮へ杜若獻進
日嚴院の開帳本日閉帳
*御座間にて御茶事

一、普應院(洞海)大僧都御參殿、年始御禮、於御座之間御對面、御口祝被遣之、大坂虎屋製饅頭一折獻上、
一、金剛院綱丸殿より使を以、來ル廿四日冨興行ニ付、今晩より三上勘解由大坂表へ被下候間、此段御届被申上候由也、
廿二日、丙子、晴、當番、今小路兵部卿・松井西市正・三上大膳・九鬼主殿、
一、智積院僧正法會ニ付、拜領物御請申上候也、
一、智山役者光照院・養眞院、此度法會ニ付、拜領物御請申上候也、
一、同所集議惣代普門院、右同様御受申上、
廿三日、丁丑、晴、當番、木崎河内・三谷藏人・山下監物、
一、於御小書院、正午御茶被爲有、閑院様御近習藤木掃部・鈴木知足庵・嶋村紹億被召候而、御茶被下候也、
一、勢州御代參松井權之進、今日上京、御届申上ル、御麻幷多賀御札獻上之、
一、菅谷中務卿・小畑主税、勢州より今日歸京、御届申上ル、
廿四日、戊寅、快晴、當番、松井相模守・松井若狹守・伊丹將監・中嶋織部、
廿五日、己卯、晴、當番、今小路兵部卿・三上大膳・九鬼主殿、
一、小坂殿於自坊開帳、今日閉帳也、日延共都合六十日也、
廿六日、庚辰、晴、未刻過雷雨、當番、松井相模守・木崎河内・三谷藏人・九鬼主殿、
一、午刻過御出門、開帳御參詣、五條御影堂(長講堂)・寺町淨教寺・大雲院江被爲成、夫より盧山寺江御參詣、自性(美仁室、文君)清淨院様三回御忌ニ付御參詣也、還御掛閑院宮様江被爲成、亥半刻過御本殿へ還御也、御供木崎河内・初瀨川采女(宗邦)・中嶋織部、御先五人、開帳・三ケ寺御參詣ニ付、御先江三谷藏人相廻り、役僧へ及對談、御參詣之節參詣人堂下ニ差留置、役僧御案内、三ケ寺江方金百疋ツヽ御奉納御下札、
廿七日、辛巳、晴、當番、今小路兵部卿・伊丹將監・中嶋織部、
一、日嚴院僧正より、先達而開帳ニ付拜借被致候御道具、今日以使者返上被致候也、
一、綱丸殿より、例月之通冨興行相濟候ニ付、御菓子料銀十枚被上之、
一、山門執行代圓教院(静然)參殿、西市正面會、
廿八日、壬午、晴、當番、今小路兵部卿・松井西市正・三上大膳・九鬼主殿、
一、四御所・女一(欣子)宮様江、杜若一筒ツヽ被上之、
廿九日、癸未、雨、當番、松井相模守・木崎河内・三谷藏人・山下監物、
一、鈴木知足庵・三宅宗仙依召參上、於御座間御茶奉、

日嚴院より開帳相濟み御禮獻上

攝政その他へ杜若進上

*萬里小路政房伺候御對面

*四御所へ御祝詞御使

松井長亨より弟分の丹波屋藤兵衞不行跡の者故に武邊へ御通達を傳奏へ願出

*新日吉社西南の智積院との境に杭建

*仙洞御車寄修繕相濟む旨傳奏觸

一、日嚴院僧正使ヲ以、開帳相濟候ニ付、爲御禮干菓子一折被上之、

一、九條様(尚實)・一品宮様(典仁)・近衞様(内前)・隨宜樂院宮様(公遵)江、杜若一筒宛被進之、御使岡本内匠、

一、萬里小路殿(政房)へも、杜若一筒被遣之、

一、松井丹波(長亨)、願書差出、

乍恐奉願口上書

一、私行合弟分之丹波屋藤兵衞と申當辰五拾壹才ニ成候もの、先年姉小路堀川邊ニ住居罷在候處、常々不行跡ニ付、數度異見仕候得共、一圓承引不仕、身持放埒ニ而身上沽却仕、當時者何方ニ居候哉、居所相定り不申候、右躰之不所存者ニ御座候得ハ、此末如何様之惡事仕出シ難儀懸可申も難計奉存候ニ付、義絶仕度奉願上候、尤是迄何之懸合等無御座候間、右之通乍恐武邊江御通達之儀、宜奉願上候、以上、

天明四年辰三月廿九日　松井丹波印

菅谷中務卿殿

松井西市正殿

木崎河内殿

右願書寫ニ別紙差添、傳奏衆へ被差出候事、

四月

朔日、甲申、晴、當番、菅谷中務卿(寛常)・松井若狭守(永喜)・伊丹將監・中嶋織部(敬藏)、

一、萬里小路前大納言殿(政房)御伺公、於御座之間御對面、御寛話之上御退出、於梅ノ間湯漬出之、

一、四御所(光格・後櫻町・舍子・富子)へ當日御祝詞御使を以被仰上候也、御使菅谷中務卿、

一、御禮參上、篠田主膳・山本内藏・三宅宗達・三宅宗甫・香山大學・村若縫殿、

一、木崎兵庫、依願今日湯治發足之事、

一、新日吉社地之内、西南ノ方、智積院地境ニ而智積院江拜借地面之所、已前之地境江石定杭建之、〔境〕數六本、御修理方松井(永亨)相模守・中村帶刀・下役佐原與右衞門罷越、智山役者光照院立合罷出候也、

二日、乙酉、快晴、當番、今小路兵部卿(行先)・松井西市正(永昌)・三上大膳・九鬼主殿(正達)、

三日、丙戌、雨、當番、松井相模守・木崎河内・三谷藏人(寛重)、

一、傳奏觸到來、

仙洞様(後櫻町)御車寄御修復相濟候ニ付、從明三日御昇降可被遊候、仍此段爲御心得、各迄可申入旨、兩傳

被申付如此ニ候、以上、

四月二日　　　　兩傳奏　雑掌

御宛所如例、

一、閑院宮様(典仁)より御里坊迄御使被進、御吹聴之趣、一品宮様(典仁)、當今様(光格)格別之御間柄ニ付、千石被進之旨被仰出、忝思召候、仍而右御風聴被仰進候由也、

四日、丁亥、晴、當番、菅谷中務卿・松井若狭守・伊丹將監・中嶋織部、

一、稲荷御旅所生嶋右京、御札・洗米獻上、

一、閑院一品宮様江此度千石被進候旨被仰出、昨日御吹聴被仰進、目出度思召候、依而爲御悦左之通被進之、

一品宮様江昆布一箱　干蕨一箱　御樽代金三百疋、

尹宮様(美仁)江昆布一箱、御使松井相模守

一、尹宮様へ御書被進、萬里小路殿へ御書被遣候也、御使靑侍中、

五日、戊子、晴、當番、今小路兵部卿・松井西市正・九鬼主殿、

一、三摩地院宮(堯恭)御忌日、法住寺江御代香、出家中相勤、

一、閑院宮様江爲御聞合、中村帯刀被遣、明日晴ニ候ハヽ、西岡長岡天神江可爲成思召候、凉(諒)闇中ニ候得者、御忍ニ而可被爲成候哉、表向御參詣被進候而も不苦候哉、御聞合被仰入候處、随分表向ニ御社參被遊可然之旨御返答也、

六日、己丑、快晴、當番、松井相模守・木崎河内・三谷藏人、

一、傳奏衆江御使を以、今日快晴候ハヽ、西岡長岡へ御參詣被爲遊候、仍而御届被仰入置候旨也、御使岡本内匠、

一、卯半刻御出門、長岡天神江御參詣、先東寺江被爲成、右寺内ニ而暫時御休、寺戸向明神御參詣、暫時御休、長岡江被爲成、先池ノ端ニ構有之御休所へ被爲入、御提重・御酒・夕御膳等被召上、小坂僧正(堯忠)随從御相伴、午刻過御歩行ニ而御社參、尋而社ノ脇右之方ニ御休所設有之、紫幕・垂簾、於此亭參詣人等御覽被爲在、御提重・御吸物・御酒等被召上、社邊御歩行ニ而御遊覽、參詣人不拂、其儘ニ而下座爲致候也、申刻比長岡還御、御領分寺戸村庄屋木工兵衞方江被爲入、御休、御菓子・御茶等被召上、酉刻比御夜食被召上、酉半刻寺戸村還御、久世四ツ塚ニ而御輿タテ、戌半刻還御也、御供菅谷中務卿・松井西市正・中村帯刀・初瀬川采女・友田掃部・小畑主税・中嶋織部、茶道武知喜好、御先牛丸團治・丸茂矢内・松井權之進・末吉味衞門・吉見文内、御挾箱貳、御輿ノ者六

*長岡天神御參詣を傳奏へ届出

閑院宮へ今上と格別の御間柄につき千石御加增仰出との御吹聴

*東寺へ御成

*寺戸向天神御參詣

稲荷御旅所より御札と洗米獻上

*長岡天神にて御休後御社參

參詣人御覽

閑院兩宮へ千石御加增につき御祝儀進上

前門主御忌日につき法住寺へ御代香

閑院宮へ明日西岡長岡天神への御成は御忍びか表向かを御聞合

*前輪門宮御成年始御禮仰置
*賀茂祭につき傳奏觸
嚴王院等より閑院宮御慶事に恐悅申上
*東海道藤川宿困窮につき七ケ年の間人馬賃錢四割増と申渡
三宅宗仙等昨日の御禮參上
御灸治仰付
*御後園の笋を所司代東西町奉行へ御遣
佛生會につき大佛殿御參詣
閑院宮へ御成
*廬山寺御代香
*所司代より笋拜受御請申上
*知足庵三宅宗仙を御呼出御茶事
泉山御代香
*內田幾太郎へ願により茶道出勤仰付
聖門新宮御成
暫時御咄

人小頭西村伊右衞門、押兩人、御先廻山下監物・堀部多仲・板元兩人・御修理方下役人、佐原與右衞門・下部壹人、鈴木知足庵・三宅宗仙、御供被仰付候也、

於長岡寺戸村庄屋年寄獻上御菓子小倉野業平饅頭一折、

於同所牛ケ瀨村津田源吾、伺御機嫌獻上御菓子一箱、

天神江御奉納金百疋、

七日、庚卯、快晴、當番、菅谷中務卿・松井若狹守・伊丹將監・中嶋織部、

一、山門西塔東谷惣代嚴王院(慈寂)、今般閑院一品宮樣江結構被仰出候恐悅申上、

一、西塔院內惣代無量院、右同斷、

一、三宅宗仙・知足庵、昨日御供御禮、伺御機嫌旁參上、御對面被仰付、今日御灸治被遊ニ付、宗仙拜診被仰付候也、

八日、辛辰、雨、當番、今小路兵部卿・松井西市正・伊丹將監・九鬼主殿、

一、佛生會ニ付、巳刻御出門、大佛殿江御參詣、夫より閑院宮樣江御成、還御亥刻、御供松井相模守・小畑主稅・九鬼主殿、

九日、壬巳、晴、時々雨、當番、松井相模守・木崎河內・三谷藏人、

一、泉涌寺へ御代香、使今小路兵部卿、

一、聖護院(盈仁)新宮樣御成、暫時御咄之上還御、御菓子被進之、

十日、癸巳、晴、當番、中務卿代木崎河內・松井若狹守・伊丹將監・中嶋織部、

一、隨宜樂院(公遵)宮樣御成、年始御禮被仰置候也、

一、傳奏觸到來、

就來十三日加茂祭、從明後十一日晚到十三日晚、仙洞樣御神事ニ候、仍而爲御心得各迄可申入旨、兩傳被申付如此御座候、已上、

一、東海道藤川宿、近來及困窮、助鄕共一同難儀ニ付、當辰三月廿日より來亥三月十九日迄、中七ケ年之間、道中人馬賃錢四割增ニ受取候樣申渡候間、可被得其意、右之趣向々江可被相觸候、

十一日、甲午、晴、當番、今小路兵部卿・松井西市正・九鬼主殿、

一、御後園出產之笋、所司代(貞長)牧野越中守・町奉行(正延)土屋伊豫守・丸毛和(政良)泉守へ被遣候事、御使中嶋織部、

一、廬山寺江御代香、今小路兵部卿、

一、牧野越中守より使者を以、今日笋拜受御請申上候也、

一、依召知足庵・(三宅)宗仙參上、御茶被爲在候也、

十二日、乙未、曇、雷鳴、當番、松井相模守・木崎河內・三谷藏人、

一、內田幾太郎茶道出勤之儀相願、則願之通、出勤被仰付、於御廣間木崎河內申渡、

尹宮へ箏御進上
*所司代近々出府發足との通知
木崎正遠有馬湯治に出立
*前輪門宮より蘆浦尊菜進上
*蘆浦護法院より尊菜獻上
京極家より長岡天神御參詣の節詰合の役人共へ目錄御下賜につき御挨拶
*閑院宮へ尊菜進上
*萬里小路政房へ御清書御遣
*山科岱安拜診
閑院兩宮へ御祝儀御返禮進上
*所司代へ關東發足につき御餞別御遣
堯恕親王御祥忌御法事
*御發熱につき三宅宗仙拜診
山科岱安より御藥調進
御參內後閑院宮御成
*山科岱安拜診
御藥調進
石山基名へ御清書御屆
*萬里小路政房へ御書御遣

十三日、丙申、晴、當番、菅谷中務卿・松井若狹守・伊丹將監・中嶋織部、
一、閑院尹宮樣（美仁）江箏一折被進之、御使岡本內匠、
十四日、丁酉、快晴、當番、今小路兵部卿・松井西市正・三上大膳在坂・伊丹將監、
一、木崎河內有馬湯治相願、今日出立候也、
一、山門安祥院（詳カ）（最天）・大興坊參上、西市正面會候也、
一、京極樣御內尾崎大和守參上、先日長岡江御參詣之節、長岡江請合候役人共江、御目錄被下置、則冷光院殿江御風聽申上候處、被爲入御念候儀と思召候、仍之御內〻ニ而役人中迄、右御挨拶被仰進候由也、
十五日、戊戌、小雨、當番、松井相模守・三谷藏人、
一、閑院一品宮樣へ、此間御祝儀被進候御返し、御里坊迄御使被進、尹宮樣よりも御同樣也、
一、當日御禮參上、山本內藏・三宅宗達・村若縫殿・市川養元、
十六日、己亥、晴、當番、菅谷中務卿・松井若狹守・伊丹將監・中嶋織部、
一、獅子吼院宮（堯恕）御祥忌、於御堂御法事被爲在候也、
十七日、庚子、晴、當番、菅谷中務卿・松井西市正・九鬼主殿、
一、巳刻前御出門、御參內、已後閑院樣江被爲成、還御亥刻、御供松井西市正・友田掃部・堀部多仲、
一、石山前中納言（基名）殿江御清書被遣候也、

十八日、辛丑、曇、未刻過雷鳴、當番、松井西市正・三谷藏人・山下監物、
一、牧野越中守（貞長）、御用ニ付致出府候樣御奉書到來ニ付、近〻發足之旨、御附武家より申來候也、
十九日、壬寅、晴、當番、菅谷中務卿・松井若狹守・伊丹將監・中嶋織部、
一、隨宜樂院宮樣より蘆浦尊菜一桶被進之、
一、蘆浦護法院より、時節爲窺御機嫌尊菜一桶被上之、
廿日、癸卯、曇、當番、松井西市正・九鬼主殿、
一、閑院宮樣江尊菜一桶被進之、御使青侍中、
一、萬里小路前大納言殿江御清書被遣候也、御使青侍中、
一、山科岱安、伺御機嫌、拜胗被仰付候也、
一、牧野越中守殿へ、近〻關東發足ニ付爲御餞別綿三把被遣候也、御使木崎兵庫、
一、牧野越中守、使者を以、今日御使被遣候御請申上候也、
廿一日、甲辰、雨、當番、松井西市正・三谷藏人・山下監物、
一、少〻御熱被爲在、三宅宗仙拜胗之上、山科岱安へ御藥調進候樣申遣、則御藥調進、猶明朝可相伺旨也、
廿二日、乙巳、快晴、當番、菅谷中務卿・伊丹將監・中嶋織部、
一、山科岱安參上、御脉拜胗、御藥調進候也、
一、萬里小路前大納言殿へ御書被遣候也、

傳奏より明日西町奉行所へ出頭するやう御達

廿三日、丙午、雨、當番、松井西市正・九鬼主殿、

一、入夜傳奏油小路(隆前)家より御留守居被相招、明廿四日九ツ時御家來壹人、町奉行西土屋伊豫守(正延)役所へ罷出候樣、卽町奉行紙面之寫を以御達、則御承知書差出候也、

西町奉行所にて大坂表富興行札捌を御境内に於ても弘めたき願出は關東より許可なき旨の御達

廿四日、丁未、雨、當番、今小路兵部卿・三谷藏人・山下監物夜斷、

一、傳奏衆より御達之趣ニ付、土屋伊豫守役所江山下監物罷越候處、先達而被仰立候大坂表冨御興行札捌方之儀ニ付、御境内ニおゐても被弘度段、卽關東へも相伺候處、難相成段申來候故、此段被達候由也、則御承知御使被遣、吉見文內相勤候也、

山科岱安御藥調進

廿五日、戊申、晴、當番、菅谷中務卿・伊丹將監・中嶋織部、

一、山科岱安參上、御藥調進候也、

廿六日、己酉、晴、當番、松井西市正・九鬼主殿、

金剛院綱麿へ來月入院得度につき御聞濟と御達

廿七日、庚戌、曇、當番、松井西市正・三谷藏人、

一、金剛院綱丸殿、來月十九日入院得度被致度旨、被相願通御聞濟ニ付、雜掌三上勘解由相招、松井西市正申達候也、

常樂院御講釋奉

廿八日、辛亥、晴、當番、菅谷中務卿・伊丹將監・中嶋織部、

一、常樂院御講釋奉、

金剛院より大坂表富興行の銀十枚獻上

一、金剛院殿より例月之通、大坂表冨興行相濟候ニ付、御菓子料銀拾枚被上之、

*西本願寺より上馬町屋敷買取の願出御領承につき念書

一、本願寺御門跡(法如光闡)より上馬町買得屋敷之儀ニ付、御賴之儀御領掌被遊候段、御使伊丹將監を以被仰遣候ニ付、役人より一札差出候也、但御賴被仰上候趣者、二月廿三日ニ記有、

一、御境內上馬町南側表口拾間・裏行四拾五間、右家屋敷壹ケ所、永原屋茂兵衞所持ニ候處、先達而金剛院殿御所望ニ候而、御隱居所ニ相成候、其後宮樣御別殿ニも相成候、然ル處、當時御入用無之候ニ付、以前町役家之儀ニ候得者、御門并御玄關等御取拂之趣、本御門主御聞及、幸大谷江間近ク、非常之節者勝手ニも相成候ニ付、本御門主御掛屋敷ニ其儘被成度候、町役家之儀ニ候得者、町分之所植木屋又兵衞名前ニ而致買得、本御門主御掛屋敷之內者、御門并御玄關ハ其儘ニ而御借用被成度段、委細以使者御賴被仰候處、無據筋合ニ付、本御門主御所望之通御領掌被進、忝御大慶被成候、然ル上者、諸事町役并地子夫代等者勿論、普請等之節者、常例之通町役之者共連印ニ而又兵衞より相伺、御差圖次第ニ可致候、尤右屋敷、御門主御

*禁裏各御所へ參進閑院宮へ御成

*禁裏仙洞へ箏獻上

常樂院御講釋奉

*四條室町東火事

*山科岱安拜診

常樂院御講釋奉

*三御所へ箏進上

橋本實理伺候

西町奉行より箏拜領御請使

*常樂院御講釋奉

*端午之御禮

*四御所閑院宮へ端午御祝儀

入用無之其節者、御門并御玄關等取拂之儀相伺候而御返却被成、平家ニ致、立來候沽券を以、植木屋又兵衞より外〻江相讓候樣可致候、右ニ付諸事御差圖次第取計可申候、爲後證仍而如件、

本願寺御門跡內
林左治馬印

天明四年辰二月　澁谷左衞門印

妙法院宮御內
伊丹將監殿
山下監物殿

廿九日、壬子、曇、當番、松井西市正・九鬼主殿、

一、常樂院御講釋奉、

晦日、癸丑、快晴、當番、木崎河內・三谷藏人・山下監物斷、

一、常樂院御講釋奉、

一、橋本前大納言殿(實理)御伺公、久〻御所勞御引籠り、漸ニ快氣ニ付、窺御機嫌、且先達而被遣物御禮被申上候也、被申置御退出、

一、土屋伊豫守、此間御後園之箏拜領之御請、使者を以申上候也、使者須藤文右衞門、

五月

朔日、甲寅、晴、當番、菅谷中務卿(寬常)・伊丹將監、

一、巳刻御出門、先御參院(後櫻町)、次大女院御所(舍子)、次御參內(光格)、未刻御退出、女院樣(富子)、夫より閑院樣(典仁)江御成、子刻還御、御供菅谷中務卿・中村帶刀・堀部多仲・松井權之進・吉見文內・中村金左衞門、

一、當日御禮參上、山本內藏・三宅圓達・岩永右衞門(永昌)、

二日、乙卯、雨、當番、松井西市正・主殿へ返書三谷藏人(寬重)、

一、禁裏御所(光格)・仙洞御所(後櫻町)江御後園箏例年通御獻上、御使木崎河內(正達)、

三日、丙辰、曇、當番、木崎河內・三谷藏人、

一、今曉出火、四條通室町東へ入町、

一、山科岱安、於御學問所拜脉被仰付候也、

一、大女院御所・女院御所・女一宮樣(欣子)江箏一折ツヽ被上之、御使木崎法眼(正達)、

一、大御乳人江箏一折被遣之、御使靑侍中、

一、智積院(實嚴鑁啓)僧正使僧を以、端午之御祝儀粽十把獻上之、

四日、丁巳、曇、當番、菅谷中務卿・伊丹將監、

一、常樂院(志岸)御講釋奉、

端午、戊午、快晴、當番、松井西市正・九鬼主殿、

一、於御座間御禮如例、

一、四御所(光格・後櫻町・舍子・富子)・閑院宮樣江當日御祝儀、御使三谷藏人、

各所へ御祝詞
*御癪痛につき三角了察拜診御藥調進
常樂院御講釋奉
*仁門宮より癪氣御見舞
青門宮より御祝詞
*常樂院御講釋奉
*三角了察拜診調藥
智積院より御祝詞
*山門住職繼目御禮
勝安養院より御祝詞
*御庭御田植
蓮池番屋取拂
*御母宮御正忌御法事
*閑院宮へ御成
三宅宗仙宗達拜診
聖門新宮より御見舞品進上
*普應院使より綱麿殿得度教授を御請且つ明日參上の節風邪氣故に長髮との御斷言上

一、青(尊眞)門樣・聖(忠譽)門樣・輪(公延)門樣・仁(深仁)門樣・林丘寺宮樣(博山元敞)・入(尊信)江樣・鷹(輔平)司樣・九(尚實)條樣江當日御祝詞被仰進、御使小畑主稅、

一、常樂院御講釋奉、

一、青門樣より當日御祝詞御使被進候也、

一、御禮參上之輩、山本內藏・篠田主膳・三宅宗仙・同宗甫・香山大學・村若縫殿・市川養元・知足庵・嶋村紹億・木下道正庵・三宅圓達・甲賀祐元・三宅宗達、

一、智(實嚴鑁啓)積院僧正代光照院、端午御祝儀申上候也、

一、勝(堯海)安養院僧正・普(洞海)應院少僧都より使者を以、當日御祝詞被申上、

六日、己未、曇、當番、木崎河內・三谷藏人、

一、蓮池番屋、當時番人も無之、及大破候ニ付、取拂候而表通り垣結切之事、

七日、庚申、曇、時ゝ雨、當番、菅谷中務卿・伊丹將監・中嶋織部(敬藏)、

一、三宅宗仙・三宅宗達參上、拜胗、

八日、辛酉、雨、當番、今小路兵部卿(行先)・三上大膳・九鬼主殿、

一、聖(盈仁)護院新宮樣より、此節少ゝ御違例之由被聞召、爲御見舞御菓子壹箱被進候也、

一、少ゝ御積(癪)病氣ニ被爲有、依召三角了察於御座間拜胗被仰付、御藥調進候也、

九日、壬戌、曇、當番、木崎河內・三谷藏人・山下監物(重好)、

一、仁門樣より、少ゝ御積氣之由被聞召、爲御見舞御花一筒被進之、

一、常樂院於御座之間御講釋奉、

十日、癸亥、曇、午後晴、當番、菅谷中務卿・伊丹將監・中嶋織部、

一、三角了察、於御學問所拜胗・御藥調進、

一、三宅宗仙參上、拜胗、

一、山門瑞雲院繼目御禮、扇子三本入獻上、

一、山門寶園院住職繼目御禮、同斷獻上、

一、御庭御田植、君子榭江被爲成、御吸物・御酒被召上候也、

十一日、甲子、快晴、當番、今小路兵部卿・松井西市正・三上大膳・九鬼主殿、

一、成(寬宮、成子)善提院宮樣御正忌、於梅ノ間御法事御執行、

一、午刻御出門、閑院樣江被爲成、還御戌之刻、御供松井西市正・三上大膳・木崎兵庫、御先三人、

十二日、乙丑、雨、當番、木崎河內・山下監物、

一、普(洞海)應院殿使濱崎右京(惟敬)時候被伺御機嫌、且綱麿殿得度敎授之儀被蒙仰、御請被申上、尤今日上京、早速參殿

*三宅宗達拜診

三角了察拜診調藥

*院家衆等參殿

今日吉社御神事につき日吉社司參勤

*安祥院より浴油結願の歡喜團獻上

御神事練物を穴御門にて上覽

*綱麿殿得度習禮

*三角了察拜診調藥

*近年米穀高値にて難儀の者多きにより不相當の石數を買持ち又は餘計な米穀を圍ひ置く者や徒黨を集めて理不盡をなす者を御仕置するとの傳奏觸

今日吉御代參

安倍季康より音樂奉納の御屆

院家衆等御相伴

今日吉社司參上

穴御門にて神幸御拜練物上覽

被致候筈之處、此間より少々風邪氣ニ候而、押而上京仕候故、乍自由使を以御伺被申上候、猶明日者參殿被致候得共、前段被申上候通風邪氣故、長髮之段御斷被申上置候也、

御菓子・羊羹五棹被差上候事、

十三日、丙寅、曇、午後晴、當番、菅谷中務卿・伊丹將監・中嶋織部、

一、三角了察拜胗・御藥調進候也、

一、御鎭守御神事ニ付、如例年坂本社司參勤、生源寺民部少輔(行雄)、

一、御神事宵宮、當町鐘鑄町ねり物出ル、

一、諒闇中故、四ツ脚御門不被開、穴御門ニ而ねり物上覽被爲在候也、

十四日、丁卯、晴、當番、今小路兵部卿・松井西市正・三上大膳・九鬼主殿、

一、御鎭守江御代參、日嚴院(堯忠)僧正、

一、安倍雅樂助(季康)、御鎭守御神事例年之通音樂奉納參勤御屆申上、御機嫌相伺候也、

一、於御座間夕御膳御相伴、日嚴院僧正・普應院殿・綱丸殿、

一、藤嶋石見恐悅參上、

一、於穴御門神幸御拜被爲在、ねり物等上覽也、

一、當町鐘鑄町ねり物、堀詰町より俄ねり物等出ル、

十五日、戊辰、晴、當番、松井相模守(永亨)・木崎河内・三谷藏人・山下監物、

十六日、己巳、雨、當番、菅谷中務卿・松井若狹守(永喜)・伊丹將監・中嶋織部、

一、良家衆御參殿、

一、三宅宗達拜胗被仰付候也、

十七日、庚午、當番、松井西市正・三上大膳・九鬼主殿、

一、日嚴院僧正・普應院少僧都・金剛院綱丸殿御參殿、

一、常樂院參殿、

一、安祥院(最天)參殿、浴油結願ニ付、歡喜團獻上之、

一、來十九日綱麿殿得度ニ付、於宮嶋間御習禮有之也、

一、三角了察參上、拜胗・御藥調進、

一、兩傳奏觸到來、

諸國共、近來米穀高直ニ有之候上、別而去年已來直段引上ケ、輕きもの共及難儀之趣相聞候ニ付、米高賣しもの者勿論、其筋渡世ニ不致ものニ而も不相當之石數買持候儀致間舖、其外町々在々之者共、銘々當年新穀出來迄可相續、手當之外餘慶之米穀不圍置候者、其地者不申及、他國江も賣出候樣致、幷諸國廻米道賣道買等、決而致間敷候、若他之難儀をも不顧、餘慶之米穀圍置候歟、又者道

賣・道買等致候もの有之ニおゐてハ、吟味之上、御仕置可申付候、且又願之儀等、其筋江不申立、此度之申渡ニ乗し大勢徒黨を集、在町〻人家ヲ相壊、其外理不盡成儀等致ニおゐてハ、是又吟味之上、御仕置可申付候間、所役人五人組之者共申合心を付、右躰之もの於有之者、早速其筋江可申出、若等閑成儀有之候ハヽ、一同可爲曲事候、右之通、諸國御料ハ其所之奉行・御代官・御預り所、私領者、領主・地頭より町〻在〻浦〻迄不洩樣、急度可申渡候、右之通可相觸候、

四月

十八日、辛未、晴、當番、松井相模守・木崎河内・三谷藏人・山下監物、

大御乳人より御積痛の御見舞品

一、大御乳人より少〻御積痛氣ニ被爲在、御機嫌うかゝひ酒煮麩・梅か枝・こんふ被上之、

十九日、壬申、晴或白雨、當番、菅谷中務卿・松井若狭守・伊丹將監・中嶋織部、

一、日嚴院僧正・普應院少僧都御參殿、

綱麿殿得度式

一、金剛院綱麿殿、今日得度、辰刻御參殿、於御座之間御對面、巳刻前金剛院殿寺坊江案内有之、爲着座園池大納言殿(房季)・姉小路宰相中將殿(公聰)御伺公、於梅ノ間御休息、於御書院兩卿へ御對面、次於同所山門常樂院大僧都・安祥院大僧都御對面、巳半刻入堂、道場宮嶋之間、午刻過得度首尾能相濟候也、

*御戒師以下役割

宮御方(眞仁)　御戒師　教授　普應院少僧都洞海

唄師　日嚴院僧正堯忠

*得度名眞應

一、於御座之間金剛院眞應御對面、御雜煮御相伴、御盃被遣之、坊官菅谷寛常納之、

*得度獻上物

一、今日得度ニ付被獻物、

干蕨一箱　氷蒟蒻一箱　昆布一箱

御樽一荷

御戒師ニ付、

白銀貳枚

一、於御座ノ間夕御膳、金剛院殿より被上、普應院殿御相伴、

二汁七菜御口取・濃茶、御菓子・御薄茶、

*園池姉小路兩卿へ御夕飯

一、於梅ノ間着座、園池大納言殿・姉小路宰相中將殿、雜煮・夕飯二汁七菜濃茶・薄茶出ル、尋而御退出、

一、於梅ノ間休息所、日嚴院僧正・金剛院殿・常樂院・安祥院等料理出ル、二汁七菜、

一、於御廣間中ノ間、寶生院(善資)・惠乘房(玄隆)・法雲房(是空)・安住房(長亨)・松井丹波等江料理出ル、二汁五菜・菓子、

得度相濟み御祝儀

一、得度無滯相濟候御祝儀、御使菅谷法眼を以、左之通被遣之、
　干蕨一箱　氷蒟蒻一箱　昆布一箱　御樽一荷　紗綾貳卷　白銀貳枚

閑院宮より初の御戒師に御悅使

一、閑院宮樣より今日初而御戒師爲御悅、御使を以被仰進候也、尹宮樣・孝宮樣よりも御同樣被仰進候也、
一、聖護院新宮樣よりも御同樣、御使被進候也、

御父千種有政より御戒師御禮

一、千種三位殿(有政)御伺公、綱麿殿得度御戒師御禮被申上、且金剛院殿御拜領物御禮も被申上候也、

御附衆より所司代に戸田忠寛仰付との手紙

一、御附水原攝津守(保明)・渡邊筑後守(直)より手紙來、牧野越中守(貞長)連判之列被仰付、戸田因幡守(忠寛)諸司代被仰付候旨申來候、此段爲御心得相達申候、已上、
　　五月十九日

*金剛院の法眼申請書

一、金剛院殿申法眼、小折紙・勘例等、傳奏衆へ被入内覽候也、何之御存寄も無之、職事小川坊城辨殿(俊逸)江被附候事、御使木崎河内、
〔コヽニ圖アリ、便宜下段ニ移ス。〕

廿日、癸酉、晴、當番、今小路兵部卿・松井西市正・三上大膳代監物・九鬼主殿夜分代將監、

清水寺祇園社御參詣閑院宮へ御成

一、午刻御出門、清水寺・祇園江御參詣、夫より閑院樣へ被爲成、御供松井相模守・松井若狹守・伊丹將監・藪澤雅樂、御先三人、亥刻還御、

*篠田主膳の邸宅屆

一、篠田主膳變宅御屆申上候ニ付、傳奏江御屆被差出候也、
　覺

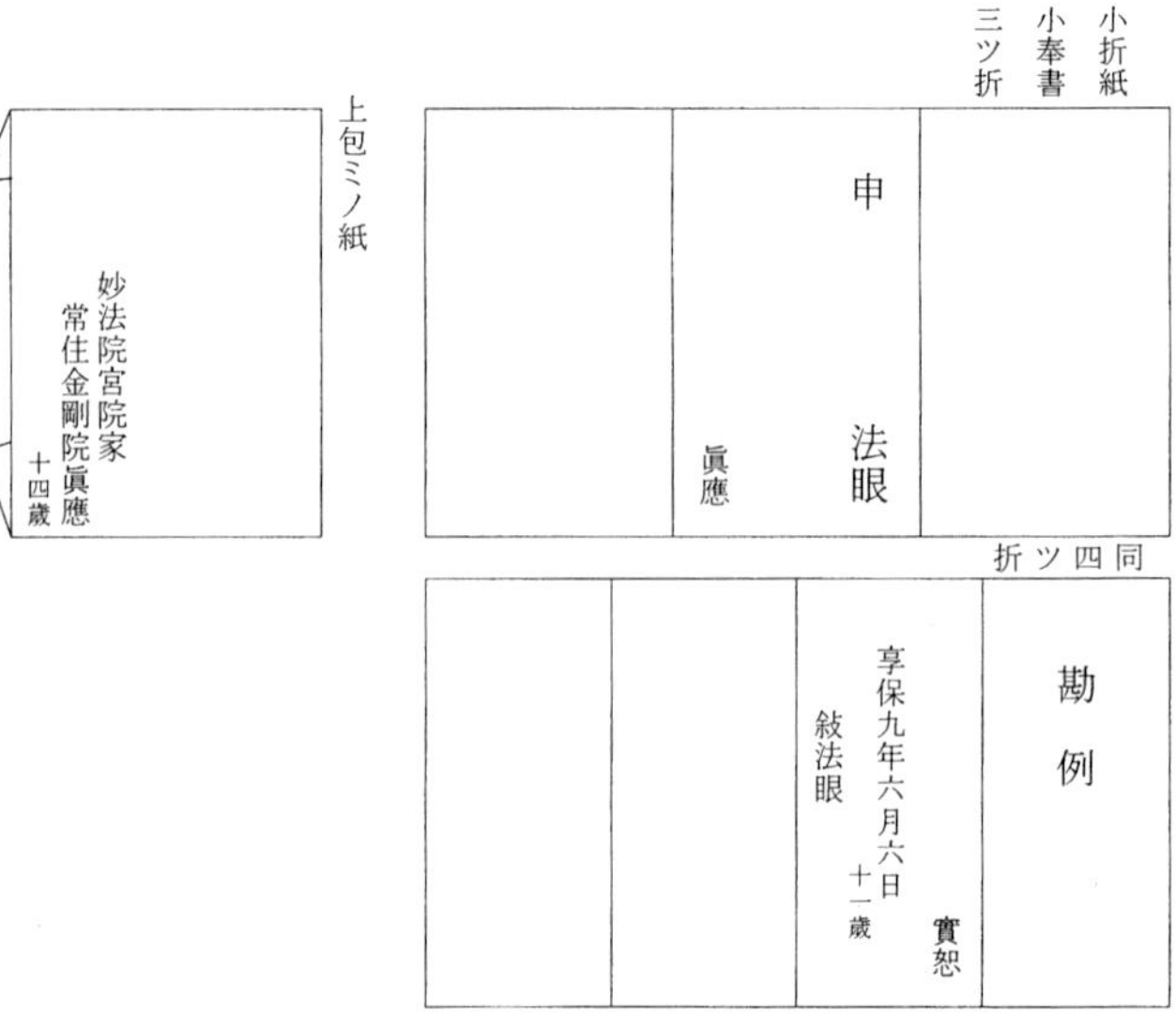

妙法院宮御家頼
篠田主膳

右主膳儀、是迄御長屋ニ罷在候處、此度高倉蛸薬
師上ル町土岐元信家江借宅仕候、依爲御届如斯御
座候、以上、

辰五月　　　妙法院宮御内

一、常住金剛院殿(眞應)法眼、今日勅許、則爲御届小坂僧正(堯忠)同
道ニ而御參殿也、
廿一日、甲戌、晴、當番、松井相模守・木崎河内・三谷藏人・山下監物代大膳、
一、普應院殿大僧都小折紙法印・勘例等、御世話萬里小路殿(政房)
井傳奏久我殿(信通)江御内談、御使三谷藏人、
一、西本願寺御門跡(法如光闡)より使者を以、御境内上馬町買得屋
敷之儀ニ付、段ゝ御懇命之趣忝被存候、仍之花一
筒・羊羹五棹被上之候也、
廿二日、乙亥、晴、申刻過雨、當番、菅谷中務卿・伊丹將監・中嶋織部、
一、御末寺稱名寺(最譽)、依願御紋付白張御幕貳張御寄附、今
日於鶴之間、菅谷中務卿出頭申渡、御墨付左之通、
其寺院、就御代ゝ御位牌御預、此度御紋付白張御
幕貳張御寄附ニ候、麁略不可有者也、

天明四年辰五月日　　　木崎河内 判

金剛院法眼勅許

*稱名寺への御寄付につき傳奏への届書

普應院の法印大僧都申請につき御内談

西本願寺より上馬町屋敷の件にて御挨拶

稱名寺へ御紋付白張御幕御寄附申渡

*三谷鐵之允山下常五郎へ出勤仰付

*愛宕山御代參

松井西市正 判
菅谷中務卿 判
稱名寺

一、普應院殿申法印大僧都小折紙・勘例等、
〔コ、ニ圖アリ、便宜次頁ニ移ス。〕
廿三日、丙子、晴、夜雷雨、當番、今小路兵部卿・松井西市正・三上大膳・九鬼主殿、
一、傳奏衆へ御届書被差出、

妙法院宮御末寺
大佛東町
稱名寺

右寺院江御紋附白張御幕御寄附被成候、仍御届被
仰入候、已上、

辰五月　　　妙法院宮御内
松井西市正 印

油小路前大納言(隆前)樣御内
伏田右衞門殿
久我大――
辻信濃守殿
岡本内匠殿

廿四日、丁丑、雨、當番、松井相模守・木崎河内・三谷藏人・山下監物、
一、三谷鐵之允・山下常五郎出勤被仰付候事、
廿五日、戊寅、雨、當番、菅谷中務卿・松井若狭守・伊丹將監・中嶋織部、
一、愛宕山江御代參、吉見文内、
一、閑院尹宮樣より御書被進之、

普應院の法印大僧都申請書付

*山科岱安御拜診

*普應院御參宿

*萬里小路政房御對面

*普應院より法印大僧都勅許の御禮

*常住金剛院附弟得度相濟につき山坊之儀仰付を東叡山執當に願出

	申　法印 法眼洞海	

	申　大僧都 少僧都洞海	

勘例	妙法院宮院家 日嚴院 堯明　十五歳 寶曆五年三月三日　任大僧都 同日　叙法印		

妙法院宮院家
普應院
少僧都法眼洞海　十六歳

廿六日、己卯、晴、當番、今小路兵部卿・松井西市正・三上大膳・九鬼主殿、

一、山科岱安窺御機嫌、於御座ノ間拜脉被仰付候也、

一、普應院少僧都御參宿也、

廿七日、庚辰、晴、當番、松井相模守・木崎河内・三谷藏人・山下監物所勞斷、

一、普應院少僧都御退出、

一、萬里小路前大納言殿御伺公、於御座之間御對面、於梅ノ間湯漬出ル、

一、亥刻普應院殿御參、大僧都法印今日勅許御禮被申上候也、

廿八日、辛巳、雨、當番、菅谷中務卿・松井若狹守・伊丹將監・中嶋織部、

一、東叡山執當江奉書差下、山王樹下采女正へ書狀ニ而被遣ル也、

依妙法院宮仰致啓達候、然者、先達而常住金剛院實恕隱居被仰付、山坊之儀、附弟祝髮相濟候迄、御願被遊置候處、去ル十九日金剛院附弟得度被仰付、山坊之儀如元被仰付候、依此段被仰入候、宜御披露可被成候、恐惶謹言、

五月廿六日　木崎河内判

松井西市正判

菅谷中務卿判

佛頂院殿
眞覺院殿

一、橫河大林院(卽全)參上、此度別當代被仰付候御禮參上候也、

廿九日、癸午、曇、當番、今小路兵部卿・松井西市正・三上大膳・伊丹將監、

一、三角了察於御座ノ間、御脉拜胗御藥調進候也、

一、山門大智院繼目御禮、扇子三本入獻上之、

一、普應院大僧都御參宿、從明朔日於御殿加行開闢被致也、

六　月

朔旦、癸未、晴、當番、松井相模守(永亨)・木崎河內(正達)・三谷藏人(寬重)・山下監物(重好)、

一、普應院大僧都洞海、加行御開闢、

一、四御所(光格・後櫻町・舍子・富子)江當日御祝詞被仰上候事、御使三谷藏人、閑(典仁)院宮樣へも被仰進候也、

一、當日御祝儀參上之輩、三宅宗甫・篠田主膳・山本內藏・市川養元・三宅宗仙・岩永右衞門、

一、岩永右衞門、明日より要用ニ付、浪花江下向、御届申上候也、

二日、甲申、快晴、土用入、當番、菅谷中務卿(寬常)・松井若狹守(永喜)・伊丹將監・中嶋織部(敬藏)、

一、閑院宮摩尼淨院宮樣(直仁)御正忌、於御持佛堂御法事、

大林院より橫川別當代御禮
*淨妙庵惠宅御對面
*關東への暑中御見舞につき御附衆へ御聞繕書
三角了察拜診調藥
普應院參宿明日加行開闢
普應院加行開闢
*閑院先代宮御法事
*傳教大師御正忌御逮夜御法事
四御所へ當日御祝詞
閑院宮へも御祝詞
*閑院先代宮御正忌に盧山寺御代參
*佛光寺より暑中御見舞
閑院先代宮御正忌御逮夜御法事
*傳教大師御正忌に普賢延命供

例時作法　出仕小坂僧正(堯忠)・普應院大僧都・金剛院法眼(眞應)・寶生院(善資)・惠乘房(玄隆)・法雲房(是空)・安住房等也、

一、淨妙庵惠宅參上、於御座間御對面、

一、關東へ暑中御見廻被進物、二條表へ御使何日頃可被差出候哉、御聞繕書御附武家月番水原攝津守(保明)役宅へ被差出、御使吉田文內、

一、嶋村紹億、暑中御機嫌伺參上候也、

三日、乙酉、晴、當番、松井西市正(永昌)・松井相模守・兵部卿代三上大膳・九鬼主殿、

一、摩尼淨院宮樣御正忌、於御持佛堂御法事、
法華懺法　出仕小坂僧正・普應院大僧都・東尾法眼(眞應)・寶生院・惠乘房・法雲房・安住房、

一、傳教大師(最澄)御正忌御逮夜、於東御堂御法事、出仕右同斷、

一、暑中窺御機嫌村若左門・同縫殿、谷川甜瓜二十獻上、

一、摩尼淨院樣御正忌、盧山寺へ御參詣可被遊處、少〻御違例ニ付、御代參三上大膳、

一、佛光寺御門跡(順如堯祐)使者を以、暑中御見舞被仰上候事、

一、木村宗右衞門、暑中爲窺御機嫌參上、

四日、丙戌、雨、當番、松井相模守・木崎河內・藏人代三上大膳・監物代伊丹將監、

一、傳教大師御正忌、於東御堂御法事、

仙洞御所御門修理中の往來につき傳奏觸
*青門より暑中御見舞
*三宅宗達拜診
*御誕生日御祝儀
三角了察拜診調藥
*祇園會鉾を御内々に御覽御忍にて鈴木求馬宅へ御成
西本願寺より暑中御伺
蘆浦護法院より暑中御伺
京極家より暑中御見舞
*鈴木求馬家族へ御視仰付

御出仕
普賢延命供　出仕　小坂僧正・寶生院・惠乘房・
法雲房・安住房、

口上覺

(後櫻町)
仙洞様唐御門御屋根御修覆ニ付、來五日より御參
洞御臺所御門より御往來可被遊候、御修覆相濟候
ハヽ、猶又可被申入候、右之段爲御心得各迄可申
入旨、兩傳被申付如此候、已上、

六月三日　　兩傳奏 ――

御宛所如例、

坊官御衆中

一、藤嶋石見、暑中窺御機嫌參上、
一、三角了察參上、御脉拜胗、御藥調進、
一、本願寺西門跡(法如光闡)より使者を以、暑中御見舞被申上候也、
一、蘆浦護法院使者を以、暑中御機嫌被相伺候也、
一、京極様より、暑中御見舞被仰進候也、
五日、丁亥、雨、當番、菅谷中務卿・松井若狭守・將監代山下監物・中嶋織部代主殿、
一、暑中伺御機嫌、外良餅・粽五把、市川養元獻上、
一、同斷、三宅宗仙・同宗甫、有米糖一箱獻上、
一、同斷、高森同玄、
一、智積院(實巖鑁啓)僧正代養眞院、暑中御機嫌相伺候事、所労ニ付
代僧を以申上候也、

六日、戊子、晴、當番、今小路兵部卿・西市正代木崎河内・主殿代伊丹將監、
一、山門嚴王院(慈寂)、暑中伺御機嫌參上、先達而金剛院殿(眞應)得
度御戒師被遊候恐悦も申上候也、
一、青門様(尊信)より、暑中御見廻御使被進候也、
一、三宅宗達、暑中伺御機嫌、水玉一折獻上、於御學問
所拜胗被仰付候事、
一、高森正因同斷、參上、
一、養源院大僧正、暑中御機嫌相伺候也、
七日、己丑、雨、當番、河内へ返番、松井西市正・松井相模守・三谷藏人・山下監物、
一、御誕生日御祝儀、如例年、
一、御内々祇園會鉾爲御覽、卯半刻御出門、極御忍ニ而
鈴木求馬宅江被爲成四條通東洞院西江入、長刀鉾町南側、御
包輿御先兩人・御近習兩人衣躰袴・羽織・押壹人・御挾
箱壹・御手廻壹人・笠籠一荷・挾箱一荷、
御供菅谷法眼・松井若狭守・三谷鐵之允・山下常五
郎等、御先江參候也、伊丹將監・山下監物・木崎兵
庫等、御跡より參候也、御臺所方堀部多仲・板元吉
兵衞、外ニ幸七等、相廻候也、
一、依願鈴木宮内求馬弟・清心知足庵母、御視被仰付候也、大松風一箱

*山科岱安拜診
東本願寺より暑中御見舞
播州清水寺惣代より暑中御伺
*聖門新宮より暑中御見廻
*眞宗三門跡へ暑中御尋使
興正寺より暑中御見舞
金剛院より暑中御見舞
四御所へ暑中御伺
*横河總代より暑中御伺
淨妙庵參上
*三角了察拜診
調藥
三角了察拜診
調藥
*三宅宗仙宗達拜診
鈴木知足庵御成御禮參上
京都代官暑中御伺
鈴木宮內より御成御禮言上
*三角了察拜診
調藥
*平田元敷忌明御禮
*寶壽院暑中御伺

宮內獻上、白粽一折清心獻上、
一、本願寺東御門跡(乗如光遍)より、暑中御見廻糒一折五袋被上之、
一、播州清水寺一山惣代發心院(賴寶)、暑中窺御機嫌索麵一折
獻上、
八日、庚寅、晴、當番、菅谷中務卿・伊丹將監・中嶋織部、
一、山門西塔南尾惣代中正院、暑中御機嫌相伺候也、
一、興正寺御門主(寂聽常順)より、暑中御見廻使者を以被申上候也、
一、金剛院殿(眞應)より同斷、御菓子一折被獻候也、
一、四御所江暑中御伺、甜瓜一籠宛被獻之、御使木崎河
內、
一、惠宅師、暑中伺參殿、爲御尋御菓子拜領御請も申上
候也、
一、三角了察拜胗、御藥調進、
一、鈴木知足庵、昨日被爲成候御禮參殿、
一、小堀數馬(邦直)、暑中窺御機嫌參上、
九日、辛卯、雨、當番、今小路兵部卿・松井西市正・三上大膳・九鬼主殿、
一、鈴木宮內、一昨日者御內〻被爲成難有、其節者御視
被仰付、拜領物仕、難有仕合奉存候、右御禮御玄關
二而申置、
一、山門西塔北尾惣代寶嚴院、暑中爲伺御機嫌參上候也、
一、山科岱安、暑中伺御機嫌參上、拜胗被仰付候也、
十日、壬辰、晴、當番、松井相模守・木崎河內・三谷藏人・山下監物、
一、山門藥樹院、暑中御機嫌伺、吉野葛一箱獻上、
一、聖護院新宮(盈仁)様より、暑中爲御見廻御使被進候也、
一、本願寺東西御門跡・興正寺御門跡江、暑中爲御尋御
使被遣、東御門跡江者一種被遣候也、御使九鬼主殿、
一、土岐元信、窺御機嫌參上候也、
一、西塔南谷惣代眞藏院、暑中御機嫌相伺候也、
十一日、癸巳、晴、當番、菅谷中務卿・松井若狹守・伊丹將監・中嶋織部、
一、横河院內惣代大林院(卽全)、暑中爲伺御機嫌、索麵一箱獻
上候也、
一、三角了察參上、御脉拜胗、御藥調進、
一、三宅宗仙・三宅宗達參上、拜胗、
一、鈴木知足庵、暑中爲窺御機嫌水玉二棹獻上候事、
一、角倉與市(玄壽)、暑中爲窺御機嫌參上、
十二日、甲午、晴、當番、今小路兵部卿・松井西市正・三上大膳・九鬼主殿、
一、三角了察參上、拜胗被仰付、
一、閑院様諸大夫平田因幡守(元敷)、忌明御禮申上、
一、甲賀祐元、暑中伺御機嫌參上、
一、祇園社務執行寶壽院(行快)、暑中窺御機嫌使者を以申上候

也、
一、昨日禁裏御所御修理方下役人、御里坊江來、御留守居出會之處、御里坊裏御門平日出入有之候哉、此段相糺候樣油小路(隆前)殿より被仰渡付、御尋申入候、否可及返答旨ニ付、今日書付差出候也、

覺

御里坊裏門、平日致出入候儀ニ御座候、右御尋ニ付、如斯ニ候、已上、

六月十二日　妙法院宮御内　岡本内匠

御修理方
御役人中

十三日、乙未、晴、當番、松井相模守・木崎河内・三谷藏人・山下監物、
一、萬里小路前大納言(政房)殿、所勞ニ付先使者を以暑中御機嫌被相伺候也、
一、仙洞(後櫻町)御所より暑中御尋、女房奉書ニて夏切御茶壹壺被進候也、御返書御請被仰上候、御使岡本内匠、
一、山門本行院、暑中伺御機嫌參上、
一、同斷、寶園院(繼天)、右同斷、
十四日、晴、當番、菅谷中務卿代相模守・伊丹將監・中嶋織部代藏人、(靜然)
一、東塔院内惣代圓敎院、暑中窺御機嫌眞桑瓜一籠、
一、若山源之進同斷、子芋一籠獻上、

*禁裏御修理下役人より御里坊裏門出入口につき御尋への御返書
*知門宮より暑中御見舞
*禁裏より御文
*西町奉行より暑中御伺
*三角了察拜診調藥
*眞如堂上乘院伺候
萬里小路政房より暑中御伺使
*石山基名より御機嫌御伺且つ暑中御尋御禮
仙洞より暑中御尋として夏切御茶拜受
*岸紹易歸洛御屆
*勝安養院より暑中御伺
*萬里小路政房伺候御願の御机拜領御禮

一、西塔北谷惣代正藏院、右同斷、
十五日、晴、當番、今小路兵部卿・松井西市正・三上大膳・九鬼主殿、
一、知門(尊峯)樣御使暑中御見舞被仰進候也、
一、禁裏御所より、御使御文御到來、
一、町奉行土屋伊豫守(正延)、使者を以、暑中窺御機嫌候也、
一、當日御禮參上之輩、山本内藏・香山大學・村若縫殿・市川養元・三宅宗達、
一、暑中伺御機嫌參上、嗚瀧兵部卿・山本卜泉・河野對馬守、
一、三角了察拜胗、御藥調進候也、
一、上乘院(尊明)殿御伺公、暑中窺御機嫌、御玄關ニ而被申置也、
十六日、晴、當番、松井相模守・木崎河内・三谷藏人・山下監物、
一、石山前中納言(基名)殿より使者を以、少々御違例被爲有候伺御機嫌、且暑中爲御尋被遣候御禮被申上候事、
一、岸紹易、從關東上京、御居申上候事、
十七日、晴、當番、菅谷中務卿・松井若狹守・伊丹將監・中嶋織部、
一、勝安養院(堯海)殿、爲伺暑中御機嫌索麵一折被上之、
一、萬里小路前大納言殿御伺公、被伺御機嫌、且先日爲御尋被遣物、井御願被申上御机拜領被仰付候御禮申上候也、梅ノ間ニ而申置、御退出、

三角了察拜診調藥
酒井志摩より上洛御届
知門宮より暑中御見舞使
佛光寺へ暑中御見舞使
*日光道中奥州道中は宿々困窮につき七ケ年間賃錢二割増との傳奏觸
四御所へ暑中御伺御參
閑院宮へ御成
英彦山座主より滋飴獻上
御虫拂始

一、三角了察拜胗、御藥調進、三宅宗達拜胗、
一、酒井志摩、關東より上京御届、傳奏へ被差出候事、
(隆前)
油小路家へ松井權之進持參、
一、知恩院宮樣より御使、暑中御見舞被仰進候也、
一、山門正觀院前大僧正(義遍)、代妙行院を以、窺御機嫌候也、
十八日、晴、當番、今小路兵部卿・松井西市正・三上大膳・九鬼主殿、
一、藤嶋木工助、暑中爲窺御機嫌參上、
一、佛光寺御門主江、暑中御見舞御使被遣候事、御使中村帶刀、
十九日、快晴、當番、松井相模守・木崎河内・三谷藏人・山下監物、
一、辰刻御出門、暑中爲御伺御機嫌、四御所江御參、閑院樣江も御成、還御亥刻頃、御供木崎河内・小畑主稅・堀部多仲、御先三人、
一、柳川了長、暑中窺御機嫌參上、解暑散獻上、
廿日、晴、當番、菅谷法眼・松井若狹守・伊丹將監・中嶋織部、
一、英彦山座主少僧都(妙有)、例年之通滋飴一陶獻上之、
一、今日より御虫拂、於南殿御書籍類、於御書院宸翰類・御影類、
一、藪澤雅樂、今般御藏役被仰付候也、
一、岩永右衛門、下坂御届申上候事、

一、傳奏觸到來、

口上覺

別紙之通、武邊より申來候間、爲御心得各迄可申入之旨、兩傳被申付如斯ニ候、已上、

六月廿日　　兩傳奏　雜掌

御宛所如例、

日光道中筋・奥州道中共、宿ゝ及困窮ニ付、當辰六月朔日より來亥五月晦日迄中年七ケ年之間、人馬賃錢一統貳割增錢請取候樣、宿ゝ江申渡候間、可被得其意候、

辰五月

廿一日、晴、當番、今小路兵部卿・松井西市正・三上大膳・九鬼主殿代織部、
一、御虫拂、御書院墨蹟類、南殿佛書類、
廿二日、晴、當番、松井相模守・木崎河内・三谷藏人・山下監物、
一、御虫拂、御書院御裝束類、宸殿御書籍、
廿三日、晴、當番、菅谷中務卿・松井若狹守・伊丹將監・中嶋織部、
一、御虫拂、御書院古筆手鑑、宸殿歌書佛繪、
一、油小路家より御家賴御招ニ付、三上大膳罷出候處、左之通御達之事、

明和八年卯八月廿四日

一、四ツ手駕籠・丸棒之駕籠・乗物等、築地之内前〻より往來停止候、彌以停止ニ候間、御門内ニ而番人心を可附事、

一、築地之内御所方・堂上方之下部等、急病人なと有之、宿へ下り候節、辻駕籠ニ而下り候事も有之候、其節御門内へ辻駕籠出入之事、先方之年寄之御門番人江入魂ニ而通し候事有之候樣ニ相聞へ候、向後右躰之事有之候ハヽ、御所當番取次江先方より被相届、取次より御門番へ申渡し候而通し可申候、若及深更候ハヽ、番人承届通し候而、翌朝先方より取次へ被相届候樣可申達候、尤番人よりも翌朝相届可申候、已上、

卯八月

一、西搭院内惣代大智院(選順)、少〻御違例御機嫌相伺候也、

一、山門寶園院所勞、代乗實院參上、少〻御違例之由奉承知、御機嫌相伺候也、

一、御末寺勝鬘皇寺(了應)、代淨心寺を以、暑中伺御機嫌、索麵一箱獻上、

廿四日、晴、當番、今小路兵部卿・松井西市正・三上大膳・九鬼主殿、

一、三角了察拜胗、御藥調進候也、

一、山門慈雲院、代僧正因房を以、少〻御違例爲伺御機嫌、外良餅三棹獻上候也、

一、御虫拂、御書院御花生類、宸殿韓人裝束類、

一、閑院一品宮樣(典仁)江、御詠藻被入御覽候事、

一、仁門樣江御書被進候事、

廿五日、晴、當番、松井相模守・木崎河内・三谷藏人・山下監物、

一、御虫拂、御書院御記錄類切〻類、宸殿御屛風類、

一、此節世上ニ疫病流行ニ付、御祈禱被爲在候而、院家衆・惣御家頼・町役人・若黨分到迄、五ケ所御門番等迄、御祈禱之御札御加持洗米頂戴被仰付候事、

一、世上疫病流行ニ付、御境内幷御領分抔ニも至而困窮之砌、輕キもの共貧窮之上、疫病ニ而難儀之趣被爲及聞召、御祈禱御札・御加持御洗米等、御領分村〻幷御境内町〻江被下置、於御勘定所町役之もの幷村〻庄屋等呼出し、相渡候事、

一、西塔上乘院(慈周)・魚山理覺院(憲觀)、暑中伺御機嫌參上候也、

一、泉州妙見山感應寺、右同斷、寒暴粉一箱獻上、

廿六日、晴、當番、松井相模守・松井若狹守・伊丹將監・中嶋織部、

一、於御座之間御掛物幷御記錄類、御虫拂、

*三角了察拜診調藥

御所築地の内にての駕籠往來停止及び御所方堂上方の下部等の辻駕籠は御門番へ申渡の上通行するやう傳奏より御達

*閑院宮へ御詠藻御届

*世上疫病流行につき院家衆以下御家頼末迄御祈禱札御加持洗米頂戴

*疫病にて貧窮難儀の者へ御勘定所より御札洗米等を相渡

勝曼皇寺より暑中御伺

萬里小路政房より殘暑御機嫌御伺

一、於宸殿供奉裝束類、虫拂、

一、萬里小路前大納言殿使者を以、殘暑之節彌御續被爲遊御機嫌好被爲成候哉、被相伺候也、

廿七日、晴、當番、松井西市正・三上大膳・九鬼主殿、

仙洞唐御門修復往來可能との傳奏觸

一、傳奏觸到來、

口上覺

仙洞樣唐御門御屋根御修覆出來ニ付、明廿七日より御參洞御往來可被遊候、仍而爲御心得各迄可申入旨、兩傳奏被申付、如斯ニ候、已上、

六月廿六日　兩傳奏雜掌

御宛所如例、

坊官御衆中

金剛院眞應の少僧都申請を油小路隆前に願出

一、金剛院法眼申少僧都、小折紙・勘例等、月番傳奏油小路家へ被入内見、御存寄も無之候ハヽ、職事へ被附度旨、御使を以被仰入候事、御使松井西市正、

廿八日、晴、白雨、當番、木崎河内・三谷藏人・山下監物、

金剛院申請書付は坊城俊親へ回附

一、昨日油小路家江被入内覽置候金剛院殿小折紙・勘例申出、御存寄も無之ニ付、坊城(俊親)辨殿江被附候也、御使松井相模守、

*關東にて若年寄及び寺社奉行仰付につき御賀書御遣

小折紙 小奉書 三ツ折

申少僧都

法眼眞應

上包美濃紙

妙法院宮院家
常住金剛院
法眼眞應 十四歳

同 四ツ折

勘例

妙法院宮院家
普應院
洞海 十四歳
天明二年十二月廿二日任少僧都

廿九日、晴、當番、松井相模守・伊丹將監・中嶋織部、

一、關東若年寄安藤對馬守(信明)、寺社奉行松平伯耆守(資承)・松平右京亮(輝和)、此度御役被仰付候ニ付、御賀書被差下候事、

晦日、晴、當番、松井西市正・三上大膳・九鬼主殿、

禁裏より來月御内々御祈禱御撫物進上
*坊城俊親より今日より護持仰出さるる旨消息
四御所と女一宮へ當日御祝詞
閑院宮へ御祝詞
*智積院より七夕御祝儀
*北小路極﨟護持御本尊持參
山門惣代より病氣平癒祈禱御札獻上
*四御所へ七夕御祝詞仰上閑院宮へも仰進
山門門主東谷惣代より御違例御祈禱御札獻上
*土岐元信悴要人御目見仰付けられ琉球朱華扇獻上
堀部多仲へ一石加增仰付
*大山崎社司御祝儀胡麻油獻上
三角了察拜診調藥

一、禁裏(光格)御所より御使長はしとの御文ニて、來月御内〻御祈禱御撫物被進候也、

七　月

朔日、晴、當番、菅谷中務卿(寛常)・松井相模守(永亨)・三谷藏人(寬重)・山下監物(重好)、
一、四御所(光格・後櫻町・舍子・富子)・女一宮(欣子)樣江當日御祝詞、御使を以被仰上候也、閑院(典仁)樣江も被仰進候也、御使松井相模守、
一、當日御禮參上、篠田主膳・山本內藏・市川養元、
二日、晴、未半刻雷鳴、白雨、當番、中務卿代(正遠)木崎河內・松井若狹守(永喜)・伊丹將監・中嶋織部(敬藏)、
三日、晴、當番、今小路兵部卿(行先)・松井西市正(永昌)・三上大膳・九鬼主殿、
一、於御書院御判物・御朱印御虫拂、
一、山門院內惣代北谷行泉院參上、先日より少〻御違例ニ被爲在御祈禱申上、御札獻上候也、於御書院御對面被仰付候也、
四日、晴、當番、松井相模守・木崎河內・山下監物、
一、山門東谷惣代嚴王院(慈寂)參上、御違例御祈禱申上候御札獻上、於御書院御對面被仰付候也、
一、堀部多仲此度壹石御加增被仰付、於御廣間松井西市正申渡候也、
一、三角了察參上、拜胗、御藥調進候也、

五日、晴、當番、菅谷中務卿・松井若狹守・伊丹將監・中嶋織部、
六日、晴、當番、今小路兵部卿・松井西市正・三上大膳・九鬼主殿、
一、坊城辨殿(俊親)より勝安養院僧正(堯海)へ消息到來、今日より護持被仰出候旨也、御領掌被遊候旨御返翰、青侍中持參、
一、智積院僧正(寶嚴鑁啓)七夕御祝儀、例年之通索麵一折三十把獻上候事、
一、北小路極﨟(俊冬)護持御本尊持參、於鶴ノ間市正面會、御本尊井御撫物御倉山科圖書より惠乘房(玄隆)受取之、極﨟江御對面無之、
七夕、庚申、快晴、當番、松井相模守・木崎河內・三谷藏人・山下監物、
一、四御所江當日御祝詞御使を以被仰上候也、閑院宮(典仁)樣へも被仰進候也、御使三谷藏人、
一、當日御禮於御座ノ間如例、
一、御禮參上輩、山本內藏・鈴木知足庵・篠田主膳・三宅宗仙・三宅宗達・市川養元・村瀨掃部・甲賀祐元、
一、土岐元信悴要人、今日始而罷出、御目見被仰付候也、
　但此度御家來被仰付候御禮琉球朱井華扇獻上候事、
一、大山崎社司中田齋、例年之通御祝儀申上、胡麻油一樽獻上、於御玄關湯漬被下候也、

智積院より七夕御祝詞
*三谷鐵之允は金吾山下常五郎は勇と改名仰付
勝安養院より七夕御祝詞
*眞仁門主大佛殿の芝にて御食事
德川家齊への暑中見舞進物は十一日所司代へ差向くるやう御附衆より來狀
三角了察拜診調藥
*四御所へ當日御祝詞御獻物
金剛院へ少僧都勅許
山科岱安拜診
關東大納言への暑中御見廻品を所司代へ差向
*勝安養院より中元御祝儀
泉山御代香
*知門青門聖門へ中元御祝詞

一、智積院僧正、依所労代養眞院を以、當日御祝儀申上候也、
一、勝安養院(堯海)僧正、使者を以當日御祝詞被申上候也、
八日、辛酉、晴、未刻過白雨、雷鳴、當番、菅谷中務卿・伊丹將監・中嶋織部、
一、御附武家より來狀、關東大納言(德川家齊)樣へ暑中御見廻被進物、來十一日巳刻戸田因幡守(忠寛)御役宅江可被差向之旨申來候也、令承知候旨、中務卿(菅谷寛常)より及返答、
九日、壬戌、晴、當番、今小路兵部卿・松井西市正・三上大膳・九鬼主殿、
一、三角了察參上、於御座之間拜診、御藥調進、
十日、癸亥、晴、當番、松井相模守・木崎河内・三谷藏人・山下監物、
一、金剛院(眞應)殿今日少僧都勅許之事、
十一日、甲子、晴、當番、菅谷中務卿・伊丹將監・中嶋織部、
一、山科岱安於御座間御脉拜胗被仰付候也、
一、關東大納言樣江暑中御見廻、索麵一箱、所司代亭(戸田忠寛)江御使を以被差向候事、御使菅谷中務卿、
十二日、乙丑、晴、當番、今小路兵部卿・松井西市正・三上大膳・九鬼主殿、
一、泉涌寺江御代香小坂僧正(堯忠)、
一、中元爲御祝儀三宅宗達江金貳百疋、三宅宗仙江金三百疋・綿壹把ツヽ、於御座間西市正(松井永昌)相達、
十三日、丙寅、晴、當番、松井相模守・木崎河内・三谷藏人・山下監物、

十四日、丁卯、晴、當番、菅谷中務卿・伊丹將監・中嶋織部、
一、三谷鐵之允　金吾・山下常五郎　勇、今日改名被仰付候事、
一、酉刻過爲御慰大佛殿江被爲成、西南ノ方芝江床机設之、御提重被召上、小坂僧正・普應院(洞海)大僧都・金剛院少僧都隨從也、御供、菅谷法眼・松井若狹守・伊丹將監・中村帶刀・三谷金吾・土岐要人・武知喜好・安福勝太左衞門・吉見文内等也、
十五日、戊辰、晴、當番、今小路兵部卿・松井西市正・三上大膳・九鬼主殿、
一、四御所江當日御祝詞御使を以被仰上、御獻物如例年、
一、於御座之間、當日御禮如例、
一、當日御禮參上、山本内藏・篠田主膳・三宅宗達・三宅圓達・三宅宗甫・香山大學・市川養元・岩永右衞門、
一、勝安養院(堯海)僧正使者を以、中元御祝儀被申上候也、所労ニ付御斷申上、三宅宗仙・村若左門・同縫殿、
一、知門(尊峯)樣・青門(尊眞)樣・聖護院(忠譽)樣江中元御祝詞被仰進候事、御使三上大膳、
十六日、己巳、晴、白雨、雷鳴、當番、松井相模守・木崎河内・三谷藏人・山下監物代將監、
十七日、庚午、晴、當番、菅谷中務卿・伊丹將監・中嶋織部、

禁裏より御内内御祈禱料拜領

四御所へ御參閑院宮へ御成

*新所司代へ御祝儀御遣

*老中牧野貞長へ逗留中御尋

牧野貞長上京ニ付御悦御使

*青門先宮三十三回忌に御供葩

一、長橋御局御文ニて、御内〻御祈禱御壇料白銀七葉被進之、

十八日、辛未、晴、當番、今小路兵部卿・松井西市正・三上大膳・九鬼主殿、

一、辰半刻御出門、四御所御參、閑院樣江被爲成、戌半刻還御也、御供菅谷中務卿・藪澤雅樂・堀部多仲、

一、牧野越中守(貞長)上京ニ付、御悦御使を以被仰遣候也、御使中嶋織部、

但、先達而轉役ニ付、御賀書可被差下之處、此度所司代爲引渡上京有之に付、別ニ不被差下、今日御使被遣候節御賀書被下候事、

戸田忠寛大津驛著に付御尋御使

*泉山御代香

*桃園院御正忌曼供修行

*青門より御挨拶使

所司代戸田忠寛上著への御使者につき傳奏觸

*戸田忠寛より上京御目錄御請使

*三角了察拜診調藥

一、所司代戸田因幡守(忠寛)、今日大津驛江着ニ付、大津驛迄御尋として御使被差向候事、御使小畑主稅、

一、傳奏(油小路隆前・久我信通)觸到來、

口上覺

戸田因幡守殿、明十九日上着ニ付、同日申刻より御使者可被遣候、尤御音物御先格之通可被遣候、此段各迄可申入之旨、兩傳被申付如此ニ候、已上、

七月十八日　兩傳奏雜掌

御宛所如例、

追而御廻覽之上、油小路家(隆前)へ御返し可被成候、

坊官御衆中

十九日、壬申、晴、當番、松井相模守・木崎河內・三谷藏人・山下監物、

一、所司代戸田因幡守今日上着ニ付御歡、御太刀一腰、御馬代銀十兩、昆布一箱被遣候也、

一、老中牧野越中守(貞長)逗留中爲御尋、羊羹一折拾棹被遣之、御使九鬼主殿、

一、青門樣廣修院宮(尊英)樣三十三回御忌御法事被爲在、御靈前江葩三十葉被備之、御門主樣江御見舞井籠朧饅頭一組被進候也、御使僧惠乘房、

廿日、癸酉、晴、當番、菅谷中務卿・松井若狹守・伊丹將監・中嶋織部、

廿一日、甲戌、晴、當番、今小路兵部卿・松井西市正・三上大膳・九鬼主殿(行先)、

一、泉涌寺江御代香使今小路法橋、

一、桃園院樣御正忌、於梅ノ間曼供御執行、

一、青門樣より一昨日御使被進候御挨拶、御使被進候也、

一、戸田因幡守、此度上京爲御悦御使御目錄之通拜受難有、使者を以御請被申上候也、

廿二日、乙亥、晴、當番、松井相模守・三谷藏人、

廿三日、丙子、晴、當番、菅谷中務卿・松井若狹守・伊丹將監・中嶋織部、

一、三角了察拜胗、御藥調進、

廿四日、丁丑、晴、當番、今小路兵部卿代相模守・松井西市正・三上大膳・九鬼主殿、
一、三角了察拜胗、御藥調進、
一、三宅宗仙拜胗、
廿五日、戊寅、當番、松井相模守・三谷藏人、
一、三角了察於御座之間御脉拜胗、御藥調進、
一、三宅宗達・三宅宗仙拜胗、
一、傳奏觸到來、

口上覺

八朔御祝儀、例年之通御獻上可有之候樣と被存候、此年之儀ニ候間、爲念各迄可申入旨、兩傳被申付、如此御座候、已上、

七月廿四日　兩傳奏 雜掌

御宛所如例、

坊官御衆中

廿六日、己卯、晴、當番、菅谷中務卿・松井若狹守・伊丹將監・中嶋織部、
一、普應院大僧都(洞海)江十八道御傳授之事、
一、三宅宗達・宗仙拜胗、
廿七日、庚辰、曇、申刻頃ヨリ暮ニ到雨、當番、今小路兵部卿・松井西市正・三上大膳・九鬼主殿、
一、三角了察拜胗、御藥調進、
一、三宅宗達・宗仙拜胗、
廿八日、辛巳、晴、當番、松井相模守・木崎河内・三谷藏人、
一、金剛院殿より大坂表冨興行相濟候ニ付、御菓子料例月之通被上之、
一、三宅宗達拜胗、
廿九日、壬午、晴、當番、菅谷中務卿・伊丹將監・中嶋織部、
一、三角了察拜胗、御藥調進、
一、三宅宗仙拜胗、
三十日、癸未、晴、當番、今小路兵部卿・松井西市正・九鬼主殿、
一、護持御本尊并御撫物爲受取北小路極﨟・御倉衞士等來、於鶴之間松井西市正出會、御本尊・御撫物等出家法雲房(是空)御倉山科玄蕃權助江相渡、極﨟江御對面可遊之處、御内〻御祈禱御修法中故無其儀之旨、西市正相達候也、
一、御内〻御祈禱御卷數・御撫物等被獻候也、御使木崎兵庫、

〔八　月〕

八朔、甲申、曇、白雨、當番、松井(永亨)相模守・木崎(正達)河内・三谷(寛重)藏人、
一、當日御禮、於御座之間如例、

*三宅宗達宗仙拜診
三角了察拜診
調藥
三宅宗仙拜診
*金剛院より大坂表冨興行相濟み御菓子料獻上
三角了察拜診
調藥
*三宅宗達拜診
三宅宗達宗仙拜診
*三角了察拜診
調藥
*三宅宗仙拜診
八朔御祝儀獻上につき傳奏觸
*護持御本尊及び御撫物を北小路光香に返却御對面なし
*御内々御祈禱卷數御撫物獻上
普應院へ十八道御傳授
三宅宗達宗仙拜診
三角了察拜診
*調藥
*八朔御禮

一、當日御祝儀、四御所江(光格・後櫻町・舎子・富子)御獻物例年之通、御使松井相模守・閑院樣(典仁)江も右同斷被進物如例年、

一、座主宮樣(尊眞)・聖門樣(忠譽)へ當日御祝詞被仰進、御使中村帯刀、

一、爲御禮參上、山本內藏・篠田主膳・三宅宗達・三宅宗仙・三宅宗甫・三宅圓達・香山大學・知足庵・土岐要人・村若左門、

一、四御所より八朔御祝儀御返し御拜領、御請使岡本內匠、

二日、乙酉、曇、微雨、當番、菅谷中務卿(寛常)・松井若狹守(永喜)・伊丹將監・中嶋織部(敬藏)、

一、三角了察、御脉拜診、

三日、丙戌、晴、當番、今小路兵部卿(行先)・松井西市正(永昌)・九鬼主殿、

一、常樂院(志岸)、於御座之間御講釋奉、

一、萬里小路前大納言殿(政房)御參、於梅之間御茶・烟草盆出、於御座之間御對面、御菓子御相伴、御寛話之上、於梅之間湯漬出、御退去、

一、三宅宗達拜診、

四日、丁亥、曇、當番、松井相模守・木崎河內・三谷藏人、

一、常樂院御講釋奉、

一、尹宮樣(美仁)へ御書被進、御使靑侍中、

五日、戊子、雨、當番、菅谷中務卿(寛常)・松井若狹守・伊丹將監・中嶋織部、

一、常樂院講釋奉、

六日、己丑、晴、當番、今小路兵部卿・松井西市正・九鬼主殿、

一、戸田因幡守(忠寛)、使者を以、此度京都所司代蒙仰、上京仕參內無滯首尾能相濟候ニ付、爲御禮目錄之通進上候旨也、

御太刀・御馬代白銀三十兩・昆布一箱、

七日、庚寅、雨、當番、松井相模守・木崎河內・三谷藏人、

一、日嚴院僧正(堯忠)家來藤井少進(平章)、是迄本町七丁目宮田屋勘右衞門家ニ借宅住居候處、此度當院長屋へ引移候旨御屆被申上候ニ付、例之通別紙差添、傳奏衆へ御屆被差出候事、

一、常樂院御稽古奉、

八日、辛卯、快晴、當番、菅谷中務卿・松井若狹守・伊丹將監・中嶋織部、

一、常樂院御講釋奉、

九日、壬辰、當番、今小路兵部卿・松井西市正・九鬼主殿、

一、常樂院御講釋奉、

一、泉涌寺江御代香使松井相模守、

一、山科岱安爲伺御機嫌參上、於御座間拜脉被仰付候也、

十日、癸巳、快晴、當番、松井相模守・木崎河內・三谷藏人、

十一日、甲午、晴、當番、菅谷中務卿・松井若狹守・伊丹將監、

四御所へ當日御祝儀獻上

閑院宮へ御進物

青門聖門兩宮へ當日御祝詞

*戸田忠寛京都所司代著任につき御禮進上

四御所より八朔御返禮

*日嚴院家來藤井平章より轉宅の旨傳奏へ屆書

三角了察拜診

常樂院御講釋奉以後屢々

*常樂院御稽古奉

萬里小路政房參上御對面

*泉山御代香

*山科岱安拜診

閑院若宮へ御書

*徳川家齊よりの土用中御見舞御進物の御挨拶につき所司代へ出頭との御附衆來狀

石清水放生會につき禁裏仙洞の御神事との傳奏觸

*所司代より土用中御見舞品につき御喜色との御達

*御口中氣につき松田香山召され拜診調藥

三宅宗達拜診

*三宅宗仙拜診

*松田香山拜診調藥

*大佛殿御修復木材見分のため所管係りの者下坂

閑院宮より十八日御神事に御招請狀

三宅宗仙拜診

*常樂院參上

*勢州德嚴比丘參上御對面御餞別拜領

一、傳奏觸到來、

口上覺

就石清水放生會、從明後十三日晩到十六日朝禁裏(光格)様御神事、從來十四日晩到十六日朝仙洞様(後櫻町)御神事候、仍爲御心得各迄可申入之旨、兩傳被申付如此ニ候、已上、

八月十二日　兩傳奏　雜掌

御宛所如例、

一、常樂院御講釋奉、

一、三宅宗達拜胗、

十二日、乙未、晴、當番、今小路兵部卿・松井西市正・三上大膳・九鬼主殿、

一、常樂院御講釋奉、

十三日、丙申、當番、松井相模守・木崎河內・三谷藏人、

十四日、丁酉、曇、午後快晴、當番、菅谷中務卿・松井若狹守・伊丹將監、

一、閑院様より來十八日御神事ニ付、不相變被爲成候樣、諸大夫より奉書ニて被仰進候也、

十五日、戊戌、曇、當番、今小路兵部卿・松井西市正・九鬼主殿、

一、三宅宗仙拜胗、

一、山本內藏・香山大學、當日御禮參上、

十六日、庚亥、晴、當番、松井相模守・木崎河內・三谷藏人、

一、御附武家より來狀、大納言樣(德川家齊)へ土用中御見舞被進物有之候御挨拶之段可相達旨、今十六日未刻戸田因幡守御役宅江壹人罷越候樣申來ル也、

一、右之趣ニ付、木崎法眼所司代(戸田忠寛)亭江行向、土用中御見舞關東へ御進物御喜色之旨、因幡守(戸田忠寛)被達候也、

十七日、辛子、快晴、當番、菅谷中務卿・松井若狹守・伊丹將監、

一、尹宮様江御書被進候事、

一、少々御口中氣ニ被爲有、松田香山被召、初而拜胗御藥調進、

一、三宅宗仙參上、拜胗被仰付候也、

十八日、壬丑、快晴、當番、今小路兵部卿・松井西市正・九鬼主殿、

十九日、癸寅、雨、當番、松井相模守・木崎河內・三谷藏人、

一、松田香山拜胗、御藥調進、

一、大佛殿御修復御用木御買上爲見分、御修理方松井相模守・中村帶刀、下役與右衞門・棟梁利左衞門召連、今夜船ニ而下坂候也、

廿日、甲卯、雨、當番、菅谷中務卿・松井若狹守・伊丹將監、

一、常樂院參上、

一、勢州德嚴比丘、此度備前國佛心寺江輪番罷越候ニ付、爲御暇乞參上、唐津燒御文鎭一箱獻上、尤於御座之

泉山御代香
中山愛親伺候
普應院加行に御禮言上
松田香山拜診
調藥
三宅宗達拜診
三宅宗仙拜診
川上織衞を御語合に御召出
松井永昌の從五位上申請書
川上織衞へ御目見仰付
松井永昌從五位上勅許と清閑寺昶定より御達
禪林院繼目御禮

間御對面被仰付、爲御餞別晒布壹反被下之候也、
廿一日、乙辰、晴、當番、今小路兵部卿・松井西市正・九鬼主殿、
一、泉涌寺江御代香使今小路兵部卿、
一、中山前大納言殿(愛親)御伺公、時節御伺、且此度普應院大(洞海)僧都加行御世話ニ被遊下候御禮被申上候也、普應院殿御面會有之、御退出、
廿二日、丙巳、晴、當番、木崎河内所勞・三谷藏人・山下監物、
一、松田香山拜診、御藥調進、
一、三宅宗達拜診、
廿三日、丁午、曇、當番、菅谷中務卿・松井若狹守・伊丹將監・中嶋織部、
一、三宅宗仙拜診、
一、川上織衞御語合被召出候事、
一、松井西市正申從五位上小折紙・勘例・敍日等左之通、
〔コヽニ圖アリ、便宜下段ニ移ス。〕
廿四日、戊未、曇、當番、今小路兵部卿・松井西市正・九鬼主殿、
一、川上織衞、於御座之間御目見被仰付候也、
一、松井西市正申從五位上、今日勅許之旨、清閑寺辨殿(昶定)より御達之事、
一、山門禪林院住職繼目御禮參上、扇子三本入獻上候也、
廿五日、己申、晴、當番、山下監物、

小折紙小奉書三ツ折

申
從五位上
從五位下源永昌

同四ツ折

敍日
源永昌
安永七年三月廿二日敍從五位下
至今年中五年

同四ツ折

勘例
曼殊院御門跡諸大夫
賀茂保弼
二十三歳
安永五年正月廿五日敍從五位下
中五年
天明二年二月廿日敍從五位上
二十九歳

上包ミノかミ

妙法院宮諸大夫
中五年
松井
從五位下西市正源永昌
四十三歳

閑院樣に御成
*その後參內
*山科岱安拜診
松井永亨等歸洛
*閑院宮より御見廻品
玉照院參上千日行滿につき御禮物獻上
*閑院宮より和歌御題被進
*禁裏より御內內御祈禱御撫物拜受
三宅宗達拜診
*四御所へ御祝儀使
山科岱安拜診
石山基名伺候御對面
*伊勢例幣使御神事につき傳奏觸
三宅宗仙拜診
常住金剛院より大坂表富興行相濟み銀十枚獻上

一、辰半刻御出門、先閑院樣江御成、夫より御參內、戌刻還御也、御供菅谷中務卿・友田掃部・九鬼主殿、
一、松井相模守・中村帶刀、從浪花歸京候也、
廿六日、庚酉、晴、當番、菅谷中務卿・伊丹將監・中嶋織部、
一、山門玉照院大僧都(憲雄)參上、今般千日行滿玉躰加持相勤候ニ付、爲御禮杉原十帖獻上候也、先格御目見被爲仰付候儀ニ候へ共、及暮候ニ付乍自由御斷申上、退出候也、
廿七日、辛戌、晴、當番、今小路兵部卿・松井西市正・三上大膳・九鬼主殿、
一、於御座之間、常樂院御講釋奉、
一、三宅宗達拜胗、
一、山科岱安參上、於御座之間御脉拜胗、
一、石山前中納言殿(基名)御伺公、於梅之間湯漬出、已後於御座間御對面、已後御退出、
廿八日、壬亥、晴、當番、松井相模守・木崎河內・三谷藏人・山下監物、
一、常樂院於御座間御講釋奉、
一、三宅宗仙拜領、
一、金剛院(眞應)殿より大坂表富、例月之通相濟候ニ付、御菓子料銀十枚、例之通被上之、
廿九日、癸子、當番、菅谷中務卿・伊丹將監・中嶋織部、
一、山科岱安參上、於御座間拜胗、
一、常樂院於御座間御講釋奉、
一、閑院宮樣より御見廻御菓子一箱被進之、年寄中より文ニて來、
一、閑院宮樣より和歌御題被進之、
一、禁裏樣御所より御使長はし御局より文ニて、來月御內ゝ御祈禱御撫もの被進候也、

九月

朔旦、甲丑、晴、當番、今小路兵部卿(行先)・松井西市正(永昌)・三上大膳・九鬼主殿、
一、四御所(光格・後櫻町・舍子・富子)・女一宮樣(欣子)江當日御祝儀、御使木崎河內、
一、當日御禮參上、三宅宗仙・三宅宗甫・山本內藏・香山大學・村若左門・市川養元・篠田主膳・岩永右衞門・三宅宗達、
一、傳奏觸到來、
就伊勢例幣使、從明後廿九日晩御神事、從來月九日晩至十三日之朝御潔齋ニ候、仍而爲御心得各迄可申入旨兩傳被申付、如此ニ候、已上、
八月廿七日　兩傳奏雜掌
御宛所如例、

*萬里小路政房御養母卒去につき暫時廣橋伊光に御世話役御依賴との御届
常樂院御講釋奉
山科岱安拜診
*調藥
智積院より重陽御祝儀獻上
清水寺祇園吉田兩社御參詣
智福院にて御*休息
*兩女院御所女一宮へ重陽御祝詞言上
*當日御禮
閑院若宮へ松茸進上
*常住金剛院より當日御祝詞
淨妙庵へ松茸御遣
*青門聖門兩宮へ御祝詞
兩院家衆へ松茸御遣
*智積院へ松茸御遣
*智積院代僧より御祝詞
日吉社司より御祈禱札松茸*獻上
青門宮より御祝詞
山科岱安拜診
*調藥
勝安養院より御祝詞

二日、乙寅、晴、當番、松井相模守(永亨)・木崎河内(正達)代西市正・三谷藏人(寛重)・山下監物(重好)、

三日、丙卯、晴、當番、中務卿代今小路兵部卿・松井若狭守(永喜)・伊丹將監・中嶋織部(敬藏)、

一、常樂院(志岸)御講釋奉、

一、山科岱安於御座間拜診、御藥調進、

四日、丁辰、晴、當番、今小路兵部卿・松井西市正・三上大膳・九鬼主殿、

一、御出門午刻、清水寺・祇園社・吉田御參詣、吉田山智福院ニ而御休息、西半刻還御、御供相模守(松井永亨)・將監(伊丹)・掃部(村瀬)・主税(小畑)・多仲(堀部)、御先三人、御跡より知〔智〕福院江日嚴院(堯忠)僧正御出、中村帶刀・今小路鐵之助・川上織衛等罷越候也、智福院ニ而御提重等被召上、寛〻御休息被爲在候也、

五日、戊巳、晴、當番、松井相模守・木崎河内・三谷藏人・山下監物所勞斷、

一、尹宮(美仁)樣江松茸一籠被進之、

一、惠宅師(淨妙庵)江松茸一籠被下之、

一、小坂殿(堯忠)・東尾殿(眞應)江松茸一籠ツヽ被遣候也、

六日、己午、雨、當番、菅谷中務卿(寛常)・松井若狭守・伊丹將監・中嶋織部、

一、生源寺民部少輔(行雄)より御祈禱之御札、松茸一折獻上之、

七日、庚未、曇、當番、今小路兵部卿・松井西市正・三上大膳・九鬼主殿、

一、山科岱安於御座間拜診、御藥調進候也、

八日、辛申、當番、松井相模守・木崎河内・三谷藏人・山下監物、

一、萬里小路前大納言(政房)殿御養母、此度卒去ニ付、故障中、此御所御世話之儀、廣橋前大納言(伊光)殿江萬里小路殿より御賴置候旨、雜掌より御届被申上候也、

一、智積院(實嚴鑁啓)僧正より重陽御祝儀、狗脊一箱獻上候也、

重陽、壬酉、當番、菅谷中務卿・伊丹將監・中嶋織部、

一、大女院(舍子)御所・女院(富子)御所・女一宮樣江閑院(典仁)樣江當日之御祝詞、御使を以被仰上候也、御使三谷藏人、

一、當日之御禮如例、

一、當日御禮參上之輩、左之通、於御座間御禮申上候也、
山本內藏・篠田主膳・三宅宗仙・香山大學・市川養元・村若縫殿・知足庵・三宅宗達・三宅宗甫・岸紹易、

一、金剛院殿(眞應)より使者を以、當日御祝詞被申上候事、

一、靑門樣(尊眞)・聖護院樣(忠譽)江當日御祝詞、御使被進候也、

一、智積院僧正江御領山松茸一折被遣之、

一、智積院僧正代養眞院、當日御祝儀申上候事、

一、靑門樣より當日御祝詞被仰上候也、

一、當日御禮參上、嶋村紹億・野田內藏丞・三上勘解由、

一、勝安養院(堯海)殿、使者を以當日御祝詞被申上候也、

*兩傳奏廣橋伊光へ松茸御遣
萬里小路政房へ御悔仰遣
廣橋伊光へ御世話役之儀につき御挨拶使
*常樂院御講釋奉
所司代へ松茸御遣
東町奉行へも同斷
*兩女院御所女一宮へ松茸進上
*閑院宮へ御成
東町奉行より先の所司代の制札等差出すやう來狀
*勸修寺經逸伺候
*常樂院御講釋奉
*禁裏仙洞へ松茸獻上
所司代より松茸拜領御請使
*大御乳人へ松茸御遣
*大佛殿御用木大坂より運送につき傳奏へ御繪符御屆書
三角了察拜診調藥

十日、癸戌、晴、當番、今小路兵部卿・松井西市正・九鬼主殿、
一、萬里小路前大納言殿御養母御死去ニ付、御悔被仰遣候也、
一、廣橋大納言殿江萬里小路殿御養母御死去ニ付、御故障中此御方御世話之儀、萬里小路殿より御頼置之趣被聞召、右御挨拶御使被遣候也、御使岡本內匠、
一、戶田因幡守所司代（忠寛）江御領山松茸一折被遣之、
一、丸毛和泉守町奉行（政良）江も右同斷、御使中嶋織部、
一、丸毛和泉守より來狀、
　牧野越中守（貞長）殿所司代御勤之節、被差出置候紙札幷
　制札之寫、來ル廿一日拙者御役所へ御差出可被成
　候、已上、
　　九月十日　丸毛和泉守
　　妙法院御門跡
　　　坊官中
　右之趣承知候段、月番菅谷中務卿より及返書候也、
一、山門行泉院參上、松井西市正面會、
一、戶田因幡守松茸拜領御請、使者を以申上候也、
十一日、甲亥、晴、當番、松井相模守・木崎河內・三谷藏人・山下監物、
一、三角了察拜脉、御藥調進、

一、兩傳奏（油小路隆前・久我信通）・廣橋大納言殿江御領山松茸一折宛被遣之、
　御使岡本內匠、
十二日、乙子、雨、當番、菅谷中務卿・松井若狹守・伊丹將監・中嶋織部、
十三日、丙丑、晴、當番、今小路兵部卿・松井西市正・九鬼主殿、
一、常樂院御講釋奉、
十四日、丁寅、晴、當番、松井相模守・木崎河內・三谷藏人・山下監物、
一、大女院御所・女院御所・女一宮樣江松茸一折ツヽ被上之、御使松井相模守、
一、辰半刻御出門、閑院樣へ御成、還御戌刻、御供松井相模守・木崎兵庫・九鬼主殿、御先三人、
一、勸修寺中納言殿（經逸）御伺公、
十五日、戊卯、晴、當番、菅谷中務卿・松井若狹守・伊丹將監・中嶋織部、
一、常樂院於御座ノ間御講釋奉、
一、當日御禮、三宅宗甫・山本內藏・香山大學・知足庵、
十六日、己辰、當番、今小路兵部卿・松井西市正・九鬼主殿、
一、禁裏御所・仙洞御所江御領山松茸一折ツヽ被獻之、
　御使木崎河內、
一、大御乳人江松茸一折被遣之、御使吉見文內、
一、大佛殿御修復御用木、從大坂表差登候ニ付、御會符被差出候御屆、傳奏衆へ被差出、月番久我家（信通）江被差

出、御使吉見文內、

覺

妙法院宮御抱大佛殿御修復御用木、此度大坂表より差登候ニ付、大坂表より京都迄運送道筋御會符被差出候、尤相濟候ハヽ、早速御屆可被仰入候、仍爲御屆如此御座候、已上、

辰九月十六日　　妙法院宮御內　松井西市正　印

油小路前大納言（隆前）樣御內　伏田右衞門殿

下村丹司殿

久我大納言樣御內　辻信濃守殿

岡本內記殿

覺

日嚴院僧正より別紙之通被相屆候、仍爲御屆如斯御座候、已上、

辰九月　　妙――――　松――――――印

宛如前、

口上覺

五條下寺町市姫金光寺門內住居仕候　玉屋丈助

右之者、此度菅井秀藏と改名仕、當院用達被申付候、依而爲御屆如此御座候、已上、

天明四年辰九月　　日嚴院僧正內　渡邊左馬印

菅谷中務卿殿

松井西市正殿

木崎河內殿

十七日、庚巳、快晴、當番、松井相模守・木崎河內・三谷藏人・山下監物、

一、閑院一品宮（典仁）樣江松茸一折被進之、御使岡本內匠、

十八日、辛午、晴、當番、菅谷中務卿・伊丹將監・中嶋織部、

一、御領山江茸狩被爲成、境山ニおゐて夕御膳・御吸物・御酒・御菓子等被召上、酉刻還御、日嚴院僧（正脫）・普應（洞海）院大僧都隨從、御供菅谷中務卿・松井若狭守・中村帶刀・初瀨川采女・藪澤雅樂・九鬼主殿・三谷金吾・山下勇・今小路鐵之助・川上織衞等也、

一、三宅宗達・三宅宗仙被召、御山江御供被仰付候事、

十九日、壬未、晴、當番、今小路兵部卿・松井西市正・九鬼主殿、

一、持明院前大僧正（良胤）御伺公、於御座之間御對面、

廿日、癸申、陰晴、當番、松井相模守・木崎河內・山下監物、

一、萬里小路前大納言殿、此節朦中爲御尋、提重一組被遣候事、御使岡本內匠、

*閑院宮へ松茸進上

*御領山へ茸狩に御成御供多勢夕御膳召上

日嚴院より用達の者の改名屆

*持明院伺候御對面

*萬里小路政房へ朦中御尋提重御遣

*北野菅廟御參詣
*壬生寺へも御參詣
前所司代の制札紙札を東町奉行所へ相渡
*御語合川上織衞へ御家賴仰付
*鈴木知足庵へ御茶會に御成御慰に平家琵琶
常樂院御講釋奉
九條尚實へ韻府二百本御返進を言上卽刻御返進
仁和寺先宮御年忌に御葩及び御見舞品進上
*金剛院より富興行相濟み銀十枚獻上

廿一日、甲酉、曇、當番、菅谷中務卿・松井若狹守・伊丹將監・中嶋織部、
一、牧野越中守諸司代被相勤候節、制札幷紙札之寫、今日町奉行所丸毛和泉守役所江御使山下監物持參、則證文方與力加納五十郎及面會相渡、落手候也、
口上書、奉書剪紙、
牧野越中守殿、御制札・紙札之寫壹枚、板札之寫壹枚被差出候、御書替之儀、戸田因幡守殿江宜御通達被進候樣賴思召候、已上、
九月廿一日　妙法院宮御使　山下監物
廿二日、乙戌、曇、夜雨、當番、今小路兵部卿・松井西市正・三上大膳・九鬼主殿、
一、常樂院御講釋奉、
一、九條樣(尚實)江先達而御借進之韻府二百本、御返進被爲在候樣御使を以、被仰進候處、卽刻御返進也、御使中嶋織部、
廿三日、丙亥、當番、松井相模守・木崎河内・山下監物、
一、常樂院參上、
廿四日、丁子、晴、當番、菅谷中務卿・松井若狹守・伊丹將監・中嶋織部、
一、大御室樣(覺仁)御年忌ニ付、葩三十葉柳箱乘被備之、爲御見舞羊羹五棹被進之、御使菅谷中務卿、
廿五日、戊丑、晴、當番、今小路兵部卿・松井西市正・三上大膳・九鬼主殿、

一、北野菅廟江御參詣、東向觀音寺内ニ而御休息、還御掛壬生寺へ御參詣、御出門午刻過、還御酉刻、御供木崎河内・初瀬川采女・中嶋織部・藪澤雅樂・九鬼主殿、御先五人、
廿六日、己寅、雨、當番、木崎河内・三谷藏人・山下監物、
一、川上織衞先達而御語合被召出候處、此度御家賴被仰付候事、
廿七日、庚卯、曇、當番、菅谷中務卿・松井若狹守・中嶋織部、
廿八日、辛辰、晴、當番、今小路兵部卿・松井西市正・三上大膳・九鬼主殿、
一、午刻前御出門、鈴木知足庵宅江御茶ニ被爲成、御會席、御濃茶等獻上、御中立後屋敷へ被爲成、御提重・御吸物・御酒・御夜食等獻上、爲御慰岸部檢校呼寄セ、平家かたらセ入御覽、御機嫌好、亥半刻計還御、鈴木宮内(求馬弟)御對面被仰付、知足庵母淸心・宮内兩人より御菓子一箱獻上、
御詰　喜多治部卿(永春)・岸紹易・三宅宗仙、
御供　菅谷中務卿・木崎兵庫・中嶋織部・川上織衞、御先三人、
廿九日、壬巳、快晴、當番、松井相模守・木崎河内・三谷藏人・山下監物、
一、金剛院殿より當月富興行相濟候ニ付、御菓子料銀拾枚獻上、

一、知足庵・鈴木宮內、昨日之御禮參上、
一、宗仙(三宅)・紹易(岸)、右同斷、
晦日、癸午、晴、當番、菅谷中務卿・松井若狹守・伊丹將監・中嶋織部、
一、禁裏御所江御內々御祈禱御卷數・御撫物被獻候事、
御使小畑主稅、

十月

朔旦、甲未、晴、當番、今小路兵部卿(行先)・松井西市正(永昌)・三上大膳・九鬼主殿、
一、四御所(光格・後櫻町・舍子・富子)・女一宮(欣子)様江、當日御祝詞被仰上候也、御使松井相模守、
一、從仙洞御所(後櫻町)烏丸中納言(光祖)殿江、天仁遠波御傳授被仰出候御歡、
一、當日御禮參上、山本內藏・三宅宗仙・香山大學・市川養元・村若縫殿・三宅圓達、
一、閑院一品宮(典仁)様より芝山左兵衞督(持豐)殿へ、天仁遠波御傳授被仰出候御歡、御使被進候也、御使牛丸九十九、
二日、乙申、晴、當番、松井相模守(永亨)・木崎河內(正達)・山下監物(重好)、
三日、丙酉、快晴、當番、菅谷中務卿(寬常)・松井若狹守(永喜)・伊丹將監・中嶋織部(敎誠)、
一、普應院大僧都洞海加行、今日結願、於御座之間御口祝被遣之、夕御膳被獻候也、二汁七菜・御菓子・薄茶、
但、於梅之間日嚴院僧正(堯忠)・金剛院少僧都(眞應)・常樂院(志岸)等へ料理被出候也、坊官已下御家來江も酒料被差出候也、
一、戶田因幡守(忠寬)、使者を以時候窺御機嫌、木練柿一籠獻上之、
四日、丁戌、晴、當番、今小路兵部卿・松井西市正・三上大膳・岡本內匠・九鬼主殿、
一、巳半刻御出門、先閑院様(典仁)江御成、申半刻御參內、戌半刻還御也、御供松井相模守・中村帶刀・岡本內匠、御先三人、
五日、戊亥、曇、當番、松井相模守・木崎河內・山下監物、
一、傳奏觸到來、

口上覺

禁裏様(光格)御玄猪、五日不被出候、十七日・廿九日兩日之儀者、追而可被申入候、此段各迄可申入旨、兩傳奏被申付候、已上、

十月三日　兩傳奏雜掌

御宛所如例、

追而、御廻覽後、油小路家(隆前)江御返し可被成候、已上、

禁裏へ御內々御祈禱卷數獻上
*所司代より時候御伺
*閑院宮へ御成參內
四御所女一宮へ御祝詞仰上
仙洞より烏丸光祖へ天仁遠波御傳授仰出
*禁裏御玄猪は五日は出されず十七日二十九日は追而申入との傳奏觸
閑院宮より芝山持豐へ天仁遠波御傳授につき御歡使
普應院加行結願夕御膳獻上院家衆以下にも御料理乃至御酒料

萬里小路政房へ朦中御尋
*盛化門院御一周忌に泉般兩寺御參詣
常樂院御講釋奉
鈴木求馬但馬湯治より歸京獻上物
伊丹將監へ遠慮仰付
大御乳人より御機嫌伺として酒煮麩進上
*梅の間にて盛化門院御法事曼供
常樂院御講釋奉
*門院御一周忌につき四御所女一宮へ御機嫌御伺
中山愛親御機嫌御伺普應院加行相濟み御禮言上
*藤嶋石見より十六日大祓御禊との言上
御稽古御茶を御催

六日、己子、曇、當番、菅谷中務卿・松井若狹守・伊丹將監・中嶋織部、
一、萬里小路前大納言殿(政房)江朦中御尋、餅饅頭貳組被遣之、
御使牛丸九十九、
一、常樂院御講釋奉、
一、鈴木求馬、但馬湯治相願罷越候處、昨日上京御屆申
上、花盆御草履獻上之、
七日、庚丑、陰晴、當番、松井相模守兵部卿代・木崎河內西市正代・大膳江返番山下監物・岡本內匠、
一、伊丹將監儀、子細有之、遠慮被仰付候、河內於梅ノ
間申渡候也、
一、大御乳人より西市正(松井永昌)まて文ニて、時節御機嫌うかゝ
ひ、酒煮麩一蓋被上之、
一、常樂院御講釋奉、
八日、辛寅、快晴、當番、菅谷中務卿・木崎河內代兵部卿・山下監物・九鬼主殿、
九日、壬卯、晴、當番、菅谷中務卿・松井若狹守・三上大膳・中嶋織部、
一、常樂院御講釋奉、
十日、癸辰、當番、今小路兵部卿・松井西市正・岡本內匠、
一、中山前大納言殿(愛親)御伺公、時候伺御機嫌、且普應院大
僧都加行無滯御勤ニ付、右御禮被申上候也、
一、御稽古御茶、於御小書院御催、鈴木知足庵・岸紹易
被召候也、

十一日、甲巳、快晴、當番、松井相模守・木崎河內・山下監物・九鬼主殿、
一、盛化門院(維子)樣一周御忌ニ付、辰半刻御出門、泉涌寺へ
御參詣、巳半刻還御、午刻御出門、般舟院江御參詣、
申刻還御、御供木崎河內直綴・白袴・御近習四人熨斗目・
御先五人服紗・茶道內田幾太郎兩寺へ御先廻、中村帶
刀布衣着用御備物持參候也、
御板輿御先箱、其外如例、
御備物、御葩五十片竪脚臺御下札　泉涌寺
御花一筒
御葩五拾片　般舟院
十二日、乙午、晴、時雨、當番、菅谷中務卿・松井若狹守・三上大膳・中嶋織部、
一、盛化門院樣御一周忌、於梅之間御法事、曼供御執行、
小坂僧正(堯忠)・常樂院大僧都・出家三人出仕候也、
一、門院樣御一周忌ニ付、御機嫌御伺、御使菅谷中務卿、
禁裏樣(光格)・女一宮樣(欣子)江、井籠貳組ツヽ被獻之、
仙洞樣(後櫻町)・大女院樣(舍子)・女院樣(富子)江、御口上計、
十三日、丙未、晴、時雨、當番、今小路兵部卿・松井西市正・岡本內匠、
一、藤嶋石見より言上、
來十六日辰刻、諒闇終、大祓、
同日戌刻、御禊、
右被仰出候、仍言上仕候、宜御沙汰奉願候、以上、

十月十三日　藤嶋石見

坊官御中

諸大夫御中

御風邪につき三角了察拝診調薬

一、少〻御風邪之御氣味ニ被爲在、三角了察被召、拜胗被仰付、御藥調進候也、

十四日、丁申、晴、時雨、當番、木崎河内・山下監物・九鬼主殿、

三角了察拝診調薬

一、三角了察拜胗、御藥調進候也、

十五日、戊酉、晴、當番、菅谷中務卿・松井若狭守・三上大膳、

一、當日御禮參上、篠田主膳・村若縫殿・岩永右衞門・市川養元、

十六日大祓御禊の傳奏觸

一、傳奏觸到來、

口上覺

明後十六日辰刻、諒闇終、大祓、同日戌刻、御禊ニ候、爲御心得各迄可申入旨兩傳被申付、如斯ニ候、已上、

十月十五日　兩傳奏雜掌

御宛所如例、

禁裏御玄猪十七日二十九日御出との傳奏觸

口上覺

禁裏樣御玄猪、來十七日・廿九日被出候、仍而爲御心得各迄可申入之旨、兩傳被申付如斯ニ候、已上、

十月十五日　——

御宛所如例、

*諒闇傳奏より諒闇調度の仰渡

一、諒闇傳奏より御招ニ付、非藏人口江三谷藏人（寛重）罷出候處、先例之通諒闇御調度明十六日被下候由、被仰渡候也、

*御住山御宿院修理見繕のため修理方登山

一、御住山御宿院御取繕爲見繕、御修理方中村帶刀、下役職人等召連登山候事、

十六日、己戌、晴、當番、今小路兵部卿・松井西市正・三谷藏人、

*諒闇御調度拝領

一、諒闇御調度御拜領、御使番山口貞之進附添來、

一、御帳臺　一　一、折曲　一　一、案　一脚

一、御几帳　一基　一、臺盤大　一脚　一、厚疊　貳帖

一、疊　三枚　一、蘆簾　貳間

一、右御拜領御請被仰上、尤於非藏人口諒闇傳奏迄御口上申入候也、御使三谷藏人、

*三角了察拝診調薬

一、三角了察拜胗、御藥調進候也、

十七日、庚亥、晴、當番、木崎河内・山下監物・九鬼主殿、

*御家頼宗旨御改帳を傳奏へ差出

一、御家頼宗旨御改帳面、傳奏油小路家江被差出候也、月番木崎河内印、青侍中持參、

禁裏へ諒闇御請の御歎献上
*四御所へ御參
三御所へ御歎使
*女院御所へ長芋獻上
三角了察拜診調藥
*金剛院より冨興行相濟み御菓子料獻上
日嚴院より十一月九日般舟院にて御導師との御届
*御小書院にて御茶會御催
本行院參上御住山御宿院につき坊官面會
*四御所女一宮へ當日御祝詞仰上
*常樂院御講釋奉
*伊丹將監の遠慮は免除

一、禁裏御所江、諒闇被爲濟候爲御歎、昆布一折五拾本被上之、御參賀可被遊候處、御不參御斷被仰上候也、
仙洞(後櫻町)御所・大女院御所・女院御所江も御歎、御口演計、御使木崎河内、

十八日、辛子、時々雪、當番、今小路兵部卿・三上大膳・中嶋織部、
一、三角了察拜脉、御藥調進候也、

十九日、壬丑、當番、今小路兵部卿・松井西市正・三谷藏人、
一、入夜日嚴院僧正御參、來十一月九日於般舟院御法事御導師被仰出候旨、御届被申上候也、

廿日、癸寅、晴、當番、木崎河内・山下監物・九鬼主殿、

廿一日、甲卯、曇、當番、菅谷中務卿・松井若狭守・三上大膳・中嶋織部、

廿二日、乙辰、晴、當番、今小路兵部卿・松井西市正・三谷藏人・岡本内匠、
一、西塔東谷學頭代代本行院參上、御住山御宿院之儀ニ付、西市正面會候也、

廿三日、丙巳、晴、當番、木崎河内・山下監物・九鬼主殿、

廿四日、丁午、晴、當番、菅谷中務卿・三上大膳・中嶋織部、

廿五日、戊未、晴、當番、今小路兵部卿・松井西市正・三谷藏人・岡本内匠、

廿六日、己申、晴、當番、木崎河内・山下監物・九鬼主殿、

廿七日、庚酉、今曉ヨリ雪、凡貳三寸積ル、午刻前晴、當番、菅谷中務卿・松井若狭守・三上大膳・中嶋織部、
一、午刻御出門、御參内、仙洞御所・兩女院御所江も御參、亥刻過還御、御供木崎河内・中嶋織部・鈴木求馬、御先三人、
一、女院御所江久々御機嫌も不被爲伺候ニ付、時候爲御伺長芋一折拾五本被上之、御使木崎河内、
一、金剛院(眞應)殿より使ヲ以、今月冨興行無滯相濟候旨、御菓子料、例月之通被上之、

廿八日、辛戌、晴、當番、今小路兵部卿・松井西市正・三谷藏人・岡本内匠、

廿九日、壬亥、晴、當番、木崎河内・山下監物・九鬼主殿、
一、於御小書院御茶御催、御詰中道瑞・三宅宗仙・知足庵被召候也、御口切初むかし、

十一月

朔日、癸子、雨、當番、菅谷中務卿(寛常)・三上大膳・中嶋織部(敬藏)、
一、四御所(光格・後櫻町・舍子・富子)・女一宮(欣子)樣江當日御祝儀、以御使被仰上候事、
一、當日御禮參上、山本内藏・三宅宗達・三宅宗仙・知足庵・篠田主膳・香山大學・市川養元、
一、常樂院(志岸)御講釋奉、
一、伊丹將監儀、先月七日遠慮被仰付候處、今日被免候也、

中道瑞御禮參上
常樂院の東塔との絶交は和解との御届
*大興坊安祥院も常樂院の和解御禮
寂光院繼目御禮に御視仰付
大佛殿御用木運送につき繪符の御届
*嚴王院參上御住山御宿院につき坊官面談
*柳原荘の天王講祭主井籠獻上
*有栖川宮法住寺先宮御廟御參詣
*九條尙實より御染筆御依頼
*閑院宮へ御成常樂院一件相濟みにつき御挨拶
山門院內惣代參上常樂院の東塔との和解に御禮獻上
*御住山につき御世話役萬里小路政房へ仰入

二日、甲丑、曇、當番、今小路兵部卿(行先)・松井西市正(永昌)・三谷藏人(寛重)・岡本內匠、

一、中道瑞參上、此間御茶被下候御禮參上候也、

三日、乙寅、晴、當番、木崎河內(正達)・山下監物(重好)・九鬼主殿、

一、山門常樂院、東塔一統絶交之儀、此節相解候趣、御届申上候也、

一、西塔東谷寂光院繼目御禮參上、扇子三本入獻上、於御座間御視被仰付候也、

一、大佛殿御修復御用木、北山別所山より運送ニ付、御繪符被差出候御届、傳奏久我(信通)家へ被差出候事、

覺

妙法院宮御抱大佛殿御修復御用木、此度北山別所山より運送道筋御繪符被差出候、尤相濟候者早速御届可被仰入候、仍爲御届如斯御座候、已上、

辰十一月二日　　妙法院宮御內　松井西市正印

油小路前大納言(隆前)樣御內　伏田右衞門殿
下村丹司殿
久我大納言樣御內　辻信濃守殿
岡本內記殿

四日、丙卯、曇、當番、菅谷中務卿(永喜)・松井若狹守・伊丹將監・中嶋織部(敬藏)、

一、山門院內惣代嚴王院(慈寂)・寶嚴院參殿、南谷常樂院儀、東塔一統絶交之儀、先達而より御取計被遣候處、此節無滯絶交相解、全御威光故と難有奉存候、仍右御禮御菓子一折・白銀一枚獻上候也、

一、南谷惣代大興坊右同斷、御菓子料金貳百疋獻上候也、

一、東谷安祥院(最天)同斷、羊羹二棹獻上、

五日、丁辰、晴、當番、今小路兵部卿・松井西市正・三谷藏人・三上大膳・岡本內匠、

一、山門嚴王院參殿、御住山御宿院之儀ニ付、西市正(松井永昌)面談候也、

一、柳原庄天王講祭主今村忠右衞門、井籠一組獻上候也、

一、有栖川宮(織仁)樣、三摩地院宮(堯恭)御廟江御參詣、爲御案內木崎河內罷出候事、

一、九條攝政(尙實)樣より御書被進、御染筆物御賴被仰進候也、

六日、戊巳、當番、松井相模守(永亨)・木崎河內・山下監物・九鬼主殿、

一、午刻御出門、閑院樣江被爲成、亥刻還御也、御提重・御花被進之、御供菅谷中務卿・中村帶刀・九鬼主殿、御先三人、

先達而御師範常樂院一件ニ付、彼是御世話被進候處、右一件相濟候ニ付、爲御挨拶被進候也、

一、御住山當月十七・八日頃、御治定ニ付、御世話萬里(政房)

*後桃園院御正忌光明供
青門座主宮へ常樂院和解の御挨拶且つ御住山決定の御吹聽仰進
三州勝鬘皇寺より年賀且つ御機嫌御伺獻上
*後桃園院御正忌泉山御參詣
去年の大川筋御入用高役銀につき傳奏觸
*般舟院へ御使御供葩
*心觀院殿御正忌御法事
*金剛院より御住山御隨從を御斷の御使
*千種有政より金剛院御斷の御許容を願出

小路殿江中務卿を以被仰入候也、

七日、己午、當番、菅谷中務卿・松井若狹守・伊丹將監・中嶋織部、

一、青蓮院宮(尊眞)様江御使を以、山門常樂院絶交相解候ニ付、爲御挨拶蒸菓子一折五棹・御花一筒被進之、且當月下旬御住山御治定御吹聽被仰進候事、

一、勝鬘皇寺(了應)年始御祝詞申上、扇子一箱獻上、且時候爲窺御機嫌、梨七ツ獻上、於麝香間西市正面會候也、

一、傳奏觸到來、

口上覺

去卯年大川筋御普請御入用高役銀、村々より掛屋方江相渡候ニ付、前々之通掛屋手形ニ納手形被相添、明後九日より來ル十三日迄之內、油小路家江御差出可被成候、此段各迄可申入之旨、兩傳被申付如此ニ候、已上、

十一月七日　兩傳奏雜掌

御宛所如例、

坊官御衆中

追而御抱寺御兼帶御寺領も、御書出し可被成候、且又御院家中江も御傳達可被成候、尤御覽之後油小路家へ御返し可被成候、已上、

一、後桃園院様御正忌ニ付、於梅ノ間御法事、

光明供　御導師、宮御方(眞仁)、出仕　日嚴院僧正(堯忠)・普應院大僧(洞海)都・常樂院大僧都(善資)・寶生院・惠乘房(玄隆)・法雲房(是空)・安住房・一位、常樂院弟子

八日、庚未、雨、午刻過晴、當番、今小路兵部卿・松井西市正・三谷藏人・三上大膳・岡本內匠、

一、後桃園院様御正忌、辰刻御出門、泉涌寺江御參詣、巳刻前還御、御葩御花一筒被備之、御供菅谷中務卿・小畑主税・岡本內匠、御先三人、

一、般舟院江御葩三十片被備之、御使惠乘房、

一、心觀院殿(堯恭母)御正忌御法事、

法華讀誦、出仕　普應院大僧都・常樂院大僧都・寶生院・惠乘房・法雲房・安住房・一位、常樂院弟子

一、金剛院殿(眞應)より使を以、來ル十八日御住山被遊候ニ付、隨從之儀被蒙仰候處、秋已來所勞今以不相勝候、仍之無據今年之處者御斷被申上候事、

一、千種三位殿(有政)より使ヲ以、金剛院殿御住山可被召連候處、無據所勞御斷被申上候、御許容之儀被相願候よし也、

九日、辛申、當番、松井相模守・木崎河内・山下監物・九鬼主殿、

日嚴院より後桃園院御法事導師につき井籠拜受の御請言上

一、日嚴院僧正、此度後桃園院樣御正忌、般舟院ニおゐて御法事御導師被仰出候、參勤ニ付爲御尋井籠一組被遣之候御請被申上候也、

十八日より御住山を傳奏へ届出

一、來ル十八日山門御住山ニ付、傳奏へ御届被差出候也、月番久我家江一通被差出、油小路家に者演說ニ而申入候也、

小奉書四ツ折
口上覺

妙法院宮從來ル十八日山門江御住山被遊候、依之御届被仰入置候、以上、

十一月九日　妙法院宮御内
三上大膳

兩傳奏
雜掌宛

高役銀納手形井に受取手形を傳奏へ差出

一、高役銀納手形井嶋本三郎九郎受取手形拾通、油小路家江被差出候也、

覺

一、高九拾五石　山城國愛宕郡之内
鹿ケ谷村
此高役銀貳拾五匁九分五毛

一、高九拾三石貳斗九升　山ーー愛ーーーー
大原上野村
此高役銀貳拾五匁四分三厘八毛

一、高貳百拾四石九斗四升　山ーー愛ーーーー
柳原庄
此高役銀五拾八匁六分壹厘

一、高貳百石四斗　山ーー葛野郡之内
牛ケ瀬村
此高役銀五十四匁六分四厘五毛

一、高三百貳拾八石八斗　山ーー葛ーーーー
朝原村
千代原村共申候
此高役銀八拾九匁六分五厘七毛

一、高五百八拾九石貳斗八升　山ーー乙訓郡之内
寺戸村
此高役銀百六拾匁六分八厘五毛

一、高百拾壹石八斗六升　山ーー葛野郡之内
東鹽小路村
此高役銀三拾匁五分貳毛

高合千六百三拾三石五斗七升
此高役銀四百四拾五匁四分四厘貳毛

一、高三百三拾八石七斗壹升貳合　大佛廻境内
此高役銀九拾貳匁三分六厘

惣高合千九百七拾貳石貳斗八升貳合
惣高役銀五百三拾七匁八分貳毛
但百石ニ付、銀貳拾七匁貳分六厘八毛宛、

御抱
一、高八石四斗　山城國愛宕郡之内
清閑寺村
此高役銀貳匁貳分九厘壹毛

御抱
一、高貳石五斗　山ーー葛野郡之内
谷山田村
下山田村共申候
此高役銀六分八厘貳毛

高合拾石九斗

此高役銀貳匁九分七厘三毛　但百石ニ付、銀貳拾七匁貳分六厘八毛宛、

右者、山城木津川・桂川・賀茂川・宇治川・攝津・河内淀川・神崎川・中津川・大和川筋御普請ニ付、山城國高役銀書面之通、妙法院御門跡御知行所并御抱蓮華王院領村〻取立之、嶋本三郎九郎方江相納申候、以上、

天明四年辰十一月　妙法院御門跡御内　木崎河内印

御勘定所

十日、壬酉、晴、當番、菅谷中務卿・松井若狭守・伊丹將監・中嶋織部、

*閑院若宮御成御茶會御催

一、依御兼約尹宮(美仁)樣御成、於御座之間御對顏、暫時御話之上、於御小書院正午御茶被催、爲御相伴倉光清記被召參上、早而於御座之間御夜食被進、戌ノ刻頃還御、

*千種有政より金剛院御住山御斷御聞届に御禮使

一、千種三位殿使者を以、御住山ニ而金剛院殿隨從之儀被仰付候處、依所勞氣御斷被申上候處、御聞届被遣、三位殿(千種有政)ニも忝次第被存候、右御禮被申上候也、

*常樂院より東塔との絶交相濟み御禮獻上

一、常樂院、先達而東塔一統絶交一件之儀、無滯相濟難有仕合奉存候、右御禮申上、御菓子一折獻上候事、

*山門へ御住山は本覺院の御取繕未了につき本年は嚴王院に御住山との奉書

一、山門三執行代并東谷學頭代江奉書、左之通、

妙法院宮當年御住山、先達而御内〻御治定被爲在、御宿院西塔東谷本覺院江可被爲成候處、御取繕未難調ニ付、來ル十七八日頃、同谷嚴王院江當年之處御住山可被遊候、此段各迄内〻得御意候旨仰ニ候也、恐惶謹言、

十一月十日　木崎河内　判
松井西市正　判
菅谷中務卿　判

三執行代
學頭代
西塔東谷

東谷學頭代(實研)江之文言、右同斷、但各迄除之、

*御宿院御取繕に御修理方御臺所方登山

一、御宿院爲御取繕、御修理方中村帶刀、下役佐原與右衞門・大工日雇召連、今日より登山候事、御臺所方堀部多仲も爲見繕登山候也、

*山門より御住山は嚴王院との仰せを諒承と返翰

一、山門より返翰、

妙法院宮樣當年御住山、先達而御内〻御治定被爲在、御宿院西塔東谷本覺院江可被爲成處、御取繕未難調ニ付、來十七八日頃、同谷嚴王院江當年之

處御住山可被遊條、御内々仰之趣奉得其意候、恐
惶謹言、

十一月十日　別當代 卽全判
執行代 堯瓊判
執行代 靜然判

菅谷中務卿殿
松井西市正殿
木崎河内殿

御住山は嚴王院との仰せ諒承の旨學頭代より御書

御門主様當年御住山、先達而御内々被爲有御治定
御宿院當谷本覺院江可被爲成處、御取繕未出來ニ
付、來ル十七八日頃、同谷嚴王院江當年之處御住
山可被遊段、御内々仰ニ候旨被仰聞奉得其意候、
尙宜被仰上可被下候、恐惶謹言、

東谷 學頭代 實研判

菅――――殿
松――――
木――――

十一日、癸戌、晴、當番、今小路兵部卿・松井西市正・三谷藏人・三上大膳・伊丹將監、

御宿院取繕役山門より下山

一、中村帯刀・堀部多仲、山門より下山候也、

*九條尙實より御住山御治定御歡使御輿火燵進上

一、九條攝政（尙實）様より御使を以、御文匣之内御輿火達井御蒲團被進、且御住
山御治定御歡被仰進、（九條輔家）大納言様よりも御傳言被仰進
候也、

*青門宮より御歡使

一、青門様より御住山御治定御歡、蒸籠一荷被進之、且
先日御使被進候御挨拶も被仰進候也、

十二日、甲亥、晴或時雨、當番、松井相模守・木崎河内・山下監物・九鬼主殿、

*九條尙實へ御挨拶

一、攝政（九條尙實）様へ昨日御使被進候御挨拶被仰進候也、

*山崎正導へ西町奉行就任御悅御遣

一、山崎大隅守（正導）へ此度京都町奉行被仰付、上京ニ付爲御
悅昆布一箱・御樽代金貳百疋被遣之、御使初瀬川采
女、

十三日、乙子、晴、當番、菅谷中務卿・松井若狹守・伊丹將監・中嶋織部、

*子御祭

一、子御祭如例年、

*新嘗御祈につき傳奏觸

一、傳奏觸到來、

口上覺

就來十六日新嘗御祈、自明後十四日晩到十七日朝
御神事、就來廿一日春日祭、自來十九日晩到廿二
日朝御神事候、仍而爲御心得各迄可申入之旨、兩
傳被申付如此ニ候、已上、

十一月十二日　兩傳―　――

御宛所如例、

春日祭御神事につき傳奏觸
*大坂表御貸附支配の新屋平藏へ不行屆につき召放の旨大坂町奉行へ通達方を傳奏へ屆出
青門宮へ御挨拶
御住山御暇乞に四御所へ御參閑院宮諸攝家青門へ御成
淨妙庵へ惠宅護摩供につき御成
*中村帶刀御宿院へ相詰
萬里小路政房伺候御對面
*御宿院へ御道具運送
*勝鬘皇寺寒中御伺
*樹王院繼目御禮

口上覺
就來廿一日春日祭、自來廿日晚到廿二日朝、仙洞(後櫻町)樣御神事候、仍而爲御心得各迄可申入之旨、兩傳被申付如此ニ候、已上、
十一月十二日　兩｜｜
｜｜
御宛(所脫)如例、
一、青門樣へ昨日御使被進候御挨拶被仰進候也、御使九鬼主殿、
十四日、丙丑、晴、當番、今小路兵部卿・松井西市正・三上大膳・三谷藏人・岡本內匠代主殿、
一、辰半刻御出門、御住山爲御暇乞、四御所江御參、閑院樣・鷹司(輔平)樣・隨宜樂院(公遵)樣・攝政樣・靑門樣江も被爲成候也、御供木崎河內・木崎兵庫・九鬼主殿、
十五日、丁寅、晴、當番、松井相模守・木崎河內・山下監物代將監・九鬼主殿代內匠、
一、淨妙庵惠宅八千枚護摩供修行ニ付、午刻御出門ニ而被爲成候也、
一、萬里小路前大納言殿御伺公、於御座間御對面、於梅之間湯漬出之、
一、當日御禮參上、山本內藏・篠田主膳・三宅宗達・香山大學・村若左門・市川養元、御住山御治定恐悅も申上候也、
一、傳奏衆へ御屆書差出、
覺
大坂京町堀江壹丁目
新屋平藏
右之者、去ル壬正月大佛殿御修覆銀貸附支配被仰付置候處、不行屆儀有之候ニ付、右貸附支配、此度被召放候、仍而御屆被仰入候、此段大坂町御奉行所へ宜御通達可被下候、以上、
辰十一月　妙法院宮御內
松井西市正印
油小路前大納言樣御內
伏田右衛門殿
久我大納言樣御內
下村丹司殿
辻信濃守殿
岡本內記殿
十六日、戊卯、晴、當番、菅谷中務卿・松井若狹守・伊丹將監・中嶋織部、
一、中村帶刀登山、今日より御宿院へ相詰候也、
一、御住山御宿院御道具、今明日運送之事、鄉方より人足差出、
一、參州勝鬘皇寺(了應)寒中窺御機嫌、蕎麥粉貳箱獻上之、
一、山門樹王院住職繼目御禮、扇子三本入獻上候也、
十七日、己辰、晴、當番、今小路兵部卿・松井西市正・三上大膳・岡本內匠、

聖門新宮三時知恩寺佛光寺等より御住山御歡使

*石山基名伺候

智積院より時節御伺御登山御悅言上

*泉山御代香

*伊藤采女佑へ御祝儀御遣

上行寺繼目御禮

淨妙庵御對面

堀部多仲御宿院へ相詰

境內諸社寺御參詣後御住山に御登叡

*御家來登山交替

閑院宮御內伊藤采女佑へ六位侍仰付

*關東への寒中御見舞品差出につき御附衆へ御聞繕書

一、聖護院(盈仁)新宮樣より御使被進、時節御口上、且明日より御住山御歡御見舞被仰進候也、
一、三時知恩寺(尊信)樣より御使、右同斷、
一、佛光寺(順如堯祐)御門跡使者來、明十八日御住山御歡被申上、朧饅頭三百一折被上之、
一、智積院(實嚴鑁啓)僧正使僧を以、時節窺御機嫌、尾張大根一折獻上、明日御登山恐悅も申上、依所勞代妙德院を以申上候也、
一、御境內上行寺住職繼目御禮、扇子三本入獻上、
一、惠宅參殿、於御座間御對面、御茶一箱獻上也、
一、堀部多仲登山、今日より御宿院へ相詰候也、
十八日、庚巳、晴、當番、松井相模守・木崎河內・山下監物・九鬼主殿、
一、御住山、今日御登山、卯刻過御出門、新日吉社・飛梅天神社・大佛殿・蓮華王院江御參詣、夫より高野越御登山也、普應院大僧都隨從、御供松井西市正・友田掃部・中嶋織部・今小路鐵之助・川上織衞、靑侍三人、茶道、
一、三宅宗仙御供被仰付候也、
一、閑院宮樣御內伊藤采女佑、此度六位侍御取立被仰付候御禮參上、昆布一折五拾本獻上、
十九日、辛午、晴、當番、菅谷中務卿・松井若狹守・三谷藏人・伊丹將監、
廿日、壬未、晴、當番、今小路兵部卿・三上大膳・岡本內匠、
一、石山(基名)前中納言殿御伺公、御住山ニ付御伺、御玄關ニ而被申置候也、
一、金剛院(眞應)殿御參殿、
廿一日、癸申、快晴、當番、松井相模守・木崎河內・山下監物・九鬼主殿、西市正山門詰、
一、泉涌寺江御代香使今小路兵部卿、
一、閑院宮樣御內伊藤采女祐六位御取立ニ付、此間御禮參上、獻上物も有之ニ付、爲御祝儀方金百疋被下之、表役中より奉書ニ而被下候也、
廿二日、甲酉、晴、當番、菅谷中務卿・松井若狹守・三谷藏人・伊丹將監、織部山門詰、
一、三宅宗達・三宅宗仙參上、
廿三日、乙戌、晴、當番、今小路兵部卿・三上大膳代主殿、西市正在山門、內匠登山、
一、金剛院殿御參殿、
一、小畑主稅・岡本內匠登山、友田掃部・中嶋織部下山候也、
廿四日、丙亥、晴、當番、松井相模守・木崎河內・山下監物・九鬼主殿代大膳、
一、金剛院(眞應)少僧都御參殿、
一、寒中窺御機嫌、蕎麥粉一折貳袋獻上、中嶋幾右衞門、
一、關東大納言(德川家齊)樣江寒中御見舞被進物、二條表江御使何

*小松谷正林寺寒中御伺

*所司代より寒中御伺献上

京極様より寒中御見廻仰進

*四御所へ寒中御伺蜜柑一籠宛献上

山門より御下山午半刻還御

*御登山御見廻の方々へ御挨拶

*閑院三宮様より御下山御歓の御祝品進上

*智積院より御下山恐悦申上

智積院より寒中御伺

*智積院諸役より恐悦申上

*浄妙庵恐悦申上

養源院より寒中御伺且つ還御恐悦申上

*閑院宮御内より恐悦申上

播州清水寺より寒中御伺

日比可被差向候哉、御聞繕書、例之通御附水原攝津(保明)守役宅江差出、青侍中持參、

廿五日、丁子、晴、當番、菅谷中務卿・松井若狭守・伊丹將監・中嶋織部、

廿六日、戊丑、晴、當番、今小路兵部卿・三谷藏人・三上大膳代主殿、内匠在山門、

一、京極様より寒中御見廻被仰進候也、

廿七日、己寅、晴、當番、松井相模守・木﨑河内・山下監物・九鬼主殿、

一、今日山門より御下山ニ付、御迎御供、卯刻過御宿院江參着、辰刻御宿院御出院ニ而、西塔坂山鼻迄御歩行、山鼻ニ而、御休息被爲在、午半刻御本殿江還御也、普應院大僧都隨從、御供松井西市正・小畑主税・岡本内匠・川上織衞・今小路鐵之助・三宅宗仙、御先丸茂矢内・末吉味衞門・吉見文内等也、

一、御臺所方安福勝太左衞門下山候也、

一、三宅宗達、御機嫌克御下山恐悦申上、

一、智積院僧正依所勞、代養眞院を以、寒中窺御機嫌候也、

一、養源院前大僧正參殿、寒中窺御機嫌、且御住山被爲遊、昨日御機嫌克還御恐悦も申上候也、

一、播州清水寺一山惣代十妙院、寒中窺御機嫌、蕎麥粉一折五袋獻上候也、

一、同寺光明王院(賴哲)より蕎麥三袋獻上、

一、小松谷正林寺、右同斷、蜜柑一籠獻上、

一、金光院(榮範)右同斷、

一、戸田因幡守(忠寛)使者を以同斷、溫飩粉一箱獻上之、

廿八日、庚卯、雨、當番、菅谷中務卿・伊丹將監・中嶋織部、

一、四御所江寒中爲御窺、蜜柑一籠宛被獻候也、

一、御登山ニ付、御宿院江御見廻御使被進候御方〻様江御挨拶、御使を以被仰入候事、

一、閑院兩宮様・孝宮様(御妹君)より昨日御機嫌克御下山御歡被仰進、一品宮様(典仁)より昆布五十本、尹宮様(美仁)より同斷、孝宮様より同三十本、御使小畑左衞門、於御座間御視被仰付候也、

一、智積院僧正代妙德院を以、昨日御機嫌好御下山、恐悦申上、羊羹一折獻上候也、

一、智山集議中・役者中、恐悦申上、大佛餅一折獻上、

一、淨妙庵惠宅參上、恐悦申上候也、

一、閑院様御内より恐悦左之通獻上、

昆布　一折　五拾本　淺井玄蕃頭(國廣)・同近江守(國茂)・平田因幡守(元敷)・木村駿河守(安辰)、

同　三拾本　御上﨟おふミとの、

*御世話役へ寒中御尋
*石山基名へ寒中御尋
溪廣院寒中御伺
智山安養院寒中御伺獻上
*東本願寺より御住山御歡言上
御宿院より御道具運送
*蘆浦護法院より蘆浦納豆獻上
*藤島石見より御住山恐悦申上
香山大學寒中御伺御筆獻上
*閑院宮へ御成四御所へ寒中御伺御參
嚴王院寒中御伺御對面
寶嚴院伺候御立入仰付に御禮言上
*閑院三宮へ御住山御祝儀の御返禮進上
良家衆へ寒中御尋大佛餅一器宛御遣
松禪院代僧伺候
新善法寺伺候
金剛院より御菓子獻上
閑院三宮樣へ寒中御見舞品進上

同　　五拾本　涼岡院・小左近・岩しろ・正覺院、
同　　五拾本　河島・左兵衞・野澤・龜御乳、
同　　貳拾本　十如院、
一、山門院内惣代溪廣院(堯鏜)寒中爲窺御機嫌、蜜柑一籠獻上、
一、智山安養院參上、寒中窺御機嫌、且御住山恐悦申上、醒ヶ井餅一箱・新淺草海苔・梅干鹽獻上候也、
一、御宿院より御道具運送人足郷方より差出、
一、中村帯刀下山、
廿九日、辛辰、晴、當番、今小路兵部卿・松井西市正・三上大膳・岡本内匠、
一、香山大學寒中窺御機嫌、御筆獻上候也、
一、西塔東谷嚴王院(慈寂)右同斷、於御座之間御對面被仰付候也、
一、同北尾寶嚴院(覺邦)右同斷、蜜柑一籠獻上、且此度願之通御立入之儀被仰付難有旨御禮申上候也、
一、良家衆へ寒中御尋、大佛餅一器ツヽ被遣之、
一、山門松禪院(慈俊)、代僧を以寒中窺御機嫌之事、
一、八幡新善法寺(祐清)使者を以、右同斷、
一、金剛院殿(眞應)より同斷、御菓子一折被上之、
一、閑院一品宮樣江寒中御見舞、羊羹一折五棹被進之、尹宮樣へ蜜柑一籠、孝宮樣へ大佛餅一折被進之、
一、萬里小路前大納言殿(政房)江寒中御尋、羊羹一折五棹被遣之、
一、石山前中納言殿(基名)江同斷、蜜柑一籠被遣之、御使友田掃部、
晦日、壬巳、當番、松井相模守・木崎河内・山下監物・九鬼主殿、
一、本願寺東御門主(乘如光遍)より使者を以、御住山御歡被申上候也、
一、蘆浦護法院、蘆浦納豆一籠三十苞獻上之、
一、藤嶋石見御住山恐悅、且寒中窺御機嫌候也、
一、辰半刻御出門、先閑院樣へ被爲成、夫より四御所江寒中御伺御參、御退出之上、再閑院樣江被爲成、子半刻還御、御供松井相模守・初瀬川采女・九鬼主殿、
一、閑院樣江此間御住山御祝儀被進候御返禮、今日被進候也、
一品宮樣江昆布五十本、尹宮樣へ同五十本、孝宮樣へ同三十本、
一、播州清水寺より願書差出、則願之通被仰出候也、
一、
御願申上候口上之覺
圓應院看坊
刑部

播州清水寺より圓應院住職仰付の願出御許容
*清荒神護淨院參上御視仰付
*千種有政伺候
*先宮御正忌御逮夜

右刑部儀、年齢相滿候間、住職被爲仰付被下候樣、
御願申上候、以上、
天明四年十一月　播州清水寺
行事全性院印
目代千壽院印
大佛御殿
御坊官中

十二月

*女一宮深曾木につき御祝儀を四御所へ獻上
四御所閑院宮へ當日御祝詞使
勝安養院より御下山恐悦申上
*近衞御父子へも女一宮につき御歡仰進
關東への寒中御見舞品を所司代へ差向
大林院寒中御伺
*鷹司御父子より寒中御見舞
*岸紹易伺候御對面
祇園寶壽院寒中御伺
*女一宮より御深曾木御祝儀進上

朔旦、癸午、晴、當番、菅谷中務卿(寬常)・松井若狹守(永喜)・伊丹將監・中嶋織部(敬藏)、
一、四御所(光格・後櫻町・舍子・富子)・閑院宮樣(典仁)江當日御祝詞、御使木崎河内(正達)、
一、勝安養院殿(堯海)、使者を以、此度御住山御機嫌克、此間御下山被遊、恐悦被申上候也、薯蕷一簀被上之、
一、村若左門・同縫殿、寒中窺御機嫌、くわゐ一折獻上、
一、市川養元右同斷、羊羹一折三棹獻上、
一、本願寺西御門跡(法如光闡)より寒中御見廻、使者を以被申上候也、
一、關東大納言樣(德川家齊)へ寒中御見舞、干菓子一箱、所司代亭(戸田忠寬)江御使被差向候事、御使三上大膳、
一、山門別當代大林院(卽全)、寒中窺御機嫌、蜜柑一籠獻上、
一、祇園社務寶壽院(行快)右同斷、蕪一折獻上、
二日、甲未、晴、當番、今小路兵部卿(行先)・松井西市正(永昌)・三谷藏人(寬重)・三上大膳、
一、清荒神護淨院參上、先達而山門嚴王院を以御視之儀相願、今日御視被仰付候事、御菓子一箱獻上、
一、千種三位殿(有政)寒中窺御機嫌御伺公被申置、
一、土岐要人寒中窺御機嫌、御菓子一箱獻上、
一、三摩地院一品宮(堯恭)御正忌、於梅之間御逮夜御法事御執行、
三日、乙申、晴、當番、松井相模守(永亨)・木崎河内・山下監物・九鬼主殿(重好)、
一、女一宮(欣子)樣御深曾木ニ付、爲御祝儀昆布一折五十本被進之、
禁裏(光格)御所・仙洞(後櫻町)御所・兩女院(舍子・富子)御所江も御歡、御口上計、御使菅谷中務卿法眼、
一、近衞准后(內前)樣・內府(近衞經熙)樣へも、右御歡被仰進候也、御使牛丸九十九、
一、三摩地院一品宮御正忌、於梅之間御法事、
上(眞仁)　普應院(洞海)大僧都・金剛院(眞應)少僧都・常樂院(志岸)大僧都・
寶生院(善資)・惠乘房(玄隆)・法雲房(是空)・安住房、
一、鷹司左府樣(輔平)・左大將樣(鷹司政熙)より寒中御見舞被仰進候也、
一、岸紹易寒中窺御機嫌參上、御對面被仰付候事、
四日、丙酉、曇、當番、菅谷中務卿・松井若狹守・伊丹將監・中嶋織部、
一、女一宮樣より御深曾木御祝儀、赤飯一蓋、昆布一折

東本願寺より寒中御見舞宮重大根進上
*八幡屋源次郎より御禮獻上
佛光寺より寒中御見舞
*仙洞より寒中御見舞品拜受
妙觀院等寒中御伺
圓教院寒中御伺
*仙洞より烏丸光祖へ天仁遠波御傳授御神事との傳奏觸
所司代東西町奉行へ寒中御尋
八幡屋源次郎へ大佛殿修復貸附下支配を仰付の御墨附
*青門宮より寒中御見廻

五十本被進之、
一、本願寺東御門跡(乗如光遍)より使者を以、寒中御見舞、宮重大根一折被上之、千代宮様(光遍室、伏見宮貞建皇女)より御同様御見舞被仰進候也、
一、佛光寺御門跡(順如堯祐)より寒中御見廻被申上、厚君殿(堯祐嫡子、二條治孝猶子)よりも御同様、知宮様(寛如堯超室、有栖川職仁女、知足院)よりも御同様被仰進候也、
一、山門妙觀院(後榮)・本行院寒中窺御機嫌參上候也、
五日、丁戊、晴、當番、今小路兵部卿・松井西市正・三上大膳・三谷藏人(寛重)、
一、東塔院内惣代執行代圓教院(靜然)、寒中窺御機嫌蜜柑一籠獻上、
六日、戊亥、當番、松井相模守・木崎河内・山下監物・九鬼主殿、
一、戸田因幡守(忠寛)江寒中御尋、蜜柑一籠被遣之、
一、町奉行丸毛和泉守(政良)・山崎大隅守(正導)右同斷、蜜柑一籠ツヽ被遣之、御使藪澤雅樂、
一、御貸附下支配、依願八幡屋源次郎江被仰付、
御墨附之案
大佛殿御修復金貸附之儀、先達而從公儀被仰出候、右貸附下支配、今度依願其方江被仰付候間、其旨相心得、諸事麁略之儀、堅有之間敷者也、
天明四年辰十二月　木崎河内　判
松井西市正　判

菅谷中務卿　判
八幡屋
源次郎江、
定書、如例御貸附方より相達候也、
御禮白銀三枚、扇子一箱獻上、
一、仙洞様(後櫻町)より寒中御見舞、蒸菓子一折拾棹御拜領、
一、中道瑞、寒中伺御機嫌參上候也、
七日、巳子、晴、酉刻頃ヨリ雨、當番、菅谷中務卿・伊丹將監・中嶋織部、
一、御詩會被爲有候事、村瀬掃部・常樂院(志岸)・篠田主膳・香山大學・伊丹將監・中嶋織部・土岐要女〔人〕、
一、傳奏觸到來、
口上覺
就來十日、從仙洞様烏丸中納言様(光祖)江和歌天仁遠波御傳授、自明後九日晩到十日未刻、仙洞様御神事候、仍爲御心得各迄可申入之旨、兩傳被申付如斯ニ候、已上、
十二月七日　兩傳奏　雜掌
御宛所如例、
坊官御衆中
八日、庚丑、晴或曇、當番、今小路兵部卿・松井西市正・三上大膳・三谷藏人・岡本内匠、
一、青門様(尊信)より寒中御見廻御使被進候也、
一、傳奏觸到來、

*禁裏御取次へ御立入仰付
仙洞より烏丸光祖へ天仁遠波御傳授につき御參賀あるやう傳奏觸
*智積院より今夜中惣御門出入の儀願出
*切金輕目金の新規兩替方法につき傳奏觸
泉山御代香
興正寺より寒中御見廻
鳥邊山通妙寺より寒中御伺獻上
御煤拂
禁裏より寒中御見舞
聖門宮より寒中御見舞
仙洞へ古今傳授御祝儀

口上覺

來十日從仙洞樣烏丸中納言樣江和歌天仁遠波御傳授ニ付、翌十一日御參賀可被遊候、此段各迄可申入之旨、兩傳被申付、如是ニ候、已上、

十二月七日　兩傳奏雜掌

御宛所如例、
坊官御衆中

九日、辛寅、晴、當番、松井相模守・木崎河内・山下監物・九鬼主殿、

一、泉涌寺江御代香使今小路法橋、(行先)

一、興正寺(寂聽常順)御門跡より寒中御見廻、使者を以被仰上候也、

一、鳥邊山通妙寺寒中窺御機嫌、蕎麥粉貳袋獻上候也、

十日、壬卯、雨、午後晴、當番、菅谷中務卿・松井若狭守・伊丹將監・中嶋織部、

一、御書院・御座間・御廣間向御煤拂、

一、禁裏樣(光格)より寒中御見舞、蒸菓子一折拾棹御拜領、

一、聖門樣より寒中御見廻被仰進候事、

一、山門正觀院前大僧正(義遍)、寒中伺御機嫌參殿、

十一日、癸辰、晴、當番、今小路兵部卿・松井西市正・三谷藏人・岡本内匠、

一、仙洞樣より烏丸前中納言殿江昨日和歌天仁遠波御傳授被爲濟候ニ付、爲御祝儀昆布一折被獻之、尤御參賀可被遊候處、少々御違例、御不參也、御使木崎河内、

一、禁裏御所取次町口美濃守(是村)、御立入被仰付、今日初而參上、於鶴之間御吸物・御酒被下之、西市正(松井永昌)及挨拶、昆布一折五拾本獻之、少々御違例ニ付御對面無之、

一、智積院(實嚴鑁啓)より使僧を以、例年之通今明日法會ニ付、今夜中惣御門出入之儀相願候也、

一、傳奏觸到來、

切金輕目金通用之儀、五分迄之切金、四厘迄之輕目金共、無滯通用可致旨并兩替屋ニ而歩合不請取候樣、先年より度々相觸候處、文字金吹替年數相立、追々切金輕目金多相成、通用差支ニも可相成ニ付、於金座切金輕目金相直候間、兩替屋共へ役金申付、金座江爲相渡候、右ニ付兩替屋ニ而切金輕目金、卽刻引替又者兩替致候節、切輕目之輕重ニより相應之歩合差出候樣ニ可致候事、

右之趣可相觸候、

別紙之通武邊より申來候間、爲御心得各迄可申入旨、兩傳被申付、如斯ニ候、已上、

十二月十日　兩傳｜　｜

御宛所如例、
坊官御衆中

浄土眞宗四門跡へ寒中御見舞
*内侍所前庭にての千反樂御神事につき傳奏觸
京都代官より寒中御伺
丹州龜山大智院寒中御伺獻上
*中山愛親へ還任御祝儀御遣
*所司代伺候
東山院御正忌御逮夜法要
*孝宮御袖留につき御祝儀進上
*山科岱安拜診御癪氣の調藥
閑院宮へ御成
井伊直幸へ大老職仰付につき御賀書差下
*禁裏より女房奉書にて御星拜領
*角倉玄壽より蜜柑獻上
*孝宮へ御袖留御祝儀進上

一、本願寺東西御門跡・興正寺御門跡・佛光寺御門跡江
寒中御見舞、且御挨拶被仰遣候事、
十二日、甲巳、晴、當番、松井相模守・木崎河内・山下監物・九鬼主殿、
十三日、乙午、晴、當番、菅谷中務卿・伊丹將監・中嶋織部、
一、木村宗右衞門寒中伺御機嫌參上、
十四日、丙未、晴、當番、今小路兵部卿・松井西市正・三上大膳・伊丹將監代藏人・岡本内匠、
一、小堀數馬(邦直)寒中窺御機嫌參上、
十五日、丁申、晴、當番、相模守代菅谷中務卿・木崎河内・山下監物所勞・岡本内匠、
一、鳴瀧兵部卿寒中窺御機嫌參上、
一、丹州龜山大智院寒中窺御機嫌、方金百疋獻上候也、
一、中山大納言(愛親)殿還任拜賀御歡、昆布一箱被遣之、御使
牛丸九十九、
十六日、戊酉、晴、當番、菅谷中務卿・伊丹將監・中嶋織部、
一、東山院樣御正忌御逮夜御法事被爲在候也、
十七日、己戌、當番、今小路兵部卿・松井西市正・三谷藏人・三上大膳、
一、巳刻御出門、閑院樣江御成、還御子刻、御供松井相
模守・藪澤雅樂・岡本内匠・御先三人、
一、江州彦根城主井伊掃部頭(直幸)、今度大老職被仰付御賀書
被差下候事、
今度登庸候之由、珍重之事ニ候、爲演賀詞如斯ニ
候也、
十二月十七日　御判
井伊掃部頭殿
一、傳奏觸到來、
口上覺
來十八日午刻於内侍所前庭就被行千反樂候、從明
後十七日晚到十八日酉刻御神事ニ候、仍而爲御心
得各迄可申入旨、兩傳被申付、如斯ニ候、已上、
十二月五日　兩傳奏雜掌
御宛所如例、
坊官御衆中
十八日、庚亥、晴、當番、相模守代今小路兵部卿・木崎河内・山下監物・岡本内匠、
一、平田因幡守(元敷)寒中窺御機嫌參上、
一、孝宮樣(御妹君)御袖留ニ付、爲御祝儀赤飯一蓋被進之、
一、山科岱安寒中窺御機嫌參上、拜脉被仰付、少〻御積〔癪〕
氣御氣味ニ被爲在、御藥調進、
十九日、辛子、晴、當番、菅谷中務卿・伊丹將監・中嶋織部、
一、禁裏御所より女房奉書御到來、御星御拜領也、
一、角倉與市(玄壽)より歲末之御祝儀、例年之通蜜柑獻上候也、
一、孝宮樣江御袖留御祝儀被爲濟候爲御歡、昆布一折五

十本被進之、御内〻ニ而紋縮緬壹巻被進之、御使牛丸
九十九、
一、三角了察參上、於御書院御脈拜診、御藥調進、
一、閑院宮樣江御詠草被入御覽候事、
一、三宅宗仙、正午御茶獻上候也、於御小書院御茶事被
爲在候也、
廿日、壬丑、晴、當番、今小路兵部卿・松井西市正・三上大膳、
一、常樂院（志岸）參上、
一、角倉與市寒中窺御機嫌參上、
廿一日、癸寅、晴、當番、松井相模守・木崎河内・山下監物・岡本内匠、
一、泉涌寺江御代香使今小路兵部卿、
一、午刻御出門、閑院宮樣江御成、還御子刻前、御供松
井若狹守・木崎兵庫・堀部多仲、
一、智積院より歳末之御祝儀、蜜柑一籠獻上候也、
一、泉州堺戎嶋萬屋町柴田平左衞門儀、此度依願御用達
被仰付候事、
御禮獻上　奉書　十帖
白銀　五枚
一、御用達柴田平左衞門江被仰付候ニ付、傳奏江御届書
被差出候事、

三角了察拜診
調藥
閑院宮へ御詠草御供覽
三宅宗仙正午御茶獻上御茶事
角谷玄壽伺候
泉山御代香
閑院宮へ御成
*右平左衞門につき御用之節の帯刀は承知し難しと堺奉行所の但書
智積院より蜜柑獻上
泉州柴田平左衞門より御用達仰付の御禮獻上
柴田平左衞門につき傳奏へ届書
*持明院より寒中御伺
*圓山安養寺より歳末御祝儀獻上
*所司代より歳末御祝儀
*八幡新善法寺より歳末御祝儀獻上

覺
泉州堺戎嶋萬屋町
柴田平左衞門
右之者、此度當御殿御用達被仰付候、尤御用之節
者、帯刀被仰付候、依此段御届被仰入置候、堺御
奉行所江宜御通達可被進候、以上、
辰十二月　妙法院宮御内
菅谷中務卿 印
油小路前大納言（隆前）樣御内
伏田右衞門殿
久我大納言（信通）樣御内
下村丹司殿
辻信濃守殿
岡本内記殿
但、翌年八月傳奏衆より堺奉行所紙面之寫被達、
右平左衞門（柴田）御用達相勤候儀者、承届候得共、御用
之節計ニ而も、帯刀致候儀者、先例も無御座候ニ
付、難承届趣也、巳八月御日次記ニ委し、
一、持明院前大僧正（良胤）、使を以寒中被伺御機嫌候也、
一、圓山安養寺惣代清阿彌、歳末御祝儀御茶獻上候也、
廿二日、甲卯、晴、當番、菅谷中務卿・松井若狹守・伊丹將監・中嶋織部、
一、戸田因幡守（忠寛）より歳末御祝儀、狗脊一箱獻上候也、
一、八幡新善法寺（祐清）、使を以歳末之御祝儀、牛房一籠獻上
候也、

閑院宮へ御成・参内
一昨夜上御所内小屋出火と知り今朝御機嫌伺
*青門座主宮より歳末御祝儀進上
*所司代より御歳暮御請使
禁裏の御内々御祈禱につき御壇料
三上大膳養子に野吉仰付
*禁裏より女房奉書にて月次薬師供御壇料拝領御撫物拝受
三上大膳養子に御目見仰付
大山崎社司歳末御祝儀胡麻油献上
御小書院に御方違
*小泉有重へ御方違勘文の御祝儀御遣
三御所女一宮へ歳末御祝儀献上
閑院宮へ御祝儀
*土岐要人へ屠蘇白散献上につき御祝儀御遣
*金剛院より富興行相済み御菓子料献上
御世話方兩卿に歳末御祝儀

廿三日、乙辰、晴、當番、今小路兵部卿・松井西市正・三谷藏人・三上大膳、
一、巳刻御出門、閑院様へ被爲成、申刻御參內、亥刻過還御、御供松井相模守・中村帯刀・中嶋織部、御先三人、
一、一昨夜上御所修理職役所小屋出火、尤少ゝ之事ゆへ不相知、漸昨夜相知候ニ付、今朝御使を以、御機嫌御伺被仰上候事、御使中嶋織部、
一、禁裏御所御內之御祈禱御壇料、白銀壹枚御拜領候事、
一、三上大膳養子野吉、願之通被仰付候也、
廿四日、丙巳、節分、晴、當番、今小路兵部卿・木崎河內・山下監物・岡本內匠、
一、三上大膳養子野吉、御目見被仰付候也、
一、大山崎社司中田齋、例年之通歳末御祝儀胡麻油一樽獻上候也、於御玄關湯漬被下候也、
一、御方違、御小書院江被爲成、於上之間御祝儀如御嘉例、
廿五日、丁午、晴、當番、菅谷中務卿・松井若狭守・伊丹將監・中島織部、
一、禁裏御所(光格)・大女院御所(舍子)・女院御所(富子)・女一宮様(欣子)江歳末之御祝儀、例年之通被上候也、御使三谷藏人、
一、閑院宮様江も例年之通被進候事、御使同人、
一、御世話萬里小路殿(政房)、御手習御世話萬里小路殿・石山(基名)殿江歳末御祝儀、例年之通被遣候也、御使牛丸九十九、
一、木村宗右衞門、歳末之御祝儀參上、
廿六日、戊未、晴、當番、今小路兵部卿・松井西市正・三谷藏人・三上大膳、
一、樹下式部少輔(寧眞)より歳暮御祝儀、牛房一折貳把獻上、
一、座主宮様より歳末之御祝儀被仰進候也、
一、戸田因幡守、使者を以昨日歳尾御祝儀被遣候御請申上候也、
一、禁裏御所より女房奉書ニ而、月次藥師供御壇料御拜領、來巳年御撫物被進候也、
一、非藏人口江御里坊御留主居御招ニ付罷出候處、來年正月八日御參賀被仰出候旨、六條殿(有榮)御達候事、
廿七日、己申、陰晴、當番、松井相模守・木崎河內・山下監物・岡本內匠、
一、小泉陰陽少屬(有重)、御方違勘文差上候ニ付、御祝儀金百疋被下也、
一、土岐要人、例年之通屠蘇白散獻上、如例御祝儀金百疋被下候也、
廿八日、庚酉、快晴、當番、菅谷中務卿・松井若狭守・伊丹將監・中嶋織部、
一、金剛院殿(眞應)より、例月之通冨興行相濟候ニ付、御菓子料被上候也、

浄妙庵惠宅御對面
仙洞へ歳末御祝儀獻上
長橋局より來正月御内々御祈禱御撫物進上
坊官以下歳末御禮言上
勝安養院普應院より歳末御祝詞
*元日の御儀

一、惠宅參殿、於御座之間御對面被爲在候也、
一、仙洞御所江歳末之御祝儀被獻候也、御使菅谷法眼、
廿九日、辛戌、快晴、當番、今小路兵部卿・松井西市正・三谷藏人・三上大膳、
一、長はしとのより文ニ而、來正月御内々御祈禱御撫物被進候也、
一、於御座之間、坊官已下中奥迄、歳末之御禮申上候也、
一、勝安養院(堯海)殿・普應院(洞海)殿より使者を以、歳尾御祝儀被申上候也、

天明五乙巳年日次記

正月　御用番木崎河内法眼(正達)、

元日、辛亥、晴、當番、松井相模守(永亨)・木崎河内(正達)・山下監物(重好)・岡本内匠、
一、寅刻護摩堂江渡御、
一、次御獻、
御陪膳、金剛院(眞應)少僧都、役送菅谷法眼寛常、大福・御雜煮等如御嘉例、
一、次於御座之間、日嚴院(堯忠)僧正・金剛院少僧都・喜多治部卿(永春)・菅谷中務卿(寛常)・今小路兵部卿(行先)・松井西市正(永昌)・松井相模守・松井若狹守(永喜)・木崎河内・三谷藏人(寛重)・三上大膳・伊丹將監・山下監物・中村帶刀・木崎兵庫・初瀬川采女・友田掃部・藪澤雅樂・中嶋織部(德方)・鈴木求馬・岡本内匠・三谷金吾・山下勇・青水民之介・三上野吉・寶生院(善資)・惠乘房(玄隆)・法雲房(是空)・安住房・松井丹波法橋(長亨)・堀部多仲等御禮、
但初瀬川三河介(宗邦)所勞・小畑主税故障・九鬼主殿所勞、
一、次於御白書院、日嚴院僧正・金剛院少僧都御盃被下、

一、次於梅之間、坊官已下御通御儀式如例、
御盃、坊官・諸大夫・侍法師・近習・出家・承仕・
中奥迄已下、
御流、松井喜齋・武知喜好・内田善可・安福勝太左
衞門・丸茂矢内・牛丸九十九・松井權之進・
末吉味衞門・吉見文内・中村金左衞門、
御盃、山本内藏・篠田主膳・三宅宗達・三宅宗仙・
三宅宗甫・三宅圓達・香山大學・岩永右衞門・
村若左門・同縫殿・市川養元、
御流、若山源之進・津田源吾、
一、次御祝儀、松如御嘉例茶道喜好(武知)持出、
一、次於御座間
御盃、喜多治部卿法印、
御口祝、三谷金吾・山下勇・川上織衞・青水民之
介・三上野吉、
御盃、寶生院・知足庵・土岐要人、
一、次御鎭守(新日吉社)・飛梅天神社・大佛殿・荒神、蓮華王院江
御參詣、小坂僧正(堯忠)・東尾少僧都(眞應)扈從、御供今小路法
橋行先・藪澤雅樂・岡本内匠、青侍三人、
元二、壬子、晴、時々雨或雪、當番、

一、坊官より獻上之御鏡餅、御錫、諸大夫獻上之御錫等
御祝、
一、勝安養院(堯海)僧正・普應院(洞海)大僧都在國ニ付、使者濱崎右(惟敏)
京を以、年甫之御祝詞被申上候事、
一、小堀數馬(邦直)年頭御禮參上、御太刀一腰・御馬代銀壹枚
獻上、申置、
一、九鬼主殿元旦歡樂不參、今日於御座間御口祝被下之、
元三、癸丑、晴、當番、今小路兵部卿・松井西市正・三谷藏人・三上大膳、
一、兩院家(堯忠・眞應)衆御參、
一、山科里安御禮參上、
一、傳奏衆より御觸書一通到來、
口上覺
來十三日禁裏樣(光格)・仙洞樣(後櫻町)諸禮候間、御院家中其御
心得尤ニ候、辰刻可有御參集候、御遲參之御衆無
御構御禮始り可申候、尤否之御請九日迄ニ油小路(隆前)
家江以書付被仰聞候樣、可被成御傳達候之由、兩
傳被申候、以上、
正月三日　兩傳奏(油小路隆前・久我信通)雜掌
妙法院宮樣
坊官御衆中
追而御覽之後、油小路家江御返し可被成候、以上、

*御鏡餅御錫御祝
*勝安養院使者年賀
*京都代官年賀
御座間に於て御盃
*禁裏仙洞諸禮につき御觸書到來
御境内諸社寺御參詣

*大山崎社司胡麻神酒獻上
關東への年頭御進物につき御聞繕書
*祇園社務御禮參上
所司代より年頭御祝儀獻上
木下道正庵解毒圓獻上
御參内之節御出迎を堂上方に御依頼
*御謡
*勝安養院普應院より禁裏諸禮不參の御斷
先宮御忌日
京極宮より御使
*御禮參上之輩
藤嶋石見へ御盃

四日、甲寅、雪、當番、松井相模守・木崎河内・山下監物・岡本内匠、
一、公方樣（徳川家治）・大納言樣（徳川家齊）江年頭御祝儀被進物、二條表江御使何日頃可被差向候哉、御聞繕書例之通御附武家月番江差出候也、
一、戸田因幡守（忠寛）殿より年頭御祝儀、使者を以被申上、御太刀・御馬代銀壹枚獻上、追而參上之節御披露可被下旨也、
一、山門安祥院（善應）御禮參上、扇子三本入獻上、
一、木下道正庵解毒圓獻上、
一、來ル八日、御參内之節、堂上方御出迎之事御頼被仰遣候也、久世三位（通根）殿・石山三位（基陳）殿・千種殿御父子（有政・有條）・櫛笥（隆久）殿、御使牛丸九十九、
五日、乙卯、當番、菅谷中務卿・中嶋織部・九鬼主殿、
一、山科岱安參上、於御座之間、御口祝被下、
一、三摩地院宮（堯恭）御忌日御（以下缺）、
一、京極樣御使年始御祝詞被仰進候也、御使生嶋大和守、
一、岡田彦兵衞年始御禮參上、
一、日嚴院僧正・金剛院少僧都御參、
六日、丙辰、當番、今小路兵部卿・松井西市正・三谷藏人・三上大膳、
一、藤嶋石見參上、於御座間御盃被下、

一、大山崎社司津田左近爲御禮參上、例之通御麻〔胡〕・神酒獻上、於梅之間御口祝被下、於御玄關三之間、御湯漬被下之、
一、祇園社務寶壽院（行快）爲御禮參上、十帖壹本獻上、於梅之間御盃被下、於鶴之間御湯漬被下、
一、御禮參上之輩左之通、於御座之間御口祝被下、於御廣間御雜煮被下之、
松下見立・武川幸伯・甲賀祐元萬金丹・三角了察・岸紹易
野田内藏丞・三上勘解由、
一、小谷主稅久右衞門事爲御禮參上、
一、入夜御謡物也、
一、知足庵・三宅宗仙依召參上、及深更退出、
一、勝安養院僧正・普應院大僧都使濱崎右京參上、來ル十三日諸禮ニ付傳奏衆より御觸之趣、御達被下被致承知候、兩院共舊冬より歡樂ニ付、不參被致候、御傳奏衆江御斷被申入候、仍御屆被申上候由也、
人日（正月七日）、丁巳、晴、當番、松井相模守・木崎河内・山下監物・岡本内匠、
一、御禮參上之輩、於御座間御口祝被下、於御廣間御雜煮被下、
高森因玄・同因順・高森正因・柳川了長・嶋村紹億・

智積院役僧參上

下御靈社御參詣御參内始

*高野山惣分惣代參上

年頭御獻進物

*淨妙庵參上獻上物

河野對馬守・勝山按察使・伊丹主水、
一、智積院鑑事妙德院・役者光照院御禮、於梅之間御口
祝被下、
一、東尾少僧都御參、
八日、戊午、曇、時々霰、當番、菅谷中務卿・中嶋織部・九鬼主殿、
一、今日御參内始、辰刻御出門、下御靈社江御參詣、上
御殿江被爲成、御雜煮・御吸物・御酒等御祝被爲在、
夕御膳被召上、午刻御參内、申半刻御退出、次大女(舍子)
院樣被仰置、次御參院、酉半刻御退出、次女院樣(富子)江
御參被仰入、戌半刻上御殿江還御、夫より閑院宮樣(典仁)
江御年賀被爲成、子刻還御、
御行粧御衣躰等如例、供奉、菅谷法眼寛常素絹指貫・松井相大紋
模守・初瀨川采女・鈴木求馬・岡本内匠・堀部多仲・布衣
丸茂矢内・松井權之進・末吉味衞門・吉見文内・中熨斗目麻上下
村金左衞門・若山源之進・津田源吾、
一、年頭爲御祝儀御獻進物・被遣物等如左、
一、禁裏樣江御太刀・御馬代銀壹枚、
一、仙洞樣江同斷、
一、大女院樣江、女院樣・女一宮樣(欣子)江こんふ五把・牛
房拾把・こんにやく百挺・御樽壹荷宛、

一、九條攝政樣(尚實)江御太刀・御馬代銀壹枚、
一、閑院一品宮樣(典仁)・尹宮樣(美仁)江右同斷、
一、兩傳奏油小路前大納言殿(隆前)・久我大納言殿(信通)江和紙拾束宛、兩家雜掌四人
江金百疋ツヽ被下、
一、院傳奏四辻大納言殿(公亨)・難波(宗城)前大納言殿江昆布一箱ツヽ、
一、御世話萬里小路前大納言殿(政房)江昆布一箱・御樽代金
貳百疋、
一、御手習ニ付、萬里小路前大納言殿・石山前中納言(基名)
殿江和紙拾束宛、
一、大典侍殿・長橋殿、右御乳人江和紙十そくツヽ、
一、洞中御局源中納言殿江右同斷、大輔とのへこんふ一折五十本、
右御使中嶋織部、
九日、己未、晴、當番、今小路兵部卿・松井西市正・三谷藏人・三上大膳、
一、高野山惣分惣代最勝院御禮參上、例年之通白銀壹枚
獻上、於鶴之間茶・多葉粉盆出ス、於梅之間御口祝
被下、於鶴之間御湯漬被下候也、
一、淨妙庵惠宅律師御禮參殿、於御座之間御對面、ミの
枝柿壹包、御製別傳注二册・新刻別傳句讀二册獻上
之、
一、小坂僧正・東尾少僧都御參、

*山本卜泉奇香油獻上
豐後由原山金藏院上京年賀參上初御目見
*御鏡開御祝儀
*所司代町奉行代官へ年頭御祝儀御遣
*日吉社司御年賀
青門座主宮御年賀御成
*日吉社司生源寺行雄御札獻上
*山門一山惣代參上
知恩院宮御年賀御成
*小泉有彜參上
聖門新宮御年賀御成
*有栖川宮先宮御廟へ御參詣
*由原山金藏院へ關東下向につき御繪符下附傳奏へ御屆

十日、庚申、晴、當番、松井相模守・木崎河内・山下監物・岡本内匠代大膳、
一、豐後由原山金藏院（豪泰）、此節上京ニ付、年始御祝詞申上、於梅之間始而御目見被仰付候事、
一、東谷惣代妙觀院（俊榮）御禮參上、御禮扇子五本入獻上、
一、東谷學頭代妙觀院、自分御禮扇子三本入、本行院自分御禮扇子三本入獻上、於御廣間御雜煮被下、御對面可被仰付處、座主宮樣（尊眞）御成ニ付無其儀、
一、未半刻青蓮院座主宮樣（尊眞）御年賀御成、先御書院江御通、御茶・御多葉粉盆出、於御座之間御獻、御吸もの・御酒・御夕御膳十汁三菜被進、已後於御小書院御薄茶被進、御供坊官大谷治部卿、於御座間御口祝被下候也、中刻過還御、
十一日、辛酉、快晴、當番、菅谷中務卿・中嶋織部代内匠・九鬼主殿、
一、中道瑞於御座之間御口祝被下、於御廣間御雜煮被下也、
一、知恩院宮樣（尊峯）御年賀御成、被仰置、
一、聖護院新宮樣（盈仁）御年賀御成、先御書院江御通、御茶・多葉粉盆出、於御座之間御口祝・御獻、御吸物・御酒・三種御積被進、御供小野澤按察使於御座之間御口祝被下、

一、山本卜泉御禮參上、奇香油獻上、
十二日、壬戌、快晴、當番、今小路兵部卿・松井西市正・三谷藏人・三上大膳、
一、今日御鏡開御祝儀、御雜煮・御吸物・御酒御祝、
一、戶田因幡守殿・丸毛和泉守（政良）・山崎大隅守（正導）・小堀數馬江年頭御祝儀、御太刀一腰・御馬代銀壹枚宛被遣之、御使中村帶刀、
一、樹下式部少輔年始御禮參上、於御玄關三ノ間御雜煮被下、猶梅之間御盃被下、
一、生源寺民部少輔（行雄）御禮參上、御札獻上、於御玄關三ノ間御湯漬被下、於梅之間御盃被下候事、
一、安部雅樂介（季康）御禮參上、
一、山門一山惣代溪廣院（堯瓊）、扇子一箱十本入獻上、於御書院御盃被下、院內惣代扇子一箱五本入獻上、幷自分扇子一箱三本入獻上、於御座之間御口祝被下、於御廣間御雜煮被下、
一、小泉陰陽大屬（有彜）御禮參上、
一、有栖川宮樣（織仁）、三摩地院宮（堯恭）御廟江御參詣被爲在候ニ付、木崎河內御案內罷出候也、
一、豐後國由原山金藏院要用ニ付、此度關東下向、御繪符相願御領掌被成下、傳奏衆江御屆被差出候事、

覺

妙法院宮御用ニ付、御家頼金藏院、此度關東上野江被差下候、明十三日京都致發足候、江戸逗留之程難計、罷登候ハヽ早速御届可被仰入候、此段戸田因幡守殿江宜御傳達可被進候、以上、

巳正月十二日　妙法院宮御内　木崎河内印

油小路前大納言樣御内　伏田右衞門殿

下村丹司殿

久我大納言樣御内　(章業)辻信濃守殿

岡本内記殿

覺

妙法院宮御用ニ付、御家頼金藏院、此度關東上野江被差下候、明十三日京都致發足候、依之御繪符被差出候、罷登候ハヽ、早速御届可被仰入候、仍爲御屆如此御座候、以上、

巳正月十二日　妙――　木崎河内印

宛同前、

一、傳奏衆より御觸書到來、

口上覺

來十三日諸禮辰刻可有御參集旨被申達置候、右刻限必無御遲滯御參集御座候樣、御參勤之御院家中江御傳達可被成之旨被申候、以上、

正月十一日　兩傳奏　雜掌

妙法院宮樣　坊官御衆中

追て御覽之後、油小路家へ御返し可被成候、以上、

一、小坂僧正・東尾少僧都御參、

*閑院宮よりの御節御祝に御成御斷

一、閑院宮樣より御使被進、明十三日御節御祝被遊候ニ付、御成被進候樣被仰進候處、少々御歡樂、其上御法用等被爲在候故、御斷被仰入候事、御使中村帶刀、

十三日、癸亥、晴、當番、松井相模守・木崎河内・山下監物・岡本内匠、

*禁裏御所より女房奉書にて來十七日舞御覽の御招卽御請

一、禁裏御所より御使女房奉書ニ者、來ル十七日舞御覽ニ付御參被爲在候やうとの御事なり、則御返書ニ御請被仰上候也、

*御師範常樂院御年賀

一、御師範常樂院(志岸)年頭御禮申上、於御座之間御盃被下、御菓子一箱獻上、弟子一位御口祝被下、扇子一箱獻上、

*所司代より御使御遣の御請申上

一、戸田因幡守殿、使者を以、昨日御使被遣候御請被申上候也、

*西本願寺より御年賀

一、西本願寺(法如光闡)御門主より年頭御祝詞、使者を以被仰進候也、新御門主(文如光輝)よりも御同樣、使者秋田藏人、

山門北尾惣代參上
*播州清水寺一山惣代年頭御禮
甲賀祐元參上
坂上清心院よりの紫金錠獻上
宮様方御攝家方への御年賀御祝詞仰進
*東西本願寺へ御祝詞
禁裏仙洞諸禮に日嚴院金剛院參内
*無動寺惣代年始御禮
*御附衆より關東への御進物は明後日所司代へ差出すやう來狀
藤嶋宗韶年賀參上

一、山門北尾惣代寶嚴院(覺邦)御禮申上、扇子五本入獻上、自分御禮外良餅一折獻上、御對面被仰付候處少〻御歡樂ニ付無其儀、

一、甲賀祐元參上、坂上清心院より年始御禮、紫金錠一包獻上、猶追而清心院參上御禮、申上度由也、

一、宮様方・御攝家方江御年賀可被爲成之處、少〻御歡樂ニ付御延引被爲遊、先御使を以御祝詞被仰進候也、御使木崎河内、

知恩院宮様　青蓮院宮様　聖護院宮様　輪王寺宮様(公延)
御里坊　仁和寺宮様(深仁)御里坊　林丘寺宮様(博山元敞)御里坊　大聖寺(天巖永皎)
宮様　光照院宮様(大猷尊乘)　有栖川宮様　房君様(織仁室)　一乘院宮(尊映)
様御里坊　開明門院様(桃園天皇生母、定子)　入江様　九條様(尚實)　近衞様(内前)
鷹司様(輔平)　一條様(輝良)　二條様(重良)

一、今日禁裏様・仙洞様諸禮、日嚴院僧正・金剛院少僧都御參、

十四日、甲子、雨、當番、菅谷中務卿・中嶋織部・九鬼主殿、

一、小坂僧正御參、

十五日、乙丑、快晴、當番、今小路兵部卿・松井西市正・三谷藏人・三上大膳、

一、藤嶋加賀守(宗韶)年賀御禮參上、於御座間御盃被下候也、

一、大津賀仲安年頭御禮參上、於御座間御口祝被下、於御廣間御雜煮被下候也、

一、播州清水寺一山惣代千壽院・全性院年頭御禮、御祈禱札十帖・扇子五本入・白銀壹枚獻上、於梅間御對面被仰付、如例千壽院江計御口祝被下、同所圓應院繼目御禮申上御對面被仰付、引合十帖・扇子三本入獻上、各於鶴間御湯漬被下、

一、東西本願寺御門跡江年頭御祝詞、且御挨拶被仰遣候事、御使藪澤雅樂、

一、當日御禮參上輩、山本内藏・篠田主膳・市川養元・知足庵・土岐要人、

一、小坂僧正・東尾少僧都御參、

一、村瀨掃部年頭御禮參上、於御座之間御口祝被下、舊冬已來所勞ニ付延引御斷申上ル、

一、無動寺惣代寶珠院(徧明)年始御禮、扇子五本入獻上、

十六日、丙寅、晴、當番、松井相模守・木崎河内・山下監物・岡本内匠、

一、御附水原攝津守(保明)より來狀、令承知候旨及返答、

　其御方より關東江年頭之御祝儀被進物御使者、明後十八日巳刻戸田因幡守(戸田忠寛)御役宅江被差出候様可申達旨、因幡守より申越候間相達候、以上、

　　正月十六日　　水原攝津守

山門惠心院年始御禮
*德川家齊よりの御挨拶
野間齋神仙海苔獻上
小畑主稅忌明御禮
*仁門御里坊燒失
*四御所以下へ御見舞
御附衆より德川家齊よりの御返答ある旨來狀
舞御覽御參内を御斷仰上
前輪門宮御年賀御成
*仁門樣へ御見舞使
*興正寺より御年賀御詩會
關東への年頭御祝儀を所司代へ差出

松井長門守樣
木崎河内樣
一、山門惠心院(良湛)前大僧正御禮參上、扇子五本入獻上、
一、竹林院(實乘)權僧正同斷、
一、勢州野間齋、如例年神仙海苔一折獻上、
一、小畑主稅今日忌明ニ付、御禮申上、
一、東尾少僧都御參、
十七日、丁卯、當番、菅谷中務卿・中嶋織部・九鬼主殿、日之内代監物、
一、水原攝津守より來狀、關東大納言樣(德川家齊)江寒中御見廻被進物御返答、明十八日於所司代(戸田忠寬)亭達在之候旨也、令承知候旨及返翰、
一、今日舞御覽ニ付、御召ニよつて御參内可被遊之處、少〻御歡樂ニ付、御不參御斷被仰上候事、御使木崎法眼、
十八日、戊辰、晴、當番、今小路兵部卿・三谷藏人、夜分代主殿、
一、隨宜樂院宮(公遵)樣爲御年賀御成、被仰置、
一、鳴瀧兵部卿年始御禮參上、扇子三本入獻上、少〻御歡樂ニ付御對面無之、
一、尾坂(堯忠)僧正・東尾少僧都御參、
一、關東江年頭御祝儀御使、今日所司代亭江被差向候事、

公方樣江昆布一箱　狗脊一箱　御樽代金五百疋、
大納言樣江紗綾三卷　昆布一箱　干蕨一箱、御使松井相模守、御副使〔以下缺〕、
一、舊冬大納言樣江寒中御見舞被進物御挨拶、戸田因幡守殿被相達候也、
十九日、己巳、當番、松井相模守・木崎河内・山下監物・岡本内匠、
一、今曉卯刻前、仁門樣(深仁)御里坊燒失也、
右ニ付御使を以御窺御機嫌御見舞被仰入候ケ所、
四御所・開明門院樣・閑院樣・九條樣・鷹司樣・一條樣・近衞樣・知門樣(尊峯)御里坊、其外近邊堂上方、
御使友田掃部・牛丸九十九、
一、出火ニ付、爲御窺御機嫌御參可被爲在候處、此節少〻依御違例、御不參被遊候ニ付、御斷且御窺被仰上候御ケ所、
四御所・女一宮(欣子)樣・閑院樣、御使三谷藏人、
一、仁門樣江御里坊燒失ニ付御見舞被仰進候也、御使小畑主稅、
一、興正寺(寂聴常順)御門跡より使者を以年始御祝詞被仰上候事、
一、御詩會被爲在候事、御題江村尋梅、小坂僧正、御召參上、土岐要人・篠田主膳・村瀬掃部、

仁門より御挨拶
三角了察拜診調藥
*圓山安養寺年頭御禮
泉山御代香
上野靑龍院より年頭御祝儀
各所へ御年賀に御成
*妙見山感應寺御年賀參上
*三角了察拜診調藥
*護持奉行勸修寺良顯へ御使
鷹司輔平御年賀御成
*井伊直幸より書狀到來との御附衆通達

廿日、庚午、雪、當番、菅谷中務卿・九鬼主殿、夜分代兵部卿、織部所労、
一、仁門樣より昨日御使被進候御挨拶被仰進候也、
一、三角了察參上、拜診、御藥調進、
廿一日、辛未、當番、今小路兵部卿・三谷藏人、
一、泉涌寺江御代香使今小路兵部卿、方金貳百疋被備之、
一、上野靑龍院より年頭御祝儀申上、坊官中迄書狀を以、淺草海苔一箱獻上之、
一、魚山惣代遮那院(天瑞)年頭御禮、扇子五本入獻上、
一、金剛院少僧都御參、
廿二日、癸申、晴、當番、松井相模守代中務卿・山下監物、河内・内匠所労
一、辰刻御出門、御年賀御成、
九條樣・鷹司樣・一條樣・近衞樣・大聖寺宮樣・入江樣・光照院宮樣・二條樣・一門樣(尊映)御里坊、仁門樣御里坊、有栖川宮樣(織仁)・房君樣(織仁室)・開明門院樣江被爲成、夫より閑院宮樣江被爲成、夕御膳等被召上、夫より林丘寺宮樣御里坊・輪門樣・聖門樣・知門樣・靑門樣江被爲成、申半刻比還御、御供中務卿(菅谷寛常)・雅樂(藪澤)・求馬(鈴木)・織衞(川上)・多仲(堀部)、御先五人、
一、女院(富子)御所江爲御伺御機嫌御參被爲在候也、
一、鷹司左府樣(輔平)御年賀御成、被仰置、

一、小坂僧正御參、
一、山門覺林坊僧正(堯端)年頭御禮參上、扇子三本入獻上、申置、
一、圓山安養寺一山宣阿彌・淸阿彌・也阿彌、年頭御禮參上、例年通豆腐・久幾・御酒・御茶獻上、於御玄關三ノ間御雜煮被下之、今日者御成被爲在御留主御所、追而可及言上旨監物出會申達、退出、
一、山門寂光院(亮乘)年甫御禮申上候、扇子三本入獻上、御留主之御所故、後刻可及言上旨申達候也、
一、山門東谷惣代寂光院、此間仁門樣御里坊燒失ニ付、御機嫌相伺候也、
一、泉州堺妙見山感應寺年頭御禮、御札・御洗米・扇子五本入・御菓子一折獻上、
廿三日、壬酉、晴、當番、菅谷中務卿・九鬼主殿、
一、三角了察參上、拜診被仰付、於御廣間御藥調進、
一、勸修寺辦殿(良顯)、護持奉行被仰出候旨、御風聽申上候ニ付、御苦勞思召候段、御使を以被仰遣候事、御使牛丸九十九、
一、御附水原攝津守より來狀、
井伊掃部頭(直幸)より書狀壹封就到來相達候、御落手可

有之候、以上、

一月廿三日　　水原攝津守

菅谷中務卿樣

落手之旨及返書、

一、勸修寺辨殿より勝安養院殿江奉書到來、
來月護持可令勤修給候旨、攝政殿(九條尚實)御消息所候、以
此旨可令洩申妙法院宮給候、仍早々申入候也、恐
惶謹言、

正月廿二日　　良顯(勸修寺)

勝安養院僧正御房

右御返書如左、牛丸九十九持參候也、勝安養院殿御
在國故、小坂殿より御返書也、

來月護持妙法院宮可有御勤修之旨、卽申入候處、
御領掌候也、恐々謹言、

正月廿三日　　堯忠

勸修寺辨殿

一、禁裏御所江護持御勤修被仰出候御請被仰上候事、御
使牛丸九十九、

一、金剛院少僧都御參、

一、青門樣より昨日御成御挨拶被仰進候也、

一、蘆浦護法院殿、使を以年始御祝詞被申上、扇子三本
入、

廿四日、甲戌、晴、當番、今小路兵部卿・三谷藏人、

一、午刻御出門、御社參、先清水寺江御參詣、夫より吉
田社・春日社江御參詣、夫より祇園社江御參詣、東
梅坊江御立寄、暫時御休息、御提重・御酒等被召上、
祇園社務執行寶壽院(行快)伺御機嫌、羊羹一折三棹獻上、御
對面被仰付、松坊・新坊伺御機嫌羊羹一折五棹獻上、
御對面被仰付、申刻過還御、金剛院少僧都御扈從、
御供松井相模守・松井若狹守・藪澤雅樂・鈴木求
馬・岡本內匠・堀部多仲、御先五人、外ニ金吾(三谷)・勇(山下)、
織衞(三上)・野吉・茶道善可、

一、山門正覺院前大僧正(豪靖)年始御禮參上、扇子三本入獻上、

廿五日、乙亥、晴、當番、松井相模守・山下監物・岡本內匠、

一、祇園社松坊・新坊、昨日御成御禮參上、

一、知門樣より此間御成御挨拶被仰進候事、

一、北野菅廟江御代參、初瀨川采女相務、

一、輪王寺宮(公延)樣江御書被進、御里坊江青侍中持參、

一、小坂僧正御參、

一、三宅宗達參上、拜診被仰付、

*蘆浦護法院年賀
*清水寺吉田社等御參詣
勸修寺良顯より來月護持勤修の旨奉書到來
來月護持勤修御領承との返書
*正覺院御年賀
禁裏へ護持御勤修御請仰上
*北野菅廟御代參
*輪王寺宮御書
青門より御成御挨拶
*三宅宗達拜診

祇園寶壽院へ御挨拶
*輪門より年頭御祝儀使
松坊新坊へ和紙五束宛御遣
*三宅宗達拜診調藥
井伊直幸より大老職就任祝狀への御挨拶書狀
*三宅宗達宗仙拜診
*三角了敬初拜診
*鷹司政熙年賀御成
*輪門御里坊へ御年賀
南谷惣代年始御禮
*閑院宮より芝山持豐へ天仁遠波御傳授
*金剛院より浴湯結願歡喜團獻上

一、祇園寶壽院、昨日東梅坊江御立寄之節、彼坊江參上、獻上物有之ニ付、爲御挨拶求肥三箱被遣之、御使青侍中、
一、松坊・新坊江昨日東梅坊御休息所、彼是御世話申上候ニ付、和紙五束ツヽ被下之、松井相模守より手紙ニ而遣ス、東梅坊江金百疋被下、
一、大老井伊掃部頭(直幸)より御請書、
從妙法院殿御書致拜見候、今度大老職被仰付之、難有仕合奉存候、依之入御念候御紙面之趣、忝次第御座候、此由可有洩達候、恐々謹言、
正月十五日　井伊掃部頭 直幸判
菅谷中務卿〔殿脱〕
廿六日、丙子、快晴、入夜雨、當番、菅谷中務卿・中嶋織部・九鬼主殿、
一、山門上乘院(亮圓)年頭御禮參上、御玄關ニ而申置、
一、南谷惣代年始御禮扇子五本入獻上、御玄關ニ而申置、
一、中道意年始御禮參上、無御對面、
一、小坂僧正・東尾少僧都御參、
一、持明院前大僧正(良胤)年始御祝儀被申上、御玄關ニ而御申置御退出、
一、祇園社務寶壽院、昨日拜領物御禮、使者を以申上、
一、祇園社松坊・新坊・東梅坊、昨日拜領物御禮參上、
廿七日、丁丑、雨、初雪、當番、今小路兵部卿・三谷藏人、
一、輪王寺宮樣より御使水谷備後守年頭御祝儀、昆布一折五十本被進之、
一、三宅宗達參上、拜診、少々御寒邪被爲在候ニ付、御藥調進、
廿八日、戊寅、晴、當番、松井相模守・木崎河内・山下監物・九鬼主殿、
一、三宅宗達・三宅宗仙拜診、
一、三角了察依願、悴了敬初而御對面被仰付、於御座間御脈拜診被仰付、少々御時氣之御氣味ニ被爲在候ニ付御藥調進、初而參上ニ付扇子三本入獻上、
一、左大將(鷹司政熙)樣御年賀御成、被仰置、
一、輪門樣江年始爲御祝詞、昆布一折五十本被進之、御里坊江御使牛丸九十九、
一、尹宮(美仁)樣江御書被進候事、御使牛丸九十九、
一、一品宮(典仁)樣より芝山宰相殿(持豐)江和歌天仁遠波今日御傳授ニ付、一品宮樣江昆布一折五拾本被進之、御使牛丸九十九、
一、芝山宰相殿江御口上計、御使同人、
一、金剛院殿より、浴湯結願ニ付、御禮歡喜團獻上、

來ル二月就孝恭院様(徳川家基)七回御忌御靈前江葩五十葉、右三回御忌度之通二條表迄御使を以可被差出思召候、此段戸田因幡守殿江宜御聞繕可被進候、已上、

正月晦日　　妙法院宮御内　木崎河内

來ル二月就孝恭院様七回御忌、公方様・大納言様江御機嫌爲御見舞御菓子一箱宛、二條表迄御使を以可被進思召候、尤公方様江者三回御忌度之通御座候、大納言様江者御例も無之候得共、依御由緒前段之通可被進思召候、此段戸田因幡守殿江宜御聞繕可被進候、以上、

正月晦日　　妙法院宮御内　木崎河内

來ル二月就乘臺院様(家治女、萬壽姫)十三回御忌、公方様・大納言様江御機嫌御見舞二條表迄以御使可被仰入思召候、公方様江ハ七回御忌度之通御座候、依御由緒前段之通、御使可被差向思召候、此段戸田因幡守殿江宜御聞繕可被進候、以上、

正月晦日　　妙法院宮御内　木崎河内

*孝恭院七回御忌御供葩につき御聞繕書

三宅宗達宗仙拜診

萬里小路政房伺候

閑院尹宮御成御茶會

*孝恭院七回忌に關東への御見舞御進物につき御聞繕書

佛光寺より御年賀

禁裏へ御祈禱御卷數獻上

*萬壽姫十三回忌につき關東へ御機嫌伺の御聞繕書

日嚴院より普賢延命供御卷數獻上

三角了敬拜診

佛光寺伺候

廿九日、己卯、晴、當番、菅谷中務卿・中嶋織部・九鬼主殿、

一、三宅宗達・三宅宗仙拜診、

一、萬里小路前大納言殿御伺公、於御座間御口祝・御吸もの・御酒御相伴、御盃遣之、御返盃被申上、御客被爲在候ニ付御早出、於梅間御湯漬出、御退出、

一、依御兼約未半刻頃、閑院尹宮様御成、先御書院江御通、御茶・御多葉粉盆出、御口祝被進、御座間へ被爲入、薄暮より於御小書院御茶被爲有、戌半刻頃還御、

一、佛光寺(順如堯祜)御門跡より年始爲御祝儀、以使者御太刀・馬代銀壹枚被上之、且明晦日御差支も不爲在候ハヽ、御門主御伺公被成度旨也、

晦日、庚辰、當番、今小路兵部卿・三谷藏人・三上大膳、

一、禁裏御所江當月御內々御祈禱之御卷數・御撫物被上之、例之通長はしとのゝ御文ニて被上候也、御使友田掃部、

一、小坂僧正より當月普賢延命供御卷數被上之、

一、三角了敬參上、於御座間拜診被仰付、

一、佛光寺御門跡爲御年賀御伺公於御書院、〔以下缺〕

一、御附水原攝津守江御聞繕書差出候也、青侍中持參、

二月

御用番松井西市正(永昌)、

朔日、辛巳、晴、午後雨、當番、松井相模守(永亨)・木崎河内(正達)・岡本内匠、監物(山下重好)依所勞、暫御番御斷、

閑*院宮へ御成

一、四御所(光格・後櫻町・舍子・富子)江當日御禮御使を以被仰上、御不參御斷也、
御使木崎法眼(正達)、

佛光寺へ年賀御返禮

*院家坊官等の名簿提出

一、佛光寺御門主(順如堯祐)江年頭御祝儀御返し、御太刀・馬代銀壹枚被遣之、

一、當日御禮參上之輩、山本內藏・篠田主膳・香山大學・三宅宗仙・同宗甫・三宅宗達・村若左門・市川養元、

佛光寺より外良粽獻上

一、佛光寺御門主より、御到來之由ニ而外良粽一折十把被上之、

一、金剛院少僧都(眞應)御參、

閑院若宮より御書

一、尹宮樣(美仁)より御書被進、則御返書被進候也、

二日、壬午、晴、當番、菅谷中務卿(寬常)・中嶋織部(德方)・九鬼主殿、

關東使へ薰物御遣

一、關東使六角越前守(廣孝)上京、參內相濟ニ付、御尋として薰物一器、例之通被下候事、御使中嶋織部、御池堀川高家屋鋪江相勤候也、

一、小坂僧正(堯忠)御參、

常樂院御講釋奉

一、常樂院大僧都志岸、於御座間御講釋奉、

三日、癸未、晴、當番、今小路兵部卿(行先)・三谷藏人(寬重)所勞・三上大膳、

一、午之刻御出門、閑院宮樣(典仁)江御成、亥刻還御、御供木崎法眼・木崎兵庫・九鬼主殿、御先三人、

一、尾坂僧正(堯忠)御參、

一、勸修寺辨殿(良顯)江書付被差出、青侍中持參、

小奉書四ツ折、上包ミノ紙、

妙法院宮
院家

勝安養院　僧正法印堯海　四十三
日嚴院　僧正法印堯忠　三十三
普應院　法印大僧都洞海　十七
常住金剛院　少僧都法眼眞應　十五

准院家

越前國中野專照寺　權僧正法印譽章　四十七
播磨國御嶽山清水寺執行光明王院　法印大僧都賴哲　六十三
肥後國藤崎八幡宮執行護國院　法印大僧都憲海　五十七

上包
妙法院宮
院家准院家官位實名年齡

勝安養院候人　濱崎法橋惟敬　四十二
日嚴院候人　藤井法橋平章　五十七

*常樂院御講釋奉
*三宅宗達拜診
*御附衆より水野忠友松平康福田沼意次に御加增との來狀
*久世廣明死去につき傳奏觸

妙法院宮院家
勝安養院・日嚴院候人位階實名年齡

妙法院宮
坊官
菅谷中務卿法眼寛常　二十七
今小路兵部卿法橋行先　二十三

侍法師
木崎河内法眼正達　七十三

承仕
松井丹波法橋長亨　五十五

妙法院宮
坊官隱居
喜多法印永春　八十二

上包
妙法院宮
坊官侍法師承仕位階實名年齡

一、昨二日傳奏觸到來、

口上覺

久世(廣明)大和守殿去月廿四日死去候、依之昨朔日より至明三日鳴物停止、普請者無構旨被相觸候由、戸田(忠寛)因幡守殿より申來候、爲御心得各迄可申入之旨、兩傳(油小路隆前・久我信通)被申付如此候、以上、

二月二日　兩傳奏雜掌

聖(盈仁)――　照(忠譽)――　青(尊眞)――
知(尊峯)――　一(尊映)――　妙(眞仁)――
坊官御衆中

追而御廻覽之後、油小路(隆前)家へ御返し可被成候、以上、

四日、甲申、當番、松井相模守・木崎河内・岡本内匠、代大膳、
一、常樂院(志岸)御講釋奉、
一、三宅宗達拜診、
五日、乙酉、當番、菅谷中務卿・伊丹將監・中嶋織部、
一、小坂僧正・東尾少僧都(眞應)御參、
六日、丙申、當番、今小路兵部卿・三谷藏人・三上大膳、
一、小坂僧正御參、
一、常樂院御講釋奉、
一、水原攝津守(保明)より來狀、其趣、水野出羽守(忠友)事去月廿九日連判之列被仰付五千石御加增被下候旨、且又松平周防守(康福)・田沼主殿頭(意次)事、同日壹萬石宛御加增被下候旨、奉書到來ニ付此段相達候、以上、

二月六日　水原攝津守

松井長門守樣
木崎河内樣

承知候旨及返書、

七日、丁亥、晴、当番、松井相模守・木崎河内・岡本内匠・九鬼主殿、

星野澁川兩人へ大佛殿御貸附金支配人仰付

一、松平大和守(明矩)殿領分、上州勢田前橋上長磯村星野隆治、同所龍藏寺村澁川四郎右衞門、依願今度大佛殿御修理金御貸附支配人被仰付、今日於宸殿鶴之間、中務(菅谷寛常)卿・河内(木崎正達)・御貸附方大膳(三上)立會ニ而申達、墨附・定書等例之通相渡、

大佛殿御修復金貸附之儀、先達而從公儀被仰出候、右貸附支配之儀、今度依願、其方江被仰付候間、其旨相心得、諸事麁略之儀堅有之間敷者也、

天明五年巳二月　木崎河内 判

松井西市正 判

菅谷中務卿 判

星野隆治

澁川四郎右衞門

定

一、大佛殿御修復金貸附、大金・小金ニ不寄引宛取之、尤町判等勿論之事、

一、村方貸附右同樣、判人等遂吟味貸附可申事、

一、判元見屆之事、

一、借り請人對談罷越候者、無遲々可及相談事、

一、利足金者、從公儀被仰出候趣を相守、高利ニ貸附候儀、堅致間舗事、

一、證文御割印可被下事、

但、御割印無之證文者可爲反古事、

一、火要心之事、

一、諠嘩口論之事、

一、博奕之事、

右之條々急度愼可相守者也、

天明五年巳二月　御貸附方 役人

*支配仰付につき御禮獻上

一、御禮獻上、扇子五本入・白銀五枚、

*妙門宮御宿院は嚴王院に御治定との山門への奉書

一、西塔執行代溪廣院(堯瓔)・東谷學頭代妙觀院(俊榮)江奉書遣ス、

妙法院宮御住山御宿院、東谷本覺院江可被爲成御治定被爲在候得共、御取繕難調ニ付、昨年俄同谷嚴王院江被爲成候、然ル處、御勝手ニ付、向後御宿院嚴王院御治定被爲在候、此段貴院迄得御意候旨、宜御通達可被成候、恐惶謹言、

二月七日　木崎河内 判

松井西市正 判

菅谷中務卿 判

西塔
執行代（堯瓚）

妙法院宮御住山御宿院、本覺院江可被爲成被爲在御治定候得共、御取繕難調ニ付、昨年俄嚴王院江被爲成候、然ル處御勝手ニ付、向後御宿院嚴王院御治定被爲在候、此段得御意候間、宜御取計可被成候、恐惶謹言、

二月七日　木崎河内 判
松井西市正 判
菅谷中務卿 判

西塔東谷
學頭代（俊榮）

山門より妙門宮御宿院は嚴王院に御治定了承の旨返書

一、執行代・學頭代より返書、

貴簡致拜見候、然者、妙法院宮様御住山御宿院、東谷本覺院江可被爲成御治定被爲在候得共、御取繕難調候ニ付、昨年俄同谷嚴王院江被爲成候處、御勝手ニ付、向後御宿院御治定被爲在候間、此段宜通達之儀被仰聞、致承知候、右貴答如此御座候、恐惶謹言、

二月七日　西塔
執行代 判

菅谷中務卿殿
松―――殿
木―――殿

貴翰致拜見候、然ハ妙門様御住山御宿院、本覺院江可被爲成被爲在御治定候得共、御取繕難調ニ付、昨年俄ニ嚴王院江被爲成候、然ル處、御勝手ニ付、向後御宿院嚴王院江御治定被爲在候ニ付、宜取計可申旨、御紙面之趣致承知候、右御報得御意度如此御座候、恐惶謹言、

二月九日　學頭代
俊榮判

木崎河内殿
松―――
菅―――

*興正寺へ年頭御祝詞御挨拶使

一、興正寺（寂聽常順）御門跡江年頭御祝詞、且御挨拶旁御使被遣候也、御使岡本内匠、

一、小坂殿御參、東尾殿御參、

*坊城俊親へ諸大夫侍名簿提出

一、坊城辨殿（俊親）江官位年令書付被差出、牛丸九十九持參、
小奉書四ツ折、上包ミノ紙、
妙法院宮
諸大夫

*三角了敬拜診調藥
*三宅宗達拜診
*土岐要人母死去につき同人及篠田主膳缺勤の御屆
東西町奉行より所司代御制札引渡の通知
*御附衆より所司代初伺候につき御會釋等の御書付御遣を願出
常樂院御講釋奉
*御會釋等の書付進達の返書
近々攝政御辭任につき御音物等御斷との手紙

松井　從五位上西市正兼長門守源永昌　四十四
松井　正六位下相模守源永亨　三十三
松井　正六位下若狹守源永喜　十五
侍
山田　從六位下大炊大允源政澄　二十七
初瀨川　從六位下三河介源宗邦　四十六

上包ニ、
妙法院宮
諸大夫侍官位實名年齢

一、町奉行所より來狀、
戸田因幡守殿御制札可相渡候間、來ル十日九ツ時
御入來可有之候、已上、
二月七日　山崎大隅守(正導)
丸毛和泉守(政良)
妙法院宮
坊官中
致承知候旨、及返書、

八日、戊子、晴、當番、菅谷中務卿・伊丹將監・中嶋織部、
一、小坂殿御參、常樂院(志岸)御講釋奉、
一、信濃小路大藏權大輔(長起)より手紙來、
九條殿(尚實)近ゝ復辟被進行候ニ付、其節御音物等之儀、
內外共堅御斷被仰入候、以上、

二月
妙――
諸大夫御中　信濃小路大藏權大輔

九日、己丑、晴、當番、今小路兵部卿・三谷藏人・三上大膳、
一、三角了敬參上、拜診、御藥調進、
一、三宅宗達拜診、
一、東尾殿御參、常樂院參上、
一、篠田主膳より以書中御屆申上、土岐要人母病氣ニ候
處、養生不相叶死去に付、要人引籠候段御屆申上、
右ニ付主膳儀も混地穢候ニ付、出殿之儀相憚候段、
御屆申上候事、
一、水原攝津守より來狀、
其御方江戸田因幡守儀、年始御祝儀幷初而之參上
兼近ゝ可致伺公候、其節之御會釋御座敷御繪圖等、
例之通御書付被遣候樣致度存候、以上、
二月九日
尚以、日限之儀ハ、追而可得御意候、以上、
返書、
此御方江戸田因幡守殿、年始御祝儀幷初而之御參
被相兼近ゝ御伺公ニ付、其節之御會釋幷御座鋪之
繪圖等如例書付可致進達之旨致承知候、則別紙書

付致進達候、仍御報如此御座候、以上、

二月九日　　松井長門守

水原攝津守様

追而、御端書之趣致承知候、以上、

一、所司代(戸田忠寛)御伺公之節御會釋、宮御方御對面以前、御雜煮・御吸物・御酒出、

次、御對面、御口祝被遣之、

右之通御座候、御對面所之圖、別紙之通ニ御座候、

〔コヽニ圖アリ、便宜折込ニス。〕

又一通、

當月乘臺院様(徳川家治女、萬壽姫)十三回御忌御法事、御日取御取越ニ而、當月十二日初日十四日御當日御法會有之候旨、年寄衆より申來候間、爲心得申入候、

右之通、戸田因幡守より申越候間、爲御心得相達候、以上、

二月九日　　水原攝津守

松井長門守様

木崎河内様

右令承知候旨及返答、

水原攝津守様　　松井長門守

*三宅宗達宗仙拜診

*東奉行所にて所司代制札受取西奉行所へも右御届

*三角了敬拜診調藥

御附衆より乘臺院十三回忌御法事につき御通達書

*石山基名伺候御對面無

*尹宮へ御書土筆進上

*長濱屋八幡屋兩人へ御用達仰付を傳奏へ御届

十日、庚寅、晴、當番、木崎河内・岡本内匠・九鬼主殿、

一、三宅宗達・宗仙拜診、

一、今日所司代制札被渡候ニ付、丸毛和泉守役所江爲受取、伊丹將監、町役人大野忠三郎召連相越、和泉守(丸毛政良)出會、制札別紙一通・板札一枚串共被達候也、所司代・西奉行所へ戸田因幡守殿御制札御別紙一枚、板札一枚井串共、丸毛和泉守殿於御役所受取候旨、御届御使相勤也、

十一日、辛卯、晴、當番、菅谷中務卿・伊丹將監・中嶋織部、

一、三角了敬參上、於御座ノ間拜診・御藥調進、

一、石山前中納言殿(基名)御伺公、於梅之間茶・多葉粉盆出、少ゝ御風邪ニ被爲在御對面無之、

一、小坂僧正御參、

一、常樂院參上、

一、尹宮様(美仁)江御書被進、牛ケ瀨村津田源吾より獻上之土筆一籠被進之、御使青侍中、

一、傳奏衆へ御留被差出、

覺

大坂北革屋町貳丁目　長濱屋安兵衛

同北堀江壹丁目　八幡屋源二郎

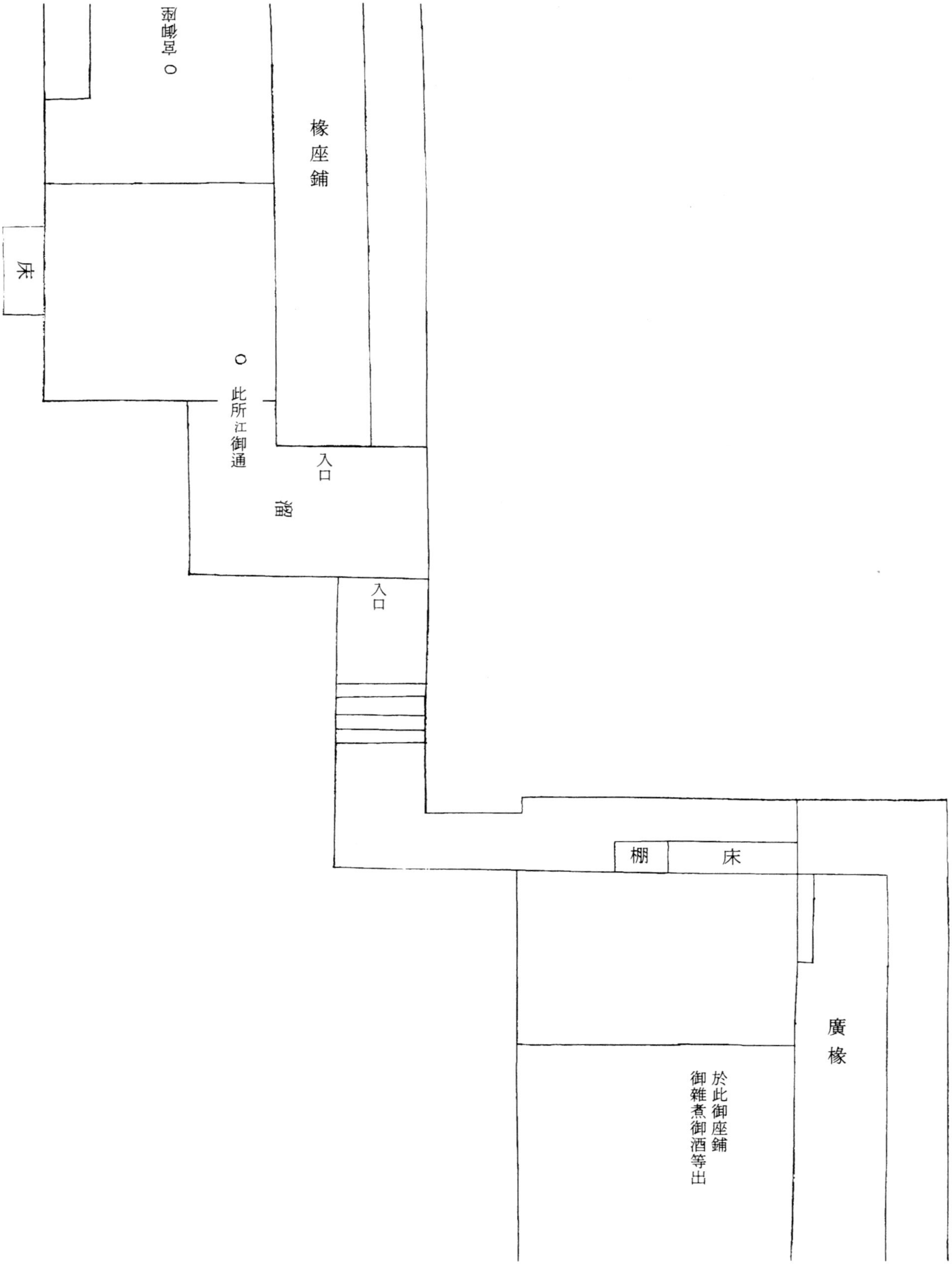

椽座鋪
床
○
此所江御通
入口
溜
入口
棚
床
廣椽
於此御座鋪
御雑煮御酒等出

*三角了察拜診調薬
*小堀邦直へ御餞別品
*金剛院昇位申請につき油小路隆前より職事へ附すべき旨指示
京都代官伺候口上書
*小川坊城俊親へ金剛院申請書差出
金剛院眞應の大僧都法印申請書を萬里小路油小路兩大納言に內見

右兩人之者、今度當御殿御用達被仰付候、依此段御屆被仰入置候、大坂町御奉行所江宜御通達可被進候、以上、

巳二月
妙法院宮御內
松井西市正(永昌)印

油小路前大納言樣御內(隆前)
伏田右衞門殿
久我大納言樣御內(信通)
下村丹司殿
辻信濃守殿
岡本內記殿

十二日、壬辰、當番、松井相模守・三上大膳、藏人斷、
一、小堀數馬(邦直)、御玄關ニ而申置、口上覺持參、

口上覺

餘寒御座候得共、益御機嫌能被遊御座奉恐悅候、將又年始爲御祝儀御使者被成下、殊更御目錄之通、拜領仕難有仕合奉存候、早速罷出御請可申上處、甚御用多延引仕候、且亦私儀、近〻江戶表江發足仕候付、乍略儀御機嫌相伺度、御請旁伺公仕候、御序之砌此段可然樣被仰上可被下候奉願候、以上、

二月十二日　小堀數馬

一、金剛院少僧都法眼、大僧都法印小折紙・勘例書、萬(御世話卿)里小路(政房)前大納言殿被入內見候處、御所存無之、油小(傳奏)路前大納言殿江被入內見候處、前大納言殿參內被致候由ニ而差置候事、御使中嶋織部、

十三日、癸巳、晴、時〻雨、當番、木崎河內・岡本內匠・九鬼主殿、
一、小坂僧正御參、
一、常樂院參上、且明日登山之由御屆申上、
一、三角了察參上、拜診、御藥調進、
一、小堀數馬近〻關東發足ニ付、爲御餞別白綿一折三把被遣之、御使初瀨川采女、
一、油小路前大納言殿江御使岡本內匠、昨日被入內見候金剛院殿小折紙・勘例等申出候處、大納言殿何之御存寄も無御座、御勝手に職事江可被附之旨也、
一、小川坊城殿(俊親)江院家金剛院少僧都法眼、此度申法印大僧都小折紙・勘例等差出候、宜御沙汰御願被仰入候、尤小折紙・勘例等追付金剛院殿可被致持參之旨申演候也、御使岡本內匠、
一、小川坊城辨殿江金剛院小折紙・勘例被附候事、辨殿參內被致候、歸館之節可申聞旨ニ付、小折紙・勘例等取次江相渡、被申置候事、
〔コヽニ圖アリ、便宜次頁ニ移ス。〕
十四日、甲午、晴、當番、菅谷中務卿・伊丹將監代內匠・中嶋織部、

禁裏仙洞へ涅槃會御賭

*閑院宮へ御賭

*勝安養院普應院より御賭獻上

*閑院兩宮より涅槃會御賭進上

*大佛殿東福寺涅槃像御參詣

*九條尚實復辟御祝儀御催につき御内々御祝儀進上その口上

申大僧都

少僧都眞應

申法印

法眼眞應

勘例

聖護院宮院家
若王子
譽淳 十四歳
安永七年十二月二十二日任大僧都
同日　敍法印

妙法院宮院家
常住金剛院
少僧都法眼眞應 十五歳

一、禁裏(光格)御所・仙洞(後櫻町)御所江涅槃會御賭例年之通、杉原十帖被上之、御使牛丸九十九、
一、閑院(典仁)樣江涅槃會御賭御文匣二一折、御使同人、
一、勝安養院(堯海)僧正御文匣一一折、普應院(洞海)大僧都御薫物一器一折、
右、涅槃會御賭例之通被上之候也、
一、閑院宮樣より涅槃會御賭、例年之通被進、
一品宮樣(典仁)より御文庫二一折、尹宮樣より同二一折、
十五日、乙未、晴、當番、松井相模守・三谷藏人・三上大膳、
一、午刻御出門、大佛殿・東福寺涅槃像江御參詣、未刻過還御、御供木崎河内・小畑主税・岡本内匠、御先三人、
一、九條攝政樣、明日復辟御祝儀被相催候付、今日御内々御祝儀、蒸菓子一折拾棹被進之、
但、明日復辟之由ニ付、今日御内々ニ而被進候處、明日ハ間違ニ而、來ル十九日復辟被催候由也、
依仰啓上候、兩御所樣(九條尚實・輔家)倍御機嫌好被爲成珍重思召候、抑明日復辟御祝儀御催目出度思召候、依之御祝儀御使を以可被進之處、御音物御内外共、堅御斷之御趣故、表向御使之節者不被進候、仍而此御

文匣之内、御疎末之御事ニ候得共、御祝儀之積迄被進之候、此旨御手前様迄得御意候様ニとの御事ニ御座候、宜御取繕御披露可被進候、恐惶謹言、

二月十五日　松井西市正
永昌（花押）

鹽小路内藏權頭殿

金剛院日嚴院より涅槃會御賭

一、東尾少僧都御參、涅槃會御賭、文匣一折被上之、

一、小坂僧正右同斷被上之、不參御斷也、

聖門宮より新宮御加行中缺禮の段御斷の手紙

一、聖護院宮(忠譽)様坊官・諸大夫より手紙到來、

以手紙得御意候、然ハ從來十六日より至三月七日、新宮(盈仁)御方御加行御修行被爲在候、仍爲御知被仰入候、右ニ付、御入行中ハ從新宮御方惣而御使等も不被進、可被爲及御失禮候、此段前以各方迄得御意置候様被仰付如此御座候、以上、

二月十四日　今大路宰相
藤木伊勢守(重矩)

妙法院宮様
坊官
諸大夫御中

東町奉行所より孝恭院七回忌養源院法事につき所司代供廻りのため三十三間堂に休息所を明置くやう依頼狀

一、東町奉行所證文方より來狀、

以手紙致啓上候、然者、來ル廿三日・廿四日兩日、孝恭院(德川家基)様七回御忌御法事、於養源院相勤申候、右ニ付兩日共所司代(戸田忠寛)參詣之事ニ御座候、其節三十三間堂内ニ而、所司代供廻り休息幷支度等致度由御座候、御差支も無御座候ハヽ、右堂内御明ケ置可被下候、此段、拙者共より御懸ケ合申候様被申候ニ付如此御座候、否御報被仰聞可被下候、其外御世話ニハ不及候、已上、

二月十五日　上田彌右衞門
山田源兵衞
加納小十郎

妙法院宮
御坊官中様

御手紙致拜見候、然ハ來ル廿三日・廿四日兩日、孝恭院様七回御忌御法事、於養源院御勤ニ付、兩日共所司代御參詣、其節供廻り休息幷支度等被致度由ニ付、御差支も無之候ハヽ右堂内明置可申様被示聞候、御紙表之趣、委細致承知候、右兩日何之御差支も無御座明置可申、仍而御報如此御座候、已上、

二月十五日　松井西市正

上田彌右衞門様
山田――――

加納）――――

一、酉刻過涅槃會御鬮如例年、

十六日、丙申、雨、當番、木崎河内・岡本内匠・九鬼主殿、

一、禁裏樣・仙洞樣より涅槃會御鬮、昨夜御里坊迄御使ニ而被進候也、御請使牛丸九十九、

一、閑院樣江涅槃會御鬮爲持被進、彼御方よりも被進候也、

十七日、丁酉、晴、時〻雨霰、當番、菅谷中務卿・伊丹將監・中嶋織部、

一、閑院宮樣江御詠草被申出、御使丸茂矢内、

一、岸紹易伺御機嫌參上、於御座間御對面被仰付、

一、老中松平周防守・田沼主殿頭壹萬石宛御加增、水野出羽守今度連判之列被仰付、五千石御加增、よつて御賀書被差下候事、

　今度御加恩之由、珍重之事ニ候、爲演賀詞如斯ニ候也、

　　二月十四日　　御判

　　松井周防守殿

田沼主殿頭右同斷、

　今度登庸殊御加恩之由、珍重之事ニ候、爲演賀詞如斯ニ候也、

　　二月十七日　　御判

涅槃會御鬮
禁裏仙洞より涅槃會御鬮御請
閑院宮と涅槃會御鬮御互に進上
*金剛院の法印大僧都勅許
閑院宮へ御詠草御申出
*金剛院御禮參上
岸紹易御對面
松平康福田沼意次水野忠友御加增につき各御賀書御遣
*九條尙實復辟
*岡田傳藏御立入仰付
*閑院宮より聖廟御法樂和歌御詠進の仰進
*閑院宮より御家御會始御詠進の仰進

　　水野出羽守殿

上包　［田沼主殿頭殿　妙］　御書簡上書同斷、

右之通、江戸山王樹下采女正方江水口要人、夫〻持參候樣申遣ス、

一、金剛院殿法印大僧都、今日勅許也、

一、入夜金剛院大僧都御參、法印大僧都勅許御禮被申上、

十八日、戊戌、晴、當番、松井相模守・三上大膳・藏人所勞斷、

一、閑院尹宮樣江御書被進、御使青侍中、

十九日、己亥、晴、當番、今小路兵部卿・木崎河内・九鬼主殿・内匠所勞斷、

一、今日復辟、

一、岡田彥兵衞孫岡田傳藏、依願御立入被仰付、今日彥兵衞召連參上、扇子五本入獻上、

一、閑院一品宮樣より聖廟御法樂和歌御題被進之、來廿四日迄御清書被進候樣被仰進候也、

一、閑院宮樣より御里坊迄御使、

　御口演之覺

　來廿七日御家御會始被催候、御詠出被進候樣賴思召候、以上、

　　二月　　一品宮御使　淺井（國茂）近江守

九條尚實復辟につき四御所へ御祝儀獻上
二*十五日所司代參上につき御附衆より來狀
九條尚實へ御歡使
三*角了察拜診調藥
三*宅宗達拜診
大河内立圭へ御立入仰付
四御所への復辟御參賀は御斷仰上
長*濱屋八幡屋より御用達仰付により御禮獻上
仙洞御所御附武家年賀參上
泉山御代參
知足庵より吉野葛獻上
所*司代伺候は俄の御差支により來月に延引と御附衆に御通知

二十日、庚子、晴、當番、菅谷中務卿・伊丹將監・中嶋織部、
一、昨日復辟被爲濟候ニ付、御祝儀御進獻左之通、御使木崎河內、
禁裏樣江昆布一箱・御樽一荷、
仙洞樣・大女院(舍子)樣・女院(富子)樣江昆布一箱宛、
女一宮(欣子)樣江御口演計、
一、九條樣江右同斷、御歡被仰進候也、御使右同人、
但、御音物御內外共ニ堅御斷ニ付、表向者不被進、此間御內〻ニ而御菓子一折被進候也、大納言(九條輔家)樣へも御同樣御歡被仰入、
一、三谷藏人取次願ニよつて、大河內立圭御立入被仰付、爲御禮參上扇子一箱・昆布一折五十本獻上之、
一、四御所江復辟御祝儀御參賀可被遊處、少〻御不例ニ付御斷被仰上、
一、仙洞御所御附三枝豐前守(守歲)年始御禮參上、久〻所勞ニ付延引之段御斷申上候、坊官中迄申入候由也、
二十一日、辛丑、晴、當番、今小路兵部卿・松井西市正・三上大膳・代河內・代織部、
一、泉涌寺江御代參、今小路法橋、
一、知足庵昨日和州より上京ニ付、吉野葛貳袋獻上、
廿二日、壬寅、晴、當番、松井相模守・木崎河內・岡本內匠・九鬼主殿、

一、御附水原攝津守(保明)より來狀、
其御方江戶田因幡守年始御祝儀初而參上、兼來廿五日巳刻出門ニ而致伺公候、御差支之有無御報被御申聞候樣致度候、以上、
二月廿二日　水原攝津守
松井長門守樣
木崎河內樣
右御差支無之旨、及返書也、
一、三角了察參上、於御座之間御脈拜診・御藥調進、於御廣間御湯漬被下候也、
一、三宅宗達於御學問所拜診、
一、小坂僧正・東尾大僧都御參、
一、大坂革屋町貳丁目長濱屋安兵衞、北堀江壹丁目八幡屋源二郎、此度御用達被仰付御禮、白銀五枚獻上、
但、傳奏衆へ御屆、去十一日被差出候也、
廿三日、癸卯、晴、當番、菅谷中務卿・伊丹將監・中嶋織部、
一、御附水原攝津守へ手紙遣ス、
此御方江戶田因幡守殿來廿五日御伺公之儀、此御方御差支不被爲在候旨、昨日御報申入候處、俄ニ當月中御差支被爲在候間、來月御伺公被進候樣被

御差支とは護持御勤修のため梅之間不都合の故と仰遣

*嶋屋喜助よりの願出口上書

所司代伺候延引承知との返書

岸紹易御茶御稽古奉

*嶋屋喜助への御墨附

嶋屋喜助へ御貸附下支配仰付同人より御禮獻上

遊度思召候、依此段得御意候、宜御通達可被進候、
以上、

二月廿三日　松井長門守

水原攝津守樣

但、右御差支者、所司代伺公之節者、梅之間ニおゐて御吸物・御酒等被出候得共、當月護持御勤修被爲在、梅ノ間上ノ間御道場ニ相成有之候故、當月中御差支被爲在候旨、被仰遣候事也、

一、水原攝津守より返書到來、

其御方江戸田因幡守、來ル廿五日致伺公候付、御差支之儀、昨日得御意候處、御差支無之段被御申聞候、然ル處、俄ニ御差支有之候間、來月被致伺公候樣被成度旨、依之右之段可致通達旨被御申聞候、被承知候、以上、

二月廿三日　水原攝津守

松井長門守樣

一、山門南樂坊繼目御禮、扇子三本入獻上、

一、岸紹易參上、於御學問所御茶御稽古奉、

廿四日、甲辰、當番、今小路兵部卿・三谷藏人・三上大膳、

一、大坂內淡路町三丁目嶋屋喜助、御貸附下支配願書差

出、願之通被仰付、於鶴之間例之通御墨附中務卿(菅谷寛常)・西市正(松井永昌)立會ニ而相渡候也、御禮獻上白銀三枚・扇子三本入、

奉願口上書

一、當御殿御抱大佛殿御修理銀御貸附之儀者、先達從關東被爲仰出、御觸流之趣承知仕罷在候ニ付、此度私儀も右御貸附方下支配人ニ被召加被下候樣、乍恐奉願候、尤蒙仰候上者、隨分大切ニ相勤、聊麁略無之樣可仕候、何卒右願之通被爲仰付被下候ハヽ、難有仕合奉存候、然上者、右御願申上候儀ニ付、親類緣者其外他所より何之差構も無御座候間、何分御慈悲御憐愍を以、右願之通被爲仰付被下候ハヽ、難有仕合可奉存候、以上、

天明五年巳二月　大坂內淡路町三丁目　願主　嶋屋喜助

證人　松本屋治右衞門

證人　團扇屋忠右衞門

妙法院宮樣　御役人中樣

御墨附、

大佛殿御修復金貸附之儀、先達而從公儀被仰出候、

右貸附下支配之儀、今度依願其方江被仰付候間、

*松室但馬へ出勤仰付同人御禮參上
*菅廟御代參
*飛梅天神千巻心經供
御貸附につき定書
*閑院宮御會始に御語合に兩人を依賴
*明日の御會始御懷紙御下書を石山基名に御相談
*金剛院より大坂表富興行相濟み御菓子料獻上

其旨相心得、諸事麁略之儀、堅有之間鋪者也、
天明五年巳二月
木崎河内　書判
松井西市正　書判
菅谷中務卿　書判
嶋屋喜助江

定書

定

一、大佛殿御修復金貸附、大金・小金ニ不寄引宛取之、尤町判等勿論之事、
一、村方貸附右同様、判人等遂吟味貸附可申事、
一、判元見屆之事、
一、借り請人對談罷越候者、無遲々可及相談事、
一、利足金者、從公儀被仰出候趣を相守、高利ニ貸附候儀、堅致間鋪事、
一、證文・御判印可被下候事、
但、御判印無之證文者可爲反古事、
一、火要心之事、
一、喧嘩口論之事、
一、博奕之事、
右之條々、急度愼可相守者也、

天明五年巳二月　御貸附方役人

一、松室但馬非藏人下總倅、此度出勤被仰付候ニ付、爲御禮參上、昆布三十本獻上、
一、金剛院大僧都・日嚴院僧正御參、
廿五日、乙巳、晴、當番、松井相模守・木崎河内・岡本内匠・九鬼主殿、
一、菅廟江御代參、中村帯刀相務、
一、飛梅天滿宮御法樂、千巻心經如例年、
出仕金剛院大僧都・寶生院（善資）・惠乘房（玄隆）、
廿六日、丙午、晴、當番、菅谷中務卿・伊丹將監・中嶋織部、日之内代相模守、
一、仁門樣（深仁）御使、御書被進、則御返書被進候也、
一、閑院樣諸大夫平田因幡守（元敷）より坊官・諸大夫中江來狀、明廿七日御家御會始ニ付、御無人ニよつて御近習兩人御語合被遊度、尤御承知被進候ハヽ、中村帯刀・友田掃部兩人御語合被成度旨也、則御領掌被成候旨、松井相模守より及返書候事、
一、明日閑院樣へ御語合相詰候樣、中村帯刀・友田掃部兩人へ被仰付候也、
一、石山前中納言殿（基名）江明日閑院樣御會始、御懷紙御下書御相談爲持被進候事、御使青侍中、
一、金剛院殿當月大坂表富興行相濟候ニ付、如例月御菓

子料銀十枚獻上、去霜月分爲御菓子料銀五枚獻上、

廿七日、丁未、晴、當番、今小路兵部卿・三谷藏人・三上大膳、

閑院宮へ御語合三名相詰

一、閑院宮樣江御語合、松井相模守・中村帶刀・友田掃部、午刻相詰候也、

閑院宮より御誕生日につき御互に御祝儀

一、閑院宮樣より御誕生日御祝儀、小頂壹盞被進之、此御所より茂御祝儀昆布五十本被進之、御使中村帶刀相務、

閑院宮御會始に御法用のため御遲參御斷

一、閑院樣御家御會始ニ付、昆布一折五十本被進之、今日被爲成候得共、御法用被爲有御遲參御斷被仰入、御懷紙爲持被進候也、御使松井相模守、

廿八日、戊申、晴、當番、松井相模守・木崎河内・九鬼主殿、内匠斷、

*中山愛親へ大坂町奉行所の紙面承知書提出

中山愛親より大坂町奉行所よりの長濱屋八幡屋兩人保證の紙面通達

一、入夜傳奏代中山前大納言(愛親)殿より御留守居御招、大坂町奉行所紙面之寫被達候也、明朝承知書可差出旨也、

御切紙拜見候、然ハ當表革屋町貳丁目長濱屋安兵衛、北堀江壹丁目八幡屋源二郎、右兩人妙法院宮用達被申付度旨、家司書付傳奏衆より御到來之由ニ而被遣之、御紙面之趣致承知、則安兵衛・源二郎儀も伺度候ニ付、兩人居町役人共呼出、町内障有無相尋候處、差障無之旨申ニ付承屆、兩人へ定例之通證文申付候間、此段宜御通達可被下候、以上、

二月廿四日　小田切土佐守(直年)

佐野備後守(政親)

水原攝津守樣

猶以、家司書付壹通致返却候、且又本文八幡屋源次郎儀、北堀江壹丁目三笠屋喜兵衛住居之者ニ御座候間、此段宜御通達可被下候、以上、

廿九日、己酉、當番、菅谷中務卿・伊丹將監・中嶋織部、

一、傳奏代中山前大納言殿江昨日被達候大坂町奉行所紙面之寫御返却、尤承知書壹通差出候也、牛丸九十九持參、

妙法院宮御用達、大坂革屋町貳丁目長濱屋安兵衛、同北堀江壹丁目八幡屋源次郎、右兩人江被仰付候ニ付、大坂御奉行所江御通達被進度旨、先達而御書付被差出候處、則御達被進、大坂町御奉行所紙面之寫一通御達被進、承知仕候、以上、

二月廿九日　妙法院宮御内 松井西市正

中山前大納言樣

萬里小路前大納言(政房)樣

雜掌御中

*乘臺院十三回忌に關東への御機嫌伺は不要と御附衆通達

一、御附武家より來狀、
相達候儀有之候間、各方之内一人、今日中自分御
役宅迄御越可有之候、已上、
二月廿九日　水原攝津守
松井長門守様
木崎河内様
右承知之旨及返狀也、

孝恭院七回忌に關東への御進物につき大納言様には不要と御附衆通達

一、右之趣ニ付、攝津守(水原保明)役宅江中嶋織部行向候處、攝津
守相達候書付、左記、
妙法院宮
孝恭院様七回御忌ニ付、自分御役宅迄以使者御葩
被備、公方様(徳川家治)・大納言様(徳川家齊)江御菓子一箱宛、自分御
役宅迄以使者被獻度由、三回御忌之節通たるへく
候、
大納言様江者、伺御機嫌被差上物等ニ不及候、此
段可被相達候、
二月
右之通、戸田因幡守より申越候間相達候、以上、
二月廿九日　水原攝津守

*孝恭院七回忌に御供葩御備物差向

來月二日巳刻、御使者可被差出候、以上、

妙法院宮
當月乘臺院様十三回就御忌、公方様・大納言様爲
伺御機嫌、自分御役宅迄使者被差出度旨書付、先
達而被差出候、右御機嫌伺之儀者、此度より不及
其儀段、可被相達候、
二月
右之通可相達旨、戸田因幡守より申越候間相達候、
已上、
二月廿九日　水原攝津守

三月　御用番菅谷中務卿(寛常)、

朔日、庚戌、當番、今小路兵部卿(行先)・三谷藏人(寛重)・三上大膳、
一、四御所(光格・後櫻町・舍子・富子)江當日御祝詞、以御使被仰上候也、
一、智積院(鑁啓實嚴)僧正より、上巳御祝儀押餅一折、例年之通獻
上、
二日、辛亥、晴、當番、松井相模守(永亨)・木崎河内(正達)・岡本内匠、
一、孝恭院(徳川家基)様七回御忌ニ付、御靈前江葩五十葉被備之、
公方様(徳川家治)江爲御見舞干菓子一箱被進之、戸田因幡守(忠寛)殿
役宅江被差向、御使三谷藏人、
御葩御箱乘タヽミ脚、外箱ニ孝恭院様御靈前江被

*陽乘院十七回忌法華讀誦
四御所閑院宮へ御祝詞仰上
*陽乘院十七回忌光明供
當日御禮御對面無
*常樂院御講釋奉
院家衆御不參
*三宅宗達拜診
青門聖門へ御祝詞仰進
*閑院宮へ御成
播州清水寺執行年賀參上
*嚴王院伺候

備御葩、
干菓子目録、中鷹二枚重、上包同紙、

付札　公方樣江 妙法院宮（眞仁）御方より、

外箱ニ　公方樣江 妙法院宮御方より被進物、目録入、

上巳、壬子、晴、當番、菅谷中務卿（寛常）・伊丹將監・中嶋織部（徳方）、
一、四御所・閑院宮樣（典仁）江當日御祝詞御使を以被仰上、御使菅谷中務卿、
一、當日御禮參上之輩、山本内藏・三宅宗甫・三宅宗達・岩永右衞門・村若縫殿・市川養元・三宅宗仙・知足庵・大河内立圭、
一、少〻御癪痛氣ニ被爲在候故、當日御禮御家賴一統御對面無之、
一、金剛院殿（眞應）御參、小坂殿（堯忠）所勞御不參、使を以御祝詞、不參御斷被申上、
一、青門樣（尊眞）・聖門樣（忠譽）へ當日御祝詞被仰進、御使中嶋織部、
一、勝安養院（堯海）僧正・普應院（洞海）大僧都、以使濱崎右京（惟敬）御祝詞被申上、
一、播ノ光明王院（賴哲）大僧都年頭爲御禮參殿、扇子三本入、方金百疋獻上、少〻御不例よつて御視無之、於鶴之間木崎河内出頭及挨拶候也、
一、陽乘院殿（眞仁母）十七回忌、於梅之間御逮夜御法事御修行、東尾殿（眞應）・常樂院（志岸）大僧都・寶生院（普資）・惠乘房（玄隆）・安住房、法華五ノ卷、
四日、癸丑、雨、當番、今小路兵部卿・松井西市正（永昌）・三谷藏人斷代主殿、・三上大膳、所勞斷、
一、光明王院御用も無之候ハヽ、歸國之儀相伺、勝手ニ致歸國候樣申渡候也、
一、陽乘院殿十七回忌、於梅之間御法事御執行、導師日嚴院殿（堯忠）所勞ニ付常樂院・寶生院・惠乘房・安住房、光明供、
五日、甲寅、晴、當番、松井相模守・木崎河内・九鬼主殿、
一、小坂僧正・東尾大僧都御參、
六日、乙卯、晴、當番、菅谷中務卿・伊丹將監・中嶋織部、
一、常樂院參上、於御座之間御講釋奉、
一、三宅宗達拜診、
七日、丙辰、當番、今小路兵部卿・木崎河内・三谷藏人、
八日、丁巳、晴、當番、松井西市正・松井相模守・三谷藏人、
一、巳刻御出門、閑院宮樣江御成、御供相模守（松井永亨）・將監（伊丹）・采女（初瀬川）、亥刻頃還御、
一、東谷嚴王院（慈叙）久〻所勞引籠罷在、此節然〔全〕快ニ付、御機嫌相伺候由也、西市正（松井永昌）面會、

長崎唐船へ渡す煎海鼠干鮑の賣買方法につき議奏觸

一、於長崎唐船江相渡候煎海鼠、干鮑之儀、諸國浦〻ニ而相稼、長崎俵物請方之者買取來候處、出方相增候ため、右俵物請負人手先之もの、於國〻申談可買請段、寶暦十四申年・明和貳酉年・安永七戌年相觸候處、此度長崎俵物請負之者、買請之者相止、煎海鼠・干鮑・鱶鰭・昆布共、長崎會所直買入ニ申付候間、其旨相心得、彌出增有之候樣無油斷可相稼候、勿論買入方之儀者、是迄請負人共買取候直段積を以、國〻浦〻長崎會所役人仕入金持越、相對之上、卽銀拂ニ買入候筈候、右ニ付御普請役會所役人差添、浦〻相廻り候間、其旨可相心得候、且又外商人之躰ニ而浦〻湊〻商賣もの持越之者、浦方之者相對ニ而煎海鼠・干鮑等密賣致候者も有之趣相聞候間、以來右躰之儀於有之者、其品取上、本人者不及申、其所之役人、名前等聞糺申立候樣、御普請役・會所役人江□(虫クイ)渡打廻り候間、若右躰之者入來候ハヽ、其所ニ留置、御料ハ御代官、私領ハ領主・地頭江可訴出候、隱置外より相知候ハヽ、可爲越度候、

一、浦方有之國〻其領主より串海鼠・貝之類獻上致來候分も、獻上幷御殘外餘分仕込不致、長崎會所役人共、賣渡候樣可致候、右以下私領分も、浦方有之分者、煎海鼠・干鮑之類、獵業相增候儀邊ニ可致候、且又御料等も是迄運上相納來候浦〻者格別、稼方初候新浦之分者、當分運上之不及沙汰候、尤鱶鰭之儀も、先達而相觸候通、稼方可致出精候、右之趣浦方有之國〻、御料者御代官、私領者領主・地頭より可相觸候、

二月

別儀之通、武邊より申來候、此段爲御心得各迄可申入旨、議奏中江申付如此候、以上、

三月六日　議奏中　雜掌

御宛所如例、

追而御廻覽之後、中山家(愛親)江御返可被成候、

*火之用心につき議奏觸

一、火之用心之儀、常〻可被仰付候得共、此節別而可被入御念候、此段各迄可申入候旨、議奏中被申付如此候、以上、

三月六日　議――
――

御宛所如例、

追而御廻覽後、中山家へ御返し可被成候、以上、

常樂院御講釋奉
泉山御參詣
*水口要人御對面
常樂院御講釋奉
岸紹易御對面
常樂院御講釋奉
*東本願寺內出火につき御見舞使
石田幽汀參上席畫仰付
*大女院御所御車寄葺替につき議奏觸
後白河院御正忌法住寺御法事に御成

九日、戊午、當番、菅谷中務卿・伊丹將監・中嶋織部、
一、常樂院志岸、於御座間御講釋奉、
一、泉涌寺御參詣、御供中務卿(菅谷寛常)・雅樂(藪澤)・主殿(九鬼)、
十日、己未、當番、兵部卿代菅谷中務卿・松井西市正・三谷藏人、
一、常樂院御講釋奉、
一、閑院宮樣江御書被進、御使靑侍中、
一、千種(有政)三位殿時節御機嫌被相伺候由、御玄關ニ而被申置、
十一日、庚申、當番、松井相模守・木崎河內・九鬼主殿、
一、東尾大僧都御參、
一、岸紹易參上、御對面被仰付也、
十二日、辛酉、曇、當番、菅谷中務卿・伊丹將監・中嶋織部、
一、常樂院御講釋奉、
一、東尾殿御參、
一、靑門樣江御書被進候也、
一、石田幽汀被召參上、先於御座間御對面被仰付、已後於同所席畫被仰付候也、於鶴之間休息、御酒・御湯漬等被下候也、
十三日、壬戌、雨、當番、今小路兵部卿・松井西市正・三谷藏人・伊丹將監、
一、後白河院尊儀御正忌、於法住寺御法事如例、
一、巳半刻法住寺江被爲成、午刻還御、御供兵部卿・雅樂・多仲(堀部)、
一、水口要人上京ニ付、淺草海苔一箱獻上、御對面被仰付、
十四日、癸亥、曇、當番、松井相模守・木崎河內・九鬼主殿、
一、東尾大僧都御參、
一、岸紹易伺御機嫌參上、
十五日、甲子、晴、當番、菅谷中務卿・伊丹將監・中嶋織部、
一、當日御禮參上、山本內藏・篠田主膳・三宅宗甫・香山大學・三宅宗達・市川養元、
一、市川養元、兩三日浪花表江罷越候旨御届申上、
一、東尾大僧都御參、
十六日、乙丑、晴、當番、今小路兵部卿・松井西市正・三谷藏人・三上大膳、
一、今曉東本願寺之內出火ニ付、東本願寺御門主(乘如光遍)江御見廻被仰入候事、御使鈴木求馬、
一、議奏衆より觸書到來、
明十七日より大女院(舎子)御所御車寄御屋根葺替ニ付、御參被遊候御方樣者、奏者所より御昇降被遊候樣ニと被存候、此段爲御心得各迄可申入之旨、議奏中被申付如此候、以上、

*魚山理覺院御對面
岸紹易御茶御取持
*近衞内前薨去につき廢朝との傳奏觸
前輪門宮御成御小書院にて御茶進上
黑樂茶碗
*近衞内前薨去により御悔仰入
山門御宿院御修理方登山
*各所へ御悔使
青門宮より御染筆進上に御挨拶
*山科岱安拜診

三月十六日　　　議奏中
　　　　　　　　雜掌
聖（忠譽）――　青――　知（尊峯）――
一（尊映）――　妙（眞仁）――
追而御廻覽後中山家へ御返し可被成候、以上、

十七日、丙寅、曇、當番、松井相模守・木崎河内・九鬼主殿、
一、岸紹易參上、今日隨宜樂院（公遵）宮樣御成、御茶被進候ニ付、前後御取持申上候也、
一、金剛院大僧都御參、
一、隨宜樂院宮樣御成、先於御書院御烟草盆・御茶等出、夫より御座間江御通、於御小書院御茶被進、御詰御供鵜諸大夫川筑後守被仰付候也、今日御成ニ付、黑樂御茶碗一箱、御香合一箱、羊羹五棹被進之、
一、御茶已前、於御座間、鵜川筑後守へ御對面被仰付候事、

十八日、丁卯、晴、當番、菅谷中務卿・伊丹將監・岡本内匠、
一、山門御宿院御取繕御修理方下役人佐原與右衞門、大工・日雇等召連登山、
一、青蓮院宮樣より御使、此間御染筆物御賴被仰進候處、早速御染筆被進、忝思召候、右御挨拶被仰進候也、
一、隨宜樂院宮樣より、昨日御成御挨拶被仰進候也、

十九日、戊辰、雨、當番、今小路兵部卿・松井西市正・三谷藏人・三上大膳、
廿日、己巳、晴、當番、松井相模守・木崎河内・岡本内匠・九鬼主殿、
廿一日、庚午、晴、當番、菅谷中務卿・伊丹將監、
一、魚山理覺院（惠觀）爲伺御機嫌參殿、於御座間御對面被仰付、カタクリ少〻獻上候也、
一、傳奏觸到來、

口上覺

近衞准后（内前）樣薨去ニ付、自今廿一日廿三日迄三ケ日之間廢朝候、且洞中三ケ日之間被止物音候、此段爲御心得各迄可申入旨、兩傳（油小路隆前・久我信通）被申付如此候、以上、

三月廿一日　　　兩傳奏
　　　　　　　　　雜掌

一、金剛院殿御參、

廿二日、辛未、晴、當番、今小路兵部卿・松井西市正・三上大膳、
一、尹宮（美仁）樣江御書被進候也、御使靑侍中、
一、近衞准后樣薨去ニ付、内府（經熙）樣・恭宮（經熙室・有栖川職仁女）樣江御悔被仰入、
一、女一宮（欣子）樣・尹宮樣・祐宮（眞仁弟）樣・入江（尊信）樣・大覺寺（寬深）御門跡樣江准后（近衞内前）樣薨去御悔被仰進、御使鈴木求馬、
一、東本願寺御門跡へ右同斷、御使初瀨川采女、
一、山科岱安伺御機嫌、於御座之間拜診被仰付候也、

廿三日、壬申、晴、當番、木崎河内・岡本内匠・九鬼主殿、

三宅宗仙拜診

女一宮へ御見舞品

*御繪符の届書

水口大炊上京明後日關東へ發足傳奏へ御届書

*御慰として御囃子仰付

一、金剛院殿御參、
一、三宅宗仙拜診、市川養元一昨日浪花より歸京御屆申上、
一、女一宮樣此節御愼爲御見廻、御菓子一折被進之、御使木崎河內、
廿四日、癸酉、當番、菅谷中務卿・伊丹將監・中嶋織部、
一、東尾殿御參、
一、未刻御出門、先仙洞樣、次大女院樣、次御參內、御供還(マヽ)申刻過、御迎亥刻、御退出子刻前、御本殿江還御、御供中務卿・帶刀(中村)・主殿・矢內(丸茂)・味右衞門(末吉)・文內(吉見)、
一、水口要人先日上京、明後日發足ニ付、傳奏衆へ御屆被差出、
但、先達而關東下向之節御屆有之、此度私用ニ付上京候故、御屆も無之故、今日被差出候、御屆ニハ水口大炊と相認候也、追而七月三日關東より上京候旨、傳奏へ御屆被差出候也、

覺

妙法院宮御用ニ付、御家賴水口大炊、江戶山王江被差下候、明後廿六日京都致發足候、逗留之程難計候、罷登候ハヽ早速御屆可被仰入候、此段戶田

因幡守殿へ宜御傳達可被進候、以上、

巳三月廿四日　妙――御內　菅谷中務卿印

油小路前大納言樣御內(隆前)
伏田右衞門殿

久我大(信通)――　下村丹司―

辻信濃守(章業)―

岡本內記―

覺

妙法院宮御用ニ付、御家賴水口大炊江戶山王江被差下候、明後廿六日京都致發足候、依之御繪符被差出候、逗留之程難計候、罷登候ハヽ、早速御屆可被仰入候、依而御屆如此御座候、以上、

巳三月廿四日　妙――――――印

油――――伏―

下―――

辻―――

岡―――

廿五日、甲戌、午後雨、當番、今小路兵部卿・三上大膳・山下監物、
一、爲御慰御內之者へ御囃子被仰付、依之林喜右衞門・淺田藤助・能勢與次郎幷弟子壹人・明田利右衞門弟

三角了察拜診
淨妙庵歸京獻上物*
御宿坊の新造取繕見分*
淨妙庵御對面*
由原山金藏院上京につき傳奏へ御届*

子壹人被召候也、
一、東尾殿御參、
一、三角了察參上、拜診、御藥調進、
一、於梅之間御囃子被仰付候、番組左之通、
　小謠鶴龜、林喜右衞門
　羽衣喜右衞門、能勢與次郎・山下監物・鈴木求馬・堀部多仲、
　玉葛淺田藤助、土岐助次郎・多仲、求馬、
　蘆刈喜右衞門、與次郎・鐵次郎、求馬、
　放下僧谷治、助次・鐵次郎、求馬、
　山姥藤介〔助〕、與次郎・監物・知足庵・多仲、
　御乞
　獨吟、玉取谷治、勸進帳喜右衞門、倶利加羅落藤助、
　　四季季右衞門、花筐藤助、
　ロンキ、湯谷喜右衞門藤助、鉢木藤助喜右衞門、
　一管、渡り拍子、鐵次郎、
　一調、蟬丸喜右衞門・求馬、田村喜右衞門・與次郎、
　　小督藤助・助次、野守喜右衞門・監物・藤助、
　　三井寺知足庵、
　祝言
一、西塔御宿院江御修理方下役中井甚九郎登山、佐原與右衞門下山、
廿六日、己亥、雨、當番、木崎河內・九鬼主殿・岡本內匠、
一、三宅宗達、
廿七日、丙子、晴、當番、菅谷中務卿・伊丹將監・中嶋織部、
一、東尾殿御參、
一、淨妙庵惠宅律師、和州より歸京御屆申上、
　多武峯庵摩羅果二顆・紋唐紙一折・御菓子一折獻上、
一、西塔御宿坊嚴王院へ御取繕爲見分、御修理方中村帶刀登山、御湯殿御還新造、其外少〻宛取繕出來、
廿八日、丁丑、晴、當番、今小路兵部卿・松井西市正・三上大膳・九鬼主殿、
一、小坂殿御參、
一、惠宅伺御機嫌參上、御對面也、
一、中村帶刀下山、
廿九日、戊寅、晴、當番、松井相模守・木崎河內・山下監物・岡本內匠、
一、豐後國由原山金藏(豪泰)院關東より上京ニ付、傳奏へ御届書被差出候也、
　但、先達而關東下向之節、御繪符相願候ニ付、御届被差出、依如此、
　　覺
　去ル正月十二日御屆被仰入關東へ被差下候御家賴

金藏院、昨日致上京候、依御届被仰入候、此段戸田因幡守殿へ宜御傳達可被進候、已上、

巳三月廿九日　　妙――御內
　　　　　　　　菅――印

油小路前――御內
伏――

久我――御內
下――

辻信濃守殿
岡本內記殿

*西塔及び東谷へ來月妙門宮御登山との書狀御遣

覺

去正月十二日御届被仰入御家頼金藏院(圓郁)、關東へ被差下候節、御繪符被差出候處、昨日致上京候、依爲御届如此御座候、以上、

巳三月廿九日　　妙法院宮御內
　　　　　　　　菅谷中務卿　印

宛同前、

金藏院伺候

一、金藏院關東より上京ニ付、御禮爲伺御機嫌參上、淺草海苔一折、方金百疋獻上、

西本願寺新門主初御出

晦日、己卯、雨、當番、菅谷中務卿・伊丹將監・中嶋織部、

一、西本願寺新御門主(文如光輝)初而御出、御車寄江平附ニ而御草履之附先、梅ノ間菅谷法眼御案內、同人御口上承ル、御烟草盆・御茶出、茶道中請也、於御書院御對面、

御口祝

御茶・御烟草盆出、御菓子御相伴、小四方中請一重繰《クリ》、暫時御咄之上御退出、御供下間、嶋田大和介鶴之間、近習香之間ニ而茶・烟草盆等出、

昆布一折百本・御樽代金五百疋・別段羽二重貳疋進上、

但御門主(法如光闡)御伺公前、以使者、

一、坊官・諸大夫・侍・〻法師八人江金百疋ツヽ被送之、

御近習已下之御酒料金千疋被送之、

一、勝山按察使・石田幽汀江扇面被仰付、中務卿より手紙ニ而爲持遣、

一、西塔執行代(堯環)・東谷學頭代(俊榮)江書狀遣ス、

一簡致啓達候、然者宮御方來月七日、天氣好候者、御登山被遊候、先格之通宜御取計被成候樣と存候、仍而此段爲御心得可得御意如斯御座候、以上、

三月晦日　　木崎河內
　　　　　　松井西市正
　　　　　　菅谷中務卿

執行代(堯環)
　御房

學頭代へ文言同斷、

學頭代(俊榮)
　御房

四御所へ當日御禮仰上

關東よりの年頭御進物につき御附衆の通知

西本願寺へ昨日御成の御挨拶使

岸紹易伺候

宇治方面へ御忍御成藤森社萬年寺三室戸觀音惠心院平等院稲荷社御參詣

*三室戸觀音へ臨時御奉納

四　月　御用番木崎法眼(正達)、

朔日、庚辰、快晴、當番、今小路兵部卿(行先)・松井西市正(永昌)・三上大膳・九鬼主殿、

一、四御所(光格・後櫻町・舍子・富子)へ當日御禮被仰上、御不參御斷も被仰上也、閑院樣(典仁)へも御禮被仰進、御使松井相模守(永亨)、

一、當日御禮參上之輩、三宅宗達・三宅宗仙・三宅宗甫・篠田主膳・香山大學・村若縫殿・土岐要人、

一、御附武家より來狀、關東より年頭御祝儀被進物被達候間、三日巳刻所司代亭(戸田忠寛)へ壹人罷越候樣如例申來也、

一、西本願寺(法如光闡)御門主へ昨日初而御出之御挨拶被仰遣、昨日被進物御答禮、昆布一折百本・御樽代金五百疋被進之、御使へ吸物・御酒等出、追而新御門主(文如光輝)御直答也、御使中村帯刀、

一、岸紹易伺御機嫌、且近々御登山被爲在候由奉承知候付、御菓子一箱獻上、

二日、辛巳、快晴、當番、松井相模守御供・木崎河内(正達)・山下監物(重好)・岡本内匠御供、

一、辰刻御出門、御忍ニ而宇治三室戸・平等院開帳へ御參詣、先深草石峯寺へ被爲成、夫より藤森社へ御參詣、黄檗江御包輿被爲成、此邊御歩行、萬年寺惣門内山門之前ニ而御乘輿、五・六丁先ニ而御下輿、御歩行ニ而三室戸觀音へ御參詣、夫より朝日山惠心院へ被爲入候而夕御膳、御提重・御吸もの・御酒等被召上、御歩行ニ而平等院へ御成、□寺へも被爲成、再惠心院へ被爲入、御吸物・御酒等被召上、終日御機嫌能、申刻比より還御之道筋、宇治堤・豐後橋、夫より宮々御參詣、社内ニ而御輿立、此所より御挑燈、次稲荷社鳥居之内ニ而御輿立、戌刻還御、々供相模野袴・守羽織・帯刀(中村)・兵庫(木崎)・采女(初瀬川)・雅樂(藪澤)・内匠(岡本)・主殿(九鬼)・織衞(川上)・要人土岐・宗達三宅・宗仙三宅、御先もゝ引羽織丸茂矢内・松井權之進・末吉味衞門・茶道野袴喜好、

一、金剛院大僧都(眞應)御隨從、

一、御休所惠心院へ堀部多仲・板元源左衞門・幸七等罷越、

一、惠心院へ金三百疋・鳥目壹貫目、

一、同寺より御茶朝日山喜撰貳袋・御花一筒獻上、

一、三室戸觀音堂御奉納百疋御下札無之、但、御忍之事ニ候得者、御奉納無之筈之處、御參詣之節、寺門前へ色衣之僧壹人罷出、御出迎之躰ニ相見へ棒持之、下部兩人ニ御先ヲ拂ハセ御案躰、勿論本尊前外陣江幕ヲヲロシ、暫參詣ヲ留、内陣へ御案

内申上ニ付、臨時御奉納也、色衣之僧者、當寺一﨟之由、金藏院還御之跡ニ而、中村帶刀、右之僧ニ及面會、御奉納相達、御忍ゆへ御下札無之、

一、傳奏衆へ御届書被差出、

覺

妙法院宮御家頼
土岐元信
同　要人

右(土岐)元信儀、先年御家頼ニ被召抱、蛸藥師通高倉西へ入町自宅致住居罷在候處、此度隱居相願、要人(土岐)江相續被仰付、御家頼ニ被召加、右自宅ニ致住居候、仍爲御届如斯御座候、已上、

巳四月　妙――御内　木崎河内 印

油小路前大納言樣御内(隆前)　伏田右衞門殿
下村丹司―
久我大(信通)――――――　辻(章業)信濃守―
岡本內記―

三日、壬午、晴、當番、菅谷中務卿(寛常)・伊丹將監・中嶋織部(德方)、

一、御附武家より一昨日達之趣ニ付、所司代亭へ御使菅谷法眼(寛常)行向候也、關東より年頭御祝儀被進物、御目録之通、因幡守(戸田忠寛)被達候也、

公方樣(德川家治)より昆布一箱・白銀三十枚、

大納言樣(德川家齊)より昆布一箱・白銀貳十枚、

一、小堀數馬(邦直)より、關東より被達候白銀五十枚爲持上候也、中嶋織部出會受取之、則例之通落手書相渡、

覺

公方樣より　白銀三十枚、
大納言樣より　白銀貳十枚、

右之通、宮御方江被進之、慥致落手候早、

四月三日　妙法院宮御内　中嶋織部 印

小堀數馬殿

一、圓山主水(應擧)被召、於御座ノ間席畫被仰付候事、

四日、癸未、當番、今小路兵部卿・松井西市正・三谷藏人・三上大膳、

一、辰半刻比御出門、先閑院樣へ御成、未刻御參院、次御參内、酉刻御退出、再閑院樣へ被爲成、亥半刻還御、御供西市正(松井永昌)・掃部(友田)・多仲(堀部)、

五日、甲申、雨、當番、松井相模守・木崎河内・山下監物・九鬼主殿・岡本內匠、

一、九條殿下(尚實)樣へ、先比より御違例ニ付、御見廻被仰進、笋一折十本被進之、御使內匠、

一、小坂僧正(堯忠)・東尾大僧都(眞應)御參、

六日、乙酉、當番、菅谷中務卿・伊丹將監・中嶋織部、

一、金剛院大僧都御參、

土岐元信隱居につき要人を御家頼にとの届書

*圓山應擧に席畫仰付

*參院參内その前後共閑院宮へ御成

*九條尚實へ御違例御見舞

所司代より關東御進物受領

一、三宅宗達・三宅宗仙參上、

一、明七日より御登山ニ付、中村帶刀・堀部多仲、今日より登山也、

御登山

七日、丙戌、晴、當番、今小路兵部卿・松井西市正・三谷藏人・三上大膳、

一、從今日御登山、辰刻過御出門、金剛院大僧都隨從、山鼻ニ而御辨當被召上、午刻過御宿院江御着、御供菅谷中務卿寛常・藪澤雅樂・鈴木求馬・九鬼主殿・今小路鐵之助、御先丸茂矢内・松井權之進・吉見文内・若山源之進、御長刀・御挾箱壹荷、御長柄・御輿之もの六人、其外常之通、

一、釋迦堂前迄、御師範常樂院(志岸)御出迎申上、

一、勝安養院(堯海)僧正・普應院(洞海)大僧都、使を以今日御登山伺御機嫌被申上候、普應院殿ニも、追而順快被致候、無程上京御伺被申上候由、

淨妙庵參殿

一、惠宅律師、今日御登山窺御機嫌參殿、

賀茂祭につき傳奏觸

一、傳奏觸到來、

口上覺

來十八日就賀茂祭、從明後八日晩御神事、從來十六日晩至十八日晩御潔齋候、仍而爲御心得各迄可申入之旨、兩傳(油小路隆前・久我信通)被申付如斯ニ候、以上、

四月六日　兩傳奏　雜掌

御宛所如例、

八日、丁亥、晴、當番、松井相模守・木崎河内・山下監物・九鬼主殿山門詰・岡本内匠、

一、日嚴院(堯忠)僧正御參、

一、村若左門、御登山御機嫌伺參上、

九日、戊子、當番、菅谷中務卿山門詰・伊丹將監・中嶋織部、

十日、己丑、晴、當番、今小路兵部卿・松井西市正・三谷藏人・三上大膳、

*御宿院へ輪門御使僧御見舞參上滋賀院へ御立寄御返答

一、山門御宿院江輪門(公延)樣より御使僧滋賀院御留守居樂樹(孝覺)院來、御登山御見舞羊羹一折十棹被爲進之、御對面被仰付、御直答也、且山王御神事之節、御下山被爲在候ハヽ、滋賀院御殿江御立寄被爲有候樣被仰進、よつて來十五日午後可被爲成之旨、御返答也、

十一日、庚寅、晴、當番、松井相模守・木崎河内・山下監物・岡本内匠、

*竹内鐵藏通矢

一、竹内鐵藏、今日之千射、卯刻より巳刻迄射早申候、

内通矢六百八十六本、

*伊藤杢之丞五十間千射

伊藤杢之丞、今日五十間之千射、午刻より未刻迄、

内通矢八百九十九本、

右松井相模守より御屆申上、

十二日、辛卯、晴、當番、今小路兵部卿・伊丹將監・中嶋織部登山、

一、今日登山、松井相模守・松井若狹守・木崎兵庫・友

*賀茂祭につき仙洞神事の傳奏觸

普應院御宿院に滯留

近衞經凞へ御亡父御中陰御見舞

山王祭御覽に生源寺へ御成

*生源寺へ御成

常樂院へ御成

田掃部・中嶋織部、

十三日、壬辰、晴、當番、三谷藏人・三上大膳、

一、松井西市正登山、

十四日、癸巳、晴、當番、松井相模守在山・木崎河内・山下監物・岡本内匠、

一、普應院大僧都今日御登山、御宿院御滯留也、

一、近衞内府様(經凞)へ御中陰御見廻、羊羹一折五棹被進之、御使牛丸九十九、

一、山王祭爲御覽生源寺へ被爲成候ニ付、中村帶刀・松井丹波(長亨)、今日より生源寺へ罷越候也、但、丹波儀者御臺所、役人壹人者御本殿、壹人者御宿院ニ相詰、御下山之節、御留主居仕候故、御膳方相廻候人躰無之、よつて丹波へ被仰付候也、

一、依願御師範常樂院南谷へ今日御成、夕御膳・御吸物・御酒・御菓子等獻上、小坂僧正・普應院大僧都・東尾大僧都隨從、御相伴・御取持安祥院東谷(善應)・嚴王院同(慈叔)・眞藏院南谷・南樂坊横川已前常樂院所化也、御對面被仰付、常樂院江御盃被下也、御供之面々不殘饗應有之、午刻前渡御、未半刻御宿院江還御、

一、常樂院江今日御成ニ付、方金百疋・眞錦貳把被下、弟子一位へ延紙三束被下、

一、日嚴院僧正御下山、

一、松井西市正下山、

十五日、甲午、雨、當番、今小路兵部卿・伊丹將監・中嶋織部在山、

一、傳奏觸到來、

口上覺

就賀茂祭從明後十六日晩至來十八日晩、仙洞様(後櫻町)御神事ニ候、仍爲御心得各迄可申入旨、兩傳被申付如此ニ候、以上、

四月十四日　兩傳奏雜掌

御宛所如例、

一、山王祭禮爲御拜覽今日より御下山、生源寺ニ御滯留被爲在候也、巳刻比御宿院御出門、東塔坂御下山、巳半刻比生源寺へ被爲入、門内ニ而御出迎、執行代溪廣院(堯璦)・院内役者金藏院(圓郁)、觀音堂前へ御輿付、堂椽より座鋪へ被爲入、御疊・御茵等設有、先御口祝、御吸物・御酒・三種御積・夕御膳等獻上一汁五菜、御菓子、執行代・院内役者東谷學頭代妙觀院(後榮)等御對面被仰付、御師範常樂院・正觀院前大僧正窺(義遍)御機嫌、御對面被仰付、其外貳世院家等、追々御機嫌相伺候也、委者別記ニ有、

普應院大僧都・金剛院大僧都追陪、

御供松井相模守・松井若狭守・木崎兵庫・友田掃

部・中嶋織部・山下勇・川上織衛・知足庵、茶道喜（武知）好等也、

神*事御覧

今朝雨天ニ付、御輿ノ者坂本ニ而人足御雇也、

執行代より御神事上覽につき御伺書

一、東塔執行代圓教院（静然）依所労代密嚴院（覺純）窺御機嫌參上、中村帯刀出頭、口上書を以相伺、左之通、

口上

一、午之神事御上覽ニ御座候ハヽ、神輿藏之前御棧敷設置候間、御成可被遊候、尤先格ニ而者無御座候得共、臨時之取計ニ而、右之通御座候、

一、夜宮御上覽、收納所江御成可被遊候、此段御伺申上候、

一、御社參之事者、十七日早朝彌御成被遊候哉、此段御伺申上候、

四月十五日　圓教院代　密嚴院

御社參仰出

右伺之通、午之神事御上覽、神輿藏之前御棧鋪、宵宮收納所江可被爲成、且御社參十七日早朝彌可被爲成之旨、被仰出候段相達候也、

滋賀院へ御成

一、未半刻過御歩行ニ而、滋賀院御殿へ御成、御玄關敷臺へ御出迎、御留守居藥樹院・南光坊・御留守居歡（昌宗）喜院罷出御口祝、藥樹院持出、御雜煮・御吸物・御酒・御膳（二汁正七菜）・御口取・御濃茶・御薄茶・御菓子等被進之、寛々被爲成、申半刻過還御、直樣午神事爲御覽、神輿藏前御棧敷へ被爲成、夫より二宮御供所江被爲成（御菓子獻之）、神輿拜殿江被爲入、奏樂等御覽、畢而戌刻生源寺江還御、金剛院大僧都・普應院大僧都扈從、御供松井相模守・松井若狭守・中村帯刀・木崎主計・友田掃部・中嶋織部・山下勇・三上織衛・知足庵・三宅宗仙、茶道武知喜好、御茶辨當・御手廻等也、

一、滋賀院御殿江御成前、中村帯刀・執行代溪廣院相越、

一、御師範常樂院・東谷學頭代妙觀院御供、

一、御成ニ付、御留守居藥樹院江方金貳百疋・眞綿貳把被下之、相模守達之、

一、藥樹院・歡喜院江御對面被仰付、藥樹院江者御盃被下候事、「後日金百疋被下之、」（「」内朱書）

一、御供之面々江御料理（一汁正五菜）・御酒・御菓子等被下之、

一、午ノ神事御上覽之節、御師範常樂院・執行代溪廣院・學頭代妙觀院等御供也、

十六日、乙未、曇、巳刻比より雨、當番、（松井西市正・三谷藏人・三上大膳・九鬼主殿、）

滋賀院へ御成御挨拶

一、滋賀院御殿江昨日御成御挨拶、御使中村帯刀相勤、

三院講御聴聞

一、今日三院講御聴聞、朝御膳後生源寺御出門ニ而本地堂江御成、御聴聞所御疊・御茵等設有、會場より御茶・御菓子獻之、(會場横河妙行院)御對面被仰付、惠心院(今日出仕也、)前大僧正(良湛)御機嫌伺御對面被仰付、巳刻過還御也、(普大僧都 金大僧都)隨從、御供松井相模守・松井若狹守・中村帯刀・木崎兵庫・友田掃部・中嶋織部・知足庵・三宅宗仙、茶道武知喜好、御茶辨當(高木幸七、御手廻兩人)等也、

*神輿御覧

一、御聴聞御成之節、先格會場より赤飯獻上幷御供之面〻江も赤飯出之候處、當時一山倹約中故無其儀、よつて御菓子獻上候也、
但、右之段執行代より御斷申上候也、

東照宮御參社は雨天中止

一、本地堂より還御掛、東照宮江茂御參社可被遊之處、俄ニ雨天ニ付無其儀、

宵宮御覧

一、宵宮御覧、申刻前馬場通覺林坊里坊へ被爲成、覺林(堯端)坊僧正江御對面被仰付、朧饅頭一折獻上、東谷惣中惣代妙觀院白饅頭一折獻上、御覧前庭前ニしつらひ有之、於御覧所御干菓子獻之、常樂院・溪廣院・妙觀院等御供・御取持申上候也、普大僧都・金大僧都追陪、御供相模守(松井永亨)・若狹守(松井永昌)・兵庫(木崎)・掃部(友田)・織部(中嶋)・織(川上)衞・勇(山下)・知足庵・宗仙(三宅)、茶道喜好等也、中村帯刀御先へ相廻候也、雨天ゆへ御乗輿也、(〔 〕内朱書)「今日被爲成候付御會釋、金百疋被下之、」
一、(戌刻過)宵宮神輿拝殿出シ爲御覧、收納所へ御成、直ニ御覧所へ被爲入、東塔執行代圓教院所勞代密嚴院(卽全)・横河別當代大林院・滋賀院御留守居藥樹院御機嫌伺、各於御覧所御對面被仰付、(御棧敷甚御間狹故、一段ひくき所へ各出、)東塔執行代より御菓子獻上、普應院殿・金剛院殿へも菓子出、御供之面〻へも酒出、溪廣院・常樂院・安祥院(善應)等御供也、亥刻過生源寺へ還御、御供前ニ同、尤雨天故御輿ニ而被爲成候事、
(〔 〕内朱書)「今夜御輿座も出來宜候ニ付、御褒美として金三百疋被下之、執行代溪廣院へ相達ス、
又當日七本柳・唐崎までおくれをとらす候ゆへ御褒美金百疋被下之、右同人江相渡ス、」
十七日、丙申、雨、午後陰晴、當番、(木崎河内・山下監物・九鬼主殿、御無人ニ付夜分出勤、)

*大女院等へ杜若進上

一、今日坂本生源寺へ相詰候輩、三谷藏人・初瀬川釆女、
一、大女院樣(舍子)・女院樣(富子)・女一宮樣(欣子)江、閑院樣江杜若一筒ツヽ被進之、御使三上大膳、

*山王七社御參詣

一、辰刻前生源寺御出門、山王七社御參詣、(〔 〕内朱書)「御奉納銀壹

大宮社二宮社にて御鈴頂戴

*神輿御幸御拜

*權現堂へ御成

西塔棧敷へ御成

*御禮金御遣

枚・神樂料金百疋」普應院大僧都・金剛院大僧都追陪、供奉松井相模守・松井若狹守・中村帶刀・木崎兵庫・友田掃部・中嶋織部・小畑主稅、御先五人、御輿ノ者六人、御挾箱貳・御沓・御長柄・御茶辨當茶道喜好、笠籠貳荷・手明下部三人等也、

但、松井相模守・中村帶刀、雨天ニ付御先へ相廻候也、

一、御社參之節、大宮社・二宮社御鈴御頂戴被爲有候事、神樂神子より靑侍權之進受取、拜殿椽ノ上帶刀江渡、相模守(松井永亨)へ受取、普應院殿江渡、普應院大僧都より御前へ御頂戴、畢而如元次第ニ神子へ相渡ス、

一、午刻前生源寺御出門、西塔棧敷へ御成、御供如今朝、普應院大僧都・金剛院大僧都追陪、御跡より川上織衞・山下勇・知足庵・三宅宗仙等棧敷へ參也、棧敷會場より赤飯・御煮染等獻之、北尾學頭代寶嚴院行中故、代樹王院銘酒二徳利獻之、「但金百疋被下之、」(「」内朱書)一山惣代東塔執行代圓教院所勞、代密嚴院・西塔執行代溪廣院・横河別當代大林院御機嫌伺、朧饅頭一折貳百入獻上之、御對面可被仰付處、折節御休息中故無其儀、西塔院内より御提重・御菓子等獻之、執行代溪廣院御對面被仰付、五谷惣代學頭代御機嫌伺御對面被仰付、棧敷會場寶嚴院行中代樹王院御對面被仰付、正觀院前大僧正(義遍)・南尾寶園(榮範)院大僧都・東谷安祥院・學頭代妙觀院御機嫌伺御對面也、

一、正觀院前大僧正井籠一組伊賀餅百入獻上、

一、於棧敷院内中江朧饅頭一折貳百入被下之、

一、東塔執行代代密嚴院江、昨夜收納所へ被爲成ニ付、金百疋・和紙五束被下之、棧敷へ御機嫌伺參上候節、松井相模守相達也、

一、於棧敷御供之諸大夫已下下部迄、赤飯・酒等出之、

一、神輿御幸御拜後、棧敷より還御掛、御忍御歩行ニ而權現堂御供所江御成、別當光聚坊(亮中)御對面被仰付、神輿船御覽被爲有、酉刻過生源寺へ還御、〻供相模守・若狹守・帶刀・釆女・主稅・勇・織衞・知足庵、茶道喜好、御茶辨當・御沓・御長柄・御挑燈三人、

一、木崎兵庫・友田掃部・中嶋織部・三宅宗仙等歸京候也、

(「」内朱書)「一、銀五枚等於坂本生源寺御宿、十五日より十八日マテ御膳・御酒獻上候付、西塔院内江被下之、執行代溪廣院へ相達ス、

一、金五百疋、執行代溪廣院、御取持申上候付被下之、

一、金百疋、學頭代妙觀院へ被下之、御取持申上候付、

一、金百疋、御宿院嚴王院、

一、金百疋、棧敷會場樹王院、
一、金貳百疋、院内役者(圓郁)金藏院へ被下之、
一、金三百疋、御師範常樂院、
一、青銅壹貫文、伊勢□へ被下、神事行列繪獻上ニ付、
一、南鐐壹片、執行代弟子少將へ被下、
一、青銅壹貫文、對馬江被下、
一、南鐐壹片、執行代家來要人江格別御世話申上候付、(松井長亨)丹波より心得として遣ス、
一、青銅三百文ツヽ坂本神事所へ、御先拂ニ付兩人江被下、
一、青銅三貫文、執行代内・出家壹人・侍貳人・下部迄被下之、
一、金百疋、別當代大林院へ被下、」
十八日、丁酉、晴、當番、今小路兵部卿・將監代山下監物、
一、巳刻前生源寺御出門、東塔坂御歩行ニ而御登山、巳半刻計御宿院還御、〻供松井相模守・松井若狹守・三谷藏人・中村帶刀・初瀨川采女・小畑主稅・川上織衞・鈴木知足庵等也、茶道喜好、
一、山下勇・松井丹波御本坊還候也、

*近衛内前四七日につき御納経
*所司代より孝恭院年忌の御進物御喜色との御達
*御本殿へ還御
*禁裏仙洞へ杜若献上
*前輪門主へ杜若

一、近衛故(内前)准后樣四七日御當日、御中陰所紫野大德寺方丈江御使僧を以、御納經被備之、
一、昨日御附武家より申來候趣ニ付、所司代亭江御使三上大膳行向處、孝恭院樣(德川家基)七回御忌ニ付、公方樣(德川家治)江被進物被爲有候ニ付、御喜色思召候段、且孝恭院樣御年回ニ付、御靈前へ御葩被備候、則於東叡山御奉納被爲有候旨、因幡守(戸田忠寛)被達候事、
十九日、戊戌、快晴、當番、今小路兵部卿・松井西市正・三上大膳・九鬼主殿、
一、小坂僧正御參、
一、今日還御ニ付、御供登山、青侍三人、其餘御登山ニ同し、
一、午刻御出院ニ而、西塔坂御下山、山鼻ニ而御休、御辨當等被爲在、申半刻比御本殿へ還御也、普大僧都・金大僧都隨從、御供松井相模守・松井若狹守・三谷藏人・初瀨川采女・小畑主稅・川上織衞、
一、中村帶刀・安福勝太左衞門下山、
一、御宿院江今日より小頭壹人・下部壹人宛相詰候事、
一、禁裏(光格)御所・仙洞御所江杜若一筒ツヽ被獻之、
一、隨宜樂院(公遵)宮樣へ同斷被進之、御使木崎法眼、
廿日、己亥、雨、當番、木崎河内・山下監物・岡本内匠、

隨宜樂院宮より御挨拶使
*西塔執行代還御恐悅申上
淨妙庵御對面
*大佛殿屋根大破修復につき御修理役罷出
在京目附大佛殿三十三間堂巡見
泉山御代參
*仁門へ御菓子御書進上
鷹司家より御修復中につき御斷の手紙
*東谷學頭代還御恐悅及び拜領物の御禮言上
*女院女一宮へ箏進上
*傳奏より日嚴院下部自害仕損じにつき奉行所紙面到來

一、隨宜樂院宮樣より御使、昨日者御機嫌克御下山御悅、且昨日此御方より御使ヲ以、御芬一箱・杜若一筒被進候御挨拶被仰進候也、

一、惠宅律師參殿、於御座之間御對面也、

一、在京目附奥田主馬・松平雅五郎、大佛殿・卅三間堂巡見ニ付、案內松井權之進出、

廿一日、庚子、晴、當番、菅谷中務卿・伊丹將監代主殿・中嶋織部、

一、泉涌寺江御代參、松井若狹守、杜若一筒被備之、

一、御住山御機嫌好還御恐悅申上、土岐要人・篠田主膳・知足庵・岸紹易、

一、鷹司(輔平)樣諸大夫より手紙到來、

以手紙得御意候、此御方近〻所〻御修復被仰付候、就夫、右御普請中若御成被進御通被遊候儀被爲有候者、右御場所御差支被成候條、御用捨被進候樣被成度候、尤若御用被爲在御對面可被遊候儀被爲有候者、此御方より御成可被遊候、此段宜被成御沙汰樣与之御事ニ御座候、以上、

四月　種田主稅頭(貞禎)

妙ーーーー坊ーーー

廿二日、辛丑、晴、當番、今小路兵部卿・松井西市正・三谷藏人・三上大膳・九鬼主殿、

一、西塔執行代溪廣院參上、此間御機嫌好還御恐悅申上候、

廿三日、壬寅、快晴、當番、松井相模守・木崎河內・山下監物・岡本內匠、

一、大佛殿屋根下ノ重北ノ方大破所、御修復取掛候ニ付、御普請場役所へ御修理役松井相模守・中村帶刀、今日より日之內罷出候也、

下役人　中村甚九郎
　　　　佐原與右衞門
棟梁　佐原利左衞門

一、仁門(深仁)樣へ御使ニ而御菓子箱被進之、御書被進候也、御使青侍中、

一、執行代溪廣院、昨日拜領物御禮、申置退去、

一、東谷學頭代妙觀院參上、御住山中御機嫌還御恐悅申上、山王祭禮御拜覽之節御供仕候ニ付御目錄拜領御禮申上候也、

一、普應院大僧都御參宿也、

廿四日、癸卯、當番、菅谷中務卿・伊丹將監・中嶋織部、

一、女院樣・女一宮樣へ箏一折ツヽ被進、御使木崎河內、

一、入夜傳奏衆より到來書付、日嚴院殿下部丹藏と申もの、北七條聖眞寺町岩田屋吉兵衞方ニ而自害仕損果

*閑院宮へ御詠草御覽入

下人丹藏自害仕損じにつき吟味の處日嚴院よりは義觀院が暇出しと申立丹藏は申渡なしと申口符合せぬ間に丹藏死骸は假埋され義觀院は院參留との奉行所紙面

*兩傳奏衆へ笋御遣

*閑院宮へ御成三御所へ御參次參內

所司代と兩町奉行へ笋御遣

不申候、吟味之趣、町奉行所紙面之寫到來也、

右ニ付、承知書差出候事翌日牛丸九十九持參、

妙法院宮院家日嚴院下人丹藏と申者、當廿二日曉七ツ時過、北七條聖眞寺町岩田屋吉兵衞方ニ而自害仕損し果不申候旨、右町分之者共、御奉行所へ訴出候ニ付、檢使被指遣御吟味之處、丹藏儀、當廿二日日嚴院より暇差出候旨、院代義觀院申立候得共、丹藏儀、暇出候儀未申渡無之之旨申之、雙方申口符合不致候處、丹藏儀無程相果、猶又御糺之處、申口紛敷相聞候ニ付、御吟味中丹藏死骸者日嚴院方ニ而假埋御申付、院代義觀院儀者、院參留御申渡御座候旨、町御奉行所紙面之寫御達被進、承知仕候、已上、

四月廿五日　　妙法院宮御内　木崎河内

油小路前大納言樣御内(隆前)　伏田右衞門殿

久我大納言殿御内(信通)　下村丹司殿

辻信濃守殿

岡本內記殿

一、戸田因幡守(忠寛)、兩町奉行(丸毛政良・山崎正導)へ御後園出產之笋一折ツヽ被遣之、御使初瀨川采女、

一、普應院大僧都御參宿也、

廿五日、甲辰、晴、當番、今小路兵部卿・松井西市正・三谷藏人・三上大膳・九鬼主殿、

一、一品宮樣(典仁)へ御詠草被入御覽候事、御使牛丸九十九、

一、仁門樣へ御書被進也、御使靑侍中、

一、兩傳奏衆へ御後園出產之笋一折ツヽ被遣之、御使同人、

一、小坂僧正・東尾大僧都御參、普應院大僧都今日御退出、

廿六日、乙巳、曇、入夜大雨、當番、松井相模守・木崎河內・山下監物・岡本內匠、

一、巳半刻御出門、先閑院樣へ被爲成、未刻過、女院御所・仙洞御所・大女院御所被仰置、次御參內、申半刻過還御也、御供木崎法眼・中村帶刀・九鬼主殿、御先三人、

廿七日、丙午、雨、當番、菅谷中務卿・伊丹將監・中嶋織部、

一、東尾大僧都御參、

一、三宅宗達・三宅宗仙參上、

廿八日、丁未、雨、當番、今小路兵部卿・松井西市正・三谷藏人・九鬼主殿、

一、西塔北尾樹王院參上、此間御目錄拜領仕候御禮申上、於御玄關申置、

一、小坂僧正御參、

*勝安養院より先日御登山の恐悅且つ普應院前行の御禮
曾我屋源兵衛へ御用達仰付につき大坂町奉行への通達を傳奏へ届出
*普應院前行開闢
*西本願寺へ御登山御見舞への御挨拶且つ笋御遣
*常樂院御講釋奉
*西本願寺より笋への御禮使
*萬里小路政房御對面
*蘆浦護王院蓴菜獻上
非藏人口にて能御覽御參の仰出

一、常樂院參殿、
一、傳奏へ御屆被差出油小路家へ青侍中持參、御落手也、

覺

大坂上本町四町目
曾我屋源兵衛

右之者、今度當御殿御用達被仰付候、依御屆被仰入置候、此段大坂町御奉行所江宜御通達可被進候、以上、

巳四月　　妙法院宮御内
木崎河内印

油小路前大納言樣御内
伏田右衞門殿
下村丹司殿

久我大納言樣御内
辻信濃守殿
岡本內記殿

廿九日、戊申、晴、當番、松井相模守・木崎河內・山下監物、
一、小坂殿・普應院殿御參、

五月　御用番、

朔日、己酉、當番、菅谷中務卿(寛常)・伊丹將監・中嶋織部(德方)、
一、四御所(光格・後櫻町・舍子・富子)江當日御祝詞御使松井相模守(永亨)を以被仰上候也、
一、閑院宮(典仁)樣へも同人相務候也、
一、非藏人口より御招ニ付、三谷藏人(寛重)罷出候處、廣橋前(伊光)大納言殿御書付を以、御達之趣、來七日卯刻、能御覽御參被仰出候事、
一、勝安養院(堯海)僧正使を以、先日御登山御機嫌被爲成候恐悅且普應院(洞海)殿前行於御殿御堂被修候ニ付、右御禮も被申上候也、
一、小坂殿(堯忠)御參、
一、普應院大僧都、於御堂兩界諸會前行開闢也、
一、當日御禮參上、山本內藏・篠田主膳・三宅宗達・三宅宗仙、
一、西本願寺御門跡(法如光闡)江御使中嶋織部、先頃御登山之節者、爲御見舞御宿院江以使者御菓子被上候御挨拶被仰入、且御後園出產之笋一折被遣之候事、
一、常樂院(志岸)於御座之間御講釋奉、
二日、庚戌、晴、當番、今小路兵部卿(行先)・松井西市正(永昌)・三谷藏人・三上大膳・九鬼主殿、
一、西本願寺御門主より、昨日此御方より御使を以笋一折被遣候御禮被申上候事、使者神崎正親、
一、萬里小路前大納言(政房)殿御伺公、御對面、已後於梅之間湯漬出也、
一、蘆浦護王院大僧都使を以、例年之通蓴菜獻上、
一、小坂殿御參、

東山の社寺御巡拝
*四御所女一宮へ御祝詞仰上
九條關白へ御染筆物進上
閑院宮より御樂始につき御語合御借用との仰進
*市川養元浪華へ下向の届
*寶嚴院回峯行中御加持參殿
常樂院御講釋奉
端午の御祝儀

一、常樂院參殿、
一、午半刻過御出門、淸水寺江御參詣、夫より高臺寺・祇園社・南禪寺・光雲寺・永觀堂・銀閣寺等江被爲成、鹿ケ谷安樂寺ニおゐて、御辨當被召上候也、還御戌半刻過、御供菅谷中務卿・伊丹將監・初瀨川采女、御先三人、茶道武知喜好、
三日、辛亥、雨、當番、松井相模守・木崎河内(正達)・三谷藏人・山下監物(重好)、
一、關白樣(九條尚實)江先日御賴被仰進候御染筆物爲持被進候也、御使牛丸九十九、
一、閑院宮樣より明四日御樂始ニ付、中村帶刀・友田掃部兩人御語合被成度旨、諸大夫中より手紙ニ而被仰進候處、帶刀(中村)儀者、此節大佛殿御修復掛り故、外ニ壹人御借用被進之旨、木崎河内より返書候也、
一、明日閑院樣江御語合、友田掃部・藪澤雅樂被仰付候事、
四日、壬子、雨、當番、菅谷中務卿・伊丹將監・中嶋織部、
一、常樂院御講釋奉、
一、閑院宮樣江御語合、友田掃部・藪澤雅樂相詰候事、
端午、癸丑、晴、當番、今小路兵部卿・松井西市正所勞斷・九鬼主殿、
一、當日御祝儀式、例之通於御座間坊官已下中奥迄御禮如例、
一、四御所・女一宮(欣子)樣江、當日御祝儀御使三谷藏人を以被仰上候也、尤御不參御斷も被仰上候也、
一、聖門(忠譽)樣・靑門(尊眞)樣江、當日御祝儀被仰進候事、
一、閑院宮樣江同斷、御使三谷藏人、
一、靑門樣より當日御祝儀被仰進候也、聖門樣よりも御里坊迄御使被仰進候也、
一、小坂殿・東尾(眞應)殿御參、
一、當日御禮參上之輩、土岐要人・山本内藏・知足庵・篠田主膳・三宅宗達・三宅宗仙所勞斷・三宅宗甫・三宅圓達・香山大學・村谷縫殿・市川養元・嶋村紹億・野田内藏之丞、
一、市川養元八日比より無據御用ニ付、浪華江下向仕度旨御屆申上、
六日、甲寅、晴、當番、松井相模守・木崎河内・三谷藏人・山下監物、
一、山門西塔北尾寶嚴院、回峯行中ニ付、爲御加持參殿、於御書院御對面、御加持申上、卽刻退出、
一、山門横川一音院繼目御禮參上、扇子三本入獻上、御玄關ニ而申置、
一、東尾殿・小坂殿御參、

*禁裏より匂袋拝領
*泉山御代香門主禁裏能御覽に御不參の御斷
*所司代より湯葉獻上
*金剛院十七日より加行開白の願出
薬樹院參殿過日滋賀院にて御口祝に間違ありし御斷申上御對面
*三宅宗達拜診
*成善提院宮御正忌につき盧山寺御代香
*梅之間にて右御法事
前輪門宮より時節御見舞
*土佐家家中千射
*佛光寺より井伊直幸息女を御養女御定との御使

一、禁裏（光格）御所より如例年匂袋御拜領之事、
一、岸紹易伺御機嫌參上、御對面被仰付候也、
七日、乙卯、晴、當番、菅谷中務卿・伊丹將監・中嶋織部、
一、今日能御覽ニ付、御參之儀被仰進候處、御不參被遊候ニ付、以御使御斷被仰上候事、御使伊丹將監、
一、小坂殿御參、
一、滋賀院御殿御留守居薬樹院（孝覺）參殿、松井西市正面會、先達而山王祭御拜賀之砌、滋賀院御殿へ被爲成候節、薬樹院御口祝差上候儀、間違有之奉恐入候、右御斷參殿仕候由也、右御斷申上候趣被聞召届、猶重而御成も被爲有候節者、御口祝御前へ出し置候而已ニ可仕候様被仰付、奉承知候趣申上、已後於御書院御對面被仰付、終而於靏之間御湯漬被下候事、
八日、丙辰、晴、當番、今小路兵部卿・松井西市正・九鬼主殿・大膳下坂、
一、小坂殿・東尾殿御參、
一、隨宜樂院（公遵）宮様より御使、時節御見舞羊羹五棹被進之、且先日此御方より被進物御挨拶も被仰進候也、
一、土佐家中野嶋□（虫クイ）之進、今日之千射、卯刻より午刻迄射畢、
　内通矢六百五十八本
右之段、松井右近より御届申上ル、
九日、丁巳、晴、當番、松井相模守・木崎河内・三谷藏人・山下監物、
一、泉涌寺へ御代香使今小路兵部卿、
一、所司代戸田因幡守（忠寛）より時節爲伺御機嫌、湯波（葉）一箱獻上候也、
一、金剛院大僧都加行、來十七日より被致開白度旨御賴被申上候、則御聞届被遊候段、使者三上勘ケ由江木崎河内申渡也、
一、小坂殿御參、
一、三宅宗達拜診被仰付候事、
十日、戊午、陰晴、當番、菅谷中務卿・伊丹將監・中嶋織部、
一、東尾殿御參、
十一日、己未、晴、當番、今小路兵部卿・松井西市正・九鬼主殿・大膳下坂、内匠所労斷、
一、成善提院宮（典仁室、成子）御正忌、盧山寺江御代香、今小路法橋（行先）、
一、於梅之間御法事御執行、日嚴院僧正（堯忠）・普應院大僧都（是空）・寶生院（善資）・惠乘房（玄隆）・法雲房・安住房出仕、
一、佛光寺御門主（順如堯祐）より使者□（虫食）圖書來ル□□（虫喰）井伊掃部頭殿（直幸）息女鐐《ノウ》姫君御養女御定ニ付、當月下旬御引取有之候、依而御風聽被仰上候由也、
十二日、庚申、晴、當番、松井相模守・木崎河内・三谷藏人痛所御斷・山下監物、

*堀詰町俄御覽
*普應院灌頂前行
*御慰に御囃子仰付
新日吉祭に練物御覽
新日吉社御祭禮
普應院兩界前行結願
*靑門樣より花筒進上
御祭日に父宮妹宮御成再度練物御覽
*大坂曾我屋源兵衞へ妙法院宮用達申付を承認せし大坂町奉行の紙面寫
安倍季康奉納音樂出仕

一、東尾殿御參、
十三日、辛酉、晴、當番、菅谷中務卿・伊丹將監・中嶋織部、
一、仁門樣(深仁)より御書被進、御返書被進候也、
一、當町練物出、
一、四脚御門ニおゐて練物御上覽、
一、小坂殿・東尾殿御參、
一、坂本社司樹下式部大輔御祭禮ニ付參勤候也、
十四日、壬戌、晴、當番、今小路兵部卿・松井西市正・九鬼主殿、
一、新日吉社御祭禮、例之通、
一、普應院大僧都、兩界諸會前行、今日結願也、
一、東尾殿御參、
一、御鎭守御神事ニ付、閑院一品宮樣(典仁)・孝宮樣(御妹君)御成、於御座之間、赤飯夕御膳・御吸物・御酒等被進、當町練物幷俄練物等爲御覽四脚御門江被爲成、御吸物・御酒等被進、練物等御覽之上、穴御門・積翠亭御遊覽後、又々四脚御門へ被爲成、還幸御拜相濟御座之間江還御、御夜食被進、戌刻過還御也、
一、安倍雅樂助(季康)、奉納音樂出仕ニ付、參殿御屆申上候也、
一、申刻前神幸、酉刻前還幸也、
一、當町練物幷堀詰町、俄練物出、

十五日、癸亥、晴、當番、松井相模守・木崎河內・三谷藏人・山下監物、
一、於四脚御門堀詰町より俄御上覽、
一、普應院大僧都灌頂前行御開白、
一、爲御慰御內之ものへ、御囃子被仰付候、能勢與次郎・土岐助次・淺田藤介・林喜十郎弟子壹人被召候也、

六浦　能勢與二郎　山下監物　三上勘ケ由　堀部多仲　櫻川　土岐助次　藪澤雅樂　多仲
善知鳥　助次　知足庵　三谷藏人　安宅　與二郎　鈴木求馬　多仲
唐船　助次　監物　求馬　藏人

外、獨吟・一調・一管有之候也、
一、靑門樣より御花一筒、御書ニて被進候也、
十六日、甲子、晴、當番、菅谷中務卿・伊丹將監・中嶋織部、
一、傳奏久我家(信通)より御留守居御招、大坂町奉行紙面之寫被達候也、

此表上本町四丁目曾我屋源兵衞儀、此度妙法院宮用達被申付度之旨、傳奏衆へ□(虫食)書付御到來之由ニ而被遣之、致落手候、源兵衞儀も用達相勤度旨申出候付、所之者共呼出差障之有無相糺候處、障無之旨□(虫食)差出候付承屆、定例之證文申付候間、傳奏衆へ宜御通達可被下候、

五月十四日

金剛院加行中御同宿三人に御世話仰付

三角了察拜診調藥

*御代替に關東へ御參向の儀は延引との御届

曾我屋源兵衛への御用達仰付につき大坂町奉行所への通達書寫を返却

*所司代年賀伺候につき御附衆より御都合御尋狀

金剛院加行開闢相濟むとの御報

*大佛殿屋根修理取掛につき坊官等見分相濟

御代替につき關東御參向有無の書付差出すやう傳奏より御達

尚〱、本文之趣、安部〔阿〕能登守(正敏)殿江相達及御報候、

一、金剛院大僧都、明日より加行ニ付、行中御同宿、惠乘房・法雲房・安住房三人之内壹人ツヽ、相越御世話可申樣被仰付候事、

一、三角了察參上、拜診被仰付、御藥調進候也、

十七日、乙丑、晴、當番、今小路兵部卿・松井西市正・九鬼主殿、

一、久我家へ昨日被達候承知書差出幷町奉行紙面之寫御返却也、

大坂上本町四丁目曾我屋源兵衛、此度御用達被仰付候ニ付、大坂町御奉行所へ御通達被進度旨、先達而御書付被差出候處、則御達被進、大坂町御奉行所紙面之寫御達被進、承知仕候、已上、

五月十七日　妙法院宮御内　松井西市正

油小路前大納言樣御内(隆前)　伏田右衞門殿

下村丹司殿

久我大納言樣御内(章業)　辻信濃守殿

岡本內記殿

一、金剛院大僧都使を以、今日加行開白首尾能相濟候ニ付、御吹聽被申上候也、

一、久我家より御留主居御招、御代替ニ付當狀關東御參向之儀否書付、來十九日迄可被差出旨被達候也、

十八日、丙寅、雨、當番、松井相模守・木崎河內・三谷藏人・山下監物、

十九日、丁卯、晴、當番、菅谷中務卿・伊丹將監・中嶋織部、

一、久我家へ此間被達候趣ニ付、御書付被差出候事、牛丸九十九持參、御落手也、

御代替ニ付、當秋關東御參向之儀、未御若年ニ被爲有候故、今暫御延引被成度思召候、以上、

五月十九日　妙――御内　松井西市正

油小路前大納言樣御内　伏田右衞門殿

下村丹司殿

久我大納言樣御内　辻信濃守殿

岡本內記殿

一、小坂殿御參、

廿日、戊辰、晴、當番、今小路兵部卿・松井西市正・九鬼主殿、

一、水原攝津守(保明)より來狀、明後廿二日戸田因幡守爲年賀可致伺公候、御差支之儀も不被爲在候哉之旨申來、御差支不被爲有候ニ付、西市正(松井永昌)より及返書也、

一、大佛殿北廻廊之外、並木松之內、大佛殿屋根破損所御修復、此節取掛候ニ付、足場敷板幷自然上り等ニ伐用候ニ付、菅谷中務卿・松井西市正・木崎河內・

山門より八月勸學會に御登山御證誠を願出

八幡新善法寺より御祈禱御札獻上

*三角了察拜診調藥

所司代初伺公目錄且つ年賀御祝儀持參御對面水原保明にも御對面仰付

*九條尚實御違例につき御見舞

*閑院宮へ先宮御遠忌につき御賴の御經木御書寫進上

*金剛院より浴油結願御團獻上

御修理方役松井相模守・中村帯刀立合、見分相濟候也、

廿一日、己巳、晴、當番、松井相模守・木崎河内・三谷藏人・中嶋織部監物代、

一、山門安祥院(善應)・眞藏院參上、河内(木崎正邊)面會、

來八月勸學大會執行之節、御登山御着座御證誠被成下候樣奉願候、以上、

五月廿一日　會行事　安祥院
　　　　　　副行事　寶嚴院

但、寶嚴院儀者、此節回峯行者ニ付、爲名代眞藏院參上候也、

一、水原攝津守より來狀、戸田因幡守殿明日巳刻出宅ニ而伺公候旨申來、

一、八幡新善法寺(周清)より當月御祈禱御札獻上候也、

廿二日、庚午、晴、入夜雨、當番、菅谷中務卿・伊丹將監・中嶋織部、

一、巳刻御附武家水原攝津守來、鶴之間へ通、茶・烟草盆出、菅谷法眼及挨拶、午刻戸田因幡守伺公、御玄關下座敷迄御近習兩人出迎、攝津守(水原保明)廣椽迄出向、因幡守廣椽迄被參候節、河内罷出、案内ニ而梅ノ間へ通、菅谷法眼罷出、口上承、暫時シテ口上之趣申上候處、追付御對面被爲在候旨申入、御雜煮・御吸物・御酒出、攝津守相伴、中務卿(菅谷寬常)・河内及挨拶、畢而御對面所内見仕度由ニ付、中務卿案内也、内見相濟、梅之間へ歸座、暫時シテ御對面之旨中務卿云、同人案内ニ而於御書院御對面也、先達而以使者獻上之太刀目錄、初而伺公持參、年始御祝儀持參、二通披露、畢而御口祝被下之、次ニ水原攝津守へも於緣座敷御對面被仰付、御口祝被下之、名披露アリ、畢而梅ノ間江歸座、御對面御禮坊官中務卿迄申上退出、巳後攝津守へ御湯漬被下候而退出候也、

一、戸田因幡守役宅へ今日伺公御挨拶被仰遣、御使九鬼主殿、

一、小坂僧正御參殿、

一、三角了察參上拜診、御藥調進候也、

廿三日、辛未、晴、當番、今小路兵部卿・松井西市正・九鬼主殿、

一、九條關白樣、此間より御違例之由、依之御見廻御使を以、羊羹一折五棹被進之、御使藪澤雅樂、

一、閑院宮樣より摩尼淨院宮樣(直仁)御遠忌ニ付、御賴被仰進候御經木御書寫被遊候ニ付被進候也、

一、金剛院殿より浴油結願ニ付、御團被上候事、

廿四日、壬申、晴、當番、松井相模守・木崎河内・山下監物・三谷藏人所勞代主殿、

東町奉行より義觀院へ出頭*
狀
參內

一、小坂僧正御參、
一、午半刻過御出門、御參內、申半刻御退出、酉刻還御也、
御供、木崎河內・友田掃部・堀部多仲、御先三人、
一、惠宅律師窺御機嫌參殿、

義觀院に對し*
町奉行の出頭
通知を承知の
旨傳奏へ届出
金剛院へ加行
中御尋
佛光寺へ井伊
直幸御養女引
取に付御祝儀

廿五日、癸酉、晴、當番、菅谷中務卿・伊丹將監・中嶋織部、
一、市川養元、浪花より歸京御届申上、
一、金剛院殿、使者を以加行中御尋、
一、三角了察江御藥取、靑侍中、
一、佛光寺(順如堯祐)御門跡、御養女鐏姫君井伊掃部頭(直幸)息女也、此度引取ニ付、爲御祝儀御使を以、左之通被遣候也、御使小畑主稅、
御門跡江昆布一箱・御樽代金三百疋、
(堯超室)知宮樣・庸君御方・鐏姫君御方江御歡御口上計、

閑院宮へ御詠
草御届
淨妙庵御對面

一、閑院宮樣江御詠草爲持被進候事、御使靑侍中、
一、惠宅律師窺御機嫌參殿、於御座ノ間御對面也、
一、入夜傳奏久我家より御招ニ付、御留主居牛丸九十九相越候處、町奉行所より紙面之寫被達候也、明早朝承知書可差出旨也、
町奉行所紙面之寫、

東御堂へ御成*

妙法院宮院家日嚴院代義觀院江相尋候儀有之候間、役僧壹人差添、明廿六日五ツ時和泉守(丸毛政良)御役所江可罷出旨被仰達可被下候、
五月廿五日

廿六日、甲戌、晴、當番、今小路兵部卿・松井西市正・九鬼主殿、
一、久我家江承知書差出候事、牛丸九十九持參、
妙法院宮院家日嚴院代義觀院江御尋之儀御座候付、役僧壹人差添、今日五ツ時町御奉行所江可罷出之旨、町御奉行所紙面之寫を以御達之趣承知仕候、已上、
五月廿六日　妙法院宮御內
松井西市正
油小路前大納言樣御內
伏田右衛門殿
下村丹司殿
久我大納言樣御內
辻信濃守殿
岡本內記殿
一、尹宮樣より之御書、御里坊御留守居爲持越、則御返書被進候也、
一、金剛院大僧都御參、
一、東御堂江御成、御供、今小路兵部卿・初瀨川采女・三谷金吾・今小路鐵之助等也、

金剛院より浴油結願の御札御團獻上

三角了敬拜診調藥

*佛光寺より御養女引取御祝儀に御挨拶使

御田植につき君子樹へ御成

三宅宗仙御伽

*閑院先宮三十三回忌に廬山寺へ御香奠

近衞家より御勝手不如意につき三ケ年御音物御斷との來狀

*一品宮へも御見舞品進上

*御親戚方へ御見舞御口上

*金剛院へ御所勞御見舞

廿七日、乙亥、晴、當番、松井相模守所勞斷、・木崎河內・三谷藏人・山下監物、

一、金剛院殿使を以、浴油結願ニ付御札御團被上之候也、

一、閑院宮樣江御詠草・御花一筒・御書被進之、御使末吉味衞門、

一、三角了敬參上、拜診、御藥調進候也、

廿八日、丙子、快晴、當番、菅谷中務卿・伊丹將監・中嶋織部、

一、小坂僧正御參、

一、惠宅律師參殿、

一、御田植ニ付、君子樹江被爲成候事、三宅宗仙被召、終日御伽申上、御吸物・御酒・粽等被召上候也、

廿九日、丁丑、快晴、當番、今小路兵部卿・主殿ヘ返番、三谷藏人、西市正所勞斷、大膳在坂、

一、近衞(經熙)樣諸大夫中より來狀、

近衞殿御勝手向不如意ニ付、此度御儉約被仰付候、依之乍御失禮當巳六月より來申六月迄三ケ年之間御音物、御贈答吉凶御內〻共、堅御斷被仰入候、仍而此段各方迄可得御意如斯御座候、已上、

五月　　今大路(孝廉)能登守

齋藤(敍胤)宮內權少輔

田中石見守

妙法院宮樣

坊官御中

六　月　御用番菅谷中務卿(寬常)法眼、

朔日、戊寅、快晴、當番、松井相模守(永亨)・木崎河內(正達)・三谷藏人(寬重)・山下監物(重好)、

一、四御所(光格・後櫻町・舍子・富子)江當日御祝詞、御使を以被仰上、御使者木崎河內法眼、

一、當日御禮參上之輩、山本內藏・篠田主膳・三宅宗甫・三宅宗達・市川養元・土岐要人、

一、佛光寺(順如堯祐)御門跡より使者を以、先日御養女(鐸姬)引取ニ付御祝儀被遣候御挨拶、且彼御方よりも昆布一箱・御樽代金三百疋被上之、知宮樣(堯超室)君方江も御歡被仰進候、御挨拶、御傳言也、

一、明後三日、摩尼淨院宮樣(直仁)三十三回御忌ニ付、御香奠金貳百疋・御花一筒廬山寺江被備之、御使木崎法眼(正達)、

一、右御年回ニ付、一品宮樣(典仁)江餅饅頭貳組爲御見廻被進之、右御使同人、

一、入江樣(尊信)江外良餅一折五棹被進之、

一、鷹司樣(輔平)・林丘寺宮樣(博山元敞)・閑院尹宮樣(美仁)・仁門樣(深仁)・輪門樣(公延)・聖護院新門樣(盈仁)、右御見廻御口上計、右御使牛丸九十九、

一、金剛院大僧都(眞應)御所勞之由、被聞召ニ付、御見廻被仰

*廬山寺へ御成先宮御廟御参詣

金剛院中暑の様子勤行不能伺につき中止を御し保養するやう仰出

*日嚴院代義觀院へ東町奉行所の出頭令狀

摩尼淨院宮三十三回忌常行三昧供

金剛院へ所勞御尋

*義觀院出頭承知と傳奏へ屆書

梅之間にて摩尼淨院宮光明供

遣候事、

一、金剛院殿より使を以、所勞御尋被仰遣候御請被申上候也、

一、入夜、東尾殿(眞應)雜掌三上勘解由參上、金剛院殿今朝より中暑之樣子ニて不相勝、今以熱强、食事等一向難受御座候而、今晩之勤行得不被相勤候、右之趣ニ而者、明日ニ到候而も、入堂難計奉存候間、先行法被相止候樣ニ仕度相伺候よし、御返答ニ先被相止、保養可被致旨被仰出候事、

一、摩尼淨院(直仁)宮樣三十三回御忌ニ付、於梅ノ間御法事常行三昧、上(眞仁)・御導師普應院大僧都(洞海)・寶生院(善資)・惠乘房(玄隆)・法雲房(是空)・安住房、

二日、己卯、快晴、當番、菅谷中務卿・伊丹將監・中嶋織部(德方)、

一、金剛院殿へ所勞御尋被仰遣、今朝者少ゝ快方ニ御座候由也、御使初瀨川采女、

一、金剛院殿使三上勘解由參上、今朝者少ゝ快被相成候趣御屆申上、且御使被遣候御禮被申上候也、

一、魔尼淨院宮樣御法事、於梅之間御執行、光明供、上・御導師普應院大僧都・寶生院・惠乘房・法雲房・安住房、

一、三宅了察へ御藥取、靑侍中、

三日、庚辰、快晴、當番、今小路兵部卿・九鬼主殿、西市正所勞斷・大膳下坂、

一、巳刻過御出門、廬山寺江御成、魔尼淨院宮樣御廟江御參詣、還御掛閑院樣へ被爲成、御供松井相模守・小畑主税・中嶋織部、御先三人、

一、傳奏油小路(隆前)家より御招ニ付、御留主居九十九(牛丸)相越候處、町奉行所紙面之寫被達候也、

町奉行所紙面之寫、

妙法院宮院家日嚴院代義觀院(堯忠)江申渡候儀有之候間、役僧壹人指添、明四日四ツ時和泉守(丸毛政良)御役所へ可罷出旨被仰達候樣、致度存候事、

六月三日

四日、辛巳、晴、當番、松井相模守・木崎河内・三谷藏人、

一、傳奏油小路家へ昨日被達候紙面之寫返却、且承知書差出候也、

妙法院宮院家日嚴院代義觀院江御申渡之儀御座候付、役僧壹人差添、今日四ツ時和泉守殿御役所へ可罷出旨、紙面之寫を以、御達之趣承知仕候、已上、

六月四日　妙―　木崎河内

油小路前大納言樣御内

伏田右衞門殿

下村丹司殿

*蓮華王院法住寺御廟にも御参詣
傳教大師御正忌普賢供
*惠宅御講釋奉
淨妙庵御講釋奉
*勸修寺經逸より普應院行中御見舞使序ながら御機嫌御伺
金剛院加行闕座後快方なれど大暑に向ふ時なれば暑氣退く頃相勤むるやう願出につき御聞濟みの御返答
*眞仁親王御誕生日に御獻物
三角了察拜診
*三角了敬拜診
大佛殿にて釋迦供開闢に御成
*大佛殿へ御成

久我大納言殿御内(信通)
辻信濃守殿
岡本內記殿

一、傳教大師(最澄)御正忌、於梅之間御法事御執行、普賢供、上・普應院殿・寶生院・惠乘房・法雲房・安住房、

一、惠宅律師參殿、御講釋奉、

一、三上勘解由參上、河內(木崎正達)面會、金剛院殿此間不快ニ付、加行闕座被致候、被恐入候儀ニ御座候、次第ニ快方ニ御座候ニ付、然快被致候ハヽ、早速被相窺可被致、[全]勤行儀ニ御座候處、大暑ニ向候故、病後ニ候へ者、又ゝ不相勝被及闕座候儀御座候而者如何ニ奉存候付、少ゝ暑氣相退候而相勤被申樣被爲致度、乍恐私共奉願候由、則御聞濟被爲在候旨、及返答候事、

五日、壬午、當番、中嶋織部代藏人・伊丹將監、

一、三角了察拜診、御藥調進、

一、大佛殿ニおゐて、今日より一七箇日釋迦供、衆僧法華讀誦御執行、未刻渡御、御開闢御步行ニ而被爲成、衆僧普應院大僧都・寶生院・惠乘房・法雲房・安住房、御供松井若狹守・伊丹將監・初瀨川采女・川上織衞、茶道喜好(武知)、御先兩人、押壹人、御茶辨當・御沓等也、

蓮華王院・法住寺御廟江も御參詣也、御休息所、堂內辰巳ノ方、幕ニ而仕キリ、麻机・毛氈等設之、

六日、癸未、晴、當番、今小路兵部卿・九鬼主殿、西市正所勞、大膳在坂、

一、惠宅律師、於御小書院御講釋、

一、勸修寺中納言殿(經逸)より普應院殿行中見廻使來ルニ付、乍序時節被窺御機嫌候事、

七日、甲申、快晴、當番、松井相模守・木崎河內・三谷藏人・山下監物所勞斷、

一、御誕生日御祝儀被獻物等、左之通、

禁裏樣(光格)江　小頂　一蓋
　　　　　銚子　一枝　御使三谷藏人

一品宮樣江　昆布　一折卅本
　　　　　小頂　一蓋　御使牛丸九十九

尹宮樣江　小頂　一蓋

八日、乙酉、晴、當番、伊丹將監・中嶋織部代主殿、中務卿所勞、

一、三角了敬、於御座ノ間拜診被仰付候也、

一、大佛殿江御成、午刻過、法華讀誦、今日中日也、一七ケ日申刻前還御、衆僧普應院大僧都・寶生院・惠乘房・法雲房・安住房、御供木崎河內・藪澤雅樂・九鬼主殿、茶道御先貳人、押壹人、御茶辨當・御沓等也、

九日、丙戌、晴、當番、今小路兵部卿・九鬼主殿、西市正所勞、大膳下坂、

泉山御代參
惠宅御講釋奉
*三宅宗達三男勇仙へ初御視仰付
三角了察拜診調藥
山科岱安拜診
*大興坊參上轉住につき御對面
大佛殿へ御成釋迦供滿行
勢州御師綿屋大夫繼目御禮參上獻上物
*九條輔家御不例之由にて御見舞仰進
岸紹易御對面
*惠宅御講釋奉
中山愛親伺候御對面
*京極樣より暑中御見舞
*德川家齊への御見舞進物差出につき御聞繕書
青水民之助急病死の御屆
山科岱安拜診御灸

一、泉涌寺江御代參、今小路兵部卿、
一、惠宅律師參上、於御書院御講釋被申上也、
十日、丁亥、晴、當番、松井相模守・木崎河内・三谷藏人、監物所勞斷、
一、東尾大僧都御參、
一、三角了察拜診、御藥調進、
一、山科岱安拜診被仰付、
十一日、戊子、當番、伊丹將監・中嶋織部、中務卿所勞、
一、卯半刻大佛殿江渡御、一七ケ日今日ニ而御滿座也、
一、勢州御師綿屋大夫爲繼目御禮參上、於御玄關御酒被下之、木崎河内出會、獻上物左之通、
御祓大麻・昆布一折・干瓢一折・濱荻御筆・時鳥香一箱、
一、金剛院大僧都御參、
十二日、己丑、晴、當番、九鬼主殿、兵部卿・西市正所勞、大膳在坂、
一、岸紹易參上、御對面被仰付候事、
一、中山中納言(愛親)殿御伺公、於御書院御對面、已後於梅間御休息、水仙出之、
一、青水民之助、昨夜急病死去、御屆申上、
十三日、庚寅、晴、當番、木崎河内・三谷藏人、相模守・監物所勞、
一、山科岱安參上、拜診、御灸點奉、

一、金剛院大僧都御參、
一、三宅宗達三男勇仙、圓達同樣ニ相願候處、願之通被仰付爲御禮參上、於御座之間、初而御視被仰付、昆布五拾本・扇子三本入獻上、
十四日、辛卯、陰晴、當番、伊丹將監・中嶋織部代主殿、中務卿所勞、
一、山門東谷本行院、暑氣爲伺御機嫌參上、
一、西塔南谷大興坊參上、此度高良山蓮臺院江轉住被仰付候ニ付、爲御暇乞參上仕候由、御菓子料方金貳百疋獻上、於御座之間御對面被仰付候事、
但、重而上京之節者、御機嫌相伺申度候、是迄之通御立入被仰付候樣相願候也、
一、九條大納言(輔家)樣、此間御不例之由、昨日岱(山科)安御噂申上候付、不取敢御使を以御見廻被仰進候事、御使岡本内匠、
一、惠宅律師參上、於御座間御講釋被申上、
一、京極樣より暑中御見廻被仰進候事、
一、御附武家へ御聞繕書差出候事、牛丸九十九持參、
(德川家齊)大納言樣江暑中爲御見廻被進物、二條表へ御使何日比可被差向候哉、此段宜御聞繕可被進候、已上、
六月十四日　妙―――　菅谷中務卿

旱魃火之用心及び盗賊物騒なる趣につき方内觸

*今日より蟲拂

*禁裏仙洞より嘉通御祝儀女房奉書にて拜領

*女院より暑中御見舞品拜受

*所司代より暑中御伺

八幡新善法寺暑中御伺

*智積院より暑中御伺

*養源院蘆浦觀音寺暑中御伺

*御附衆參上

*惠宅御講釋奉

寶嚴院回峯行滿御禮獻上

*小松谷正林寺暑中御伺

四御所女一宮へ嘉祥御祝儀并に暑中御伺

*横川別當代暑中御伺

*祇園寶壽院御伺

一、方内觸來、此節旱魃ニ候間、町々裏借家ニ至迄、火元無油斷可入念候、

一、先頃已來、當地所々町家へ盗賊這入、金銀等盗取候間訴出候、右ニ付、町々ニ而立番等いたし、物騒敷趣相聞候間、尚又町役人等無油斷、番人共へ申付、心を付可申候、

右之趣、洛中洛外へ不洩樣可申通事、

一、八幡新善法寺（周清）、使者を以暑中窺御機嫌候也、

十五日、壬辰、晴、當番、今小路兵部卿・岡本内匠・九鬼主殿、

一、木村惣右衞門、暑中伺御機嫌參上候也、

一、山本内藏、暑中窺御機嫌、水仙・粽三把獻上、

一、市川養元同斷、外良粽五把獻之、

一、香山大學、暑中窺御機嫌、詩箋一包獻上、

一、山門寶嚴院回峯行滿ニ付、御禮獻上、且〔以下缺〕

一、山門北尾惣代暑中窺御機嫌候也、寶嚴院

一、西本願寺兩御門主（法如光闡・文如光輝）より使者を以、暑中御見廻、大御門主（法如光闡）より甜瓜一籠、新御門主（文如光輝）より砂糖一曲被上之、

十六日、癸巳、晴、當番、松井相模守・木崎河内・三谷藏人、

一、四御所・女一宮樣江嘉祥御祝儀、例年之通被獻之、

并暑中御機嫌御伺、甜瓜一籠ツヽ被上之、御使松井相模守、

一、從今日御虫拂初、於宸殿一切經、

一、禁裏御所・仙洞御所よりかつう（嘉通）御祝儀、例年之通女房奉書ニて御拜領也、但仙洞樣御使御里坊迄來也、

一、女院（富子）御所より暑中御見廻、眞桑瓜一籠被進之、御里坊迄御使來、

一、戸田因幡守（忠寛）、使者を以暑中爲伺御機嫌、葛一箱獻上、

一、智積院僧正（鍐啓實嚴）、暑中窺御機嫌參上、

一、養源院前大僧正、右同斷、

一、蘆浦觀音寺護法院、使者を以右同斷、

一、御附建部甚右衞門（廣般）同道、水原攝津守（保明）參上、甚右衞門（建部廣般）此度上京ニ付、爲御禮參上候也、

一、惠宅律師參殿、昨日時氣御尋被遣候御禮、且御講釋奉、

一、金剛院大僧都御參、

一、小松谷正林寺（潮音）暑中窺御機嫌、甜瓜一籠獻上、

一、金光院（榮範）右同斷、

十七日、甲午、晴、當番、菅谷中務卿・伊丹將監・中嶋織部、

一、横川別當代大林院（卽全）、暑中窺御機嫌、索麪一箱獻上、

一、祇園社務寶壽院（行快）、使者を以、眞桑一籠、右同斷獻上、

*三宅宗達等暑中御伺
勝安養院より石蜜獻上
*三角了敬拜診調藥
*英彦山座主より滋飴獻上
西塔大興坊へ轉住につき御餞別奉書御遣
*青門座主宮より暑中御見舞
惠宅御講釋奉
溪廣院暑中御伺御對面
*吉見文内に御暇申渡
*九條輔家御違例御見舞御大切の御樣子
東本願寺より暑中御伺
*所司代兩町奉行へ暑中御尋

一、金剛院大僧都御參殿、
一、勝安養院(堯海)僧正より使者を以、時節爲窺御機嫌石蜜一曲獻上、
一、金剛院殿より暑中窺御機嫌、御菓子一箱獻上之、
一、暑中窺御機嫌參上之輩、高森因玄・同因順・村若左門、
一、三宅宗仙・同宗甫同斷、甜瓜一籠獻上、
一、西塔南谷大興坊、今般高良山蓮臺院江轉住被仰付、此間爲御暇乞參殿、御菓子料貳百疋獻上ニよつて、爲御餞別眞綿貳把被下之、尤表役より奉書ニ而被下候也、
十八日、乙未、晴、當番、今小路兵部卿・岡本内匠・九鬼主殿、
一、惠宅律師、於御座之間御講釋奉、
一、山門西塔院内惣代溪廣院(堯環)、暑中窺御機嫌、索麪一箱獻上、且自分窺御機嫌候也、御虫拂中故、於御書院御對面被仰付候也、
一、佛光寺御門主(順如堯祜)使者森圖書、暑中爲御見廻外良餅一折十把被上之、知宮樣(堯超室)・庸君御方よりも同樣也、
一、東本願寺御門主(乘如光遍)より使者宇野三右衛門、右同斷、仙臺糒一折被上之、千代宮樣(光遍室)よりも御同樣也、

一、三宅宗達・同圓達、二男勇仙、暑中窺御機嫌、御菓子一箱獻上之、
一、知足庵右同斷、葛饅頭一折獻上、
一、三角了敬參上、拜診、御藥調進候也、
一、英彦山座主(昭有)より使僧を以、例年之通滋飴一壺獻上之、
一、山門東塔院内惣代密嚴院(覺純)、暑中窺御機嫌、甜瓜一籠獻上、
一、上乘院(亮圓)僧正、使者を以暑中被窺御機嫌候事、
一、青蓮院座主宮(尊眞)樣より、御使武田主計暑中御見舞被仰進候也、
十九日、丙申、陰、當番、松井相模守・木崎河内・三谷藏人、
一、暑中窺御機嫌、甲賀祐元・河野對馬守、
一、東尾大僧都御參、
一、青侍吉見文内儀、御家風ニ不相叶、永ク御暇被下候事、於御廣間中務卿(菅谷寛常)・河内(木崎正達)立會申渡、勝太左衛門附添出、
一、九條大納言樣御違例御見廻被仰進、御使岡本内記、
但、昨日已來御大切之御樣子也、
一、戸田因幡守所司代江暑中御尋、甜瓜一籠被遣之、御使中嶋織部、

禁裏より暑中御見舞糒拜領
*九條輔家逝去につき御悔仰進
*淨妙庵御講釋奉
惠宅より法華文句拜借願につき貸出中官香獻上
*泉山御代參
*滋賀院御留守居吉野葛獻上
興正寺より暑中御伺
*德川家齊への暑中御見舞御進物を所司代へ差出
宇治星野宗以新茶獻上
*坂上清心院若狹葛獻上
*岡田傳藏參上初御對面

一、兩町奉行へ右同斷、御使同人、
一、禁裏御所より暑中爲御見廻、糒一折十袋御拜領之事、女房奉書を以被進之、御里坊まで御使番持參、
一、暑中窺御機嫌、松下見立・嶋村紹億參上、
一、惠宅律師、使僧を以、昨日相願置候法華文句拜借仕度由、則拜借被仰付、使僧へ相渡、中官香二把、薩州より到來之由ニて獻上、
廿日、丁酉、陰、當番、菅谷中務卿・伊丹將監・中嶋織部、
一、金剛院大僧都御參、
一、興正寺（寂聽常順）御門主使者片岡主水、暑中被窺御機嫌候也、
一、戸田因幡守使者星野小平太、暑中御尋拜領物御禮也、
一、山門飯室松禪院（慈俊）、暑中窺御機嫌、代僧を以申上、
一、宇治御茶師星野宗以、新御茶一箱獻上、
一、若山源之進、子芋一籠獻上、
一、藤嶋加賀守（宗韶）暑中窺御機嫌參上、
廿一日、戊戌、晴、當番、今小路兵部卿・岡本內匠・九鬼主殿、西市正所勞、大膳在坂、
一、三角了察へ御藥取、靑侍中、了察暑中爲伺御機嫌參上可仕之處、于今所勞不相勝引籠罷在候ニ付、延引相成候段、御斷申上候也、
一、暑中窺御機嫌、山門安祥院（善應）・高森正因參上、

一、金剛院大僧都御參、
一、九條大納言樣御逝去、昨日御披露有之、仍御使を以御悔被仰進、御使牛丸九十九、
一、惠宅律師於御座間御講釋被上、
一、泉涌寺江御代參、今小路兵部卿相勤也、
廿二日、己亥、陰、後晴、當番、松井相模守・木崎河內・三谷藏人・九鬼主殿、
一、滋賀院御留主居藥樹院（孝譽）、使を以暑中窺御機嫌、吉野葛一箱獻上、
一、關東大納言樣へ暑中爲御見舞被爲進物、所司代亭（戸田忠寛）江以御使被差向、索麵一箱被進之、御使三谷藏人、副使安福勝太左衞門、
目錄、中鷹三枚重、上包同紙、

附札、大納言樣江、妙法院御方より　卜書、
外箱ノ內江入、昆布熨斗モ入、
箱ニ桐ノ箱タヽミ脚、索麵卜書、
外箱ニ、大納言樣江從妙法院宮御方被進物　卜書、目錄入、
目錄ニ、索麵一箱卜書、
正迄文ニて上、
一、坂上清心院窺暑中御機嫌、若狹葛一箱獻上、但、西市
一、岡田傳藏暑中窺御機嫌參上、於御書院初而御視被仰

*萬里小路政房御對面
九條輔家逝去につき西本願寺へ御悔仰遣
東本願寺へ暑中御見舞
*西本願寺兩門主へ暑中御見舞
勢州野間齋貴嶺扇獻上
播州清水寺暑中御伺
*淨妙庵御講釋奉
*三角了察拜診調藥
惠宅御講釋奉

付候事、
但、於御座ノ間御對面可被仰付候得共、御虫拂中故、於御書院被仰付候事也、
一、九條大納言様御逝去ニ付、西本願寺御門跡へ御悔被仰遣候也、御使中村帯刀、
一、東本願寺御門跡へ、暑中御見舞甜瓜一籠被遣之、千代宮様へも御同様御見廻被仰入、御使同人、
一、佛光寺御門跡へ同斷、甜瓜一籠被遣之、知宮様・庸君御方江も御同様、御見廻被仰入、御使同人、
廿二日、庚子、晴、申刻計白雨、當番、菅谷中務卿・伊丹將監・中嶋織部、
一、勢州野間齋暑中窺御機嫌、貴嶺扇一箱五本入獻上、
一、播ノ清水寺一山惣代潮音院暑中窺御機嫌、索麪一箱獻上、
一、同所執行光明王院(賴哲)大僧都同斷、索麪一折獻上、
一、西塔南尾惣代中正院(光賢)同斷、申置、
一、同北谷正觀院(義遍)前大僧正、所勞ニ付、使僧を以同斷、
一、鳥邊山通妙寺同斷、索麪一折獻上、
一、中嶋祖右衞門同斷、外郎・粽五把獻上、
一、惠宅律師、於御座間御講釋奉、
一、金剛院大僧都御參、

廿四日、辛丑、晴、未刻過白雨、當番、今小路兵部卿・岡本内匠、主殿所勞斷、
一、萬里小路前大納言(政房)御伺公、暑中御伺且爲御尋一種拜領之御請も被申上、於御座間御對面、於梅ノ間湯漬出、
一、持明院前大僧正(良胤)、使者を以暑中御伺被申上候也、
一、西塔東谷嚴王院(慈寂)暑中窺御機嫌候也、
一、西本願寺御門跡へ暑中御見廻、大門主へ温飩粉一箱、新御門主へ仙臺糒一折五袋被遣之、御使中嶋織部、
廿五日、壬寅、曇、未半刻過白雨、申半刻大雨、當番、松井相模守・木崎河内・三谷藏人、大膳在坂、監物所勞、
一、祇園社松坊・新坊、暑中窺御機嫌參上、
一、金(眞應)大僧都御參、
一、惠宅律師於御座間御講釋奉、
一、三角了察拜診、御藥調進、
一、勝安養院僧正、伺暑中御機嫌索麪一折、使者を以被上之、
一、山門妙觀院(俊榮)同斷參上、南谷惣代眞藏院同斷、
廿六日、癸卯、陰、入夜雨、當番、菅谷中務卿・伊丹將監・織部所勞、
一、金大僧都御參、
一、武川幸伯暑中伺御機嫌參上、
廿七日、甲辰、雨、當番、今小路兵部卿・岡本内匠、主殿所勞、

聖門兩御門主より暑中御見舞
*淨妙庵常樂院御講釋奉
普應院止宿
淨妙庵常樂院御講釋奉
*金剛院より富相濟み御菓子料獻上
青門知門聖門へ暑中御見舞
*日蝕
*御觸のため御所方御參賀無
*西本願寺より九條輔家御悔への御挨拶
*常樂院御講釋奉
普應院護摩開闢
*淨妙庵常樂院御講釋奉
*九條尚實へ御見舞進上
寶園院別精堅義行中につき乘實院を以て御伺

一、金剛院大僧都御參、
一、聖護院兩御門主（忠譽・盈仁）樣より暑中御見舞被仰進候事、
一、普應院（洞海）大僧都御參、御止宿也、
一、惠宅師於御座間御講釋奉、常樂院（志岸）同斷、
廿八日、乙巳、晴、當番、松井相模守・木崎河內・三谷藏人、監物所勞、
一、青門樣・知門（尊峯）樣・聖護院兩宮樣へ暑中御見廻、且彼御方より御使被進候御挨拶も被仰進候事、御使岡本內匠、
一、金剛院大僧都御參、
一、常樂院參上、
一、山門無動寺慈雲院、此節別精堅義法用禁足ニ付、代僧を以暑中窺御機嫌候事、
廿九日、丙午、晴、當番、菅谷中務卿・伊丹將監・中嶋織部、
一、常樂院參殿、
一、金剛院大僧都御參殿、
一、普應院大僧都、護摩開闢之事、
晦日、丁未、小雨、當番、今小路兵部卿・岡本內匠・九鬼主殿、
一、金剛院大僧都御參、
一、西塔北谷惣代乘實院、暑中伺御機嫌參上、
一、同南尾寶園院（榮範）同斷、此節別精堅義行中故、乍略儀乘實院を以伺御機嫌候也、
一、惠宅師、於御座間御講釋奉、
一、常樂院御參殿同斷、
一、金剛院殿より以使者、當月富相濟候ニ付、御菓子料白銀五枚被上候事、

七月　御用番木崎河內（正達）、

朔日、戊申、快晴、辰七刻蝕六分、當番、木崎河內・松井相模守（永亨）・三谷藏人（寛重）、
一、今日蝕ニ付、御所方當日御參賀、御使等無之、
一、御禮參上輩、山本內藏・三宅宗達・香山大學・三宅宗甫、
一、本願寺（法如光闡）御門跡より使者を以、九條故大納言（輔家）樣御逝去之節御悔被仰出候御挨拶被申上、新御門主（文如光輝）よりも同樣也、
一、常樂院志岸御講釋奉、
二日、己酉、曇、當番、菅谷中務卿（寛常）・伊丹將監・中嶋織部（徳方）、
一、惠宅律師・常樂院志岸、御講釋奉、
一、九條關白（尚實）樣へ、此節爲御見廻御菓子一箱被爲進候事、御使九鬼主殿、
三日、庚戌、晴、當番、今小路兵部卿（行先）・岡本內匠・九鬼主殿、

常樂院御講釋奉
勝安養院より家來の宿所屆
*三角了察拜診暑氣中の旨調藥
*三宅宗達宗仙拜診宗仙止宿
*金剛院より御見舞
*御違例につき暑中御伺延引の所へ御斷使
勝安養院屆書を傳奏へ御屆
*三角了敬拜診調藥
*普應院灌頂前行護摩結願
*閑院宮より御容態詳しく御聞取

一、常樂院(志岸)御講釋奉、
一、勝安養院(堯海)僧正より家來宿所屆被差出、依之例之通別紙差添、傳奏江差出候事、

勝安養院僧正家來
井上丹治

右丹治(井上)儀、是迄當院兼帶所、攝州平野郷大念佛寺ニ罷在候處、此度勝手ニ付、烏丸通一條下ル頭町、袖園土佐守家ニ借宅住居仕候、右爲御屆如斯御座候、以上、

巳七月　勝安養院僧正内
濱崎右京(惟敬)印

菅谷中務卿殿
松井西市正(永昌)殿
木崎河内殿

覺

勝安養院僧正より別紙之通被相屆候、依爲御屆如斯御座候、已上、

巳七月　妙法院宮御内
菅谷中務卿印

油小路前大納言(隆前)樣御内
伏田右衞門殿
久我大納言(信通)樣御内(章業)
下村丹司殿
辻信濃守殿

四日、辛亥、晴、當番、松井相模守・木崎河内・三谷藏人(寛重)所勞斷・山下監物(重好)、

岡本内記殿

一、三上大膳浪花より歸京、
一、昨夜より御熱被爲在候付、三角了察被召參上、拜診、少ゝ暑之御中リニ被爲有候旨申上、御藥調進候也、
一、三宅宗達・三宅宗仙拜診、今晩宗仙宿、
一、金剛院(眞應)殿所勞中故、使を以少ゝ御違例被爲有候由、被窺御機嫌候也、
一、先頃より少ゝ御違例ニ被爲在候ニ付、暑中御伺御參御延引被遊候處、又ゝ昨夜より少ゝ暑之御中リニ而、御勝不被遊候付、猶更延引被遊候故、爲御斷今以御使被仰進候御ケ所、御使岡本内匠、
禁裏(光格)御所・仙洞(後櫻町)御所・大女院(舍子)御所・女院(富子)御所・閑院(典仁)宮樣、
一、岩永右衞門明日より浪花江下向御屆申上、
一、晩來三角了敬參上、拜診、御藥調進、
五日、壬子、當番、菅谷中務卿・伊丹將監・中嶋織部、
一、三宅宗仙今朝拜診、後退出、
一、普應院(洞海)大僧都、灌頂前行護摩、今日結願也、
一、閑院宮樣より御使藤木掃部、御違例御見廻被仰進、

御容躰委被聞召度旨也、御返答ニ委御容躰被仰進候事、

一、女院御所御使伊賀川藤馬、御違例御見廻被仰進、女(欣子)一宮樣よりも御同樣、

一、小坂僧正(堯忠)より使を以、御違例被窺御機嫌候事、

一、東尾殿(眞應)より右同斷、

一、常樂院窺御機嫌參上、

一、三宅宗達拜診、

六日、癸丑、晴、當番、今小路兵部卿・九鬼主殿、

一、辰刻三角了察拜診、追々御解熱、御腹中等御惣躰御宜被爲在候旨申上、

一、宗達(三宅)・宗仙(三宅)拜診、宗仙今晩宿被仰付候也、

一、閑院宮樣より御違例御見廻、諸大夫中より手紙ニ而被仰進候事、

一、傳奏觸到來、

道中筋宿々米穀高値、其上流行人病ニ而、人馬繼立等差支由相聞ニ付、東海道筋品川より守口迄、佐屋路并渡船場共、當巳七月朔日より來ル卯六月迄拾ケ年之間、人馬賃錢四割增、中山道筋者、先達而增錢取之、沓掛より守山迄并美濃路共、是又當巳七月朔日より來ル子六月迄七ケ年之間、人馬賃錢貳割增請取候樣、宿々江申渡候間可被得其意候、

巳六月

一、萬里小路前大納言(政房)殿より御書中を以、御違例御容躰被伺候事、

一、大御乳人より爲伺御容躰、蓋物二種煮豆・梅かへ西市正(松井永昌)迄文ニて被上、

一、智積院僧正(鑁啓實嚴)、使僧を以七夕御祝儀、例年之通索麪三十把獻上、

七夕、甲寅、晴、當番、松井相模守所勞斷・木崎河內・山下監物・岡本內匠、

一、當日御祝儀、四御所・女一宮樣・閑院宮樣へ以御使被仰上、少々御違例令以御勝不被遊候故、御不參御斷被仰入候也、御使木崎河內、

一、當日御禮參上之輩、村若縫殿・市川養元・山本內藏・篠田主膳所勞斷、

一、少々御違例故、御家賴一統御禮御對面無之、

一、小坂僧正、以使者御祝儀被申上、所勞不參御斷也、

一、東尾大僧都同斷、

一、勝安養院僧正御在國故、以使御祝儀被申上候事、

女院女一宮より御違例御見舞

兩院家衆より御見舞

*萬里小路政房より御容態御伺

*大乳人より御容態御伺

*智積院より七夕御祝儀獻上

三角了察拜診快方と申上

宗仙止宿

*四御所女一宮閑院宮へ七夕御祝儀仰上

閑院宮より御見舞狀

東海道中山道美濃路共人馬賃錢割增との傳奏觸

*御違例につき御家來御對面無し

一、大山崎社司藤井兵庫、例年之通胡麻油一樽獻上、於
御玄關例之通御湯漬被下候也、當番及挨拶、
一、智積院僧正所勞ニ付、使僧を以、當日御祝詞申上、
一、青門様（尊眞）・聖門様（忠譽）江當日御祝儀被仰進、御使堀部多仲、
一、青門様より御使、當日御祝儀被仰進、
一、聖門様より同斷、御里坊迄、
八日、乙卯、曇、雷鳴白雨、當番、菅谷中務卿・伊丹將監・中嶋織部、
一、三角了察拜診、今日者殊外御宜御様躰ニ被爲在候旨
申上、御藥調進、
一、三宅宗達參上、拜診、同様申上、
一、禁裏御所より女房奉書御到來、來ル十三日めて度御
盃參候なり御參あらせられ候や候との御事、御返書
ニ御斷被仰上候也、
一、小坂僧正より使を以、被伺御様躰候事、
九日、丙辰、曇、雷鳴、白雨、當番、今小路兵部卿・三上大膳・主殿代所勞ニ付、夜分下宿・中嶋織部、
一、萬里小路前大納言殿より使を以、被伺御様躰候事、
一、石山前中納言（基名）殿より同斷、
一、九條様（尚實）より御使戸田左門、御違例御見廻、養命糖貳
箱被進之、
一、金剛院殿より御様躰、使を以被相伺候事、

一、普應院殿より同斷、且今日可被致參殿之處、少〻御
風邪ゆへ御斷之由也、
一、三角了察拜診、御調藥進、次第ニ御宜御様躰ニ被爲
在候旨申上、
一、宗達・宗仙拜診、
十日、丁巳、當番、木崎河内・山下監物・岡本内匠、
一、禁裡御所より御使山下定之進、女房奉書を以、御内
〻御祈禱御檀料白銀七葉被進之、
一、三角了察拜診、御調藥進、
一、宗達・宗仙同斷、中元御祝儀被下候事、
一、小坂僧正使を以、被伺御機嫌候事、
一、山本卜泉暑中伺御機嫌參上可仕處、所勞ニ罷在、乍
延引、今日伺御機嫌、茨の露一器獻上候事、
十一日、戊午、雨、當番、菅谷中務卿・伊丹將監・中嶋織部、
一、三角了察拜診、御藥調進、
一、宗達・宗仙參上拜診、
一、普應院大僧都御參殿、
一、吉田元陣より先達而被仰付候扇面畫相認差上候事、
十二日、己未、曇或雨、當番、今小路兵部卿・三上大膳・九鬼主殿、
一、泉涌寺江御代香、普應院大僧都、

*大山崎社司胡麻油獻上
*普應院より御容態御尋
青門聖門へ御祝詞彼方よりも御祝詞
*三宅宗達宗仙拜診
*禁裏より女房奉書にて御内內祈禱料進上
三角了察拜診調藥殊外御容態宜様
*三角了察拜診調藥
*三宅宗達宗仙同斷
禁裏より女房奉書にて來十三日御盃につき御參御問合御斷
*山本卜泉茨の露一器獻上
*三角了察拜診調藥
萬里小路政房より御容態御尋
*三宅宗達宗仙同斷
石山基名も同斷
九條尚實より御見舞
*吉田元陣より扇面畫相認め差上
*泉山御代香

盧山寺御代香
三角了敬拜診調藥
宗仙宗達同斷
淨妙庵御機嫌御伺
*四御所女一宮へ中元御祝儀
*閑院宮以下各所へ中元御祝儀
三角了察拜診調藥
三宅宗達拜診
三角了察拜診調藥
山科岱安拜診
*御手習御世話人へ御祝儀御遣
諸大夫以上中元御祝儀申上
*青門知門聖門より中元御祝儀
閑院樣御年寄中より御挑燈進上
院家衆以上中元御祝儀申上

一、盧山寺江御代香、今小路兵部卿、
一、三角了敬參上、拜診、御藥調進、
一、宗仙・宗達拜診、
一、惠宅律師伺御機嫌、且中元御祝儀御目錄拜領御請申上、
十三日、庚申、曇、當番、松井相模守・木崎河內・山下監物・岡本內匠、藏人所勞、
一、三角了察拜診、御藥調進、
一、宗達拜診、
十四日、辛酉、晴、當番、菅谷中務卿・伊丹將監・織部へ返し、九鬼主殿、
一、三角了察拜診、御藥調進、
一、山科岱安參上、於御學問所拜診被仰付、中元御祝儀拜領御禮も申上、
一、如例今日中元御祝儀申上輩、松井若狹守・山下監物・初瀨川采女・鈴木求馬・山下勇、西市正（松井永昌）・兵庫（木崎）・金吾（三谷）所勞不參、
一、土岐要人、今日御禮可申上處、所勞ニ付不參御斷申上ル、
一、閑院樣御年寄中より、文ニて如例年御挑燈五被進之、
中元、壬戌、晴、當番、今小路兵部卿・三上大膳・九鬼主殿、
一、於御座間普應院大僧都・金剛院大僧都、中元之御祝儀被申上、
一、於同所坊官・諸大夫以下、中奧迄御禮如例、
一、於同所常勤無之御家賴も御禮如例、
一、四御所・女一宮樣江中元御祝儀御使を以被仰上、御獻進物如例年、別記ニアリ、
一、閑院宮樣へも同斷、御使菅谷法眼、
一、聖門樣・青門樣・知門樣（尊峯）江當日御祝儀、御使を以被仰進、御使中村帶刀、
一、仁門樣（深仁）・輪門樣（公延）・林丘寺宮樣（博山元敞）・入江樣（尊信）・鷹司樣（輔平）、御使牛丸九十九、
一、萬里小路前大納言殿江中元御祝儀、晒布一疋・昆布御世話人ニ付、料金三百疋被遣之、
一、萬里小路前大納言殿・石山前中納言殿江昆布一箱・御手習御世話ニ付、御樽代金三百疋宛被遣之、御使中村帶刀、
一、青門樣・知門樣より御使被進、中元御祝儀被仰進候事、
一、聖門樣より同斷、御里坊迄、
一、當日御禮參上輩、藤嶋加賀守（宗韶）・知足・嶋村紹億・岸紹易・篠田主膳・山本內藏・三宅宗甫・三宅圓達・同勇仙・市川養元・香山大學・三宅宗達・甲賀祐元・

*九條尙實へ御見舞として長芋進上
禁裏より長橋御局より御とうろうの花拜領
*西塔學頭代中元御禮且つ勸學會に御登山を願出
三角了察拜診調藥
大佛殿御普請場へ御成足代の上より諸山送火御覽
*桃園院御正忌御法事
*安祥院參上勸學會御登山御伺につき御登山仰出
*桃園院御法事
*泉山御代香三角了敬拜診調藥
*梶井後正法院宮三十三回忌に御供葩

野田內藏丞、
一、勝安養院殿、使を以御祝儀被申上候事、
一、惠宅律師參殿、御祝儀申上、
十六日、癸亥、曇、當番、松井相模守・木崎河內・山下監物・岡本內匠、
一、禁裏御所より御使長はし御局より文ニて、御とうろうの花一筒、例之通、
一、常住金剛院殿御參、
一、三角了察拜診、御藥調進、
一、晩來、大佛殿御普請場江被爲成、北ノ方屋根下ノ重御修理也、足代ノ上より諸山送火御覽也、御供河內(木崎正達)・掃部(友田)・內匠(岡本)・勇(山下)・野吉(三上)・織衞(川上)等也、青侍貳人、茶道御修理方相模守(松井永亨)・帶刀(中村)、御成前御普請場江相詰候也、
十七日、甲子、晴、當番、菅谷中務卿・伊丹將監・中嶋織部、
一、高良山蓮臺院、先日爲御餞別眞綿貳把被下之候、御禮申上、
一、東尾大僧都御參、
十八日、乙丑、曇、當番、今小路兵部卿・九鬼主殿、
一、爲中元御禮、鈴木知足庵參上、此間御目錄拜領御禮も申上、
一、三角了敬拜診、御藥調進、

一、九條殿下樣(尙實)江此節之爲御見舞、長芋一折拾本被進之、御使牛丸九十九、
十九日、丙寅、當番、松井相模守・木崎河內・岡本內匠、
一、山門安祥院(善應)中元御禮參上、少〻御違例御對面無之、
一、西塔東谷學頭代妙觀院(俊榮)中元御禮申上、乍序來月中旬勸學會ニ付御登山・御着座之儀相願候也、木崎河內面會、
廿日、丁卯、陰晴、當番、菅谷中務卿・伊丹將監・中嶋織部、
一、桃園院樣御正忌ニ付、於梅ノ間御法事、
一、東谷妙觀院御違例、伺御機嫌參上、
一、會行事安祥院參上、來月勸學會之節御登山・御着座之儀、先達而御願申上置候、今日相伺候旨也、依之被仰出候趣、來月勸學會之節、御登山可被爲遊候、御着座之儀者、猶追而可被仰出旨、中務卿(菅谷寛常)相達候也、
廿一日、戊辰、晴、當番、今小路兵部卿・山下監物、
一、桃園院樣御正忌、於梅間御法事、
一、(マヽ)
一、泉涌寺江御代香使今小路兵部卿相務、御花一筒被備之、
一、梶井後正法院(叡仁)宮樣三十三回御忌ニ付、御葩三拾葉被

石山基名伺候御伺御禮申上
*常樂院御講釋奉
*三角了敬拝診調藥
*閑院宮へ御成
京都代官關東より上京毛氈獻上
*町奉行與力西尾新太郎へ御立入仰付參上
三角了敬拝診調藥
*智積院より八朔御祝儀
*常樂院御講釋奉
梶井寺家宰相參上後正法院宮へ御備御禮
*禁裏より長橋御文にて來月御内々御祈禱御撫物進上
聖廟御代參
*禁裏より御色紙進上御和歌獻上御請
三角了敬拝診調藥

備之、御使僧、
一、石山前黄門(基名)御伺公、時候御伺、先頃より少々所勞ニ罷在、御不沙汰申上候、次第御機嫌も御宜敷被爲有候段、恐悦存候、且中元ニ者、毎々御丁寧ニ御祝儀拝受仕畏存候、右御伺且御禮等被申上候由、被申置御退出、
廿二日、己巳、當番、松井相模守・木崎河内・岡本内匠、
廿三日、庚午、晴、當番、菅谷中務卿・伊丹將監・中嶋織部、
一、小堀數馬(邦直)關東より上京ニ付、毛氈一折貳枚獻上、
但、去ル二月下向之節、爲御餞別白綿一折三把被下候事、
廿四日、辛未、晴、當番、今小路兵部卿・九鬼主殿、
一、三角了敬參上、拝診、御藥調進、
廿五日、壬申、晴、當番、松井相模守・木崎河内・岡本内匠、
一、常樂院(志岸)下山、參殿、
一、梶井御門跡御内惣代寺家宰相(養忠)參上、後正法院宮樣御年忌ニ付、御備物御禮申上、
一、聖廟江御代參、
廿六日、癸酉、當番、菅谷中務卿・伊丹將監・中嶋織部、
一、三角了敬參上、拝診、御藥調進、

廿七日、甲戌、晴、當番、今小路兵部卿・九鬼主殿、西市正所勞、大膳在坂、
廿八日、乙亥、晴、當番、松井相模守・木崎河内・山下監物・九鬼主殿、藏人・内匠所勞、日之内返番、
一、常樂院御講釋奉、
一、三角了敬拝診、御藥調進、
廿九日、丙子、晴、當番、菅谷中務卿・伊丹將監・中嶋織部、
一、東尾殿御參、
一、午刻過御出門、閑院樣へ御成、戌刻前還御、御供松井若狹守・鈴木求馬・九鬼主殿、御先三人、
一、町奉行東組與力西尾新太郎、依願御立入被仰付、初而參上、昆布一折五十本・扇子三本入獻上、於鶴之間吸物・御酒・御菓子等被下、木崎河内面會、新太郎當時公事方也、
晦日、丁丑、晴、當番、今小路兵部卿・松井西市正・三上大膳・九鬼主殿、
一、智積院僧正より、八朔爲御祝儀薯蕷一折獻上、
一、常樂院御講釋奉、
一、東尾殿御參、
一、禁裏御所御使進藤左仲、長はし御文ニて來月御内々御祈禱御撫物被進候也、
一、禁裏御所御使西地勝治郎、御色紙被進之、御和歌壹枚御認被上候樣との御事、則御請被仰上候也、

三角了敬拜診調藥
*裏松謙光へ御會紙御染筆差上
四御所女一宮へ八朔御祝儀御獻物御參賀は御斷
*御末寺御境內寺より八朔御祝儀
閑院宮へ八朔御祝儀和歌御門弟につき御進物
青門知門聖門へ八朔御祝儀
*朝日宮神主より名越神事御札神供獻上
*傳奏へ關東下向の岡本左司馬歸著との御屆
坊官以下當日御禮御視仰付

一、三角了敬參上拜診、御藥調進、

八　月　御用番松井西市正(長昌)、

八朔、戊寅、雨、當番、松井相模守(永亨)・木崎河內(正達)・三谷藏人(寬重)・山下監物(重好)・岡本內匠、

一、四御所(光格・後櫻町・舍子・富子)・女一宮(欣子)樣江八朔御祝儀被獻物、例年之通、且御參賀可被遊候處、御法用ニ付御不參、御斷被仰上候也、

一、閑院一品宮(典仁)樣江八朔御祝儀、昆布一箱、和歌御門弟ニ付、別段昆布一箱・御樽料金貳百疋被進之、尹宮(美仁)樣江御口上計、右御使木崎河內、

一、青門(尊眞)樣・知門(尊峯)樣・聖門(忠譽)樣江、當日御祝儀被仰進候也、御使初瀨川采女、

一、右御同所より御斷御使被進候事、

一、日嚴院(堯忠)僧正使者を以、御祝儀被申上、

一、智積院(鑁啓實嚴)僧正依所勞、代養眞院を以、當日御祝儀申上、

一、東尾殿(眞應)御參、

一、當日御禮參上之輩、山本內藏・篠田主膳・香山大學・市川養元・村若左門・土岐要人・知足庵、

一、當日御禮、於御座間坊官已下中奧迄、如例常勤置無之御家頼も御視被仰付候也、

一、高森因玄・同因順、當日御禮參上、

一、裏松三位殿(謙光)へ、昨日被仰出候御會紙御染筆被差上候、宜御披露賴思召候旨、御使を以爲持被遣候事、御落手也、御使中嶋織部(德方)、

一、御末寺幷御境內寺方より八朔御祝儀、例年之通獻上、饅頭一折　稱名寺(宣譽)、同一折　專定寺(玄撮)、外良餠五棹　專稱寺(龍空)、干菓子五袋　淨心寺(惣阿)、外良餠五棹　正林寺(潮音)、同貳棹　小町寺、扇子五本入　明暗寺、同三本入　鹿ケ谷安樂寺、

二日、己卯、當番、菅谷中務卿(寬常)・伊丹將監・中嶋織部、

一、朝日宮神主增穗大和、名越神事御札・神供獻上、

三日、庚辰、晴、當番、今小路兵部卿(行先)・松井西市正・三上大膳・下坂・九鬼主殿、

一、東尾殿御參、

四日、辛巳、當番、松井相模守・木崎河內・山下監物、內匠所勞、

五日、壬午、曇、當番、菅谷中務卿・伊丹將監・中嶋織部、

一、傳奏へ御屆被差出、御留守居牛丸九十九持參、

覺

去ル四月七日御屆被仰入、關東へ被差下候御家賴岡本左司馬、昨日致上京候、依御屆被仰入候、此段戶田因幡守(忠寬)殿へ宜御傳達可被進候、已上、

*梅間にて御囃子仰付

*三角了敬拜診調藥

岡本左司馬の御繪符につき歸京御屆

*山門妙觀院を招き十五十六日御登山仰出

*久世通根より御依賴の扇面畫獻上

閑院宮へ御成參內

禁裏より御文匣到來

巳八月五日　　妙ー〻御内　木崎河內 印

油小路(隆前)前大納言樣御內　伏田右衞門殿

久我(信通)大納言樣御內　下村丹司殿

(鞏業)辻信濃守殿

岡本內記殿

覺

去ル四月七日御屆被仰入、御家賴岡本左司馬、關東へ被差下候節、御繪符被差出候處、昨日致上京候、仍爲御屆如此御座候、已上、

巳八月五日　妙ー〻　木ー〻 印

宛□同前、

一、東尾殿御參、

一、常樂院(志岸)參上、

六日、癸未、當番、今小路兵部卿・九鬼主殿、

一、巳刻御出門、先閑院樣江被爲成、夫より御參內、還御、御供松井相模守・初セ川采女・九鬼主殿、御先三人、

一、入夜從禁裏(光格)御所御使來、御書付御文匣持參、監物出會、御留主之御所故、還御之砌可申入旨申述、

七日、甲申、晴、當番、松井相模守・木崎河內・山下監物、

一、於梅間御囃子被仰付候付、仍召參上候輩、謠林喜右衞門・同井上治郞右衞門・太鼓村上新藏・笛、吸田利右衞門弟子、石津鐵次郞、

一、山門執行代延命院、今度圓教院(靜然)退役跡役被仰付候付御屆、且御禮參上、外良餠一折五棹獻上、

八日、乙酉、晴、當番、菅谷中務卿・中嶋織部・將監所勞、

一、三角了敬拜診、御藥調進候也、

九日、丙戌、雨、當番、今小路兵部卿・松井西市正・三上大膳・九鬼主殿、

一、山門妙觀院(俊榮)相招、今日參上、木崎法眼相達趣、來ル十五日・十六日兩日之內、御登山被爲有、勸學會御內〻之御聽聞可被遊候、被得其意、先略之通取計可被申候、奉畏退去、

十日、丁亥、曇、當番、松井相模守・木崎河內所勞・山下監物・岡本內匠、

一、久世三位(通根)殿より使を以、時節伺御機嫌、且先達而御賴被仰遣候扇面畫、彼是御用多、段〻延引相成申、漸出來候付、爲持被上候由也、

十一日、戊子、雨、當番、菅谷中務卿・伊丹將監・中嶋織部、

一、山門本行院、時節伺御機嫌參上、

十二日、己丑、雨、當番、今小路兵部卿・九鬼主殿、

一、東尾殿御參、

*萬里小路政房伺候
石清水御神事につき傳奏觸
*下御靈社御參詣
*勧修寺良顕より來月護持勤修の通知
木崎兵庫へ御廣間詰仰付
參內
*來月護持勤修の御返書
一條輝良へ御婚禮御祝詞
九條尚實へも御祝詞
中村帯刀今日より登山
*明日御登山につき準備方登山
小嶋軍治へ御語合仰付

一、傳奏觸到來、
就石清水放生會、從明十三日晩至十六日朝、禁裏樣御神事、從明後十四日晩至十六日朝、仙洞(後櫻町)樣御神事ニ候、仍爲御心得各迄可申入之旨、兩傳(油小路隆前・久我信通)被申付如此候、已上、
八月十八日　兩傳奏　雜掌
御宛所如例、
坊官御衆中
一、木崎兵庫、依願御廣間詰被仰付候事、
十三日、庚寅、當番、松井相模守・木崎河内所労・三谷藏人所労・山下監物・岡本內匠、
一、巳半刻御出門、御參內、[蟲食]還御、御供相模守(松井永亨)・友田掃部・中嶋織部、御先三人、
一、一條右府(輝良)樣江、御婚禮御歡被仰進、
一、九條(尚實)樣江、今般一條右府樣[蟲食]養子御極ニ付、御歡被仰進候事、右御兩家共御音物御斷故、御口上計、御使菅谷中務卿、
十四日、辛卯、晴、當番、菅谷中務卿・中嶋織部、
一、明後十六日御登山ニ付、中村帯刀、今日より登山候事、
一、青侍小嶋軍治、御語合被仰付候事、

一、萬里小路前大納言殿(政房)御伺公、於御座之間御對面後、於梅間御湯漬出、
十五日、壬辰、晴、當番、今小路兵部卿・木崎兵庫、
一、下御靈社江御參詣、夫より〔以下缺〕
一、當日御禮參上輩、土岐要人・知足庵・山本內藏・篠田主膳・香山大學・村若縫殿、
一、勧修寺辨殿(良顕)より勝安養院僧正(堯海)江奉書到來、
來月護持可令勤修給之旨、被仰下候、此旨宜令洩申妙法院宮(眞仁)給候也、恐惶謹言、
八月十五日　良顕(勧修寺)
勝安養院僧正御房
勝安養院僧正御在國故、例之通日嚴院僧正(堯忠)より被及返翰候也、
來九月護持、妙法院宮可有御勤修之旨、則申入候處、御領掌候也、恐惶謹言、
八月十五日　堯忠
勧修寺辨殿
一、明日御登山ニ付、山下監物・堀部多仲・御板元西村善兵衛・高木幸七、其外下部等登山候事、
十六日、癸巳、晴、當番、松井相模守・山下監物山門詰・加番岡本內匠御供・九鬼主殿、

御登山申刻前御宿院御著

*東本願寺より松原辻にて先掛失禮の段御斷申上

久世通根より扇面畫につき御挨拶

*淨妙庵參上還御御機嫌伺御撫物返上

岡田林藏へ御修理方下役仰付

*石山基陳伺候

雲母坂を經由御下山檀王法林寺にて御休憩未半刻還御

*勸學大會會行事參上御聽聞御禮

一、今日御登山、辰半刻御出門、砂川法性寺ニて御小休、午刻山鼻田家ニ而御憩、御辨當被召上、御供之上下辨當相濟、高野越御登山、上下寄ニ而御小休、申刻前御宿院江御着、金剛院大僧都追倍、御供菅谷中務卿・初瀬川采女・岡本內匠、茶道內田喜齋、御先丸茂矢內・末吉味衞門・津田源吾、押兩人、御長刀・御挾箱一荷、御茶辨當・御長柄、其外例之通、御輿者六人、

十七日、甲午、晴、當番、今小路兵部卿・織部代木崎兵庫、中務卿在山、

一、久世三位殿、先日扇面畫御賴之處、認被上候付、爲御挨拶羊羹一折五棹被遣候也、

十八日、乙未、雨、當番、木崎兵庫・九鬼主殿、

一、岡田林藏、御修理方下役ニ被仰付候事、是迄元締方下役相勤候也、

十九日、丙申、雨、當番、松井相模守・木崎河內・岡本內匠、

一、甲賀祐元御登山、伺御機嫌參上、

廿日、丁酉、晴、當番、今小路兵部卿・伊丹將監・中嶋織部、

廿一日、戊戌、雨、當番、今小路兵部卿・木崎兵庫・九鬼主殿、

一、今日御下山被爲遊候付、御迎靑侍已下登山、

一、辰半刻御宿院御出門、雲母坂御下山、下り松ニ而御憩、御膳等被召上、夫より東河端三條檀王ノ寺內ニ而御小休、未半刻還御、金剛院大僧都追陪、御供菅谷法眼・中村帶刀・初瀬川采女・土岐要人、茶道內田善可、御先松井權之進・末吉味衞門・小嶋軍治、押兩人、其外如例、

一、東本願寺(乘如光遍)御門主より使者藤井健治郎、先刻御門主大谷より被歸候節、健(建)仁寺町松原辻ニ而、宮樣御通共不被存、先掛被致、跡ニ而宮樣之由被承、甚以氣毒被存候、右被及御失禮候御斷、以使者被申上候也、御口上之趣被聞召候旨、御返答也、

廿二日、己亥、雨或晴、當番、松井相模守・木崎河內・岡本內匠、

一、惠宅師參上、昨日還御、伺御機嫌、且此間御預り申候御撫物、返上仕候事、

廿三日、庚子、晴、當番、菅谷中務卿・伊丹將監・中嶋織部、

一、水口要人、關東より上京、

一、小坂殿御參、

一、石山三位殿(基陳)御伺公、梅之間江御通、時節伺御機嫌申置、御退去、

廿四日、辛丑、晴、當番、今小路兵部卿・中嶋織部・兵庫代九鬼主殿、西市正所勞、大膳下坂、

一、山門勸學大會會行事安祥院(善應)・副行事寶嚴院參上、此間

*青門諸大夫梅嶋丹後守昇位勅許につき御禮參上
水口要人關東より上京の御届
*御小納戸役を木崎兵庫御免初瀬川采女へ仰付
*閑院宮より御住山還御の御歡仰進
*北野菅廟御代參
京極家中畑彈番矢數稽古の御届
*閑院宮へ御成四御所へ參進

ハ勸學會御聽聞被爲成難有奉存候、右御禮申上、方金貳百疋獻上、於御座間御對面被仰付候事、
水口要人上京御届被差出候、牛丸九十九持參、

覺

去卯年四月六日御届被仰入、關東へ被差下候御家賴水口要人、昨日致上京候、依御届被仰入候、此段戸田因幡守殿へ宜御通達可被進候、以上、

八月廿四日　　妙――御内　菅谷中務卿印

油小路前大納言樣御内
伏田右衞門殿
下村丹司殿
久我大納言樣御内
辻信濃守殿
岡本内記殿

覺

去卯年四月六日御届被仰入候［蟲食］水口要人、關東江被差下候節、御繪符被差出候處、昨日致上京候、仍爲御届如此御座候、已上、

八月廿四日　　妙――菅谷――印

前同、

一、京極壹岐守(高文)家中畑彈番、御境内池田町ニ旅宿仕、矢數之稽古仕候ニ付、御届申上候、此段御役人中迄宜奉賴旨、御玄關迄參上、
一、青蓮院宮樣諸大夫梅嶋丹後守(勝直)、從五位下兼內匠大允蒙勅許、難有仕合奉存候、右御禮參上、御玄關ニ而申置、
廿五日、壬寅、晴、當番、松井相模守・木崎河內・山下監物・岡本內匠、
一、小坂殿、普應院殿御參、
一、木崎兵庫、御小納戸役御免、且御進物役如元、
一、初瀬川采女、御小納戸役被仰付、但、御藏方是迄之通、
一、閑院宮樣御使山本求馬來、時節御見舞、且此間御住山被爲在、御機嫌克還御被爲在、珍重御事思召候、右御歡旁被仰進候也、尹宮樣・孝宮樣(御妹君)よりも御同樣也、御使求馬御對面、御直答也、北野菅廟江御代參、中村帶刀相勤候也、
廿六日、癸卯、晴、當番、菅谷中務卿・松井若狹守・伊丹將監・中嶋織部、
一、常樂院參上、
一、香山大學、御住山爲伺御機嫌參上、
廿七日、甲辰、晴、當番、今小路兵部卿・松井西市正・木崎兵庫・九鬼主殿、
一、巳半刻御出門、先閑院宮樣江被爲成、未刻過女院(富子)御

所、次御參院(後櫻町)、次大女院(舍子)御所、次御參內(光格)、申半刻御退出、酉刻過還御、御供菅谷中務卿・中村帶刀・木崎兵庫、御先三人、

一、常樂院參上、

一、傳奏觸到來、

口上覺

就伊勢例幣從來廿九日晚御神事、自來月九日晚至十三日朝御潔齋候、仍而爲御心得各迄可申入之旨、兩傳被申付如此候、已上、

八月廿六日　兩傳奏雜掌

御宛所如例、

又壹通、

口上覺

別紙之通、武邊より申來候ニ付、爲御心得各迄可申入之旨、兩傳被申付如此候、已上、

一、中國・西國筋、其外是迄無支配之盲僧共、青蓮院宮御支配相成候ニ付、武家陪臣之悴、盲僧ニ相成、右宮御支配ニ附候共、又者、鍼治・導引・琴・三味線等いたし檢校之支配ニ相成候共、勝手次第たるへく候、百姓・町人之悴盲人者、盲僧ニ者不相

成、鍼治・導引・琴・三味線等いたし檢校之支配ニ可相成候、若內分ニ而寄親等いたし盲僧ニ相成候儀者、決而不相成事ニ候、右之外百姓・町人之悴盲人ニ而、琴・三味線・鍼治・導引、以後者不致、親之手前ニ有之而已之者、幷武家へ被抱主人之屋鋪、又者主人之在所へ引越、他所之緣不致分者、安永五申年ニ相觸候通、制外たるへき事、

右之通可相守旨、不洩樣可被觸、

八月

廿八日、乙巳、晴、當番、松井相模守・木崎河內・山下監物・岡本內匠、

一、小坂殿・東尾殿御參、

一、金剛院殿より、先月富無滯被相濟候ニ付、御菓子料銀五枚被上之、

廿九日、丙午、晴、當番、菅谷中務卿・松井若狹守・伊丹將監代監物・中嶋織部、

一、御內々御祈禱御卷數・御撫物御獻上、御使小畑主稅、

一、鈴木求馬、御藏役被仰付候事、

一、松井丹波、書記方被爲免候事、

一、松井喜齋、茶道方被爲免、書記方被仰付候事、

右、今日被仰付候事、

一、護持本尊御撫物、細川極﨟(常芳)持參、御倉山科右近權

伊勢例幣御神事につき傳奏觸

*金剛院より富興行相濟み御菓子料獻上

*御內々御祈禱卷數御撫物獻上

盲僧は青門宮の支配となり鍼治按摩等檢校支配下なるも盲人は盲僧ではなく檢校支配下なりとの觸

*御藏役書記方仰付

油小路家より堺奉行の紙面通達あり柴田平左衞門へ妙門御用達仰出により同人御用の節帯刀との儀なれど先例なきにより帯刀は承知できずとの申渡しの旨承知との書付差出

助・衞士重主計來、
一、油小路家より御招ニ付、御里坊御留主居罷出候處、堺奉行より紙面之寫を以御達、則承知書差出、御留主居九十九（牛丸）持參候也、
紙面之寫、
妙法院宮より被指出候書付、傳奏衆より御到來ニ付被遣之、則當表戎嶋萬屋町柴田平左衞門儀、此度右宮御用達被御申付、尤御用之節者、帯刀被御申付候旨ニ付、右柴田平左衞門呼出相尋候處、右宮御臺所醬油買入御用達承り、尤右御用之節計、帯刀致候儀之旨、書付差出候ニ付、御城代阿部（政敏）能登守殿江伺之上、右御臺所醬油買入御用達相勤候儀者承屆、尤右御用之節ニ而も、帯刀致候儀者、先例も無御座候儀ニ付、難承屆段、右平左衞門病氣ニ付、代治兵衞江申渡候、
八月廿七日
尙〻、右平左衞門儀相尋候節、度〻病氣ニ罷在、取調難出來、段〻及延引候儀ニ御座候、左樣御心得可被下候、已上、
承知書、奉書半切ニ認之、

妙法院宮御用達戎嶋萬屋町柴田平左衞門、此度御用達ニ被仰付候ニ付、右御用之節者、帯刀被仰付度旨、先達而御屆被仰入候所、右柴田平左衞門へ御尋之上、當宮御臺所醬油買入御用達承り、尤御用之節計、帯刀致候儀、書付差出候ニ付、御城代阿部能登守殿江御伺之上、右御臺所醬油買入御用達相勤候儀者御聞濟被進、尤右御用之節計ニ而も、帯刀致候儀者、先例も無御座候儀ニ付、御聞濟難被成旨、平左衞門病氣ニ付、代治兵衞江御申渡被成候段、則堺奉行所紙面之寫を以御達被進候趣、委細承知仕候、已上、
八月廿九日　　妙 御内 菅谷中務卿
兩傳奏
雜掌名宛、

*當月護持幷に御內々御祈禱御勤修
*三御所へ當日御祝詞仰上

九月　御用番菅谷（寬常）中務卿、

朔日、丁未、晴、當番、今小路（行先）兵部卿・木崎兵庫・九鬼主殿、
一、當月護持幷御內〻御祈禱御勤修也、
一、仙洞樣（後櫻町）・大女院樣（舍子）・女院樣（富子）江、當日御祝詞、御使を以被仰上、御法用被爲有、御不參御斷も被仰入候也、

*松田秀山拜診調藥
閑院宮へ御祝詞
*普應院明日夜船にて歸坂
*閑院兩宮へ松茸進上
豐山へ御成御茶屋にて御召上
*松井永昌へ遠慮仰付
*兩傳奏衆へ松茸御遣
三角了敬拜診調藥
普應院御參宿
*伊勢例幣神事につき傳奏觸
三宅宗達拜診

御使松井相模守(永亨)、
一、閑院宮樣(典仁)江當日御祝詞被仰進候事、御使同人、
一、小坂僧正(堯忠)・東尾大僧都(眞應)御參、
一、當日御禮參上之輩、山本內藏・篠田主膳・三宅宗仙・三宅宗甫・三宅宗達・同勇仙・香山大學・市川養元、
二日、戊申、快晴、當番、松井相模守・木崎河內(正達)・山下監物(重好)所勞斷・岡本內匠、
一、豐山江御成、於右御茶屋御吸物・御酒・御切飯等被召上候也、御供帶刀(中村)・采女(初瀨川)・主税(小畑)・織衞(川上)・野吉(三上)・多仲(堀部)・茶道等也、
三日、己酉、快晴、當番、菅谷中務卿・松井若狹守(永喜)・伊丹將監・中嶋織部(德方)、
一、東尾大僧都御參、
一、三角了敬爲伺御機嫌參上、拜診被仰付、少々御時氣中之御氣味ニ被爲有、御藥調進候也、
四日、庚戌、快晴、當番、今小路兵部卿・木崎兵庫・九鬼主殿、
一、普應院(洞海)大僧都御參宿、
一、小坂僧正御參、
一、三宅宗達拜診、
五日、辛亥、陰晴、當番、松井相模守・木崎河內・山下監物・岡本內匠、
一、小坂僧正御參、
一、東尾大僧都同斷、
一、少々御口中氣ニ被爲有、松田秀山被召、拜診被仰付、御藥調進候也、
六日、壬子、雨、當番、菅谷中務卿・松井若狹守・伊丹縫殿・中嶋織部、
一、普應院殿今日御退出、明日夜船ニ而御歸國也、
七日、癸丑、雨、申刻比風烈、當番、今小路兵部卿・松井西市正(永昌)・木崎兵庫・九鬼主殿、
一、閑院兩宮樣(典仁・美仁)へ御領山松茸一籠ツヽ被進之、御使牛丸九十九、
一、小坂僧正御參、
一、依思召、松井西市正遠慮被仰付候事、
八日、甲寅、晴、當番、松井相模守・木崎河內・三谷藏人(寛重)出勤夜分斷・山下監物・岡本內匠、
一、兩傳奏衆(油小路隆前・久我信通)へ、御領山松茸一折ツヽ、被遣之、御使牛丸九十九、
一、傳奏觸到來、

口上覺

就伊勢例幣、從明後九日晩至十一日發遣、仙洞樣御神事候、仍爲御心得各迄可申入之旨、兩傳被申付如斯候、以上、

九月七日　　兩傳奏雜掌

宛所如例、

坊官御衆中

*閑院宮へ御成
當日御禮
仙洞以下御祝
儀仰上
*禁裏仙洞へ松
茸獻上
閑院宮へ御祝
儀
*松井永亨へ加
判之列仰付
*木崎兵庫へ御
修理方役仰付
青門より當日
御祝儀仰進
青門聖門へ御
祝儀仰進
*新日吉社千巻
心經供
*前輪門宮へ昨
日御成の御挨
拶仰進
所司代東西町
奉行へ松茸御
遣
*九條關白へ松
茸進上
*三角了察へ所
勞御尋羊羹下
賜
松井永昌加判
を罷免

追而、御廻覽後、油小路家へ御返し可被成候、已上、

重九、乙卯、晴或曇、當番、伊丹將監・中嶋織部、
一、於御座ノ間、當日御禮、良家衆(堯忠・眞應)・坊官已下如例、
一、仙洞樣・大女院樣・女院樣・女一宮(欣子)樣江、當日御祝儀以御使被仰上候事、御使松井相模守、
一、閑院宮樣へ右同斷、御使同人、
一、小坂僧正・東尾大僧都御參、
一、當日御禮參上之輩、土岐要人・知足庵・山本內藏・篠田主膳・三宅宗達・三宅宗仙・三宅圓達・三宅宗甫・三宅勇仙・香山大學・村若縫殿・市川養元、各於御座間御禮如例、
一、青門(尊眞)樣より當日御祝儀、御使を以被仰進候事、
一、青門樣・聖門(忠譽)樣へ當日御祝儀被仰進候也、御使九鬼主殿、
十日、丙辰、當番、今小路兵部卿・木崎兵庫・九鬼主殿、
一、所司代(戸田忠寛)・兩町奉行(丸毛政良・山崎正導)江、御領山松茸一折ツヽ被遣之、御使藪澤雅樂、
十一日、丁巳、當番、松井相模守・木崎河內・三谷藏人・山下監物・岡本內匠、
一、依思召松井西市正、表役加判之列被免候事、

十二日、戊午、快晴、當番、菅谷中務卿・伊丹將監・中嶋織部、
一、午刻御出門、閑院宮樣江御成、還御戌刻、御供松井相模守・伊丹將監・小畑主稅、御先三人、
十三日、己未、快晴、當番、今小路兵部卿・木崎兵庫・九鬼主殿、
一、禁裏(光格)御所・仙洞御所江、松茸一折ツヽ被獻之、御使木崎法眼、
一、松井相模守、右、思召ヲ以表役加判之列被仰付、御修理方役・御進物方役被免候事、
一、木崎兵庫、右、御修理方役被仰付、御進物方役如元、右、於梅ノ間次ノ間、小坂僧正(堯忠)・菅谷中務卿・木崎河內列座ニ而申渡、
一、午刻御出門、
十四日、庚申、午後雨、當番、今小路兵部卿・木崎河內・三谷藏人・山下監物日之內代將監、
一、新日吉社千巻心經、出仕寶生院(善資)・惠乘房(玄隆)、
一、隨宜樂院宮(公遵)樣江昨日被爲成候御挨拶被仰進候事、御使伊丹將監、
一、九條殿下(尚實)樣江御領山松茸一折被進之、御使牛丸九十九、
一、三角了察、先頃より所勞ニ付、爲御尋羊羹一折五棹被下之、表役より手紙ニ而被下候也、

*傳奏へ酒井志摩下關の届出
山田政澄へ再勤仰付

一、村瀬掃部參上、御對面被仰付候也、
十五日、辛酉、雨、當番、菅谷中務卿・伊丹將監・中嶋織部、
一、山田大炊允(政澄)、依願再勤被仰付候事、於梅ノ間次ノ間、
小坂僧正、表役列座ニ而申渡、巳來御給米十石被下
候也、
一、小坂僧正御參、
一、當日御禮參上之輩、山本內藏・三宅宗達・市川養元、

京極家中畑彈番通矢

一、京極壹岐守(高文)家中畑彈番、今日千射之內通矢七百貳十
貳本、右之段松井右近より御屆申上候也、
一、酒井志摩願之趣、

酒井志摩より下關につき御繪符の願出
*傳奏へ酒井志摩下關につき御繪符の届出

口上之覺
一、此度私儀、江戸表江罷下候ニ付、例之通御繪符奉
願候、御聞濟被成下候ハヽ、來ル十七日發足、東
海道筋通行、遠州相良城內江立寄、於江戸麻布谷
町御先手組與力原久左衞門方江着仕候、右願之通
御聞届被成下候者、難有奉存候、以上、
巳九月九日　酒井志摩印
松井西市正様
木崎河內様

*法雲房へ病氣につき御暇仰付

一、右願之通御聞濟ニ付、今日傳奏衆へ御届被差出候也、

覺
妙法院宮御用ニ付、御家頼酒井志摩、關東江被差
下候、明後十七日京都致發足候、江戸逗留之程難
計候、罷登候ハヽ、早速御届可被仰入候、此段戸
田因幡守(忠寛)殿江宜御傳達可被進候、
巳九月十五日　妙法院宮御內　菅谷中務卿印
油小路(隆前)前大納言様御內　伏田右衞門殿
久我(信通)大納言様御內(章業)　下村丹司殿
辻信濃守殿
岡本內記殿

覺
妙法院宮御用ニ付、御家頼酒井志摩、關東江被差
下候、明後十七日京都致發足候、依之如例御繪符
被差出候、罷登候ハヽ、早速御届可被仰入候、仍
爲御届如是御座候、以上、
巳九月十五日　妙――　菅谷中務卿印
宛所前ニ同、
十六日、壬戌、晴、當番、松井相模守・木崎兵庫・九鬼主殿、
一、御同宿法雲房(是空)、病身ニ付、依願首尾能御暇被下候事、

*御朱印幷に御判物御蟲拂
寶生院附弟法輪坊初御目見
番組結改
*常樂院御講釋奉
*三寶院より新門主入室得度なれど御進物御斷の旨來狀
常樂院御講釋奉
*三卿へ御領山へ御出の儀につき御使
三宅宗達拜診
常樂院御講釋奉
山科岱安拜診
*德川家齊への暑中御見舞御進物御返答を所司代より御達
常樂院附弟一位加行結願御札獻上

御目錄金三百疋被下候也、

一、常樂院(志岸)、今日下山ニ付御參殿、

一、御寺中寶生院(善資)附弟法輪房、初而御目見被仰付候事、

一、番組結改之事、

一番、菅谷中務卿・松井若狹守・三谷藏人・伊丹將監・中村帶刀奥詰・初瀨川采女奥詰・中嶋織部、

二番、松井西市正・松井相模守・初瀨川采女・三上大膳・木崎兵庫・友田掃部奥詰・藪澤雅樂奥詰・九鬼主殿、

三番、今小路兵部卿・木崎河內・山田大炊大允・山下監物・小畑主稅奥詰・鈴木求馬奥詰・岡本內匠、

十七日、癸亥、晴、當番、今小路兵部卿・木崎河內・山田大炊大允・山下監物・岡本內匠、

一、常樂院參上、御講釋奉、

一、小坂僧正・東尾大僧都御參、

一、三宅宗達參上、拜診被仰付候事、

十八日、甲子、晴、當番、菅谷中務卿・三谷藏人・伊丹將監・中嶋織部、

一、常樂院御講釋奉、

一、山科岱安、爲伺御機嫌參上、拜診被仰付候也、

一、常樂院附弟一位、此度加行結願ニ付御札獻上候也、

十九日、乙丑、晴、午後曇、當番、松井相模守・木崎兵庫・九鬼主殿、

一、於御書院、御朱印・御判物御虫拂之事、

一、小坂僧正・東尾大僧都御參、

一、常樂院御講釋奉、

一、三寶院(高演)樣坊官より手紙到來、其趣、

三寶院御門跡、來ル廿一日御入室御得度被相催候、右爲御祝儀被進物等御沙汰も有之候ハヽ、此節御儉約中ニ付、御音物御贈答之儀、御內外共堅御斷被仰入候、此段各方迄可得御意如此御座候、萬一御素使等被進候御沙汰も御座候ハヽ、乍御自由、京都御里坊迄被進候樣被成度候、此段可得御意旨御座候、以上、

九月十五日　山田治部卿

妙法院宮樣
坊官御中

一、萬里小路前大納言(政房)殿・中山中納言(愛親)殿・久世三位(通根)殿へ、先頃御約束被爲有候御領山へ御出之儀、此節御伺公御座候樣、以御使被仰遣候事、御使岡本內匠、

一、川上織衞、半元服被仰付候事、

一、關東大納言(德川家齊)樣江暑中御見舞被進物御返答、今日於所(戶田忠寬)司代亭達有之旨、此間御附武家より傳達有之候ニ付、

*寶生院弟子法輪房浴油結願につき御團獻上
*三谷藏人に御進物方仰付
日吉社司より御祈禱御札并に栗獻上
*松井喜齋に中奧仰付
*牛丸九十九に中奧仰付
法雲坊へ御暇につき御目見仰付
*日嚴院坊官列座にて御家來に仰出の諸條項申渡
靑門宮より宮中御懺法講御導師拜命の由御風聽仰進
輪門宮より使者上京御見舞として繪半切一箱進上
非藏人口にて勸修寺經逸より能御覽御參の仰出

御使山田大炊大允行向候處、右之趣戸田因幡守(忠寛)被達
候事、
廿日、丙寅、雨、當番、今小路兵部卿・木崎河内・山田大炊大允・山下監物・岡本内匠、
一、生源寺民部大輔(行整)書狀を以、當月御祈禱御札并栗一折
獻上、
一、小坂僧正・東尾大僧都御參、常樂院參上、
一、御同宿法雲房、此度願之通御暇被下候ニ付、今日於
御座之間御目見被仰付候事、
廿一日、丁卯、當番、菅谷中務卿・松井若狹守今日より出勤、・三谷藏人・伊丹將監・中嶋織部、
一、靑蓮院宮樣より御使來、時節御口上、且來ル十月十
二日於宮中御懺法講御導師被仰出候ニ付、御風聽被
仰進候也、
一、輪王寺宮(公延)樣より此度御使被爲差登候ニ付、爲時候御
見廻御書中繪半切一箱被進之、
一、尹宮樣より御書被進候也、
一、從非藏人口御招ニ付、御留守居牛丸九十九罷出候處、
勸修寺中納言(經逸)殿被仰渡趣、來ル廿七日能御覽ニ付御
參之儀被仰出候旨也、
廿二日、戊辰、晴、當番、松井相模守・三上大膳・木崎兵庫・九鬼主殿、
一、小坂僧正御參、

一、寶生院弟子法輪房、此度浴油相勤結願ニ付、御團獻
上候也、
一、三谷藏人、御進物方役被仰付候事、
一、松井喜齋、中奧被仰付、壹石御加增之事、
一、牛丸九十九、御里坊御留守居ニ付、此度中奧ニ被仰
付、壹石御加增被仰出候事、
右三人共、於梅ノ間小坂僧正・表役三人列座ニ而申
渡候也、
一、於梅ノ間、小坂僧正・菅谷中務卿・松井相模守・木
崎河内列座ニ而、此度御家賴之輩、夫〻江被仰出候
趣、被申渡候事、
坊官・諸大夫・侍法師・六位侍江被仰付候趣、
一、近來於御殿內禮節不宜、不行儀之事共有之候、向
後相愼心得違無之、御廣間壁書之趣、急度相守可
申事、
一、當番之節、檀より上江御用之外、參り申間敷事、
一、當番之節、詰所雖暫時闕座仕間敷事、
一、當番之節、致出殿候者御前江罷出候事、
但、是迄御定之通、辰之刻無遲〻出勤可有之事、
一、當番之節、爲支度下宿之儀相止、辨當ニ可仕事、

御廣間一統へも仰付
*御次詰一統へ仰付

一、式日御禮巳刻限、遲參之者無御構御禮始り候事、
一、御成之節御供揃、刻限及遲滯申間敷事、
一、御供先禮節不亂、高聲雑談仕間敷事、
一、來月より二七日、於梅之間御講釋被仰付候間、執心之輩者、聽聞罷出可申事、

巳九月

御廣間一統江被仰付之趣、
一、近來於御殿內禮節不宜、不行儀之事共有之候、向後相愼心得違無之、御廣間壁書之趣、急度相守可申事、
一、當番之節、檀より上江御用之外參り申間敷事、
一、當番之節、詰所雖暫時闕座仕間敷事、
一、當番之節、致出殿候者御前江罷出、退出之砌者、番頭江相屆可申事、
但、是迄御定之通、辰刻無遲〻出勤可有之事、
一、當番之節、爲支度下宿之儀相止、辨當ニ可仕事、
一、式日御禮、巳刻限、遲參之もの御構なく御禮始り候事、
一、御成之節御供揃、刻限及遲滯申間敷事、

一、御供先禮節不亂、高聲雑談仕間敷事、
一、來月より二七日、於梅之間御講釋被仰付候間、執心之輩者、聽聞罷出可申事、

巳九月

右之通、申合相勤可申事、
一、御成之節御供、中村帶刀・木崎兵庫・初瀨川采女・友田掃部・中嶋織部・鈴木求馬・岡本內匠・九鬼主殿、
一、御使藪澤雅樂・小畑主稅・松井喜齋、

御次詰一統江被仰付候趣、
一、近來於御殿內禮節不宜、不行儀之事共有之候、向後相愼心得違無之、御廣間壁書之趣、急度相守可申事、
一、當番之節、檀より下(上)江御用之外罷出申間敷事、
一、式日御禮巳刻限、遲參之もの無御構御禮始り候事、
一、御成之節御供揃、刻限及遲滯申間敷事、
一、御供先禮節不亂、高聲雑談仕間敷事、
一、當番之節、致出殿候ハヽ、御前江罷出、退出之砌者、番頭江相屆可申事、
但、是迄御定之通、辰刻無遲〻出勤可有之事、
一、當番之節、爲支度下宿儀相止、辨當可仕事、

一、來月より二七日、於梅之間御講釋被仰付候間、聽聞罷出可申事、

一、御成之節御供、中村帯刀・木崎兵庫・初瀨川采女・友田掃部・中嶋織部・鈴木求馬・岡本内匠・九鬼主殿、

一、御使藪澤雅樂・小畑主税・松井喜齋、

右之通、申合相勤可申事、

巳九月

出家へ仰付

出家江被仰付趣、

一、近來於御殿内禮節不宜、不行儀之事共有之候、向後相愼心得違無之、御廣間壁書之趣、急度相守可申候事、

一、無據用事有之候而、他出いたし候共、壹人ツヽ者、急度相詰可申事、

一、御用之外、御次江參り申間敷、若相窺候儀も有之候ハヽ、御廣間迄可申出候事、

一、來月より二七日、於梅之間御講釋被仰付候間、執心之〔輩脱〕者、聽聞罷出可申事、

巳九月

承仕中奥茶道へ仰付

承仕・中奥・茶道江被仰付候趣、

一、近來御家賴之輩、於御殿内禮節不宜、不行儀之事共有之候、向後相愼心得違無之、御廣間壁書之趣、急度相守可申候旨被仰付候事、

巳九月

*青侍中へ仰付

青侍中江被仰付候趣、

一、近來於御殿内禮節不宜、不行儀之事共有之候、向後相愼心得違無之、御廣間壁書之趣、急度相守可申事、

一、當番之節、是迄之通無懈怠相勤、雖暫時詰所相離申間敷事、

一、御成之節御供、刻限及遲退申間敷事、

一、御供先禮節不亂、別而高聲雜談等仕間敷事、

一、來月より二七日、於梅之間御講釋被仰付候間、執心之輩者、聽聞罷出可申事、

巳九月

*元締方へ仰付

元〆方江被仰付候趣、

一、毎日御役所江七ツ時迄壹人ツヽ、無懈怠相詰可申、尤當番之節者、七ツ時より御廣間江相詰可申事、

御臺所へ仰付*

一、月〻勘定帳面差出可申候事、
一、禮節行儀、萬端下役之者江も、急度可申渡置候事、
一、來月より二七日、御講釋爲下役共執心之者者、聽
聞可仕事、
巳九月

代官方へ仰付

代官方江被仰付趣、
一、毎日御役所江七ツ時迄壹人ツヽ、無懈怠相詰可申、
尤當番之節者、七ツ時より御廣間江相詰可申事、
一、七月・極月兩度ニ、勘定帳面差出可申事、
一、禮節行儀、萬端町人共へ、急度可申渡置事、
一、來月より二七日、御講釋爲町役人共、執心之者者、
聽聞可仕候事、
巳九月

御修理方へ仰付

御修理方江被仰付候趣、
一、月〻勘定帳面可差出事、
一、禮節行儀、萬端下役下部迄、急度可申付置事、
一、來月より二七日、於梅之間御講釋被仰付候間、執
心之輩者、爲下役共聽聞可仕事、

*御領山へ御成　境山にて夕御膳

巳九月
御臺所江被仰付候趣、
一、近來於御殿内禮節不宜、不行儀之事共有之候、向
後相愼心得違無之、御廣間壁書之趣、急度相守可
申候事、
一、當番之節、是迄之通無懈怠相勤、雖暫時下宿仕間
敷事、
一、御門出入、是迄之通亥刻限、急度可被申渡事、
一、禮節行儀、萬端小頭下部迄、急度可被申渡事、
一、月〻勘定帳面可差出事、
一、來月より二七日、於梅之間御講釋被仰付候間、執
心之輩者、聽聞罷出可申事、
但、小頭等も執心之者者罷出、聽聞可仕事、
一、御供先おゐて下部共、是迄不行儀之事共も有之候、
已來相愼、高聲雜談無之様可申渡候事、
巳九月
一、午刻後より御領山江被爲成候事、於境山夕御膳、御吸物・御酒
等被召上、薄暮還御也、御供中村帶刀・木崎兵庫・
友田掃部・藪澤雅樂・川上織衞、東尾大僧都御扈從、

知足庵・三宅宗達御供被仰付候也、

廿三日、己巳、雨、當番、今小路兵部卿・木崎河内・山田大炊大允・山下監物・岡本内匠、

一、小坂僧正御參、

安祥院より法輪坊を寶生院附弟に仰付られ御禮申上

一、山門安祥院（善應）參上、伺御機嫌、且此度法輪房之儀、寶生院附弟願之通被仰付、難有奉存候、右御禮申上候也、

廿四日、庚午、晴、當番、菅谷中務卿・松井若狹守・三谷藏人・伊丹將監・中嶋織部、

花山院愛德より拜賀の節御歡使御遣に御禮申上

一、花山院大納言（愛德）殿より、此間拜賀被催候節、御歡御使を以被仰遣候御禮、使者を以被申上候也、

一、小坂僧正御參、金剛院大僧都御參、

金剛院より富興行相濟み御菓子料獻上

一、金剛院殿使者を以、八月分富無滯被相濟候ニ付、如例月御菓子料白銀三枚被上之候事、

松井喜齋元服多門と改名

一、松井喜齋、今日元服、多門与改名之事、

廿五日、辛未、雨、當番、松井相模守・三上大膳・木崎兵庫・九鬼主殿、

一、小坂僧正御參、

菅廟御代參

一、菅廟江御代參、

廿六日、壬申、晴、當番、今小路兵部卿・木崎河内・山田大炊大允（政澄）・山下監物・岡本内匠、

泉涌寺御修復中御參詣御無用との聖門よりの御順達

一、聖門樣（忠譽）より御順達之趣、

今日未半刻、傳奏久我家（信通）より――當門御家賴被相招被申達候者、從明廿六日至來十月八日泉涌寺御修復ニ付、御參詣之儀御無用可被遊候、尤廿九日・一日者不苦旨被申達候、尤此趣、當門より御一列樣方江御傳達可有之旨被申達候ニ付、御順達被成候、宜御沙汰可被成候、尤御銘〻樣より御承知御使ニ者不及旨御座候、以上、

九月廿五日　聖護院宮御内　今大路宰相

青蓮院宮樣　知恩院宮樣　一乘院（尊映）宮樣

妙法院宮樣

坊官御衆中

追而、御廻覽之後、當門へ御返し可被成候、尤明日より之儀ニ御座候間、早〻御順達可被成候、已上、

*所司代より時節御伺

一、戸田因幡守より以使者、時節爲伺御機嫌柿一籠獻上、

一、東尾殿御參、

廿七日、癸酉、晴或曇、亥刻過ヨリ雨、當番、菅谷中務卿・松井若狹守・三谷藏人・伊丹將監・中嶋織部、

*參内能御覽

一、卯刻御出門、能御覽ニ付御參内、申半刻御退出、閑院樣江被爲成、亥刻前還御也、御供山田大炊大允・中村帶刀・川上織衞・九鬼主殿・今小路鐵之助、御先丸茂矢内・松井權之進・末吉味衞門・若山孫之進・小嶋軍治、

御板輿御挾箱壹、其外常之通、

*禁裏へ井籠獻上

一、今日御參内ニ付、井籠一荷被獻之、御使山田大炊大

中山愛親御里坊へ伺候御領山へ參上延引御詫來月伺候と申上

*四御所へ當日御祝儀仰上

*閑院宮へ御祝詞進上

青門へ御懺法講御導師の御歡仰進

*山門より前唐院八講再建との御届

輪門宮へ御書水指進上

三宅宗達菊花獻上御對面

*中嶋德方孟子御講釋奉

*禁中より懺法講御聽聞の御案内

御内々御祈禱御卷數長橋局へ獻上

允相勤、

一、中山中納言殿(愛親)御里坊江御伺公、時節御伺、先日者御使被成下、御領山江參上之儀被仰下候處、彼是御用多延引相成申候而、最早當月中者、得參上不致候、猶來月ニ相成、久世(通根)三位申合、伺公可仕候、餘り延引相成候故、御禮御斷旁伺公候由也、

一、小坂僧正御參、

廿八日、甲戌、雨、午後晴、當番、松井相模守・三上大膳・木崎兵庫・九鬼主殿、

一、閑院一品宮樣江御庭紅葉〔以下缺〕

一、青門樣江、此間御懺法講被仰出候御風聽御使被進ニ付、御使を以御歡被仰進候事、御使藪澤雅樂、

一、輪王寺宮樣江御書・御水指一箱被進候也、御里坊江御使松井多門、

一、甲賀祐元、窺御機嫌參上、

一、東尾大僧都御參殿、小坂僧正同斷、

廿九日、乙亥、晴、當番、今小路兵部卿・木崎河内・山田大炊大允・山下監物・岡本内匠、

一、小坂僧正御參、

一、三宅宗達參上、菊花一筒獻上、御對面被仰付、

晦日、丙子、當番、菅谷中務卿・松井若狭守・三谷藏人・伊丹將監・中嶋織部、

一、御内〻御祈禱御撫物御卷數、長はしとのへ御書ニて御獻上、御使松井多門、

一、小坂僧正・東尾大僧都御參、

十月　御用番松井相模守(永亨)、

朔日、丁丑、快晴、當番、松井相模守・三上大膳・木崎兵庫・九鬼主殿、

一、四御所(光格・後櫻町・舍子・富子)江當日御祝儀御使、木崎河内(正達)を以被仰上候事、

一、閑院宮樣(典仁)江も、當日御祝詞被仰進候也、御使者同人、

一、當日御禮參上之輩、篠田主膳・山本内藏・三宅宗達・三宅宗仙・三宅宗甫・村若左門・岩永右衞門・市川養元・三宅勇仙、

一、山門東塔執行代延命院(亮寛)參上、書付を以御届申上候趣、前唐院八講久〻中絶仕罷在候處、當年十月十二・十三・十四、三日之間、右八講再建、當年より毎五年執行仕候、此段御届申上候、以上松井相模守面會候也、

二日、戊寅、晴、當番、今小路兵部卿(行先)・山田大炊大允(政澄)・木崎河内・山下監物(重好)・岡本内匠、

一、小坂僧正(堯忠)・東尾大僧都(眞應)御參、

一、於梅之間御講釋、孟子中嶋織部(德方)奉、

一、禁裏御所(光格)より御使御里坊迄、女房奉書持參之事、來ル十日より三ケ日之間、懺法講御とり行あらせら

れ候、御聽聞御參あらせられ候やうとの御事なり、
御返事ニ御請被仰上候也、御返書御留守居九十九(牛丸)持
參候也、

三日、己卯、快晴、當番、菅谷中務卿(寛常)・松井若狭守(永喜)・三谷藏人(寛重)・伊丹將監・中嶋織部、
一、東尾大僧都御參、
四日、庚辰、當番、松井相模守・三上大膳・木崎兵庫・九鬼主殿、
一、小坂僧正・東尾大僧都御參殿、
一、三角了敬江父了察先達而死去、此節穢中爲御尋蒸籠
餅饅頭貳組被下之、表役より手紙ニて被下候也、
五日、辛巳、雨、午後晴、當番、今小路兵部卿・木崎河内・山田大炊大允・山下監物・内匠所勞、加番日之内主殿、夜兵庫、
一、傳奏江御屆書一通被差出、月番油小路家(隆前)へ小嶋軍治
持參候也、御落手、

覺

妙法院宮御家頼
大佛芳野町住居
三宅宗達悴
三宅圓達

右圓達儀、是迄父宗達方ニ同居罷在候處、此度圓
達儀大佛本町三丁目圓達自宅江引移致住居候、仍
而爲御屆如此御座候、以上、

巳十月
妙法院宮御内
松井相模守 印

油小路前大納言(隆前)樣御内
伏田右衞門殿

久我大納言(信通)樣御内
下村丹司殿
辻(章業)信濃守殿
岡本内記殿

六日、壬午、當番、菅谷中務卿・松井若狭守・三谷藏人・伊丹將監・中嶋織部、
一、金剛院大僧都御參、
七日、癸未、曇、小雨、當番、松井相模守・木崎兵庫・九鬼主殿、
一、小坂僧正・東尾大僧都御參、
一、於梅之間御講釋奉、德方(中嶋織部)、
一、閑院宮樣御内田中大和守(正章)、今度蒙勅許候ニ付、爲御
禮參上、昆布一折六拾本獻上、御玄關ニ而申置候也、
一、依召中村靜安參上、御廣間ニ而茶・多葉粉盆出、於
御座之間御對面、御脈拜診被仰付、巳後於御廣間御
菓子・御湯漬等被下、退出候也、
但、此間表役より參殿候樣、手紙ニ而申達、今日
參殿、相模守(松井永亨)出會、以來御□(空白)被仰付候之旨相
達、卽時御請申上、其上ニ而拜診被仰付候也、
一、常樂院(志岸)參殿、御講釋奉、明日より登山候也、
八日、甲申、雨、當番、今小路兵部卿(善應)・木崎河内・山田大炊大允・山下監物・岡本内匠(圓澄)、
一、山門西塔東谷惣代安祥院參上、寂光大師九百五十年
忌ニ付、來ル廿五日より法事相勤候ニ付、何卒御聽

三角了敬へ父了察死去につき喪中御尋御遣
*閑院宮御内田中大和守御禮參上
*中村靜安御脈拜診
三宅圓達轉居屆
*常樂院講釋奉
*寂光大師九百五十年忌法事に御登山願出

泉山御代參

*四御所女一宮へ御伺

鷹ケ峯邊出火

田中正章官位勅許につき御祝儀御遣

*青門宮へ懺法講導師御勤につき御見舞進上

盛化門院三回御忌宮中懺法講に御供葩

*盛化門院三回御忌持佛堂にて胎曼供妙門宮御導師

盛化門院三回御忌につき門主泉般兩寺御參詣

*青門より御挨拶羊羹淺香沼進上

*中嶋德方孟子御講釋奉御聽聞無し

聞ニ御登山之儀奉願候旨也、

九日、乙酉、晴或曇、時雨、當番、菅谷中務卿・松井若狹守・三谷藏人・伊丹將監・中嶋織部、

一、小坂僧正・東尾大僧都御參、

一、泉涌寺江御代參、今小路兵部卿御庭花山茶花・水木・菊一筒被備之、

十日、丙戌、晴或時雨、當番、松井相模守・木崎兵庫・九鬼主殿、

一、今曉出火、西北方所詳ならす、後聞鷹ケ峯、

一、閑院宮樣諸大夫田中大和守、今度官位勅許ニ付、爲御祝儀御目錄金百疋被下之、尤松井相模守より奉書ニて被下候也、

　但、此間爲御禮參上之節、昆布一折獻上候事、

一、小坂僧正・東尾大僧都御參、惠宅參殿、

一、盛化門院樣(維子)三回御忌、於宮中懺法講御執行ニ付、葩三拾葉被備之、奏者所江御使木崎河内法眼相務、

十一日、丁亥、快晴、當番、今小路兵部卿・木崎河内・山田大炊大允・山下監物・岡本内匠、

一、盛化門院樣就三回御忌、卯刻過御出門、泉涌寺江御參詣、卽刻還御、夕御膳等被召上、巳刻過御出門、般舟院江御參詣、夫より御參內、卽刻御退出、閑院宮樣へ御成、申刻過還御也、御衣躰御鈍色、御供松井相模守・木崎兵庫狩衣着用・初瀬川采女・友田掃部熨斗目着、丸茂矢内・松井權之進・末吉味衞門・若山源之進・小嶋軍治服紗、兩寺江御先廻中村帯刀布衣、

一、兩寺江御備物葩五拾片、柳筥乗御下札、御先廻中村帯刀爲持參候也、

一、御年回ニ付、爲窺御機嫌、禁裏樣(光格)・女一宮樣(欣子)へ井籠貳組宛被上之、仙洞樣(後櫻町)・大女院樣(舍子)・女院樣(富子)へ御口上計、御使菅谷法眼直綴白袴、

一、青門樣(尊眞)江於宮中懺法講御導師御勤被遊候ニ付、爲御見舞井籠貳組被進之、御使牛丸九十九、尤御里坊江御使相勤候也、

十二日、戊子、快晴、當番、菅谷中務卿・松井若狹守・三谷藏人・伊丹將監・中嶋織部、

一、小坂僧正・東尾大僧都御參、

一、盛化門院樣三回御忌、於御持佛堂御法事御執行被爲在候也、胎曼供、上御導師(眞仁)、惠乘房(玄隆)・安住房出仕、

一、青門樣より、昨日御使を以御見舞被進候御挨拶、且御到來之由ニ而、羊羹一折淺香沼三棹被進候事、

一、於梅ノ間御講釋孟子、中嶋織部德方奉、

　但、御法事ニ付、御聽聞不被爲有候事、

十三日、己丑、晴、當番、松井相模守・木崎兵庫・九鬼主殿、

山門前唐院八講につき白銀御奉納巳後は廻年の御奉納不要と青門より申來

一、山門東塔前唐院八講、今度再興有之、當年より每五年目執行、昨十二日より明十四日迄三日之間執行ニ付、白銀壹枚御奉納、御使惠乘房、

但、右御奉納御使之儀、青門樣ヘ御聞合被爲在候處、此度者再興之事故、右之通御奉納被爲有候、已來廻り年ニ者、右御使御奉納等、先者不被爲有方粗御治定之趣申來候也、猶此後廻り年之節者、今一應青門樣ヘ御聞合可被爲在候事、

一、小坂僧正・東尾大僧都御參殿、

前輪門宮より御書

一、隨宜樂院宮樣(公遵)より御書被進、則御返書、外ニ此御方より短尺御文匣被進候也、御使磯田左門來、

安祥院へ寂光大師會に御登山の御達

*鐵釼銑賣渡及び鐵座差配の改定内容につき傳奏觸

一、西塔東谷惣代安祥院參上、先日御願申上置候、寂光會執行之節、御聽聞之儀相伺候也、則廿三・四日比より御登山、御聽聞可被遊旨御治定之段、松井相模守出會相達候也、

一、閑院宮樣より御書被進候事、御返書被進候也、

一、鷹司左大將樣(政熙)江御書被進候事、御使青侍中、

十四日、庚寅、快晴、當番、今小路兵部卿・木崎河内・山田大炊大允・山下監物・岡本内匠、

一、小坂僧正御參、

青門より後桃園院七回忌の御懺法講導師仰出との御風聽

一、青門樣御使并河掃部來ル、來月九日就後桃園院樣七回御忌、於宮中御懺法講御導師被仰出候御風聽被仰進候事、

一、傳奏觸到來、

口上覺

別紙之通武邊より申來候間、爲御心得各迄可申入之旨、兩傳被申付如此候、以上、

(油小路隆前・久我信通)

十月十三日　兩傳奏雜掌

御宛如例、

坊官御衆中

追而御覽之後、油小路家ヘ御返し可被成候、以上、

安永九子歲鐵座・眞鍮座被仰付、於大坂鐵座役者相建、諸國より出候鐵釼銑之分、同所問屋ヘ積廻し、問屋共より鐵座ヘ賣渡、尤鐵荷物、山元より大坂ヘ相廻し候道筋、津々浦々者勿論、大坂問屋之外ヘ直賣堅致間敷、且大坂着船致候ハヽ、問屋幷船方より同所町奉行所ヘ相屆、尤鐵座ヘも可相屆、代銀之儀者、是迄問屋共取扱之通、鐵帳合ニ應し直(値)組いたし、鐵座ヘ買入問屋江卽銀ニ相拂、向々賣出し方之儀者、夫々直段定置、中買江相渡

*閑院宮へ御成

*御家頼宗旨改帳面を油小路家へ差出

*青門へ御導師御風聽の御歡仰進

*三寶院門跡御成

候間、望之者者、中買共より可買請旨、其節相觸候處、此段相改、

一、山元荷物主へ相渡候鐵仕切代銀之儀、以來問屋中買相對之上相場相立、問屋より山元へ代銀相渡候事、

一、鐵賣捌方之儀者、右相對相場を以、問屋より中買買取、諸向江賣出し候事、

但、問屋より中買へ買取候代銀之儀者、卽銀同樣之相對を以賣買可致、諸向へ者、中買相對次第賣渡候事、

一、鐵座口錢之儀、鐵壹束ニ付銀四匁宛、鐵三拾貫目ニ付銀三匁九分宛之當りを以、月〻中買より鐵座へ相納候、

但、問屋中買へ座方より相渡來候口錢銀者、以來不相渡候事、

一、問屋より中買へ買取候鐵類之高、壹ケ月ニ三度宛、雙方より鐵座へ相屆候事、

右之外、鐵座差配を請候儀等ハ、去ル子年相觸候通、彌嚴重ニ相守、且諸國鐵山より出候鐵類、荷主より大坂問屋へ積送、是迄之通鐵座改を請可申候、尤積送候道筋、津〻浦〻者勿論、外國〻江相廻候儀幷其外直段等、堅致間敷旨、去ル子年相觸置候所、拔賣買いたし候者も有之趣粗相聞、不屆之至、以來夫〻鐵座より遂吟味、右躰之筋於有之者、江戸・京・大坂之內者、最寄之奉行所へ申立候筈ニ候間、心得違無之樣可相守候、萬一以來、大坂問屋へ不積送、外國〻へ密〻積廻し拔賣買致し候もの於有之者、本人者勿論、買取候者・其所役人迄も、急度可申付候、其外前條〻趣、國〻所〻おゐて堅可相守、若於相背者可爲曲事者也、

右之通可被相觸候、

十五日、辛卯、快晴、當番、菅谷中務卿・松井若狹守・三谷藏人・伊丹將監・中嶋織部不參、

一、當日御禮參上、山本內藏・篠田主膳・香山大學、

一、午半刻御出門、閑院樣へ御成、御供、山田大炊大允・鈴木求馬・岡本內匠、御先、丸茂矢內・末吉味衞門・小嶋軍治、戌刻過還御也、

一、御家頼宗旨御改帳面壹册、油小路家江被差出候事、

一、青門樣江昨日御使を以、御風聽被仰進候御歡、御挨拶旁御使を以被仰進候也、御使松井多門、

一、(高演)三寶院御門跡樣御成、

*十如院尼參上大根淺漬獻上
御對面
石山基陳伺候
御對面積翠園
紅葉御覽
*鷹司家へ御挨拶
三宅宗達拜診
山科岱安拜診
*大佛殿蓮華王院豐國等御目附の巡檢
東塔惣代參上前唐院八講に御奉納の御禮
*淨妙庵御對面
*西北方出火
吉田社御參鷹司家へ御成菊花盛にて御招き御請
*泉山御代參
*故有栖川宮十七回忌に御備葩
*木崎兵庫御宿院へ相詰

十六日、壬辰、晴、當番、松井相模守・三上大膳・木崎兵庫・九鬼主殿、
一、小坂殿・東尾殿御參、
一、石山三位(基陳)殿御伺公、於梅間茶・烟草盆出、於御書院御對面、已後積翠紅葉被致拜覽候而御退出候也、
十七日、癸巳、晴、當番、今小路兵部卿・木崎河内・山田大炊大允・岡本内匠所勞代兵庫、
一、小坂殿・東尾殿御參、
一、三宅宗達參上、拜診被仰付、
一、山科岱安伺御機嫌參上、於御座之間拜診被仰付、
一、山門東塔院內惣代不動院參上、先日前唐院八講之節、御奉納御禮、御玄關ニて申置候也、
十八日、甲午、晴、當番、菅谷中務卿・松井若狹守・三谷藏人・伊丹將監、
一、辰半刻御出門、吉田社江御參詣、[智]知福院江被爲入御休息、御提重・夕御膳等被召上、夫より未刻過、鷹(輔平)司樣江被爲成、此節御庭之菊花盛ニ付、依御招請被爲成候也、亥刻頃還御也、御供、山田大炊大允・友田掃部・九鬼主殿、御先三人、三谷金吾・山下勇・川上織衞・三上野吉・今小路鐵之助等御供也、吉田山知福院へ堀部多中・板元召連相廻候也、
一、小坂殿御參、
十九日、乙未、晴、當番、松井相模守・三上大膳・木崎兵庫・九鬼主殿、
一、小坂殿・東尾殿御參、
一、十如院尼參上、爲御機嫌うかゝひ大根淺漬獻上、御對面被仰付候也、
一、鷹司樣江昨日被爲成候御挨拶被仰進候也、御使牛丸九十九、
廿日、丙申、晴、當番、今小路兵部卿・山田大炊大允・木崎河内・山下監物・岡本内匠、
一、東尾殿御參、
一、御目附川勝縫殿・朝比奈彌太郎、大佛殿・蓮花王院・豐國順見ニ付、爲案内丸茂矢内罷出候也、
一、惠宅師參殿、於御座之間御對面、
一、亥半刻比出火、暫時シテ火鎭ル、西北ノ方所不詳、
廿一日、丁酉、晴、當番、菅谷中務卿・松井若狹守・三谷藏人代主殿・伊丹將監代監物・中嶋織部、
一、小坂殿御參、
一、泉涌寺江御代參、今小路兵部卿、
一、明廿二日故有栖川宮(職仁)本明圓心院宮樣十七回御忌ニ付、御葩三十葉被備之、御使僧寶生院(善資)、
一、明後廿三日より御登山ニ付、木崎兵庫今日より御宿院江相詰候也、
廿二日、戊戌、晴、當番、松井相模守・三上大膳・木崎兵庫登山・九鬼主殿、
一、於梅之間御講釋、

四御所へ御參
*本行院備前利光院兼住御禮獻上
淨妙庵御登山に御暇乞御噂の書籍差上
*寂光大師九百五十年忌に御奉納金
御臺所役御宿院へ相詰
*院内衆中へ朧饅頭下賜
禁裏仙洞へ御玄猪申出
御登山山鼻田家にて夕食高野越御宿院へ入御
*寂光大師九百五十年忌法會御聽聞御廟所御參詣

一、小坂殿・東尾殿御參、
一、未刻御出門、御參内、申刻比御退出、大女院樣へ被爲成、次御參院、次女院樣へ被爲成、夫より閑院宮樣江被爲成、亥刻過還御也、御供菅谷法眼・初瀨川采女・岡本内匠・丸茂矢内・松井權之進・小嶋軍治、
一、惠宅參上、明日より御登山、御暇乞申上候由、且先日噂申上候書籍差上候由ニ而持參候也、
一、知足庵・三宅宗達參上、
一、御登山ニ付、御臺所役堀部多仲御宿院江相詰候也、
廿三日、己亥、晴、當番、今小路兵部卿・木崎河内・山田大炊大允御供・山下監物・岡本内匠、
一、禁裏御所・仙洞御所江御玄猪申出、御使牛丸九十九、
一、辰半刻御出門、御登山也、先清水寺江御參詣、夫より砂川法性寺之内ニ而暫時御憩、午刻頃山鼻田家ニ而、夕御膳等被召上、高野越御登山、上下寄ニ而御休、申ノ半刻御宿院江被爲入、金剛院大僧都追陪、御供山田大炊大允・鈴木求馬・九鬼主殿子共・川上織衞・今小路鐵之助・三上野吉・茶道武知喜好、御先丸茂矢内・松井權之進・小嶋軍治、押兩人、御長刀・御挾箱壹荷、御長柄・御茶辨當、其外常之通、
一、藪澤雅樂御宿院江相詰候也、

廿四日、庚子、晴、當番、菅谷中務卿・松井若狹守・三谷藏人・伊丹將監・中嶋織部、
一、小坂殿御參、
一、西塔東谷本行院、此度備前利光院山坊兼住被仰付、難有奉存候、右爲御禮御干菓子一折獻上、御宿院へ參上、御對面無之、
廿五日、辛丑、晴、當番、松井相模守・三上大膳・九鬼主殿、
一、寂光(圓澄)大師九百五拾年忌ニ付、東谷(亮乗)寂光院ニおゐて今明日法事執行ニ付、御奉納白銀三枚、於御宿院學頭代妙觀院(俊榮)相招、山田大炊大允相達候也、
一、右同樣ニ付、院内衆中江朧饅頭一折貳百入被下之、執行代溪廣院(堯瓌)相招、大炊大允(山田政澄)相達候也、
廿六日、壬寅、晴、入夜時雨、當番、今小路兵部卿・木崎河内・山下監物・岡本内匠、
一、禁裏御所より御使、女房奉書持參、
一、隨宜樂院宮(公遵)樣より御使御書被進、
一、今日寂光大師九百五拾年御忌、卯ノ刻過御宿院江寂光院より追付法會執行之旨、御案内申上、爲御聽聞御成、御證誠ニ而御聽聞被爲在候也、出仕之輩、御先へ着座、御入場之節、正觀院(義遍)前大僧正初め各平伏、御前江華籠寂光院獻之、巳半刻計御法會𠀋而導師退ク、此時御燒香机、寂光院奉、御燒香𠀋而、暫時御

休所へ被爲成候間ニ、衆中各退去、寂光大師御廟所へ御參詣、御燒香被遊、寂光院御案內奉、此間ニ導場取かたつけ御座設置、御齋獻上、二汁正五菜、御菓子・御薄茶獻之、金剛院大僧都隨從、御齋御相伴被仰付、正教坊・寂光院へ御對面被仰付、會場寂光院へ方金百疋被下之、大炊大允相達ス、御供之面々へも齋出之、一汁五菜菓子、御齋獻上ニ付、御臺所方堀部多仲・御板元西村善兵衛相廻候事、午刻頃御宿院江還御候也、

正教坊寂光院へ御對面仰付

御衣躰御襲小五條、御供裏付上下大炊大允・兵庫・雅樂・求馬・織衞・鐵之助・野吉等也、

妙觀院へ還御掛坂本唐崎へ御成との御達

一、於御宿院學頭代妙觀院江大炊大允相達趣、明日天氣能候ハヽ、御本殿江還御被爲在候、尤還御掛坂本・唐崎へ被爲成候旨云、奉承知候、則還御之節、唐崎迄谷より壹人御供仕候樣申上ル、

一、於同所溪廣院執行代相招、大炊〔大脫〕允相達趣、右同斷、尤坂本・唐崎御休所之儀、宜取計可申旨相達、奉畏候也、

正教坊へ御對面密書御覽により御輪袈裟下賜

一、於同所正教坊北谷被召御對面被仰付、先達而密書入御覽候段御滿足思召、依之於御前御輪袈裟被下置候也、大炊大允相達、

一、明日坂本・唐崎へ御先廻被仰付、中村帶刀今日登山候也、

廿七日、癸卯、晴、當番、菅谷中務卿・松井若狹守・三谷藏人・伊丹將監・中嶋織部、

＊御家頼水口要人江戸山王へ差下すにつき御屆書

一、水口要人關東發足ニ付、傳奏江御屆被差出候事、

覺

妙法院宮御用ニ付、御家頼水口要人江戸山王江被差下候、明後廿九日京都致發足候、逗留之程難計候、罷登候者、早速御屆可被仰入候、此段戸田因幡守殿江宜御傳達可被進候、以上、

巳十月廿七日　妙ーーー御內　松井相模守印

油小路前大納言樣御內　伏田右衞門殿

下村丹司ー

久我大ーーーーー　辻信濃守殿

岡本內記ー

＊水口要人へ御繪符差出の届書

覺

妙ーーー御用ニ付、御家頼水口要人江戸山王江被差下候、明後廿九日京都致發足候、依之御繪符被差出候、逗留之程難計候、罷登候ハヽ、早速御留可被仰入候、依爲御屆如此御座候、以上、

巳十月廿七日　　妙――――
　　　　　　　　松―――――印
油―――― 伏田右衞門殿
下村丹司殿
久――――― 辻信濃守殿
岡本內記殿

＊御下山につき御迎登山

一、今日御下山ニ付、御迎靑侍五人・押□人、其外例之通今曉登山候事、

廿八日、甲辰、當番、松井相模守・三上大膳・木崎兵庫・九鬼主殿、

一、隨宜樂院宮樣江御返書被進候也、九十九(午丸)持參、

＊溪廣院御聽聞御成に御禮　禁裏よりの女房奉書へ今日御請文

一、禁裏御所より一昨日女房奉書御到來、御住山中故御返書御延引、今日御請文被進候事、
　但、來月五日より五ケ日之間、於宮中懺法講御とり行あらせられ候、御聽聞ニ御參あらせられ候やうとの御事なり、

一、常樂院(志岸)昨日下山ニ付參殿、昨日者御機嫌能還御恐悅申上、御對面候也、

一、小坂殿・東尾殿御參、

一、當日御禮、且昨日御機嫌能御下山恐悅參上之輩、山本內藏・三宅宗達・岩永右衞門・市川養元・知足庵、

廿九日、乙巳、晴、當番、今小路兵部卿・木崎河內・山田大炊大允・山下監物・岡本內匠、

＊春日祭につき傳奏觸

一、傳奏觸到來、
　口上覺
就來月二日春日祭、從來晦日曉至來月三日朝禁裏樣御神事、從來月朔日晚至三日朝仙洞樣御神事候、仍爲御心得各迄可申入之旨、兩傳被申付如此候、以上、
　十月廿八日　兩傳奏雜掌
　御宛所如例、

一、西塔執行代溪廣院參上、此間寂光大師九百五拾年御忌ニ付御法事執行候處、御聽聞ニ被爲成、白銀三枚御備被爲在候、右御禮申上、依之院內中より白銀壹枚獻上、且一昨日者御機嫌克還御被爲遊候恐悅も申上、菅谷法眼謁ス、

＊唐崎休所御取持につき溪廣院寶嚴院へ百疋宛御遣　常樂院御對面

一、一昨日御下山之節、於唐崎御休所へ相詰、萬端御取持申上候付、執行代溪廣院・院內役者寶嚴院江方金百疋ツヽ被下之、今日溪廣院參上之節、菅谷法眼相達候也、

一、一昨日御下山還御之節、御代官石原淸左衞門支配所御通行ニ付、右支配所之間掃除申付、御先拂淸左衞門組同心貳人御案內、淸左衞門家來內堀伴九郎出役

御下山の節石原清左衞門支配所御通行御馳走につき同人へ奉書御遣

候ニ付、右爲御挨拶奉書差遣、且內堀伴九郎へ御臺所役兩人より手紙ニて御目錄被下候事、若黨使ニて爲持遣ス、

一翰致啓達候、一昨日者山門御登山還御之節、其支配所御通行被爲在候處、叮嚀之御馳走被申付、御滿足之御事ニ候、此段宜申達旨宮御方御氣色候也、

十月廿九日　木崎河內 判
松井相模守 判
菅谷中務卿 判

石原清左衞門殿

石原御家來內堀伴九郎へ目錄下賜

以手紙致啓達候、一昨日者山門より還御ニ付、御通行之砌、御出役御大儀之事ニ候、依之別紙目錄書之通被下之候、此段拙者共より宜得御意旨、坊官共申付如此御座候、以上、

十月廿九日　堀部多仲
安福勝太左衞門

內堀伴九郎様

覺

一、金子百疋　內堀伴九郎
一、青銅五拾疋宛、高田幸五郎
手塚喜市郎

*內堀伴九郎よりの御請書

內堀伴九郎より御請書、左之通、

御切紙致拜見候、然者一昨日山門より還御之節、御通行之砌出役仕候付、御別紙御目錄之通被下置、難有頂戴仕候、且又清左衞門江御狀一封被遣之落手仕候、此節支配所江罷出居候間、從是御答可申上候、是等之儀、宜御沙汰可被下奉賴候、已上、

十月廿九日　內堀伴九郎

堀――様
安――

*勝安養院より御登山還御恐悅申上

一、勝安養院(堯海)僧正使を以、先日者御登山被爲遊、御機嫌好還御恐悅被申上候事、使者濱崎右京(惟敬)、

*淨妙庵御對面

一、惠宅師參殿、於御座間御對面也、
一、小坂僧正御參、

*安住房浴油結願につき歡喜團獻上

一、御同宿安住房、今度浴油供執行結願ニ付、御札幷歡喜團獻上、

*高野山惣分方惣代より年頭御禮の儀節約の願出

一、高野山惣分方惣代和合院書付を以御届申上候趣、

*本行院御禮且つ御暇乞に參上
*寶嚴院御禮參上
萬里小路政房伺候御對面
淨妙庵より行用相認め差上
*中嶋德方御講釋奉
*廬山寺次代住職參上
大威德法御修法
*寂光院御禮參上
三御所へ當日御禮仰上
*三州勝鬘皇寺年賀暑寒御伺參上
閑院宮へ御禮
*勝鬘皇寺より獻上物大佛殿修復銀返濟につき願書の通り仰付

近年來寺領不熟ニ付、派內一統困窮仕、因茲暫之間每歲年頭御禮之儀、儉約を以相勤度奉存候ニ付、兼而御屆申上置候間、可然御執成奉願上候、以上、

一、常樂院參殿、明日登山仕、來月四日・五日比下山之由也、

晦日、丙午、晴、當番、菅谷中務卿・松井若狹守・三谷藏人・伊丹將監・中嶋織部代主殿、

一、小坂僧正・東尾大僧都御參殿、

一、萬里小路前大納言(政房)殿御伺公、於御書院御對面、已後於梅ノ間御湯漬出候也、

一、惠宅師より使僧を以、行用相認差上、

十一月　御用番木崎河內(正達)、

朔日、丁未、快晴、當番、松井西市正(永昌)・松井相模守(永亨)・木崎兵庫・九鬼主殿、

一、從今日一七ケ日之中、御行法被爲遊候事、大威德法御修法、

一、仙洞(後櫻町)御所・大女院(舍子)御所・女院(富子)御所江當日御禮被仰上候也、

但、禁裏(光格)御所御神事中故無其儀、御使木崎河內、閑院宮(典仁)樣へも御使被進候也、

一、當日御禮參上之輩、山本內藏・三宅宗達・三宅宗甫・香山大學・市川養元・村若縫殿、

一、小坂僧正(堯忠)・金剛院大僧都(眞應)御參之事、

一、西塔東谷本行院參上、近〻備前江發足ニ付、此間爲御餞別拜領物御禮、御暇乞旁參上、折節御修法中故申置、退出候也、

一、同北尾寶嚴院參上、時節伺御機嫌、且御下山之節唐崎へ被爲成候節、御休所御取持申上候付、御目六拜領之御請申上、御修法中ゆへ御對面無之、

二日、戊申、晴、當番、今小路兵部卿(行先)・木崎河內・山田大炊大允(政澄)・山下監物(重好)・岡本內匠、

一、於梅之間、御講釋奉、中嶋織部(德方)、

一、東尾大僧都(眞應)御參、

一、廬山寺、此度住職繼目御禮參上候事、

三日、己酉、當番、菅谷中務卿(寬常)・松井若狹守(永喜)・三谷藏人(寬重)・伊丹將監・中嶋織部、

一、金剛院大僧都御參、

一、山門寂光院(亮乘)、先日御登山爲御禮參上、御行中故御對面無之、

一、三州勝鬘皇寺(了應)參上、年始御禮、暑寒伺御機嫌相兼、中務卿(菅谷寬常)謁ス、御行法中ゆへ御對面無之、

一、勝鬘皇寺大佛殿御修復銀貸附返濟相滯候ニ付、關東江相願申度旨願書差出、則願之通被仰付候事、

獻上物　年頭御禮御扇子料・白銀壹封・暑中索麵一箱・寒中蕎麥粉一箱、

四日、庚戌、當番、松井西市正（松井永喜）代若狹守・松井相模守・三上大膳・木崎兵庫・九鬼主殿、

一、青侍小嶋軍治、此度御家頼ニ被召抱、御給米三石被下、於御廣間中務卿・相模守・河内申渡、

一、山科岱安伺御機嫌參上、於御座之間、拜診被仰付、

一、金剛院大僧都御參、小坂僧正御參、

一、惠宅師參上、於御座間御對面、御行中伺御機嫌、香木二種被上之、

五日、辛亥、晴、當番、今小路兵部卿・木崎河内・山田大炊大允・山下監物・岡本內匠、

一、東尾殿・小坂殿御參、

一、鈴木知足庵伺御機嫌參上、

一、後桃園院尊儀七回御忌ニ付、於宮中懺法講御執行被爲在ニよつて、御葩三拾葉被備之、御使菅谷中務卿、

一、懺法講御執行爲御聽聞、御參被遊候處、少〻御違例ニよつて御不參、御斷之旨、奏者所江御使同人相勤候也、

一、天王講祭主柳原本鄉今村忠右衞門より、御恒例蒸籠壹組獻之、

六日、壬子、當番、菅谷中務卿・松井若狹守・三谷藏人・伊丹將監・中嶋織部、

*後桃園院御七回忌に四御所女一宮へ井籠獻上
青侍小嶋軍治を御家頼に御召抱
*開明門院へ御見舞井籠獻上
山科岱安拜診
*青門宮へ御懺法講御導師御見舞進上
淨妙庵御對面香木獻上
*知門青門より御年回御見舞
*芳春院殿より井籠進上
後桃園院七回御忌懺法講に御供葩
*石原清左衞門より御下賜物御請申上
御懺法講御聽聞御不參
*中嶋德方御講釋奉
天王講祭主より蒸籠獻上
*西塔横河別當代へ天台會御聽聞との奉書

一、來九日後桃園院尊儀七回御忌ニ付、禁裏御所・仙洞御所・大女院御所・女院御所・女一宮（欣子）樣江爲御伺井籠五種入貳組宛御獻進、御使松井相模守、

一、開明門院（桃園天皇生母、定子）樣へ爲御見舞、井籠貳組朧入被進之、御使牛丸九十九、

一、青門（尊眞）樣江御懺法講御導師ニ付、爲御見舞井籠貳組朧入被進之、御使牛丸九十九御里坊へ相務、

一、知門（尊峯）樣より御年回御見廻御使を以被仰進、

一、青門樣より右御同樣、外良餠一折五棹被進之、且今日從此御方御見廻被進候御挨拶も被仰入候事、

一、芳春院殿より井籠壹組被上之、

一、山門覺常院繼目爲御禮、扇子三本入獻上、御玄關ニて申置、

一、石原淸左衞門より先日大津驛御通之節、家來幷同心へ被下物御請、使者を以申上候事、

七日、癸丑、晴、當番、松井西市正・松井相模守・三上大膳・木崎兵庫代主殿・九鬼主殿、

一、於梅ノ間御講釋、中嶋織部奉、

一、西塔執行代（堯環）・横河別當代（卽全）江奉書遣之、

　一簡致啓達候、然者、當月其院內天台會之節、宮御方爲御聽聞可被爲成候、先格之通宜御取計可被

*横河別當代大林院よりの天台會御聽聞御請返翰
執行代溪廣院へ天台會御出仕との奉書
*御懺法講御聽聞御斷仰上
*常樂院御講釋奉
*淨妙庵より大威德法御滿行御歡申上
執行代溪廣院よりの返翰
*勝鬘皇寺關東下向につき傳奏へ届書

成候、依而此段可申達如此御座候、恐々謹言、

十一月七日　木崎河內 判
松井相模守 判
菅谷中務卿 判

(卽全)別當代
御房

一簡致啓達候、然者、當月院內天台會之節、宮御方御出仕可被遊候、先格之通宜御取計可被成候、仍而此段可申達如此御座候、恐々謹言、

十一月七日　木崎河內 判
松井相模守 判
菅谷中務卿 判

(堯瓊)執行代
御房

追啓、横川院內天台會之節、爲御聽聞被爲成候、仍而爲御心得申入候、已上、

右返翰、

貴翰致拜見候、然者、當月院內天台會之節、宮樣御出仕可被進候間、先格之通宜取計候樣、御紙面之趣奉得其意候、恐惶謹言、

十一月七日　執行代
堯瓊判
(溪廣院)
菅谷中務卿殿
松井相模守殿
木崎河內殿

貴翰致拜見候、先以宮樣益御機嫌能被爲成奉恐悅候、然者、當月當院內天台會之節、宮樣爲御聽聞可被爲成候間、先格之通宜取計申上候樣与之旨、御達之趣奉得其意候、恐惶謹言、

十一月七日　別當代
卽全判
(大林院)
菅谷中務卿殿
松井相模守殿
木崎河內殿

一、御懺法講爲御聽聞御參內可被遊處、御違例ニよりて、御斷被仰上候事、御使山田大炊大允、

一、(志岸)常樂院參上、御講釋奉、

一、惠宅律師參殿、今日御機嫌能御滿行御歡申上候也、申置退去、

一、勝鬘皇寺關東江下向、御屆被差出候事、
妙法院宮御用ニ付、御末寺三州勝鬘皇寺、關東江

*後桃園院御逮夜

*泉般兩寺へ御參詣四御所へ御參

*兩寺へ御備物

勝鬘皇寺への繪符差出の届書

*御七回忌金曇供

*大威徳法御滿行につき御家頼へ御祝儀御遣

青門宮より後桃園院御七回忌御見舞仰進

開明門院より御七回忌に朧饅頭申上

安祥院より御機嫌伺

*金剛院幷に出家中村藪澤へも御齋被下

被差下候、明後九日京都致發足候、江戸逗留之程
難計候、罷登候ハヽ、早速御届可被仰入候、此段
戸田因幡守(忠寛)殿江宜御通達可被進候、以上、

巳十一月七日　　妙法院宮御内　木崎河内　印

油小路前大納言(隆前)様御内　伏田右衛門殿
久我大納言(信通)様御内　下村丹司殿
辻信濃守(章業)殿
岡本内記殿

覺

妙法院宮御用ニ付、御末寺三州勝鬘皇寺、關東江
被差下候、明後九日京都致發足候、依之御繪符被
差出候、逗留之程難計候、罷登候ハヽ、早速御届
可被仰入候、依爲御届如斯御座候、以上、

巳十一月七日　　妙――木崎――印

宛前同、

八日、甲寅、晴、當番、今小路兵部卿・木崎河内・山田大炊大允・山下監物・岡本内匠、

一、青門様より御年回御見舞被仰進候事、

一、開明門院様より右御同様、朧饅頭貳組被進之、

一、山門安祥院(善應)伺御機嫌、蜜柑一籠獻上、

一、後桃園院尊儀七回御忌御逮夜、法華第六巻、伽陀廻向、導師日嚴院僧正、

九日、乙卯、晴、當番、菅谷中務卿・松井若狭守・三谷藏人・山下監物・中嶋織部、

一、卯半刻御出門、泉涌寺江御參詣、還御、巳刻前御出門、四御所江御參、夫より般舟院江御參詣、申刻過還御、御衣躰御鈍色、御板輿、御供松井西市正狩衣・中村帶刀熨斗目・中嶋織部・鈴木求馬・岡本内匠、御先五人、

一、兩寺江御備物、布衣壹人御成前爲持廻候事、九鬼主殿布衣、

一、後桃園院尊儀七回御忌、於梅之間、御法事御執行、金曇供、導師日嚴院僧正・惠乘房(玄隆)・安住房出仕、

十日、丙辰、晴、當番、松井西市正・松井相模守・三上大膳・木崎兵庫・九鬼主殿、

一、惠宅師參上、於梅ノ間次ノ間御齋被下之、於同所弟子江も被下候也、

一、當月朔日より一七ケ日、威徳法御修法被爲在、無御滯御滿行ニ付、今日御家頼一統江御祝儀被下候也、三宅宗達・三宅宗仙被召、御祝儀被下候也、御行中日ゝ相伺候故也、

一、金剛院殿御行中御世話被申上候付、御齋被下候也、

*閑院宮へ御成

前輪門宮より御使

*上州本間臨藏へ大佛殿御貸附支配を仰付
御墨附定目書相渡

鈴木知足庵御茶獻上

藥樹院參上天台會に御成の御伺今年は御成せずとの御達

*三角了敬より親了察死去に拜領物の御禮

*御登山につき四御所へ御暇乞に御參

寶生院附弟法輪房へ華水供仰付檀料下賜

中嶋德方御講釋奉

*勢州綿屋大夫より御祓大麻等獻上

一、出家江も御齋被下候也、

一、中村帶刀・藪澤雅樂兩人、御行中別火詰被仰付、日々詰切ニ相勤候付、御齋被下候也、

一、隨宜樂院宮(公遵)様より御使、時節御口上、且此間被進候御書御返書被進之、

一、小坂僧正御參、

十一日、丁巳、晴、當番、今小路兵部卿・木崎河内・山田大炊大允・山下監物・岡本内匠、

一、小坂僧正御參、

一、鈴木知足庵、於御小書院御茶獻上、御詰三宅宗達・三宅宗仙両人被召候事、

一、山門藥樹院(孝覺)參上、於鶴ノ間木崎法眼謁、來ル十八日天台會之節、爲御聽聞被爲成候哉、奉敬承度旨ニ而相伺、右御返答云、兼而十六・七日比ニ者、御登山被爲有、東塔江も御聽聞ニ可被爲成思召候處、十六日無御據御用被爲有、御殘念ニ者思召候得共、此度ハ不被爲成候、猶來年者可被爲成之旨申達候事、

一、寶生院(善資)附弟法輪房江華水供被仰付候付、御檀料金百疋被下之、

十二日、戊午、晴、當番、菅谷中務卿・松井若狭守・三谷藏人・伊丹將監・中嶋織部、

一、於梅之間御講釋、中嶋織部奉、

一、未半刻御出門、閑院宮様江被爲成、戌半刻過還御、

一、小坂僧正御參、

一、三宅宗達・三宅宗仙、昨日之御禮申上、

十三日、己未、晴、當番、松井西市正・松井相模守・三上大膳・木崎兵庫・九鬼主殿、

一、上州市場村本間臨藏、今度大佛殿御修覆金貸附支配之儀相願、今日願之通被仰付候事、於宸殿鶴之間、松井相模守・木崎河内申渡、御墨附被下、定目書壹通御貸附、兩人より相渡、爲御禮獻上物白銀五枚・扇子一箱三本入、

十四日、庚申、晴、當番、今小路兵部卿・木崎河内・山田大炊大允・山下監物・岡本内匠、

一、三角了敬參上、親了察死去之節、爲御尋拜領物仕、難有仕合奉存候、忌明ニ付御禮申上候也、

十五日、辛酉、晴、當番、菅谷中務卿・松井若狭守・伊丹將監・中嶋織部、

一、當日御禮參上、山本内藏・香山大學・知足庵・村若左門・土岐要人、

一、午刻御出門、近々御住山御登山被爲在ニ付、御暇乞として四御所江御參、御供松井相模守・友田掃部・岡本内匠、戌半刻還御、

一、勢州綿屋大夫より如嘉例獻上、
御祓大麻・暦・青海苔・椎茸・鶏冠・蜜柑一折三百、

一、御末寺大佛前専定寺（玄撮）、長明寺住職之儀ニ付、誓願寺役者三人相手取、二條奉行所へ願出候付、御添簡之儀相願候、則願通御添簡被下候事、

一、妙法院御門跡御境内大佛耳塚前御末寺専定寺、此度寺町六角下ル所長命（明）寺住職之儀ニ付、誓願寺役者順源院・大善庵・長仙院、右三人之者相手取、出訴仕度旨願出候處、於御本寺無御別條候間、猶御吟味之上、宜御取計御座候樣被成度候、以上、

天明五年巳十一月　妙法院御門跡御内　木崎河内印

菅谷中務卿印

御奉行所

十六日、壬戌、當番、松井西市正・松井相模守・三上大膳・木崎兵庫・九鬼主殿、

一、西塔院内惣代溪廣（堯瓊）院參上、時節伺御機嫌、且天台會之節、御聽聞被爲成候御禮申上、坂本產蕎麥粉一箱獻上、於御座之間御對面被仰付候事、

一、喜多治部卿（永春）、於御小書院御茶獻上、知足庵御詰被仰付候也、

一、普應院（洞海）大僧都御參殿、

十七日、癸亥、小雨、後晴、當番、今小路兵部卿・木崎河内・山田大炊大允・山下監物・岡本内匠、

一、於梅間孟子御講釋、

一、於御小書院御茶御催、被召候而御茶被下候輩、知足庵・宗達（三宅）・宗仙（三宅）、

一、中村靜安於御小書院拜診被仰付、御住山中御用意御藥調進、

一、普應院殿御參、

一、金剛院大僧都、今日御不參御斷、使者を以被申上、

一、東谷學頭代（卽全）江十九日御登山之儀、表役三人より手紙ニ而申遣候事、

十八日、甲子、晴、當番、菅谷中務卿・松井若狭守・伊丹將監・中嶋織部、

一、子御祭、例之通近年御撿（儉）約ニ付、御家賴へ御祝儀一飯被下候儀、相止有之候處、今年より御家賴・下部迄一飯被下候也、

一、於御門前御施行米、如例拾九石餘、

一、鈴木知足庵、昨日之御禮申上ル、

一、傳奏觸到來、

口上（覺）□

就來廿一日新嘗御祈、自明後十九日晩至廿二日朝御神事候、仍爲御心得各迄可申入旨、兩傳被申付如此候、已上、

十一月十七日　兩傳奏雜掌

専定寺より長明寺住職の儀にて誓願寺役者を相手取訴出につき添簡

*御茶御催知足庵三宅宗達宗仙御召

*中村靜安拜診御住山中の御藥調進

*十九日御登山申遣

*子御祭近年儉約なれど今年より御家來へ一飯御下賜

溪廣院參上天台會御聽聞に御禮

*御門前御施行米

喜多永春御茶獻上

*新嘗御神事につき傳奏觸

孟子御講釋

御宛如例、
一、明日より御住山ニ付、御宿院江中村帯刀・安福勝太左衞門・坂元幸七相詰候事、
十九日、乙丑、晴、當番、松井西市正・松井相模守・三上大膳・木崎河内、
一、辰半刻御出門、御登山、砂川法性寺門内ニ而御憩、山鼻田家ニ而御休、御辨當被召上、高野坂御登山、下上寄ニ而御憩、申刻比御宿院江御入、普應院大僧都・金剛院大僧都扈從、御供木崎河内・初瀬川采女・中嶋織部・川上織衞等也、御先三人、其外例ことし、小畑主税御宿院江相詰ニ付、御成先御休所へ相廻候也、
廿日、丙寅、當番、今小路兵部卿・木崎河内山門詰・山田大炊大允・山下監物・岡本内匠、
一、今曉寅刻、西塔院内天台會御出仕被爲遊候也、午刻後爲御休息、御宿院江還御、入夜戌刻過再被爲成、翌廿一日卯半刻御宿院江還御之事、
論題(缺名)□　講師金藏院(圓郁)　問者(缺名)□　會場南尾中正院(光賢)
廿一日、丁卯、晴、當番、菅谷中務卿・松井若狹守・伊丹將監・九鬼主殿、藏人所勞、織部山門詰、
一、桃園院尊儀御忌、泉涌寺江御代香使今小路法橋、
廿二日、戊辰、晴、當番、松井西市正・松井相模守・三上大膳・木崎兵庫、
廿三日、己巳、晴、當番、今小路兵部卿・山田大炊大允・山下監物・九鬼主殿、河内在山、
一、岡本内匠登山、中嶋織部交替、下山候事、
一、三宅宗達・三宅宗仙參上、
一、御宿院爲御留主居、御同宿惠乘房(玄隆)、今日より登山、
廿四日、庚午、雨、當番、菅谷中務卿・松井若狹守・三谷藏人・伊丹將監・木崎兵庫、
一、十禪師講、祭主松井丹波(長亨)、恒例之通井籠一組獻上之、
一、甲賀祐元參上、來月上旬若狹小《キタ》濱江引越ニ付、御暇乞申上候也、
一、今日横河院内天台會也、宮御方爲御聽聞被爲成候事、
會場鷄足院(堯岷)、
廿五日、辛未、雨、當番、松井西市正・松井相模守・三上大膳・九鬼主殿、
一、今日山門より還御、高野坂御下山、山鼻田家ニ而御休、砂川法性寺門内ニ而御憩、未刻頃還御也、御供木崎河内・小畑主税・岡本内匠・川上織衞、御先三人等也、其外如例金剛院大僧都・普應院大僧都隨從也、
一、中村帯刀・高木幸七下山、
一、院御附本間佐渡守(季道)・三牧豐前守(守歳)參上、此度佐渡守(本間季道)上京ニ付、同道參上仕候、豐前守(三牧守歳)所勞ニ罷在、延引ニ相成申候、坊官中迄宜申入候由也、
一、傳奏觸到來、

*御宿院御留主居に惠乘房登山
高野坂經由御登山申刻御宿院入御
*十禪師講松井長亨より井籠獻上
*甲賀祐元御暇乞
*横河院内天台會御聽聞御成
*高野坂經由還御
天台會御出仕
*仙洞附武家兩名參上
桃園院御忌泉山御代香

大川筋御普請御入用高役銀相渡につき傳奏觸
*喜多永春志願により樹下社造營遷宮奉幣
*御境內明暗寺より弟子共後住の願出
*日嚴院より國元實母死去の御屆
*樹下社遷宮につき奉幣料下賜
山本內藏御下山還御恐悅申上
*閑院宮御成參內
*傳奏へ高役銀及び掛屋手形差出
尹宮より御誕生日御祝儀進上當方よりも御祝儀進上

口上覺
去辰年、大川筋御普請御入用高役銀、村〻より掛屋方江相渡候ニ付、前〻之通掛屋手形江納手形被相添、明後廿七日より來月二日迄之內、油小路家へ御差出可被成候、此段各迄可申入旨、兩傳被申付如此候、已上、
十一月廿五日　兩傳奏 雜掌
御宛所如例、
追而御把〔拘カ〕寺御兼帶御寺領も御書出可被成候、且又御院家中へも可被成御傳達候、尤御覽之後、油小路家へ御返し可被成候、已上、
一、山門禪林院住職繼目御禮參上、扇子三本入獻上、
廿六日、壬申、晴、當番、今小路兵部卿・木崎河內・山田大炊大允・山下監物・木崎兵庫、
一、山本內藏、昨日御下山御機嫌克還御恐悅申上ル、
一、東尾殿御參、
一、安福勝太左衞門下山、
廿七日、癸酉、晴、當番、菅谷中務卿・松井若狹守・伊丹將監・中嶋織部、
一、閑院尹宮樣御誕生日御祝儀、小頂一蓋被進之、御里坊迄御使を以被進、此御方よりも爲御祝儀昆布一折三拾本被進之、

一、金剛院殿御參、
一、喜多治部卿、歲末仍志願、新日吉社內ニ樹下社造營成就ニ付、今日酉刻遷宮相濟候事、奉幣藤嶋石見相勤、
一、御境內本池田町明暗寺弟子共より願書差出、當九月已來無住ニ付、宗用相滯難澁仕候ニ付、後住相極候迄、是勝と申者、院代ニ仕置度旨相願、願之通御聞濟候也、
一、日嚴院僧正、國元實母被致死去候旨、御屆被申上候事、
廿八日、甲戌、雨、當番、松井西市正・松井相模守・三上大膳・中嶋織部、
一、樹下社遷宮、昨日相整ニ付、爲奉幣料金子貳百疋、藤嶋石見へ被下候也、外社號勘進ニ付、百疋被下之、白張着下部江青銅五拾疋被下候也、
一、普應院大僧都・金剛院大僧都御參、
一、巳刻前御出門、先閑院宮樣へ被爲成、夫より御參內、子刻還御、御供〔以下缺〕
一、傳奏油小路家江高役銀書付幷掛屋手形拾通、例之通差出候也、
廿九日、乙亥、晴天、當番、今小路兵部卿・木崎河內・山田大炊大允代若狹守・山下監物・九鬼主殿、内匠代
一、金剛院大僧都御參、

東本願寺より御登山還御御見舞進上

一、東本願寺(乘如光遍)御門主より、以使者時節御口上、且宮御方毎〻御登山被爲遊、此間も御登山御機嫌能還御、珍重被存候、御悅且御見廻旁蒸菓子一折横雲羊羹五棹被進之、使者嶋矢柄、

一、山門安祥院此間も御機嫌克還御、恐悅申上ル、

樹下社へ御社參

一、新日吉社內樹下社遷宮相濟候ニ付、御社參被爲遊候事、

日嚴院より隱居願書を金剛院へ差出

一、去廿六日、日嚴院僧正堯忠近來病身ニ付、隱居之儀相願申度、書付を以、金剛院殿迄被相願候事、

口狀

一、堯忠半年來厚蒙台命、深忝畏入存候、然ル處、近年多病ニ罷成、御室御用等難相勤段恐入候、依之隱居之儀願上候、尤附弟之儀ハ、追而相願申度候、何卒御慈愍を以、願之通首尾能蒙御許容候ハヽ、別而忝畏入存候、此等之趣宜御沙汰希入度候也、

十一月廿六日　堯忠

常住金剛院大僧都御房

右之通被相願候得共、御聞濟難被成候ニ付、官位辭退〻院有之候樣、金剛院大僧都を以御申渡候事、

日嚴院の願出御聞濟み成り難く官位辭退退院を願出

一、日嚴院僧正堯忠、願書被差出、

口上

一、堯忠事、近年病身ニ付、住職難勤、依之官位辭退〻院之儀相願度候、宜御沙汰頼入存候也、

十一月廿九日　堯忠

常住金剛院大僧都御房

十二月　御用番菅谷中務卿(寬常)、

朔日、丙子、當番、菅谷中務卿・若狭守(松井永喜)へ返番、山田大炊大允(政澄)・伊丹將監・中嶋織部(德方)、

*四御所女一宮へ當日御祝詞

一、四御所(光格・後櫻町・舍子・富子)・女一宮(欣子)樣へ、當日御祝詞被仰上候事、御使相模守(松井永亨)、

*岸紹易より歸京届

一、岸紹易、今日從關東上京、御届申上、

*東本願寺へ御挨拶

一、東本願寺(乘如光遍)江昨日使者被進候御挨拶被仰遣候事、

一、一條(以下缺)

*非藏人口より御呼出

一、渡邊甲斐守(供信)より手紙來、

御用之儀御座候間、只今非藏人口江御參候樣、萬里小路殿(政房)被仰渡候、仍如此御座候、以上、

十二月朔日　渡邊甲斐守

妙法院宮樣　諸大夫中

一、右之趣ニ付、早刻松井相模守非藏人口へ罷出候處、

萬里小路政房より妙門宮へ紋品宣下の御内意仰出
紋品宣下の御内意御請仰入
紋品宣下仰出恐悦參上
*青門宮より紋品仰出に御歡仰進
*先宮御祥忌につき御法事論議
酒井志摩歸京屆
*聖門宮より紋品御歡仰進
*日嚴院官位辭退退院を職事へ願出

萬里小路前大納言殿被仰渡ニ者、
宮(眞仁)御方紋品宣下御内意被仰出候、尤御日限者、上旬・中旬之内被仰出候、尤消息宣下之旨御達之事、
一、紋品宣下御内意被仰出候御請、萬里小路殿迄被仰入候也、御使山田大炊大允、
二日、丁丑、晴、當番、松井西市正(永昌)・松井相模守(永亨)・三上大膳・木崎兵庫・九鬼主殿、
一、紋品宣下被仰出候恐悦參上、
三宅宗仙・山本内藏・香山大學・岩永右衞門・市川養元・三宅勇仙・篠田主膳・三宅宗達・知足庵・村若縫殿、
一、酒井志摩、從關東歸京御屆被差出、牛丸九十九持參、

覺

去ル九月十五日御屆被仰入候關東江被差下候御家來酒井志摩、昨朔日致上京候、依御屆被仰入候、此段戸田因幡守(忠寛)殿江宜御通達可被進候、以上、

巳十二月二日　妙法院宮御内　菅谷中務卿印

油小路前大納言(隆前)樣御内　伏田右衞門殿
下村丹司殿
久我大納言(信通)樣御内　辻信濃守(章業)殿
岡本内記殿

覺

去ル九月十五日御屆被仰入御家來酒井志摩、關東江被差下候節、御繪符被差出候處、昨朔日致上京候、依爲御屆如斯御座候、以上、

巳十二月二日　妙――――　菅――――印

宛同前、

三日、戊寅、曇、當番、今小路兵部卿(行先)・木崎河内(正達)・山田大炊大允(政澄)・山下監物(重好)・岡本内匠、
一、青門(尊眞)樣より御使、紋品宣下御内意被仰出候御歡被仰進候事、
一、三摩地院宮(堯恭)御祥忌ニ付、於梅ノ間御法事御勤修之事、
論議、散心念佛、講師、常樂院大僧都志岸、問者[缺名]
一、聖門(忠譽)樣より御使、紋品宣下御内意被仰出候御歡被進候也、
一、土岐元信伺御機嫌參上、
一、日嚴院(堯忠)僧正官位辭退ゝ院之儀被相願候ニ付、貫首小川坊城頭辨(俊親)殿、書を以被仰入幷傳奏衆へも御屆被仰入候事、

妙法院宮院家
日嚴院僧正法印堯忠

*知門宮より紋品御悦使
*金剛院より日嚴院へ退院につき什物引渡を仰渡
*日嚴院より仰渡御請書
*御家中へ日嚴院退院の申渡
小川坊城俊親より日嚴院辞退御聞届との申渡
*日嚴院堯忠本國へ金剛院より通達

右近年多病ニ付住職難勤、依之官位辭退之儀相願候間、宜御沙汰賴思召候、以上、

十二月三日　妙ーーーー內
菅谷中務卿

右書付、職事小川坊城頭辨殿江被差出候事、

妙ーーーー家
日ーーーーーーー忠

右近年多病ニ付住職難勤、依之官位辭退之儀相願候ニ付、官位辭退御沙汰之儀、職事方江御願被遊候、仍此段御屆被仰入候、已上、

十二月三日　妙ーーー御內
菅ーーーー

油小路前大納言樣御內
伏田右衞門殿
下村丹司殿
久我大納言樣御內
辻信濃守殿
岡本內記殿

一、日嚴院僧正より候人藤井少進(平章)、近年病氣ニ付、位階辭退之儀相願候、宜御沙汰被相賴候旨、表役迄申來、

一、晩來、非藏人口より御招ニ付、御留守居牛丸九十九罷出候處、坊城頭辨殿被仰渡趣、日嚴院官位辭退之事、被聞召屆候旨御申渡也、

四日、乙卯、當番、菅谷中務卿・松井若狹守(永喜)・三谷藏人(寛重)・伊丹將監・中嶋織部、

一、知門樣(尊峯)御使、紋品宣下御內意被仰出候御悅、被仰進候也、

一、村瀨掃部恐悅參上、

一、日嚴院堯忠雜掌呼寄、金剛院殿を以被仰渡候趣、此間被相願候官位辭退退院之儀、願之通被仰付候間、今明日中ニ什物引渡退散可被致旨也、

右被仰渡ニ付、御請書被差上候事、

堯忠儀、從來仍病身寺役難相務、官位辭退ゝ院相願候處、願之通被仰付、政務御免、院室差上、什物等引渡、今明日中致退散候樣被仰付、致承知候、爲御請如此候也、

巳十二月四日　堯忠
常住金剛院大僧都御房

一、日嚴院堯忠退院被仰付候ニ付、御家中江被申渡候趣、日嚴院殿近來多病ニ付、寺役難相勤、依之官位辭退ゝ院被相願、今日願之通被仰付候、此旨何れも可有承知候也、

巳十二月

一、日嚴院堯忠本國越前丸岡城主有馬(擧純)江、金剛院大僧都眞應より通達有之候樣御達之事、

中院通古へ日嚴院退院の口上書

*日嚴院什物引渡

先宮御廟へ御成

*日嚴院留主居に寶生院仰付

日嚴院候人藤井平章の位階辭退願

*御煤拂

*普應院止宿

*妙觀院御下山御伺

*前輪門宮より御灌頂につき御聞合

一、中院(通古)家江被遣御口上書之趣、

日嚴院僧正法印堯忠儀、近年病身ニ付、住職難相勤ニ付、官位辭退〻院之儀相願、則願之通被仰付候、尤彼院より可申入候得共、此段被仰入候、已上、

十二月四日　　妙ーーー御使
牛丸九十九

五日、庚辰、晴、當番、松井西市正・松井相模守・三上大膳・木崎兵庫・九鬼主殿、

一、三摩地院宮御正忌、御廟江御參詣、御歩行ニ而被爲成、御供兵部卿(今小路行先)・内匠(岡本)・主殿(九鬼)、青侍兩人、御花被備之、

一、山門寶乘院繼目御禮、扇子三本入獻上、

一、金剛院大僧都御參、

一、日嚴院候人藤井少進、位階辭退之儀、職事江被仰入候事、傳奏衆へも御屆被仰入候事、

妙法院宮院室
日嚴院候人
藤井法橋平章

右近年病身ニ付、位階辭退之儀相願候間、宜御沙汰頼思召候、以上、

巳十二月

右坊城(俊親)頭辨殿へ被差出候也、

妙ーーーーー
日ーーーー
藤ーーーー章

右近年病身ニ付、位階辭退之儀相願候ニ付、位階辭退御沙汰之儀、職事方江御頼被遊候、仍此段御屆被仰入候、已上、

巳十二月　　妙ーーーー内
菅ーーー卿

(油小路隆前・久我信通)
兩傳奏
雜掌名宛、

一、日嚴院堯忠今日退院、什物等引渡ニ付、菅谷中務卿・御修理方役人中村帶刀・木崎兵庫、下役中井甚九郎・岡田林藏兩人召連罷越候事、什物目錄、帳面ニ引合相改引渡相濟候上、護摩堂幷靈壇之佛像幷佛具等ハ其儘、餘之道具類ハ土藏江納置、鎰類・目錄・帳面等ハ御殿江持歸、御用部屋江納置候也、

一、日嚴院室無住ニ付、留主居被附置、寶生院(善資)江被仰付候事、但下部壹人被附候也、

六日、辛巳、晴、寒入、當番、今小路兵部卿・木崎河内・山田大炊大允・山下監物・岡本内匠、

一、御座間・御書院・梅之間・御廣間御煤拂之事、

一、金剛院大僧都御參、普應院(洞海)大僧都御參、御止宿也、

一、山門妙觀院(俊榮)參上、御下山御機嫌相伺可申之處、風邪罷在延引相成候、乍序寒中伺御機嫌候事、

一、隨宜樂院(公遵)宮樣より御使、木崎河内面會、御灌頂之事

御聞合候也、

藤井平章の位階辭退御聞屆

一、昨日頭辨殿(小川坊城俊親)江被差出候藤井少進位階辭退之儀、被聞召届候旨、頭辨殿被申渡候事、

*傳奏へ大佛殿御修復用木差登につき繪符差出の屆

藤井平章の位階辭退屆

一、右ニ付、傳奏江御屆被差出、

妙法院宮院家
日嚴院候人
藤井法橋平章

右位階辭退之儀、今日相濟候、仍此段御屆被仰入候、已上、

十二月六日　妙――――内　菅谷中務卿

兩傳奏　雜掌名宛、

藤井平章へ位階辭退申渡

一、翌日、藤井少進呼寄、於御勘定所、位階辭退之儀職事方へ被仰入、昨六日宣下之旨申渡候事、

*菅井秀藏日嚴院用達取放を妙門へ願出

七日、壬午、晴、當番、菅谷中務卿・松井若狭守・三谷藏人・伊丹將監・中嶋織部、

一、御玄關御煤拂、

一、京極樣より寒中御見舞被仰進、

一、惠宅律師參殿、

一、山門安祥院(善應)寒中爲伺御機嫌參上、

一、岩永右衞門同斷、

關東への寒中御見舞御進物につき御聞繕書

一、關東大納言樣(徳川家齊)へ寒中御見舞被進物、二條表へ御使、何日比可被差向候哉、宜御聞繕可被進之旨、御附武家江被差出候也、九十九(牛丸)持參、

一、大佛殿御修復御用木、御末寺播州清水寺より差登候ニ付、御繪符被差出候旨、傳奏江御屆被差出候也、

覺

妙法院宮御抱大佛殿御修復御用木、此度御末寺播州清水寺より差登候ニ付、運送道筋御繪符被差出候、尤相濟候ハヽ、早速御屆可被仰入候、仍爲御屆如此御座候、以上、

巳十二月　妙――――御内　菅谷中務卿印

油小路前大納言樣御内　伏田右衞門殿

久我大納言樣御内　下村丹司殿

辻信濃守殿

岡本内記殿

一、日嚴院用達菅井秀藏、此度右用達被取放ニ付、傳奏へ御屆左之通、但秀藏(菅井)より御殿江願書差出候也、仍而願之通御聞屆也、松井權之進持參、

妙――――院家
日嚴院用達
五條下寺町市姫金光寺門内住居
菅井秀藏

右之者、去ル辰年九月用達被申付候旨被相屆候付、

*勝安養院より敍品御歡申上

*淨妙庵へ寒中御尋

*職事より十六日二品宣下仰出

四御所女一宮へ寒中御伺蜜柑獻上

*泉山御代香

蘆浦護法院寒中御伺

御届被仰入候處、此度日嚴院退院被仰付候ニ付、右
秀藏儀、日嚴院用達被差放候、仍爲御届如此御座候、
以上、

巳十二月　　妙――――御內　菅谷中務卿印

兩傳雜掌名宛同前、

奉願口上之覺

一、菅井秀藏願書、左之通、

一、私儀、先達而日嚴院殿用達被仰付候處、近來病身ニ
付、用達難相勤候、仍之兼而日嚴院殿江御斷申上
置候處、御殿江御屆不被成候內、日嚴院殿事、急
ゝ退院被仰付、寺無住ニ相成候故、御殿江御願申
上候、何卒日嚴院殿用達御免被仰付候ハヽ、旁難
有仕合可奉存候、以上、

巳十二月　　市姫金光寺境內　菅井秀藏

御殿御役人中樣

八日、癸未、當番、松井西市正・松井相模守・三上大膳・木崎兵庫・九鬼主殿、

一、寒中爲御窺、如例蜜柑一籠ツヽ被獻之、御使松井若
狹守、禁裏(光格)御所・仙洞(後櫻町)御所・大女院(舍子)御所・女院(富子)御
所・女一宮樣、

一、蘆浦護法院大僧都使者を以、寒中爲御(窺脱カ)機嫌、蘆浦納
豆一籠獻上、

一、市川養元同斷、羊羹三棹獻上、若山源之進同斷、人
しん五把獻上、

一、山門寶園院(榮範)同斷、小松谷正林寺(潮音)同斷、蜜柑一籠獻上、

一、金剛院大僧都御參、

一、勝安養院(堯海)僧正使者を以、敍品宣下御內意被仰出候御
歡被申上、

一、惠宅師江寒中御尋、羊羹三棹被下之、

一、入夜取次より手紙來、
御用之儀御座候間、各方之內壹人、唯今非藏人口
へ御參候樣ニと、園頭中將殿(基理)被仰渡候、已上、

十二月八日

右之趣ニ付、早速菅谷中務卿被遣候處、於非藏人口
園頭中將殿被仰渡趣、
來ル十六日、二品宣下被仰出候、尤消息宣下之旨、
奉行園頭中將殿江被仰出候旨也、

九日、甲申、當番、今小路兵部卿・木崎河內・山田大炊大允・山下監物・岡本內匠、

一、東尾殿御參、

一、泉涌寺江御代香、御使今小路兵部卿、

一、村若左門・同縫殿、敍品宣下恐悅且寒中御伺申上、

佛光寺より寒中御見舞
*播州清水寺より寒中御伺蕎麥粉獻上
興正寺より寒中御見舞
所司代より寒中御伺
*清水寺運善院の住職仰付を願出
*山門執行代へ十六日二品宣下仰出の奉書
藤嶋石見より紋品恐悅申上
二品宣下仰出御禮幷に寒中御伺に九條尙實へ御成
三御所へ御參閑院宮へ御成參內
*東本願寺及び佛光寺より紋品宣下御歡仰上
*正觀院代僧御伺
山門執行代他寒中御伺
*江戸世尊院參上明年輪門宮御上洛にて御灌頂教授仰付られ明德院兼住につき繼目御禮

一、山門嚴王院(慈寂)寒中窺御機嫌申上也、
一、佛光寺(順如堯祜)門主より使者、寒中御見廻醒ケ井餅一折被獻、尤知宮(堯超室)御方・厚君(二條治孝猶子)殿よりも御傳言也、
一、興正寺(寂聽常順)門主より使者、寒中御見舞被申上候事、
一、戸田因幡守(忠寛)使者を以、寒中爲窺御機嫌、溫(饂)飩粉一箱獻上之、
一、寒中窺御機嫌參上、智積院(鍐啓實嚴)僧正代光照院、
一、右同斷、土岐要人・知足庵・篠田主膳、
一、藤嶋石見參上、紋品宣下御日限被仰出候恐悅申上、

十日、乙酉、晴時〻小雨、當番、菅谷中務卿・松井若狹守・三谷藏人・伊丹將監・中嶋織部、
一、巳刻御出門、來ル十六日二品宣下被仰出候御禮、幷寒中御伺被相兼、先九條關白(尙實)殿江被爲成被仰置、夫より仙洞御所・大女院御所・女院御所被仰置、午刻比閑院樣江被爲成、午半刻御(光格)參內、御里坊御供送被仰付、未《半》刻御迎、申刻比、御供木崎河內・中村帶刀・中嶋織部・松井權之進・末吉味衞門・丸茂矢內等也、
一、東本願寺門主より寒中爲御見舞、氷砂糖壹曲被上之、新門(達如光朗)より蜜柑壹籠被上之、
一、寒中窺御機嫌、山門執行代溪廣院(堯瓔)、武川幸伯・高森正因・岡田傳藏參上、
一、靑門樣坊官隱岐大輔、今度法印勅許御禮參上、
一、播〔州脫〕清水寺惣代千壽院寒中窺御機嫌、蕎麥粉五袋獻上、光明王院(賴哲)より同斷、三袋獻上之、
一、同所運善院賴晃病身ニ付隱居、附弟大貳江住職之儀被仰付被下候樣願書、目代千壽院・行事潮音院より差出候事、
一、山門執行代江、來ル十六日二品宣下被仰出候旨、奉書ニて達候事、

十一日、丙戌、晴、當番、松井西市正・松井相模守・三上大膳・木崎主計・九鬼主殿、
一、東本願寺御門跡より使者、紋品宣下御日限御治定被仰出、不被取敢御歡被仰上候也、
一、佛光寺御門跡より右同斷、
一、山門正觀院(義遍)前大僧正、代僧を以寒中窺御機嫌候也、
一、養源院僧正右同斷、
一、山門藥樹院(孝覺)滋賀院留主居、以使右同斷、蕪貳把獻上、
一、東塔執行代延命院(亮寛)、右同斷、蜜柑一籠獻上、
一、西塔執行代溪廣院(堯瓔)、右同斷、
一、横川執行、代右同斷、
一、江戸世尊院御玄關江參上、明年輪門樣(公延)御上洛ニ付、

*寶生院病氣隱居法輪房を住職に仰付千手供は善資相勤むるやう仰付

金剛院より寒中御伺

普應院御參宿

三宅宗達より大坂虎屋饅頭獻上

淨妙庵寒中御伺拜領物御禮

*寶生院の隱居且つ後住の願出書

智積院安養院梅醬獻上

御附衆より關東への寒中御見舞は十五日所司代へ差出すやうとの御達

*東本願寺より寒中御見舞

播州清水寺の運善院へ繼目仰付

*知門宮より寒中御見舞二品宣下御歡

御灌頂御教授被仰付、山門明德院兼住被仰付候、繼目御禮扇子三本入獻上、

一、金剛院大僧都御參、寒中爲窺御機嫌、砂糖漬一箱獻上、

一、普應院大僧都御參宿也、

一、三宅宗達、寒中爲窺御機嫌、大坂虎屋饅頭獻上、

一、惠宅律師窺寒中御機嫌、且此間爲御尋拜領物御請申上候也、

一、智山安養院、梅醬壹蓋獻上、

一、御附武家より來狀、

其御方より關東江寒中爲御見廻御使者被差出候儀、此御聞繕書之通、來十五日巳刻戸田因幡守(戸田忠寛)御役宅江被差出候樣可申達旨、因幡守より申越候間、相達候、以上、

十二月廿(十)一日

松井長門守樣　　水原攝津守(保明)

木崎河內樣　　建部大和守(廣般)

承知之旨及返答、

十二日、丁亥、雪、當番、今小路兵部卿・木崎河內・山田大炊大允・山下監物・岡本內匠、

一、播州清水寺運善院病身ニ付隱居、附弟大貳(賴晃)江住職之儀、願之通被仰付候事、

一、御寺中寶生院(善資)先達病身ニ付隱居、并附弟法輪房住職之儀相願候處、今日願之通被仰付、於梅之間申渡、尤千手供之儀、乍隱居是迄之通可相勤之旨被仰付候也、

乍恐奉願口上書

一、私儀、從來奉蒙御厚恩冥加至極難有仕合奉存候、然ル處、近年病身ニ付、御用等難相勤、不得止事、隱居奉願上度奉存候、後住職之儀者、弟子法輪房江被仰付被下候ハヽ、難有奉存候、此段可然樣御沙汰御執成奉願候、以上、

十一月朔日　　寶生院善資印

菅谷中務卿殿

松井相模守殿

木崎河內殿

一、高森因玄・同因順寒中窺御機嫌申上、

一、山本內藏同斷、御菓子一折獻上、

十三日、戊子、曇、時々雪、當番、菅谷中務卿・松井若狹守・三谷藏人・伊丹將監・中嶋織部、

一、本願寺東門跡(尊峯)より寒中御見廻、宮重大根五本被上之、

一、知門樣より寒中御見廻、且二品宣下御歡被仰進候事、

宮樣方御攝家方堂上方へ二品宣下に御招請仰進
梅溪通同より十六日御取持御斷
*二品宣下御當日惣詰
寶生院新住職御對面
*御境内火廻
所司代より寒中御尋拜領の御禮
*山門惣代溪廣院叙品宣下恐悦申上御對面
所司代へ關東への寒中御見舞進上
*常樂院恐悦申上
*山門五谷惣代恐悦申上御對面
烏丸光祖より十六日御招請の御請

一、宮樣方・御攝家方・堂上方江、來十六日二品宣下ニ
付、御招請被仰進候也、
一、金剛院大僧都御參、
十四日、己巳、晴、時々雪、當番、松井相模守・三上大膳・木崎兵庫・九鬼主殿、西市正所労、
一、東尾大僧都御參、
一、梅溪少將(通同)殿使者を以、來ル十六日叙品宣下ニ付、爲
御取持御參之儀被仰下候處、御用ニ付卯刻より被致
院參候故、不參御斷被申上候事、
一、寶生院(法輪坊事)住職願之通相濟、御禮申上、於御座ノ間御對
面被仰付、昆布一折三十本・扇子一箱三本入獻上、
一、知足庵參上、叙品宣下御日限被仰出候恐悦申上、
一、山門寂光院(亮乘)、寒中窺御機嫌參上、
一、山門飯室谷松禪院、使僧を以同斷、
一、戸田因幡守、使者を以寒中御尋拜領物御禮申上、
一、常樂院(志岸)參上、
十五日、庚寅、曇、當番、今小路兵部卿・木崎河内・山田大炊大允・山下監物・岡本内匠、
一、戸田因幡守殿役宅江山田大炊大允、御副使[缺名]□
關東大納言樣江寒中御見廻、干菓子一箱被進之、
一、香山大學、寒中窺御機嫌一種獻上、
一、烏丸中納言(光祖)殿より使者、時節御口上、明十六日御招
請、忝御請被申上候也、
一、木下道正庵寒中窺御機嫌候也、
一、常樂院參上、
一、中嶋祖右衞門寒中窺御機嫌、蕎麥粉貳袋獻上、
一、津田源吾同斷、蜜柑一籠獻上、
十六日、辛卯、晴、當番、菅谷中務卿・松井若狹守・三谷藏人・伊丹將監・中嶋織部、
惣詰、
一、今日二品宣下御當日、消息宣下、委細別記ニ有、
奉行園頭中將(基理)殿
一、二品宣下始終・往反等、委細別記ニ有、
一、御境内火廻り、町役人兩人、門前小頭・火役之者相
廻り候也、
十七日、壬辰、當番、松井西市正・松井相模守・三上大膳・木崎兵庫・九鬼主殿、
一、山門一山惣代溪廣院、叙品宣下被爲濟候恐悦申上、
昆布一折五十本獻上、自分昆布一折三十本獻上、於御白
書院御對面、已後於御廣間御祝酒・御吸物被下候也、
一、御師範常樂院志岸、叙品宣下恐悦申上、御菓子一箱獻
上、御對面也、
一、山門五谷惣代乘實院・嚴王院(慈寂)・常樂院・無量院・寶
嚴院參上恐悦申上、外良餅一折拾棹獻上、於御廣間御

*宮樣方攝家方へ御答禮
智積院恐悅言上獻上物御對面
智山役僧恐悅申上
*近衞經凞より御歡使
女院女一宮より御悅二種一荷進上
*淨妙庵恐悅申上御對面
*角倉玄壽蜜柑獻上
御出入輩恐悅申上
*正觀院恐悅申上御對面
傳奏以下諸役御取持堂上方へ御祝儀御遣

祝吸物・御酒被下、已後於御白書院御對面被仰付候也、寶嚴院自分獻上外良餅五棹、
一、智積院僧正參上、昨日者敍品宣下無御滯被爲濟、奉恐悅候、昆布一折百本・金子三百疋獻上、於鶴ノ間御祝御吸物・酒被下、於御書院御對面被仰付候事、
一、智山安養院・鑑事妙德院・役者光照院・養眞院恐悅申上、金子貳百疋獻上、御玄關三ノ間ニ而御祝吸物・御酒被下候也、
一、女院御所御使、昨日敍品宣下被爲濟候御悅、二種壹荷被進之、
一、女一宮樣より右御同樣也、
一、藤嶋加賀守(宗韶)、昨日者無御滯被爲濟恐悅申上、
一、御出入之輩恐悅申上、左之通、
　柳川了長・高森因玄 悴因順所勞御斷申上・大津賀仲安、
右於御廣間御吸物・御酒被下候也、
一、岸紹易同斷、御菓子獻上、
一、坂上清心院同斷、昆布三拾本獻上、但し坊官中迄文ニて獻上也、
一、傳奏・議奏・院傳奏・評定、其外參役、堂上御取持堂上方江御祝儀被遣物、委細御進物帳ニ有之、

一、宮方・御攝家江御答禮被進候也、委者御進物方ニ有之、
一、青門樣より、昨日被爲成候御挨拶、被仰進候事、
十八日、癸巳、曇、未刻過より雨、當番、今小路兵部卿・木崎河內・山田大炊大允・山下監物・岡本內匠、
一、常樂院弟子一位恐悅申上、扇子五本入獻上、
一、上乘院(亮圓)僧正使を以、寒中窺御機嫌申上、
一、近衞內府樣(經凞)より御使、二品宣下被爲濟候御歡、御服中故乍延引被仰進候由、御使齋藤宮內少輔(敍胤)、
一、藤嶋石見、一昨日者無御滯被爲濟恐悅參上、
一、惠宅師上殿、恐悅申上、御菓子貳袋獻上、御對面被仰付候也、
一、角倉與市(玄壽)歲末之御祝儀、例年之通蜜柑三百獻上之、
一、尊勝院(慈珉)殿より二品宣下爲御歡、昆布一折五十本獻上之、
十九日、甲午、晴、當番、菅谷中務卿・松井若狹守・三谷藏人・伊丹將監・中嶋織部、
一、山門正覺〻院前大僧正參殿、敍品宣下、恐(悅脫)申上、金子百疋獻上、於御廣間御祝酒被下、於御座間御對面被仰付候也、
一、轉法輪(實起)大納言殿、三位中將殿より使を以、敍品宣下御祝詞被申上候也、
廿日、乙未、陰晴、當番、松井西市正・松井相模守・三上大膳・木崎兵庫、

常樂院御講釋奉
寶園院恐悅申上御對面
*二品宣下御禮二十二日と仰出
芝山持豐より御祝儀
*常樂院御講釋奉
*圓山安養寺より歳末御祝儀獻上
*安祥院恐悅申上獻上物寶生院後住の御禮
法幢院修復助成につき傳奏觸
*泉山御代香
*紋品宣下御禮參內

一、常樂院志岸御講釋奉、
一、山門西塔南尾寶園院（榮範）權僧正上殿、紋品宣下恐悅、昆布一折五十本獻上、於御座ノ間御對面被仰付、於御廣間御祝酒被下候也、
一、芝山前宰相（持豐）殿より、紋品宣下被爲濟候爲御祝儀、昆布一箱使者を以被上之、
一、傳奏觸到來、別紙之通武邊より申來候付、爲御心得各方迄可申入旨、兩傳被申付、如斯ニ御座候、已上、
一、攝州御朱印地、四天王寺惣代、一舎利法幢院、
　山城　大和　攝津　尾張　武藏　上總　下總
　近江　美濃　上野　播磨　備前　備中　備後
　安藝　豐前　筑前　筑後　肥前　肥後
右諸堂大破ニ付、修覆助成、京・大坂、御當地武家萬石以上以下家中迄、且町方幷右貳拾ケ國、當巳年より來申年迄、中年三ケ年之間、勸化御免被成下候、志之輩者、物之多少ニよらす可致寄進候、御料者御代官、奉行有之所者其奉行、支配有之面々者其支配、私領者領主・地頭、寺社領者向寄御代官・領主・地頭江勸化取集、向々より來ル申年十一月迄ニ阿部備中守（正倫）方へ可差出者也、
　　巳十一月
右之通可被相觸候、
一、二品宣下御禮御參內、來廿二日午刻被仰出候事、
廿一日、丙申、晴、當番、今小路兵部卿・木崎河內・山田大炊大允・山下監物・岡本內匠、
一、常樂院御講釋奉、
一、圓山安養寺惣代多福庵・也阿彌、例年之通歳末之御祝儀、御茶二箱獻上、
一、山門安祥院（善應）參上、紋品宣下爲恐悅、昆布三十本獻上、乍序此度寶生院儀、住職被仰付候爲御禮、羊羹貳棹獻上、御祝酒被下候也、
一、泉涌寺江御代香御使、
廿二日、丁酉、快晴、當番、菅谷中務卿・松井若狭守・三谷藏人・中嶋織部、
一、紋品宣下御禮御參內也、巳刻過御出門、先上御殿江被爲入、御祝被爲在、御夕御膳等被召上、午刻御參內、仙洞御所・大女院御所・女院御所江も御參、
　　　素絹指貫 中務卿・大紋 若狭守・同 大炊大允、
　　　布衣 兵庫・掃部・織部・
御轅御衣躰　御供　求馬、御先、熨斗目 味衞門・軍治・
　　　源之進・源吾、
　　　御語合三人・白丁・退紅、

寒中御伺の面面

*所司代より紋品宣下祝儀獻上

*勝安養院より紋品宣下拜領物に御禮申上

*大山崎所司胡麻油獻上

*常樂院御講釋奉

*常樂院御講釋奉

*四御所女一宮へ歳末御祝儀進獻

所司代より歳末御祝儀

梶井門跡坊官以下恐悦申上

*青門宮より二十七日一品宣下仰出の御吹聽御語合御依賴

聖門宮より寒中御見舞

*八幡新善法寺より歳末御祝儀

廿三日、戊戌、當番、松井西市正・松井相模守・三上大膳・木崎兵庫、
一、木村宗右衞門寒中窺御機嫌、御玄關江參上、
一、鳥邊山通妙寺寒中窺御機嫌、蕎麥粉貳袋獻上之、
一、角倉與市右同斷、御玄關江參上、
一、智積院僧正、使僧を以、歳末之御祝儀、蜜柑一籠獻上、
一、加納小十郞寒中窺御機嫌、御玄關迄參上、
一、山門西塔南谷學頭代、嚴寒窺御機嫌參上、
一、村若縫殿、歳末之御祝儀申上、
一、西塔東谷惣代妙觀院、紋品宣下恐悦、乍延引羊羹三棹獻上、於御廣間御祝被下、自分恐悦も申上ル、御對面不被爲在、
一、戸田因幡守、使者ヲ以歳末御祝儀、狗脊一箱被上之、
一、梶井御門跡樣坊官四人・諸大夫兩人より二品(養忠)宣下恐悦申上、昆布五拾本、惣代寺家宰相・富小路兵部卿參上、
一、朝日宮神主增穗大和、寒中窺御機嫌、外良餠五棹獻上、
廿四日、己亥、晴、當番、今小路兵部卿・木崎河内・山田大炊大允・山下監物・岡本内匠、
一、聖護院宮(忠譽)樣より御使、寒中御見舞被仰進候事、
一、三角了敬窺御機嫌、紋品宣下恐悦、乍序申上、
一、山本卜泉右同斷、

一、木村宗右衞門歳末御祝儀、且此間紋品宣下御祝儀御返し被下物御禮申上、
一、所司代戸田因幡守、使者を以、紋品宣下被爲濟候御祝儀昆布一箱・御樽代金三百疋被上之、
一、勝安養院(堯海)僧正、使を以、紋品宣下被爲濟候ニ付、此間拜領物被致候御禮被申上候事、
一、大山崎社司藤井兵庫、例年之通胡麻油壹樽獻上、
一、常樂院御講釋奉、
廿五日、庚子、晴、當番、菅谷中務卿・松井若狹守・三谷藏人・伊丹將監・中嶋織部、
一、常樂院志岸御講釋奉、
一、四御所・女一宮樣江例年之通、歳末之御祝儀、御使を以御進獻也、御使山田大炊大允、
一、青門樣より御使、來廿七日一品宣下被仰出候旨御吹聽被仰進候也、其節坊官・諸大夫之內壹人、御近習兩人、御語合御賴被仰入候、御領掌被進候也、
一、青門樣江不被取敢御歡被仰進候事、御使小畑主稅、
廿六日、辛丑、晴、當番、松井西市正・松井相模守・三上大膳・木崎兵庫、
一、山門上乘院(亮圓)寒中窺御機嫌參上、
廿七日、壬寅、晴、當番、今小路兵部卿・木崎河内・山田大炊大允・山下監物・岡本内匠、
一、八幡新善[法脱]寺(周淸)歳末御祝儀、牛房壹籠獻上、

西町奉行より拝領物御禮
*廣橋胤定へ御祈禱奉行仰出の御達
所司代より拝領物御禮
*坊官等御鏡餅御錫獻上
禁裏より當年御星拝領
青門一品宣下につき四御所御參の後御成
*青門より一品宣下に御成御挨拶歳末御祝儀仰進
*青門より一品宣下御返禮進上
前輪門宮より新淺草海苔進上
*院傳より御參賀仰出
勸修寺經逸より正月八日御參賀仰出
*禁裏より御内内御祈禱御檀料拝領

一、町奉行山崎大隅守（正導）、使者を以、此間者歳末御祝儀拝領物御禮申上、
一、所司代戸田因幡守、使者を以、此間敍品被爲濟候御祝儀御返物拝領、且歳末御祝儀拝領、右御禮被申上候也、
一、禁裏御所より、當年御星御拝領被爲在候也、
一、勝山琢眼敍品宣下被爲濟候恐悦申上、
一、青門樣、今日一品宣下ニ付、依御招請被爲成候也、巳上刻御出門、禁裏御所・仙洞御所・兩女院樣・女一宮樣・閑院樣江歳末御祝儀被仰上、其後青門樣へ被爲成候也、還御戌半刻過、御供、〔缺名〕□
一、青門樣へ御語來（合カ）ニ付相詰候輩、松井相模守・藪澤雅樂・岡本內匠、
一、泉涌寺・戒光寺、敍品宣下恐悦參上、昆布一折三十本獻上之事、
廿八日、癸卯、晴、當番、菅谷中務卿・松井若狹守・三谷藏人・伊丹將監・中嶋織部、
一、隨宜樂院宮樣（公遵）より、御到來之由ニ付新淺草海苔被爲進之、
一、勸修寺中納言殿（經逸）より御招ニ付、御留主居非藏人口江罷出候處、中納言殿被仰渡、正月八日午刻御參賀被仰出候事、
一、廣橋辨（胤定）殿非藏人口へ御招、御留主居罷出候處、御祈奉行被仰出候ニ付、御達也、
一、菅谷中務卿・今小路兵部卿より、如例年御鏡餅・御錫壹對獻上、松井西市正・松井相模守・松井若狹守御錫壹對宛獻上、
廿九日、甲辰、當番、松井相模守・三上大膳・木崎兵庫・九鬼主殿、
一、魚山惣代理覺院（惠觀）參上、敍品宣下恐悦、昆布一折五十本獻上、御玄關ニ而申置、
一、角倉與市使者、右同斷、昆布一箱獻上、
一、青門樣御使宮城丹解、一昨日者一品宣下ニ付、被爲成候御挨拶、且歳末之御祝儀被仰進候也、
一、土岐要人歳末御祝儀申上、例年之通屠蘇・白散獻上、
晦日、乙巳、雨、當番、今小路兵部卿・木崎河内・山田大炊大允・山下監物・岡本內匠、
一、青門樣より一品宣下御返禮、昆布一箱・氷蒟蒻一箱・御樽一荷被進之、
一、院傳難波前大納言（宗城）殿より御招ニ付、外樣口へ山田大炊大允罷出候處、前大納言殿被仰達候、來ル正月八日午刻御參賀被仰出候旨也、
一、禁裏御所御使小西監物、長はしとの御文ニて、御内

〻御祈禱御檀料白〔銀脱カ〕七枚被進之、
〔蟲クイニテ不分明〕上右兵衛、長橋はしとの御文ニて、來ル正月御内〻御祈禱御撫物被進候也、御請御使牛丸九十九、
一、勝安養院僧正使を以、歳末之御祝儀被申上、
一、惠宅律師歳末之御祝儀申上也、
一、上乘院(亮圓)僧正使者を以、二品宣下御祝儀、昆布一折三十本被上之、

正月御内々御祈禱御撫物拜受
上乘院より二品宣下御祝儀獻上
*眞仁親王藥師供禁裏御内々御祈禱御開闢
*長日不動供普應院勤修
*元日の御儀

天明六丙午年日次記

正月

御用番松井相模守(永亨)、

元旦、丙午、晴、日蝕皆既、當番、菅谷中務卿(寛常)・松井若狹守(永喜)・三谷藏人(寛重)・伊丹將監・中嶋織部(德方)、
一、寅刻護摩堂江渡御、藥師供御開闢、禁裏御所御内〻御祈禱御開闢、
一、長日不動供開闢、普應院大僧都洞海、
一、卯刻前於御座間御禮、普應院大僧都・金剛院大僧都(眞應)、
一、次於同所御禮、喜多治部卿(永春)・菅谷中務卿・今小路兵部卿(行先)・松井相模守・松井若狹守・木崎河内(正達)・山田大炊大允(政澄)・三谷藏人・三上大膳・伊丹將監・山下監物(重好)・中村帶刀・木崎兵庫・初瀨川采女・友田掃部・藪澤雅樂・小畑主税・中嶋織部・鈴木求馬・岡本内匠・九鬼主殿・三谷金吾・山下勇・青水民之助・三上野吉・卽生院・寶生院・惠乘房(玄隆)・安住房・松井丹波・堀部多仲・松井多門・牛丸九十九等也、松井西市正(永昌)・初瀨川三河介(宗邦)歡樂不參、
一、大福御雜煮等如御嘉例、
次於御座間御獻、御配膳普應院大僧都、役送菅谷法眼寛常、

諸堂社御参詣

次御参詣、普(洞海)大僧都・金(眞應)大僧都扈從、御供松井若狹守・初瀨川采女・九鬼主殿、
御鎭守・大佛殿并荒神・蓮華王院、但、蝕ニ付御参詣御早ク被爲成候也、
次於御書院普應院大僧都・金剛院大僧都、御盃被遣之、
次於梅ノ間御通、如御嘉例、
御盃、坊官・諸大夫・侍法師・侍御近習・出家・承仕・中奥、但、承仕・中奥者御積、院家衆、
御流、武知喜好・内田喜齋・安福勝太左衞門・丸茂矢内、末吉味衞門・中村金左衞門・小嶋軍治、松井權之進歡樂不參、
御盃、山本内藏・篠田主膳・三宅宗達・三宅宗仙・三宅宗甫・三宅圓達・香山大學・村若左門・同縫殿・市川養元・三宅勇仙、岩永右衞門歡樂不參、
御流、若山源之進・津田源吾、
次御祝儀之松、
次於御座之間御盃被下、喜多治部卿法印永春、
次於同所御口祝被下、三谷金吾・山下勇・川上織部・青水民之助・三上野吉、御盃被下、卽生院・寶生院・鈴木知足庵・土岐要人、
次朝御膳、普應院大僧都・金剛院大僧都御相伴、
夕御膳右同斷、
一、勝(堯海)安養院僧正、在國故使者を以御祝詞被申上候也、
一、智積院(實嚴鑁啓)僧正御禮参上、方金百疋獻上、
元二、丁未、晴、當番、松井相模守・三上大膳・木崎兵庫・九鬼主殿、

*御鏡餅御錫御祝

一、坊官より獻上之御鏡餅并御錫、諸大夫より獻上之御錫等、如恒例御祝被爲在候也、次朝御膳、

*慈惠大師御正忌御逮夜御法事

一、慈(良源)惠大師御正忌御逮夜御法事、
法華一ノ巻　御導師金大僧都、卽生院・寶生院・安住房、
一、村瀨掃部御禮參上、於御座之間御口祝被下候也、
一、藤嶋加賀守(宗韶)・同石見・勝山按察使・同琢眼御禮參上、申置候也、

*菱花ひら御祝

一、入夜菱花ひら御祝如例、普應院大僧都・東尾(眞應)大僧都御相伴、
元三、戊申、晴、當番、今小路兵部卿・木崎河内・山田大炊大允・山下監物・岡本内匠、

*禁裏仙洞御禮につき傳奏觸

一、傳奏觸到來、
口上覺
來十三日禁裏(光格)樣・仙洞(後櫻町)樣諸禮候間、御院家中其御

*御參賀に御出迎御依頼の諸卿
*勝安養院御參止宿
元三大師御正忌光明供
*三角了敬拜診
溪廣院伺候御對面
*伊丹主水參上御禮
溪廣院へ御餞別下賜
*勝安養院御對面
*祇園寶壽院參賀
安祥院伺候
*大山崎社司參上御廡神酒獻上
上關東への年始御進物につき御附衆へ御聞繕書

心得尤ニ候、辰刻可有御參集候、遲參之御衆無御構御禮始り可申候、尤否之儀御請九日迄、油小路(隆前)家へ以書付被仰聞候樣可被成御傳達之由、兩傳被申付候、以上、

正月三日　兩傳奏 雜掌

妙法院宮樣

坊官御衆中

追而御覽之後、油小路家へ御返し可被成候、以上、

一、慈惠大師御正忌、於御持佛堂御法事、

光明供　御導師普應院(洞海)大僧都、金剛院大僧都・卽生院・寶生院・安住房、

四日、己酉、快晴、當番、菅谷中務卿(堯璟)・松井若狹守・三谷藏人・伊丹將監・中嶋織部、

一、山門院内物代溪廣院扇子一箱十本入獻上、自分扇子一箱三本入獻上、於御座間御對面、御口祝被下、於御廣間御雜煮被下候也、

一、溪廣院近〻關東下向御暇乞申上、爲御餞別白綿一把被下候也、中務卿(菅谷寛常)面會相達、

一、山門安祥院(善應)御禮參上、扇子一箱獻上、於御廣間御雜煮被下候也、

一、關東江年頭御祝儀被進物、二條表江御使被差向之日限御聞繕書、例之通御附江被差出候也、

一、來ル八日御參賀之節、御出迎御賴被仰遣候ケ所、左之通、

芝山前宰相殿(持豐)・久世三位殿(通根)・石山三位殿(基陳)・櫛笥中將殿(隆久)・梅溪少將殿(通同)・千種少將殿(有條)、

一、木下道正庵御禮參上、

五日、庚戌、晴、當番、松井西市正(永昌)・松井相模守・三上大膳・木崎兵庫・九鬼主殿、

一、勝安養院僧正、今日御上京ニ付御參、蒸菓子一箱被上也、今日御日柄ニよつて御禮無之、於梅間休所止宿也、

一、三角了敬御禮參上、於御座間拜胗、御日柄故御口祝不被下候也、

一、伊丹主水御禮參上、且舊冬敍品宣下之節、御祝儀拜領物御禮も乍序申上候也、

六日、辛亥、曇、當番、今小路兵部卿・木崎河内・山田大炊大允・山下監物・岡本内匠、

一、勝安養院僧正於御座之間、御盃被遣候也、

一、祇園社務執行寶壽院(行快)年頭御禮參上、十帖一折獻上、於梅之間御盃被下、於鶴之間御湯漬被下候也、

一、大山崎社司中田齋御禮參上、例年之通御廡・神酒獻上也、於梅之間御口祝被下之、於御玄關御湯漬被下

候也、

一、野田内藏丞・三上勘解由御禮參上、於御座之間御口祝被下候也、

一、岸紹易參上、於御座間御口祝被下候也、於御廣間御湯漬被下之、

御方違御學問所へ御成

一、戌刻御方違、御方角御學問所江被爲成、御口祝・御雜煮・御吸物・御酒等御祝被爲有、如例及鷄鳴御吉方御寢所江還御、勝安養院僧正・普應院大僧都・金剛院大僧都御相伴、

七日、壬子、雪、當番、菅谷中務卿・松井若狭守・三谷藏人・伊丹將監・中嶋織部、

御禮參上の輩に御口祝

一、御禮參上之輩、於御書院御對面、御口祝被下候事、

中村靜安於御座之間御口祝被下、拜診被仰付、高森正因・武川幸伯・柳川了長・高森同玄・同同順・大河內立圭、各御丸藥獻上、

東本願寺より御祝詞

一、(乘如光遍)本願寺東御門主より使者を以、年頭御祝詞被仰上候也、

(光遍室、伏見宮貞建女)千代宮樣よりも御同樣被仰進候也、

御座之間にて謠曲御上覽

一、御謠物、於御座之間三之間、御囃子被仰付、於上之間上覽、御吸物・御酒等被召上、普大僧都・金大僧都御相伴、

小謠　林喜右衞門　岩井七郎右衞門　淺田藤助

高砂　能勢千次郎　鈴木求馬　小寺正藏　野田內藏丞

松風　村上新藏　山崎才次郎　明田善十郎

羽衣　與次郎　友田掃部　正藏　堀部多仲

蘆臥　村上希藏　藪澤雅樂　善十郎

花月　新藏　求馬　善十郎

百萬　與次郎　知足庵　三宅宗甫

大社　新藏　才次郎　正藏　善十郎

一管　渡り拍子　善十郎

一調　三井寺　求馬

一調　(筺)花かたミ　女郎花　才次郎　同人

一調　道明寺　笠の段　新藏　同人

一調　(盧刈の男舞)葛城　野守　正藏　同人

獨鼓　八嶋(屋嶋)　與次郎

獨吟　八景　七郎右衞門

一字題　和國　喜右衞門　藤助

御乞　海人(海士)　希藏　求馬　七十郎　吉十郎

舟辨慶　雅樂　九鬼主殿　內藏丞

卷絹　新藏　才二郎　正藏　善十郎

祝言

*年賀に各所へ御成
御参内始
*智積院役僧御禮参上
*滋賀院留主役参上
*浄妙庵参殿
*知門宮御成
泉山御代香
*聖門新宮御成
所司代より年賀御目録拝受の御請使
*大津賀仲安参上御對面

八日、癸丑、雪、凡六寸計積ル、當番、松井西市正所労・松井相模守・三上大膳・木崎兵庫・九鬼主殿、

一、御参内始、巳刻前御出門、下御靈社江御参詣、上御殿江被為入、御口祝・御雑煮・御吸物・御酒・夕御膳等被召上、午刻御参内、未半刻御退出、次大女院(舎子)御所御参、次御参洞(後櫻町)、酉刻過御退出、次女院(富子)御所御参、戌刻過御退出、上御殿江還御、御夜食被召上、亥刻頃御本殿江還御、

御供、菅谷中務卿・松井相模守・友田掃部・鈴木求馬・岡本内匠・九鬼主殿、御先七人、

其外如例、

御出迎堂上方、

芝山前宰相殿・久世三位殿・石山三位殿・櫛笥中將殿・梅溪少將殿・千種少將殿、

九日、甲寅、晴、當番、今小路兵部卿・木崎河内代相模守・山田大炊大允・山下監物・岡本内匠、所労代主殿、

一、泉涌寺江御代香、御使今小路兵部卿、

一、岡田彦兵衞参上、年頭御禮申上、申置退出、

一、戸田因幡守(忠寛)より使者を以、昨日者年頭御祝儀御目録之通拝受、難有右御請、使者を以申上候也、

十日、乙卯、晴、當番、菅谷中務卿・松井若狭守・三谷藏人・伊丹將監・中嶋織部、

一、巳刻御出門、為御年賀御成、酉刻還御也、

隨宜樂院宮(公遵)様・開明門院(櫻町後宮、定子)様・有栖川宮(織仁)様・房君(織仁妃)様・一乘院宮(尊映)様御里坊・近衞(經熙)様・一條(輝良)様・二條(治孝)様・大聖寺宮(天巌永皎)様・入江様・光照院宮(大猷尊乘)様・仁門(深仁)様御里坊・閑院宮(典仁)様・九條(尚實)様・鷹司(輔平)様・聖門(忠譽)様・青門(尊眞)様・知門(尊峯)様・林丘寺宮(博山元敞)様御里坊、御供菅谷中務卿、中村帶刀・木崎兵庫・初瀬川采女・中嶋織部、

御先五人、

一、智山安養院・妙德院・養眞院御禮参上、於梅之間御口祝被下之、

一、滋賀院御留主居山門薬樹院(孝覺)御禮参上、扇子三本入獻上、藏人及面會候也、

一、浄妙庵惠宅為御禮参殿、枝柿獻上、御留主中御對面無之、

十一日、丙辰、雨、當番、松井相模守・三上大膳・木崎兵庫・九鬼主殿、

一、知門様為御年賀御成、被仰置、

一、聖護院新宮(盈仁)様、右同斷、

一、青門様より昨日被為成候御挨拶被仰進候也、

一、大津賀仲安御禮参上、於御座之間御對面、御口祝被下、於御座間御湯漬被下候也、

十二日、丁巳、晴、當番、今小路兵部卿・木崎河内・山田大炊大允・山下監物・岡本内匠、

廬山寺御代香
高野山惣代年賀
山門北尾惣代年賀
*西本願寺より年賀使
*慈覺大師御正忌阿彌陀供
生源寺行雄御札獻上
*東西本願寺佛光寺へ年賀使
西塔東谷惣代年賀
*山本卜泉參上悴恕見初御視
*禁裏より舞御覽の女房奉書到來御請
常樂院師弟共年賀參上
*慈覺大師御正忌法華三昧

一、廬山寺江御代香、松井若狹守、
一、高野山惣分惣代上藏院參上、年頭御禮申上、金貳百疋獻上、於梅之間御口祝被下之、於鶴之間湯漬被下候也、當番及挨拶、
一、山門北尾惣代寶嚴院御禮參上、扇子五本入獻上幷自分御禮申上、扇子三本入獻上、於御座之間御口祝被下、於御廣間御雜煮被下候也、
一、山門榮泉院繼目御禮參上、扇子三本入獻上、於御座間御對面計、
一、坂本社司生源寺民部少輔(行雄)御禮參上、御札獻上、於梅之間御盃被下候處、乍自由差急御斷申上、御玄關ニ而御湯漬被下候也、
一、西塔東谷惣代妙觀院(俊榮)御禮、扇子五本入獻上、自分御禮扇子三本入獻上、
一、日吉寂光院(亮乘)御禮參上、扇子三本入獻上、於御座之間御口祝被下、御廣間ニて湯漬被下候也、
十三日、戊午、晴、當番、菅谷中務卿・松井若狹守・三谷藏人・伊丹將監、
一、常樂院(止岸)年頭御禮、御菓子一箱獻上、於御座之間御盃被下之、弟子一位扇子三本入獻上、於同所御口祝被下之、

一、西塔北谷乘實院御札獻上、自分御禮も申上、於御廣間御祝被下、御用被爲在御對面無之、
一、南谷惣代常樂院扇子三本入獻上、於御座之間御口祝被下之、
一、西本願寺(法如光闡)御門跡より使者を以、年頭御祝儀、昆布一箱・御樽代金三百疋被上之、新御門主(文如光輝)よりも御同樣、西條柿一箱被之上、
一、慈覺大師(圓仁)御正忌御逮夜御法事、
阿彌陀供　御出仕、御導師普應院(洞海)大僧都、金剛院(眞應)大僧都・常樂院大僧都・卽生院・惠乘房(玄隆)・安住房、
十四日、己未、晴、當番、松井相模守・三上大膳・木崎兵庫・九鬼主殿、
一、兩本願寺・佛光寺江年頭御祝儀、且御挨拶被仰遣候事、御使松井多門、
一、山本卜泉御禮參上、於御書院御口祝被下、悴恕見初而御視被仰付候也、寄香油獻上、
一、松下見立御禮參上、
一、禁裏御所女房奉書御到來、來十七日舞御覽御參あらせられ候樣与之御事也、御返書ニ御請被仰上、
一、慈覺大師御正忌御法事、於梅之間御執行、
法華三昧　御出仕、御導師普應院大僧都、東尾大

僧都・常樂院・卽生院・惠乘房・安住房・一位、

十五日、庚申、曇、小雨、當番、今小路兵部卿・木崎河内・山田大炊大允・山下監物・岡本内匠、

播州清水寺惣代年賀御對面

一、播ノ清水寺一山惣代千壽院・潮音院(賴應)年頭御禮參上、於梅之間御對面、千壽院江御口祝被下之、御札・十帖一本・扇子五本入・白銀一枚獻上、

一、同所運善院住職繼目御禮、引合十帖・扇子三本入獻上、御視被仰付、於鶴之間湯漬被下候也、

青門宮御成御饗應

一、青蓮院宮樣御年賀御成、於御書院御茶・烟草盆出、於御座之間御獻、御吸物・御酒・夕御膳等被進、暫時御話之上還御、御供坊官鳥居小路式部卿御口祝被下候也、

一、岡田傳藏御禮參上、

一、河野對馬守御禮參上、乍略儀舊冬二品宣下被爲濟恐悅も申上候也、

十六日、辛酉、晴、當番、菅谷中務卿・松井若狹守・三谷藏人・伊丹將監・中嶋織部、

御祈奉行より來月護持勤修の通達

一、御祈奉行廣橋(胤定)辨殿より消息來、

來月護持可令勤修給之旨被仰下候、以此旨宜令洩申妙法院宮給候也、恐惶謹言、

正月十六日　胤定(廣橋)

勝安養院(堯海)僧正御房

右御領掌被爲在候旨、金剛院(眞應)殿より御返翰也、

*關東への年賀進物を所司代へ提出するやう御附武家より來狀

一、御附武家より來狀、松井長門守樣・木崎河内樣　水原攝津守(保明)・建部大和守(廣般)

其御方より關東へ年頭御祝儀被進物御使者、明後十八日巳刻、戸田因幡守御役宅江被差出候樣可申達旨、因幡守(戸田忠寛)より申越候間相達候、已上、

正月十六日

又一通、

相達候儀有之候間、各方之内壹人、今日中大和守(建部廣般)役宅江御越可有之候、已上、

*二品敍品宣下の御祝儀を關東へ進呈するやう御附武家より御達

右之趣ニ付、大和守役宅江三谷藏人行向、舊臘、敍品宣下被爲濟候ニ付、爲御祝儀公方樣(德川家治)・大納言樣(德川家齊)江昆布一箱宛、御先格者不相見候得共、依御由緒可被進思召候段御聞繕書差出候處、右之聞繕書之通可被進樣、年寄共より申來候趣、所司代(戸田忠寛)より紙面之寫を以被達候也、

*日光准后宮年賀御成

一、隨宜樂院宮樣(公遵)爲御年賀御成、於御座之間御對顏被爲有、御雜煮・御吸物・御酒被進、御供諸大夫進藤日向守江御口祝被下候也、

*日吉社司年賀參上

一、樹下式部大輔年頭爲御禮參上、御視可被仰付候處、途中より不快之由ニ而御斷申上、退出候也、

*冷泉爲泰より和歌御會御詠進仰出の内報
敍品宣下御進物の進呈日につき御聞繕書
中嶋徳方御講釋
*禁裏より和歌御會始の御題到來御返書につきて御未練に御斷仰上
萬里小路政房へ朦中御尋
舞御覽參内御斷仰上
*清水祇園吉田社清荒神御參詣
西本願寺年賀伺候
關東への年賀進物所司代へ差出
*泉山御代香
香奠御供
蘆浦護法院年賀
*冷泉爲泰より和歌御會始の御斷の處押して仰出との御内報
小泉有重へ節分御方違勸進の御祝儀下賜

十七日、壬戌、晴、當番、松井相模守・三上大膳・九鬼主殿、
一、御附建部大和守役宅江御聞繕書差出、
此御方敍品宣下被爲濟候爲御祝儀、關東江被爲進物二條表江御使、何日比可被差向候哉、此段宜御聞繕可被進候、以上、
正月十七日　　妙―――御内
松井相模守
一、於梅之間御講釋、中嶋織部奉、
一、萬里小路(政房)前大納言殿へ朦中御尋、羊羹一折五棹被遣之、
一、今日舞御覽御參内可被遊處、御歡樂ニ付御斷被仰上候事、御使山田大炊大允、
十八日、癸亥、晴、當番、今小路兵部卿・木崎河内・山田大炊大允・山下監物・岡本内匠、
一、本願寺西御門跡(法如光闡)年頭御祝詞御伺公、於梅之間被申置、
一、關東江年頭御祝儀被進物御使、所司代(戸田忠寛)亭江被差向、御使松井相模守、御副使末吉味衞門、
十九日、甲子、晴、當番、菅谷中務卿・松井若狭守・伊丹將監・中嶋織部、
一、蘆浦護法院大僧都年始御禮御伺公、扇子三本入被上之、御對面無之、但、御對面被爲在候得ハ、於御書院御盃被遣之事也、
一、小泉陰陽少允(有重)江節分御方違勸進被仰付候ニ付、爲御祝儀方金百疋被下之、表役より手紙ニ而遣候也、
一、冷泉前中納言殿(爲泰)より書中ニ而、和歌御會御詠進之事被仰出候、尤從御内儀被仰出候得共、先内ゝ被申上候由也、
一、隨宜樂院宮樣江御書被進候也、
廿日、乙丑、晴、當番、松井相模守・三上大膳・木崎兵庫・九鬼主殿、
一、禁裏(光格)御所御使女房奉書御到來、和歌御會始御詠進之事被仰出、則和歌御題被進候也、
御返書ニ、御稽古も御未練ニあらせられ候旨ニて御斷被仰上候也、
一、午刻御出門、清水寺・祇園社・吉田社・清荒神御參詣、夫より閑院宮樣江被爲成、還御亥半刻、御供山田大炊大允・中村帶刀・九鬼主殿・御先五人、
一、隨宜樂院宮樣より御書被進候也、
廿一日、丙寅、陰晴、當番、今小路兵部卿・木崎河内・山田大炊大允・山下監物・岡本内匠、
一、泉涌寺江御代香、今小路法橋、御香奠方金貳百疋被備之、
一、冷泉前中納言殿より書中を以、御會始和歌御詠進之事、
一昨日御斷之趣、則被及奏問(聞)候處、押而更ニ被仰出

禁裏より女房奉書にて押して御詠進仰出により御請仰上
*三寶院門跡年賀御成
*覺林坊年賀
*松井永昌御禮申上
閑院兩宮へ御會始御詠進の御吹聽仰上
閑院父宮へ御詠草御覽の御使
*御會始初御詠進に參內前後共閑院宮へ御成
圓山安養寺御禮參上
*北野菅廟御代參
*正覺院年賀
關東への紋品宣下御進物は二十八日所司代へ差出すやう御附武家より御達
*中道意年賀征蟲丸獻上
*常樂院下山參殿
*金剛院浴油結願
*村瀨掃部へ詩文御講釋仰付

候、御內儀より被觸候得とも、先內ゝ被申上候由也、

一、禁裏御所御使女房奉書御到來、御會始御哥の題御斷仰入られ候へとも、おして御詠進おハしまし候やうとの御事也、則御返書ニ御請被仰上候也、

一、閑院兩宮樣(典仁・美仁)江御會始和歌御詠進之事被仰出、御請被仰上候御吹聽、御使を以被仰進候也、御使牛丸九十九、

一、一品宮樣(典仁)へ御詠草被入御覽候事、御使靑侍中、

廿二日、丁卯、晴、當番、松井若狹守・木崎河內・三谷藏人・伊丹將監・中嶋織部、

一、圓山安養寺一山御禮參上、於梅之間例年之通御口祝被下之、獻上物如例年、

一、山門蓮光院、此度法曼院江轉住被仰付御禮參上、扇子三本入獻上、

廿三日、戊辰、晴、當番、松井相模守・木崎兵庫・九鬼主殿、西市正所勞、大膳在坂、

一、鳴瀧式部卿年頭御禮參上、扇子三本入獻上、

一、御附武家建部大和守役宅江、招ニ付山田大炊大允行向、先般紋品宣下被爲濟候御祝儀關東江被進物、來ル廿八日戶田因幡守御役宅江可被差出旨達有之候也、

一、山門圓覺院(貫剛)前大僧正依所勞、代松林院を以年始御禮申上、扇子三本入獻上、

廿四日、己巳、晴、當番、今小路兵部卿・木崎河內・山田大炊大允・山下監物・岡本內匠、

一、三寶院(高演)御門跡樣御年賀御成被仰置、

一、山門覺林坊(堯端)大僧正年始御禮參上、扇子三本入獻上、

一、松井西市正(永昌)舊臘より所勞、今日御禮申上、御口祝被下候也、

一、安福勝太左衞門早春歡樂ニ付、今日於梅之間御祝被仰付候也、

一、禁中御會始ニ付、御參內、午半刻御出門、先閑院樣江被爲成、酉刻前御參內、亥刻比御退出、閑院樣へ御爲成、丑刻還御也、御衣躰御鈍色、御供、山田大炊大允狩衣・初瀨川采女・九鬼主殿布衣・御先三人、白張退紅、當年初而御詠進、

廿五日、庚午、當番、菅谷中務卿・松井若狹守・三谷藏人・伊丹將監、織部所勞、

一、北野菅廟江御代參小畑主稅、

一、山門正覺院(豪靖)前大僧正年始御禮參上、扇子五本入獻上、

一、南尾惣代無量院同斷、扇子三本入獻上、

一、中道意同斷、征虫丸獻上、

一、常樂院(志岸)今日下山御屆、參殿、

一、金剛院殿浴油結願ニ付、歡喜團獻上、

一、村瀨掃部參上、於御座之間御對面被仰付、詩文御講釋可申上樣被仰付候處、一應御斷申上候得共、押而

*日光准后宮へ御挨拶使
地子新先納集會
常樂院御講釋奉
*常樂院御講釋奉
*關東への紋品宣下御祝儀を所司代へ差出
日光准后宮へ御成
*常樂院御講釋奉
*御内々御祈禱卷數御撫物獻上
梶井門跡より輪門宮御上京中の御宿となるため梶井御用所新設移轉との來狀
*淨妙庵御對面
*鷹司輔平御成
*村瀨掃部史記御會讀
*護持御本尊御撫物受領

被仰付御請申上、來廿九日史記御會讀被仰出候也、
一、地子新先納集會ニ付、圓山連阿彌江元〆方・代官方出役候也、
廿六日、辛未、當番、松井相模守・木崎兵庫・九鬼主殿、
一、常樂院御講釋奉、
一、山門嚴王院(慈寂)年始御禮參上、
廿七日、壬申、快晴、當番、今小路兵部卿・木崎河内・山田大炊大允・山下監物・岡本内匠、
一、午刻御出門、隨宜樂院宮樣江御成、酉刻還御也、御供松井相模守・中村帶刀・岡本内匠、御先三人、
一、入夜隨宜樂院樣より今日被爲成候御挨拶被仰進候也、
一、山門上乘院(慈周)年始御禮參上、
一、梶井御門跡樣御内寺家宰相(養忠)より書狀到來、
此度當御殿御本坊日光宮樣(公延)御上京ニ付、御在洛中御旅館御借用被成候、依之當御殿御用所ハ御本坊北ノ方ニ被設候而、當月廿五日迄御家賴共引移申候、此段各方迄得御意候置候、御沙汰之儀も御座候ハヽ宜奉賴候、仍而如此御座候、以上、
正月廿七日　　寺家宰相
妙法院宮樣
坊官御中
廿八日、癸酉、晴、當番、菅谷中務卿・松井若狹守・三谷藏人・伊丹將監、
一、隨宜樂院宮樣、昨日被爲成候御挨拶被仰進、且昨夜彼御方より御使被進候御挨拶も被仰進候也、御使松井多門、
一、松室下總・同上野、年頭御禮申上、
一、常樂院御講釋奉、
一、紋品宣下被爲濟候御祝儀、公方樣・大納言樣江昆布一箱宛被進之、所司代亭江御使被差向候也、御使木崎河内、御副使靑侍中、
一、隨宜樂院宮樣より昨日御備進之御書物御返進、
廿九日、甲戌、松井相模守・三上大膳・木崎兵庫・九鬼主殿、
一、常樂院於御座間御講釋奉、
一、御内ゝ御祈禱御結願御卷數・御撫物被獻候也、御使藪澤雅樂、
一、惠宅參上、御對面、
一、鷹司左府樣(輔平)爲御年賀御成、且舊冬紋品宣下被爲濟候御悅も被仰入、被仰置候也、
一、村瀨掃部參上、御對面、
一、於御座間史記御會讀、村瀨掃部・常樂院・菅谷法眼・松井相模守・三谷藏人・中村帶刀・土岐要人、
一、護持御本尊幷御撫物、細川極﨟(常芳)持參、例之通於鶴間

*泉州感應寺より年賀及び寒氣御伺獻上
當月護持御勤修
四御所へ當日御祝詞
*關東への寒中御見舞に御喜色と所司代より御達
*京都代官より年始御祝儀拜領御禮
*藪澤雅樂に遠慮仰付父との同居及び藪澤の姓名乘差止
禁裏より將軍五十賀の和歌御詠進との女房奉書御請
*木崎兵庫に奥詰加番仰付
關東上使へ薫物御遣
*勝安養院より豐州龜ケ城土產獻上
*藤嶋但馬より年賀及び紋品宣下御祝儀拜領の御禮
中嶋德方御講釋奉
有馬廣之より御請使

出家受取之、

二月

朔日、乙亥、當番、今小路兵部卿(行先)・木崎河内(正達)・山田大炊大允(政澄)・山下監物・岡本内匠、(重好)

一、當月護持御勤修、

一、四御所(光格・後櫻町・舍子・富子)江當日御祝詞御使を以被仰上候事、女一宮樣(欣子)・閑院宮樣(典仁)江も被仰進候也、御使松井若狹守(永喜)、

一、土岐元信、乍延引年頭御禮申上、於御座間御口祝被下之、

一、禁裏(光格)御所より御使、女房奉書御到來、將軍家(徳川家治)五十賀ニ下され候和歌之題被進之、十三日まて御詠進被爲在候やうとの御事也、則御返書ニ御請被仰上候也、

一、當日御禮參上、山本内藏・篠田主膳・三宅宗達・三宅宗仙・岩永右衞門・市川養元・村若縫殿、

一、關東使有馬兵部大輔(廣之)、如例薫物一器被遣之、御使松井多門、

二日、丙子、晴、當番、菅谷中務卿(寛常)・松井若狹守・三谷藏人(寛重)・伊丹將監・中嶋織部、(徳方)

一、於梅之間御講釋、中嶋織部奉、

一、有馬兵部大輔使者を以、昨日御使被遣候御請申上候也、

一、泉州妙見山感應寺、年頭御禮參上、御札・御洗米・扇子三本入獻上、且乍延引寒氣窺御機嫌饅頭一折獻上也、

三日、丁丑、晴、當番、松井相模守(永亨)・三上大膳・木崎兵庫・九鬼主殿、

一、關東江寒中御見舞被進物御喜色之旨、於所司代(戸田忠寛)亭被達候也、御使山田大炊大允行向、

一、小堀數馬(邦直)、使者を以年始御祝儀拜領物御禮申上候也、

一、藪澤雅樂、依思召遠慮被仰付候事、父圖書同居幷藪澤之姓相名乘候儀、被差止候事、

一、奥詰御無人ニ付、木崎兵庫加番被仰付候事、

四日、戊寅、晴、當番、今小路兵部卿・木崎河内・山田大炊大允・山下監物・岡本内匠、

一、大聖寺宮樣(天巖永皎)へ御書被進候事、御使末吉味衞門、

一、豐州龜ケ城產赤味噌一桶・饅頭一折、勝安養院僧正(堯海)被上候也、

五日、己卯、晴、當番、菅谷中務卿・三谷藏人・伊丹將監・中嶋織部、

一、勝安養院僧正、蕎麥切被上之、

一、藤嶋但馬、年頭御禮、且舊冬紋品宣下被爲濟候御祝儀拜領物御禮參上、乍延引御禮申上候由也、

六日、庚辰、晴、當番、松井西市正(永昌)・松井相模守・三上大膳・九鬼主殿、

鷹司輔平年賀御成紋品宣下御歡仰入

一、鷹司左大將樣(輔平)、御年賀御成、舊冬紋品宣下被爲濟候御歡も被仰入候也、於梅之間被仰置候事、

閑院宮より御會始御詠進の御使御題は冷泉爲章

一、一品宮樣(典仁)より御里坊迄御使被進、來十四日未刻御家御會始御催被遊候、依之御詠出被進候樣思召候旨也、

*院家以下の名簿提出

一、和歌御題被進、題者冷泉右衞門督殿(爲章)、

萬里小路政房伺候

一、萬里小路前大納言殿(政房)御伺公、

春日祭につき傳奏觸

一、傳奏觸到來

口上覺

就來十日春日祭、從來八日晚至十一日朝禁裏樣(光格)御神事、從九日晚至十一日朝仙洞樣(後櫻町)御神事候、仍爲御心得各迄可申入之旨、兩傳奏被申付如此候、以上、

二月五日　兩傳奏雜掌中

御宛所如例、

坊官御衆中

諸大夫以下名簿を提出

一、諸大夫・侍、官位・實名・年齡書付、清閑寺辨殿(益房)江差出、青侍中持參候也、

妙法院宮

諸大夫

松井 從五位上西市正兼長門守源永昌 四十五

松井 正六位下相模守源永亨 三十四

松井 正六位下若狹守源永喜 十六

侍

山田 從六位下大炊大允源政澄 二十八

初瀨川 從六位下參河介源宗邦 四十七

一、院家・准院家・坊官・侍法師・承仕・院家侯人等、位階・實名・年齡書、廣橋辨殿(胤定)江差出候也、

一通、

妙法院宮

院家

勝安養院 僧正法印堯海 四十四

普應院 法印大僧都洞海 十八

常住金剛院 法印大僧都眞應 十六

准院家

越前國中野專照寺 權僧正法印譽章 四十八

播磨國御嶽山清水寺執行光明王院 法印大僧都賴哲 六十四

肥後國藤崎八幡宮執行護國院 法印大僧都憲海 五十八

一通、

妙法院宮

坊官以下の名簿提出
*淨妙庵參上
*常樂院御講釋奉
*泉山御代香
*松井權之進へ非常勤御家頼仰付
*閑院宮へ御詠草御内覽
*村瀨掃部史記御會讀
*新玉津嶋社及び因幡堂へ御成
*高森正因より法眼勅許御禮
*常樂院御講釋奉
中嶋徳方孟子御講釋奉
*御母宮御忌日御代香
三谷寛重御暇願出
*禁裏より將軍家への和歌御詠進の御使

坊官
菅谷中務卿法眼寛常　二十八
今小路兵部卿法橋行先　二十四
侍法師
木崎河内法眼正達　七十四
承仕
松井丹波法橋長亨　五十六

一通、
妙法院宮
坊官隱居
喜多法印永春　八十三

一通、
勝安養院候人
濱崎法橋惟敬　四十三

七日、辛巳、快晴、當番、今小路兵部卿・木崎河内・山田大炊大允・山下監物・岡本内匠、
一、於梅之間孟子講釋、中嶋織部、
八日、壬午、快晴、當番、菅谷中務卿・松井若狹守・三谷藏人・伊丹將監、
一、三谷藏人無據儀在之、河内表縁類共方江罷越申度、

明日より四・五日御暇相願、則願之通被仰付候也、
一、惠宅參殿、御對面無之、
一、禁裏御所より御使を以、御料紙被進候也、
九日、癸未、曇、當番、松井相模守・三上大膳・九鬼主殿、
一、常樂院(志岸)御講釋奉、
一、泉涌寺江御代香使松井若狹守、
一、松井權之進、常勤御免之儀相願、則願之通常勤無之御家頼ニ被仰付候事、
一、閑院宮樣江御詠草被入御覽候事、
一、村瀨掃部參上、於御座間史記御會讀、常樂院・相模守・將監・帶刀、要人、
十日、甲申、快晴、當番、今小路兵部卿・木崎河内・山田大炊大允・山下監物・岡本内匠、
一、未刻御出門、新玉津嶋社江御參詣、夫より因幡堂へ被爲成、未半刻頃還御也、御供菅谷中務卿・初瀨川采女・岡本内匠、
一、高森正因、法眼勅許、爲御禮參上候也、
十一日、乙酉、快晴、當番、菅谷中務卿・松井若狹守・伊丹將監・九鬼主殿、
一、常樂院御講釋奉、
一、成菩提院(壽宮成子)宮樣御忌日、盧山寺江御代香今小路兵部卿、
一、禁裏御所より御使ニ而、御書付之趣、
賜將軍家五十賀和歌、來ル十三日未刻迄御詠進之

事、

右御承知之旨御返答也、

禁裏より聖廟御法樂和歌御詠進の女房奉書

一、禁裏御所より女房奉書御到來、聖廟御法樂和歌題被進、御返書御請被仰上候也、

中嶋織部妻死去につき三十日御暇仰付

一、中嶋織部妻死去ニ付、地穢三十日之間御暇、願之通被仰付候也、

十二日、丙戌、晴、當番、松井西市正・松井相模守・三上大膳・九鬼主殿、

聖門より新宮御加行中の御斷仰進

一、聖門様(忠譽)諸大夫中より手紙ニ而、従明十三日晩至三月七日朝、新宮様(盈仁)御加行被爲在候付、御行中者新宮様より御使等も不被進、可被及御失禮ニ之旨、御斷被仰進候事、

一、常樂院參殿、

一、村瀬掃部參上、御對面、

一、丹州龜山大智院、年頭御禮、扇子一箱獻上、

十三日、丁亥、晴、當番、今小路兵部卿・木崎河内・山田大炊大允・岡本内匠、

常樂院御講釋奉

一、常樂院御講釋奉、

將軍家五十賀和歌御詠進

一、禁裏御所より被仰出候將軍家五十賀和歌御詠進、烏丸中納言殿(光祖)江被仰附候事、

十四日、戊子、晴、當番、今小路兵部卿・三谷藏人・伊丹將監、

閑院宮御會始へ御成

一、閑院宮様御家御會始ニ付御成、午半刻比御出門、丑半刻還御、昆布一折五十本被進之、御供山田大炊允・中村帶刀・友田掃部、御先三人、

*所司代より二品宣下御祝儀御返物御達につき來狀

御附武家より來狀、

一、其御方二品宣下被爲濟候爲御祝儀、御返物可相達候間、各方之内壹人、明十五日巳刻戸田因幡守(忠寛)御役宅江被相越候様可申達旨、因幡守(戸田忠寛)より申越候間、相達候、以上、

二月十四日　水原攝津守(保明)

建部大和守(廣殷)

菅谷中務卿様

木崎河内様

十五日、己丑、晴、當番、松井西市正・松井相模守・三谷藏人・三上大膳、

*所司代より關東よりの御答禮品御達

一、昨日御附より達之趣ニ付、所司代亭(戸田忠寛)江三上大膳罷越候處、先達而此御所二品宣下無御滯被爲濟候御祝儀、公方様(徳川家治)・大納言様(徳川家齊)へ昆布一箱宛被進候、爲御答禮昆布一箱ツヽ被進之旨、因幡守被達候也、

*涅槃會御圖

一、當日御禮、且涅槃會御圖ニ付參上之輩、三宅宗甫・三宅宗達・三宅圓達・三宅勇仙・香山大學・市川養元・篠田主膳・土岐要人・岩永右衞門、

一、如例年、於梅之間涅槃會御圖被相催候也、

閑院宮へ涅槃會御賭文匣進上閑院兩宮よりも御文匣進呈
*史記御會讀
*中正院出世後仰出の御禮參上
常樂院御講釋奉
*泉山御代香
禁裏仙洞より涅槃會御圖拜受
*山田政澄へ一代坊官仰付
閑院宮と互に涅槃會御圖進上
禁裏より御月次和歌御詠進の女房奉書
*三谷寛重へ侍格仰付
常樂院御講釋奉
*伊丹將監へ元〆役仰付
東九條にて出火
*山下監物に御加增仰付

一、閑院宮樣江、涅槃會御賭御文匣一折ニ被進之、彼御方よりも御賭被進、一品宮樣より御文匣一折ニ、尹宮樣(美仁)より同斷一折ニ被進之候事、尤昨日御使ニ而被進候也、
一、岩永右衞門、唐鏡一面獻上候事、
十六日、庚寅、雨、當番、今小路兵部卿・木崎河内・山田大炊大允・山下監物・岡本内匠、
一、常樂院御講釋奉、
一、禁裏御所より涅槃會御圖被進、宰相典侍、
一、仙洞御所より同斷、八百丸、
一、閑院樣へ涅槃會御圖爲持被進、彼御方よりも御圖被進候也、
一、禁裏御所より女房奉書御到來、御月次之和歌御題被進之、御返書ニ御請被仰上候事、
十七日、辛卯、雨、當番、菅谷中務卿・松井若狹守・三谷藏人・伊丹將監、
一、常樂院參殿、
十八日、壬辰、晴、當番、松井西市正・松井相模守・三上大膳・九鬼主殿、
一、常樂院參殿、御講釋奉、
一、戌刻過出火、東九條、
十九日、癸巳、雨、當番、今小路兵部卿・木崎河内・山田大炊大允・山下監物・岡本内匠、
一、常樂院參殿、
一、村瀨掃部參上、
一、於御座之間、史記御會、常樂院・村瀨掃部・三谷藏人・伊丹將監・中村帶刀・土岐要人、
廿日、甲午、時々雨、當番、松井若狹守・木崎河内・三谷藏人・伊丹將監、
一、山門西塔中正院(光賢)、出世役被仰出候、爲御禮御玄關迄參上、河内及面會、
廿一日、乙未、晴、當番、松井西市正・松井相模守・九鬼主殿、
一、泉涌寺江御代香使今小路兵部卿、
一、　　山田大炊大允
右、小川姓相改、一代坊官被仰付、五石御加增被仰付候事、
一、　　三谷藏人
右、御用人幷御進物方被爲免、此度侍格被仰付、表役加役被仰付候事、
但、自今御用部屋江相詰、諸篇評定ニ相加リ可申、他向江往反等之儀者可依時宜候事、
一、　　伊丹將監
右、代官役被爲免、元〆方被仰付、壹石御加增被仰付候事、
一、　　山下監物
右、神妙ニ相勤候ニ付、壹石御加增被仰付候事、

中村帶刀へ代官役仰付
*表詰の輩は御前に罷出るには御伺の上とすべしとの仰出
九鬼主殿へ御進物方仰付
*閑院宮へ御詠草申出
安福平角へ中奧仰付
*聖廟和歌御詠進
禁裏より聖廟御法樂和歌御詠進の御使
*史記御會讀
*金剛院へ加行中御尋
*日光准后宮御成御用談
表役以下へ同役の外へ猥に口外すまじきとの仰出
*川上織衞へ貢と改名仰付
*柳原庄の內にて河內屋市兵衞の建家につき東町奉行所へ御使

一、　中村帶刀
右、修理方幷御記錄方被爲免、代官役被仰付候事、
但、御廣間詰被仰付候事、
一、　九鬼主殿
右、御進物方被仰付候事、
一、　安福勝太左衞門 改名平角、
右、年來相勤候ニ付、中奧ニ被仰付候事、
於梅ノ間、勝安養院僧正・菅谷中務卿・松井相模守・木崎河內列座ニ而被申渡候也、
一、禁裏御所御使、聖廟御法樂和歌、前日晚迄御詠進被爲在候樣との御事、奉行烏丸中納言殿、
一、金剛院(眞應)殿雜掌野田內藏丞、明日關東發足爲御暇乞參上、
一、御廣間・御次共、當番二番ニ相詰可申樣被仰付候事、
廿二日、丙申、晴、當番、今小路兵部卿・松井若狭守・木崎河內・山下監物・九鬼主殿、中務卿產穢不參、大膳下坂、織部故障、
一、今日被仰出候趣、
一、表役以下銘〻於其役所御用向遂相談、同役之外猥ニ口外致間鋪事、
但、御用向幷役掛り之儀、粗日限を相定、無遲滯取計可申候事、
一、表詰之輩、御前江罷出候節者、御側詰迄相窺可罷出候、尤被召候節者格別之事、
一、岸紹易、伺御機嫌參上、誓願寺中軒瑞梅貳枝獻上、
廿三日、丁酉、當番、松井相模守・松井若狭守・後山田大炊大允・前三谷藏人・伊丹將監・岡本內匠・中村帶刀、
一、閑院一品宮樣江御詠草申出候、御使靑侍中、
廿四日、戊戌、晴、當番、菅谷中務卿・今小路兵部卿・松井若狭守・木崎河內・山下監物代帶刀・九鬼主殿、
一、聖廟御法樂和歌御詠進、烏丸中納言殿江被附候事、
御使靑侍中、
一、於御座之間、史記御會讀、村瀨掃部參上、中務卿(菅谷寬常)・帶刀(中村)・要人(水口)等出席也、
一、金剛院大僧都加行中爲御尋、餠饅頭一荷被遣候事、
御使松井多門、
廿五日、己亥、快晴、當番、松井西市正・松井相模守・山田大炊大允・三谷藏人・伊丹將監・中村帶刀・岡本內匠、
一、隨宜樂院(公遵)宮樣御成、於御書院御對顏被爲在、御菓子等被進、暫時御用談被爲有、還御也、
廿六日、庚子、雨、當番、菅谷中務卿・松井若狭守・木崎河內・山下監物・九鬼主殿、
一、川上織衞、貢与改名被仰付候事、
一、柳原庄之內字こゐなり、元錢座跡敷地ニ相續有之所、錢座跡年寄源左衞門組下河內屋市兵衞与申もの居、

*聖門新宮へ御加行中御見舞

*護持御本尊御撫物を御引渡

閑院宮より御誕生日御進物當方よりも御祝儀進上

*閑院宮より御勝手向不如意につき三年間嚴しき御儉約との來狀

淨妙庵御對面

播州清水寺執行年賀參上

*牛丸熊之丞及び安福五郎吉へ茶道見習仰付

*三宅宗達拜診調藥

小屋建添地ニ相願候ニ付、御糺有之候處、地境等、何之差支等無之候ニ付、右地面建家地ニ被仰付度樣、武邊へ御使を以被仰立候事、
町奉行所東丸毛和泉守(政良)御役所江被差出、御使中村帶刀、

廿七日、辛丑、曇、時ゝ小雨、當番、松井西市正・松井相模守・山田大炊大允・三谷藏人・伊丹將監・中村帶刀・岡本内匠、

一、閑院一品宮樣御誕生日、小頂一蓋被進候也、
此御方よりも御祝儀昆布一折五十本被進候事、御使牛丸九十九、

一、村瀬掃部參上、御對面被仰付候事、

一、淨妙庵惠宅參殿、於御座之間御對面被爲有候也、

廿八日、壬寅、雨、當番、菅谷中務卿・今小路兵部卿・松井若狹守・木崎河内・山下監物・九鬼主殿、

廿九日、癸卯、晴、當番、松井相模守・山田大炊大允・三谷藏人・伊丹將監・中村帶刀・岡本内匠、

一、播州清水寺光明王院(賴哲)、年頭御禮參上、於御書院御口祝被下之、以後於鶴之間御湯漬被下之、相模守(松井永亨)出會、及挨拶候也、扇子一箱・方金百疋獻上之、舊冬敍品宣下被爲濟候恐悅も申上、扇子一箱・方金百疋獻上之、御祝儀被下也、
但、年頭御禮參上之節、是迄御座間ニ而御視被仰付候處、今年より御書院ニ而御對面被仰付候事、

一、聖護院新宮樣御加行中爲御見舞、餅饅頭貳組被進之候事、御使小畑主税、

一、常樂院、昨日下山ニ付御届、伺御機嫌參上候事、

晦日、甲辰、晴、當番、菅谷中務卿・今小路兵部卿・松井若狹守・木崎河内・三上大膳・山下監物・九鬼主殿、

一、護持御本尊幷御撫物爲申出、細川極﨟(常芳)・地下役人等參上、於鶴之間中務卿出會、御本尊・御撫物等、如例出家渡之、少ゝ御違例ニ被爲在、御對面不被爲在候也、

一、閑院宮樣御勝手向御不如意ニ付、從當午三月來酉三月迄三ケ年之間、嚴敷御檢(儉)約被仰付候、右年限之内、不寄何事、御音信御贈答、御内外共堅御斷被仰入候、若絶而被進候共、乍御失禮御返却可被成候、且御使等之儀、御無人ニ付御延引相成、御失禮之儀も可有之旨、諸大夫中より手紙ニ而申來候也、

一、牛丸九十九悴熊之丞、依願茶道方見習被仰付候事、

一、安福平角悴五郎吉、依願右同斷、

一、三宅宗達參上、拜診、御藥調進候也、

三　月

御用番菅谷中務卿(寬常)、

*知足庵より銘酒末廣獻上
禁裏以下へ當日御祝儀
*智積院より押餅獻上
*三宅宗達拜診調藥
知足庵參上御對面
三宅宗達拜診調藥
*閑院弟宮へ雛の干菓子進上御妹孝宮へも同樣御菓子進上
*竹門へ大江山之圖御借用の旨手紙御遣
勝安養院より日嚴院への普應院移轉の仰付は御請申上ぐるも今暫く御延期願いたいとの趣
*禁裏以下へ上巳御祝儀仰上
*上巳御儀式

朔日、乙巳、雨、當番、松井西市正(永昌)所勞斷・松井相模守(永亨)・三谷藏人(寬重)・伊丹將監・中村帶刀・岡本內匠、三河介(初瀨川宗邦)所勞、

一、當日爲御祝儀、四御所(光格・後櫻町・舍子・富子)・女一宮(欣子)樣・閑院宮(典仁)樣へ以御使被仰上候事、御使松井若狹守(永喜)、

一、當日御禮參上之輩、山本內藏・香山大學、

一、知足庵參上、御對面被仰付候事、

一、三宅宗達參上、當日御禮申上ル、拜診御藥調進也、

一、村瀨掃部參上、

一、伊丹將監依願、生駒乙吉・緒方重之進御次迄被召出候事、

一、勝安養院(堯海)殿より被相願趣、

普應院(洞海)儀、日嚴院江移轉可仕旨先頃蒙仰、此節普應院儀、兼帶所ニ罷在候故、仰之趣申遣候、追而御請可申上旨申上置候、然ル處拙院儀、年來多病ニ有之、兼帶所寺役等委相務兼、依之普應院右移轉之儀御請申上候共、折〻寺役之節、彼方江罷下候儀被免被下候樣相願申度、且又入院之儀、今暫御延引被下、尤入院迄者御殿內ニ被差置被下候樣被致度旨被相願、則御聞濟被爲在候事、

一、右移轉之儀、勝安養院殿御請被申上、尤追付普應院致上京御請可申上与之儀也、

一、知足庵參上、名酒末廣幷肥州海苔・尾州切干大根獻上也、

二日、丙午、雨、當番、菅谷中務卿・今小路兵部卿(行先)・松井若狹守・木崎河內(正達)・三上大學・山下監物(重好)・九鬼主殿、

一、智積院(鍐啓實嚴)僧正より如例御祝儀、押餅一折獻上之、

一、三宅宗達參上、拜診御藥調進、

一、閑院裕〔祐カ〕宮樣へ御雛ノ干菓子一折・昆布壹折三拾本被進候事、御使牛丸九十九、

一、孝宮樣へ同樣御菓子一おり、御內〻にて被進候事、尤文ニ而參ル、

一、曼珠院樣御所持之大江山之圖御借用被成度旨、被仰出候ニ付、其趣同所坊官・諸大夫迄、手紙ニ而申遣候事、

上巳、丁未、曇或雨、當番、松井西市正・松井相模守・山田大炊(政遂)・三谷藏人・伊丹將監・中村帶刀・岡本內匠、

一、四御所・女一宮樣・閑院宮樣へ上巳爲御祝儀御使を以被仰上候、御使三谷藏人、

一、上巳御儀式如例、

一、金剛院大僧都より使を以、當日御祝詞被申上候事、

一、當日御禮參上之輩、山本內藏・篠田主膳・三宅宗甫・市川養元・土岐要人・香山大學・三宅宗仙・村若縫殿・岩永右衞門・三宅宗達、

一、岸紹易、當日御禮申上ル、

青門聖門各宮御祝詞仰進

一、青門様（尊眞）・聖門様（忠譽）へ當日御祝詞被仰進候事、御使松井多門、

一、青門様より右御祝詞被仰進候事、

四日、戊申、曇、當番、菅谷中務卿・今小路兵部卿・松井若狭守・木崎河内・三上大膳・山下監物・九鬼主殿所労、

常樂院御講釋奉

一、常樂院（志岸）參殿、御講釋奉ル、

一、金剛院御參殿之事、

村瀬掃部御會讀

一、村瀬掃部參上、於御座間御會讀之事、

一、土岐要人參上、

一、三宅宗達參、御對面之事、

勝安養院歸國

一、勝安養院僧正、早春以來逗留之處、今日歸國之事、

江戸山王永井文次郎祖母歸國のため關所女切手相願ふにつき寶暦五年の前例を書付け差添提出

一、江戸山王永井文次郎祖母、此度歸國致度、關所女切手之儀相願、今日傳奏代中山前大納言殿（愛親）江書付被差出、尤御先格も有之候者、其趣御書付被差添可被出旨申之ニ付、寶暦五年城道敬祖母、關東表江罷下候節被差出候書付差添、九十九（午丸）持參之事、

水口要人母の江戸への引越に今切關所通行證を所司代に願出

一、所司代（戸田忠寛）江被差出候書付、如左、

覺

一、女壹人　但、丸棒駕籠一挺

右者、妙法院宮御家來水口要人母ニ而御座候、要

人儀、先達而當御殿御用ニ付、致出府罷在候ニ付、要人（水口）母、此度從京都江戸山王境內要人宅江引越申候、依之今切御關所無相違罷通り候樣、御證文相渡り候樣被成度候、尤右女ニ付、以來出入之儀出來候者、宮御方江可被仰聞候、爲後證如斯御座候、以上、

午三月　妙法院宮御內　菅谷中務卿印

戸田因幡守（忠寛）樣

御當番中

右御書付、傳奏衆迄被差出候ニ付、傳奏衆へ添御書付、左之通、

覺

一、女壹人　但、丸棒駕籠一挺

右者、妙法院宮御家來水口要人母ニ而御座候、要人儀、先達而當御殿御用ニ付致出府罷在候ニ付、要人母、此度從京都江戸山王境內要人宅江引越申候、依之今切御關所無相違罷通り候樣、御證文相渡り候樣被成度候、依之別紙書付被差出候間、戸田因幡守殿江宜御傳達賴思召候、以上、

午三月　　妙法院宮御内
菅谷中務卿印

中山前大納言樣御内
(愛親)
後藤圖書殿
萬里小路前大納言樣御内
(政房)
多和田典膳殿

一、寶暦五乙亥年被差出候例書、如左、

覺

一、女貳人　內壹人小女

右者、妙法院宮御家來城道敬伯母・小女者従弟ニ而御座候、此度京都より於江戸本町通江戸橋筋鐵炮町攝津道看方江差下申候、今切御關所無相違罷通り候樣、御證文相渡り候樣ニ被成度候、右女者、攝津道看母ニ而御座候、小女者右同人妹ニ而御座候、此女共ニ付以來出入之儀有之候者、宮御方へ可被仰聞候、爲後證如斯候、以上、

寶暦五乙亥年十一月朔日　　妙法院宮御内
菅谷式部卿印

(忠用)
酒井讃岐守殿
御當番中

覺

一、女貳人　內壹人小女

右者、妙法院宮御家來城道敬伯母・小女者従弟ニ而御座候、此度京都より於江戸本町通江戸橋筋鐵炮町攝津道看方へ差下申候、今切御關所無相違罷通候樣、御證文相渡り候樣ニ被成度候、右女者、攝津道看母ニ而御座候、小女者右同人妹ニ而御座候、因茲別紙書付被差出候間、酒井讃岐守殿江宜御傳達賴思召候、以上、

亥十一月朔日　　妙――――御内
菅谷式部卿印

柳原大納言樣御内
(光綱)
山本主馬殿

廣橋前大納言樣御内
(兼胤)
土橋織部殿
濱路主膳殿
小泉主水殿

*三上野吉右膳と改名

*常樂院御講釋奉

*上州の御貸附支配願出の者につき同所代官に書狀差遣し返書到來

野吉事

一、三上右膳与改名之事、

五日、己酉、曇、當番、松井西市正・松井相模守・小川大炊・三谷藏人・伊丹將監・中村帶刀・岡本內匠、

一、常樂院參殿、御講釋奉、

一、上州市場村臨藏、御貸附支配相願候ニ付、右所御代官遠藤兵右衞門江、滯之節者取立之儀申付可被呉樣、三上大膳・山下監物より先達而書狀差遣候處、委細承知之趣、兩人方へ返書來ル也、

六日、庚戌、曇、當番、菅谷中務卿所勞・今小路兵部卿・松井若狹守・木崎河內・三上大膳・山下監物・九鬼主殿、

常樂院御講釋奉
大聖寺宮より御文匣にて來状
常樂院御講釋奉
*禁裏より御月次和歌御題の女房奉書に御斷仰上
三宅宗達拜診
調藥
淨妙庵御對面
小川純方得度を十五日迄にと仰出
*淨妙庵より御文匣呈上御頭當番へ手紙
金剛院御參
*泉山御代香
高森因玄法眼勅許の御禮獻上
*常樂院御講釋奉
中山愛親より水口要人母の通行證文受取
*江州眞野村平左衞門へ旅中挑燈拜借且つ御殿御內と稱することを御許容

一、常樂院御講釋奉、
一、三宅宗達參上、
一、大聖寺宮(天巖永岐)樣より御文匣之內被進、尼中より文ニて來ル、
七日、辛亥、快晴、當番、松井西市正所勞・松井相模守・小川大炊・三谷藏人・伊丹將監・中村帶刀・岡本內匠所勞、
一、常樂院御講釋奉、
一、三宅宗達參上、拜診被仰付候事、
一、惠宅師參殿、於御座之間御對面、
一、小川大炊得度、來ル十日後十五日迄之內執行可申旨被仰出候事、
八日、壬子、快晴、當番、菅谷中務卿・今小路兵部卿・松井若狹守・木崎河內・三上大膳・山下監物・九鬼主殿、
一、東尾大僧都(眞應)御參、
一、高森因玄、今般法眼蒙勅許候ニ付、爲御禮參上、扇子壹箱五本入獻上、申置退去也、
一、中山前大納言(愛親)殿より御招ニよつて、九十九(牛丸)罷出候處、先達而被仰入候女證文壹通被相渡候事、
女壹人、但駕籠壹挺、今切御關所無相違可被通候、是ハ妙法院宮御家來水口要人母(しけ)ニ而候、從京都江戶山王境內要人(水口)宅江引越之由、妙法院宮御內菅谷

中務卿依斷如斯ニ候、以上、
天明六丙午年三月七日　因幡守(戶田忠寬)判
今切
女役中
一、女證文被相渡候ニ付、中山前大納言殿井諸司代(戶田忠寬)亭へ御挨拶御使遣され候事、尤御口上ハ明日之處有之、
一、禁裏(光格)御所より女房奉書を以、御月次和歌御題被進候、卽御返書被爲在候也、尤御所勞ニよつて御斷被仰上、御題御返進也、
一、惠宅師より使僧を以、御文匣被上、且御頭當番迄手紙ニ而來ル、卽及披露也、
九日、癸丑、快晴、當番、松井西市正・松井相模守・小河大炊・三谷藏人・伊丹將監・中村帶刀・岡本內匠、
一、泉涌寺へ御代香、今小路兵部卿相務、
一、村瀨掃部參上、
一、常樂院御講釋奉ル、
一、江州眞野村平左衞門、此度江戶表へ罷越ニ付、御挑燈拜借仕、尤人馬駄賃帳面ニ御殿御內と相認申度旨、中村帶刀を以相願、則願之通拜借等被仰付、且印鑑之儀も相願候故相渡ス也、
一、昨日被相渡候女證文、三上大膳へ相渡、請書左之通、

水口しけの關所證文の請取書
*證文につき傳奏代へ御挨拶
火之用心の議奏觸書
*小川純方得度は十五日と御聞濟み
*中御門院五十回忌につき御所方への獻物は仁門へ問合せ不要との由
水口要人母の證文につき所司代へ御挨拶
*常樂院御講釋奉
*聖門新宮より御加行滿行につき御挨拶使

御關所御證文請取一札
一、此度私江戸表水口要人方へ罷越候ニ付、今切御關所御切手之儀、御願申上候處、願之通御渡被下、難有慥ニ受取申候、以上、
天明六丙午年三月九日　水口要人母 志け印
御殿
御役人中様
一、議奏衆より觸書到來、
一、火用心之儀、常〻可被仰付候得共、此節別而可被入御念候旨、各迄可申入之旨、議奏中より被申付如此候、以上、
三月九日　議奏中 雑掌
御宛名例之通、
議奏中御觸書、追而御順達之後、中山家へ御返し可被成候、以上、
一、昨日傳奏代中山家より被相渡候御證文ニ付、諸司代へ御挨拶御使被遣、御口上、
妙法院宮御家來水口要人母、從京都江戸山王境内要人方迄差下候ニ付、今切御關所御證文之儀被仰達候處、早速御差出、御滿足被成候、右御挨拶以御使被仰入候、以上、
三月九日　妙━━御使 松井多門
一、中山家へ御挨拶、左之通、
妙法院宮御家來水口要人母、從京都江戸山王境内要人方迄差下候ニ付、今切御關所女通り證文相調、昨八日御渡、御承知御滿足被成候、右ニ付戸田因幡守殿へも御挨拶之御使被差向候儀ニ御座候、以上、
三月九日　妙━━御使 牛丸九十九
一、小川大炊得度之日限、來十五日仕度段相願、卽御聞濟也、
一、中御門院様五十回御忌御取越ニ付、御所方へ爲御窺被獻物之儀、小川大炊萬里小路殿(政房)へ罷越、御尋申入候處、仁門様(深仁)江御聞合被爲在、彼御方可被准御様子之由御指圖ニ付、卽刻御問合之處、御獻物ニハ不被及候由也、
十日、甲寅、快晴、當番、菅谷中務卿・今小路兵部卿・松井若狭守・木崎河内所労・三上大膳所労・山下監物・九鬼主殿、
一、常樂院參上、佛書御講釋奉、
一、聖護院新宮(盈仁)様より御使を以、時節御口上、且先頃より御加行之處、其節此御方より爲御見舞御使且被進

三宅相達拜診調藥

中御門院五十回忌につき宮樣方に御見舞使

*知足庵參上和州へ下向の御屆

*山門東黑谷へ御翠簾寄進

水口要人母の關所通り證文

*普應院より日嚴院への移轉御請御禮申上

*普應院への日嚴院移轉仰付の屆書

もの等御挨拶、一昨日御滿行ニ付、右之段被仰進候由也、

一、三宅宗達參上、拜診御藥調進也、

一、中御門院樣五十回御忌御取越御逮夜ニ付、爲御見舞御使被進候ケ所、左之通、

閑院一品宮樣（典仁）・聖護院宮樣（忠譽）・隨宜樂院宮樣（公遵）・大聖寺（天巖永皎）宮樣・光照院宮樣（大猷尊乘）、右御使牛丸九十九、

一、藤嶋石見、爲伺御機嫌參上、

一、水口要人母、關東へ罷下ニ付、關所通り證文左之通、

覺

妙法院宮御家來水口要人母、此度從京都江戸山王境内水口要人方迄差下候ニ付、御屆申達候、以上、

天明六丙午年三月十一日　妙法院宮御内　菅谷中務卿印

箱根御關所

又壹通、左之通、

覺

一、女壹人

右者、妙法院宮御家來水口要人母ニ而御座候、此度從京都江戸山王境内水口要人宅迄差下候ニ付、今切御關所無相違罷通り候樣、戸田因幡守殿御證

文相渡り候樣被仰達候處、卽御證文被出候ニ付、右之女御證文可致持參候、仍而御屆申達候、以上、

天明六丙午年三月十一日　妙法院宮御内　菅谷中務卿印

今切御關所

一、知足庵伺御機嫌參上、且和州一類共方へ、近日より下向仕度旨御屆申上ル、

一、山門本黑谷、兼而常樂院を以御翠簾貳枚御寄附之儀相願候處、願之通被仰付候ニ付、今日爲御禮參殿、直樣御翠簾相渡ス也、

十一日、乙卯、快晴、當番、松井西市正・松井相模守・小川大炊・三谷藏人・伊丹將監・中村帶刀・岡本内匠、

一、普應院（洞海）殿上京、今度日嚴院室へ移轉之儀被蒙仰難有被存候由、御請御禮被申上ル也、

一、普應院大僧都、日嚴院室へ移轉被仰付候事、

午三月

一、傳奏衆代廾兩貫首（坊城俊親・園基理）へ御屆書、左之通、

勝安養院弟子（堯海）　普應院大僧都洞海

右洞海儀、今度日嚴院室へ被致移轉候、仍而御屆被仰入候、以上、

午三月　妙法院宮御内　菅谷中務卿

中山前大納言樣御内　後藤圖書殿

萬里小路前大納言樣御内
多和田典膳殿

一、右同樣之文面、兩貫首江壹通宛被差出、但宛所無之、
一、來ル十五日大炊(小川純方)得度被仰出候旨、御堂宿へ申達也、
一、香山大學要用ニ付、關東へ罷下候、來十三・四日頃ニ出立之旨御屆申上ル、
一、常樂院參殿、御講釋奉ル、
一、村瀨掃部參上、
一、中御門院樣五十回御忌ニ付、四御所へ爲御窺御使被上、御使松井若狹守、
一、兩寺へ爲御代香相模守(松井永亨)相勤ル、葩三拾葉宛被備也、
十二日、丙辰、曇或雨、晴、當番、菅谷中務卿・今小路兵部卿所勞・松井若狹守・木崎河内所勞・三上大膳・山下監物・九鬼主殿、日之内返し内匠、
一、常樂院參上、佛書御講釋奉ル、
一、香山大學要用ニ付、關東へ罷下度旨、依之先觸并印鑑・關所通り證文之儀相願、則願之通被仰付、通り證文今日相渡ス也、

覺

妙法院宮御家賴香山大學上下四人、此度從京都江戸山王境內水口要人方へ罷下候、依之御關所無相違御通可被下候、以上、

小川純方得度を御同宿へ申達
*惠宅に五條袈裟下賜
香山大學より關東下向の御屆
常樂院御講釋奉
*後白河法皇御影御開帳法事
中御門院五十回御忌に四御所へ御伺使泉般兩寺御代香使
*法皇堂へ御成
*魚山理覺院御對面日嚴院に唄御稽古
常樂院御講釋奉
香山大學へ關所通り證文相渡
*尹宮へ御書及び御領山蕨進上
*中嶋德方地穢相濟み出勤

天明六丙午三月十三日
妙法院宮役人
安福平角印

今切御關所

一、惠宅師依願五條御袈裟被下候事、掃部より手紙ニ而遣ス、
十三日、丁巳、曇或雨、當番、松井西市正・松井相模守・小川大炊・三谷藏人・伊丹將監・中村帶刀・岡本内匠、
一、行眞(後白河)法皇御正忌ニ付、御影御開帳御法事、法華三昧御執行、
御導師日嚴院(洞海)大僧都、常樂院(善賢)・寶生院(玄隆)・惠乘房・即生院・一位、等勤行也、
一、巳刻法皇堂へ被爲成候事、御供西市正(松井永昌)・求馬、主殿、御先貳人、
一、魚山(惠觀)理覺院參上、カタクリ花獻上、於御座ノ間御對面、暫時御咄申上ル、於梅之間日嚴院殿唄稽古被仰付候、已後御湯漬被下也、
一、尹宮(美仁)樣へ御書并御領山之蕨被進候處、御內露被爲在候故、跡より御返書可被進候由也、
一、中嶋織部(德方)、地穢日數相濟候ニ付、今日出勤也、
一、三上大膳、御用筋ニ付下坂、
一、松井若狹守・川上貢御暇相願、下坂、

生駒乙吉へ御語合御暇下され金子下賜

一、去ル朔日より御語合ニ被召出候生駒乙吉、御暇被下、伊丹將監へ申渡ス、尤金三百疋被下也、

十四日、戊午、快晴、當番、菅谷中務卿・今小路兵部卿斷・松井若狹守下坂・木崎河內・三上大膳下坂・山下監物・中嶋織部・九鬼主殿、

一、(眞應)金剛院殿御參、

一、村瀨掃部・土岐要人參上、

三宅宗達拜診調藥

一、三宅宗達參上、拜診御藥調進之事、

春日社若宮社正遷宮御神事につき議奏觸

一、議奏中より觸書到來、

口上覺

就明十五日巳刻、春(日脱カ)社若宮社等正遷宮日時定陣儀、自今晩到明日午刻御神事候、爲御心得各迄可申入之旨、議奏中被申付如此候、以上、

三月十四日　議奏中 雜掌

御宛名如例、

坊官衆中

追而、早〻御順達、御覽之後、中山家へ御返し可被成候、以上、

小川純方得度につき配役

一、明十五日小川大炊得度ニ付、配役被仰出候事、

御戒師　唄師 日嚴院大僧都　教授 金剛院大僧都　介錯 卽生院
理髮 寶生院　剃手 惠乘房

中山愛親より御由緒書

一、中山前大納言殿御招ニ付、(午丸)九十九罷出候處、御由緒書壹通被相渡、來廿四日・五日迄可被差出之旨也、

一、尹宮樣より御書被進候事、

十五日、己未、曇或雨、當番、松井西市正・松井相模守・小川大炊・三谷藏人・伊丹將監・中村帶刀・岡本內匠、

一、金剛院殿御參、

*永觀堂開帳につき御奉納

一、永觀堂開帳ニ付、本尊前江御奉納御下札相願、則御聞濟被爲在、方金百疋御奉納、願取次津田源吾へ代官方より渡ス、

*藪澤雅樂遠慮免ぜられ御廣間詰仰付

一、藪澤雅樂遠慮被免、向後御廣間詰被仰付候事、

*小川純方大藏卿と改名得度式

一、小川大炊今日得度、大藏卿与相改、巳下刻於梅之間執行、

(眞仁)宮御戒師　唄師　日嚴院大僧都　介錯　卽生院
教授　金剛院大僧都　理髮　寶生院
剃手　惠乘房

得度作法

和上御著座

次教授著座

次和上登禮盤

次教授著座

次得度者著座

此是恒沙諸佛解脫幢相衣也
若人得之諸佛隨喜天龍恭敬
夜叉羅刹皆生怖畏早免生死
速證菩提我釋迦本師以此度
衆生三世諸佛亦復如是是故
今授之當生信敬

次塗香手　次焼香
次加持香水
次灑水自身殿内得度者
次得度者禮師伊勢　國王　祇園　父母、各三返
次頌云、
流轉三界中　恩愛不能斷
弃恩入無爲　眞實報恩者
次脫俗服令著法服
次唄師著座
次置物具
次得度者著座
次理髮以紙捻結左右
次以香水灌頂
次和上加剃刀
次唄師發音
次剃手祝髮
次袈裟頌
次授袈裟　三返畢著用
次授法名　得度者拜師三返
次得度者退出
次唄師退出
次和上御復座
次教授退出
次和上御退出
次教授退出
貳ツ折小奉書貳枚へ認之也、
一、作法畢而、於御座之間御盃被下、御末廣一本被下之、
一、爲御祝儀方金貳百疋被下也、
一、獻上之品左之通、

行器　一荷赤飯入
昆布　一折五拾本
一、豆腐　一折焼五十挺
蒟蒻　一折五十挺
御樽　一荷五斤入
昆布　一折三拾本
一、延紙　三束
樽　三ツ入　宛
外ニ赤飯壹蓋、
右兩院家衆江唄師・教授御挨拶相兼進上之事、
一、銀　壹對三錢目
赤飯壹重　宛
右、介錯・理髮・剃手三人へ相送ル也、
一、獻上之赤飯・御酒御祝被遊候事、兩院家衆御相伴、
但可依時宜事、
赤飯御煮染かた鹽・御吸物・御積・煮染、外ニ紙敷御積
三種、尤御煮染ハ獻上也、豆腐・蒟蒻相用、御吸
物・紙敷・御積等ハ御殿ニ而用意也、
一、詰合坊官以下青侍中迄、御廣間中ノ間・三ノ間ニ而、
右獻上之赤飯・御酒被下之、積煮染計也、
一、袈裟・指貫被下之、但袈裟ハ御作法中ニ而被下也、

一、當日爲御禮參上之輩、山本內藏・市川養元、
一、惠宅師參殿、短册文匣持參之處、折節御用被爲在、御對面無之、右短册文匣被差上置也、
一、後刻右短册文匣御封付御返し被遊候由、御使靑侍中、但惠宅師養源院へ被立寄候ニ付、右同院迄御使參ル、尤此度輪門樣(公延)御汀ニ付、從隨宜樂院宮樣(公遵)より以惠宅御尋合之由也、
十六日、庚申、晴、當番、菅谷中務卿・今小路兵部卿所勞・木崎河內・山下監物返代帶刀・中嶋織部・九鬼主殿、若狹守・大膳下坂、
一、仁和寺宮樣(深仁)より御色紙文匣來、則御落手之旨御返答也、
一、禁裏御所(光格)より女房奉書ニ而、御月次御題被進候事、則御返書ニ御請被仰上候、
一、閑院宮樣江御詠草被進、明日可被申出由御返答也、
一、輪王寺宮樣御上洛、今日大津驛御著ニ付、御旅館江御悅御見舞旁、以御使餠饅頭壹重貳百入・御煮染壹重揚物也杉折入被進之、御使木崎河內、
但し、御先格ハ外郎餠十棹ニ而候得共、當時御間柄ニ付、右之通被進候事、
一、山科岱安參上、御對面御口祝被下、右舊冬より久々

所勞ニ付、當年始而參殿故也、
一、小川大藏卿(純方)申法橋小折紙・勘例、今日御世話卿萬里小路前大納言殿江內覽入候處、何之存寄も無之候間、中山前大納言殿江致持參候樣御指圖、則相模守(松井永亨)爲御使罷越、御口上申入候處、取次左近出會、小折紙・勘例請取、卽大納言殿被致內覽候處、無御別條候間、御勝手ニ職事方江被付之候旨御返答也、
〔コ、ニ圖アリ、便宜次頁ニ移ス。〕
一、佛光寺御門跡(順如堯祐)より使者、口上書、左之通、
先御門主無量覺院殿(寬如堯超)十七回忌、當月御引上、廿三日より廿九日迄御法事御執行有之候ニ付、何卒華籠三十枚、右御借用被成度候、此段宜奉賴候、以上、
三月十六日　佛光寺御門跡使者　森圖書
右御領掌被爲在候旨、及返答也、
十七日、辛酉、曇或雨、當番、小川大藏卿・松井西市正・松井相模守・三谷藏人・伊丹將監・中村帶刀・藪澤雅樂・岡本內匠、
一、隨宜樂院樣(公遵)より御聞合之儀ニ付御書來ル、則御返書被進也、
一、佛光寺御門主より使者、昨日華籠御拜借之儀被相願

*小川純方法橋申請萬里小路中山兩卿內覽
淨妙庵より短册文庫差上
淨妙庵の短册文庫御封付御返却
仁門宮より御色紙文匣到來
*佛光寺より先代年忌のため華籠三十枚借用願
禁裏より御月次御題進められ御請
閑院宮へ御詠草進上
輪門宮御上洛につき大津御旅館に御見舞物進呈
*日光准后より御聞合御書
山科岱安當年始めて參上御對面
*佛光寺門主願により華籠貸與

＊輪門宮御京著につき御歡使

＊小川純方法橋申請につき坊城俊親方へ罷越

＊聖門新宮より輪門旅館に御成につき妙門に御聞合

＊禁裏御月次和歌御詠草を閑院宮御內覽

＊輪門宮御京著に御積氣により御成なき旨仰進

小奉書三折

申
法橋
純方

小奉書四折

勘例
妙法院宮坊官
行先
安永二年三月二日紋法橋 十一歳

上包美濃

妙法院宮坊官
二十八歳
源純方

候處、御領掌被進、忝被存候、仍而今日被申出、則使者へ書付を以被相渡也、使者中川齋、

一、輪王寺宮樣、今日御京着ニ付、爲御歡御旅館幷隨宜樂院宮樣江御使被進也、御使牛丸九十九、

一、小川大藏卿法橋小折紙・勘例、坊城(俊親)辨殿江被附也、御使菅谷中務卿罷越、尤大藏卿同道也、辨殿參內之由ニ而差置罷歸、

一、聖護院(盈仁)新宮樣より御使、今日輪王寺宮樣御京着ニ付、明日爲御歡御旅館江可被爲成思召候、其御所樣若被爲成候ハヽ、其御時刻ニ被爲成度思召候、仍而御聞合被仰進候處、先比より少〻御積氣ニ而、久〻御參內も不被爲在候故、明日之處ハ御未定被爲在候段、御返答也、

一、仁和寺宮樣より昨日御書被進候御返書、御里坊迄爲持被進候也、御使青侍中、

一、禁裏樣御月次和歌御詠草、閑院一品宮樣江被入御覽也、御使青侍中、

十八日、壬戌、快晴、當番、菅谷中務卿・今小路兵部卿・木崎河內・山下監物・中嶋織部代雅樂・九鬼主殿、若狹守・大膳下坂、

一、輪王寺宮樣昨日御京着ニ付、今日爲御歡可被爲成之

*近衛内前三回忌に大徳寺へ御供葩
銀子先納集會
*永觀堂への御奉納につき取次者御禮參上
三宅宗達拜診調藥
*大津桝屋町雁金屋德兵衛御立入の御禮獻上
日光宮より御挨拶使
*輪門へ久々の御對面御滿足の御挨拶
村瀬掃部御會讀御斷
*日光准后宮へ御挨拶
日光准后宮輪門宮へ御上洛御歡として御成四御所へ御參閑院宮へ御成
*輪門宮より御挨拶使
*御附武家より來二十二日所司代年賀參上申置くとの來狀

右之通、御輿六人、御挾箱對之事、
一、大解脫院(故近衛准后)(内前)様三回御忌ニ付、御寺大德寺江葩三拾片被備、御代香出家中、
一、內府(近衛經熙)様江右御見舞、御口上計、御使牛丸九十九、
一、永觀堂江御奉納御下札、願之通被下置候ニ付、願取次津田源吾より爲御禮干菓子一折獻上之事、
一、大津桝屋町鳫(雁カ)金屋德兵衛与申者、御立入之儀相願、今日爲御禮參上、於御玄關元〆方出會、御菓子被下之、白銀三枚獻上之事、
一、輪王寺宮様江、先刻者、爲(マヽ)被成久〻ニ而御對面被遊、殊ニ御丁亭(寧カ)ニ御馳走等被進、御滿足思召候、以御使御挨拶被仰進候也、
一、隨宜樂院宮様江先刻被爲成、御馳走等被進、御滿足ニ思召候、仍而以御使御挨拶被仰進候、
一、輪門様より御里坊江先刻被爲成、久〻ニ而御對面被遊、御滿足思召候、且唯今者被入御念候御挨拶、御使被進候、右御挨拶、以御使被仰進候事、
一、御附武家より手紙到來、其御方江戸田因幡守年始爲御祝儀、來廿二日四ツ時之出門ニ而致伺公、尤此節痛所有之候間、御玄關ニ而申置候様、此段御差支無

處、先比より少〻御積氣ニ被爲在候ニ付、今日ハ御成不被進候趣、以御使被仰進候也、且近日御成被進候与之御事、御使小畑主稅、
一、篠田主膳、時節爲伺御機嫌參上、
一、銀子先納集會ニ付、圓山江兩役所より罷越也、
一、常樂院參殿、
一、三宅宗達參上、拜診、御藥調進也、
一、金剛院(眞應)大僧都御參殿之事、
一、日光宮(公遵)様より以御使僧、此間大津驛江御上着之節、以御使兩種被爲進候御挨拶、且昨日御京着ニ付、爲御歡御使被進候御挨拶等、被仰進候事、
十九日、癸亥、快晴、當番、小川大藏卿・松井西市正・松井相模守・三谷藏人・伊丹將監・中村帶刀・藪澤雅樂返織部・岡本內匠、
一、村瀬掃部、今日御會讀御斷申上ル、
一、辰半刻過御出門、隨宜樂院宮様、次輪王寺宮様御旅館江御上洛爲御歡被爲成、夫より御機嫌御伺として、大女院(舍子)様・仙洞(後櫻町)様・女院(富子)様江御參被爲遊、次閑院宮様被爲成候上、御參內、御退出後再閑院宮様江被爲成候也、亥刻過還御、御供相模守(松井永亨)・掃部・求馬・織部・主殿、御先五人、御板輿也、但輪門様江被爲成候故、御供廻り

*右衛門督年忌につき法華三昧供

*梅宮社東照宮御神事につき傳奏觸

日光准后宮より御書

溪廣院關東土產獻上

尹宮へ御書及び箏進上

*所司代年賀伺候

泉山御代香

右衛門督七回忌に例時作法供

*禁裏より御月次和歌の御使

閑院宮へ御詠草進上

*寶嚴院八千枚修行御札獻上

之候哉、被御申聞候樣致度存候、以上、

三月十九日　水原攝津守(保明)

建部大和守(廣般)

松井長門守樣

木崎河内守樣

右承知旨及返答也、

二十日、甲子、快晴、當番、菅谷中務卿・今小路兵部卿・木崎河内・山下監物・中嶋織部、若狹守下坂、大膳主殿所勞斷、大膳昨晚上京、

一、常樂院參上、明日登山仕候段、御屆申上、退出也、

一、隨宜樂院宮樣より御書被進候、則御返書被進候也、

一、山門溪廣院(堯瓊)、去ル九日關東より上京いたし、伺御機嫌として參殿、淺草海苔一箱獻上之事、

一、津田源吾、箏五本獻之事、

一、尹宮樣江御書幷箏被進候事、御使靑侍中、

廿一日、乙丑、雨、當番、小川大藏卿・松井西市正代兵部卿・松井相模守・三谷藏人・伊丹將監・中村帶刀・藪澤雅樂・岡本内匠、

一、泉涌寺江御代香、小川大藏卿、

一、故右衛門督七回忌ニ付、於御堂法事被仰付、今晚逮夜、例時作法執行、導師日嚴院大僧都(洞海)、卽生(院脫)・寶生(善資)院・惠乘房(玄隆)等也、

一、一品宮樣江御詠草被進候事、御使靑侍中、

尤明日晝後被申出候由也、

廿二日、丙寅、雨、當番、菅谷中務卿・今小路兵部卿返シ西市正・木崎河内・山下監物・九鬼主殿、若狹守下坂、大膳・織部所勞斷、

一、於御堂法華三昧執行、導師・衆僧同昨晚、

一、傳奏觸到來、左之通、

口上覺

就來廿四日梅宮社正遷宮日時定陣儀、從廿三晚至廿四日巳刻御神事、就來廿五日東照宮奉幣發遣日時定陣儀、自廿四日晚廿五日午刻御神事候、仍而爲御心得各迄可申入之旨、兩傳(油小路隆前・久我信通)被申付如此ニ御座候、以上、

三月廿一日　兩傳奏　雜掌

御宛名例之通

坊官御衆中

追而、御覽之後、油小路家(隆前)江御返し可被成候、已上、

一、戶田因幡守(忠寬)殿年頭爲御禮御伺公、御玄關ニ而申置、退出也、

一、禁裏御所御使、

御月次、來廿八日被取重候事、

一、山門寶嚴院參上、此度八千枚修行候ニ付、御札獻上、

*准后宮より御文匣御書卽刻御返書
佛光寺前門主十七回忌に御供葩且つ御見舞品進上
*淨妙庵伺候御對面
所司代へ昨日伺候の御挨拶
閑院宮へ御詠草申出
日光准后宮より御文匣御書
松井永喜川上貢浪花より歸京土產獻上
*禁裏へ御當座御詠進
輪門宮近々灌頂御修行なるも准后宮への御進物は必ず御斷との來狀
*中山愛親へ御由緒書差出
*輪門宮より御上洛御土產進上
*院家坊官諸大夫へも御土產下賜

且又輪王寺宮樣御上京ニ付、右恐悅申上ル、折節御
用被爲在、御對面無之、
一、常樂院參殿、
廿三日、丁卯、快晴、當番、小川大藏卿代中務卿・松井西市正・松井相模守・三谷藏人・伊丹將監・中村帶刀・藪澤雅樂・岡本內匠、
一、佛光寺先門主無量覺院殿(寬如堯超)十七回忌御法事御取越ニ付、
葩三十片御佛前江被備之、且御門主(順如堯祐)江右御見舞として
井籠一荷被送之也、御使松井多門、
一、諸司代(戶田忠寬)亭江昨日御伺公御挨拶被仰遣候事、御使同人、
一、閑院宮樣江御詠草申出、御使靑侍中、
一、准后(公遵)宮樣より御書、御文匣之內被進、
一、松井若狹守・川上貢、浪花より歸京、若狹(松井永喜)金米糖一
箱獻上、貢錦手鉢貳枚獻上也、
一、輪王寺宮御方、近ゝ御灌頂被爲相催候、夫ニ付、
隨宜樂院宮御方へ御祝儀被進物等之儀、兼ゝ御斷
被仰入置候得共、若御沙汰も被爲在候ハヽ、御內
外共堅御斷被仰入候、强而被進候共、乍御失禮御
斷可被仰進候、此段各方迄可得御意如此御座候、
以上、
三月廿二日　今小路大藏卿
近藤日向守
鵜川筑後守
妙法院宮樣
坊官御中
一、隨宜樂院宮樣より御使を以、御文匣來ル、委細者御
封中ニ被仰進候由、則御返書被進候也、
一、惠宅律師參殿、時節被伺御機嫌、於御座之間御對面
也、
廿四日、戊辰、快晴、當番、菅谷中務卿返シ大藏卿・今小路兵部卿・松井若狹守・木崎河內・山下監物・中嶋織部・九鬼主殿、大膳所勢、
一、村瀨掃部參上、
一、三宅宗達參上、拜診、
一、禁裏御所江御當座御詠進、御使藪澤雅樂、
一、閑院宮樣江御花一筒被進之、
一、中山前大納言殿江御由緒書被差出、御使九十九、
一、輪王寺宮樣御使僧歡喜院、時節御口上、且從關東御
上洛爲御土產御太刀一腰・御馬一匹代銀壹枚・白綿三
把被進候也、別段爲御土產、蒔繪御見臺箱入・檀紙
壹箱被進之、
一、院家中三人江白綿貳ハ宛、
一、菅谷中務卿・今小路兵部卿・松井西市正・松井相模

輪門御使參殿

*關東より年賀進物二品宣下獻物につき御喜色の段所司代により申達との御附衆手紙

輪門執當伺候

山門觀泉房參上繼目御禮

御由緒書を中山愛親に差出すも傳奏衆歸京故宛名書替差出

長澤蘆雪へ御學問所繪仰付間取拝見

*小川純方へ法橋勅許の旨坊城俊親より仰渡

蘆雪の席畫を御覽

守・松井若狭守江方金貳百疋ツヽ、右爲御土産被下候由也、

歡喜院於鶴之間御湯漬被下、但支度時分故也、已後大藏卿（小川純方）出會、及御返答、尤院家中・坊官・諸大夫江被下物御禮申、尚銘〻より御請可申上由申置也、

一、執當佛頂院大僧都參上、此度輪王寺宮樣御上京ニ付、御供被仰候而上京仕候ニ付、御禮且爲伺御機嫌參上、申置退出也、尤金子貳百疋獻上之、

一、山門觀泉房參上、繼目爲御禮扇子三本入獻上、御玄關ニ而申置也、

廿五日、己巳、晴或曇、當番、小川大藏卿・松井西市正代若狭守・松井相模守夜代若狭守・三谷藏人・伊丹將監・中村帶刀・藪澤雅樂・岡本内匠、

一、金剛院殿御參殿、

一、御由緒書、昨日中山家江御差（出脱）候處、最早兩傳歸京之事故、彼方江可被指出樣指圖ニ付、宛名認替、今日油小路家江被差出候也、九十九持參、

一、繪師長澤蘆雪、依召參上、木崎兵庫及面會、御學問所御繪被仰付候旨申渡、御間取拝見仕度申之ニ付、御庭より廻し、兵庫（木崎）及案内、宸殿麝香之間ニ而休足致させ、已後於梅之間席畫被仰付、簾中より御覽、

尤被召候儀ハ、昨日中嶋織部ヲ以申遣ス、尤麝香之間ニ而御酒・御湯漬被下之、

一、御附武家より手紙到來、

其御方江公方樣・大納言樣より年始爲御祝儀被進物、且就同斷、公方樣江被獻物、并二品宣下相濟候ニ付被獻物有之、御喜色之段相達候間、各方之内壹人、明後廿七日巳刻、戸田因幡守御役宅江被相越候樣可申達旨、因幡守より申越候ニ付、相達候、已上、

三月廿五日　水原攝津守（保明）

建部大和守（廣殷）

松井長門守樣

木崎河内樣

右承知之旨、及返書也、

廿六日、庚午、晴或曇、當番、菅谷中務卿・今小路兵部卿・松井若狭守・木崎河内・山下監物・中嶋織部・九鬼主殿、大膳所勞斷、

一、金剛院殿御參殿之事、

一、小川大藏卿申法橋、勅許、非藏人口へ御留主居被招、頭辨殿（坊城俊親）被仰渡、

廿七日、辛未、雨、當番、小川大藏卿・松井西市正・松井相模守・三谷藏人・伊丹將監・中村帶刀・藪澤雅樂・岡本内匠、

長澤蘆雪宮嶋の間にて御學問所繪を制作
關東よりの年賀白銀五十枚を請取
*來月朔日輪門宮御灌頂并に同四日後朝に御成の御招請
中嶋德方御講釋奉
一乘寺村にて出火
小川純方法橋勅許につき坊城俊親へ御挨拶使
*日嚴院兼帶所の法會のため出立
關東よりの年賀進物につき所司代より御達紋品宣下の御喜色も相達
*故宮御筆蹟金剛院へ二幅御返却
當月御月次和歌御未進仰入

一、一昨日御附武家より申來候趣ニ付、戸田因幡守役宅江松井西市正罷越也、
一、繪師長澤蘆雪、從今日參上、於宮嶋之間御學問所之繪認之、
一、從關東年頭爲御祝儀、白銀五拾枚被進之、小堀數馬(邦直)家來大上利作持參、内匠出會、銀子請取之、落手書例之通相渡ス也、
一、於梅之間御講釋、中嶋織部、
一、子刻北之方出火、一乘寺村之由、小畑主稅・松井多門罷出候得共、丸太町邊より歸ル、
一、小川大藏卿申法橋勅許ニ付、坊城辨殿へ御挨拶御使被遣、九十九相勤也、
一、關東より年頭御祝儀として、公方樣より昆布一箱・白銀三十枚、大納言樣より昆布一箱・白銀二十枚、於所司代亭例之通被相達、且又、先達而此御方紋品宣下之節、所司代亭迄御使被進候御喜色之段も被相達、松井西市正行向、例年之通御挨拶御使相勤候也、

廿八日、壬申、巳ノ刻比より晴、當番、菅谷中務卿・今小路兵部卿・松井若狹守・木崎河内・山下監物・中嶋織部・九鬼主殿、

一、當月御月次和歌、今日御詠進可被爲在候處、御法用被爲在ニ付、乍御自由御未進被成候旨、飛鳥井(雅威)家迄、以御使被仰入候事、御使藪澤雅樂、
一、三宅宗達參上、拜診、
一、三宅圓達・同勇仙、參上、
一、來朔日輪門樣御灌頂御當日、并同月四日後朝御催ニ付、兩日共御招請被爲在候間、御成被進候樣被遊度思召候、此段御里坊迄以御使被仰進候趣、九十九(牛丸)より申來ル、

廿九日、癸酉、晴、未刻過初雪或雨、當番、小川大藏卿・松井西市正・松井相模守・三谷藏人・伊丹將監・中村帶刀・藪澤雅樂・岡本内匠、

一、日嚴院殿(堯海)兼帶所法會ニ付、下向之儀被相願、今日出立之事、
一、輪門樣より御書被進、則御返書被進候也、
一、先達而被入御覽置候故宮(堯恭)御筆之物、金剛院殿被申出候ニ付、貳幅御返却之事、
一、村瀨掃部依所勞、御會讀御斷申上ル、

四　月

御用番松井相模守(永亨)、

朔日、甲戌、雨、當番、菅谷中務卿(寛常)・今小路兵部卿(行先)・松井若狹守(永喜)・木崎河内(正達)・三上大膳所勞斷・山下監物(重好)・中嶋織部(德方)・九鬼主殿、

輪門宮御灌頂に御成四御所へも當日御祝詞仰置

*石井友之進悴兩名共堂前稽古のため御境内に借宅の御屆申上

御祝儀御進物

*西塔寂光院伺候

日光准后宮への御進物

*輪門より昨日の御成御挨拶且つ又四日の後朝は御延引致し御治定の節御成下さるやうとの御使

上乘院住職御禮

西本願寺より輪門宮御灌頂に御歡言上

*各所より輪門宮灌頂の御歡使近衞經熙より准后宮一身阿闍梨相濟み御歡

一、輪王寺宮(公延)樣御灌頂ニ付御成、卯下刻御出門、被爲成懸、四御所(光格・後櫻町・舍子・富子)江當日爲御祝詞御參、尤被仰置、夫より直ニ輪門樣御旅亭江被爲成候事、還御戌刻過、御衣躰、御素絹指貫、御板輿、御供、大藏卿(小川純方)・兵庫・掃部・內匠・主殿、御先五人、御供衣躰、坊官素絹指貫、御近習熨斗目廡上下、御先同斷、御先箱御跡箱壹ツ也、坊官之若黨廡上下着用、

一、御祝儀として被進物、左之通、

御太刀一腰・御馬代白銀壹枚

一、昆布一箱・干蕨一箱　御使、御供より相兼、大藏卿相勤也、御引手金百疋被下候事、

御樽代三百疋

右、輪門樣江、

一、御干菓子一折、御文匣ニ入、御使御近習中、

右、隨宜樂院宮(公遵)樣江御內々ニ而被進之、尤昆布・御太刀・馬可被進之處、御音物堅御斷之旨申來ルニ付如斯也、

一、當日爲御禮參上之輩、三宅圓達・三宅宗甫・市川養元、山本內藏、所勞ニ付不參、

一、山門上乘院、此度住職被仰付爲御禮參上、扇子一箱三本入獻上之事、

一、西本願寺(法如光闡)御門跡より、輪門樣今般御灌頂被爲在候ニ付、爲御歡使者ヲ以被申上候事、

二日、乙亥、曇、當番、小川(純方)大藏卿・松井西市正(永昌)・松井相模守・三谷藏人(寬重)・伊丹將監・中村帶刀・藪澤雅樂書迄代織部、內匠所勞斷、

一、於梅之間御講釋、

一、輪門樣江昨日被爲成候爲御挨拶、御使被進候事、御使牛丸九十九、

一、松平周防守(康福)殿家來石井友之進、此度堂前爲稽古、悴兩人召連致出京、御境內ニ借宅仕候ニ付、御屆申上ル由、御玄關迄來ル、

一、山門西塔東谷惣代寂光院(亮乘)參上、此度輪門樣御上京、且御灌頂御歡申上ル、御用被爲在、御對面ナシ、

一、萬里小路前大納言(政房)殿より坊官迄書狀、御里坊江到來ニ付、御留守居より爲持來ル、則御直ニ御返書被遊、被遣候也、

一、三宅宗仙、爲伺御機嫌參上、

一、輪門樣より御里坊迄御使、昨日者御成被進御滿足ニ思召候、御取込中御麁末之御儀ニ思召候、且又來ル四日後朝被相催候處、御差支之儀被爲在御延引、追而御治定可被仰進候、其節御成可被進候旨、御留守居より申來ル也、

一、京極樣・有栖川宮(織仁)樣・林丘寺宮(天巖永皎)樣・關白(近衞經熙)樣より輪門

*東山麓諸社寺御參詣

佛光寺より御法事につき御挨拶

梅宮正遷宮の傳奏觸書

*各寺へ御奉納金

*知足庵歸京挨拶

樣御灌頂御歡、以御使御里坊迄被仰進、尤關白樣よ
り日光樣(公遵)一身阿闍梨被爲濟候御歡も被仰進候由也、
三日、丙子、快晴、當番、菅谷中務卿所労斷・今小路兵部卿・松井若狭守・木崎河内・山下監物夜分斷・中嶋織部・九鬼主殿、大膳所労斷、
一、山門御宿院江惠乘房(玄隆)交代、安住房下山、
一、篠田主膳、從今晚大坂江罷越候由御届申上ル、
一、村瀨掃部より、田舍江罷越候ニ付、暫御會讀御斷申
上ル由也、
一、佛光寺(順如堯祐)御門跡より使者を以、此間法事ニ付、御使ヲ
以井籠一荷被遣候御挨拶、且拜借之華籠返進被致、
時節爲御見舞壽命糖一箱被上之、
一、兩傳奏(油小路隆前・久我信通)觸書壹通到來、左之通、
就來四日梅宮正遷宮、從明三日晚至五日朝御神事
候、仍爲御心得各迄可申入之旨、兩傳被申付如斯
候、已上、
四月四日　　兩傳奏　雜掌
御宛名如例、
坊官御衆中
四日、丁丑、快晴、當番、小川大藏卿・松井相模守・三谷藏人・伊丹將監・中村帶刀・藪澤雅樂・岡本内匠、

一、午刻過御出門、高臺寺被爲成寶物御覽、夫より祇園
社江御參詣、永觀堂江御參詣、寶物御覽、已後方丈
於客殿御休、御菓子・御薄茶差上ル、御供之麺(面)〻青
侍迄菓子・酒等出ス、禪林寺當住御目見之儀相願候
ニ付、右於客殿御目見被仰付、鹿ケ谷安樂寺、永觀
堂末寺故、相詰居合、萬端御世話申上ル、夫より若
王子・銀閣寺江被爲成、岡崎村滿願寺ニ而御辨當・
御酒等被召上、戌刻還御、
御供大藏卿(小川純方)・若狭守(松井永喜)・掃部・求馬・主殿(九鬼)・多仲(堀部)、
御先三人、御挾箱御茶辨當壹對、茶道喜好(武知)、其外准之、
御成已前監物相廻り、所〻役僧迄及掛合、別ニ御
供、藏人(三谷)・雅樂(藪澤)・貢(川上)・勇・右膳・重之進(緒方)・宗達(三宅)、
一、御奉納金百疋高臺寺、金百疋銀閣寺、永觀堂ハ先達
而御下札相願御奉納有之候故、今日者無之也、
一、金百疋・青銅壹貫文爲茶料、滿願寺江御休ニ付被下之、
一、知足庵參上、一昨日在所表より上京仕候ニ付、御届
申上ル、吉野葛一箱・御盃壹ツ・吉野繪圖獻上、御
留守故申置也、
五日、戊寅、雨、當番、菅谷中務卿・今小路兵部卿・松井若狭守・木崎河内・山下監物・中嶋織部代雅樂・九鬼主殿、大膳所労、

禪林寺へ御挨拶
*三宅勇仙より宗達につき御禮
日光准后宮より御内々の御書
春日社并に若宮及び賀茂祭の御神事につき傳奏觸書
*禁裏より御月次和歌御題進上
*輪門宮御灌頂につき西本願寺より御挨拶
*聖門宮へ輪門宮御灌頂の御挨拶
*常樂院御講釋奉
*三宅宗達拜診
*仁門宮より閑院宮にて輪門妙門兩宮と久々の御出會をとの御書あるも御修法のため殘念と御返書
永觀堂より御祝使
*尹宮より御文

一、朧饅頭一折百入、禪林寺へ昨日被爲成候爲御挨拶被下之、役者壹人へ金子百疋被下之、行者へ青銅五拾疋被下之、御使青侍中、

一、隨宜樂院宮樣より御内々之由ニ而御書被進、則御返書被遊被進候也、

一、傳奏衆御觸書壹通到來、左之通、

口上覺

就來八日春日社并若宮正遷宮、從六日晚至九日朝禁裏(光格)樣御神事、右ニ付自七日晚至九日朝、仙洞(後櫻町)樣御神事、就來廿四日賀茂祭、從八日晚御神事、從廿二日晚至廿四日晚御潔齋候、仍御心得ため各迄可申入之旨、兩傳被申付如此ニ候、已上、

四月四日　　兩傳―

御名前例之通

坊官御中

追而御覽之後、油小路(隆前)家江御返シ可被成候、已上、

一、永觀堂より以使僧申上ル口上書、左之通、

昨日ハ御所樣被爲遊御成、難有奉存候、右御禮として住持早速參殿可仕儀ニ御座候得共、此節法事中故延引ニ相成候ニ付、先以使僧奉申上候、已上、

四月五日　　禪林寺使僧　觀禎

一、三宅勇仙參上、昨日ハ宗達茂御供ニ被召連、難有奉存候、宗達參殿御禮申上へく候處、無據病用有之候ニ付、先勇仙(三宅)ヲ以御禮申上ル、尙明日參殿可仕由也、

一、安福平角、長州鹽・海苔壹枚獻上、

六日、己卯、快晴、當番、小川大藏卿・松井西市正・松井相模守・三谷藏人・伊丹將監所勞斷・中村帶刀夜分返シ織部・藪澤雅樂日之内代織部、内匠所勞、

一、禁裏御所より御使、女房奉書ヲ以、御月次御題被進、卽御返書ニ御請被仰上也、奉行飛鳥井(雅威)殿、

一、輪門樣御灌頂ニ付、西(門脱カ)御跡より御歡使者被上、右御挨拶被仰遣也、御使藪澤雅樂、

一、右同樣、聖門(忠譽)樣江御挨拶被仰進候也、御使松井多門、

一、常樂院(志岸)參殿、御講釋、

一、三宅宗達參上、御對面、御脉拜診被仰付也、

一、仁門(深仁)樣坊官より手紙來ル、今日閑院宮樣江輪門樣被爲成候ニ付、午刻後御出門ニ而被爲成、此御方ニも御指支も不被爲在候ハヽ被爲成候樣、久々ニ而御出會被遊度思召候旨被仰進、然ル處、御修法被爲在候而、乍御殘念得不被爲成候旨、御返答之趣及返書也、

一、入夜尹宮(美仁)樣より御文被進、御里坊まて爲持來ル、

仁和寺へ御成
*輪門宮も御成
*泉山御代香
*浄妙庵參上
*本願寺境内にて出火兩本願寺興正寺へ御見舞使
輪門幷に准后宮へ灌頂御濟み御歡使
*浄妙庵より祕書差上
*東本願寺より御挨拶
准后宮へ御書御菓子進上
*岸紹易御對面
灌佛會につき大佛殿へ御成且つ日嚴院にて蹴鞠
*松井永昌は喜多永春と浄妙庵の願により格別の思召にて表役へ復歸仰付
武知喜好を茶道方免じ外樣に召加ふ

七日、庚辰、快晴、當番、菅谷中務卿・今小路兵部卿・松井若狹守・木崎河內・山下監物・中嶋織部・九鬼主殿、

一、巳刻御出門、仁和寺宮樣江御成、子刻過還御、御供中務卿(菅谷寬常)、掃部・主殿・求馬・多門、御輿六人、御箱對、茶道喜好、御先五人、其餘准右、但今日輪門樣彼御所江被爲成候ニ付、此御方ニも可被爲成樣、昨夜尹宮樣より被仰進候故、被爲成候御事也、

一、輪門(公延)樣江御使ヲ以、御灌頂無滯被爲濟候御歡被仰進、准后(公遵)宮樣江も御同樣御使被進也、御使藪澤雅樂、

八日、辛巳、快晴、當番、小川大藏卿・松井西市正・松井相模守・三谷藏人・伊丹將監・中村帶刀・藪澤雅樂・岡本內匠、

一、常樂院參上、

一、隨宜樂院宮樣江御書ニ而、御菓子被進候也、御使靑侍中、

一、灌佛會ニ付、午刻後大佛殿江被爲成、還御懸日嚴院殿寺江被爲成、蹴鞠被遊、御酒・御積等相廻ス、

　但、大佛殿江御參詣御衣躰、御直綴・御袈裟平五條、御供大藏卿(小川純方)・御近習兩人、御先靑侍兩人也、

一、武知喜好茶道方被免、外樣被加候事、但し座次之儀者、味(末吉)衛門次座之事、

九日、壬午、快晴、當番、菅谷中務卿所勞・今小路兵部卿・松井若狹守・木崎河內・山下監物・中嶋織部、大膳・主殿所勞、

一、泉涌寺江御代香、松井若狹守相勤、

一、惠宅律師參殿、

一、申刻過出火、本願寺境內佛具屋町花屋町上ル所、右ニ付兩本願寺(法如光闡・乘如光遍)・興正寺(寂聽常順)江爲御見舞御使被遣也、御使藪澤雅樂・松井多門、

十日、癸未、快晴、當番、小川大藏卿・松井西市正・松井相模守・三谷藏人・伊丹將監・中村帶刀・藪澤雅樂・岡本內匠、

一、惠宅律師より使僧ヲ以、御次當番江手紙ニ而祕書被差上、御落手之段及返書也、

一、東本願寺(乘如光遍)御門主より、昨日出火御見舞被遣候御挨拶使者被上也、使者横田百〻八、

一、岸紹易、時節爲伺御機嫌參上、御對面之事、

十一日、甲申、晴、申刻比より曇、少〻雨、當番、今小路兵部卿・松井若狹守・木崎河內・中嶋織部・九鬼主殿、中務卿・大膳所勞斷、監物勢州江罷越候ニ付斷、

一、松井西市正、此度表役歸役被仰付候事、

　但、依思召去秋退役被仰付候處、惠宅江治部卿(喜多永春)より相歎候趣意有之、及極老深ク相歎候段難默止、內〻惠宅より依願之趣、格別之思召ヲ以歸役被仰

友田掃部へ御修理方仰付

*德川家齊への年賀獻物幷に二品宣下獻物につき御喜色通達のため所司代へ出頭するやう御附衆より來狀

藪澤雅樂へ御次詰仰付

岡本内匠へ御藏方仰付

緒方重之進へ御家來仰付

川上貢へ八木姓名乘仰付

山下監物伊勢多賀三社御代參につき屆書幷に御繪符を傳奏へ差出

金剛院よりの自坊修復助成につき寺社奉行へ御添簡を差出

*山下監物伊勢へ差下すにつき傳奏への屆書

付候事、
一、友田掃部、此度御修理方被仰付、御藏方被免事、
一、藪澤雅樂、此度御次詰被仰付候事、
一、岡本内匠、此度御藏方被仰付候事、
一、緒方重之進、此度御家來ニ被仰付候事、
一、川上貢、此度八木性〔姓〕相名乘候樣被仰付事、
右之趣、於梅之間相模守・河内立會申渡也、
一、山下監物、伊勢兩宮・多賀社江御代參、明後十三日發足ニ付、傳奏衆江御屆書幷御繪符御屆兩通差出候事、尤明日御屆差出也、
一、常住金剛院(眞應)大僧都、關東寺社御奉行所江願之儀ニ付、御添翰願ニ付、左之通、

妙法院宮院家常住金剛院大僧都、自坊修復助成之儀被相願度、即以名代願書被差出候間、御沙汰之儀宜賴思召候、以上、

妙法院宮御内　菅谷中務卿印
天明六丙午年四月　松井相模守印
木崎河内印

寺社
御奉行所

一、御附武家より手紙到來、左之通、
其御方より大納言樣(德川家齊)江年始爲御祝儀被獻物、且二品宣下相濟候ニ付被獻物有之、御喜色之段可相達候間、明後十三日巳刻、各方之内壹人、戸田因幡(忠寛)守御役宅へ被相越候樣可申達旨、因幡守より申越候ニ付相達候、以上、

四月十一日　水原攝津守(保明)
建部大和守(廣般)

菅谷中務卿樣
松井長門守樣

右之趣承知之間、及返書候也、
一、勢州へ御代參御屆貳通、左之通、

覺

妙法院宮御用ニ付、御家來山下監物勢州山田江被差下候、明十三日京都致發足候、逗留之程難計候、罷登候者早速御屆可被仰入候、此段戸田因幡守殿江宜御傳達可被進候、以上、

午四月十二日　妙法院宮御内　松井相模守印

油小路前大納言樣御内(隆前)　伏田右衛門殿
下村丹司殿

*興正寺より火事御見舞への御挨拶
*仁門宮御成御延引
山下監物の御繪符につき届書
*三上大膳下坂
*勢州并に多賀社御代參出立
*所司代へ出頭
淨妙庵御對面
*兵庫備前より御立入仰付により獻上物
中嶋德方御講釋奉
廬山寺御代香
輪門御住山につき滋賀院へ御見舞品且つ御文進上
*日嚴院へ御成蹴鞠相催
*西本願寺より出火御見舞に御挨拶

久我大納言(信通)樣御內
辻信濃守殿
岡本內記殿

覺

妙法院宮御用ニ付、御家來山下監物勢州山田江被差下候、明十三日京都致發足候、依之御繪符被差出候、逗留之程難計候、罷登候者早速御屆可被仰入候、依而爲御屆如斯ニ御座候、以上、

午四月十二日　妙――御內
松――――印

宛名前同、

一、惠宅律師參殿、御對面之事、

一、仁和寺宮樣より以御使御書被進、則御返書被進候也、

十二日、乙酉、曇少雨、午刻比より快晴、當番、小川大藏卿・松井西市正・松井相模守・三谷藏人・伊丹將監・中村帶刀・岡本內匠、

一、於梅之間御講釋、中嶋德方、

一、廬山寺江御代香、小川大藏卿相勤、

一、輪門樣、從去ル八日御住山ニ付、滋賀院御殿江以御使、爲御見舞羊羹一折五棹被進之、外ニ御文被進、御返書被爲在候事、御使藪澤雅樂、

但し、御使江金子百疋被下之、

一、興正寺(寂聽常順)御門跡より使者、此間出火爲御見舞御使被遣候御挨拶申來候也、

一、仁門(深仁)樣今日可被爲成旨、御兼約被爲在候處、御延引之由坊官より手紙ニ而御斷之趣申來ル、

一、日嚴院(堯海)殿上京、

十三日、丙戌、晴、當番、今小路兵部卿・松井若狹守・木崎河內・中嶋織部・九鬼主殿日之內返し內匠、中務卿所労・大膳下坂、

一、三上大膳今日出勤、御用向ニ付下坂之事、

一、勢州并多賀社江御代參、山下監物今日出立也、

一、一昨日御附武家より手面之趣ニ付、所司代(戸田忠寛)亭江三谷藏人罷越、

一、兵庫備前屋治郎兵衞、此度御立入被仰付候ニ付獻上物、左之通、

一、白銀五枚・奉書十帖・扇子一箱三本入獻上之、但、元〆方出會御菓子被下之也、

一、三宅宗達伺御機嫌として參上、

一、金剛院大僧都御參殿之事、

一、午刻比より日嚴院殿寺へ被爲成、御蹴鞠被相催候事、尤御歩行ニ而被爲成候、三宅圓達・岩永右衞門、右兩人江御詰被仰付也、

一、西本願寺御門主より使者、此間出火御見舞御使被遣

常樂院御講釋奉
*中嶋德方御講釋奉
青水内記再勤の願許されず非常勤の御家來と申渡
*輪門宮より今日の御成御斷
緒方重之進文鎭獻上
*萬里小路政房御對面
安福平角萩茶碗獻上
常樂院御講釋奉
青水内記御對面
武知喜好元服改名
*常樂院御講釋奉
高野山和合院輪門宮御灌頂相濟み恐悦申上
*養源院より御灌頂私記拜借の御禮
*閑院宮より明日輪門宮御招請につき妙門宮も御招請との來狀

候御挨拶被仰上候也、

十四日、丁亥、快晴、當番、小川大藏卿・松井西市正・松井相模守・三谷藏人・伊丹將監・中村帶刀・岡本内匠、

一、常樂院參殿、於御座之間御講釋奉ル、

一、青水内記再勤之儀相願候處、難被屆聞召、此度常勤無之御家來ニ被召加、右之趣、於取次初瀨川釆女江相模守(松井永亨)申渡ス、尤再勤之願書被差返候事、

一、緒方重之進、文鎭一箱三ツ入獻上、

一、安福平角、長門燒萩御茶碗壹ツ獻上之事、

十五日、戊子、快晴、當番、菅谷中務卿・今小路兵部卿・松井若狹守・木崎河内・九鬼主殿、大膳下坂・織部所勞斷、

一、常樂院參殿、御講釋奉ル、

一、青水内記爲御禮參上、於御座間御對面被仰付事、

一、武知喜好、今日元服、改名安之丞、

一、當日爲御祝儀參上之輩、篠田主膳、尤浪花より歸京仕候ニ付御屆申上ル、村若左門・同縫殿父子共所勞ニ付御斷申上候、

一、金剛院殿、御參殿之事、

一、高野山惣分方惣代和合院參上、此度輪門樣御灌頂無滯被爲濟候ニ付、恐悦申上ル、方金貳百疋獻上、於御玄關御湯漬被下、已後退出也、

十六日、己丑、曇、當番、小川大藏卿・松井西市正・松井相模守・三谷藏人・伊丹將監・中村帶刀・岡本内匠、

一、輪門樣より御使ニ而御書被進候事、

十七日、庚寅、曇、酉刻比雨、或雷鳴、當番、菅谷中務卿・今小路兵部卿・松井若狹守・木崎河内・三上大膳下坂・中嶋織部・九鬼主殿、

一、於梅之間御講釋、中嶋德方、

一、輪門樣より今日御成被進候樣、昨日被仰進、則可被爲成旨被仰進候得共、御用被爲在候ニ付御斷、御文ニて被仰進候事、御使靑侍中、

一、萬里小路前大納言殿(政房)御伺公、御對面、御菓子出ル、追而御退出懸於梅之間御湯漬出ル、

一、村瀨掃部參上、此間田舍へ罷越候處、一昨日歸京仕候ニ付、御屆申上ル、

一、土岐要人、爲伺御機嫌參上、

十八日、辛卯、曇或雨、當番、小川大藏卿・松井西市正・松井相模守・三谷藏人・伊丹將監・中村帶刀・岡本内匠、

一、常樂院參殿、御講釋奉ル、

一、養源院前大僧正參殿、於鶴之間西市正(松井永昌)面會、先達而惠宅ヲ以、御灌頂私記拜借相願候處、拜借被仰付難有奉存候、右御禮申上ル由也、

一、閑院宮樣諸大夫より手紙來、明十九日輪門樣御招請被遊候ニ付、此御方も御招請被遊度候間、午刻前比

*聖門へ昨日御成の御挨拶
*山下監物御代參の歸京届
閑院宮へ御成
*尹宮仁門宮聖門新宮御成
輪門執當に金剛院の寺社奉行への奉書につき問合
*輪門宮御成御饗應
金剛院へ胎藏界初行表白并に結願作法卷數を御遣
聖門新宮より御招請にて御成
*輪門宮御供方への御待遇
泉山御代香
輪門宮へ明日御成を仰進

より御成被進候樣との御事也、卽可被成候旨御返答申遣ス、

十九日、壬辰、雨、當番、菅谷中務卿・今小路兵部卿・松井若狹守・木崎河内・中嶋織部・九鬼主殿、

一、昨日閑院宮樣より被仰進候趣ニ付、今日御成、巳半刻御出門、御供西市正（松井永昌）・采女・主殿、亥刻過還御、

一、閑院宮樣江御成ニ付、箏一折被進之事、

一、上野執當佛頂院旅宿江西市正行向、先達而金剛院殿山坊之儀ニ付、奉書被差向之儀有之候處、今以返書無之候ニ付、及面談候事、

一、金剛院殿江胎藏界初行表白・同結願作法卷數被遣候事、

一、金剛院殿御參殿、

廿日、癸巳、快晴、當番、小川大藏卿・松井西市正・松井相模守・三谷藏人・伊丹將監・中村帶刀・岡本內匠、

一、聖護院新宮樣（盈仁）より御招請ニ付、巳中刻御出門ニ而被爲成、依之羊羹五棹被進之候也、丑刻還御、御供大藏卿・求馬・內記・內匠・多仲、御先三人、

廿一日、甲午、快晴、當番、菅谷中務卿・今小路兵部卿・松井若狹守・木崎河内・三上大膳・中嶋織部・九鬼主殿、

一、泉涌寺江御代香、今小路兵部卿、

一、輪門樣江明日御成被進候樣、以御使被仰進候事、御使松井多門、

一、聖門樣江昨日被爲成候御挨拶被仰進候也、御使同人、

一、山下監物、勢州江御代參相勤、今日歸京御屆申上ル、

廿二日、乙未、快晴、當番、小川大藏卿・松井西市正・松井相模守・三谷藏人・伊丹將監・中村帶刀・岡本內匠、御客被爲有候ニ付惣詰也、

一、輪王寺宮樣御招請ニ付、御兼約被爲在、尹宮樣・仁門樣・聖門新宮樣、巳刻比より追ゝ被爲成候也、

一、午刻比、輪門樣御成、先梅之間上之間江御通、於御書院御對顏、御口祝、御雜煮・御吸物・御酒被進之、已後於御座之間、外樣方御一統御料理被進之、但二汁七菜、御中酒・御口取・御濃茶・御惣菓子・御薄茶被召上、夫より積翠亭江被爲成、御提重・御吸物・御酒・御積・田樂等出之、暮時前御座之間へ還御、於御學問所御夜食被進之候、但御膳具御廻り等御趣向也、已後寬ゝ御咄被爲在、戌半刻比追ゝ還御、

一、輪門樣より爲御土產干菓子一箱被進之、聖門樣より御同樣、

一、輪門樣御供坊官・侍・御近習兩人、於梅之間御對面、且坊官・侍者、於鶴之間御雜煮・御吸物・御酒・御料理二汁五菜・中酒・惣菓子・薄茶被下之、

一、御近習兩人・中奥四人、於麝香間御吸物・御酒・御料理一汁五菜、茶道兩人、青侍五人、於御玄關三ノ間、右同樣被下之、已後坊官始下部迄下陣江相退、尤下陣、彼御方御設也、下部へも於御臺所書支度被下之、

一、外樣御三方御供之坊官・諸大夫・御近習、於花鳥ノ間書支度被下之、但壹汁三菜、

一、青侍之分、於勘定所右同斷被下之、但閑院宮樣御供へ者、夜食被下之候也、

一、輪門樣御供坊官・御近習等、御庭拜見相願候事、

*御座敷の御花を文仲山に仰付

一、御書院御座之間等御花、文仲山江被仰付也、

一、日嚴院殿御參殿、

一、御客被爲在候ニ付、青水內記・篠田主膳・岩永右衞門・村若左門・若山源之進・松井權之進相詰ル、

*賀茂祭につき傳奏觸

一、兩傳奏衆より觸書到來、左之通、

就賀茂祭、自來廿三日晚至廿四日晚、仙洞樣御神事候、仍爲御心得各迄可申入旨、兩傳被申付如斯候、已上、

四月廿一日　兩傳奏 雜掌

御宛名如例、

追而、御覽之後、油小路家江御返し可被成候、已上、

*山下監物歸京届

一、山下監物勢州より上京ニ付、御届書左之通、并御繪符御屆、

覺

去十二日御屆被仰入勢州山田江被差下候御家來山下監物、致上京候、依而御屆被仰入候、此段戶田因幡守殿へ宜御傳達可被進候、以上、

午四月廿二日　妙法院宮御內 松井相模守印

油小路前大納言樣御內 伏田右衞門殿

久我大納言樣御內 下村丹司殿

辻信濃守殿

岡本內匠殿

*山下監物の繪符の届

覺

去十二日御屆被仰入御家來山下監物、勢州山田へ被差下候節、御繪符被差出候處、致上京候、依而爲御屆如斯御座候、以上、

午四月廿二日　妙――御內 松――印

宛名前同、

廿三日、丙申、快晴、當番、菅谷中務卿・今小路兵部卿・松井若狹守・木崎河內・三上大膳・

*今西正藏の御取立願出書
輪門より御成御挨拶

一、輪門樣より昨日御成被遊候御挨拶、以御使被仰進候事、中嶋織部・九鬼主殿、監物斷、

輪門へ御成

一、午刻過御出門ニ而、輪門樣江被爲成、御供中務卿(菅谷寛常)・掃部・主殿・求馬・多門、御先三人・御輿六人、丑半刻比還御、

一、輪門樣へ、昨日彼御方御招請ニ付御成被進候御挨拶、以御使被仰進候事、御使牛丸九十九、

聖門新宮より御成御挨拶

一、聖護院新宮樣より昨日被爲成候御挨拶、以御使被仰進候事、

櫻町院御正忌に泉山へ御代香

一、櫻町院樣御正忌ニ付、泉涌寺江御代香、今小路兵部卿相勤ル、

廿四日、丁酉、曇、少雨、當番、小川大藏卿・松井西市正・松井相模守・三谷藏人・伊丹將監夜分代主殿・中村帶刀・岡本内匠、所勞斷、日之内代主殿、

*今西正藏につき差障あらば御家來を召放さるるやうとの念書
輪門宮御招請につき御成の方々へ御挨拶

一、輪門樣一昨日御招請ニ付、宮方(マヽ)御成被進候御挨拶、以御使被仰進候事、御ケ所左之通、

尹宮樣・仁門樣、御使九十九(牛丸)、

聖新宮樣江右同樣被仰進候也、御使小畑主税、

今西正藏へ青侍格御家來を仰付

一、今西重右衛門悴正藏儀、靑侍格御家來之儀相願、則願之通被仰付、願取次味(末吉)右衛門江相模守申渡、

右願書、左之通、

一、私共、是迄數代奉蒙御高恩、親共迄庄屋役乍不調法無滯相勤、難有仕合奉存候、然ル處、私祖父今西次良右衛門儀、冥加ニ相叶、御家來ニ被仰、井右次良右衛門弟今西清六与申者、御外樣ニ被召加、關東御供迄も被仰付、首尾克相勤、是以難有仕合奉存候、何共恐多御願ニ御座候得共、私儀、何卒以御憐愍右清六(今西)名跡御取立与思召、外樣格式被爲仰付被下候樣、偏ニ奉願上候、若冥加ニ相叶願之通被仰付候ハヽ、廣大之御厚恩、何程歟難有仕合可奉存候、此段幾重ニも宜奉願上候、以上、

天明六年午三月　　今西正藏印

右願書、先達而差出候節、代官方江差支ニ可相成趣も無之哉相尋候處、唯今之趣ニ而者子細無之候得共、重右衛門儀、末ゝ退役いたし跡、庄屋役正藏江被仰付候得者、差障も有之旨申之付ニ付(マヽ)、則其趣、本人江申聞させ候處、若末ゝ重右衛門退役仕候ハヽ、外人躰ヲ以跡役相願可申候、萬一人躰無之、私江被仰付候儀も御座候ハヽ、其節御家來之儀被召放被下候樣可奉願候由也、

一、輪門樣江昨日被爲成候ニ付、御挨拶以御使被仰進候

大坂富支配人交替後益銀相滞り召放たれ新たに原田伊兵衛へ支配人仰付

*輪門執當佛頂院より金剛院住職仰付の上山坊寺院仰付は山門へ仰渡さるるやう存じ奉る旨松井永昌と要談

原田伊兵衛より跡役仰付の願出書

村瀬掃部より仰付の繪貳枚差上

也、御使九十九（午丸）、

一、大坂富支配人俣野次兵衛、退役相願、跡支配河内屋傳右衛門江当春二月被仰付候處、御益銀上納相滞、此度被召放、原田伊兵衛与申ものへ支配人被仰付候事、

乍恐奉願口上書、

一、大佛殿御修復爲御助成、於大坂表去ル寅年より中年拾ケ年之間、御富御興行、右支配俣野治兵衛相勤候處、當春御斷申上、已後河内屋傳右衛門江被仰付候處、御益銀及遲滯候ニ付、支配被召放候段奉承知、跡役之儀、私江被仰付被下候者難有奉存候、尤四月分より私儀相務候得者、御益銀先納可仕候間、願之通被仰付被下候樣奉願上候、以上、

天明六年午四月　願主　原田伊兵衛印

證人　永田孫兵衛印

大佛御殿

御役人中樣

一、村瀬掃部參上、先日被仰付候繪貳枚、讃仕差上候事、

且今日御會讀御休也、

一、土岐要人參上、

一、上野執當佛頂院參上、於鶴之間西市正面會候處、此間御懸合申候金剛院、得度住職被仰付、先規之通山坊寺院被仰付度趣、先達而御奉書被差下、右御返答之儀、此度御上洛之儀ニ付、何角御用多取紛及延引恐入候、乍然右之儀者、先達而金剛院故前大僧正（實恕）隱居被仰付候節、附弟祝髮迄者、山坊當御殿江御預り被成、得度相濟候上、如元可被仰付段、先年御奉書ヲ以被仰進、御別條無之趣、御返答御座候得者、右ニ而相濟有之、其節山門へも相達置候、左候得者、山門へ被仰渡候儀者、御勝手ニ被仰付候樣ニ与奉存候、且先達而御奉書御返翰者、去二月十五日日付を以明日可差上候、其節山門江遣候滋賀院御留守居三執行并西塔執行代・同東谷學頭代相達候書狀貳通も進上可申候間、其御所樣御先格之通被仰渡候跡ニ而、右兩通書狀間違之趣御申被下、御渡被下候樣致度入魂致候故、西市正言、拙者一存ニも難致、承知候得者内〻申上、其上可及返答申、直樣言上之處、思召も無之趣ニ付、承知之旨及返答、追而退去也、

廿五日、戊戌、曇、當番、菅谷中務卿・今小路兵部卿・松井若狭守・木崎河内・三上大膳・山下監物夜斷・

禁裏以下へ蓮華王院杜若獻上
＊今西城之進の宿所屆
追加先納勘定集會
前日の松井永昌との相談により關東への返翰を佛頂院より御屆
金剛院は得度せし故に山門寺院仰付は別條なしとの旨
＊閑院宮へ御詠草は明日申出づるやうとの儀
＊日嚴院にての蹴鞠に御成
＊東奉行所へ御領內人數書差出すやうとの傳奏觸

中嶋織部・九鬼主殿、夜分返代將監・又代帶刀、
一、兩御所(光格・後櫻町)・兩女院樣(舍子・富子)・女一宮樣(欣子)江、蓮華王院杜若一筒、如例年被獻之、御使松井相模守、
一、隨宜樂院宮樣より以御使時節御口上、先達而御借進被遊候品御返進之事、
一、於靈山文阿彌、追加先納勘定集會被相催ニ付、兩役所より出役也、
一、青水內記、爲伺御機嫌參上、
一、佛頂院より、昨日西市正掛合置候先達而關東江之御奉書返翰、西市正迄使僧を以來、返翰左之通、
依妙門樣仰芳札入御披見候、抑先達而金剛院實恕隱居被仰付候以後、山坊之儀、附弟祝髮相濟候迄御預り被遊置候處、金剛院附弟一昨年得度被仰付候ニ付、先規之通山門金剛院寺院被仰付候御事被仰進候趣、御別條不被爲在候條、此段宜有御披露候、恐々謹言、

二月十五日　眞覺院判
佛頂院判

菅谷中務卿殿
松井西市正殿

一、今西城之進宿所御屆書、左之通、

覺　妙法院宮御家來
今西城之進

右(今西)城之進儀、是迄御長屋ニ罷有候處、此度柳原庄庄屋重右衞門方ニ同居仕候、依而爲御屆如斯ニ御座候、以上、

午四月廿五日　妙法院宮御內
松井相模守印

油小路前大納言樣御內
伏田右衞門殿
久我大納言樣御內
下村丹司殿
辻信濃守(章業)殿
岡本內記殿

廿六日、己亥、晴、辰刻比地震、當番、小川大藏卿・松井西市正・松井相模守・三谷藏人・伊丹將監夜斷・中村帶刀・岡本內匠所勞斷、
一、閑院一品宮樣江御歌御詠草爲持被進候處、明日申出候樣との儀也、御使青侍中、
一、未刻前、日嚴院殿寺江御步行ニ而御成、御鞠被相催候事、酉刻過還御、
一、御里坊より傳奏觸到來、左之通、
去ル子年之通、人數書、當五月改當歲以上と申儀書付、同六月和泉守(丸毛政良)御役宅江被差出候樣、御家來

へ御達可被下候、以上、

午四月

右之通申來候間、各迄可申入之旨、兩傳被申付如此候、已上、

四月廿六日　兩傳奏　雜掌

妙法院宮樣　坊官御衆中

追而、蓮華王院之儀も子ノ年之通書付被差出候樣申來候間、此段可被成御傳達候、尤御覽之後、油小路家江御返し可被成候、以上、

尹宮より明日御參內遊ばさるるやう手紙に御不參御斷御返事

一、尹宮樣より明日御參內被遊候樣、諸大夫中より手紙ニ而申來、少〻御用被爲在候ニ付、御不參御斷、坊官中より返答申遣也、

廿七日、庚子、辰刻比雨、晴、當番、菅谷中務卿・今小路兵部卿・松井若狹守・木崎河內・三上大膳・九鬼主殿、監物所労斷、織部儀內匠所労ニ付、明日之番被相詰候事、

一、金剛院殿御參殿之事、

今西城之進より外樣格御家來仰付に御禮獻上

一、今西城之進、此度外樣格願之通被仰付候ニ付、爲御禮參上、御菓子料方金貳百疋・扇子一箱五本入獻上之事、

勸修寺經逸より參內の御沙汰につき參內

一、勸修寺中納言(經逸)殿より書面來、

只今可有御參內御沙汰候也、

四月廿七日　經逸(勸修寺)

妙法院宮　坊官中

右御承知之趣、御返書被遣也、

參內*

一、右之趣ニ付、御參內申半刻御出門、御供河內・掃部・主殿、御先三人、丑半刻還御、

西塔執行代學頭代へ參殿するやう飛札*

一、山門西塔執行代(堯瓊)、同學頭代(俊榮)江飛札遣ス、

相達候御用之儀有之候間、一兩日中御參殿可被成候、此段可申入旨如此ニ候、恐〻謹言、

四月廿七日　木崎河內判

松井相模守〃

松井西市正〃

菅谷中務卿〃

西塔　執行代

同東谷　學頭代　御房

一、右返書、左之通、

御達候御用之儀有之候間、一兩日中ニ參殿可仕旨奉得其意候、恐惶謹言、

四月廿七日　西塔東谷　學頭代　回峯ニ付不能加判、

執行代　判

菅谷中務卿殿
松井西市正殿
松井相模守殿
木崎河内殿

一、(公遵)随宜樂院宮樣へ、時節爲御見舞蓮華王院之杜若一筒被進之、御使九十九、
一、金剛院殿江御色紙文匣御對付、爲持被遣候事、
一、金剛院殿より以使者、先刻御染筆物之儀御拜領ニ付、御禮被申上候事、

廿八日、辛丑、快晴、當番、小川大藏卿・松井西市正・松井相模守・三谷藏人・伊丹將監・中村帶刀・岡本内匠、

一、御月次和歌御詠進、御奉行飛鳥井侍從三位(雅威)殿へ被遣也、御使松井多門、
一、東山禪林寺參上、先頃開帳之節御成被爲在候ニ付、御菓子一箱拜領仕、難有奉存候、乍延引爲御請參上、昆布一折三拾本獻上之、
一、三宅勇仙、當日御禮申上ル、
一、西塔執行代溪廣院(堯瓔)・同東谷學頭代妙觀院(俊榮)代嚴王院(慈寂)參殿、中務卿面會、此間上野佛頂院參殿之節、金剛院殿山坊之儀、西市正懸合之趣ヲ以申渡候、且執當より之書狀貳通相達ス也、
一、金剛院殿雜掌相招、三上勘ケ由參上、先達而山門住職被仰付候山坊之儀、先規之通、寺院被仰付候儀、今日山門江被仰渡候ニ付、右之段被相達候也、
一、卽刻金剛院殿爲御請御參殿、
一、未刻頃より日嚴院殿室ニ而、御蹴鞠被相催候事、
一、傳奏衆觸書到來、左之通、

賀茂川筋高野より川下小枝橋迄、高瀨川者伏見境迄、年々二月より八月中、都而漁釣網之類停止申付置候處、近比右川筋ニて素人猥ニ釣網等之致獵候旨有之趣相聞江、不埒之至ニ候、先達而相觸置候通、提札無之漁いたし候もの者、其所ニ留置、奉行所江可訴出候、
右之趣、賀茂川筋村々町々へ不洩樣申通可置候事、

午四月

別紙之通、武邊より申來候間、爲御心得各迄可申入旨、兩傳奏被申付如此候、已上、

四月廿七日　兩傳奏　雜掌

御名前例之通、

*金剛院へ山門住職仰付を山門へ仰渡と相達
日光准后宮へ杜若進上
*金剛院御請
*日嚴院にて蹴鞠相催
金剛院へ御色紙文匣御遣
金剛院より御染筆物拜領の御禮
*賀茂川にて二月より八月中は漁釣網停止ゆゑ不埒の者あらば訴へ出るべしとの傳奏觸
御月次和歌御詠進飛鳥井雅威へ御届
禪林寺より開帳に御成への御禮獻上
西塔兩僧へ上野佛頂院よりの金剛院山坊之儀を傳達

坊官御衆中

追而御覧之後、油小路家江御返可被成候、以上、

廿九日、壬寅、快晴、當番、菅谷中務卿・今小路兵部卿日之内代大藏卿・松井若狹守・木崎河内・三上大膳・中嶋織部・九鬼主殿返し内匠、監物所勞斷、

一、常樂院參殿、

上野佛頂院へ御尋羊羹御遣し且つ金剛院山坊の儀は申渡せしとの書狀

一、上野執當佛頂院へ爲御尋一品被下奉書、如左、

一翰致啓達候、向薄暑候處、彌御堅固御在京珍重
思召候、随而羊羹一折五棹時節爲御尋被遣之、此
旨相心得可申入由仰ニ候也、

四月廿九日　永亨 松井相模守 料紙、小奉書、竪文也、

佛頂院殿

以別紙得御意候、然者此間御參殿之砌、西市正江
御面談御掛合之通、金剛院山坊之儀、昨日西塔執
行代・學頭代相招申渡、則山門江之御狀貳通相達
申候、爲念乍序得御意候、已上、

四月廿九日　松井相模守

佛頂院様

佛頂院より御尋品拜領の禮狀且つ金剛院山坊の件承知との返書

右返翰、左之通、

貴翰致拜見候、先以其御門主様益御機嫌能被爲成、
恐悦之御事奉存候、然者、不存寄蒙時節御尋、殊

更羊羹一折五棹拜領被仰付、難有仕合奉存候、右御
請如斯御座候、以上、

四月廿九日　佛頂院

松井相模守殿

御別紙致拜見候、然者、此間金剛院山坊之儀、西
市正殿江御面談御掛合之通、昨日西塔執行代・學
頭代江被仰渡候由、山門江之書狀茂御達被成候段
被入御念候、御紙面致承知候、以上、

四月廿九日　佛頂院

松井相模守様

*泉山御參詣

一、申刻前御出門ニ而、泉涌寺江御參詣、御供若狹守(松井永喜)、求馬・内匠、御先三人、

*錢座跡建添を檢分し差支無しと印形相濟む

一、錢座跡穢多村建添見分、中村帶刀・二條兩町奉行所
與力・同心立會罷出、監物所勞故不參、町役兩人罷
出、隣村東九條・鹽小路井角倉川方役人吟味有之處、
差支無之、印形相濟候由也、

晦日、癸卯、快晴、當番、小川大藏卿・松井西市正・松井相模守・伊丹將監・中村帶刀・岡本内匠、藏人所勞、

*青門宮より近近座主御辭職の御内報

一、青蓮院宮様(尊眞)御使大谷治部卿、座主御當職之事、被經
年數候ニ付、近々御辭職之儀、職事方江被仰入候、
仍而御内々爲御知被仰進候由也、

禁裏より女房奉書にて御內內御祈禱御撫物到來

仁門宮より御書

一、禁裏(光格)御所より女房奉書を以、御內ゝ御祈禱御撫物來ル、則御請御返書被進也、

一、仁門樣より御書被進候由ニ而、御里坊より爲持來ル也、

五　月

御用番木崎河內(正達)、

朔日、甲辰、快晴、當番、菅谷中務卿(寛常)・今小路兵部卿(行先)・松井若狹守(永喜)・木崎河內・中嶋織部(德方)・九鬼主殿(三上)、大膳下坂、監物所勞(山下重好)、

一、四御所(光格・後櫻町・舍子・富子)・閑院宮樣(典仁)江當日御祝儀、以御使被仰上候事、

御使小川大藏卿(純方)、

一、當日爲御禮參上之輩、左之通、

山本內藏・篠田主膳・青水內記・三宅圓達・同勇仙・要人(土岐)所勞ニ付御斷申上ル、

一、三宅宗達・三宅宗仙參上、拜診、

一、喜多治部卿(永春)參上、

二日、乙巳、快晴、當番、小川大藏卿・松井西市正(永昌)・松井相模守(永亨)・伊丹將監・中村帶刀・岡本內匠、藏人所勞、

中嶋德方御講釋奉

一、於梅之間御講釋、中嶋織部、

大坂丹後屋庄右衞門より御修理銀貸附支配を病氣保養中悴に讓りたしとの願書

一、大坂御貸附支配人丹後屋庄右衞門願書、左之通、

乍恐口上、

一、當御殿諸伽藍御修理銀御貸附御支配役、是迄私江被爲仰付、相勤罷在候段、難有仕合奉存候、然ル

處、私儀、近年多病ニ御座候處、別而去冬ゝより病氣取合難儀至極仕、色ゝ保養仕候得共、未聢与全快之樣子ニ茂相見へ不申候ニ付、今暫得与保養仕度奉存候ニ付、御貸附御支配名前之處、暫之內悴兼三郎名前ニ相讓り、私儀引退キ、得与保養仕度奉存候、尤悴儀、未幼年者ニ御座候故、私年來召使居候手代彌助与申者、代判ニ爲致、爲相勤申度奉存候ニ付、乍恐此段書付ヲ以御願奉申上候、尙又私儀得与病氣保養仕、全快之節ハ、亦ゝ是迄之通、御願奉申上度奉存候、何卒右之段御聞届被爲成下候ハヽ、難有奉存候、以上、

天明六年午四月　丹後屋 庄右衞門印

同兼三郎幼少ニ付 代判彌助印

前書之通相違無御座候ニ付、乍恐私儀茂同意ニ御願奉申上候、何卒御聞届被爲成下候ハヽ、難有奉存候、以上、

大和屋 庄七郎

大佛御殿

御役人中樣

*閑院宮へ芥子花進上

一、閑院一品宮樣(典仁)江芥子花被進、諸大夫迄、河內(木崎正達)より手

江戸の樹下采女正に書狀
*金剛院より山門の禮拜講當番の御屆
智積院より粽獻上
三宅宗達拜診
輪門宮より座主宣下御吹聽且つ御灌頂相濟み御後宴の御招請
*當日御儀式
*禁裏以下へ當日御祝詞
*閑院宮へ御當座御詠進
閑院兩宮以下參内につき當門も參内
*輪門宮へ六日御招請の御挨拶且つ八日座主宣下并に御後宴の御歡御挨拶
閑院宮へ御成
輪門より六日御招請には院家以下召連れ御成り遊ばされたしとの口上
*青門聖門へ當日御祝詞

紙ニ而參ル也、
一、江府山王樹下采女正方へ書狀遣ス也、
三日、丙午、快晴、當番、菅谷中務卿・今小路兵部卿・松井若狹守・木崎河内・中嶋織部・九鬼主殿、大膳下坂、監物所勞、
一、智積院(實嚴鏤啓)より例年之通、粽十把獻上之事、
一、三宅宗達參上、拜診、
一、輪王寺宮(公延)樣より御使來ル、八日座主宣下被仰出候御吹聽、且其砌ハ御灌頂被爲濟候御後宴御差支ニ付御延引故、右被相兼御招請被進度思召候間、巳刻比より御成被進候樣、御里坊迄被仰進候段、御留守居より申來ル也、
一、閑院兩宮(典仁・美仁)樣幷外御門跡樣方、今日未刻頃御參内ニ付、此御所ニも御參内被遊候樣、諸大夫より紙面ニ而申來ル、卽御承知之旨及返書也、
一、右之趣ニ付、未刻過御出門ニ而御參内之事、子刻過還御、御供相模守・求馬・主殿、御先三人、
四日、丁未、快晴、當番、小川大藏卿(純方)・松井西市正・松井相模守・三谷藏人・伊丹將監・中村帶刀・岡本内匠、
一、巳刻過御出門、閑院宮樣被爲成候事、御供大藏卿(小川純方)・兵庫、内匠
一、輪門樣より御使、來六日御招請被遊度思召候、其節ハ院家・坊官・諸大夫被召連、午刻前より被爲成候樣ニ被遊度由、御留守之御所ニ被爲在候故、還御之砌申上、此御方より御返答可被遊候段、申□返ス也、
一、金剛院殿(眞應)より使者、此度禮拜講、當番山門より申來候ニ付、御屆被申上置候由也、
一、水口要人上京之事、
端午、戊申、曇、當番、菅谷中務卿・今小路兵部卿・松井若狹守・木崎河内・三上大膳大坂・山下監物所勞・中嶋織部、
一、當日御儀式、如例之、
一、四御所(光格・後櫻町・舍子・富子)・女一宮(欣子)樣・閑院宮樣江當日御祝詞、以御使被仰上也、
尤閑院宮樣へ、昨日御當座御詠草御約束之品被進候事、御使松井若狹守、
一、當日御祝儀參上之輩、山本内藏・篠田主膳・三宅宗達・三宅宗仙・同宗甫・同勇仙・岩永右衞門・村若縫殿・知足庵・土岐要人・青水内記、
一、岸紹易參上、當日御禮申上ル、
一、輪門樣江御使被進、昨日以御使明六日御招請被仰進候御挨拶、且又來八日座主宣下幷御灌頂御後宴ニ付、被爲成候樣被仰進、先不被取敢御歡御挨拶旁被仰進候事、御使藪澤雅樂(忠譽)、
一、青蓮院(尊眞)樣・聖護院宮樣江、當日御祝詞被仰進候事、

御使同人、

一、青門樣より當日御祝詞被仰進候事、

一、日嚴院殿使者、當日御祝詞被申上ル也、

一、金剛院殿、右同斷、

一、嶋村紹億參上、當日御祝詞申上ル也、

禁裏より女房奉書にて御月次和歌題仰進

一、禁裏（光格）御所より御使、女房奉書を以、御月次和歌題被進、卽御返書ニ御請被仰上也、

六日、己酉、曇或晴、當番、小川大藏卿・松井西市正・松井相模守・三谷藏人・伊丹將監・中村帶刀・九鬼主殿、内匠斷、

日光准后宮より時節御尋ね蓴菜進上

一、隨宜樂院宮（公遵）樣より御使、時節爲御尋蓴菜一重被進、且來八日輪門樣座主宣下被相催候ニ付、昨日御歡被仰進候御挨拶被仰進也、

輪門へ御成但院家中は所勞御斷

一、午刻前御出門ニ而、輪門樣江御成之事、御供中務卿（菅谷寛常）・西市正（松井永昌）・兵庫・主殿（九鬼）・求馬（鈴木）・多仲（堀部）、御先五人、且院家中も可召連樣被仰進候得共、所勞ニ付御斷被申上也、

但、御成ニ付、朧饅頭一折被進之也、

水口要人江戸山王より歸京の屆幷に繪符の御屆

一、水口要人、關東より上京ニ付、御屆書幷繪符御屆、左之通、

覺

去巳年十月廿七日御屆被仰入、江戸山王へ被差下

候御家來水口要人、昨日致上京候、依而御屆被仰入候、此段戸田因幡守（忠寛）殿江宜御傳達可被進候、以上、

午五月六日　妙法院宮御内　木崎河内印

油小路前大納言（隆前）樣御内　伏田右衞門殿

久我大納言（信通）樣御内　下村丹司殿

辻信濃守（章業）殿

岡本内記殿

覺

去巳年十月廿七日御屆被仰入御家來水口要人、江戸山王江被差下候節、御繪符も差（被カ）候處（出脫カ）、昨日上京いたし候、依而爲御屆如斯ニ御座候、以上、

午五月六日　妙―――御内　木―――印

宛名前同、

*水口要人より梨獻上

一、水口要人、梨一籠獻上之事、

七日、庚戌、曇、申刻比より雨、當番、菅谷中務卿・今小路兵部卿・松井若狹守・木崎河内・中嶋織部、大膳下坂、監物所勞、

*輪門へ御挨拶

一、輪門樣江昨日御招請之御挨拶被仰進候事、御使九十（牛丸）九、

*西本願寺八旬賀に御祝儀進上
輪門宮座主宣下御灌頂御後宴に御成御祝儀進上
*青門より輪門宮座主宣下の御歡仰進
*上野執當佛頂院御菓子拜領の御禮
*長澤蘆雪より御學問所襖繪仰付られ御目錄下賜御請
泉山御代香
*木崎兵庫へ御廣間詰仰付
聖門宮へ輪門宮座主宣下の御歡仰進
*八木貢へ御次番仰付
閑院兩宮へ箏一折宛進上
金剛院より浴油御團御札獻上
*閑院宮初め御兄弟宮方へ新日吉祭に御成を御招請
兩院家衆より輪門宮座主宣下に御歡使
*青門宮へ輪門宮座主宣下御歡に御挨拶

八日、辛亥、雨、當番、小川大藏卿・松井西市正・松井相模守・三谷藏人・伊丹將監・中村帶刀・九鬼主殿、

一、今日輪王寺宮樣座主宣下、且御灌頂御後宴、先達而御差支ニ付御延引故、右被相兼御招請ニ付、午刻頃より被爲成、還御懸閑院宮樣江被爲成、子半刻還御、御供大藏卿(小川純方)・兵庫・主殿・掃部・多門、御先五人、御板輿先御箱也、御供依(衣)躰、坊官素絹指貫、御近習麻上下、青侍同斷、

一、爲御祝儀昆布一箱・氷蒟蒻同・干蕨一箱・御樽一荷、外ニ嶋臺一基被進之、御引手方金百疋被下之、御使大藏卿相兼也、

九日、壬子、曇、當番、菅谷中務卿代大藏卿・今小路兵部卿・松井若狹守・木崎河内・中嶋織部、大膳下坂、監物所勞、

一、泉涌寺江御代香今小路兵部卿、

一、聖護院宮樣へ御使、此度輪門樣座主宣下無御滯被爲濟候ニ付、御歡被仰進候事、御使小畑主稅、

一、閑院兩御所(典仁・美仁)江箏一折宛被進之、御使九十九、

一、金剛院殿御參殿、浴油供御團・御札獻上、御持參也、

一、勝安養院殿(堯海)・日嚴院殿(洞海)より、以使者輪門樣座主宣下被爲濟候恐悅被申上、尤參殿仕之、恐悅可申上之處、兩院共所勞ニ付、先以使者御歡被申上也、

十日、癸丑、雨、當番、小川大藏卿返し中務卿・松井西市正・松井相模守・三谷藏人・伊丹將監・中村帶刀・九鬼主殿、

一、常樂院參殿之事、

一、西本願寺大門主(法如光闡)、八旬賀被相催候ニ付、爲御祝儀昆布一箱・御樽代金三百疋被爲送、新門主(文如光輝)江被御口上計、御使小畑主稅相勤、

一、青門樣より御使、今度輪門樣座主宣下無御滯被爲濟候ニ付、御歡以御使被仰進候事、

一、執當佛頂院大僧都參上、此間御菓子拜領仕候御請御禮申上ル、御玄關ニ而申置、退出也、

一、長澤蘆雪、先頃御學問所御襖繪被仰付ニ付、御目錄被下候爲御請參上、

一、入夜輪門樣より御書被進、卽刻御返書被遊候也、

一、木崎兵庫、御廣間詰被仰付候事、

一、八木貢、御次番入被仰付候事、

十一日、甲寅、曇或雨、當番、菅谷中務卿・今小路兵部卿・松井若狹守・木崎河内・中嶋織部、大膳下坂、監物所勞、

一、常樂院參殿之事、

一、閑院一品宮樣・尹宮樣・孝宮樣(御妹宮)・仁門樣・輪門樣・聖護院新宮樣江、來十四日御鎭守新日吉社御神事ニ付、可被爲成之旨、御使ヲ以被仰進候也、御使松井多門、

一、青蓮院宮樣江御使、昨日御使ヲ以輪門樣座主宣下被

爲濟候御歡被仰進候御挨拶被仰進候事、御使同人、

一、御用達、柴田平左衞門宿所届、左之通、

覺

妙法院宮御用達
柴田平左衞門

右之者、是迄泉州堺戎嶋萬屋町ニ住居仕在候處、此度同國萬代《モツ》庄高田村百姓平右衞門方ニ致同居候ニ付、御届被仰入候、此段堺御奉行所江宜御通達可被進候、以上、

午五月十一日

妙法院宮御内
木崎河内印

油小路前大納言樣御内
伏田右衞門殿

久我大納言樣御内
下村丹司殿
辻信濃守殿
岡本内記殿

一、成菩提院樣(典仁妃、籌宮成子)御正忌ニ付、廬山寺江御花一筒被備候事、御使今小路兵部卿、

一、御口中少〻御勝不被遊候ニ付、松田秀山江御藥取ニ遣ス、御使青侍中、

一、成菩提院樣御正忌ニ付、於梅之間御法事、導師常樂院、卽生院・惠乘房・一位出仕也、

十二日、乙卯、曇、當番、小川大藏卿・松井西市正・松井相模守・三谷藏人・伊丹將監・中村帶刀・木崎兵庫、

*當町練物用に竹五本御下賜

*輪門より座主宣下御歡祝儀への使者禮且つ新日吉祭御招請により御成

柴田平左衞門堺の住所を御届

*所司代へ筍御遣

*蘆浦護法院より蓴菜獻上

*山門惣代へ集會所一件の儀願につき青門輪門兩宮へ仰入るる旨申渡

母宮御正忌に廬山寺へ御供花

口内炎のため松田秀山へ御藥取

故籌宮御正忌御法事

一、當町練物ニ付、竹五本拜領相願、例之通被下候也、

一、輪門樣より御使山本備後守、先達而者座主宣下之砌御祝儀被進、御滿足ニ思召候、右爲御答禮御目錄之通、一荷三種被進候、且昨日ハ、來ル十四日御鎭守御神事ニ付、可被爲成旨御使ヲ以被仰進、御滿足ニ思召候、尙午刻比より被爲成、御對顏ニ可被仰進由也、

一、所司代亭(戸田忠寛)江例年之通、御後園之筍被遣之事、御使多門、

一、蘆浦護法院殿より蓴菜一桶被上候也、

一、仁門樣江御書被進、卽御返書來ル也、御使青侍中、

十三日、丙辰、晴、當番、菅谷中務卿・今小路兵部卿・松井若狹守・木崎河内・伊丹將監・九鬼主殿、大膳・監物斷・織部服者、

一、山門院内惣代嚴王院(慈叔)・寶嚴院參上、西市正(松井永昌)面會之處、先達而相願置候集會所一件之儀、此度輪門樣御上洛ニ付、此節東塔より頻ニ相願候趣ニ御座候得ハ、何卒先達而相願候趣、何分宜御願申上候由、尤青蓮院宮樣へハ橫川より相願候、則及言上候處、尙青蓮院宮樣被仰合、其上輪門樣へも可被仰入旨申渡、退去也、

一、兵庫川崎備前屋次郎兵衞、願書差出、左之通、

乍恐奉願上口上之覺

兵庫川崎備前屋次郎兵衛より返濟金取立の願狀
*新日吉御參社
*神樂奏湯立
*尹宮輪門宮御成御饗應
金剛院へ箏御遣
山門養泉院繼目御禮參上
*日嚴院少々回復社參後參殿
所司代より箏御禮
新日吉祭宵宮に練物御上覧
日吉社司桂昆布獻上止宿
*香山大學關東より歸京土產獻上

一、私儀、此度別紙書付を以御願奉申上候、右者於羽州表證據米爲引當差入候金子相願難儀仕候、依之何卒御影ヲ以返濟有之候樣、御願申度奉存候、私儀、日頃御立入仕候者ニ御座候得者、乍恐別紙御覽之上、御貸附銀御同樣ニ御取立被成下候樣ニ御聲掛り被成下候ハヽ、難有仕合奉存候、御憐愍を以願之通被爲仰付可被下候ハヽ、重〻難有仕合可奉存候、已上、

天明六年午五月

兵庫川崎備前屋 次郎兵衛
代 平兵衛

大佛御殿
御役人中樣

一、金剛院殿江、如例年箏壹束被遣候事、
一、山門養泉院繼目爲御禮參殿、於御玄關申置、扇子三本入獻上之、
一、戶田因幡守殿より、以使者昨日如例年御後園之箏被遣候御禮申上ル也、
一、御鎭守御神事宵宮ニ付、當町より練物出ル、於唐門御上覽、唐御門例年之通しつらふ、
一、坂本社司樹下式部大輔、御神事ニ付、例年之通相詰候事、桂昆布貳拾本獻上、如例宸殿麝香之間止宿、

十四日、丁巳、曇或晴、當番、小川大藏卿・松井西市正・松井相模守・三谷藏人・中村帶刀・木崎兵庫・岡本內匠、

一、御鎭守御神事、如例年之、
一、辰刻比御參社、御供兵部卿（今小路行先）・求馬・主殿、
一、巳刻過御神樂奏、湯立如例、
一、尹宮樣・輪門樣御成、於御座之間御祝、御赤飯・御吸物・御酒被進、以後御料理正五菜・御中酒、於唐御門御提重・御吸物・御酒出ル、當町練物、堀詰町より俄（マヽ）等來ル、暮時頃還幸、已後御座之間江被爲入、戌刻比輪門樣還御、尹宮樣江ハ御夜食被進、亥刻前還御、
一、右御供中通江ハ、赤飯・御吸物・御酒・一飯被下之、下部江ハ不被下候事、
一、日嚴院殿、先比より所勞之處、少〻快候ニ付、社參被致候由ニ而、參殿之事、
一、十如院參上、

十五日、戊午、曇、少雨、當番、菅谷中務卿・今小路兵部卿・松井若狭守・木崎河內所勞・三上大膳同斷・山下監物・中嶋織部・九鬼主殿、

一、當日御禮參上之輩、山本內藏・青水內記・香山大學、

*輪門より御挨拶
*佛頂院參上明日參殿の御斷
日吉社司へ奉幣料下賜
*紀州家中野呂源一半堂通矢
備前屋の願につき羽州表へ飛脚差下すため御繪符届
*蹴鞠御裝束につき萬里小路政房亭に雑掌訪問
*輪門へ御參内を御問合せの上御參内
土水有卦入諸方へ進物
*大御乳人所勞につき御見舞

大學(香山)關東より歸京御届申上ル、淺草海苔一箱獻上之
也、
一、樹下式部大輔江奉幣料白銀壹枚、例之通被下之、於
梅之間中務卿(菅谷寛常)相渡、尤御對面なく、已後退去也、
一、備前屋治(郎脱)兵衛より相願候趣ニよつて、羽州表江飛脚
被指下候ニ付、傳奏衆(油小路隆前・久我信通)江御届被差遣候事、

口上之覺

妙法院宮御用ニ付、羽州秋田郡久保田城下迄、明
十六日下部壹人被差下候、依之御繪符被差出候、
尤致上京候ハヽ、早速御届被仰入候、仍爲御届如
斯ニ御座候、以上、

午五月十五日　妙――御内　木崎河内印

油小路前大納言様御内　伏田右衛門殿
下村丹司殿
久我大納言様御内　辻信濃守殿
岡本内記殿

一、今日土水有卦入ニ付、諸方御進物等有之、委細御進
物記ニ有之、
一、行嚴院江十五・十六兩日之内參殿之儀、此間被仰遣
候處、所勞ニ付御斷申上度旨、住僧ヲ以申上ル事、

一、輪門様より、昨日被爲成候御挨拶被仰進候事、
一、佛頂院參殿、明十六日參殿之儀蒙仰、難有仕合奉存
候、然ル處、無據御用出來仕ニ付、乍恐御斷申上度、
御禮旁參上仕候由也、
一、紀州(徳川治貞)家中野呂源一、半堂日矢數、卯之刻より、
惣矢　壹萬千五百壹本、
通矢　壹萬三百八拾三本、
右之通、酉刻迄射早候ニ付、松井右近より御届申上
候、
一、蹴鞠御裝束之儀ニ付、萬里小路殿江西市正行向候處、
大納言(萬里小路政房)殿御留守ニ而、雑掌山本式部へ及面談置候事、
十六日、己未、雨、當番、小川大藏卿・松井西市正・松井相模守・三谷藏人・伊丹將監・中村帯刀・木崎兵庫・岡本内匠、
一、輪門様今日御參内被爲在候哉御尋合、坊官中迄手紙
ニ而申遣ス、御參可被遊旨返書ニ申來ル也、
一、右之趣ニ付、未刻比御出門ニ而、御參内之事、御供
西市正・掃部・内匠、御先三人、戌刻過還御、
一、大御乳人所勞ニ付、御尋として御しわう御にしめ一
折被遣之、御使九十九、
一、三宅宗達參上、

御定目の奉書*

雷鳴につき四御所へ御機嫌伺

三宅宗仙拜診

日嚴院より筝の御禮

丹後屋悴菊三郎へ御貸附仰付の御墨附

菅谷寛常松井永昌へ遠慮仰付*

東西町奉行へ筝御遣*

十七日、庚申、卯ノ刻過雷鳴、曇或雨、當番、菅谷中務卿・今小路兵部卿・松井若狭守・伊丹將監・中嶋織部・九鬼主殿、河内・大膳・監物所勞、

一、今朝雷鳴ニ付、四御所江爲伺御機嫌御使ヲ以被仰上、御使九十九(牛丸)、

一、三宅宗仙參上、拜診、

一、日嚴院殿より以使僧、昨日御後園筝被遣候御禮被申上候事、

一、先達而丹後屋庄右衞門御貸附支配之儀、所勞ニ付退役相願、悴菊三郎江跡役被仰付候事、右爲御禮方金貳百疋獻上之也、

御墨附之案、左之通、

大佛殿御修復金貸附之儀、先達而從公儀被仰出候、右貸附下支配之儀、今度依願其方江被仰付候間、其旨相心得、諸事麁略之儀、堅有之間舗者也、

木崎河内 正達

松井相模守 永亨

松井西市正 永昌

菅谷中務卿 寛常

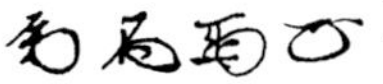

丹後屋 菊三郎江

御定目之案、左之通、

定

一、大佛殿御修復金貸附、大金・小金ニよらす引宛取之、尤町判等勿論之事、

一、村方貸附、右同樣、判人等遂吟味貸附可申事、

一、判元見屆之事、

一、借請人對談罷越候者、無遲ゝ可及相談事、

一、利足金者、從公儀被仰出候趣を相守、高利ニ貸附之儀、堅致間敷事、

一、證文御判印可致下事、

但し、御割印無之證文者可爲反古事、

一、火用心之事、

一、喧嘩口論之事、

一、博奕之事、

右之條ゝ、急度愼可相守者也、

御貸附方

天明六丙午年五月 役人

一、菅谷中務卿・松井西市正、遠慮被仰付候事、

十八日、辛酉、戌刻比地震、當番、小川大藏卿・松井相模守・三谷藏人・木崎兵庫・岡本内匠、帶刀所勞、

一、知足庵、(丸毛政良・山崎正導)爲伺御機嫌參上、

一、兩町奉行江例年之通、御後園之筝一折ツヽ被遣也、

御使松井多門、

十九日、壬戌、當番、菅谷中務卿・今小路兵部卿・松井若狹守・伊丹將監・山下監物・中嶋織部・九鬼主殿、河內・大膳所勞、

一、今日御參內可(被脱カ)爲有之處、御延引之事、

一、西本願寺御門主より以使者、此間八旬賀ニ付御祝儀被進候、爲御答禮昆布一箱・樽代金五百疋被上之事、

一、新善法寺(周清)より御祈禱之御札差上ル、例之通及返書也、

一、山門東行院參上、昨年已來備前兼住所ニ罷有、此度輪門樣御上洛ニ付上京仕、仍之御機嫌相窺候由、御干菓子一箱獻上、御用被爲在御對面無之、藏人(三谷)出會、及挨拶、

廿日、癸亥、雨、當番、小川大藏卿・松井相模守・三谷藏人・中村帶刀・木崎兵庫・岡本內匠、西市正所勞、

一、紀州家中伊藤銀藏、日矢數仕度、來ル廿七日・來月朔日・三日、右三ケ日之內相勤申度旨、右近より相伺候處、思召不被爲在、勝手ニ相勤可申旨也、

一、行嚴院參上、十六日參殿仕候樣蒙仰、難有仕合奉存候、然ル處、所勞引籠罷在、御斷申上候、漸昨日罷出候ニ付、乍延引御請參殿仕候也、

一、萬里小路前大納言殿より御招ニ付、相模守(松井永亨)御里亭江罷越候處、先比西市正(松井永昌)を以被仰遣候蹴鞠御袴之儀、石山中納言殿(基名)ヲ以被仰入可然存候、則彼卿門弟之儀ニ御座候間、可被宜との御事也、

一、三角了敬、爲伺御機嫌參上、御對面無之、

一、知足庵參上、此間被仰付候御短册持參也、

廿一日、甲子、晴、當番、今小路兵部卿・松井若狹守・伊丹將監・山下監物・中嶋織部・九鬼主殿、中務卿・河內・大膳所勞、

一、聖護院新宮樣江御使井御文匣之內被進、御使末吉味衞門、

一、閑院尹宮樣御有卦入ニ付、御內〻御祝被爲在候間、明廿二日巳刻比より御成被進候樣被仰進、尤諸大夫より手紙ニ而申來、御承知被遊候旨、及返書候也、

一、石山三位殿(基陳)御伺公、於御座之間御對顏、御菓子出ス、已後於梅之間御湯漬遣之、

一、閑院宮樣江御詠草被進、御使末吉味衞門、

一、御同所樣より過刻明日御有卦入御內〻御祝儀爲在候ニ付、御成被進候樣ニ被仰進候處、御所御用向ニ付御未定ニ付、今一應可仰進之趣、諸大夫より手紙ニて申來也、

一、泉涌寺江御代香今小路兵部卿、

一、地子先納勘定集會ニ付、兩役所より出役之事、

一、讚州高松家(松平賴前)中山崎規矩輔、廿三日夜より廿四日ニ至矢數之儀、右之者痛所不相勝延引之趣、松井相模守

參內御延引
*知足庵仰付の短册持參
西本願寺より八十賀の御答禮進上
新善法寺より御禮獻上
本行院伺候干菓子獻上
*尹宮御有卦入につき明日御成と仰進
*石山基陳伺候御對面
伊藤銀藏より日矢數の御伺
*閑院宮へ御詠進
*閑院宮より明日御有卦入御祝儀御成につき來狀
*行嚴院參上
*泉山御代香
萬里小路政房より蹴鞠御袴は石山基名に仰入るが宜しいと仰出
*地子先納勘定集會
*高松家中山崎規矩輔大矢數延引

松井永昌遠慮御免
*佗田庄助原田理兵衛へ大坂富方支配仰付
萬里小路政房伺候御對面梅の間にて一品宮よりの御内命御達
*菅谷寛常遠慮御免
*小畑主税へ御廣間詰仰付
藪澤雅樂八木貢木崎正達へ遠慮仰付
*九鬼主殿へ御次詰仰付
*寶生院より歡喜團獻上
藤嶋石見叔父死去により忌服と手紙
*飛鳥井雅威へ禁裏御月次和歌御未進の御届
興正寺より有卦入御祝詞に御挨拶
*北野菅廟御代參
山科岱安拜診

より申來、尤追而日限之儀可申上由也、
一、松井西市正遠慮被免候事、
一、鈴木求馬(重翼)依願、浪華表江罷越候ニ付、五六日御暇被下候事、
廿二日、乙丑、曇、申比より雨、當番、小川大藏卿・松井西市正・松井相模守・三谷藏人・中村帶刀・木崎兵庫・岡本内匠、
一、萬里小路前大納言殿御伺公、於御座之間御對顏、已後於梅之間御菓子・御湯漬等出ル也、夫より於同所表役一統被呼出、一品宮様(典仁)より御内命被仰進候趣有之、御申達候事、
一、藪澤雅樂・八木貢、遠慮被仰付候事、
一、木崎河内儀、子細有之、遠慮被仰付候事、
一、藤嶋石見叔父、昨日死去仕、忌服廿日・九十日相愼申候、仍而此段御届申上候由、手紙ニ而申來ル、
一、岸紹易、爲伺御機嫌參上、
一、興正寺(寂聽常順)御門主より、以使者時節御口上、且此間門主有卦入ニ付、御祝詞被仰遣候御挨拶被申上也、
廿三日、丙寅、雨、當番、今小路兵部卿・松井西市正・松井若狹守・三谷藏人・三上大膳・中嶋織部・九鬼主殿、將監・監物所勞、
一、山科岱安、爲伺御機嫌參上、御對面、拜診被仰付候事、
一、佗田庄助・原田理(伊カ)兵衛兩人へ、大坂富方支配被仰付候ニ付、爲御禮扇子三本入・金子三百疋獻上之事、
廿四日、丁卯、快晴、當番、小川大藏卿・松井相模守・三谷藏人・中村帶刀・後岡本内匠・前小畑主税、兵庫所勞、
一、萬里小路前大納言殿江御書被遣、御使靑侍中、卽御返書來ル也、
一、萬里小路殿より御里坊迄文箱到來ニ付、九十九より手紙ニ而來ル、則文箱共差上置、
一、菅谷中務卿、遠慮被免候事、
一、小畑主税、御廣間詰被仰付候事、
一、九鬼主殿、御次詰被仰付候事、
一、歡喜團五ツ獻上、寶生院(善資)、
一、飛鳥井侍從(雅威)三位殿江御使、禁裏御所御月次和歌御未進被成候趣被仰入也、

御口上書覺

禁裏御所御月次和歌御詠進被遊候處、御所勞ニ付御未進被成候、此段宜御沙汰賴思召候、以上、

五月廿四日　妙法院宮御使　松井多門

一、菅廟江御代參、松井多門相勤也、
一、山崎規矩輔、大矢數來廿七日暮より廿八日ニ仕度旨、

相模守より相伺、御聞濟也、

廿五日、戊辰、菅谷中務卿・今小路兵部卿・松井西市正・松井若狹守・三上大膳・小畑主税・中嶋織部、將監・監物所勞、

一、萬里小路殿江昨日之御返書被遣、御使靑侍中、

一、日嚴院殿、先達而より病疾不相勝引籠被居、今以全快無之、兼(帶)滯所江罷下り保養被致度旨、昨日被相願、御聞濟被爲在、依之明後廿七日下向被致候旨、使ヲ以被申上、尤御暇乞參殿可致處、右痛所故、得參殿不被致候ニ付、御斷御届旁以使者可申上候由也、

一、御用達柴田平左衞門願ニ付、泉州田安領役人江書通、左之通、

未得御意候得共、以飛札致啓達候、然者、當御殿御用達柴田平左衞門与申者、是迄泉州堺戎嶋萬屋町致住居罷在候處、此度其御領方同國萬代庄高田村百姓平右衞門方ニ致同居度旨相願、則願之通被仰付候間、宜御取計御頼申入候、此段各方迄得御意候樣ニ、坊官・諸大夫共より申付候ニ付、如此ニ御座候、以上、

五月廿五日　妙法院宮御内　三上大膳

伊丹將監

田安御領

御役人中

*石山基名へ難波飛鳥井兩家へ蹴鞠御著用の御通達を御依頼

*日嚴院病につき大坂兼帶所にて保養の旨御届

*仁門宮へ長芋進上

*山科岱安拜診

泉州田安領役人へ柴田平左衞門の移轉届

*鷹司輔平へ御違例御見舞

*藤森社より御札獻上

*山崎規矩輔通矢

廿六日、己巳、晴、當番、小川大藏卿・松井相模守・三谷藏人・中村帶刀・岡本內匠、兵庫所勞、

一、石山中納言殿江、兩家(難波・飛鳥井)江蹴鞠御袴御着用之儀、御通達被進候樣御賴被仰遣也、御使牛丸九十九、

一、三宅宗達參上、

廿七日、庚午、晴、當番、菅谷中務卿・今小路兵部卿・松井若狹守・三谷藏人・山下監物・小畑主税・中嶋織部、

一、仁和寺宮樣江長芋一折、御封中ニ而被進之、御使靑侍中、

一、酉刻より山崎規矩輔、大矢數射始、

一、山科岱安參上、於御座間御對面、御拜診被仰付候事、已後於御廣間御湯漬被下候事、

廿八日、辛未、快晴、當番、小川大藏卿・松井西市正・中村帶刀・岡本內匠、兵庫所勞、

一、鷹司左府樣(輔平)、先比より御違例之由、依之爲御見舞長芋一折十本、御使を以被進之事、御使松井多門、

一、藤森社、當月御祈禱御札獻上也、

一、岩永右衞門・三宅勇仙、當日御禮申上ル也、

一、惠乘房(玄隆)、明日より登山いたし、安住房交代之旨、御届申上ル也、

一、山崎規矩輔、今酉刻迄ニ矢數射皁候段、右近(松井)より御届申上ル也、

通矢　五千百六拾七本、

惣矢　壹萬千百八拾三本、

晦日、壬申、晴、酉刻過少雨、當番、菅谷中務卿・今小路兵部卿・松井若狭守・三谷藏人・三上大膳・山下監物夜斷・小畑主税、織部所労、

一、禁裏御所江、當月御内〻御祈禱、今日御結願ニ付、御撫物・御巻數、御封中ニ而被獻之候事、御使小畑主税、

一、來月七日、此御方御誕生日ニ付、禁裏御所江被獻物、例年之通取計可被呉旨、凉岡院迄頼遣候事、

一、戸田因幡守殿より、爲時節伺干湯波(葉)一箱被上之、

一、關東御願筋御用向ニ付、水口要人下坂之事、

六月　御用番菅谷中務卿(寬常)、

朔日、癸酉、晴、當番、小川大藏卿(純方)・松井西市正(永昌)・松井相模守(永亨)・伊丹將監・中村帯刀・岡本内匠、三河介・兵庫(初瀬川宗邦)所労、

一、四御所(光格・後櫻町・舍子・富子)・女一宮樣(欣子)・閑院宮樣(典仁)江當日御祝儀、御違例ニ付御使を以被仰上候事、御使小川大藏卿、

一、當日御禮參上之輩、

山本内藏・篠田主膳・三宅宗甫・市川養元・村若縫殿、

一、石山前中納言(基名)殿御里坊迄御伺公、此間以御使被仰下候兩家(難波・飛鳥井)江蹴鞠御着用御袴之儀申入候處、御請被申上候由、近日書付之差上旨、尤右爲御挨拶被進物御先格之通ニ而可然由、乍併當地難波家(宗城)ニ者、子息有之候由、延紙十束ニ而も可被下哉旨、被申候由也、

但、先宮(堯恭)御袴御着用之砌、御使ヲ以御着用被成度之旨、被仰遣候得共、當時者及御使ニも申間敷、御世話卿御差圖有之、石山殿兩家御門弟之事故、石山殿を以被仰遣可然、先達而被申上候由也、

一、伊藤銀藏、日矢數從卯刻酉刻迄射早候段、右近(松井)より御屆申上ル也、

通矢　貳千貳百七拾三本、

惣矢　六千三百八拾四本、

二日、甲戌、雨、當番、菅谷中務卿・松井若狭守(永喜)・三谷藏人(寛重)・三上大膳・山下監物(重好)・小畑主税・中嶋織部(德方)、兵部卿(今小路行先)所労、

一、金剛院(眞應)殿より使者、大坂表富興行ニ付、爲御菓子料・白銀五枚被上之候事、

一、輪門樣(公延)より御里坊迄御使被進、來十五日巳刻牛車宣下御治定被仰出候ニ付、御風聽被仰進、且其節御麁末之御料理被進度思召候間、御成被進候樣被仰進候事、右之趣御里坊迄以御使申來候故、御里坊御留主

禁裏へ御内々御祈禱巻數獻上

*來月七日御誕生日につき禁裏への獻上物を凉岡院へ御依頼

*伊藤銀藏日矢數

所司代より時節御伺湯葉進上

水口要人關東下向

*金剛院より大坂表富興行につき白銀獻上

禁裏以下へ當日御祝儀使

*輪門より來十五日牛車宣下との御風聽且つその節御招請の御使

石山基名より蹴鞠御袴を難波飛鳥井兩家が御請の由且つ御挨拶進物につき御申置

石山基名より蹴鞠御袴につき兩家より御使差向けらるる由との申置

輪門宮へ牛車宣下の御歡仰進

地震三度

三御所へ筝獻上

仁門より御色紙文到來御返書進上

傳教大師御法事

難波飛鳥井兩家より蹴鞠御入門の書付持參につき兩家へ御遣物

居より申來、

一、石山中納言殿御里坊迄御伺公、先達而被仰下候蹴鞠之儀、則兩家江申入置候處、來四日巳刻御兩卿(難波宗城・飛鳥井雅威)より御本坊江向使を以可被申上候、仍而此段申上被置候由也、右之趣九十九より申來ル也、

一、輪門樣江、來十五日巳刻牛車宣下御治定被爲在候ニ付、不被取敢御歡被仰進候事、御使九十九(牛丸)、

三日、乙亥、雨、申刻比地震、酉刻前地震、戌刻過又同、當番、小川大藏卿・松井西市正・松井相模守・伊丹將監・中村帶刀・岡本內匠、兵庫所勞、

一、禁裏(光格)御所・仙洞(後櫻町)御所・大女院(舍子)樣江御後園筝一折宛、例年之通被獻之、御使松井若狹守、

一、仁門(深仁)樣より御色紙文來、委細ハ御封中ニ被仰進候由ニ而、御里坊御留守居より爲持上ル、卽刻御返書被進候也、

一、於梅之間、傳教大師(最澄)御法事御執行、法華讀誦、

導師常樂院(志岸)、惠乘房(玄隆)・卽生院・一位等出仕也、

四日、丙子、雨、當番、菅谷中務卿・今小路兵部卿所勞・松井若狹守・三谷藏人・三上大膳・山下監物・小畑主稅、織部所勞、

一、難波家雜掌小森主膳・飛鳥井(雅威)家雜掌川口數馬來、取次主稅(小畑)出會候處、此間蹴鞠御入門之儀被仰下候ニ付、書附被上候由ニ而、兩家より壹通ツヽ持參、主稅受取之、於御玄關三之間御吸物・御酒・御湯漬被下之、已後中務卿(菅谷寬常)出會、御返答申述也、

書付、左之通、

大奉書四ツ折

無文紫草 紫葛袴	天明六年 六月四日

難波家

上同

紫葛袴 無紋紫草

飛鳥井家

一、右ニ付、兩家江御使被遣物、左之通、

一、昆布一箱　白綿三把　御樽一荷宛、

右、難波前大納言殿(宗城)・飛鳥井侍從三位殿(雅威)、

此間、石山中納言殿を以蹴鞠御袴之儀被仰入候處、御領掌御座候而、卽今日御使を以御書附被上、御滿足之至思召候、右爲御挨拶御目錄之通被送之候也、

御使松井多門、

一、方金百疋宛、
難波家雑掌 小森主膳
河村伊織
飛鳥井家雑掌 本多豊前
川口數馬
右爲御祝儀被下之、御使持參いたし相渡ス、
一、和紙　拾束　難波左中將殿(宗董)
右同斷ニ付被遣之、尤此儀石山殿御差圖有之如斯也、
一、紗綾　一反　石山中納言殿
右御裝束之儀御世話被申上候ニ付御挨拶、御使同人、
一、女院(富子)御所・女一宮樣江例年之通、御後園筝一折被上之事、御使同人、
一、油小路前大納言殿(隆前)・久我大納言殿(信通)江右同斷被送之、
一、戌刻過、八丁目手あやまち、東之近所之者歩集打消、火役之もの等も駈付□相鎮候由也、
五日、丁丑、雨、當番、小川大藏卿・松井西市正・松井相模守・伊丹將監・中村帶刀、御無人故内匠(岡本)暫御次詰也、
一、難波前大納言殿より使者、昨日蹴鞠御袴御色目之儀

*飛鳥井雅威より御請使
*萬里小路政房伺候御對面
*惣持坊より擬講仰付の御禮
*御後園田植を君子樹にて御上覽
女院女一宮へ筝進上
兩傳奏へ筝進上
*御誕生日につき禁裏へ獻上物
御境内にて失火
*九條尚實へ御違例御見舞
*鷹司輔平へ御違例御見舞
難波宗城より御祝儀御請の使
*三宅宗仙參上昨日の御禮と江州行の御届

書付を以被申上候處、右爲御祝儀御目錄之通被致拜受、忝被存候、右御請被申上由也、尤左中將殿(難波宗董)よりも拜領御請、幷雜掌拜領物之御請も被申上候由也、
一、飛鳥井侍從三位殿より使者、右同斷也、
一、萬里小路前大納言殿(政房)御伺公、於御座間御對面、已後於梅之間御湯漬出之、追而御退出也、
六日、戊寅、曇、午刻前より晴、當番、菅谷中務卿・今小路兵部卿・松井若狹守・三谷藏人・三上大膳・山下監物・小畑主稅、
一、山門惣持坊(順性)、此度擬講職被仰付、爲御禮參上、扇子三本入獻上、御玄關ニ而申置也、
一、三宅宗達參上、御對面也、
一、御後園御田植君子樹ニ而御上覽、宗仙(三宅)被召參上之事、
一、三上大膳御用筋ニ付下坂之事、
七日、己卯、雨、當番、小川大藏卿・松井西市正・伊丹將監・中村帶刀、相模守所勞、
一、禁裏御所江宮御方御誕生日ニ付、例年之通爲御祝儀、小頂一蓋・銚枝一枝御獻上也、御使小川大藏卿、
一、九條關白樣(尚實)御違例被爲在候ニ付、爲御見舞長芋一折十本被進之、御使牛丸九十九、
一、左府樣(鷹司輔平)御違例御見舞、大御乳人所勞御尋、御使同人、
一、三宅宗仙參上、昨日御庭御田植ニ付被召候御禮、且

又今日より四・五日江州表江療用ニ罷越候ニ付、右御届申上ル也、

御誕生日御祝儀を閑院両宮へ進上

一、御誕生日御祝儀、小頂一蓋ツヽ、閑院一品宮様（典仁）・尹（美仁）宮様江被進之、御使九十九、

八日、庚辰、曇天、當番、菅谷中務卿・今小路兵部卿・松井若狭守・三谷藏人・山下監物・小畑主税、織部所労、

禁裏より御詠草の題につき女房奉書

一、禁裏御所御使、女房奉書を以、聖廟御法樂御歌題・御月次御歌題被進之、則御返書ニ御請被仰上候也、

平田元敷より表役へ呼出狀

一、平田因幡守（元敷）より書狀來、

以手紙得御意候、然者、御用之儀御座候間、御表役御中御兩人、今日中ニ御參殿可被成候、右爲可得御意如此ニ御座候、以上、

六月八日

尚々中務卿（菅谷寛常）殿御壹人、其餘殿誰ニ而も、今御壹人御同道ニ而御參可被成候、已上、

九日、辛巳、晴、或曇、酉刻比より雨、當番、小川大藏卿・松井西市正・松井相模守・伊丹將監・中村帶刀、

十日、壬午、雨、當番、菅谷中務卿・今小路兵部卿・松井若狭守・三谷藏人・山下監物・小畑主税、織部所労、

泉山御代香

一、泉涌寺江御代香、今小路兵部卿、

大坂表貸附銀の件大坂町奉行受理し難く返却との理由書寫

一、去巳四月、傳奏衆江被差出候大坂表御貸附銀之儀ニ付、彼地町奉行所江御通達之儀難承届由、則紙面之寫、御留主居被相招被渡候由、九十九より差越紙面

寫者、早速致返却候樣との事也、去年被差出候書付御返候也、

紙面之寫、左之通、

妙法院宮より被差出候書付御到來之由、去巳三月・四月中被遣之、右書面之趣相糺候處、右宮貸附銀之儀、大銀之分者、家屋敷・田畑等引當取之貸附、少銀之分者、借請候者、借屋人多取持之家財・諸道具引當取之貸附來候處、去ル寅年六月已後、貸附之分者、引當之品不足申立候而も、質屋江持運ひニ相成候品者不及沙汰旨、支配人共江申渡候ニ付、毎々引當之品不足いたし、損銀等多難澁ニ付、自今不足有之願出候ハヽ、前々之通吟味之上、取立候樣いたし度由、被仰立候、元來右引當もの之儀、江戸表ニ而願相濟候節、被仰立置候事ニ者無御座候得共、宮之貸附銀之儀者、通例出入共譯違、格別之濟方申付候儀ニ付、以前ハ身躰限之節、引當もの不足之儀、支配人より申立候得者、相手方江急度申聞、及糺候內、多分內濟仕來候處、右引當之儀致増長、質屋共差支ニ相成候趣ニ付、去ル寅年六月已後之分ハ、不足申立候共、取上申間鋪

旨、取扱相改候儀ニ御座候間、此度依被仰□又
々已前之通取扱相改候儀者難致御座候、且又切
金相願候者、右貸□〔附カ〕銀借請不申樣觸流、其上ニ茂
借請候者、差支之儀申立、切金願出候共、聞届無
之、引當を以濟方申付候樣被成度趣も被仰立有之
候得共、此度ハ最初元祖之節、貸附方より相糺、
切金ニ可相成身柄之もの江者不貸附樣、如何樣ニ
も相改可申儀、其上濟方切金ニ相渡度段、相願候
もの者、右申立候樣子次第ニ而、早々ニ寄、其時
々濟方申付候儀ニ付、旁前以差極置候儀難致筋
ニ御座候之間、右兩樣之趣共被仰立候通ニ者、取
計難致儀ニ御座候、右之趣、阿部能登守〔正敏〕殿江相達
候之上、得御意候間、右宮江被相達候樣、傳奏衆
江宜通達可被下候、依之先達而被遣候書付致返却
候、

六月八日

十一日、癸未、曇、申刻比より晴、當番、小川大藏卿・松井西市正・松井相模守・伊丹將監・中村帯刀、

嚴王院關東表へ下向につき御暇乞參上御餞別御遣

一、山門嚴王院〔慈叔〕參上、此度私用ニ付關東表へ罷越候ニ付、
御屆御暇乞申上、爲御餞別方金百疋被下之、西市正〔松井永昌〕
面會ニ而相渡ス、尤少々御違例ニ被爲在候故御對面
無之、

*三宅宗達拝診御積氣調藥

一、三宅宗達被召參上、少々御積氣ニ被爲在ニ付、於御
座間御對面、拝診被仰付、已後御藥調進之事、

*傳奏へ提出の承知書

一、昨日傳奏衆より御達之趣ニ付、御承知書被差出候、
左之通、
料紙奉書半切
大佛殿御修復銀貸附之儀ニ付、去巳四月御書附被
差出、大坂町奉行所江御達被進候處、右貸附銀儀、
大銀之分者、家屋敷・田畑等取之貸附、少銀之分
者、借請候者、借家人多所持之家財・諸道具引當
取之來候處、去ル寅年六月已後、貸附之分者、引
當之品不足申立候而も、質屋江持運ひニ相成候品
者、不及御沙汰旨、支配人共被申渡候、自今不足
有之願出候ハヽ、前々之通吟味之上、取立候樣被
成度旨被仰立候處、元來右引當もの之儀、江戸表
ニ而願相濟候節、被仰立置候事ニ者無御座候得
共、宮々貸附銀之儀者、通〔例カ〕別出入共譯違、格別之
濟方被申付候儀ニ付、已前ハ身躰限之節、引當も
の不足之儀支配人より申立候得者、相手方江急度
御申聞被及御糺候內、多分內濟仕來候處、右引當

*三宅宗達拜診調藥

*鳥居小路經親法橋勅許につき御禮參上

*紀州雲蓋院御機嫌御伺加太和布獻上

*聖門宮より十六日の主上月御覽は月食につき十七日御内祝とさるる旨の御順達

之儀致増長、質屋共差支ニ相成候趣ニ付、去ル寅年六月已後之分者、不足申立候共、取上申間鋪旨、取扱相改候儀ニ御座候ニ付、此度被仰候得共、又ゝ已前之通御取扱之儀者難相成、且又切金相願候者、右貸附銀借請不申樣觸流、其上ニも借請之者、差支之儀申立、切金願出候共聞届無之、引當を以濟方被申付候樣被成度趣、被仰立候得共、此度ハ最初取組候節、貸附方より相糺、切金ニ可相成身柄之もの者、不貸附樣、如何樣ニも相改可申儀、其上濟方切金ニ相渡度段、相願候もの者、右申立之樣子次第ニ而品ゝニ寄、其時ゝ濟方被申候儀ニ付、旁前以被差極置候儀、難相成筋ニ御座候故、右多樣之趣共、□〔被カ〕仰立之通ニ者御取計難相成趣、大坂町御奉行所書面之寫御達被進、委細承知仕候、

已上、

午六月十一日　　妙法院宮御内

菅谷中務卿

油小路前大納言樣御内

伏田右衞門殿

下村丹司殿

久我大納言樣御内

岡本内記殿

辻信濃守(章業)故障ニ付、一名ニ而差出ス也、

十二日、甲申、晴、當番、菅谷中務卿・今小路兵部卿・松井若狹守・三谷藏人・山下監物・小畑主税、織部所勞、

一、三宅宗達參上、於御座之間御對面、拜診之事、於御廣間御藥調進之事、

一、鳥居小路大藏卿(經親)、此度法橋蒙勅許候ニ付、爲御禮參上、

一、紀州雲蓋院權僧正參上、此度輪門樣御上洛ニ付上京仕候故、窺御機嫌之由、かため(加太和布)一折獻上、少ゝ御違例ニ付御對面無之、中務卿挨拶およふナリ、

十三日、乙酉、雨、入夜雷鳴、當番、小川大藏卿・松井相模守・伊丹將監・中村帶刀、西市正所勞、

一、聖護院宮樣より御順達、左之通、

來ル十六日、主上(光格)月御覽月食ニ付被停候、十七日御祝被爲在候、尤御内祝与被稱候事、右御祝儀御參賀御進物等、安永二年(六月十六日)御例之通御心得可被遊旨、唯今於非藏人口中山前大納言殿(愛親)被仰達候、右之趣御一列樣方江も御傳達被爲在候樣ニとの御事ニ付、被成御順達候由、宜御沙汰可被成候、以上、

六月十一日　　聖護院宮御内

小野澤按察使

青蓮院宮樣(尊眞)

知恩院宮樣(尊峯)

一乘院宮樣(尊映)

*金剛院より御禮使
*尹宮より御色紙文匣到來御返書
野田內藏丞關東より歸京伺候土產獻上金剛院の願出に御添簡の御禮
*藤崎石見忌明屆
*梶間眞七日矢數
金剛院より加行護摩中日に御成を忝しと言上
三宅宗達拜診
輪門宮牛車宣下に御歡進上日光准后宮閑院宮へは御歡言上
*三宅宗達拜診
金剛院へ護摩中日につき御成神供御勤
*四御所女一宮へ嘉祥之御祝儀獻上

妙法院宮様（眞仁）
坊官御衆中

追而、御廻覽之後、當門江御返シ可被成候、已上、

一、尹宮樣より御書被進候事、
一、萬里小路前大納言殿より御書被上候事、
十四日、丙戌、晴、當番、菅谷中務卿・今小路兵部卿・三谷藏人・山下監物・小畑主税、若狹守・織部所勞、
一、野田內藏丞、從關東歸京ニ付爲伺御機嫌、武藏野多葉粉一箱・江戶半切一箱獻上、且於關東表金剛院殿被相願候儀ニ付、御添翰相願候處、早速御許容被遊御差下シ、難有奉存候、右御禮申上候也、
一、金剛院殿より使者、明十五日護摩中日ニ付、可被爲成旨被仰出、忝被存候、仍而使ヲ以被申上候由也、
一、三宅宗達參上、御對面拜診之事、
十五日、丁亥、快晴、當番、小川大藏卿代若狹守・松井西市正・松井相模守・中村帶刀、將監所勞、
一、輪門樣牛車宣下ニ付、爲御歡昆布壹箱被進、御使中務卿、隨宜樂院宮樣・閑院宮樣江も御歡、御口上計、
一、金剛院殿加行護摩中日ニ付、辰半刻彼院江被爲成、於書院御菓子・御煮染一箱獻上ニ而被召上、已後道場江被爲成、神供御勤被遊、午刻比還御也、御供西市正・主殿・多仲、御先三人、

但、御成ニ付餅饅頭貳組被下候也、
一、金剛院殿より使者、先刻者被爲成御機嫌克還御被遊、忝被存候、其節ハ御菓子等被致拜受、忝被存候、加行中故、乍略儀使者を以御請被申上、尙滿行之上、參殿被致御請被申上候由也、
一、尹宮樣より御色紙文匣、御里坊迄來候ニ付、九十九より爲持來ル、卽刻御返書被進候也、
一、藤崎石見忌明ニ付、以書中御屆申上ル也、
一、梶間眞七、今日日矢數、例之通松井右近より御屆申上ル也、

通矢　千五百六拾三本、
惣矢　六千百四拾五本、

一、當日御禮參上之輩、山本內藏・岩永右衞門・青水內記、
香山大學所勞ニ付御斷申上ル、
一、三宅宗達參上、當日御禮申上、於御座之間御對面、拜胗之事、
十六日、戊子、晴、當番、菅谷中務卿・今小路兵部卿・松井若狹守・三谷藏人・山下監物・中島織部、
一、嘉祥之御祝儀、例年之通禁裏御所・仙洞御所・兩女院御所・女一宮樣へ被獻候事、御使三谷藏人、

禁裏仙洞より嘉祥御祝儀拜受

*御月見御內祝御請の御使

*木崎河內差控仰付の處今日出勤仰付

禁裏御月見につき四御所へ獻上物女一宮へ御口上

*金剛院へ加行結願の御歡御遣

三宅宗達拜診調藥

藪澤雅樂に永御暇但し家名相續は御許容

藪澤圖書の再勤願は差返す

*三宅宗仙江州より歸京の御屆

八木貢永御暇

*輪門宮より牛車宣下の御答禮

*安住房歸國の願出御許容

禁裏より御月次御內祝拜領

一、禁裏御所より女房奉書を以、嘉祥御祝儀、如例年被進、

一、仙洞御所より、右御同斷之事、

一、三宅宗達・同圓達參上、

十七日、己丑、晴、戌刻比少雨、當番、小川大藏卿・松井西市正・松井相模守・伊丹將監・中村帶刀・小畑主稅、

一、禁裏御所御月見ニ付、爲御祝儀、昆布一折五拾本・饅頭一折貳百入御進獻、仙洞樣・大女院樣・女院樣江昆布一箱ツヽ御進獻、女一宮樣江ハ御口上計御歡被仰進候事、御使松井相模守、

一、三宅宗達參上、御對面、拜胗之事、已後御藥調進事、

一、藪澤雅樂儀、依思召永御暇被下候事、

但、家名相續之儀者、相應之人躰を以、追而可相願候事、且圖書(藪澤)儀、先達而再勤願書差出候處、被差返退散可仕旨被仰付候事、

一、八木貢、依思召永御暇被下候事、

右之趣、於梅之間中務卿(菅谷寬常)・西市正(松井永昌)・相模守(松井永亨)立會、月番中務卿申渡、尤兩人共遠慮中故、伊丹將監・山下監物兩人より相達候樣申渡候事、

一、禁裏御所より女房奉書を以、御月見御內祝ニ付、御樽代金五百疋・昆布一折五拾本御拜領、則御請御返事被遊候也、

一、右爲御請御使牛丸九十九相勤ル、

一、萬里小路前大納言殿江御書被遣、御使武知安之丞、

十八日、庚寅、晴、當番、菅谷中務卿・今小路兵部卿・松井若狹守・返し大藏卿・三谷藏人・山下監物・中嶋織部、

一、木崎河內儀、子細有差控被仰付引籠罷在候處、今日出勤被仰付候事、

一、金剛院殿加行結願ニ付、爲御歡昆布一箱・樽代金三百疋被遣之、御使多門、

一、萬里小路前大納言殿より昨日之御返書被上、御里坊より來ル、

一、金剛院殿、爲御禮御參殿之事、

一、仁門樣より御使、御書被進、即御返書被進候事、

一、三宅宗仙參上、先日江州表江罷越候處、歸京仕候ニ付御屆申上候也、

十九日、辛卯、申刻比雨、入夜又雨、當番、小川大藏卿・松井西市正・松井相模守・伊丹將監・中村帶刀・木崎兵庫出勤、

一、輪王寺宮樣より御使、此間牛車宣下被爲濟候爲御答禮、昆布一箱被進之候事、

一、安住房國許江罷下り申度奉存候、六、七日御暇之儀相願、卽願之通被仰付候事、

大坂小山屋吉兵衛下關につき御繪符仰付を傳奏へ届出

一、大坂小山屋吉兵衛、先達而手代共買用ニ付、關東表江差下候ニ付、御繪符之儀相願、願之通被仰付、今日於小玄關丹波(松井長亨)を以被相渡、且傳奏衆へ御届書被差出候事、左之通、

口上之覺

妙法院宮御用ニ付、江戸山王迄、明廿日若黨壹人被差下候、依之御繪符被差出候、尤致上京候者、早速御屆被仰入候、仍爲御屆如此ニ御座候、以上、

午六月十九日　妙――御内　菅谷中務卿印

油小路前大納言樣御内　伏田右衞門殿

下村丹司殿

久我大納言樣御内　岡本内記殿

右之通、月番久我家へ九十九持參也、

日光准后宮より御書運上御返書

一、准后宮(公遵)様より御書被進、御跡より御返書可被爲在候之由也、

仁門宮御成御對顔夕御膳

一、仁和寺宮様巳半刻御成、先御書院江御通、於御座之間御對顔、御茶・御多葉粉盆出ル、夕御膳被進、已後御酒出ル、未半刻還御也、

徳川宗睦同治行より輪門宮座主宣下の御祝言上

一、尾張大納言殿(徳川宗睦)・同宰相殿(治行)より使者を以、今般輪王寺宮様天台座主宣下御灌頂等爲濟候由被承之、目出度被存候、仍而使者ヲ以被申上由、使者鬼本六郎左衞門、

一、入夜随宜樂院宮様へ、先刻之御返書被進候事、御使青侍中、

*御領分人數帳を東町奉行へ差出

一、御領分人數別帳面、東町奉行丸毛和泉守(政良)役宅江町役人石野忠三郎持參之事、人別改帳面、左之通、

帳面上書如斯、

山城國　愛宕郡　葛野郡　乙訓郡
妙法院御門跡御領分人數帳
天明六丙午年六月

一、人數五拾六人　山城國愛宕郡　鹿ケ谷村之内
內　男三拾貳人　女貳拾四人

一、　山城國愛宕郡　柳原庄
右百姓共者、御境内町住居仕候、友居町より書出候ニ付相除申候、

一、人數貳拾八人　山城國愛宕郡　大原上野村之内
內　男拾六人　女拾貳人

一、人數百貳拾壹人　山城國葛野郡　東鹽小路村之内
內　男八拾六人　女三拾五人

一、人數百六拾三人　山城國葛野郡　牛ケ瀬村
内 男八拾五人 女七拾八人
一、人數百貳拾五人　山城國葛野郡　千代原村之内
内 男六拾五人 女六拾人
一、人數三百拾七人　山城國乙訓郡　寺戸村之内
内 男百六拾四人 女百五拾三人
人數合八百拾人
内 男四百四拾八人 女三百六拾貳人
御抱蓮華王院領
一、人數四拾人　山城國愛宕郡　清閑寺村之内
内 男貳拾壹人 女拾九人
一、　山城國葛野郡　谷山田村之内
右者、小高ニ而百姓壹人寂光院領之内ニ致居住候ニ付、寂光院領より書出申候、
一、人數惣合八百五拾人
内 男四百六拾九人 女三百八拾壹人　但、午年五月改、
當歳、已上、
右者、山城國愛宕郡・葛野郡・乙訓郡之内、妙法院御門跡御領分人數、書面之通ニ御座候、以上、
妙法院御門跡御内　松井相模守
天明六丙午年六月　松井西市正
菅谷中務卿
御奉行所

廿日、壬辰、曇或雨、當番、菅谷中務卿・今小路兵部卿・松井若狭守・木崎河内・三谷藏人・山下監物・小畑主税・中嶋織部、

*金剛院より加行結願御祝儀への御答禮

一、金剛院殿より使者、此間加行結願ニ付、御祝儀被遣候爲御挨拶、昆布一折五拾本・御樽一荷・栖一疋被上之、
一、三宅宗達參上、
廿一日、癸巳、曇、當番、小川大藏卿・松井西市正・松井相模守・三谷藏人・伊丹將監・中村帶刀・木崎兵庫、
一、萬里小路殿江御書被遣、彼方より御返書可被上由返答也、御使味右衞門(末吉)、

*泉山御代參

一、泉涌寺江御代參、松井若狭守、

*禁裏より聖廟御法樂和歌御詠進の御使

一、禁裏御所御使、
聖廟御法樂前日晩迄可有御詠進候事、
奉行日野中納言(資矩)之由、
一、尹宮樣より御返書被進候事、

*日光准后宮より御借進の御行用御返進

一、隨宜樂院宮樣より御使ヲ以、此間御借進御行用御返進、御色紙文匣ニ入來、
一、岩永右衞門參上、

徳川宗睦へ御挨拶
三宅圓達を御鞠につき御召出
*御月次和歌御未進の仰出
閑院宮へ御詠草進上
難波飛鳥井兩家へ蹴鞠裝束色目入門等の儀奉書にて仰遣
*聖廟和歌御詠進
*淨國院住職仰付に御禮獻上
*山門兩僧伺候

廿二日、甲午、曇或雨、當番、菅谷中務卿・今小路兵部卿・松井若狭守・木崎河内・山下監物・小畑主税・中嶋織部、

一、尾張大納言殿江御使、此間以使者輪門樣座主宣下被爲濟候御歡被申上候ニ付、御挨拶被仰遣候事、御使小畑主税、

一、三宅宗達參上、

一、萬里小路前大納言殿より御書被上、御里坊より來也、卽御返書被進候事、

一、三宅圓達御鞠被催候ニ付、被召參上、

廿三日、乙未、曇、申刻比雨、同刻地震、當番、小川大藏卿・松井西市正・三谷藏人・伊丹將監・中村帶刀・木崎兵庫、

一、閑院宮樣江御詠草被進候事、御使青侍中、

一、難波・飛鳥井兩家江御家來蹴鞠裝束色目入門等之儀、御使を以被仰遣候事、左之通奉書半切認ル、

菅谷中務卿

右、紋紗之上迄、

木崎兵庫
青水内記

右、紫裳濃迄、

小川大藏卿
鈴木求馬
三宅圓達
岩永右衞門
武知安之丞

右、先例之通、

右之通宜賴思召候、以上、

六月廿三日　妙――御使
牛丸九十九

右、御書付、格通ニ而兩家江被遣也、

廿四日、丙申、巳五刻、入土用、雨、戌刻比地震、當番、菅谷中務卿・今小路兵部卿・松井若狭守・木崎河内・山下監物・小畑主税・中嶋織部、

一、御月次和歌御所勞ニ付、御未進被成候段、御口上書を以、奉行日野中納言(資矩)殿江被仰遣候事、御使小畑主税、

一、聖廟御法樂和歌御詠進、日野中納言殿江爲持被遣候事、御使同人、

一、山門淨國院參上、此度住職願之通被仰付候ニ付、御禮申上ル、扇子三本入獻上之事、

一、山門北谷惣代正藏院・同北尾寶嚴院爲伺暑中御機嫌參上也、

一、三宅宗達・三宅宗仙參上、

廿五日、丁酉、曇、時々雨、未刻地震、同刻より晴、申刻過地震、當番、小川大藏卿・松井西市正・松井相模守・三谷藏人・伊丹將監・中村帶刀・木崎兵庫、

一、至誠心寺宮様十七回御忌ニ付、聖護院宮様（忠譽）江御見舞（增賞）被仰進候事、御使松井多門、

一、禁裏御所御月次御未進ニ付、奉行日野中納言殿江柳筥御返上也、御使同人、

一、青門様・知門様・随宜樂院宮様・三寶院様（高演）江暑中御見舞被仰進也、御使同人、

一、山門安祥院（善應）・寂光院（亮乘）暑中爲伺御機嫌參上、御對面なし、

一、三谷藏人表役加役御免之事、

一、山門學頭代妙觀院（俊榮）暑中爲伺御機嫌參上、自分御機嫌も相伺候由、御對面なし、

一、魚山理覺院（惠觀）同斷爲伺御機嫌參上、筑〔衝〕羽根獻上、御對面なし、

一、金剛院殿より暑中爲伺御機嫌、砂糖漬一箱被上之、且又先刻爲御尋、眞桑瓜一籠被致拜受、忝仕合被存候、早速爲御請參殿可被致候處、此節瘡ニ而引籠被居候故、先使ヲ以御請被申上由也、

一、京極様より暑中爲御見舞、御使ヲ以被仰進候事、

地震屢々
*大林院暑中御伺
聖門宮へ御先代十七回忌御見舞仰進
禁裏月次和歌御未進につき柳筥御返上
青門知門日光准后宮三寶院へ暑中御見舞仰進
安祥院寂光院より暑中御伺
三谷寛重表役御免
妙觀院暑中御伺
理覺院衝羽根獻上
*宗門改帳は當年より一宗一册にて是迄通りの認め方にて指出すやう承知の旨傳奏へ書面
金剛院より暑中御伺に砂糖漬獻上此節瘡にて引籠りゆゑ使を以て御請申上
京極宮より暑中御見舞

一、横川惣代大林院（卽全）暑中爲伺御機嫌、素麵一箱獻上、御玄關ニ而申置也、

一、市川養元同斷ニ付、外良・粽五把獻上之事、

一、南尾惣代無量院、同斷ニ付參上、御對面なし、

一、高森同順・同同玄、同斷ニ付參上之事、

廿六日、戊戌、雨、當番、菅谷中務卿・今小路兵部卿・松井若狹守代大藏卿・木崎河內・山下監物・中嶋織部・九鬼主殿、御廣間詰被仰付候事、尤所勞ニ付斷、

一、此間傳奏衆より御里坊御留守居被相招、去ル酉年、宗門之儀ニ付、御書付被差出候處、去ル卯年御留守居被招、右書付壹通被渡、先被願置候處、此度被差出候樣御達ニ付、今日傳奏油小路前大納言殿江被差出候事、右之案左之通、御使松井多門、

口上覺

諸國御料・私領宗門改帳面、大概寛文之比より已來年々之帳面、於寺社御奉行所御取集之儀有之候段、武邊より申來候旨ニ而、右宗門改帳面之儀、去申年迄者、諸宗一帳ニ相認被指出候得共、當年より者一宗限一册宛ニ致シ、宗號其外認方新規之儀不被致、是迄之通相違無之様相認、可被指出之旨、當正月御觸之趣致承知候、尚又右ニ付、寛文

之比より以來年々之帳面、當八月中可被指出之旨、當四月御觸之趣、是亦致承知候、依之段々遂吟味候處、年久敷儀ニ茂有之、被指出候控無御座候、尤御境内并御知行所宗門改帳面之儀者、是迄夫々御奉行所等江、直ニ村方・町方より差出來候故、不能其儀候、此段宜御取計被進候様頼思召候、以上、

酉八月　　妙――御内
菅谷中務卿印

油小路大納言様御内
三宅監物殿
伏田右衛門殿

久我大納言様御内
春日(仲香)大和守殿
森(仲辰)河内守殿

輪門宮より暑中御見舞進上

一、輪門様より暑中為御見舞、羊羹一折拾棹被為進候事、

西本願寺より暑中御見舞

一、西本願寺(法如光闡)御門主より暑中為御見舞、砂糖一曲、新御(文如光輝)門主より眞桑瓜壹籠被上之候事、

西本願寺へ暑中御尋

一、西本願寺御門主江暑中為御尋、羊羹一折五棹ツヽ被送之、御使松井多門、

一、篠田主膳、暑為伺御機嫌參上之事、

一、三角了敬同斷ニ付、正氣散獻上也、

廿七日、己亥、曇、當番、小川大藏卿・松井西市正・松井相模守・三谷藏人・伊丹將監・中村帶刀・木崎兵庫、

一、東本願寺(乗如光遍)御門主より暑中為御見舞、仙臺糒一折五袋被上之、千代宮様(光遍室、伏見宮貞建女)よりも御傳言也、

*播州清水寺より安樂院へ入津の者御許容の願出

一、播州清水寺より願書差出ス、左之通、

御願奉申上候口上之覺

一、　　法輪院
賴靜

右賴靜儀、山門安樂院江入津之望御座候ニ付、住職退度候由、一山江願出申候間、賴靜願之通御許容被為成下候様御願申上候、以上、

天明六年(月日脱)
播州清水寺目代
千壽院印
行事
十妙院印

大佛御殿
御坊官中

*溪廣院暑中御伺

一、西塔惣代溪廣院(堯璞)暑中為伺御機嫌參上、素麪一箱獻上、自分伺暑中も申上候由也、御對面なし、

*四御所へ暑中御伺に御參閑院宮へ御成

一、午之刻御出門ニ而四御所江暑中伺御機嫌として御參、夫より閑院宮様江被為成候事、御供西市正・采女・多仲、御先三人、

一、高森正因暑中為伺御機嫌參上、

*聖門宮より暑中御見舞且つ御遠忌の御挨拶

一、聖護院宮様より御使、暑中御見舞、且此間至誠心寺宮様御遠忌ニ付、御使被進候御挨拶、乍序被仰進候由也、

佛光寺より暑中御見舞
*御妹宮へ暑中御見舞御菓子進上
延命院暑中御伺
*孝宮より粽進上
*法輪院の住職退任は認め難く後任願出の上退任願出るやう仰付
四御所女一宮へ甜瓜獻上
難波飛鳥井兩卿へ甜瓜御遣
*鹿ケ谷安樂寺より病にて隱居の願出
淨妙庵へ水仙粽御遣
閑院兩宮より暑中御見舞品

一、佛光寺御門主(順如堯祐)より暑中爲御見舞、糒三袋被上之候事、
且知宮御方(先代門主室)・厚君御方(二條治孝猶子)よりも御傳言之由也、
一、院内物代延命院(亮寛)參上、暑中爲伺御機嫌、甜瓜壹籠獻
上之事、
廿八日、庚子、雨、午刻前地震、當番、菅谷中務卿・今小路兵部卿・松井若狭守・木崎河内・山下監物・中嶋織部・九鬼主殿、
一、四御所・女一宮樣江、例年之通暑中爲御伺甜瓜壹籠
宛被獻候事、御使木崎河内、
一、難波殿・飛鳥井殿江暑中爲御尋、甜瓜壹籠ツヽ被遣
之、御使牛丸九十九、
一、知足庵暑中爲伺御機嫌參上、
一、青水内記、當日御禮申上ル事、
一、山本内藏參上、暑中爲伺御機嫌、水仙粽三把獻上、
一、三宅宗達參上、同斷ニ付御菓子一箱獻上、已後御對
面被仰付候事、
一、惠宅律師江暑中爲御尋、水仙粽三把被遣之事、
一、木下香順暑中爲御機嫌伺參上、
一、閑院一品宮樣より暑中爲御見舞、素麵一箱被進候事、
一、尹宮樣より同斷ニ付、粽十把被進候事、右之趣諸大
夫より手紙ニ而申來也、

一、孝宮樣江暑中御見舞として、御菓子一箱御内〻ニ而
被進候事、
一、同所樣より同斷ニ付、粽五把被進候事、
一、播州清水寺法輪院賴靜住職相退候儀相願候處、右之
趣ニ而者、御聞濟難被成、後住相願候上、相退候樣
相願可申旨被仰付候事、
一、鹿ケ谷安樂寺(益隨)願書差出、左之通、

乍恐奉願口上書

一、拙僧儀、從來奉蒙御厚恩候、安樂寺再建仕、偏御
影故と難有仕合奉存候、然ル處、近來多病ニ罷成、
寺役も難相務候ニ付、隱居仕候而、心儘ニ保養仕
度奉存候間、何卒首尾克隱居被仰付被下置候樣、
偏奉願上候、尚又後住之儀者、追而書付を以御願
可申上候間、右願之通御許容被爲成下候者、難有
仕合可奉存候、以上、

天明六午年六月
安樂寺住寺　益隨印
檀方物代　宇兵衞印
庄屋　太郎右衞門印
年寄　惣左衞門印

妙法院宮樣

三星屋後家より丸屋喜兵衛へ讓りし沽券に山下監物裏印

*當日御禮として院參參內

所司代より暑中御見舞

末吉味衞門より井戸掘の願出

*淨妙庵參上

關東への暑中御伺獻物は來月二日所司代へ差出すやう御附衆より來狀

*千種有政伺候

*藥樹院より葛獻上

*德川家齊へ暑中御見舞所司代へ差出

御役人中樣

一、御境內上梅屋町三星屋吉兵衛後家加那、丸屋喜兵衛江相讓り申候沽券壹通、監物持參、裏印致遣ス、

廿九日、辛丑、雨、當番、小川大藏卿・松井西市正・松井相模守・伊丹將監・中村帶刀・木崎兵庫、

一、戸田因幡守殿より暑中爲御見舞、葛一箱被上候事、

一、末吉味衞門、先達而依願相模守(松井永亨)舊宅之內致拜借候處、右場所ニ井戸無之ニ付、此度爲堀申度、御差支之節ハ、何時ニ而も埋可申相願候ニ付、願之通申渡ス也、

一、御附武家より手紙到來、左之通、

其御方より關東江暑中爲御伺被獻物御使者、先達而被差出候御聞繕書之通、來月二日巳刻、戸田因幡守御役宅へ被差出候樣可申達旨、因幡守より申越候ニ付相達候、以上、

六月廿九日　水原攝津守(保明)

建部大和守(廣般)

菅谷中務卿樣

松井相模守樣

右承知之旨申遣ス也、

七月　御用番松井西市正(永昌)、

朔日、壬寅、晴、當番、菅谷中務卿(寬常)・今小路兵部卿(行先)・松井若狹守(永喜)・木崎河內(正達)・山下監物(重好)・中嶋織部(德方)・九鬼主殿、

一、當日御禮として辰半刻過御出門ニ而、先御院參(後櫻町)、次大女院樣(舍子)、次御參內(光格)、次女院樣(富子)、御退出後、閑院宮(典仁)樣江被爲成、子刻比還御之事、御供中務卿(菅谷寬常)・釆女・主殿、御先三人、

一、當日爲御禮參上之輩、山本內藏・篠田主膳・三宅宗甫・市川養元、土岐要人・三宅勇仙、香山大學所勞ニ付斷、

一、惠宅律師暑中爲伺御機嫌參上、且此間暑中御尋被遣候御請申上ル、御留守故申置、退出也、

一、千種宰相殿(有政)暑中爲伺御伺公、御玄關ニ而被申置、退出也、

一、藥樹院(孝覺)使者來ル、暑中爲伺御機嫌葛一箱獻上之事、尤參殿可仕之處、多用ニ付以使者申上ル由也、

一、播州清水寺千壽院・十妙院歸國之儀相伺、勝手ニ致歸國候樣、丹波(松井長亨)江相達也、

二日、癸卯、曇、未刻比少雨、當番、小川大藏卿(純方)・松井西市正(永昌)・松井相模守(永亨)・伊丹將監・中村帶刀・木崎兵庫・岡本內匠、今日より御廣間詰、

一、大納言樣(德川家齊)江暑中爲御見舞、索麵一箱被進之、例之通所司代亭(戸田忠寬)江御使被差向候事、御使小川大藏卿、

一、佛頂院使僧本妙房、暑中爲伺御機嫌、甜瓜壹籠獻上之事、

一、三宅宗仙・同宗甫、暑中爲伺御機嫌、甜瓜一籠獻上之事、

一、山門本行院暑中爲伺御機嫌參上、

一、祇園執行寶壽院(行快)同斷ニ付、甜瓜壹籠獻上之事、

一、朝日宮神主增穗大和、例年之通御札・御供米獻上之事、

一、禁裏(光格)御所より女房奉書を以、御里坊迄暑中爲御尋、糒一折十袋御拜領、則御返書被遊、九十九(牛丸)、長橋玄關迄持參、且御請之御使も相勤ル也、

一、廬山寺より地穢、八月二日迄ニ罷成候段御届申上ル事、

一、禁裏御所より女房奉書を以、七夕御歡之御題被進候事、御奉行日野中納言(資矩)殿也、

一、勝安養院(堯海)殿より使者を以、暑中爲伺御機嫌、寒晒粉五袋被上候事、

一、日嚴院(洞海)殿より同斷ニ付、粽十把被上候事、

三日、甲辰、快晴、當番、菅谷中務卿・今小路兵部卿・松井若狹守・木崎河內・山下監物・中嶋織部、主殿所勞、

一、鹿ケ谷安樂寺(益隨)隱居之儀相願候處、願之通被仰付候事、

*木崎正達より老衰により退役隱居の願出

朝日宮神主御禮御供米獻上

禁裏より暑中御尋糒一折拜領

廬山寺より地穢八月二日迄と御届

禁裏より七夕御歡の御題につき女房奉書

*東本願寺へ暑中御見舞

勝安養院より寒晒粉獻上

*興正寺へ御見舞

日嚴院より粽獻上

*輪門宮より暑中御見舞

鹿ケ谷安樂寺へ願により隱居仰付

一、河內(木崎正達)より願書差出、左之通、

奉願口上覺

一、私儀、是迄段々結構被仰付、身分不相應之奉蒙御役等、冥加至極難有仕合奉存候、然ル處、最早及高年ニ甚老衰仕、耳目不自由ニ相成、御用向之儀も相勤兼候得者、旁以恐多奉存候故、何卒退役隱居被仰付被下候樣奉願上候、何分名方御取成を以、首尾克願之通被仰付被下候樣、御沙汰奉願候、以上、

七月　木崎河內

菅谷中務卿殿

松井西市正殿

松井相模守殿

一、東本願寺(乘如光遍)御門主江御使、暑中爲御見舞、甜瓜一籠被送之、且先日暑中御見舞被上候御挨拶等被仰入候事、

尤千代宮樣(光遍室)方江御傳言被仰入事、

一、興正寺御門主(寂聽常順)江御使右同斷、御口上計、

四日、乙巳、晴、當番、小川大藏卿・松井西市正・松井相模守・伊丹將監・中村帶刀・木崎兵庫・岡本內匠、

一、輪門樣(公延)江暑中爲御見舞、白砂糖一曲被進候、且先日御見舞被進候御挨拶、乍序被仰進候也、御使、〔以下缺ク〕

所司代及び兩町奉行へ暑中御尋
*所司代より御請使
萬里小路政房へ糒一折御遣
青門宮より暑中御見舞
仙洞より暑中御尋仙臺糒拜領
*難波飛鳥井兩家より蹴鞠入門并に色目之儀免状差上
有栖川宮以下へ暑中御見舞仰進
*智積院より暑中御伺
*勝鬘皇寺伺候
鷹司輔平その他へ暑中御見舞使
中道瑞正氣散獻上
大覺寺より暑中御見舞
*難波飛鳥井兩家へ御挨拶
知門宮より同斷

一、所司代(戸田忠寛)・兩町奉行(丸毛政良・山崎正導)江暑中爲御尋、甜瓜一籠宛被遣候事、

一、萬里小路前大納言殿(政房)江同斷ニ付、糒一折三袋被遣之事、

一、大炊御門殿(家孝)江御書被進、委細御封中ニ被仰進候由也、御使靑侍中、

一、靑蓮院宮様(尊眞)より暑中爲御見舞、御使被進候事、

一、仙洞(後櫻町)御所より女房奉書を以、暑中爲御尋仙臺糒一折十五袋御拜領、卽御返書被遊候、右御請御使牛丸九十九相勤ル、

一、嶋村紹億、暑中爲伺御機嫌參上、

一、村若左門、右同斷ニ付、甜瓜一籠獻上之事、

一、有栖川宮様(織仁)・京極様(經熙)・近衞様(經熙)・一條様(輝良)・房君様(有栖川織仁母)・萬里小路殿・櫛笥殿(隆望)・梅溪殿(通同)江、右暑中御見舞被仰進候也、

一、鷹司様(輔平)・開明門院様(定子)・高田御門跡(有栖川音仁女、圓遵)・橋本殿(實理)・八條殿(隆輔)・千種殿(有政)・櫻井殿(供敦)・交野殿(時利)、御使松井多門、

五日、丙午、雨、當番、菅谷中務卿・今小路兵部卿・松井若狭守・木崎河内・山下監物・中嶋織部、主殿所勞、

一、中道瑞暑中爲伺御機嫌參上、正氣散獻上之事、

一、嵯峨御所(大覺寺寛深)御使、暑中御見舞被仰進候也、

一、知門様(尊峯)御使、右同斷、且此間御使被進候御挨拶被仰進候由也、

一、戸田因幡守殿(忠寛)使者、此間暑中爲御尋甜瓜一籠被遣、御受被申上候事、

一、大河内立成、暑中爲伺御機嫌參上、

一、凉岡院より暑中爲伺御機嫌、御菓子獻上之事、

一、坂上淸心院より右同斷ニ付、若狹葛一箱獻上、西市正(松井永昌)迄文ニ而來ル、

一、兩家難波殿(宗城)・飛鳥井殿(雅威)より使者、此間者御家來入門、并色目之儀被仰下、依之免状被差上候由也、

六日、丁未、雨、丑刻比地震、當番、小川大藏卿・松井西市正・松井相模守・伊丹將監・中村帶刀・岡本内匠、兵庫所勞、

一、常樂院參上、

一、智積院(實嚴鏤啓)僧正使僧、暑中爲伺索麵一折獻上之事、

一、三州勝鬘皇寺(了應)、春來所勞ニ付引籠罷在、乍延引年頭御禮申上ル、白銀壹枚獻上、且暑中御機嫌も相伺、素麵壹箱獻上、於麝香之間相模守(松井永亨)面會、今日ハ御用被爲在候故御對面なく、歸國之儀も相伺、勝手可致歸國旨申達也、

一、難波・飛鳥井兩家江御使、御家來入門色目之儀、此間御使を以被仰遣候處、御許容ニ付、右爲御挨拶饅

*御持病に三宅宗達御召拜診調藥
*信玄辨當
*安井本君より御相續仰出の御吹聽
*幕府への書札に鳥居忠意宛を鳥井と書誤ることのなきやう傳奏觸
*卽生院明日西山へ立歸る旨御屆
*輪門宮より山門拜堂の御風聽
*七夕御儀式
*竹田休意へ御立入仰付御對面
*安井本君御相續の御祝且つ御吹聽御使に御挨拶

一、少々御持病氣ニ被爲在候故、三宅宗達被召參上、御脈拜診、御藥調進之事、
一、岸紹易、暑中爲伺御機嫌外良餅三棹・信玄辨當獻上之事、
一、尹宮樣(美仁)江御書幷御色紙被進候、
一、安井本君殿御使榎本式部卿、此度御相續被仰出候ニ付、御使を以御吹聽被仰進候事、
一、柴田平左衞門より暑中爲伺御機嫌、御菓子一箱獻上也、
一、卽生院、明日西山江立歸り罷越候間、此段御屆申上ル、
一、輪王寺宮樣より御里坊迄御使を以、山門拜堂之儀、御伺之通來ル、十日与被仰出候由、依之右御風聽御使被進候事、
一、尹宮樣より御返書被進候事、
七夕、戊申、快晴、當番、菅谷中務卿・今小路兵部卿・松井若狹守・木崎河内・山下監物・中嶋織部、藏人・主殿所勞、
一、當日御儀式例之通、
一、四御所・女一宮樣・閑院宮樣江、當日御祝儀御使を以被仰上候事、御使松井相模守、
一、安井本君殿、此度御相續被仰出、目出度思召候、且頭一折五十入宛被遣之、尤此度、色目之儀ニ付、從是被取計候儀有之候ニ付、別段金貳百疋ツヽ被遣之、但例ニ者不相成候也、御使松井多門、
一、傳奏衆(油小路隆前・久我信通)より觸書到來、左之通、

口上覺

關東江諸家樣方より御書札被進候節、鳥居丹波守(忠意)殿苗字鳥井与御認被成被遣候事、毎度有之、苗字之文字相違ニ付、被致落手間舗由ニ候得共、遠方之儀を被申立、高家衆彼是被取計、是迄ハ相濟候得共、餘り及度々候間、已來者、高家衆取計難相成趣申來り、此段爲御心得、各方迄申入置候樣、兩傳被申付如此候、以上、

七月五日　兩傳奏雜掌

聖護院宮樣(忠譽)　照高院宮樣(同)　青蓮院宮樣
知恩院宮樣　妙法院宮樣(眞仁)
坊官御衆中

追而御覽之後、油小路家(隆前)江御返可被成候、已上、

一、竹田休意、此度御立入相願、願之通被仰付、於御書院御對面被仰付、名披露アリ、但、青水内記吹擧也、

昨日者、御吹聽御使被進御挨拶、御歡旁御使被進候
事、御使小畑主稅、
一、鷹司(輔平)様へ御使、此度安井本君殿御相續被仰出、目出
度思召候、仍而以御使御歡被仰進候、尤左大將(鷹司政熙)様江
も御同様御歡被仰進候事、御使同人、
一、輪門様江御使、來ル十日御拜堂御吹聽被仰進候ニ付、
爲御歡被仰進候也、
一、當日爲御禮參上之輩、山本内藏・土岐要人・篠田主
膳・三宅宗仙・同宗甫・市川養元・村若縫殿・青水
内記・岩永右衞門・三宅宗達・同宗仙、香山大學所
勞ニ付御斷申上ル、
一、岸紹易參上、當日御禮申上ル、
一、青門様・聖門様江、當日御祝儀被仰進候事、御使小
畑主稅、
一、七夕御歌御詠進被遊、奉行日野中納言殿江被爲持被
遣ル也、御使同人、
一、青門様より御使、當日御祝儀被仰進候事、
一、金剛院(眞應)殿使者、當日御禮被申上候、尤所勞ニ付、以
使者被申上候由也、
一、勝安養院(堯海)殿・日嚴院(洞海)殿、當日御禮以使者被申上ル也、

一、大山崎社司松田藏人、例年之通胡麻油獻上、於御玄
關御湯漬被下候也、
一、山科岱安參上、於御座之間御對面被仰付候事、
八日、己酉、快晴、寅刻比地震、當番、小川大藏卿・松井西市正・松井相模守・伊丹將監・中村帶刀・岡本内匠、兵庫所勞、
一、木崎河内、
右此度及老年、退役隱居被相願候處、年來及老年
候迄首尾克相勤候段、神妙思召候、依之退役之儀
者、願之通被仰付、尤隱居之儀者、子細有之候得
者、向後御番被免、心儘ニ相勤候様ニ被仰付候事、
午七月
右之趣、於梅之間中務卿(菅谷寛常)・西市正(松井永昌)・相模守申渡ス也、
一、辰半刻比、伏見海道八丁目手あやまち、火役共罷出
打消、早速鎭り珍重候、
一、來ル廿一日、桃園院様廿五回御忌ニ付、御法事被相
催候故、行事僧被仰付候事、
一、仁門様(深仁)より御色紙文匣來、委細ハ御封中ニ被仰進候
由、御里坊迄來ル、則御返書被遊、九十九(牛丸)御室御里
坊江持參也、
一、輪門様より御里坊迄御使來ル、十九日より廿一日迄、

*大山崎社司胡麻油獻上
鷹司輔平へ安井本君御相續の御歡仰進
輪門宮へ御拜堂御歡
*木崎河内へ老年退役は願通り仰付以後心儘に出勤を仰付
青門聖門へ當日御祝儀仰進
*伏見街道にて失火
七夕御歌御詠進日野資枝へ御遣
*桃園院二十五回忌に行事僧仰付
*仁門宮より御色紙文匣到來御返書
院家衆より當日御禮
*輪門より桃園院二十五回忌洞中御法事仰出の御吹聽

*禁裏より十三日參內の女房奉書に御斷仰上

女院より暑中御尋拜領

*萬里小路政房伺候

禁裏より御內內御祈禱御檀料拜領

井上勘兵衞等に蹴鞠仰付御覽

*三宅宗達拜診

桃園院御正忌に泉山御代香御供

*圓滿院宮より御借進の難福之畫圖借難との仰進に御諒承と御返答

*禁裏より御月次和歌御題進上御請

輪門宮へ山門御拜堂につき御祝儀等進上

參內

*傳奏へ五月十五日御居の下部歸京につき御屆

桃園院樣廿五回御忌、於洞中御法事被仰出候ニ付、御吹聽被仰進、右御挨拶御使九十九相勤也、

一、女院(富子)御所より暑中爲御尋、甜瓜一籠御拜領、右御請御使九十九相勤ル也、

一、禁裏御所より女房之奉書を以、御內〻御祈禱御檀料御拜領、則御返書御請被仰上候事、

一、同御所より御書被進、委細御封中有之由也、

一、井上勘兵衞・同織之助、其外兩三人計被召蹴鞠被仰付、御覽已後、夜食・御酒被下也、

九日、庚戌、晴、當番、菅谷中務卿・今小路兵部卿・松井若狹守・山下監物・中嶋織部・九鬼主殿、

一、桃園院樣御忌ニ付、泉涌寺江御代香今小路兵部卿相勤ル、尤御水向金貳百疋、御花一筒被備之事、

一、若山源之進、暑中爲伺御機嫌、甜瓜壹籠獻上之事、

一、庄屋用助より如例年小芋一籠獻上之事、

十日、辛亥、快晴、當番、小川大藏卿・松井西市正・松井相模守・伊丹將監・中村帶刀・岡本內匠、

一、輪門樣山門御拜堂ニ付、坂本滋賀院御殿江御使、爲御祝儀御太刀一腰・昆布一箱・御馬一匹代銀壹枚并爲御見舞饅頭一折百入被進之、御使松井西市正、

一、午刻御出門ニ而御參內、還御戌半刻、御供相模守・織部・求馬、御先三人、

一、禁裏御所より女房奉書を以、來十三日目出度御盃ニ付、御參內被爲在候樣との御事、尤無據御法用被爲在候ニ付、御斷被仰上候事、右御返書九十九持參也、

一、萬里小路前大納言殿暑中爲御伺御伺公、於梅之間暫時御休息、已後御湯漬出ル、御留守故被仰置御退出也、

十一日、壬子、快晴、申刻前雷鳴、少雨、酉刻過又雷鳴、當番、菅谷中務卿・今小路兵部卿・松井若狹守・山下監物・中嶋織部・九鬼主殿、

一、三宅宗達參上、拜診、

一、柳川了長暑中爲伺御機嫌參上、解暑散獻上、

一、圓滿院(覺淳)宮樣御使日長石見守、先比御借進被進候、難福之畫圖之儀、無據御子細被爲在候ニ付、御借難被成段被仰進、御返答被爲入御念候御儀ニ思召候也、

一、禁裏御所より女房奉書を以、御月次和歌之御題被進、則御返書ニ御請被遊候事、御奉行日野中納言殿之由也、

一、傳奏月番、久我家(信通)江被差出御屆書、左之通、

覺

去ル五月十五日御居被仰入、羽州秋田郡久保田城下迄、下部壹人被差下候節、御繪符被差出候處、

*三宅宗達より悴圓達御家來を免ぜられたき旨願書
日光准后宮御成積翠亭にて御提重御夜食後還御
*三宅宗達へ願の通仰付
飛鳥井雅威伺候蹴鞠袴色目の節拜領物等の御禮
*禁裏へ目出度御盃につき御祝儀獻上

一昨日致上京候、依而爲御届、如此ニ御座候、以上、

午七月十一日　　妙――――御内 菅谷中務卿

油小路前大納言樣御內(隆前) 伏田右衞門殿
久我大納言樣御內(信通) 下村丹司殿
(韋業) 辻信濃守殿
岡本內記殿

一、未刻過、隨宜樂院宮樣(公遵)御成、先御書院江御通、御對顏、御茶・御多葉粉盆・御菓子出ル、夫より積翠亭江被爲成、御提重等被進、已後於御座之間、御夜食被召上、申半刻比還御、
一、增穗大和、暑中爲伺御機嫌、外良餠五棹獻上之事、
一、隨宜樂院宮樣御成ニ付、岸紹易參上之事、
一、岩永右衞門參上、
十二日、癸丑、晴、未刻比曇、少雷、當番、小川大藏卿・松井西市正・松井相模守・伊丹將監・中村帶刀・木崎兵庫・岡本內匠、
一、飛鳥井侍從三位殿(雅威)御伺公、梅之間へ御通、中務卿罷出ル、先達而ハ蹴鞠御袴色目被爲濟候節、御祝儀拜領物仕、忝仕合、早速御禮可致伺公之處、彼是御用多段々及延引候、且此間ハ暑中爲御尋拜領并御家來入門鳥目之節も被爲入御念、拜領仕、重々忝仕合、右御禮、乍序暑中伺御機嫌、旁御伺公之由被申置、御退出也、
一、三宅宗達より願差出、左之通、

奉願口上覺

一、悴圓達儀、(三宅)先達而御家來ニ被召加、難有冥加之至ニ奉存候、然ル處、近年多病ニ罷在、恐多奉存候得共、御暇被下置候樣奉願度候、此段御取成ヲ以、宜御沙汰奉希候、以上、

天明六午年七月　　三宅宗達

菅谷中務卿殿
松井西市正殿
松井相模守殿

一、十如院より暑中爲伺御機嫌、索麵壹箱獻上之事、
一、三宅宗達願之通被仰付、尤藏人(三谷)取次故相達候也、
十三日、甲寅、快晴、當番、菅谷中務卿・今小路兵部卿・松井若狹守・山下監物・中嶋織部所勞・九鬼主殿、
一、禁裏御所江御使、今日目出度御盃ニ付、爲御祝儀昆布一折五拾本被獻之事、御使松井多門、
一、傳奏久我家(信通)へ御届書壹通被差出、左之通、安之丞(武知)持參也、

三宅圓達永御暇仰付を傳奏へ届出

*桃園院二十五回忌に山門へ回章

仁門宮より御書

閑院宮より御挑燈進上

泉山御參詣御廟へも御成

覺

妙法院宮御家來
大佛本町二丁目
三宅圓達

右圓達儀、近來多病ニ付、永暇之儀相願候、依之願之通被仰付候、仍御屆被仰入候、此段武邊へ宜御通達賴思召候、以上、

妙――御內
松井西市正 印

午七月

油小路前大納言樣御內
伏田右衞門殿
下村丹司殿

久我大納言樣御內
辻信濃守殿
岡本內記殿

一、(深仁)御室宮樣より御書被進、卽御返書被進候也、

一、一品宮樣より例年之通、御挑燈五張被進、尤年寄中より文にて申來ル也、

一、未刻過御出門、泉涌寺江御參詣、還御懸、御廟江被為成候事、御供若狹守(松井永喜)・掃部・主殿、御先三人、

十四日、乙卯、快晴、當番、小川大藏卿・松井西市正・松井相模守・伊丹將監・中村帶刀・木崎兵庫・岡本內匠、

一、西塔南谷大仙院住職繼目爲御禮參上、扇子三本入獻上之事、

一、桃園院樣廿五回御忌ニ付、山門江回章被差出候事、左之通、御使武知安之丞、

(良湛)惠心院前大僧正
(淑徹)相住坊
(詮榮)法曼院
正教坊
乘實院
眞藏院
無量院
寶嚴院
(慈芳)南樂坊

右來廿一日、就桃園院尊儀廿五回御忌、胎・曼荼羅供御執行ニ候條、各可有參勤由、宮御方御氣色ニ候也、

七月十四日

小川法橋 純方 

菅谷法眼 寬常 

各御中

又壹通、

逮夜論議

講師　相住坊

問者　南樂坊
問、圓教意一生得入妙覺位耶、
答、雖難計、可得入也、

又壹通、
闕請

松林院
（選順）大智院
（深定）長壽院
上乘院

但、東谷召加候處、無據儀ニ付、御斷申上ニ付、
餘谷江申遣ス也、

一、金剛院大僧都御參殿、
一、三上勘ケ由、中元爲御禮參上、

十五日、丙辰、雨、午刻比より晴、當番、菅谷中務卿・今小路兵部卿・松井若狹守・山下監物・九鬼主殿、大膳下坂、藏人・織部所勞、

一、當日御儀式、例之通、

四御所女一宮へ當日御祝儀獻上御法用につき御不參

一、四御所、女一宮樣江、當日御祝儀、例年之通被獻之事、御使松井若狹守、且御法用ニ付御不參御斷被仰上候事、尤今日御斷不參候ハヽ、他日中元爲御祝儀向後御參ニ不及候段、御治定之事、

一、金剛院殿御參殿之事、
一、當日爲御禮參上之輩、山本内藏・篠田主膳・三宅宗達・三宅宗仙・同宗甫・市川養元・青水内記、

*禁裏以下への御獻物

一、當日爲御祝儀、御所方江被獻物、左之通、

一、御太刀　一腰
御馬代銀一枚　一匹　宛、
右
禁裏御所
仙洞御所

一、こんふ一おり五拾本ツヽ、
右
大女院御所
女院御所
女一宮樣　御使松井若狹守

一、同斷ニ付被進物、左之通、
一、昆布　一箱
御樽代金　三百疋　御入魂
右
閑院一品宮樣

一、御口上計
尹宮樣　御使松井多門

*閑院宮へ御成
四御所への御參賀は雷鳴につき中止
萬里小路政房石山基名へ中元御祝儀御遣
淨妙庵中元伺候
勝安養院日嚴院より中元祝儀言上
本行院より備前表へ移住の言上
*外樣口への呼出三日間御法事御聽聞せらるるやう仰出
*禁裏より御燈籠御花拝領
*日光准后宮より兩界曼荼羅種子且つ光明曼荼羅御借進

一、青門樣・聖門樣・輪門樣・仁門樣・九條樣（尚實）・鷹司（輔平）樣江、當日爲御祝儀被仰進候事、御使松井多門、

一、萬里小路前大納言殿・石山中納言殿江爲中元御祝儀、例年之通被遣之、御使同人、

一、藤嶋（宗詔）加賀守中元爲御禮參上、申置也、

一、惠宅律師同斷ニ付參上、御對面なし、

一、勝安養院殿（堯海）・日嚴院殿（洞海）より、以使者中元御祝儀被申上候事、

一、山門本行院參上、此度輪門樣御上洛ニ付、上京仕候處、近日備前表江罷下候ニ付、御暇旁參上申置也、

一、御用之儀御座候間、明十六日午刻より未刻迄之內、仙洞御所外樣口江、各方諸大夫中之內、御壹人御參候樣、可申達旨、傳奏衆被仰渡候、仍申入候、以上、

七月十五日　　毛鹿三河守

妙法院宮樣
　坊官御中

委細承知之旨、返書遣ス也、

十六日、丁巳、晴、未刻過より雨、雷鳴、當番、小川大藏卿・松井相模守・伊丹將監・中村帶刀・木崎兵庫・岡本內匠、西市正所勞、

一、巳刻比御出門ニ而、閑院宮樣江被爲成、其後四御所江御參賀可被遊候處、雷鳴ニ付御見合、御參不被爲在候也、戌半刻比還御、御供大藏卿・兵庫・主殿・采女・多仲、御先五人、

一、土岐要人、中元御禮申上ル、

一、大河內立成、中元御禮申上ル、

一、隨宜樂院宮樣（公遵）より御書被進、今日御留守故、御跡より御返書可被遊事、

一、昨日仙洞御所外樣口へ罷出候樣申來候ニ付、午刻比九十九罷出候處、來ル十九日卯半刻、廿日申刻、廿一日辰刻、於洞中右三ケ日御法事被爲在候ニ付、御聽聞被爲在候樣被仰出候也、

一、右ニ付、委細御承知被遊候御請、九十九相務、

一、禁裏御所より女房奉書を以、如例年御燈籠御花一筒御拝領、卽御返書被遊、九十九持參候事、

十七日、戊午、晴、未刻比雨、當番、菅谷中務卿・今小路兵部卿・松井若狹守・山下監物・中嶋織部、主殿所勞、

一、隨宜樂院宮樣より御使僧を以、兩界曼荼羅種子一箱、光明曼荼羅一箱御借進、昨日御書被進候御返書被進候事、

京都代官より暑中御伺
*開明門院へ御見舞品
*仙洞及び泉山へ御供葩
*女一宮より井籠拜領
大炊御門より御染筆物進上
*御導師輪門宮へ御見舞品進上
*佛光寺より御養女鐔姫御逝去の來狀
圓山小屋出火につき知門宮へ御見舞
仙洞にて桃園院二十五回忌三ケ日御修法につき御聽聞
*知門より近火御見舞に御挨拶
泉山御參詣
御所方へ御獻物

一、仁門様江御書被進候事、御使靑侍中、
一、小堀數馬(邦直)、以使者暑中伺御機嫌、所労ニ付乍延引、
以使者申上候由也、
十八日、己未、晴或曇、當番、小川大藏卿・松井西市正・松井相模守・伊丹將監・中村帶刀・岡本內匠、兵庫所労、
一、輪王寺宮様より御使西地土佐守、此間御拜堂ニ付御
祝儀爲御答禮、御太刀一腰・御馬代銀壹枚一匹、昆布
壹箱被進之、御使江御引百疋被下之、
一、大炊御門(家孝)殿使者山本大膳權佐(正臣)、先比此御方より御頼
被仰入候御染筆物御認ニ付、今日被上候事、
一、村瀨掃部、中元爲御禮參上、且此間御目錄拜領仕候、
御請見被申上ル、
一、申刻前、圓山小屋出火ニ付、知恩院宮様江御見舞被
進候事、御使松井多門、
十九日、庚申、晴、當番、菅谷中務卿・後松井若狹守・前今小路兵部卿・山下監物・中嶋織部、九鬼主殿、
一、桃園院尊儀廿五回御忌、於洞中從今日三ケ日之御法
事被爲在候ニ付、卯半刻御出門ニ而御參院、御聽聞
被爲在、夫より泉涌寺江御參詣、午刻過還御、御供
西市正・掃部・求馬・織部・多門、御先五人、御茶辨當・茶道淸兵
衞御板輿・御先箱、
一、同斷ニ付、御所方江爲伺御機嫌被獻物、委細御進物
記ニアリ、右御使小川大藏卿、
一、同斷ニ付、開明門院(定子)様江爲御見舞、外良餠一折十棹
被進之、御使九十九、
一、同斷ニ付、仙洞御所江御葩三十葉被備之、
一、泉涌寺へ御葩五十葉、方金三百疋被備之、
一、同斷ニ付、女一宮様より井籠五種入二組御拜領也、
卽御請御使被進候事、
一、輪王寺宮様、右御法事御導師ニ付、爲御見舞井籠貳
組被進之、御使九十九(牛丸)、
一、佛光寺(順如堯祐)御門跡より手紙來、
以手紙得御意候、然者、去年御養女ニ被貰置候鐔
姬御方、養生不相叶被致逝去、此段各様迄可得御
意如此御座候、已上、
七月廿九日　稻田隱岐守
妙法院宮様
坊官諸大夫御中
一、知恩院宮様より御使、昨日御近火ニ付御見舞被進候
御挨拶被仰進候事、
一、惠宅律師江御封中被遣之、卽返書被上候也、
二十日、辛酉、晴、當番、小川大藏卿・松井西市正・松井相模守・伊丹將監・中村帶刀・木﨑兵庫・

四御所へ御参
般舟院へ御参詣御供物

浄妙庵へ桃園院御忌に付御齋下さるとの手紙

知門宮より桃園院御法事に御見舞進上

安祥院参上

御法事出仕者

桃園院御法事御勤修

*佛光寺へ御養女御逝去御悔仰遣

岡本内匠、

一、辰刻御出門、女院(富子)様、次大女院(舎子)様、次御参内、次般舟院江御参詣、次閑院宮様、次御参院御衣躰、御純色、般舟院江御参院御素絹、御供相模守狩衣、近習四人麻上下、御先五人同断、其餘御供□昨日之通、

一、般舟院江御葩五十葉、方金三百疋被備之、

一、恵宅師江明廿一日桃園院様廿五御忌ニ付、御齋被下候間、參殿可有之様手紙ニ而申遣ス、

一、知門様より御使、桃園院様廿五御忌ニ付、御見舞被仰進候事、

一、東溪惣代安祥院(善應)參上、同斷ニ付、方金百疋獻上之事、

一、午刻前後山門住侶參集、

恵心院前大僧正・相住坊・法曼院・正教坊・乗實院・無量院・眞藏院・寶嚴院・南樂坊等九口、

一、宸殿野牛之間恵心院、鶴之間住侶中、休所ニ設也、

一、於御書院各御對面可有候處、御留守故無其儀、

一、於梅之間御非時被下、御濃茶坊官引也、僧正計、餘者近習臺引、坊官引之、御菓子被下、僧正之配膳者青侍、餘者若黨、

一、御法事差定、如左、

胎曼荼羅供之所

導師　恵心院前大僧正　逮夜論議

唄匿　相住坊　證義　恵心院前大僧正

逆洒水　法曼院　講師　相住坊

鐃　正教坊　問者　南樂坊

散華　乗實院　具在前、

無量院　天明六丙午七月廿日

唱禮　眞藏院

鈸　寶嚴院

讃頭　南樂坊

具在前、

天明六丙午年七月廿一日

一、御忌佛、愛染明王、

一、申刻過、初夜勤行始、例時畢テ衆僧出堂、

一、暫時メ論議始戌半刻、畢テ御燒香可爲在之處、御留守故無之、出堂之節、於花鳥間論議、御布施、證義江金百疋、講師江金百疋、硯蓋ニ載、其餘金五拾疋宛、廣蓋ニ載、承仕引之、已後(以下缺)

一、於梅之間休所金剛院大僧都・常樂院江御非時後段等出ル、

一、佛光寺養女鐏姫御方御逝去之由、御悔被仰遣候事、

御使小畑主税、

後夜勤行
*御境内へ自身番仰付を町觸
日中曼荼羅供御聽聞御燒香
*仙洞より蒸菓子拜領
*御腹痛につき三宅宗達拜診
*輪門宮十三日御還府の御風聽
放生供御執行
洞中御法事へは御不參
*大炊御門へ御染筆物への御挨拶
禁裏より二十五回忌に御菓子拜領
御法事への御音物
*三門跡へ御法事御見舞への御挨拶
*三宅宗達拜診調藥

廿一日、壬戌、晴、當番、菅谷中務卿・今小路兵部卿・松井若狹守・山下監物・中嶋織部、主殿所労、
一、卯刻後夜勤行懺法、畢テ於梅之間小食粥出ル、
一、辰刻過、日中曼荼羅供、始御聽聞被爲在、巳半刻比畢、御燒香あり、右巳半刻過、於梅之間御齋一汁五菜出ル、坊官及挨拶臺引有之、御非時之儀、同く濃茶・口取・惣菓子・薄茶出ル、御布施、導師江方金五百疋、御逮夜講師江金三百疋、其餘ハ金貳百疋ツヽ、已後於御書院御對面、名披露アリ、已後休息所ニ而、酒・しほ出ル、追而退去也、
一、當日御法事終、衆僧出堂之後、院家衆御燒香あり、
一、惠宅律師・弟子兩人江於梅之間御齋被下、
一、放生供養御作法御執行、
一、洞中御法事ニ付御聽聞御參院可被爲在候處、御所労ニ付御不參、御斷、御使を以、評定中江被仰入候也、
一、就御忌ニ付、禁裏御所より女房奉書を以、御菓子一折十棹御拜領、其外昨今之內、御使・御音物如左、
一、外良一折十棹大女院樣　一、蒸菓子一折女一宮樣　一、羊羹一折十棹開明門院樣、
一、羊羹一折五棹輪門樣、　一、井籠貳組　圓眞院殿・松樹院殿・淨明院殿・桂岩院殿、
一、御法事ニ付、御境內從廿日朝廿一日晚迄、自身番被仰付、町役人より相觸也、
一、仙洞御所より女房奉書を以、蒸菓子一折十棹御拜領、即御返書被遊候事、
一、禁裏御所・仙洞御所・大女院御所・女院御所・女一宮樣江御請御使、九十九相勤ル也、
一、少〻御腹痛氣ニ被爲在候ニ付、三宅宗達被召參上、拜診、御藥調進事、
一、輪王寺宮樣御使、來十三日御還府御發輿御治定之由、御風聽被仰進候事、
一、入夜三宅宗仙參上、
廿二日、癸亥、晴、當番、小川大藏卿・松井西市正・松井相模守・伊丹將監・中村帶刀・木崎兵庫・岡本內匠所労、
一、大炊御門殿江御使を以、先達而御賴之御染筆物、御認被上候ニ付、爲御挨拶蒸菓子一折五棹被進候事、御使牛丸九十九、
一、青門樣・聖門樣・知門樣江御使、桃園院樣御法事ニ付御見舞被進候御挨拶被仰進候事、
一、三宅宗達參上、於御座之間御對面、拜脉、御藥調進

*山科岱安拜診調藥
閑院宮へ御詠草進上
山科岱安拜診調藥
大佛殿釋迦供日課仰出
*輪門宮へ御成の御約束を御斷仰入
*閑院宮へ御再感御容體仰進
今日より御蟲拂
月次和歌御詠進
禁裏より晦日までに御染筆物獻上の仰出
*山科岱安拜診調藥
*石山基名へ禁裏より仰出の御色紙を御依賴
御中暑御再感の故か御吐瀉につき宗達拜診調藥

候事、
一、閑院宮樣江御詠草被進候事、御使青侍中、
一、惠宅師參殿、昨日御齋被下御禮申上ル、
一、山科岱安被召參上、少々御腹痛氣ニ被爲在候ニ付、
御脈拜胗被仰付、御藥調進、
廿三日、甲子、晴、當番、菅谷中務卿・今小路兵部卿・松井若狹守・山下監物・中嶋織部、主殿所勞、
一、來廿五日より於大佛殿、釋迦供日課被仰出候ニ付、
(善資)寶生院・安住房兩人江被仰付候事、
一、三宅宗達參上之事、
廿四日、乙丑、晴、當番、小川大藏卿・松井西市正・松井相模守・伊丹將監・中村帶刀・木崎兵庫・岡本內匠、
一、從今日於宸殿佛書御虫拂、
一、當月御月次和歌御詠進之事、奉行日野中納言殿(資矩)江被
附候也、御使青侍中、
一、禁裏御所より御色紙御染筆物被仰出、奉行より申來
ル、尤來晦日まてニ可有御獻上由也、
一、昨日輪門樣より被仰進候ニ付、未半刻頃御旅館江被
爲成、亥半刻過御本殿江還御也、
一、還御後、此間より御中暑之氣味ニ被爲在候而、御再
感故歟、御吐瀉被爲在候ニ付、早速宗達被召、御脈
拜胗、御藥調進也、

一、右御再感ニ付、山科岱安入夜被召、曉方參上、御脈
拜胗、御藥調獻之事、
御虫拂ニ付、御家來分參上之輩、山本內藏・篠田主
膳・土岐要人・岩永右衞門・市川養元、
廿五日、丙寅、晴、當番、菅谷中務卿・今小路兵部卿・松井若狹守・山下監物・中嶋織部、主殿所勞、
一、三宅宗達・同宗仙參上、
一、輪門樣今朝可被爲成、昨夜御約束之處、還御後、御
勝不被遊候ニ付、無據御使を以御斷被仰入候也、御
使小畑主稅、
一、閑院宮樣江、昨夜還御後、御再感ニ而御吐瀉被爲在
候段、委細御容躰、昨日諸大夫より手紙ニ而申來ル
ニ付、右御返答旁被仰進候事、御使同人、
一、於南殿佛書御虫拂、
一、山科岱安參上、拜胗、御藥調進之事、
廿六日、丁卯、晴、當番、小川大藏卿・松井西市正・伊丹將監・中村帶刀・岡本內匠、相模守・兵庫所勞、
一、佛書御虫拂之事、
一、石山前中納言殿江一昨日被仰出候御色紙被書御賴、
御書ニ而被仰遣也、御使青侍中、
一、惠宅師伺御機嫌として參殿、御違例未御勝不被遊候
故、御對面無之、西市正及挨拶也、

三宅宗達拜診

一、三宅宗達參上、御脈拜胗被仰付候事、

廿七日、戊辰、晴、當番、菅谷中務卿・今小路兵部卿・松井若狹守・山下監物・中嶋織部、主殿所勞、

*青門宮の仰進につき輪門へ御成

一、石山前中納言殿江、昨日被遣候御返書取ニ遣ス也、

山科岱安拜診調藥

一、山科岱安參上、御脈拜胗御藥調進之事、

一、御書籍御虫拂、

廿八日、己巳、曇、風吹、當番、小川大藏卿・松井西市正・中村帶刀・木崎兵庫・岡本内匠、相模守・將監所勞、

中山愛親へ御書御遣

一、中山中納言殿(愛親)江御書被遣、御使靑侍中、

青門宮より輪門御招請に御成遊ばさるやう仰進あるも御不例につき御見合と御答進

一、靑蓮院宮樣より御使、明廿九日輪門樣御招請被遊候、夫ニ付、久〻御對顏も不被遊候得共、其御所樣ニも御成被遊候樣と思召候段、被仰進候處、先比より御中暑氣ニ而、御勝不被遊候處、次第ニ御快被爲在候、此間輪門樣江被爲成、還御後御再感ニ而、又〻御勝不被遊候、乍去段〻御快被爲在候得共、今以聢与御全快御不被爲在候故、何卒御見合被遊可被爲成候段、御答ニ被仰進候也、

廿九日、庚午、當番、菅谷中務卿・今小路兵部卿・松井若狹守・山下監物・中嶋織部・九鬼主殿、

一、御書籍御虫拂、

佛光寺より御悔御使への御禮言

一、佛光寺御門主より使者、此間者鐔姫君逝去之節、爲御悔御使被成下、忝被存候、右御禮被申上候由也、

*八朔御祝儀禁裏より昨日中山愛親へ御遣の色紙の替地持參

一、禁裏御所より御使、昨日中山中納言殿迄被仰遣候御色紙替地持參、御留守故還御之砌、可申入旨、西市正相答也、

一、昨日靑蓮院宮樣より被仰進候ニ付、未刻比御出門ニ而被爲成、戌刻還御、右御成ニ付、羊羹一折五棹被進候事、御供中務卿・兵庫・内記・掃部・多仲、御先三人、

晦日、辛未、晴、當番、菅谷中務卿助番・小川大藏卿・中村帶刀・木崎兵庫・岡本内匠、西市正・相模守・將監所勞、

一、靑門樣江御使、昨日被爲成候、御挨拶被仰進候事、

一、禁裏御所より先日被仰出候、御色紙・御染筆物、中山中納言殿迄爲持被遣候事、

彼御方よりも御同樣御挨拶被仰進候也、

一、智積院僧正より八朔爲御祝儀、長芋一折廿本獻上之事、

一、閑院宮樣江御成、御出門、申刻前還御、寅刻御供若狹守・内匠・求馬、

一、尹宮樣江時節御見舞として、長芋一折十本詰進之事、

一、山科岱安參上、

八　月　御用番松井相模守(永亨)、

朔日、壬申、晴、當番、菅谷(寛常)中務卿・今小路(行先)兵部卿・松井(永喜)若狹守・山下(重好)監物・中嶋(德方)織部・九鬼主殿、大膳(三上)下坂、

一、當日御祝儀例之通、

*四御所へ御祝詞獻上物

一、四御所(光格・後櫻町・舍子・富子)・女一宮樣(欣子)江、當日御祝詞被仰上候事、御獻

上物例之通、
一、閑院宮(典仁)樣へ、當日御祝儀并和歌御門弟ニ付、御進物例之通、右御使菅谷中務卿、
一、當日爲御祝詞參上之輩、山本內藏・篠田主膳・土岐要人・青水內記・知足庵・市川養元・三宅宗仙・岸紹易・三宅宗達・同勇仙、
一、輪門(公延)樣・青門(尊眞)樣・聖門(忠譽)樣江、當日御祝儀被仰進候事、御使松井多門、
仁門(深仁)樣・鷹司(輔平)樣・九條(尚實)樣同斷、御使牛丸九十九、
一、金剛院(眞應)大僧都、使者を以當日御禮被申上候事、尤所勞ニ付使者を以被申上候由也、
一、三上勘解由、當日御禮申上ル、
一、青門樣より御使、當日御祝儀被仰進候事、
一、勝安養院(堯海)殿・日嚴院(洞海)殿より以使者、當日御祝儀被申上候也、
一、御所方より御拜領物御請、例之通相勤、九十九(牛丸)、
一、仁門樣より御里坊迄御使を以、御書被進候事、
一、高森同順・同同玄、當日御禮申上ル也、
二日、癸酉、曇或雨、當番、小川大藏卿(純方)・松井西市正(永昌)・中村帶刀・木崎兵庫、相模守・將監・內匠所勞、
一、未刻頃御出門ニ而、閑院宮樣江御成、子刻比還御、

閑院宮へ御祝儀并に和歌御門弟として御進物
*三宅宗達拜診
諸門跡攝家へ御祝儀
*閑院宮へ御成
金剛院當日御禮使
勝安養院日嚴院より當日御祝儀
御所方より拜領物に御請使
*金銀融通のため出金仰付の傳奏觸
閑院宮へ御成

御供西市正(松井永昌)・采女・主殿、御先三人、
一、御用ニ付西市正、萬里小路殿(政房)江行向、
三日、甲戌、晴、當番、菅谷中務卿・今小路兵部卿・松井若狹守・山下監物・中嶋織部、主殿所勞、
一、御用ニ付西市正出京、
一、金剛院殿御參殿之事、
一、三宅宗達參上、拜診之事、
四日、乙亥、曇或雨、當番、小川大藏卿・松井西市正・松井相模守・中村帶刀・木崎兵庫・岡本內匠、主殿所勞、
一、巳刻前御出門ニ而閑院宮樣江御成、寅刻過還御、御供相模守(松井永亨)・兵庫・織部、御先三人、
一、金剛院殿御參殿之事、
一、傳奏衆(油小路隆前・久我信通)より觸書壹通到來、左之通、
近年金銀融通不宜、諸家差支有之趣ニ相聞候間、
此度金銀融通之ため、左之通出金被仰付候、
諸國
寺社山伏
宮門跡方・尼御所者相除キ、其餘之分、本寺本山并重立候社家にて取調、其末〻之趣ニ隨ひ、上之分壹ケ所ニ而、金拾五兩与定メ、其已下者、相應之出金高、本寺本山并重立候社家ニ而相極メ、末寺觸下支配等江可申渡候、

諸國
御料
私領
百姓
右村方百石ニ付、銀貳拾五匁宛、
但、於大坂表此度御用金差出候ものハ相除き候樣、
右同斷
町人
間口壹間ニ付、地主より銀三匁宛、
但、於大坂表此度御用金差出候ものハ相除キ候樣、
右者、當年より來ル戌迄五ケ年之間、年〻前書之通、出金銀被仰付、從公儀茂御金被差加、一同大坂表於會所利足七朱之積を以、諸家江御貸附ニ致し、返濟引當之儀者、大坂表通用之米切手幷領分之內相應之村高證文ニ書入、萬一相滯候節ハ、米切手者、彼地定法之通取計、切手米爲相渡、村高者最寄御代官江預り、其物成を以返濟之積、勿論、右出金銀之分、御用相濟次第出金銀致候ものとも江御戻し被下、利足ハ七朱之內會所諸入用之分引之、其餘之利足、右元金銀御戾被下候節、是又出金銀致候ものとも江可被下候間、心得違無之、前書之通、出金銀可致候、尤右出金銀納方之儀、諸國共寺社山伏者、銘〻之出金銀高、本寺本山ニ而取極申渡候上、日數廿日之內、百姓・町人者前書申渡候趣相達次第、是又日數廿日之內出金銀致し、來未年より八年〻正月中之積相心得、出金銀之分御料者、其所之奉行・御代官幷御預所、私領ハ領主・地頭江差出、夫より江戸最寄者、江戸駿河町爲替御用達、三井組幷同所上田組二ケ所之內江、所〻相納、大坂最寄ハ彼地ニ而、三井組者、高麗橋三丁目、上田組ハ上中之嶋町、右二ケ所之內江可相納候、

六月

右之通可被相觸候、

口上覺

別紙之通、於武邊諸向江被相觸候、尤御攝家樣方・宮樣方・御門跡樣方・御堂上樣方御家賴幷地下家領之分等茂同樣ニ候旨、戶田因幡守(忠寬)殿より申來候間、各迄可申入旨兩傳被申付如此候、已上、

八月三日　　兩傳奏
雜掌

*九條尙實へ御違例御見舞
*禁裏より舞樂仰出につき御招請御請
御蟲拂
*輪門より御發輿につき座主御辭退との御吹聽
閑院宮へ御成
*閑院宮へ御成
*泉山御代參
*水口要人金毘羅參詣
輪門へ御成
*圓滿院より內御聞合

聖護院宮樣　照高院宮樣　青蓮院宮樣
知恩院宮樣（尊峯）　一乘院宮樣（尊映）　妙法院宮樣（眞仁）
坊宮御衆中

追而御覽之後、油小路家（隆前）江御返し可被成候、已上、

一、惠宅律師先日より遠方江罷越候處、昨日罷歸候ニ付、爲伺御機嫌參上、御留守故申置也、

五日、丙子、晴、當番、菅谷中務卿・今小路兵部卿・松井若狹守・山下監物・中嶋織部、主殿所勞、

一、於宸殿朝鮮裝束・佛畫御虫拂之事、

一、金剛院大僧都御參殿之事、

六日、丁丑、晴或曇、當番、小川大藏卿・松井西市正・松井相模守・伊丹將監・中村帶刀・木崎兵庫・岡本內匠、

一、御掛物御虫拂、

一、申刻前御出門ニ而、閑院宮樣江御成、子半刻比還御之事、御供若狹守（松井永喜）・求馬・內匠、御先三人、

一、惠宅律師參殿、御成前故御對面無之、

七日、戊寅、辰刻過大雨、後又大雨、雷鳴、酉刻前地震、當番、菅谷中務卿・今小路兵部卿・松井若狹守・山下監物・中嶋織部・九鬼主殿、

一、巳刻前御出門ニ而、輪門樣江御成之事、御供中務卿（菅谷寬常）・采女・織部、御先三人、

一、三上大膳・水口要人、從浪華上京之事、

一、九條樣先比御違例ニ被爲在候ニ付、爲御見舞、御菓子一箱被進之也、御使牛丸九十九、

一、金剛院殿御參殿之事、

八日、己卯、晴、當番、小川大藏卿・松井西市正日之內代若狹守・松井相模守・木崎兵庫、將監・帶刀・內匠所勞、

一、金剛院殿御參殿、

一、入夜禁裏御所より女房奉書を以、來ル十一日舞樂被仰出候ニ付御參被遊候与之御事也、卽御返書ニ御請被遊候事、

一、輪門樣御使、來ル十三日御發輿ニ付、座主御辭退之儀被仰上候趣、御吹聽也、

九日、庚辰、雨、未半刻比大雨、當番、菅谷中務卿・今小路兵部卿・松井若狹守・山下監物・中嶋織部、主殿、御次助番相勤ル、

一、巳刻前御出門ニ而、閑院宮樣江御成、還御子半刻、御供相模守・織部・主殿、御先三人、

一、泉涌寺へ御代參、今小路兵部卿、

一、水口要人、讃州金毘羅へ參詣之儀相願、願之通申渡ス也、

一、圓滿院宮樣（覺淳）諸大夫日長石見守、內々御聞合之儀ニ付參上、西市正（松井永昌）面會也、

十日、辛巳、雨、巳刻過より晴、當番、小川大藏卿・松井西市正・松井相模守・

輪門宮へ御餞別
*佛頂院御禮參上
圓山應擧二幅對進上
上野執當以下へも御餞別下賜
佛頂院へ別に内々御餞別
*禁裏へ舞樂御覽に參内
輪門より座主辭職勅許との御吹聽
*輪門宮御發輿御見立に御旅館に御成
千種有政有條雷鳴御伺
*村瀬掃部下關につき御餞別御下賜
輪門院家御餞別に御禮參上

中村帯刀・木崎兵庫・岡本内匠、

一、輪王寺宮様、來ル十三日御還府御發輿ニ付、爲御餞別御太刀一腰・奉書一箱貳十帖、御馬一匹代銀拾兩、別段爲御餞別ニ幅對御懸物鯉・鮎圓山主水(應擧)畫、昆布一折五十本被進候事、御使小川大藏卿、

一、金三百疋　執當 佛頂院　一、白綿貳把　院家 行嚴院

一、金貳百疋宛、御供 坊官・諸大夫、

右爲御餞別被下候也、尤御旅館江御使之節持參也、

一、佛頂院江晒一疋、旅宿へ御内々爲御餞別以御使被下之、尤右例ニ者不相成候也、

一、乙葉淡路守へ爲御餞別晒一疋被下之、尤表役より奉書ニ而遣候、右同斷、

一、金剛院殿御參殿之事、

一、輪門様より御使、此度座主御辭職被仰立、勅許ニ付、右御吹聽被仰進候旨、御里坊迄申來、九十九より申來候也、

一、千種宰相殿(有政)・同少將殿(有條)使者、此間雷鳴御機嫌御伺也、

一、御用之儀有之候ニ付、只今非藏人口へ罷出候様、取次より坊官迄例之通申來ル、即刻相模守行向、

一、輪門様院家行嚴院參殿、爲御餞別拜領物等仕、難有奉存候、右御請且御暇乞、旁參上申置、退去、大藏卿面會也、

一、佛頂院參殿、右同斷、且御内々拜領物等仕候御請も申上候由也、

一、青水内記願書差出ス、

〔以下缺〕

十一日、壬午、曇、入夜雨、當番、菅谷中務卿・今小路兵部卿夜分代大藏卿、松井若狭守・山下監物・中嶋織部、

一、禁裏御所舞樂被爲在候ニ付、巳刻前御出門ニ而、先閑院宮様御成、夫より御參内、寅刻比還御之事、御供若狭守(松井永喜)・釆女・内記・織部・内藏、御先三人、右ニ付爲御祝儀、井籠貳組被獻之事、御使松井若狭守、

一、松井西市正御用ニ付出京也、

十二日、癸未、雨、當番、小川大藏卿・松井西市正・松井相模守・中村帯刀・木崎兵庫・岡本内匠、

一、巳半刻過御出門ニ而、閑院宮様江被爲成、寅上刻輪門様御發輿ニ付、御見立として御連枝様方、御同道ニ而御旅館江被爲成候也、

一、村瀬掃部近々關東江下向ニ付、爲御餞別方金貳百疋、月番より奉書にて被下候也、

十三日、甲申、曇、當番、菅谷中務卿・今小路兵部卿・松井若狭守・山下監物・中嶋織部、

輪門宮御出立後閑院宮へ御成

一、輪門樣御出立後、御旅館より又〻閑院宮樣江被爲成、子刻還御、御供大藏卿(小川純方)・兵庫・内藏・内匠・多仲、御先五人、

輪門宮を大津驛に御見送の御使差向

一、今日輪門樣御還府御發輿ニ付、大津驛江御見送として、御使被差向、但御煎茶三種・御菓子一箱貳重被進候也、御使松井相模守、

一、御用ニ付中務卿、萬里小路殿江行向、

一、入夜日嚴院殿御參殿之事、

石清水放生會の傳奏觸

一、傳奏觸到來、

口上覺

就石清水放生會、從明十三日晩至十六日朝禁裏樣御神事、自明後十四日晩至十六日朝仙洞樣御神事候、仍爲御心得各迄可申入之旨、兩傳被申付如此候、已上、

八月十二日　兩傳奏雜掌

御宛名例之通、

坊官御中

十四日、乙酉、快晴、當番、小川大藏卿・松井西市正・松井相模守・伊丹將監・中村帶刀・木崎兵庫・岡本内匠、

一、金剛院殿御參殿、

一、萬里小路殿江御書被遣候事、

*輪門宮より御見立等につき御挨拶

一、輪門(公延)樣より御使、御發輿之節御見立被進、且又御使被進候爲御挨拶御菓子貳箱、御里坊迄以御使被進之事、

一、萬里小路前大納言殿より、今朝之御返書被上候事、

*諸國寺社山伏百姓町人の出金銀納日數の件は承知日より五十日と傳奏觸

一、入夜傳奏觸到來、左之通、

此度被仰出候諸國寺社山伏・百姓・町人共、出金銀納日數之儀、承知日より廿日越限り之積り在之候處、日數少ク候而差支之場所も可有之候ニ付、承知日より五十日を限り差出候積りたるへく候、

八月

*關東水損のため水難なき國よりの食料高値にならざるやう傳奏觸

此度關東筋水損之所ニ而、夫食差支無之ため、水難等無之國より商人之米・麥・雜穀、其外夫食ニ相成候品、勝手次第相廻、尤高直ニ不致、相當之直段を以、商賣致候樣、領主并地頭より領分知行所之内、商人共不洩候樣可申付候、

右之通可被相觸候、

八月

口上覺

別紙之通、武邊より申來り候間、此段爲御心得各迄可申入旨、兩傳被申付如此ニ候、以上、

*三上大膳書船にて下坂
*閑院宮へ御提重進上
*所司代にて御氣色御達
徳川家齊への御獻物につき御喜色の傳達との御附衆手紙
*御境内町内年寄よりの音羽川筋の川浚の願出
地震

八月十四日　　　　両傳奏 雑掌

御宛名例之通、
　　坊官御中

追而、御院家中江も可被成御傳達候、尤御廻覽之後、油小路家へ御返し可被成候、以上、

一、御附武家(水原保明・建部廣般)より手紙到來、左之通、

其御方より就暑中、大納言様(徳川家齊)江被獻物有之候ニ付、御喜色之段相達候間、明後十六日巳刻各方之内壹人、戸田因幡守(忠寛)御役宅江被相越候様可申達旨、因(戸田忠寛)幡守より申越候ニ付相達候、以上、

八月十四日　　水原攝津守(保明)
　　　　　　　建部大和守(廣般)

菅谷中務卿様
松井相模守様

右承知旨及返書也、

十五日、丙戌、曇、午刻比或晴、地震、當番、菅谷中務卿・今小路兵部卿・松井若狭守日之内返大藏卿・山下監物・中嶋織部、主殿所労、

一、當日爲御禮參上之輩、山本内藏・村若左門、香山大學所労ニ付、御斷申上ル也、

一、金剛殿御參殿之事、

一、三上大膳御用ニ付、晝船ニ而浪華江罷下り也、

一、一品宮様(典仁)江時節爲御見舞御提重被進候、尤老女迄文ニ而遣ス、

十六日、丁亥、晴、當番、小川大藏卿・松井西市正・松井相模守・伊丹將監・中村帶刀・木崎兵庫・岡本内匠、

一、此間御附武家より申來候趣ニ付、諸司代(戸田忠寛)亭江松井若狹守行向、暑中御氣色之段御達也、

乍恐御斷書

一、御境内音羽川筋、度〻大水ニ而土砂走込滿水仕、甚難儀仕候ニ付、此度組町中申合、川浚仕度候間、御斷申上候、御聞届被爲成下候者、一統難有奉存候、以上、

川掛り貳拾七丁 惣代東石垣丁　年寄次郎兵衛
橋本貳丁目西組　年寄治兵衛
同町東組　年寄武兵衛
袋　町　年寄甚三郎
北棟梁町　年寄六兵衛

天明六年午八月

御本所様
　御役人中様

右願書、帶刀持參、承屆、公邊江者屆無之也、

一、藤嶋石見守爲伺御機嫌參上、

座主宣下御内意仰出に坊城俊親伺候御對面

座主宣下御禮に四御所へ御参

*座主宣下仰出につき御攝家方宮方へ御招請仰進

*御役御取持の堂上方へ御使坊城俊親へ御挨拶

*菅谷寛常思召を以て法印と稱するやう申渡

*坊城俊親より上卿書付進上

近衞經凞へ如是觀院殿五十回忌御見舞

御連枝方御攝家方へ座主宣下の御風聽

禁裏より月次和歌御題進上

坊城俊親より座主宣下は二十日との御口上

一、今日座主宣下御内意被仰出候事、坊城頭右大辨殿(俊親)御伺公、梅之間江御通、於御書院御對面、已後於梅之間御吸物・御酒・御湯漬出ル、已後御退出也、

一、座主宣下御内意被仰出候御禮御參、申半刻過御出門、御參院(後櫻町)、次大女院(舍子)御所、次御參内、戌刻比御退去、次女院(富子)御所、夫より閑院宮樣江御成、亥半刻還御之事、御供相模守・求馬・内匠、御先矢内・味右(末吉)衞門・安之丞、

一、小川坊城辨殿(俊親)江、今日之御挨拶被仰遣、御使牛丸九十九、

十七日、戊子、晴、當番、菅谷中務卿・今小路兵部卿・松井若狹守・山下監物・中嶋織部・九鬼主殿、

一、金剛院殿御參殿、

一、近衞内府樣(經凞)江御使、如是觀院殿(近衞家久)五十回御忌ニ付、爲御見舞外郎餅一折五棹被進候事、御使小畑主税、

一、近ゝ座主宣下ニ付、御連枝方其外御攝家方江御風聽被仰進候事、委細別記ニアリ、

一、禁裏御所御使、女房奉書を以、御月次和歌御題被進、即御返書被遊候事、

一、入夜坊城頭辨殿御里坊江御伺公、御口上左之通、

座主宣下御日限之儀、來ル廿日辰刻被仰出候事、

右ニ付、卽刻彼亭へ爲御請、御使松井相模守行向、

一、御用ニ付中務卿出京、

十八日、己丑、晴、當番、小川大藏卿・松井西市正・松井相模守・伊丹將監・中村帶刀・木崎兵庫・岡本内匠、

一、金剛院殿御參殿之事、

一、座主宣下被仰出候ニ付、御家來之輩恐悅申上ル也、

一、來ル廿日座主宣下被仰出候ニ付、御攝家方・宮方江御招請被仰進候事、委細別記ニアリ、其外御役堂上方・御取持堂上方江御使被遣候事、

一、菅谷中務卿、此度思召を以、法印申上候樣、於梅之間西市正・相模守申渡候也、

一、小川坊城頭辨殿より使を以御里坊迄、上卿書付被上候、左之通、

天台座主宣下、

上卿

日野中納言(資矩)

少納言

五條少納言(爲德)

辨

清閑寺左中辨(昶定)

一、武家傳奏油小路前大納言殿(隆前)江御使被遣之、左之通、

傳奏及び院傳へ座主宣下御禮日限の御伺書

傳奏へ菅谷寛常の法印勅許を願出

料紙、小奉書四ツ折、

座主宣下以後、御禮御參內日限之儀、宜御指圖賴
思召候、以上、
八月十八日　妙――御使　松井西市正

一、院傳四辻殿(公亨)江も右同斷御口上也、

一、傳奏油小路殿へ御使被遣候、左之通、

御口上覺

此度、寛常(菅谷)申法印之事、未年齡相滿不申候得共、御門室ニ當時坊官共御無人、其上法印之坊官無御座、此度宮御方座主職被蒙仰候ニ付、此已後山門回章下知狀等ニ差支候儀も御座候得者、近比被爲恐入候得共、御願被仰立候、蒙勅許候ハヽ、畏可被思召候、此段宜御沙汰賴思召候、以上、

八月十八日　妙――御使　松井西市正

油小路前大納言殿
久我大納言殿
雜掌御中　右料紙、小奉書四ツ折、也、

一、小折紙・勘例・敍日、左之通、
〔コヽニ圖アリ、便宜下段ニ移ス。〕

御口上之趣、委細被致承知候、猶明日御返答可被申

小奉書

	申 法 印	法限寛常	

同

敍 日	安永三年九月十六日敍法眼十六歳 至今年中十一年		

同

勘 例	妙法院宮坊官 行賢 寶曆十三年正月十六日敍法眼二十五歳	中六年 明和七年十月廿四日敍法眼三十二歳	

*青水內記に常勤仰付

青門より座主宣下御風聽の御歡

頭辨へも勘例小折紙差出

*桃園院御忌に泉山御代香

勸修寺經逸より呼出狀

*坊城俊親より菅谷寬常法印勅許仰出但し後例とせずとの別紙相渡

*妙門四代前の門主堯然親王御正忌に御法事

勸修寺經逸より二十六日參內御出の御達

*英彥山妙有より御年賀及び敍品宣下御祝儀獻上

座主宣下御當日

候間、午刻後罷出候樣御答也、
一、青門樣御使、座主宣下御風聽之御歡、御挨拶旁以御使被仰進候也、
一、藤嶋石見參上、座主宣下被仰出候恐悅申上ル、
一、小川坊城殿江も勘例・小折紙被付候事、御口上書ハ傳奏衆へ御差出候通也、中務卿・大藏卿同道ニ而被差出候也、委者座主宣下日記ニアリ、
十九日、庚寅、晴、當番、菅谷中務卿・今小路兵部卿・松井若狹守・山下監物・中嶋織部・九鬼主殿、
一、金剛院殿御參殿之事、
　御用之儀御座候間、唯今早〻非藏人口へ御參候樣、可申達旨、勸修寺(經逸)別當殿被命、如此御座候、以上、
　　八月十九日　　町口美濃守(是村)
　　妙ー　ー樣
　　　坊官御中
　右承知之旨、及返書候也、
一、右ニ付、卽刻相模守非藏人口へ參向之處、勸修寺殿被申渡候趣、
　來廿六日午刻御參、被仰出候事、
一、三上大膳浪華より歸京之事、
廿日、辛卯、晴、當番、小川大藏卿・松井西市正・松井相模守・伊丹將監・中村帶刀・木崎兵庫・岡本內匠、
一、今日座主宣下御當日也、委細別記ニアリ、

一、青水內記、依願常勤被仰付候事、
右於梅之間相模守申渡、尤座次之儀、近習末座可爲事、
廿一日、壬辰、曇或少雨、當番、菅谷中務卿・今小路兵部卿・松井若狹守・山下監物・中嶋織部・九鬼主殿、
一、桃園院樣御忌日ニ付、泉涌寺江御代香今小路兵部卿、
一、入夜頭辨殿(坊城俊親)、非藏人口へ御招ニ付、御留主居九十九(牛丸)參向之處、法印勅許被仰出、口宣案之儀、廿三日被仰出候、別紙御書付爲心覺被相渡、左之通、
　雖年限未滿、座主宮被願申之子細難被默止之間、被宥許了、不可爲後例事、
一、菅谷中務卿(寬常)法印勅許之趣、於御廣間相模守申渡ス、
一、慈音院宮(眞應)御正忌、於御佛前御法事、御逮夜例時、導師小坂大僧都(洞海)・東尾大僧都・卽生院・寶生院・惠乘房(玄隆)、
廿二日、癸巳、晴、當番、小川大藏卿・松井西市正・松井相模守・伊丹將監・中村帶刀・木崎兵庫・岡本內匠、
一、金剛院殿御參殿之事、
一、英彥山少僧都(妙有)より年始爲御祝儀、例之通溜飴一壺獻上之事、且舊冬敍品宣下被爲濟候爲御祝儀、方金二百疋獻上也、

淨妙庵等座主宣下恐悦申上
慈音院宮御正忌御法事
*輪門宮より御道中乍ら座主宣下の御歡
*禁裏へ月次和歌御詠進
明暗寺より後住相極る迄院代に寛哲任命の願書
*勸修寺經逸より御染筆物御請使
*土岐元信恐悦申上御對面

一、中村靜安參上、座主宣下之節被召候御禮申上ル也、
一、岡田傳藏參上、座主宣下被爲濟候恐悦申上ル也、
一、惠宅律師參殿、右同斷、
一、阿野對馬參上、右同斷、於御廣間御吸物・御酒被下之也、
一、慈音院宮御正忌御法事、導師小坂大僧都・東尾大僧都・常樂院(志岸)・卽生院・惠乘房・一位等出仕也、法華七ノ巻、
廿三日、甲午、快晴、當番、菅谷中務卿・今小路兵部卿・松井若狹守・山下監物・中嶋織部・九鬼主殿・青水內記、今日より番入、
一、金剛院殿御參殿之事、

奉願上口上書

一、本池田町明暗寺弟子共奉申上候、當六月六日、無住ニ付宗用萬端難澁至極仕候ニ付、末寺幷門弟共一統相談之上、後住相極候迄、寛哲与申者を院代ニ相極候、尤後住相極候ハヽ、其節前格之通、繼目御禮等御願可申候、依之右之段御届奉申上候條、乍恐御聞届被下置候樣、奉願申上候、以上、

天明六午年八月廿三日　虚無僧本寺 本池田町 明暗寺弟子 寛哲印
門弟惣代 桂流印
附添 勝道印

御本所様
御役人中

一、中村靜安江御藥取、青侍中、
一、輪門(公延)樣より御使、此度座主宣下無御滯被爲濟、目出度思召候、右御歡以御使被仰進候、尤御道中ニ而御聞召候ニ付、乍延引被仰入候旨、御使演說也、
廿四日、乙未、曇、入夜小雨、當番、小川大藏卿・松井西市正・松井相模守・伊丹將監・中村帶刀・木崎兵庫・岡本內匠、
一、禁裏御所月次和歌御詠進、奉行日野中納言殿江遣之事、御使青水內記、
一、勸修寺殿より使者、此間御染筆物御願被申上候處、早速爲持被下、忝仕合被存候、右爲御請以使被申上候由也、
一、土岐元信參上、今般座主宣下被爲濟候恐悦申上ル、於御座間御對面被仰付候事、
一、今西城之進より時節爲伺御機嫌、麥五袋獻上之事、
廿五日、丙申、曇或雨、當番、菅谷中納言卿・今小路兵部卿・松井若狹守・三上大膳・山下監物・中嶋織部・九鬼主殿・青水內記、

一、小坂大僧都、今日御退出之事、

一、東尾大僧都御參殿之事、

廿六日、丁酉、曇、時〻少雨、當番、小川大藏卿・松井西市正・松井相模守・伊丹將監・中村帶刀・木崎兵庫・岡本內匠、

座主宣下御禮に御參內御參院

一、今日座主宣下爲御禮、御參內・御參院之事、

一、四御所、其外爲御祝儀被進物、委細別記ニ有之、

三條實起より御歡使

一、三條（實起）大納言殿以使者、座主宣下被爲濟候御歡被申上候事、

御境內稱名寺より宣譽隱居教譽後住の願書

一、稱名寺隱居願差出ス、左之通、

乍恐奉願口上書

一、拙僧儀、病身ニ付寺役難相勤候間、隱居仕度奉願上候、後住之儀者、今般下寺町五條下ル上德寺法緣教譽与申僧江、稱名寺寺役諸向共相渡住職相勤させ、私儀、隱居仕度奉願候、右之趣御聞屆御許容被成下候ハヽ、難有可奉存候、尤法類・檀家共一統相談之上、奉願候儀ニ御座候得共、右教譽住職之儀奉願候ニ付、法緣ハ勿論、檀家共聊差障リ候儀無御座候間、願之通被仰付被下候ハヽ、難有奉存候、且又教譽傳法出世之僧ニ御座候間、稱名寺格之通、御用向幷寺役等、先年被仰付候通御境內四ケ寺之上座仕、先格之通相勤候樣、是又奉願上候、右等之趣、願之通被爲（マヽ）爲仰被下候ハヽ、連印之者共、其外檀家一統難有奉存候、以上、

天明六午年

八月廿五日

稱名寺 宣譽 印

後住僧 教譽 印

法緣 喜運寺 圓廓 印

法緣 上德寺 練譽 印

稱名寺末 西福寺 澤演 印

檀家惣代 龜屋平兵衛 印

金屋佐兵衛 印

御本寺樣

御役人中樣

廿七日、戊戌、晴或曇、當番、菅谷中務卿・今小路兵部卿・松井若狹守・三上大膳・九鬼主殿・青水內記、監物・織部所勞、

一、金剛院大僧都御參殿之事、

一、三宅宗達參上、於御座之間御對面、

一、中村靜安參上、

*稱名寺の隱居後住仰付

一、昨日願書指出候稱名寺隱居・後住職之儀、願之通被仰付候事、

伊勢例幣につき傳奏觸
*三御所女一宮閑院宮へ當日御祝詞仰上
*禁裏へは御神事につき不參
*淨妙庵參上
*稱名寺住職仰付の御禮獻上
金剛院より大風御伺
四御所女一宮閑院宮へ大風御伺
禁裏より來月御内々御祈禱御撫物進上

一、傳奏衆より觸書到來、左之通、
　　口上覺
　就伊勢例幣、從來廿九日晩御神事、從來月九日晩到十三日朝御潔齋候、爲御心得各迄可申入之旨、兩傳被申付如此ニ候、以上、
　　八月廿七日　　　　　兩傳奏雜掌
　御名前例之通、
　　　坊官御衆中
　追而御覽之後、油小路家江御返し可被成候、以上、
廿八日、己亥、曇或雨、當番、小川大藏卿・松井相模守・伊丹將監・中村帶刀・木崎兵庫・岡本內匠、西市正所労、
一、東尾大僧都御參殿之事、
一、當日爲御禮參上之輩、市川養元・岩永右衞門、
晦日、庚子、巳ノ刻より大風雨、當番、菅谷中務卿・今小路兵部卿・松井若狹守・九鬼主殿・青水內記、監物・織部所労、
一、金剛院殿より使者を以、大風ニ付窺御機嫌被申上ル事、
一、四御所・女一宮(欣子)様・閑院宮様江大風ニ付、爲窺御機嫌御使を以被仰上候事、御使小畑主稅、
一、禁裏御所より女房奉書を以、來月御內〻御祈禱御撫物被進、即御返書被遊候事、

九　月　　御用番菅谷中務卿(寛常)、

朔日、辛丑、快晴、當番、小川大藏卿(純方)・松井西市正(永昌)所労・松井相模守(永亨)・伊丹將監・中村帶刀・木崎兵庫、
一、仙洞御所(後櫻町)・大女院御所(舍子)・女院御所(富子)・女一宮(欣子)様・閑院宮(典仁)様江、當日御祝詞以御使被仰上候事、尤禁裏御所(光格)御神事ニ付、右御使不被上、御使松井相模守、
一、當日爲御禮參上之輩、山本內藏・篠田主膳・三宅宗仙・同宗甫、香山大學所労ニ付御斷申上ル、・市川養元・村若左門、
右何れも御祝儀、拜領物御請申上ル也、
一、惠宅律師參殿、昨日御祝儀拜領物仕候御請被申上也、且先達而拜借之御書物返上之事、
一、稱名寺願之通、住職被仰付候ニ付、今日爲御禮參上、御玄關於三之間御吸物・御酒被下之、中務卿(菅谷寛常)面會、御視之儀者、追而可被仰付段申渡、御禮錄左之通、
一、金五百疋　奉書一折壹束　獻上
一、金百疋　扇子三本入宛　日嚴院殿(洞海)　金剛院殿(眞應)
一、金百疋　延紙五束宛　表役三人
一、金百疋宛　今小路兵部卿(行先)・小川大

藏卿・松井若狹守(永喜)

一、銀五匁　延紙三束宛　代官兩人

一、銀壹匁　町役兩人

一、銀壹匁　御玄關取次

聖門新宮より二品宣下の御内意の御風聽仰進

一、聖護院(盈仁)新宮樣より御使、今月下旬之内二品宣下被仰出候御内意、一昨廿八日被蒙仰、畏思召候、右御風聽被仰進候事、

二日、壬寅、晴、申刻比より雨、當番、菅谷中務卿・今小路兵部卿・松井若狹守・三上大膳・中嶋織部(徳方)・九鬼主殿・青水内記、

聖門へ御歡使

一、聖門樣江御使、昨日彼御方より二品宣下被仰出候御風聽被仰進候ニ付、不被取敢御歡被仰進候事、御使松井多門、

三上大膳中村金左衛門へ参府の申渡

三日、癸卯、雨、當番、小川大藏卿・松井相模守・伊丹將監・中村帶刀・木崎兵庫・青水内記、西市正所勞、

一、三上大膳・中村金左衛門、此度江戸御願筋御用ニ付、參府有之候樣、於御用部屋中務卿・相模守(松井永亨)列座ニ而申渡ス、

中村金左衛門へ常之進と改名仰付

一、中村金左衛門依願、常之進与改名被仰付候事、

*相住坊参上來秋の法事大會勅許の御執奏を願出

一、山門相住坊(淑徽)參上、於鶴之間中務卿面會、口上書持參、左之通、

口上覺

來未年十月大會執行、勅許之願并勅使之儀、來春御執奏可奉願候、先爲御屆參上仕候、以上、

九月三日　會行事　相住坊

右御序ニ御披露可被下旨申置退去、御菓子二箱求肥獻上也、

四日、甲辰、雨、當番、菅谷中務卿・今小路兵部卿・松井若狹守・中嶋織部・九鬼主殿、監物所勞、

一、金剛院大僧都御參殿、

一、三上大膳御用ニ付、下坂之事、

一、岡田傳藏參上、此間御祝儀御目錄拜領仕候御請申上ル、

一、入夜三宅宗仙參上、

五日、乙巳、曇或雨、當番、小川大藏卿・松井相模守・伊丹將監・中村帶刀・木崎兵庫・青水内記、西市正所勞、

一、藤嶋石見參上、

一、知足庵・土岐要人參上之事、

*金銀融通のための出銀は關東出水難儀の趣につき出金差止めとの方内觸

一、方内觸寫、左之通、

先達而被仰出候金銀融通之ため、寺社・山伏・百姓・町人出銀之儀、此度關東筋其外出水ニ而、向ゝ難儀之趣ニも相聞候ニ付、右出金之儀一統御差止メ被仰出候間、其旨可相心得候、尤是迄取集メ之分有候ハヽ、早ゝ可割戻し有之趣、洛中洛外江

*聖門新宮より二品宣下の節院家衆を御語合に御所望につき御承諾

*重陽の御儀式

*三御所女一宮閑院宮へ當日御祝儀仰進

藤嶋石見御對面

泉山御代香

智積院より重陽御祝儀獻上

*青門聖門へ當日御祝儀仰進

萬里小路政房より御行粧の砌御借用裝束を御返進

*御攝家兩門跡へ御祝儀

*輪門宮より碓氷峠御通行との御知

可相觸者也、

午九月

六日、丙午、雨、丑刻比より大風、當番、菅谷中務卿・今小路兵部卿・松井若狹守・中嶋織部所勞・九鬼主殿、監物所勞、

一、金剛院殿御參殿之事、

七日、丁未、卯比迄風雨、後曇、當番、小川大藏卿・松井相模守・伊丹將監・中村帶刀・岡本内匠、西市正所勞、

一、藤嶋石見參上、御對面之事、

八日、戊申、晴、當番、菅谷中務卿・今小路兵部卿・松井若狹守・九鬼主殿、青水内記、

一、金剛院大僧都御參殿、

一、泉涌寺江御代香、松井若狹守相勤、

一、松室上野參上、此間御祝儀として御目錄拜領仕候御請申上ル、

一、智積院僧正(實嚴鑁啓)より、重陽爲御祝儀如例年紫蕨一箱獻上之事、

一、萬里小路前大納言(政房)殿より、先達而御行粧之砌、大童子四人前御借用ニ付、今日御返進、爲御挨拶御菓子一箱被遣之候事、御侍青侍中、

一、輪王寺宮(公延)樣江御書被進、尤御里坊迄以御使被進候事、御使同人、

一、聖護院新宮樣より御使を以、近〻二品宣下被爲在候ニ付、院家衆壹人御語合被成度由被仰進候ニ付、御承知之御返答也、

重陽、己酉、晴、當番、小川大藏卿・松井相模守・伊丹將監・中村帶刀・松井西市正・木崎兵庫、

一、當日御儀式、例之通、

一、仙洞御所・大女院御所・女院御所・女一宮樣江當日御祝儀被仰進候事、閑院宮樣江も同斷被仰進候也、御使小川大藏卿、

一、當日爲御禮參上之輩、山本内藏・篠田主膳・知足庵・岩永右衞門・三宅宗仙・同宗甫・市川養元・土岐要人・三宅宗達・同勇仙・村若縫殿、香山大學・村若左門不參、

一、金剛院殿御參殿之事、

一、常樂院(志岸)參上、嶋村紹億參上、當日御禮申上候也、

一、青門樣(尊眞)・聖門樣(忠譽)江當日御祝儀被仰進候事、御使小畑主税、

一、九條樣(尚實)・鷹司樣(輔平)・仁門樣(深仁)・輪門樣江右同斷、御使牛丸九十九、

一、青門樣より御使、當日御祝儀被仰進候事、

一、輪門樣より御里坊迄御使、去月廿五日御道中碓氷峠

無御滯御通行、松枝宿御止宿之御事ニ御座候、仍而爲御知被仰進候事、

*准后宮御成御饗應

一、勝安養院(堯海)殿・日嚴院殿より以使、當日御祝儀被申上由也、

伊勢例幣につき傳奏觸

一、傳奏衆觸書壹通到來、左之通、

口上覺

就伊勢例幣、自明九日晩至十一日發遣、仙洞樣御神事候、仍而爲御心得各迄可申入旨、兩傳被申付如此候、以上、

九月八日　　兩傳奏雜掌

御宛名例之通、

追而御覽之後、油小路(隆前)家江御返シ可被成候、以上、

*寶嚴院參上座主宣下恐悅申上

十日、庚戌、曇或晴、當番、菅谷中務卿・松井若狹守・三上大膳・九鬼主殿、青水内記、兵部卿・監物・織部所勞、

一、金剛院殿御參殿之事、

終日御鞠

*輪門宮より御著府の御知につき御歡仰進

准后宮へも御歡使

一、今日終日御鞠被催候事、御詰として岩永右衞門・竹田休意被召候事、

一、知足庵・要人(土岐)爲拜見參上、

*盧山寺へ御佛參閑院宮へ御成

日光准后宮へ明日御成を御招請

一、三上大膳、浪華より上京之事、

一、隨宜樂院(公遵)宮樣江御使を以、明十一日巳刻比より彌御成被進候樣被成度思召候、右以御使被仰進候事、御使松井多門、

十一日、辛亥、晴、當番、小川大藏卿・松井西市正・松井相模守・伊丹將監・中村帶刀・木崎兵庫・岡本内匠、

一、依御契約隨宜樂院宮樣御成、於御白書院御對顏、御口祝御吸物・御酒出ル、次御膳二汁七菜・御濃茶・御菓子・御薄茶、惣御菓子出ル、夫より御小書院へ被爲成、御薄茶被進、替御咄、又御吸物・御酒被進、無程還御、

但、御供諸大夫・御近習・青侍迄御料理被下、下部へハ御酒料鳥目壹〆文被下候也、右ハ座主宣下後、初而被爲成候故、御招請之姿也、

一、山門西塔寶嚴院參上、座主宣下恐悅申上ル、御客被爲在故申置退去也、昆布三十本獻上之、

十二日、壬子、雨、當番、菅谷中務卿・今小路兵部卿・松井若狹守・三上大膳・中嶋織部・青水内記、

一、隨宜樂院宮樣江昨日被爲成候、御挨拶被仰進候事、

一、輪王寺宮樣、去月廿九日御着府被爲在候ニ付、爲御知被進、卽御歡御使被進候、隨宜樂院宮樣江も御歡被仰進候事、右御使牛丸九十九、

一、午刻御出門ニ而、盧山寺江御佛參、夫より閑院宮樣江被爲成、子刻比還御、御供若狹守(松井永喜)・采女・内記、御先三人、

播州清水寺より座主宣下御祝儀獻上
*同じく公方樣薨去との來狀
九條尚實へ座主宣下の御世話への御挨拶獻進
德川家治御不例と御附衆より來狀
*萬里小路政房伺候御對面
*准后宮より時節御見舞

一、播州清水寺一山惣代十妙院參上、座主宣下被爲濟候ニ付、爲御祝儀白銀壹枚・扇子五本入獻上之、且光(頼哲)明王院より金百疋・扇三本入獻上之事、

十三日、癸丑、晴、當番、小川大藏卿・松井西市正・松井相模守・伊丹將監・中村帶刀・岡本内匠、所労断、日之内代織部、兵庫所労、

一、九條關白(尚實)樣江御使、先達而座主宣下之砌、前篇彼是御世話被進、御滿足ニ思召候、依之右爲御挨拶、綸子二反・昆布一折五十本被進、尤諸大夫鹽小路宮内權少輔(光貫)御取持申候故、御目錄金貳千疋被下之候也、御使菅谷中務卿、

一、御附武家(水原保明・建部廣般)より書狀、御里坊迄到來ニ付、御留守居より爲持來ル、左之通、

江戸表より去七日出之、次飛脚到來之處、公方樣(徳川家治)御不例被成御座候處、不被遊御勝之旨申來候段、戸田因幡守(忠寛)より申越候間、爲御知如此ニ御座候、以上、

九月十二日　水原攝津守(保明)
建部大和守(廣般)

松井長門守樣
木崎河内樣

公方樣御不例之處、御養生不被爲叶、去ル八日巳下刻被遊薨御之旨、戸田因幡守より申越候間、爲御心得相達候、以上、

九月十二日　水――
建――

松――
木――

江戸表より去ル七日八日出之、次飛脚道中川支ニて、今十二日一緒ニ差着候ニ付、戸田因幡守より申越候、依之相達候、以上、

九月十二日　水――
建――

松――
木――

各承知之旨、返書遣ス也、

一、萬里小路前大納言殿御伺公、於白書院御對面、暫時御咄被申上、

一、隨宜樂院宮樣より時節爲御見舞、氷砂糖一箱被進候

徳川家治薨去につき廢朝仙洞御愼との傳奏觸

*所司代へ關東への御機嫌御伺仰進

*准后宮へ氷砂糖進上への御挨拶

大樹樣薨去につき大納言への御機嫌御伺を所司代へ仰入るるやう且つ別して火之用心との傳奏觸

*閑院宮へ松茸進上

事、
一、入夜傳奏觸到來、左之通、
口上覺
大樹樣(德川家治)、去ル八日就薨去、從今日至來十七日五ケ日之間廢朝候、仙洞樣(後櫻町)同五ケ日之間御愼候、仍而御心得各迄可申入之旨、兩傳被申付如此候、以上、
九月十三日　兩傳奏 雜掌
御宛名例之通、
坊官御中
追而御覽之後、油小路家へ御返し可被成候、以上、
又壹通、
口上覺
大樹樣、去八日薨去ニ付、大納言樣(德川家齊)爲御窺御機嫌、明十四日御勝手次第、戸田因幡守殿御役宅江御使を以、可被仰入候事、
一、火用心之儀、常ゝ可被仰付候得共、此節關東御凶事中ニも御座候間、別而被入御念候、幷御家來萬事穩便ニ有之候樣、可被仰付候事、
右之趣、爲御心得各迄可申入旨、兩傳被申付如此候、以上、

九月十三日　兩傳奏 雜掌
御名前例之通、
坊官御衆中
追而鳴物・普請等停止之旨、被相觸候由申來候間、爲御心得可申入候也、被申付候、尤御覽之後、油小路家へ御返し可被成候、以上、
十四日、甲寅、快晴、當番、菅谷中務卿・今小路兵部卿・松井若狭守・三上大膳・中嶋織部・青水内記、
一、戸田因幡守殿江小川大藏卿參向、今度大樹樣薨去ニ付、大納言樣江爲伺御機嫌御使被進候事、
御口上
此度大樹樣薨去ニ付、誠ニ驚思召候、依之御使を以被仰入候、此旨關東江御達可被進候由申述也、
一、隨宜樂院宮樣江御使、昨日氷砂糖被進候御挨拶被仰進也、御使九十九、
一、金剛院殿御參殿之事、
一、一品宮樣(典仁)例年之通御領山之松茸一折被進候事、御使同人、
十五日、乙卯、快晴、當番、小川大藏卿・松井西市正・松井相模守・中村帶刀・木崎兵庫、將監・内匠所勞、
一、傳奏觸貳通到來、左之通、
口上覺

*淨妙庵へ御文庫御遣

關東御中陰御法事に御贈經の儀所司代へ御尋の處御用意あるべくも御治定の節申上ぐるとの傳奏觸

*山内雙嚴院へ御殿内御修造につき御祈禱勤修仰出の書狀

大納言樣への御機嫌伺なさるるやう傳奏觸

*東塔西谷學頭代へ御殿内修造につき赤山明神御祈禱勤修仰出の書狀

山門執行代へ願により座主略名の御染筆御遣

此度御中陰就御法事、關東江御贈經御奉納之儀、戸田因幡守殿へ承合候處、可爲先格之通哉共被存候、御書寫御用意之ためニも候得者、御用意可申入由ニ候、尚又、治定之儀ハ、追而可申聞セ候(マヽ)御座候、右之趣爲御心得各迄可申入之旨、兩傳被申付如此候、以上、

九月十四日　兩傳奏　雜掌

御名前例之通、

坊官御衆中

追而御覽之後、油小路家江御返し可被成候、以上、

口上覺

大樹樣薨去ニ付、以御飛札大納言樣御機嫌御伺可然由ニ候、寶曆十一年六月之通ニ可被成候、此段爲御心得各迄可申入旨、兩傳被申付如此候、以上、

九月十四日　兩傳奏　雜掌

御名前例之通、

坊官御中

追而廻覽之後、油小路家へ御返し可被成候、以上、

一、山門執行代延命院(亮寛)參上、西市正(松井永昌)面會、天台座主略名之次第、御染筆相願、卽刻御染筆被遊被遣之候事、

一、惠宅師江御文庫被遣之事、御使安住房、

十六日、丙辰、曇、當番、菅谷中務卿・今小路兵部卿・松井若狭守・三上大膳・中嶋織部・靑水内記、

一、金剛院大僧都御參殿之事、

一、惠宅律師參殿、

一、山門東塔東谷雙嚴院(寂潤)江書狀遣ス、

以手紙得御意候、秋冷之節彌御堅剛珍重奉存候、然者、此御所御殿内少ゝ御取繕・御普請被仰付、右ニ付、遮障無之樣、來ル廿日より一七ケ日之間、於其院御祈禱御内ゝ被仰付候間、乍御苦勞御勤修可被成候、仍而早ゝ如此ニ御座候、已上、

九月十六日　菅谷中務卿

山門　雙嚴院樣

一、山門東塔西谷學頭代江書狀遣ス、

以手紙得御意候、秋冷之節彌御堅剛珍重奉存候、然者、此御所御殿内少ゝ御取繕・御普請被仰付、右ニ付遮障無之樣、其御支配赤山明神御祈禱御内ゝ被仰付候間、乍御苦勞御勤修可被成候、仍而早ゝ如此御座候、以上、

九月十六日　菅谷中務卿

山門東塔西谷

(寂潤)學頭代御房

雙嚴院より御請の返書

一、雙嚴院より返書、左之通、
貴翰拜見仕候、如來翰秋冷之節御座候得共、彌御安全被成御凌珍重奉存候、然者、其御所御殿內少〻御取繕被仰出候ニ付、遮障無之樣、來ル廿日より一七日之內、於山上御內〻御祈禱仕候樣被仰付奉畏候、右爲御請昇殿可仕候得共、右御報旁如此御座候、已上、
九月十六日　雙嚴院
菅谷中務卿殿

西谷學頭代より赤山明神御祈禱承諾の書狀

一、西谷學頭代より返書、左之通、
御手紙致拜見候、秋冷之節、彌御堅剛珍重奉存候、然者、其御所御殿內御取繕・御普請被仰付、右ニ付御遮障無御座樣、於赤山明神御祈禱御內〻被仰付候間、勤修可仕之旨奉得貴意候、右御報可得御意如此御座候、以上、
九月十六日　西谷學頭代
菅谷中務卿殿

向々愼之儀を相守り金銀取引等騷がしき事なきやうにとの外內觸の寫

一、外內觸之寫、左之通、
此度向〻愼之儀ハ、追〻相觸候趣隨分相守、金銀

取引之儀等、不時浮說など不申出、騷敷無之樣、諸事穩便ニ取計、平生より者、猶以事少〻可致候、心得違不時之儀申出シ、諸相場など相騷候儀、決而無之樣、急度相愼可申候、
午九月十五日
右之趣、拙者共より可申通旨被仰出候ニ付申達候、已上、
午九月十五日

*貳朱判四文錢通用止を申し騷ぎ立つる町ある趣は不屆にしてそのやうな御沙汰なく相愼むやうとの方內觸

一、方內觸寫、左之通、
貳朱判・四文錢通用相止之趣、申出候もの有之候由ニ而、彼是騷立候町〻有之趣相聞、穩便之時節、別而不屆之事ニ候、右躰之儀者、御沙汰無之事ニ候、若心得違不取留儀を申出候もの有之候ハヽ、申付方有之候條、其旨を存、町〻相愼可申候、
右之趣、洛中洛外へ不洩樣可相觸もの也、
午九月十六日

十七日、丁巳、曇、當番、小川大藏卿・松井西市正・松井相模守・中村帶刀・木崎兵庫、將監・內匠所勞、
一、惠宅師江御文被遣、齋中故、跡より御請可申上由也、
御使出家、

*御使と御供人數を今後は打混ぜて勤むるやう申渡

一、御使・御供人數、先達而被相分置處、向後打混相勤

中村帯刀は御供御使共相勤むるやう仰付

西谷學頭代より赤山明神の御祈禱修行の日程の書状

*關東御凶事に御贈經の御使は松井永昌に仰付

*御凶事につき御三家以下へ御書御遣學頭代へ赤山明神御祈禱の日程御意に入る御氣色との返書

候様被仰付、於御用部屋申渡ス、

一、中村帯刀代官役ニ付、御供・御使被免有之處、向後御無人之節者、御供・御使共相勤可申趣被仰付候事、

一、山門西谷學頭代より書状到來、其案、

以手紙致啓上候、秋冷之節、彌堅剛被成御凌珍重奉存候、然者、昨日御内ミ被仰付候赤山明神御祈禱之儀、明十八日開闢ニ而、廿四日迄一七ケ日之間修行仕候、尤山王日ミ參籠、其餘ハ於山上御祈禱申上候、且又廿四日者、赤山明神御祈禱結願ニ付、惣出下山御祈禱修行仕候、此段得御意度如此御座候、以上、

九月十七日　西谷學頭代

菅谷中務卿殿

右之趣及披露候旨及返答、其案左之通、

御手紙致拜見候、秋冷之節、彌御堅剛珍重奉存候、然者、昨日御内ミ被仰付候赤山明神御祈禱之儀、明十八日御開闢にて廿四日迄一七ケ日之間御修行之由、尤山上日ミ御法用等ニ而、惣出御下山之儀、難被致候ニ付、神前於社頭者、御壹人ツヽ御參籠、其餘ハ於山上御祈禱被申上、廿四日ハ赤山明神御祈禱結願ニ付、惣出御下山御修行之趣被示聞、卽及披露候處、入御意候儀御氣色之御事ニ御座候、此旨宜申入旨、如斯御座候、已上、

九月十七日　菅谷中務卿

山門西谷
學頭代御房

十八日、戊午、快晴、當番、菅谷中務卿・今小路兵部卿・松井若狹守・中村帯刀・中嶋織部・青水内記、大膳斷、

一、金剛院殿御參殿之事、

一、此度關東御凶事ニ付、御贈經御使松井西市正江被仰付候事、於御用部や申渡ス、

一、右同斷ニ付、御三家・大老・老中・若年寄・西丸老中・同若年寄・寺社奉行・高家肝煎江御書被遣、其案左之通、

大樹（徳川家治）之御事、絶言語候、依之以拜書令申候、謹言、

九月十七日　御判

尾張大納言殿（徳川宗睦）

同宰相殿（徳川治行）

右之文面ニ而、紀伊中納言殿（徳川治貞）江壹通、水戸宰相殿（徳川治保）江壹通、

大樹之御事、誠ニ驚入絶言語候、亞相（徳川家齊）江宜令申給

＊江戸山王社家へ松井永昌の旅宿依賴

＊閑院宮の關東への御使に御餞別

＊禁裏より月次和歌御題到來

＊四御所女一宮へ松茸獻進

＊岸紹易より御花生獻上

＊金剛院より浴油結願の御札御團獻上

＊智積院役者光照院御心易を願出御對面を許され御菓子獻上

候也、

九月十七日　　御判

大老
井伊掃部頭（直幸）殿

右之文面ニ而、

老中
松平周防守（康福）殿
牧野越中守（貞長）殿　　壹通、
水野出羽守（忠友）殿

若年寄
酒井石見守（忠休）殿
太田備後守（資愛）殿　　壹通、
安藤對馬守（信明）殿
酒井飛驒守（忠香）殿

西丸老中
鳥居丹波守（忠意）殿　　壹通、

同若年寄
井伊兵部少輔（直朗）殿　　壹通、
松平玄蕃頭（忠福）殿

寺社奉行
堀田相模守（正亮）殿
阿部備中守（正倫）殿
松平右京亮（輝高）殿　　壹通、
松平伯耆守（資承）殿
土井大炊頭（利里）殿

高家肝煎
六角越前守（廣孝）殿
有馬兵部大輔（廣之）殿　　壹通、
中條山城守（信復）殿

右御書、例之通樹下采女正迄差下ス、

都合拾通

何れも
上包如斯、

一、樹下采女正江近々西市正下向ニ付、例之通旅宿之儀宜賴存候趣申遣候事、

一、山門雙嚴院御祈禱被仰付候、爲御請參上之事、

一、閑院樣諸大夫平田因幡守（元敷）、今度關東江爲御使下向ニ付、爲御餞別方金百疋、表役より奉書ニ而被下候事、

一、禁裏御所より御使、女房奉書を以、御月次和歌御題被進、卽御返書被遊候事、

十九日、己未、曇、當番、小川大藏卿・松井西市正・松井相模守・中村帶刀・木崎兵庫、將監・內匠所勞、

一、金剛院殿御參殿之事、

一、輪王寺宮樣より御書被進候事、

一、四御所・女一宮樣江例年之通、御領山之松茸一折宛被獻候事、

一、岸紹易參上、此間被仰付候御花生出來ニ付、上之也、

一、金剛院殿使者、浴油結願ニ付、例之通御札・御團被獻者也、

二十日、庚申、快晴、當番、菅谷中務卿・今小路兵部卿・松井若狹守・三上大膳・中村帶刀・中嶋織部・青水內記、

一、智積院役者光照院、此度內記（青水）を以、已來御心易被成下候樣相願候ニ付、今日願之通被仰付、右爲御禮參上、於梅之間御對面、已後於麝香之間御吸物・御酒

新善法寺より御札獻上

御殿内御普請につき御方違として御里坊へ御成御逗留

*小泉有彝御普請場所を検分御障なし旨言上

壬生敬義へ御祝儀御遣

御里坊より閑院宮へ御成後還御

*禁裏仙洞へ日吉御祈禱巻数獻上

御方違として東御殿に御止宿

日吉社司御祈禱巻数獻上

*大念佛寺の修復勧化につき傳奏觸

禁裏仙洞へ御巻数差上

壬生敬義御禮參上

被下之、尤御菓子一箱獻上之事、

一、新善法寺權少僧都(周清)より例年之通御祈禱之御札獻上之、卽及披露候段及返書也、

一、此度御殿内御普請御取繕ニ付、爲御方違、午半刻比御出門ニ而御里坊へ御成之事、尤今晩御里坊ニ而御逗留也、御供若狹守(松井永喜)・采女・織部、御先三人、

一、壬生官務(敬義)、先達而座主宣下之節御太刀一腰獻上有之候ニ付、爲御祝儀方金百疋被下之、尤坊官より奉書ニ而遣ス也、

廿一日、辛酉、當番、小川大藏卿・松井西市正・松井相模守・伊丹將監・木崎兵庫、

一、巳刻過、御里坊御出門ニ而、閑院宮様江御成、未半刻比御參内、酉半刻還御、

一、御殿内御取繕ニ付、爲御方違、從今晩夜分計東御殿ニ而暫御止宿也、

一、日吉社司生源寺民部大輔(行整)參上、當月御祈禱之巻數獻上也、

禁裏御所・仙洞御所江御巻數差上ル也、於鶴之間湯漬被下之、當番之輩、挨拶およふ、自分より御祈禱之巻數幷柿一折獻上也、

一、壬生官務參上、昨日ハ座主宣下御祝儀御返し頂戴仕、難有仕合奉存候、右御禮申上ル也、

一、萬里小路前大納言殿より文箱、御里坊迄來ル由ニ而到來也、

一、小泉陰陽大屬(有彝)參上、於廣間相模守面會、御普請場所江兵庫(木崎)案内候處、何も御障も無之趣申上ル、已後於廣間先達而勘文旁、方金貳百疋被下之、相模守相渡ス也、

廿二日、壬戌、曇或雨、當番、菅谷中務卿・今小路兵部卿・松井若狹守・三上大膳・中村帶刀・中島織部・青水内記、

一、金剛院大僧都御參殿、

一、禁裏御所・仙洞御所江日吉當月御祈禱之巻數被獻候事、御使牛丸九十九、

一、傳奏觸到來、左之通、

攝州平野融通惣本山
大念佛寺兼帶
勝安養院僧正(堯海)

大和　河内　攝津

右諸堂社大破ニ付、修復爲助力勧化御免、寺社奉行連印之勧化帳持參、當午九月より來ル申十二月迄、役僧共御料・私領・寺社領・在町可致巡行候

間、信仰之輩ハ、物之多少ニよらず可致寄進旨、御料者御代官、私領者領主・地頭より可申渡候、

　午五月

右之通可被相觸候、

　南都法隆寺學侶

　阿彌陀院

阿彌陀院の修覆勸化につき傳奏觸

又壹通、

山城　攝津　和泉　近江　播摩（磨）

右阿彌陀院、修復爲助力勸化御免、寺社奉行連印之勸化狀持參役人共、當午八月より來ル申八月迄、御料・私領・寺社領・在町可致巡行候間、信仰之輩ハ、物之多少ニよらす可致寄進旨、御料者御代官、私領ハ領主・地頭より可被申渡候、

　午八月

右之通可相觸候、

先に仰出の融通金の儀は關東出水にて御差止との傳奏觸

又壹通、

先達而被仰出候融通金之儀、關東其外出水ニ而難澁之趣ニ付、融通金之儀御差止被仰出候、尤取立候向も有之候ハヽ、差戻候樣、傳奏へ可申達候、

　九月

口上覺

別紙之通、武邊より申來候間、爲御心得各迄可申入之旨、兩傳奏被申付候、以上、

　九月廿一日　兩傳奏雜掌

　御名前例之通、

　坊官御中

追而御覽之後、油小路（隆前）家へ御返し可被成候、以上、

＊關東への御會釋につき御聞繕書は今明日中と御附衆より來狀

一、御附武家より手紙到來、左之通、

今度薨御ニ付、關東江御會釋等之儀、御聞繕書不被差出候哉承度存候、若被差出候事ニも候ハヽ、今明日中大和守（建部廣般）御役宅江被差出候樣存候、以上、

　九月廿二日

尙〻本文之趣、御沙汰有無者御報ニ可被御申聞候、

以上、

　松井長門守樣　水原攝津守（保明）

　木崎河內樣　建部大和守（廣般）

右承知之旨及返書、尤當時御由緒ニ付、明日以御使御聞繕書被差出候趣、及返書也、

廿三日、癸亥、曇、當番、小川大藏卿・松井西市正・松井相模守・伊丹將監・木崎兵庫・青水內記、

御附衆へ大納言への御臏中御見舞につき御聞繕書

一、御附武家建部大和守江昨日之趣ニ付、御聞繕書被差
出候、左之通、
大納言（德川家齊）様江干菓子一箱、
右御臏中御機嫌爲御見舞、依御由緒二條表迄以御
使被進度思召候、此段戸田因幡守（忠寛）殿江宜御聞繕可
被進候、以上、
九月廿三日　妙――御内　菅谷中務卿

關東への御見舞につき所司代へ御聞繕書

右御聞繕書被差出候處、御先格御座候ハヽ被差出た
く与之事故、左之通相認被差出候事、
大納言様江干菓子一箱、
右御先格者無御座候得共、當時御由緒ニ付、御臏
中御機嫌爲御見舞、二條表迄以御使被進度思召候、
此段戸田因幡守殿迄宜御聞繕可被進候、以上、
九月廿三日　妙――御内　菅――
右御聞繕書落手也、御使小嶋軍治、

御附衆より臏中御見舞の前例につき家治若君薨去の節を御尋

一、御附武家より手紙到來、左之通、
先刻之御聞繕書、御例無御座候得共、今度被進度
旨書付被差出候處、孝恭院（德川家基）様薨去之節ニも御會釋
御聞繕等之儀無之候哉、承知致度候、若御例有之
候ハヽ、明朝迄ニ被御申聞候様存候、以上、

九月廿三日　水原攝津守
建部大和守
松井長門守様
木崎河内様

*閑院宮へ御領山の〆治進上

一、閑院一品宮様江御領山出生之〆治被進之、尤諸大夫
迄、手紙ニ而被進候事、
廿四日、甲子、雨、入夜晴、當番、菅谷中務卿・今小路兵部卿・松井若狭守・三上大膳・中嶋織部、
一、金剛院殿御參殿之事、

*御附衆へ安永八年の御見舞につき返書

一、昨夜御附武家より申來候趣ニ付、孝恭院様薨去之節
被差出候御聞繕書、別紙ニ認遣ス、左之通、
安永八年孝恭院様薨去之節、御聞繕書被差出、左
之通、
御臏中御機嫌御見舞として、
公方（德川家治）様江干菓子　一箱、
右去ル巳年之通、依御由緒二條表迄、以御使可被
進之思召ニ候、此段久世出雲守（廣明）殿迄、宜御聞繕可
被進候、以上、
三月六日　妙――御内　松井長門守
一、四月十二日、公方様江御臏中御機嫌爲御見舞、御
菓子一箱被進之、二條表江御使木崎河内被差向候

事、

但、御聞繕書之通、

一、禁裏御所御月次和歌御詠進被遊候之處、御所労ニ付、御未進被成候段、御口上書被差出候事、當月奉行冷泉右衛門督（爲章）殿也、御使初瀬川采女、

一、來月護持被仰出候事、尤廣橋辨（胤定）殿より奉書ニ而申來ル、金剛院殿より例之通被及返書也、

一、閑院宮樣江御使、御領山松茸、此節盛ニ御座候故、被爲成候樣被仰進候處御斷之由也、御使初瀬川采女、

廿五日、乙丑、晴或曇、當番、小川大藏卿・松井西市正・松井相模守・伊丹將監・木崎兵庫・青水內記、

一、北野聖廟江御代參、鈴木求馬相勤、

一、萬里小路前大納言殿・中山中納言（忠尹）・久世三位殿（通根）江御使、兼而御約束被仰入置候、御領山松茸此節盛ニ付、廿七日・廿八日被仰合御伺公被進候樣、被仰遣候事、

御使牛丸九十九、

一、山門西谷惣中蜜（マヽ）嚴院（覺純）參上、此間被仰付候赤山明神御祈禱御札獻上、於御書院御對面、於鶴之間御湯漬被下、西市正面會、御檀料白銀三枚、谷惣中江被下、蜜嚴院一七ケ日之間、赤山致參籠候故、別段白銀壹枚被下也、

*智山光照院へ御鞠に御詰仰付

禁裏月次和歌御未進を冷泉爲章に口上書

*溪廣院へ來月御登山につき面談のため參殿されたしとの書状

來月護持を廣橋胤定より奉書

閑院宮へ松茸盛なる故御成を仰進むも御斷の由

北野聖廟御代參

萬里小路中山久世三卿に松茸狩に伺候を御招請

密嚴院より赤山明神御札獻上につき御檀料御下賜

*溪廣院より承諾の返書別請竪儀は來月三日と御返事

一、智山光照院參上、御鞠御詰被仰付候事、

廿六日、丙寅、雨、當番、菅谷中務卿・今小路兵部卿・松井若狹守・三上大膳・中嶋織部、

一、金剛院殿御參殿之事、

一、坂本溪廣院（堯理）江書狀遣ス、左之通、

以手紙得御意候、秋冷之節、彌無御障珍重奉存候、然者、此御所座主宣下後、御拜堂御住山被相兼、來月十日頃御登山之御積リニ御座候、左樣御心得可被成候、右ニ付少ゝ御面談申度儀御座候間、御勝手ニ御參殿可被成候、右得御意度如此ニ御座候、以上、

九月廿六日　　菅谷中務卿

溪廣院樣

尙ゝ別請竪儀、來月三日与致承知候、彌三日ニ而御座候哉、此段乍序御尋申入候、以上、

一、溪廣院より返書來ル、

御手紙致拜見候、如仰秋冷之節、彌無御障珍重奉存候、然者、其御所樣御座主宣下後、御拜堂御住山被爲兼、來月十日頃御登山御治定ニ御座候由、奉得其意候、右ニ付、少ゝ御面談被成度御座候間、勝手ニ參殿可仕、是又奉得其意候、右御報如此御

座候、以上、

九月廿六日

尚々別請堅儀執行之儀御尋之趣、彌來月三日ニ御
座候間、左樣御心得可被成候、以上、

一、水口要人、讃州より上京ニ付、御居申上ル、

勸修寺經逸へ〆治御遣

一、勸修寺中納言(經逸)殿江時節爲御見舞、御領山之〆治壹折
被遣候事、御使牛丸九十九、

保野治兵衞より大坂表富興行につき特段の願書

一、保野治兵衞より願書差出ス、左之通、

乍恐口上書

一、御殿御富、大坂表ニ而御興行ニ付、富札捌方支配、
先達而私江被爲仰付難有奉存候、然ル處其後、札
捌方、追々不宜、相勤リ兼候ニ付、無據右支配之
儀御斷奉申上候、此段御聞屆之上、外方江支配被
仰付、此節相續仕、恐悅ニ奉存候、右之仕合ニ付、
先達而奉願り候、御紋付御挑燈并御用達与申表札、
此節差上候樣被仰付、奉畏候、乍併御殿御役人中
樣御連名ニ而、右富支配御任證文、私所持仕罷在
候、此儀茂差上度奉存候得共、則從御殿御差圖を
以、江戸表水田茂右衞門・辻谷藏方相互ニ爲取替
證文差遣置候故、右御任證文之儀、難差上奉存候、
其上御富御用ニ付、所々ニ借用證文差遣置候儀も
在之、旁以恐多奉存候得共、富年限相濟候迄奉願
度奉存候、外ニ、播州仁道・淀屋伊兵衞・越前屋
利兵衞、此三人江も私同樣之御任證文所持罷在、
仁道より茂先達而出金之儀、御殿江御願申上候趣、
私江被仰聞候ニ付、右躰之御證文、他仁〔人〕ニ所持仕
候儀、御外聞ニ茂相拘リ候樣ニ茂奉存、猶亦御內
意被仰下候儀も在之、追々ニ去巳年五月迄ニ、金
子七拾五兩相渡、則右御連名之御證文、私方江請
取所持仕罷在居申候、此節右御挑燈御役所江御屆
直シ被遊被下候而者、思召も如何、私儀、外聞旁歎
敷奉存候、何卒此儘被爲差置被下度奉願上候、右
御富御用ニ付、私格外之出金も仕候而、其上富札
不捌ニ付、損銀多御座候而、私引請ニ相成候分共、
難儀仕罷在候、且亦御殿先納銀、私引請も數多御
座候、此儀も無滯相勤申度奉存候、江戸表ニ而御
興行之御富ニ茂出金仕候譯茂御座候而、追々ニ、
私工面ニ而、他借ニ相成御座候、此等之趣、乍恐
被爲聞召分、右之御挑燈表札之儀、願之通御憐愍
を以、御許容被成下候者、難有可奉存候、以上、

天明六年午九月　　　俣野治兵衛印

御殿

御役人中樣

右願之通申渡ス也、

廿七日、丁卯、晴或曇、午刻過地震、當番、小川大藏卿・松井西市正・松井相模守・伊丹將監・木崎兵庫・青水內記、

一、萬里小路前大納言殿・廣橋大納言殿(伊光)江御書被遣、廣橋殿ニ者、御請被申上、萬里小路殿ニ者、跡より御請可被申上由也、御使青侍中、

一、山門雙嚴院(寂潤)參上、此間被仰付候御祈禱御札・御供物獻上、於御書院御對面、御湯漬被下、相模守面會、御檀料白銀壹枚被下候也、

一、聖護院宮(忠譽)樣より手紙來、左之通、

以手紙得御意候、然者、今從廿七日至來廿九日朝、新宮(盈仁)御方御加行御修行被爲在候、仍而爲御知被仰入候、右ニ付、御入行中ハ新宮御方より、惣而御使等も不被進可被及御失禮候、此段前以各方迄得御意置候樣、被仰付如此御座候、以上、

九月廿七日　　　小野澤按察使

妙法院宮樣

坊官御中

*村瀬掃部下關につき御暇乞

*大坂曾我屋源兵衛の御用達差止を傳奏へ屆出

雙嚴院より御祈禱御札御供物獻上御對面御檀料御遣

聖門より新宮御加行中御使進めざる失禮を前以て御意を得たしとの手紙

*日嚴院より吹田屋吉兵衛を大坂用達仰付につき傳奏へ屆出

廿八日、戊辰、曇、當番、菅谷中務卿・今小路兵部卿・松井若狭守・三上大膳・中村帶刀・中嶋織部、

一、金剛院殿御參殿之事、

一、岩永右衞門參上、

一、村瀬掃部、近〻關東江下向ニ付、爲御暇乞參上也、

一、山門溪廣院參上、於御廣間中務卿面談也、

一、大坂上本町曾我屋源兵衞、御用達被差止候ニ付、傳奏衆へ御屆壹通被差出候事、左之通、

大坂上本町四丁目　曾我屋源兵衞

右之者、當御殿御用達之儀、去ル巳四月御屆被仰入候處、此度不行屆之儀有之候故被召放候、仍而御屆被仰入候、此段大坂町御奉行所江宜御通達可被進候、已上、

午九月　　　妙―――御內　菅谷中務卿印

油小路前大納言樣(隆前)御內　伏田右衞門殿

久我前大納言樣(信通)御內　下村丹司〻

辻信濃守殿(章業)

岡本內記〻

廿九日、己巳、曇、當番、小川大藏卿・松井西市正・松井相模守・伊丹將監・木崎兵庫・青水內記、

一、日嚴院殿、大坂用達之儀被相屆、例之通傳奏衆江添書被差出候事、左之通、

*關東御贈經御使者は明日中に久我家へ仰出らるるやう傳奏觸

*御領山へ御成

勝安養院兼帯の大念佛寺の諸堂修理勸化を江戸表より仰出につき傳奏へ届出

*關東への御贈經使につき傳奏へ御届

覺

大坂南本町三丁目
吹田屋吉兵衛

右之者、今度當院用達被申付候、仍而御届被申上候、此段大坂町御奉行所江宜御通達之儀御願被申上候、以上、

天明六年午九月
日嚴院大僧都内
疑誠房印

菅谷中務卿殿
松井西市正殿
松井相模守殿

覺

別紙之通、日嚴院大僧都より被相願候間、此段大坂町御奉行所江宜御通達可被進候、以上、

午九月
如一―――御内
菅谷中務卿印

油小路前大納言樣御內
伏田右衞門殿

久我大納言樣御內
下村丹司殿
辻信濃守、
岡本內記、

一、勝安養院殿兼滞〔帯〕所、河內大念佛寺諸堂及大破候ニ付、勸化之儀江戸表へ被相願候處、願之通被仰出候ニ付、御届被申上候也、

一、傳奏觸到來、左之通、

口上覺

關東御贈經御使者之儀、先格之通、彌御差下可被成由申來候、依之御納經之品、御使者人躰等、明日中ニ久我家(信通)へ以御書付可被仰聞候、且又右御使者、當地發足日限之儀者、追而可被申入候、此段各迄可申入之旨、兩傳奏被申付如此候、以上、

九月廿九日
兩傳奏
雜掌

御名前例之通、
坊官御衆中

追而御覽之後、油小路家へ御返可被成候、以上、

晦日、庚午、曇、少時雨、當番、菅谷中務卿・今小路兵部卿・松井若狹守・三上大膳・中村帯刀・中嶋織部、

一、御領山江御成之事、

一、金剛院殿御參殿之事、

一、知足庵・三宅宗達、御領山江御供被仰付候事、

一、昨日傳奏衆より申來候ニ付御書付、左之通、

覺

一、御納經　御書寫妙經囑累品　一品

右　御使　松井長門守

右之通ニ御座候、以上、

妙――御内
菅谷中務卿

油小路前大納言樣御内
伏田右衞門殿

下村丹司、

久我大納言樣御内
辻信濃守、

岡本内記、

右料紙小奉書四ツ折也、

*禁裏へ當月御祈禱撫物卷數獻上

一、禁裏御所江當月御内々御祈禱御撫物・御卷數、御封中ニ而被獻之事、御使松井多門、

*護持御本尊御撫物持參

一、護持御本尊并御撫物、細川縫殿(常芳)御持參、地下役人參上、於鶴之間菅谷法印出會、出家右相渡、已後御對面可有之所、御用之儀被爲在、御對面無之、

*芝山持豐より關東下向に御餞別御斷との言上

一、芝山殿より使者ヲ以、御里坊迄左之通、

近々前宰相殿(芝山持豐)、關東江下向被致候、右ニ付御餞別等之御沙汰も御座候ハヽ、内外共堅御斷被申度候、此段各樣迄、内々爲御意置候樣被申付、如此御座候、已上、

九月　　芝山家
雜掌

十　月　御用番松井相模守(永亨)、

朔日、辛未、快晴、當番、小川大藏卿(純方)・松井西市正(永昌)斷・松井相模守・伊丹將監・木崎兵庫斷・青水内記、(三谷寬重)三河介・藏人所勞、(初瀬川宗邦)

*四御所女一宮へ當日御祝儀仰上

一、四御所(光格・後櫻町・舍子・富子)・女一宮(欣子)樣江當日御祝儀、以御使被仰上候事、

*閑院宮へも御祝詞

閑院宮(典仁)樣へも同斷被仰進候事、御使小川大藏卿、

一、當日爲御禮參上之輩、三宅宗達・三宅宗甫・村若縫殿・市川養元、

*法曇院座主宣下恐悦申上

一、山門法曇院(詮榮)參上、座主宣下爲被濟候恐悅申上ル、尤昆布一折三十本獻上、早速御祝儀參殿可仕之處、所勞ニ而引籠及延引候段申上ル、護持御執行中故、御對面無之、退去也、

*大乘院より十月十三日法華會御遂業との來狀

一、大乘院(隆遍、鷹司輔平息、操君)樣より手紙到來、左之通、

以手紙得御意候、然者、御門主十月二日法華會御遂業之儀御延引、十月十三日御遂業被成候、尤右ニ付、御音物等之儀、先達而御斷被仰入候通御座候、右得御意度、如此御座候、以上、

九月卅日　　大乘院殿御内
南院法眼

妙法院宮樣
坊官御衆中
多田長門守

溪廣院參殿御拜堂の談合

千代原村寺戸村檢見

*根本中堂にて別請竪儀之者へ贈物

初瀬川宗邦より病身により元〆方退役の願出

*閑院宮へ御書を以て花生〆治進上

*淺草の與市に山草蘚より食料を製する問屋株を公認する傳奏觸

二日、壬申、曇、亥刻比地震、當番、菅谷中務卿・今小路兵部卿(行先)・松井若狹守(永喜)・三上大膳・中村帯刀・中嶋織部(德方)、

一、溪廣院(堯瓊)參殿、於御廣間中務卿(菅谷寛常)面會、近〻御拜堂ニ付、萬端及掛合也、

一、今日千代原村・寺戸村毛見、相模守(松井永亨)・帯刀(中村)・町役兩人罷越、監物(山下)所勞ニ付不參也、

一、初瀬川三河介、退役願書差出也、左之通、

奉願口上覺

一、私儀、是迄奉蒙御厚恩、其上身分不相應之御役儀等蒙仰、冥加至極難有仕合奉存候、然處、近年病身ニ罷成り、長〻引籠、甚以奉恐入候、是迄退役之儀御願申上度所存ニ候得共、責而爲冥加今一度御奉公仕度、相見合罷在候所、火急ニ本復之儀茂難計、餘り長病奉恐入候間、元〆方退役之儀、奉願上度候間、宜御取成シ奉願候、尚又本腹(復)も仕候者、爲冥加御用ニハ不相立候共、如何樣之御奉公ニ而茂相勤申度候間、何分願之通被爲仰付被下候ハヽ、難有仕合奉存候、此段宜御沙汰奉頼候、以上、

午十月　初瀬川三河介印

菅谷中務卿殿

松井西市正殿

松井相模守殿

三日、癸酉、快晴、當番、小川大藏卿・松井西市正・松井相模守・伊丹將監・木崎兵庫・青水内記、

一、今日、山門於根本中堂別精竪儀

題者　竹林院僧正　實乘

問者　寶園院權僧正　榮範

竪者　中正院大僧都　光賢

右ニ付、御使を以、題者へ昆布一箱・方金百疋、問者へ昆布一折五十本、竪者へ同斷被遣之也、御使安住房、

一、閑院一品宮樣(典仁)江御書被進、紹易(岸)作花生貳ツ、〆治壹籠被進候事、御使青侍中、

一、傳奏觸(油小路隆前・久我信通)貳通、左之通、

淺草心月院門前

家主與市

右之者義、山藪等生草蘚之苦味を拔、粉ニ製候方者、食物幷致糊割麥之如く製之方者、米麥等を交、夫食ニ相成、尤毒ニ無之品之旨申立候間、吟味之上、在方筋ニも可成品ニ付、願之通山草蘚之問屋

株賣場差免候、依之京・大坂、其外、國〻へも相對を以出店差出賣弘、右製方習請度旨望之者ハ、最寄之出店申聞次第、聊之禮物ニ不及敎遣し候筈ニ候、右製方習請、在方ニ而手製いたし、夫食糊等用之儀者、勿論之儀候得共、商賣ニ致度者、最寄之與市出店へ差出、外賣ハ不致候樣可致候、右之趣御料ハ御代官、奉行支配之所ハ其奉行、私領ハ領主・地頭より、寺社領共、城下幷在町迄不洩樣可相觸もの也、

九月

右之通、可被相觸候、

酒造米は近年米穀高値につき酒造米の半分は酒造相止め休業者は酒造無用とするとの傳奏觸

一、諸國酒造米之儀、元祿十丑年之定數迄者、新造寒造勝手次第ニいたし、休酒屋之儀も、酒造申度分者、其所之奉行、且御料者御代官、私領者地頭へ相屆、酒造迄儀、勝手次第之旨、寶曆四戌年相觸候處、近年米穀下直之年柄無之、當年之儀も、米直段高直ニ而、末之もの共難儀之趣相聞候間、米穀下直ニ相成、追而及沙汰候迄ハ、諸國共、是迄造來候酒造米候、酒造米高之內、半石者酒造相止、

半石分者酒造ニいたし、且休來り候酒造株之分、酒造之儀可爲無用候、若隱造いたし候ニおいてハ、其者ハ勿論、其所之役人迄、吟味之上急度可申付候間、心得無之樣、御料其外之奉行・御代官、幷御預ケ所・私領ハ領主・地頭ニ而、是迄之酒造高、逸〻遂吟味、半石造之積可申付候、右之趣可被得御意候、

九月

口上

別紙兩通之通、武邊より申來候間、爲御心得各迄可申入之旨、兩傳被申付如此候、已上、

十月三日　兩傳奏雜掌

御名前例之通、

坊官御衆中

追而、御廻覽之後、油小路家(隆前)へ御返し可被成候、以上、

一、尹宮(美仁)樣より御書被進、則御返書被遊候事、

*勸修寺良顯より御祈奉行仰出

一、入夜御用之儀ニ付、勸修寺右中辨(良顯)殿、非藏人口へ御留守居御招ニ付、九十九(牛丸)參向、今宵御祈奉行被仰出

候、仍而御達被成候也、
一、岩永右衞門參上、

閑院宮へ御成參內常の御殿建增の御由

四日、甲戌、雨、當番、菅谷中務卿・今小路兵部卿・松井若狹守・中村帶刀・中嶋織部、大膳斷、
一、午刻前御出門、閑院宮樣へ御成、未刻過御參內、子刻還御、御常之御殿御建添出來ニ付、御樂被爲在候由也、御供松井若狹守・小畑主稅・中嶋織部、御先三人、

*松井永昌發足の屆書

土岐要人閑院宮へ御立入仰付との御屆

一、土岐要人、閑院宮樣へ御立入之儀相願、去朔日願之通被仰付候旨、御屆申上ル、
五日、乙亥、曇、夕方より晴、當番、小川大藏卿・松井相模守・伊丹將監・青水內記、兵庫所勞、
一、金剛院大僧都(眞應)御參殿之事、
一、知足庵參上、

勅使の御發駕御著府に合はせ御贈經使を仰付らるるやうにとの傳奏觸

一、傳奏觸到來、左之通、

口上覺

勅使已下、來ル八日御發駕、同廿日御着府之積リニ候、關東江御贈經之御使者、其節發足被仰付候樣ニと被存候、此段各迄可申入之旨、兩傳被申付如此候、已上、

十月四日　兩傳奏雜掌

御名前例之通、

*松井永昌の御繪符屆書

坊官御衆中

追而、御覽之後、油小路家へ御返し可被成候、以上、

一、關東御納經御使松井長門守(永昌)、明六日發足被仰出候ニ付、御屆貳通、月番油小路家江被差出候事、左之通、

覺

此度御納經御使者、松井長門守被差下候、明六日京都致發足候、逗留之程難計候、罷登候者、早速御屆可被仰入候、此段戸田因幡守(忠寬)殿へ宜御通達可被進候、以上、

午十月五日　妙法院宮御內　菅谷中務卿印

油小路前大納言殿御內　伏田右衞門殿
久我大納言(信通)樣御內　下村丹司殿
辻信濃守殿
岡本內記殿

覺

此度御納經御使者、松井長門守被差下候、明六日京都致發足候、依之御繪符被差出候、逗留之程難計候、罷登候ハヽ、早速御屆可被仰入候、仍爲御

届如此ニ御座候、以上、
午十月五日　　妙――御内
菅――――印
宛名同前、

三上大膳關東への發足につき屆書二通

一、三上大膳、御用筋ニ付、關東へ被差下候御屆貳通、左之通、

覺

妙法院御用ニ付、御家來三上大膳、江戸山王江被差下候、明六日京都致發足候、逗留之程難計候、罷登候者、早速御屆可被仰入候、此段戸田因幡守殿江宜御通達可被進候、以上、
午十月五日　　妙――御内
菅谷中務卿印
油小路前大納言樣御內
伏田右衞門殿
下村丹司殿
久我大納言樣御內
辻信濃守殿
下村丹司殿（マヽ）

覺

妙法院宮御用ニ付、御家來三上大膳江戸山王江被差下候、明六日京都致發足候、依之御繪符被差出候、逗留之程難計候、罷登候者、早速御屆可被仰

入候、仍而爲御屆如此ニ御座候、以上、
午十月五日　　妙――御内
菅――印
宛名同前、
右御屆書、何れも御落手也、御使丸毛彌內、

＊兩名下向につき大津驛への先觸

一、大津驛江先觸遣ス、左之通、

覺

一、御長持　一棹　一、乗物　二挺　一、打上駕籠　一挺
一、分持　五荷　一、本馬　一疋
右者、從妙法院宮關東江、御使者松井長門守・三上大膳被差下候、明六日京都發足ニ候間、右之人馬無遲々差出可給候、以上、
午十月五日　　妙法院宮御使
松井長門守內
中井甚九郎印
長崎文太印
大津より品川迄
問屋中
肝煎中
上包
東海道御傳馬宿
問屋中
肝煎中

松井永昌宿割

又壹通、宿割、左之通、

松井長門守宿割

六日　草津　仙臺屋治郎右衞門、七日　關　松田屋半左衞門、

八日　桑名　福嶋屋作左衞門、　九日　鳴海　錢屋新三郎、

十日　吉田　屋根屋權十郎、　十一日　濱松　井筒屋治平、

十二日　嶋田　大藪屋八郎兵衞、十三日　江尻　大竹屋平七、

十四日　三嶋　山形屋新右衞門、十五日　小田原　伊藤屋源四郎、

十六日　保土ケ谷　富士屋四郎兵衞、

右之通御申付可給候、以上、

午十月五日　中井甚九郎

長嶋文太

問屋中

肝煎中

禁裏へ御玄猪申出

一、今日御玄猪也、禁裏御所江例年之通申出として御使九十九、

硯蓋ニ妙法院宮 御ちこ ト書也、

*關東役人への御書

一、御贈經御眞筆、紺紙紺泥、囑累品一卷、

關東役人中江御書被遣、左之通、

今度就被修法會、

妙經囑累品令新寫候、

於備薦者本懷ニ候、

尚附使者候也、

十月五日御判

――殿

御大老　井伊掃部頭殿(直幸)　格通

御老中　松平周防守殿(康福)

牧野越中守殿(貞長)　連名一通

水野出羽守殿(忠友)

若年寄　酒井石見守殿(忠休)

太田備後守殿(資愛)　連名一通

安藤對馬守殿(信成)

酒井飛驒守殿(忠香)

西丸老中　鳥居丹波守殿(忠意)　格通

同若年寄　井伊兵部少輔殿(直朗)　連名一通

松平玄蕃頭殿(忠福)

寺社奉行　堀田相模守殿(正順)

阿部備中守殿(正倫)

松平右京亮殿(輝高)　連名一通

松平伯耆守殿(資承)

土井大炊頭殿(利和)

肝煎高家
六角越前守(廣孝)殿
有馬兵部太輔(廣之)殿連名一通
中條山城守(信復)殿

聖門宮より御忌日につき有忌日無忌月の法採用すとの來狀

一、聖護院宮(忠譽)様より手紙到來、左之通、
御忌月或被憚之、或不被憚之、右雖存、先規於當
御代者、以來有忌日無忌月之法、可被採用被仰出
候事、
右之通、唯今於非藏人口六條前大納言(有榮)殿被仰候、
尤此段、當門より御一列様方へも御傳達被爲在候
様被仰達候、且御方〻様よりも御承知之旨、御請
被仰上候様ニとの御事ニ御座候、仍御順達被成候、
宜御沙汰可被成候、已上、
十月三日　聖護院宮御内　小野澤按察使
妙法院宮(眞仁)様
青蓮院宮(尊眞)様　知恩院宮(尊峯)様　一乘院宮(尊映)様
追而、御回覧之後、當門へ御返可被成候、以上、

松井三上兩名御暇乞

一、松井西市正(長門守)、明朝發足ニ付、夕方御暇乞參殿、於御
小書院御對面、御盃被下、三上大膳、同日發足ニ付、
御暇乞參殿、於同所御口祝被下也、

松井永昌輪門宮へ進上の繪畫携行

一、今度長門守關東御使被差向候ニ付、輪王寺宮(公延)様江御

書幷絹地畫三枚牡丹・岩猿・槿花、唐紙畫貳枚ゐのころ水ニ龜　被
進候事中村則苗畫也、
一、日嚴院大僧都、御參殿之事、
六日、丙子、晴、當番、菅谷中務卿・今小路兵部卿・松井若狹守・中村帶刀・中嶋織部、

*兩名發足

一、御贈經御使松井長門守、今日發足之事、
一、三上大膳、御用ニ付關東江被差下、今日發足之事、

*勝安養院候人濱崎嚴敬より宿所屆

一、勝安養院(堯海)殿候人濱崎右京(嚴敬)、宿所屆被差出、左之通、
勝安養院僧正候人
濱崎右京法橋
右右京(濱崎嚴敬)儀、是迄壬生村濱崎與惣兵衞方ニ同居罷在
候處、此度勝手ニ付、中町新竹屋町上ル丸屋町萬
屋重藏家へ借宅仕候、仍而爲御屆如斯御座候、已
上、
天明六年午十月　勝安養院僧正使　松井　齊印
菅谷中務卿殿
松井西市正殿
松井相模守殿
右例之通差添被差出、左之通、
覺
勝安養院僧正より別紙之通被相屆候、仍爲御屆如

此ニ御座候、已上、

午十月　　　　妙――御内
　　　　　　　　松井相模守印

油小路前大納言樣御内
　伏田右衞門殿
　下村丹司殿
久我大納言樣御内
　辻信濃守殿
　岡本内記殿

七日、丁丑、快晴、當番、小川大藏卿・松井相模守・伊丹將監・岡本内匠出勤・青水内記、

一、金剛院殿御參殿之事、

一、常樂院(志岸)參殿、

隱岐刑部より座主宣下御祝儀御請申上

一、隱岐刑部卿參上、先達而座主宣下之節、御祝儀拜領仕候、乍延引御請申上候由也、

八日、戊寅、曇或雨、午刻過より晴、當番、菅谷中務卿・今小路兵部卿・松井若狹守・中村帶刀・中嶋織部、

一、金剛院殿御參殿之事、

一、三宅宗達參上、

傳奏より大坂曾我屋源兵衞につき妙門へ立入免ぜらるとの事承知との大坂町奉行の書面寫受領

一、油小路家より御里坊御留守居御招、先達而被相屆候大坂曾我屋源兵衞之儀ニ付、大坂町奉行所紙面之寫御達、卽御承知書被差出候、左之通、

大坂町奉行紙面之寫
當表上本町四丁目北半曾我屋源兵衞儀、妙法院宮江被立入候ニ付、用達被仰付度旨、去巳五月承置候所、此度被差免候段、傳奏衆へ被達候書付被遣之、源兵衞儀も相退候旨斷出候ニ付承置、右之趣阿部能登守(正敏)殿江も相達申候間、傳奏衆へ宜御通達可被下候事、

十月

*右紙面の御請狀

右承知之案、料紙、奉書半切、
大坂上本町四丁目曾我屋源兵衞儀、當御殿御用達被仰付候處、此度被召放候ニ付、大坂町御奉行所江御通達被進度旨、先達而御書付被差出候處、卽御達被進、御聞濟有之候趣、大坂町御奉行所紙面之寫御達被進、委細承知仕候、以上、

午十月八日　　　　妙――御内
　　　　　　　　　　松井相模守

油小路前大納言樣御内
　伏田右衞門殿
久我大納言樣御内
　岡本内記殿

尤下村丹司・辻信濃守、關東江下向ニ付、一名ツヽニ而差出也、

*普請停止の觸は差免ずるとの傳奏觸尚法事は穩便に執行するやうとの觸

一、傳奏觸到來、左之通、

此砌、普請停止之儀、先達而相觸置候得共、明五日より差免候間、此段洛中洛外へ可觸知もの也、

午十月四日

寺々十夜幷會式法事之儀者、佛事之事ニ付、勝手次第ニ候得共、此節御穩便中之事ニ候間、寺々ニ而法事執行候共、穩便ニ執行いたし、參詣人等を請、又者通夜等爲致候儀、決而無用ニ可致候、
右之趣、洛中洛外へ不洩可相觸者也、
午十月五日

＊山門へ來十四日御巡禮の日程書

別紙之通、武邊より申來候間、爲御心得各迄可申入之旨、兩傳被申付如斯ニ候、以上、
十月七日　兩傳奏 雜掌
御名前例之通、
追而、御廻覽之後、油小路家へ御返し可被成候、
以上、

九日、己卯、晴或曇、雨、當番、小川大藏卿・松井相模守・伊丹將監・岡本内匠・青水内記、兵庫所勞、

泉山御代參

一、泉涌寺江御代參、(今小路行先)兵部卿相務、
一、金剛院殿御參殿、
一、石山中納言殿(基名)より御返書來ル、

十日、庚辰、晴、當番、菅谷中務卿・今小路兵部卿・松井若狭守・中村帶刀・中嶋織部、

御登山につき奉書

一、來十四日、御拜堂・御住山被相兼、御登山御治定ニ付、奉書遣ス、左之通、
來十四日・十五日、座主宮諸堂御巡禮可被遊候、

此段可申達旨之由、仰候也、
菅谷中務卿法印 寛常 
十月十日
(堯獲)執行代
(亮寛)執行代
(卽全)別當代

又壹通、
一筆致啓上候、弥御堅固可被成、御勤珍重存候、然者、來十四日御登山被遊、御巡禮、坂本生源寺ニ而御一宿、翌日横川御巡禮被遊、夫より西塔御宿坊へ還御之御沙汰ニ候、爲念得御意候、恐惶謹言、
十月十日　菅――法印 判
執行代
執――
別――
御房
追而、御巡禮所々、別紙書付進候、若十四日雨天ニ候ハヽ、十五日・十六日ニ可被爲成御沙汰ニ候、
以上、
別紙ニ、
十月十四日、
西塔
釋迦堂・法華堂・常行堂・淨土院・戒壇堂・講堂・

前唐院・根本中堂・明王堂《無動寺》、
同十五日、
山王七社・東照宮・明王堂《飯室》・大師堂《横川》・御廟・中堂、
以上、

*御宿坊生源寺につき溪廣院へ御依頼状

又壹通、
一箇致啓達候、然者、座主宮來十四日・十五日諸堂御巡禮被遊、直樣御宿院へ被爲成候、先格之通宜御取計可被成候樣ニと存候、依而此段爲御心得可得御意、如此ニ御座候、已上、

十月十日　松井相模守《永亨》
菅谷中務卿《寛常》

西塔東谷
學頭代（俊榮）
御房

護持御執行は谷堂にてとの念書

又壹通、
一筆致啓上候、彌御堅固可被成候、御勤珍重存候、然者、座主宮御方、當月者護持御執行被遊候、然ル處、來十四日より御登山ニ付、於御宿院御勤可被遊候得共、御宿院御間數も無之候事故、於谷堂御勤被遊度思召候、此段得御意置候樣被仰付候、尤十四日護持御本尊持參可致候間、左樣御心得可被下候、以上、

*御拝堂御供人數

十月十日　松―相―　判
菅―　　同

東谷
學頭代（俊榮）
御房

又壹通、
一筆致啓上候、彌御堅固可被成候、御勤珍重存候、然者、來十四日御登山、諸堂御巡禮、十四日夜生源寺ニ而御一宿、十五日御社參、夫より横川へ被爲成、直ニ御宿坊へ還御之御沙汰ニ御座候、左樣御心得可被成候、右得御意度、如此御座候、恐惶謹言、

十月十日　菅―――丶

溪廣院（堯璦）樣

尚ゝ、十四日生源寺へ向、堀部多仲參り可申候間、左樣御心得可被下候、且又先日申進候下部旅宿之儀も、宜御取計御賴申入候、御供人數、別紙書付進之候、已上、

別紙二、
御拝堂御供人數
院家衆兩人、坊官以下中通拾八人、院家衆供侍四

人、下部五拾五人、

右之通ニ御座候、

又壹通、

一筆致啓上候、彌御堅固可被成、御勤珍重存候、然者、來十四日座主宮諸堂御巡禮被遊候、其節貴院へ御立寄可被遊思召ニ御座候、仍爲御心得申入置候、以上、

法曼院へ御立寄の書狀

十月十日　菅――

(詮榮)法曼院樣

尚々、右ニ付、別ニ御馳走抔被申上候ニ者不及申、暫時御休息之御事ニ御座候、以上、

右書狀、都合六通、何れも料紙中奉書貳ツ折也、

一、松室上野儀、木崎河内宅ニ同居仕度旨相願候ニ付、傳奏油小路家へ御届壹通被差出候事、味右衞門持參、

松室上野の宿所届

覺

非藏人　松室上野

(松室)右上野儀、是迄大佛下馬町自宅致住居罷在候處、此度勝手ニ付、御長屋罷在候妙法院宮御家來木崎河内宅ニ致同居度旨、右河内より相願候、仍爲御届如此御座候、以上、

午十月　妙――御内　松井相模守　印

油小路前大納言樣御内　伏田右衞門殿

久我大納言樣御内　岡本內記殿

一、三執行代より返書、左之通、

＊三執行代よりの返書

來十四日・十五日、座主宮諸堂御巡禮可被遊旨、仰之由奉得其意候、恐惶謹言、

十月十日　別當代　卽全判

執行代　堯環〃

執行代　亮寛〃

菅谷中務卿法印

又壹通、

貴簡致拜見候、先以彌御堅固被成御勤珍重存候、然者、來十四日御登山被爲遊御巡禮、坂本生源寺ニ而御一宿、翌日横川御巡禮被遊、夫より西塔御宿坊へ還御之御沙汰ニ御座候由、御紙上之趣致承知候、恐惶謹言、

十月十日　別當代　卽全判

執行代　堯環〃

執行代　亮寛〃

菅谷中務卿法印

追啓、御巡禮所〻、別紙御書付致落手候、若十四日雨天ニ候ハヽ、十五日・十六日可被爲成旨、承知仕候、以上、

一、溪廣院より返書、如左、

貴簡致拜見候、彌御堅勝被成御勤珍重存候、然者、來十四日御登山、諸堂御巡禮、十四日夜生源寺ニ而御一宿、十五日御社參、夫より横川江被爲成、直ニ御宿坊へ還御之御沙汰御座候趣、奉得其意候、恐惶謹言、

十月十日　溪廣院

菅谷――様

尚〻、御添書之趣、委細致承知候、右御報迄如此御座候、已上、

*谷堂にての護持御執行につき返書

東谷學頭代よりの返書

一、東谷學頭代より返書、如左、

貴簡致拜見候、然者、座主宮樣來十四日・十五日諸堂御巡禮被爲遊、直樣御宿院江被爲成候ニ付、先格之通宜取計候樣被仰下、承知仕候、右御報如此御座候、以上、

東谷 學頭代 俊榮判

菅谷中務卿殿

松井相模守殿

貴簡致拜見候、彌御堅固被成御勤珍重存候、然者、座主宮樣當月護持御執行被遊候、然ル處、從來十四日御登山ニ付、於御宿院御勤可被遊候得共、御間數も無之故、於谷堂御勤被遊度思召候間、此段相心得候樣被仰出、尤護持御本尊御持參之旨、致承知候、右御報如此御座候、以上、

十月十日　東谷 學頭代 俊榮判

菅谷中務卿殿

松井相模守殿

追而、御内〻得御意置候、於谷堂護持御執行被遊候ニ付、道場莊嚴等之儀ハ、如何御取計被成候哉、未交衆之人者、入堂相許不申候間、左樣御心得被下候、乍然御差支之筋御座候ハヽ、金剛院御事、未交衆ニ者候得共、谷衆中事故、出格ニ入堂被致候樣、相取計可申間、是又兼而爲御心得、如此ニ御座候、已上、

一、法曼院より返書、如左、

貴簡致拜見候、彌御堅固ニ可被成御勤珍重存候、

然者、來十四日御門主樣御拜堂之節、當院江御立寄可被遊思召之段被仰聞、承知仕候、右御報可得御意、如此御座候、以上、

十月十日　　法曼院

菅――様

尚々、當院へ被爲成候節、別ニ御馳走之儀申上候ニ者不及申段、是又致承知候、以上、

十一日、辛巳、快晴、當番、小川大藏卿・松井相模守・伊丹將監・岡本内匠・青水内記、

尹宮へ御書御返書は御跡

一、尹宮(美仁)樣江御書被進候處、御成被爲在候ニ付、御跡より御返書可被進由也、

禁裏より月次和歌御題進上

一、禁裏御所より御使女房奉書を以、御月次和歌御題被進、卽御返書被遊候事、御奉行飛鳥井侍從三位(雅威)殿也、

鷹司輔平へ御違例御見舞

一、鷹司左府(輔平)樣、此節御違例ニ被爲在候ニ付、御見廻として長芋一折拾本被進候事、

一、金剛院殿御參殿之事、

東町奉行所より呼出狀

一、東役所目附方與力より來狀、左之通、

以手紙致啓上候、然者、御達被申候儀御座候間、明朝四ツ時和泉守(丸毛政良)御役所江御出可被成候、右可得御意、如此御座候、以上、

十月十一日　　木村源八郎
田中彌五左衞門
本田金右衞門
石崎藤三郎

中村帶刀樣

右、承知之旨、及返答、

*大樹御送葬後所司代混穢中の出入につき傳奏觸

一、入夜傳奏(油小路隆前・久我信通)觸壹通到來、左之通、

口上覺

大樹(德川家治)樣御送葬相濟候由申來候ニ付、來月三日迄戸田因幡守(忠寬)殿被穢候、尤混穢中、御使者等被差向候ハヽ、塀重門より出入、使者之間入側ニ席設有之候、此段爲御心得各迄可申入之旨、兩傳被申付如此候、已上、

十月十一日　　兩傳奏
雜掌

御名前例之通、

坊官御衆中

追而、御廻覽之後、油小路家へ御返し可被成候、以上、

一、常樂院參上、

十二日、壬午、快晴、當番、菅谷中務卿・今小路兵部卿・松井若狹守・中村帶刀・中嶋織部、

一、金剛院殿御參殿、

稱名寺繼目御禮御對面
*清水寺祇園社御參詣閑院宮へ御成四御所へ御參
勝安養院時節御伺
東町奉行所にて錢座村建添の儀御聞入の由にて西町奉行へも御届
*御住山につき萬里小路政房へ仰入
*大乘院へ御逐業御見舞
*勝安養院の大僧正申請
山門へ運送人足計二十人にて道具類差登
*山門へ二十人にて運送

一、稱名寺繼目御禮參上、於宸殿御對面被仰付候事、於御玄關三之間、相模守(松井永亨)及挨拶也、
一、勸修寺中納言殿(經逸)御伺公、時節御窺、尤御對面なし、
一、勝安養院僧正(堯海)御參殿、座主宣下被爲濟候恐悦被申上、且時節爲御伺御菓子一箱被獻之事、
一、昨日申來候趣ニ付、丸毛和泉守御役所江中村帶刀罷越候處、先達而被仰立候柳原庄元錢座跡地續字こゐなりと申所、錢座村建添之儀、吟味有之候處、差支等無之ニ付、被仰立候通被聞濟候旨、和泉守被達候事、尤杭打見分、追而有之候旨也、右ニ付、山崎大隅守(正導)御役所へも、先達而被仰立候處、今日於東御役所御聞濟被進候旨、御達有之候ニ付、御届被仰入候旨、御使口上書を以、御届被仰入候事、東役所掛り目附方本田金右衞門下杉武太夫・西役所目附方上田喜次郎へ御届書差出候處、後刻可申聞旨也、
一、山門江運送人足、本郷・上郷・鹽小路、合貳拾人、庄屋壹人御附添、
一、御屏風一雙、　一、御清所長持一棹、　一、御臺所長持一棹、
一、東尾殿長持一棹、　一、其外分持等差登ス、

十三日、癸未、快晴、當番、小川大藏卿・松井相模守・伊丹將監・岡本内匠・青水内記、
一、巳刻比御出門ニ而、清水寺・祇園社江御參詣、夫より閑院宮樣江被爲成、未刻比、女院御所(富子)、次御參內(光格)、次大女院御所(舍子)、次御參院(後櫻町)、酉刻比、御本殿江還御、御供若狹守(松井永喜)・采女・織部、御先三人、
一、明日山門御住山ニ付、御世話卿萬里小路前大納言殿江被仰入候事、御使牛丸九十九、
一、御宿院萬端取繕ニ付、友田掃部・堀部多仲、今日より登山之事、
一、大乘院御門主(隆遍)江、今日御逐業被成候ニ付、爲御見舞御使被進候事、御使九十九(牛丸)、
一、勝安養院僧正御參殿、申大僧正轉任之儀、未年齡相滿不申候得共、御願被申上候、御許容被爲在候ハヽ、勘例・小折紙、職事方江被附度候、何卒御添使被成下、速ニ蒙勅許候樣御願被申上候處、則〔以下缺〕
一、山門江運送人足、合貳拾人、前日同、
一、奥向御道具長持一棹、　一、御清所棹一棹、　一、御臺所長持一棹、
一、其外分持而差登ス、
十四日、甲申、快晴、當番、菅谷中務卿・後松井若狹守・前今小路兵部卿・中村帶刀・中嶋織部、

今日より御住山高野越御登山

一、從今日御住山、尤今明日者座主宣下以後御拜堂、卯刻過御出門、砂川法性寺ニ而暫時御休、巳刻前山鼻田家ニ而御休、御辨當被召上、夫より高野越御登山、上下寄ニ而御小休、日嚴院大僧都・金剛院大僧都扈從、御供菅谷中務卿・小川大藏卿・小畑主税・鈴木求馬・青水内記・松井多門、茶道牛丸清嘉、御先未吉味右衞門・武知安之丞・小嶋軍治・松井權之進・今西城之進、其餘御供廻り今小路鐵之助・緒方勒負、醫師三宅宗仙、御長刀・御挾箱・對御柄・御沓押兩人、岡本内匠、御先へ廻ルなり、

御宿院御著

午刻過御宿院江御着、夕御膳被召上、未刻比御宿院御出門、御衣躰御素絹・五條・御指貫、日嚴院大僧都・金剛院大僧都衣躰同斷、中務卿(菅谷寛常)・大藏卿(小川純方)直綴、掃部・内匠麻上下、其餘御供如前、

御巡禮箇所

一、御巡禮之ケ所、左之通、

一、本覺院大師堂前ニ而御下輿、方金百疋御奉納、御案内執行代溪廣院、學頭代妙觀院(後榮)、常樂院ハ今明日始終御供也、

一、釋迦堂御下輿同斷、方金百疋御奉納、五谷學頭代堂ノ傍ニ御出迎、執行代披露之、内陣江被爲入御拜、日嚴院大僧都・溪廣院・常樂院隨從、御拜終、内陣より被出候時、下陣ニ御疊設有之、御疊ニ被爲著候刻、饅頭杉折、院内より獻上之、執行代并五谷學頭代出頭、中務卿披露之、

一、惠亮堂御下輿同斷、方金百疋御奉納、

一、法華堂御下輿同斷、御奉納無之、

一、常行堂御下輿同斷、御奉納無之、

右御巡禮相濟、椿堂之前ニ而五谷學頭代御暇、執行代披露之、次其邊ニ而執行代御暇、坊官披露之、

一、淨土院御奉納、方金貳百疋、門外ニ而御下輿、執行代延命院御出迎、坊官披露之、門内ニ八學頭代籠山、禪定院御出迎、執行代披露之、

一、戒壇堂御奉納、方金百疋、八學頭代御出迎、堂前ニ而御下輿、

一、講堂御奉納、方金百疋、如前御下輿同斷、

一、前唐院、右同斷、御奉納無之、

一、根本中堂御奉納、方金貳百疋、樓門之外ニ而御下輿、門内八學頭代御出迎、内陣へ被爲入、日嚴院大僧都・執行代隨從、内陣より被出之時ニ、兼而外陣ニ御疊設有之、被爲着御疊之時、東塔院内よ

り饅頭杉折獻上、八學頭代出頭、執行代披露之、
執行代より棹菓子五棹獻上之、出頭坊官披露之、
於堂下八學頭代御暇、執行代披露之、
一、無動寺法曼院(詮榮)江御立寄、暫御休息、始終より御茶・御菓子等差上、饅頭杉折獻上之、法曼院より養命糖貳箱獻上之、何れも出頭、坊官披露之、尤先例明王堂ニおいて、御茶御(衍カ)茶差上候處、此度者、法曼院江御立寄ニ付、此處ニ而差上ル、但別段法曼院より御菓子等差上、御供江も菓子出候ニ付、方金貳百疋被下也、尤不可爲例也、追付御出門、
一、明王堂御奉納、方金百疋、堂前ニ而御下輿、御拜終而御下堂之節、惣中御暇、執行代披露之、是より無動寺坂御下山、大乘院門前ニ而執行代御暇、坊官披露之、同所ニ而政所代大乘院御暇、執行代披露之、

御宿院へ御機嫌伺の輩

一、御宿院江爲伺御機嫌參上之輩、左之通、
常樂院、一、寶園院(榮範)權僧正、羊羹五棹獻上之事、一、中正院(光賢)、同斷三棹獻上之事、大仙院南谷惣代・寶嚴院北屋惣代・無量院南尾惣代・乘實院北谷惣代・妙觀院東谷惣代、各御對面之事、

生源寺にて御止宿

一、今夜生源寺ニ而御止宿也、先達而より掃部・多仲相詰ル、金剛院殿今日御供ニ而無之故、是も先達而被相詰、
一、戌刻過、生源寺へ着、御堂前ニ而御下輿、溪廣院御出迎、御案內申上ル、被爲着御座之節、溪廣院御口祝持出ル、
一、正觀院(義遍)前大僧正、爲伺御機嫌參上、御菓子一箱獻上、御對面、
一、松禪院(孝俊)參上、同斷、獻上物無之、別當代大林院(卽全)參上、同斷、
一、延命院執行代・光聚坊東照宮別當(亮中)・圓覺院前大僧正・藥樹院滋賀院御留守居・惠心院前大僧正・行光坊・總持坊・學林坊大僧正・竹林院僧正・妙觀院東谷惣代・樹下式部太輔惣代幷自分・生源寺民部太輔・伊勢園正運・同松承・同松瑞
右、各生源寺江爲伺御機嫌參上、申置也、
一、御休息後、夕御膳獻上二汁七菜、御濃茶・惣御菓子、日嚴院大僧都・金剛院大僧都料理同斷、終御酒・御吸物獻上、坊官已下近習料理一汁五菜、中酒・吸物・菓子、靑侍一汁三菜、菓子等出ス、
右、各院內より之馳走也、下部ハ不殘御殿より之御賄下陣へ遣ス、尤先例下部迄も院內より馳走なれ共、急度例与申ニ而も無之、溪廣院より困窮申立候故、御賄被相成候なり、

一、御夜食一汁三菜、御酒等設有之候得共、不被召上、
一、白銀三枚、院内中江金子三百疋、溪廣院執行代、青銅百疋
御先拂之公人江、
右被下物溪廣院江相渡ス、
一、明日御社參之節、御奉納銀壹枚・神樂料金百疋、同
人江相渡置、
十五日、乙酉、快晴、當番、小川大藏卿山門詰・松井相模守・伊丹將監・岡本内匠山門へ・青水内記同、助・兵庫、
一、當日御祝儀申上ル輩、篠田主膳・岩永右衞門、
一、於生源寺朝御膳二汁五菜、御酒・菓子等差上ル、坊官
以下茶道・青侍迄料理出ル、一汁三菜、
一、辰刻過生源寺觀音江御參詣、卽刻御出門、御供金剛
院大僧都、其餘昨日ことく、日嚴院大僧都ハ直樣御
宿院江御參

*横川坂御登山

山麓御巡禮

一、先大宮社江御參社、途中江東塔執行代・横川別當代
御出迎、中務卿披露也、樓門之外御下輿、社司中宮
仕等蹲踞、於同社御神樂奏之、巫女御鈴、御洗米青
侍江相渡、近習請取、坊官へ渡、坊官より院家江相
渡、院家進而被奉御前、御頂戴早而、御鈴・御洗米、
院家・坊官・近習と次第ニ請取、青侍より巫女江相
渡、三執行御案内、公人・御先拂如前日、御奉納神

樂料等、昨夜溪廣院へ相渡置也、七社御參社終而、
二宮樓門之内ニ而社司中蹲踞、東塔執行代披露之、
宮社(仕)蹲踞、樓門之外より御上輿、
一、慈眼堂(天海)、御輿之中ニ而御遙拜、
一、東照宮御奉納金百疋、鳥居之中ニ而御下輿、別當光
聚坊井社司御出迎、東塔執行代披露之、御拜早而元
之所ニ而、別當・社司御暇、執行代披露之、鳥居之際
ニ而執行代御暇、中務卿披露之、生源寺西之方ニ而、
西塔執行代御暇、中務卿披露之、直樣横川坂御登山、
一、飯室明王堂御奉納金百疋、門内堂前ニ而御下輿、谷
衆中御出迎、別當代披露之、内陣江被爲入、金剛院
大僧都隨從、御拜早而被爲出候節、兼而設外陣所被
爲着御疊之時、饅頭杉折獻上、谷衆中出頭、坊官披
露之、
一、安樂院御奉納金貳百疋、別當代御案内、内之門外ニ
而御下輿、門内ニ輪番菽玄(寂カ)御出迎、別當代披露之、
玄關前ニ而大僧中御出迎、別當代披露之、方丈江被
爲入、大僧中江御對面、坊官披露之、寂玄皆如順臺、
大法相濟御茶差上、右安樂院へ被爲成候儀、不格式
之故、先達而之書付ニも無之候得共、依思召俄ニ被

＊護持御執行

＊勝安養院の大僧正申請

爲成候事也、
一、横川中堂御奉納金百疋、堂前ニ而御下輿、堂之傍ニ院内中御出迎、別當代披露之、内陣ニ被爲入、金剛院大僧都随從、
一、慈惠（良源）大師御廟、別當代御案内、拜堂前ニ而御下輿、御奉納なし、
一、大師堂御奉納金百疋、門外ニ而御下輿、門内ニ横川院内中御出迎、別當代披露之、内陣へ被爲入、金剛院大僧都随從、御休息所江被爲入之節、院内中より饅頭杉折獻上、衆中出頭、坊官披露也、外良餅五棹、別當代より獻之、出頭坊官披露之、於同所夕御膳獻上一汁三菜、御菓子等、横川院内中より獻上、院家以下外樣迄湯漬出ル、下部へ者不出也、
一、被下物金三百疋、院内中、一、白綿二把、大林院（別當代）、
右ハ今日御膳上ケ候故、被下也、不可爲例也、
一、當春宸翰御奉納有之、今日御拜見ニ付、白銀貳枚、別ニ御奉納也、
右別當代ニ相渡、
一、御休息以後發輿、於堂下衆中御暇、別當代披露之、於門内別當代御暇、坊官披露之、夫より峯越ニ被爲成、黄昏前、御宿院江還御、御先拂・公人從是御暇、
一、御留守中、御宿院江爲窺御機嫌參上之輩、寶嚴院（北尾惣代）・無量院（南尾惣代）・中正院・寶園院權僧正・大仙院（西谷惣代）、
一、金剛院殿・日嚴院殿・中務卿・掃部・主税・求馬・内匠・靭負・鐵之助・多仲、直樣在山、其餘者、今晩下山也、
一、御宿院御留守中、護持御本尊惠乘房持參、從今晩於谷堂御執行、莊嚴等之儀、妙觀院御世話申上ル、
一、山下勇、未刻登山、
十六日、丙戌、快晴、當番、菅谷中務卿（山門詰）・今小路兵部卿・松井若狭守・中村帯刀・中嶋織部、
一、勝安養院殿勘例・小折紙、傳奏油小路家江御使を以被入内覽候御口上書、左之通、

御口上覺

此度堯海申大僧正之事、年齢未滿候得共、於山門大僧正數多有之候處、於當御室院家大僧正無御座、當時甚御差支之儀も有之候ニ付、被爲恐入候得共、御願被仰立候、蒙勅許候ハヽ、深可被畏思召候、此段宜御沙汰頼思召候、以上、

午十月十六日　妙法院宮御使　松井相模守

右之趣、御口上書持參之處、明日午刻申出候樣、取

御宿院へ參上の輩

*小川坊城俊親へ堯海の大僧正申請

*宗旨御改帳差出

次申候也、

一、御宿院江參上之輩、左之通、

妙行院(横川六谷惣代(堯岷))・鷄頭院(義珣)、昨日御機嫌克還御恐悦、且拜領物御請御禮參上、申置也、

一、法曼院(無動寺)爲伺御機嫌參上、御對面被仰付候事、大林院(別當代)同斷、且院內幷自分拜領物御請御禮申上ル、

一、常樂院參上、同斷、外郎餠三棹獻上、等覺院參上、御拜堂無御滯被爲濟候、恐悅申上ル、御玄關ニ而申置也、乘實院(北谷惣代)同斷、延命院(東塔執行代)同斷、藥樹院同斷、安樂院輪番代寂玄參上、同斷、且拜領物御請御禮申上候、已後御對面之事、溪廣院參上、同斷、銘酒琵琶春一樽二升入獻上、且御洗米社司より差上候由ニ而持參也、

一、正教坊爲伺御機嫌參上、申置、妙觀院(東谷惣代)同斷、饅頭一折獻上、

一、未刻友田掃部・三宅宗仙下山、

十七日、丁亥、快晴、當番、小川大藏卿・松井相模守・伊丹將監・岡本內匠山門詰・青水內記同、助、兵庫、

一、油小路家江昨日勘例・小折紙御內覽相濟、思召も無之候ハヽ、職事方江被附度思召候、返答、何之存寄も無之、御勝手ニ職事方へ可被附也、

一、勝安養院殿、卽勘例・小折紙相渡、御勝手ニ職事江可被附旨申入也、

一、小川坊城頭辨殿(俊親)江御使、御口上書左之通、

此度堯海申大僧正之事、年齡未滿候得共、於山門大僧正數多有之候處、於當御室院家大僧正無御座、當時甚御差支之儀も有之候ニ付、被爲恐入候得共、御願被仰立候、蒙勅許候者、深可被畏思召候、此段宜御沙汰賴思召候、以上、

午十月十七日　妙――御使 松井相模守

右御口上書爲持、追付勝安養院僧正勘例・小折紙被致持參候間、宜賴思召候、返答、唯今被致參內、退出之砌、委細可申入旨也、

一、勘例・小折紙、左之通、

〔コヽニ圖アリ、便宜次頁ニ移ス。〕

一、宗旨御改ニ付一札、傳奏油小路家江被差出候事、牛丸九十九持參也、

一、御宿院江爲御機嫌窺參上之輩、左之通、

惠宅律師、登山御對面之事、鷄足院、參上同斷、〆治壹籠獻上、於御次ニ御酒被下、岩永右衞門、所勞ニ付代を以爲伺御機嫌、大菊一筒幷重之內獻上之事、

一、紅葉一筒御獻上ニ付、長橋との迄御文ニ而被進、味

聖門新宮へ御加行中御見舞*

延命院より御宿院へ竹門様後住につき座主宮の御取計らひを願ふ口上書*

竹門は文明年間慈運親王御入寺以來精宮まで九代親王宮につき御家衆若君を御請難し*

小奉書四ツ折

勘例

妙法院宮院家
常住金剛院
圓恕 三十九歳
正德元年午十二月廿三日任大僧正

妙法院宮院家
日嚴院
堯陳 三十九歳
正德五年戌三月四日任大僧正

同三ツ折

申
大僧正
堯海

上包

妙法院宮正院家
勝安養院僧正堯海 四十四歳

右衞門登山相渡ス、閑院宮樣江御詠草被進、同人御使相勤ル也、

十八日、戊子、快晴、當番、菅谷中務卿山門詰・今小路兵部卿・松井若狹守・中村帶刀・中嶋織部、

一、聖護院新宮樣(盈仁)江御使、御加行中爲御見舞朧饅頭一折百入被進之、御使松井多門、

一、閑院宮樣へ、御到來ニ付饅頭一折被進、御使末吉味右衞門、

一、東塔執行代延命院、山門御宿院江參上、中務卿面會、口上書左之通、

口上覺

此度、竹門樣(曼殊院)御無住ニ付、一條樣(輝良)より若君樣方之內、御相續被爲在度思召候ニ付、彼御殿院家幷御家來中江、其旨御內沙汰御座候處、從慈運親王、精宮御方九代御相續被爲遊、親王宮御曆(歷)代之儀故、此度若宮樣方御相續被爲在候而者、萬端御室御格合も相改り、殊ニ御先代御門主樣方思召とも不相叶儀、何共院家始、御家來中歎敷奉存候ニ付、一統御請難申上旨申上候處、此已後外御攝家若君樣方御沙汰御座候共、御一統御請難申上旨、再往被申上候處、左候ハヽ、女院(富子)御所御內命被仰出候而も、

御請不申上候哉之趣、被仰付候ニ付、御内命甚奉恐入候得共、何共御先代思召之處難相立、歎ケ敷奉存候間、御請難申上奉存候旨申上候、然處、叡慮ニ而被仰出候ハヽ、如何可仕哉之旨被仰出候ニ付、勅命者無是非御儀、可申上様無御座候旨申上候由、則別紙七通を以、竹門様より御勝手、東谷江被仰越候、於彼谷も乍恐御氣毒之儀ニ奉存、院内一山江被及相談候處、御三室御同様之邊ニ而者、於一山も何共御氣毒ニ奉存候、依之座主宮より御内〻御里御所へ被仰立、此度之儀、叡慮之御沙汰無之様被成下度、一山一統奉願候、萬一此度右御相談之儀被仰出候ハヽ、乍恐三御門室ニ、其御例相移候様之御儀も難計奉存候得者、別而歎ケ敷奉存候、何分御憐察被成下、此度之儀、一重ニ座主宮御威光を以、御取計被成下候ハヽ、彼御殿御家來中者勿論、於一山も難有可奉存候、此段宜御沙汰奉願候、以上、

十月十八日　別當代

執行代

執行代

滋賀院

御留守居

菅谷中務卿法印

右口上書外ニ、竹門様御家來より一條様江差出候書付之寫、六條殿(有榮)江差出候書付之寫、御例書等、都合七通持參也、則御對面被仰付、御直ニ御承知之趣仰有之也、

一、如法七條御袈裟、長橋とのより之御返書、御宿院江爲持上ル、

一、一山より願之趣ニよつて、俄ニ明日御下山也、

一、北尾惣代寶嚴院、明日還御ニ付、伺御機嫌御暇乞として、御宿院江參上、妙觀院・常樂院、同斷、

十九日、己丑、晴、當番、小川大藏卿・松井相模守・伊丹將監・木崎兵庫・岡本内匠山門・青水内記同、

一、巳刻頃御宿院出門、雲母坂御下山、赤山明神江御參社、未過刻御本殿江還御、御供日嚴院殿・金剛院殿、中務卿・主税・求馬・内匠・勇・靭負、茶道清嘉、味右衞門・案之丞・軍治、

一、右御出門前、溪廣院參上、中務卿面會、御住山中於御宿院出世役中并西塔院内・同東谷衆中江御茶可被下之處、御宿院殊之外御間狭、其上、此節關東御凶事ニ付、御遠慮ニも被思召候ニ付、御目錄ニ而被下

*明日俄に御下山

*雲母坂御下山赤山明神御参社

*御出門前の御茶下賜御遠慮

*竹門より參殿の者山門の口上書を拜見且つ最初よりの應對の留差出

之候間、一統江可被相達旨申渡、
方金貳百疋宛、
出世役
正觀院(義遍)前大僧正・惠心院(良湛)前大僧正・正覺院前大僧
正・圓龍院(實剛)前大僧正・覺林坊(堯端)大僧正・竹林院(實乘)僧正・
寶園院(榮範)權僧正・中正院(光賢)・惣持坊(順性)・行光坊(恭副)・滋賀院御留守居 藥樹院(孝覺)・
執行代 溪廣院(堯璞)・執行代 延命院(亮寬)・別當代 大林院(卽全)
院内衆中
正教坊・乘實院(選順)・大智院・無量院・眞藏院・寶嚴
院・行泉院・榮泉院(志岸)・正藏院・樹王院・上乘院・
大仙院・淨國院・常樂院・觀泉坊
東谷衆中
安祥院(善應)・等覺院・寂光院(亮乘)・妙觀院(俊榮)
尤本行院在國、嚴王院(慈寂)在府ニ付、不被下也、
一、右御先例ハ於御宿院御茶可被下旨、回章指出、當日
御料理二汁七菜・御茶・御菓子被下候事也、
一、竹門樣坊官・諸大夫江御尋之儀有之間、明日巳刻迄
ニ御參有之樣申遣、
廿日、庚寅、晴、當番、菅谷中務卿・今小路兵部卿・松井若狹守・中村帶刀・中嶋織部(清住)、
一、竹門樣御内千種中務卿・山本筑前守參上、於鶴之間
中務卿面會、一昨日山門一山より、其御所樣御相續
之儀ニ付、願口上書差出候、右ニ付、甚御氣毒ニ思
召、内々御取計も可被遊思召候得共、一山より相願
候而已ニ而者、其御所樣江御遠慮ニ思召候故、御招
申、一應御尋可申入旨被仰付候、尤山門より申立候
趣相違も有之間敷候得共、爲念御披見可有之由ニ而、
一山より之口上書相渡、兩人拜見之上、難有奉存候、
右書付之通相違無御座候間、何分御威光を以、右之
御沙汰不被爲在候樣、偏奉願候、且右書付ニ少々相
替り候事も有之候ニ付、兼而右之御尋ニも可有御座
哉と奉存、最初より之應對之留奉入御覽候由ニ而、
書付數通差出、退去也、

*勝安養院より中山愛親へ一條家の御樣子御尋向後は竹門御相續は座主宮へ御相談の上とする旨中山愛親申上

一、竹門樣一件ニ付、勝安養院を以、中山前大納言(愛親)殿江
内々一條家(輝良)之御樣子御尋被仰遣候處、中山前亞相(愛親)極
内々ニ而一條家江被申上、山門より座主宮江相願之
趣被申上候處、右府樣(一條輝良)殊外御氣毒ニ思召、向後竹門
樣若君樣方御相續之儀被相止、若重而左樣之思召も
被爲在候ハヽ、先座主宮江御相談被爲在、御承知之
上、竹門御室江可被仰入候間、御安心被遊候樣、中
山前亞相より勝安養院殿を以、被申上候事、

桃園院御忌日に泉山御代香

竹門へ御相續の儀は座主宮へ御相談の上にて竹門へ仰入るると申渡

＊竹門より御宿院にて御取計に御禮

高野越にて御登山

＊護持御本尊を御宿院へ持參

＊山本備後守御室御相續一件相濟み御禮參上

＊中正院參上別精竪儀論書御覽に入奉

一、右之趣ニ付、竹門様御内千種中務卿・山本筑前守江、明日辰刻御參殿可有之旨申遣事、

一、入夜中山前大納言殿江御書被進候事、御使松井多門、

廿一日、辛卯、快晴、當番、小川大藏卿・松井相模守・伊丹將監・木崎兵庫・岡本内匠・青水内記不參、

一、桃園院尊儀御忌日ニ付、泉涌寺江御代香、大藏卿、

一、千種中務卿・山本筑前守來、於鶴之間中務卿面會、此間山門一山より相願候其御室之儀、極内〻を以、一條家江再應被仰入候ニ付、向後一條家より其御室御相續之儀被相止候、萬一重而右躰之思召も被爲在候ハヽ、先座主宮江被及御相談候上、其御室江被仰入旨被仰進候間、何れも安心被致候様、座主宮仰候旨申渡、

一、右竹門様一件、早速相濟候ニ付、今日御登山、巳刻御出門、山鼻田家ニ而、御辨當被召上、高野越御登山、申刻過御宿院江着、御供日嚴院大僧都・金剛院大僧都・菅谷中務卿・初瀬川采女・中嶋織部茶道・青水内記・緒方靫負・三谷金吾・三上右膳、安福賀善、御先三人、

一、竹門様一件、右同様之趣、於山門執行代延命院江中務卿申渡、

一、今朝御出門已前、溪廣院・妙觀院江、今日御登山之旨申遣ス、

一、御宿院被爲伺御機嫌參上之輩、無量院南尾惣代・正藏院北谷學頭代・寶嚴院北尾惣代・寂光院・妙觀院、

廿二日、壬辰、快晴、當番、菅谷中務卿山門詰・今小路兵部卿・中村帶刀・中嶋織部山門詰・青水内記同、

一、相模守登山、中務卿下山之事、

一、山門御宿院江爲伺御機嫌參上之輩、左之通、寶園院權僧正・中正院御對面之事、惠心院前大僧正・大仙院・常樂院、

一、竹門様御内千種中務卿・山本筑前、御宿院江參上、相模守面會、御室之儀ニ付、御内〻御取計被爲在、一山より願之通被成下、難有仕合奉存候、爲伺御機嫌求肥壹箱・花一筒獻上之事、

一、護持御本尊、卽生院御宿院江持參之事、

廿三日、癸巳、晴、當番、小川大藏卿・松井相模守山門詰・伊丹將監・木崎兵庫・岡本内匠、

一、山本備後守、御室御相續一件相濟ニ付、爲御禮參上、

一、山門御宿院江參上之輩、左之通、〔以下缺〕

一、中正院參上、先刻被仰遣候別精竪儀論書、極内〻御一覽被遊度旨被仰遣候處、則持參入御覽候、御用之儀被爲在、御對面なし、求肥少し被下之、相模守面

一山惣中より一山よりの願の通相濟み御禮獻上

會也、

一、一山惣中藥樹院・延命院・大林院參上、一山より願之通相濟、難有奉存候、右御禮白銀三枚獻上、溪廣院も參上仕へくの處、無據用事出來ニ付、御斷申上ル、且右ニ付、中務卿彼是取計有之候ニ付、方金三百疋相送ル、此間御料理被下候御禮も乍序申上ル、御對面被仰付候事、

向論議御聽聞を御通達

一、來ル廿七日、於御宿院向問答論議御聽聞可被遊之旨、院家より左之通被申出候也、

以手紙得御意候、來ル廿七日於御宿院向問答論議、座主宮御聽聞可被遊思召候、御參候樣ニ与之御事ニ候、仍申述候、以上、

十月廿三日　　常住金剛院

妙觀院

御房

追而、別紙書付之通、衆中江其院より御達可被成候、廿七日巳刻迄御參可被成候、尤御小五條隨身可然候、以上、

一、論議衆中ケ所、左之通、

正觀院前大僧正・花德院・相住坊・觀喜院(昌宗)・習禪院(韶胤)・法曼院(詮榮)・戒光院(兼存)・正教坊・善光院・松林院・寂光院・乘實院・五智院・無量院・妙觀院・寶積院・寶嚴院・南樂坊(慈芳)・一音院(觀如)、

一、論題別向圓修、講師華德院(亮周)、問者一音院、

右御使妙觀院迄被差向、從妙觀院より衆中へ可達由申遣候也、

一、出世役・院內衆中・東谷衆中、此間御料理被下候御禮として、御宿院へ各追〻參上也、

廿四日、甲午、快晴、當番、菅谷中務卿・今小路兵部卿・松井若狹守・中村帶刀・中嶋織部山門・青水內記同、

*禁裏御月次和歌御詠進

一、禁裏御所御月次御詠進、飛鳥井侍從三位殿(雅威)江被差出候事、御使靑侍中、

一、昨日御宿院より被差出回章、妙觀院より歸る、御請人數左之通、

華德院・相住坊・歡喜院・法曼院・善光院・松林院・寂光院・乘實院・五智院・無量院・寶積院・寶嚴院・南樂坊・一音院、

正觀院前大僧正斷・習禪院同・戒光院同・正教坊同・妙觀院同・大仙院同、

一、未刻比、知足庵爲伺御機嫌登山之事、

廿五日、乙未、快晴、申半刻比地震、當番、小川大藏卿・松井相模守・

銭座村建添に聲掛りの所司代與力へ御挨拶金子御遣

*佛光寺より御住山御見舞

溪廣院へ御拜堂御世話につき金子御遣

*村若縫殿御機嫌伺御酒獻上

閑院兩宮より御住山御見舞

*勝安養院より御機嫌御伺使者

閑院宮御女﨟御年寄中より御住山御伺

松井永昌より江府到著御三家諸役人へ奉書相勤めし由の飛札

*御宿院に於て論議十四僧參集

元黒谷御參詣

伊丹將監・木崎兵庫・岡本内匠、
一、諸司代與力加藤治兵衞江爲御挨拶、水口要人を以、
金五百疋被下之、
右ハ先達而銭座村建添之儀ニ付、聲掛り之儀相願候
處、此間無滯相濟候ニ付御挨拶也、
一、溪廣院御宿院江爲伺御機嫌參上、御對面之事、且御
拜堂之節、彼是御世話申上候ニ付、方金百疋被下之
候、
一、未刻頃、友田掃部登山、
一、閑院宮樣御使多田圖書登山、御住山爲御見舞、御菓
子一箱被進之、尹宮樣よりも御同樣御傳言也、
一、閑院宮樣御女﨟・御年寄中より、御住山御機嫌うか
ゝひ申上候事、
廿六日、丙申、晴、當番、菅谷中務卿・今小路兵部卿・松井若狹守・中村帶刀・中嶋織部山門・青水内記同、
一、關東御使松井長門守(永昌)、江府著御屆、且御三家、其外
諸役人中江之御奉書御使相勤候由、以飛札申上ル、
卽返翰差出ス也、
一、山門御宿院より御歩行ニ而、元黒谷江御參詣、御奉
納方金百疋、
一、御宿院相模守より手紙來ル、彌來廿八日御下山被遊
候由也、
一、勝安養院殿御參殿之事、
一、佛光寺(順如堯祐)御門主より使者、御住山中爲御見舞、薄雪昆
布一箱被上也、
一、御家來分一統御住山中爲御機嫌窺、惣代村若縫殿登
山之事、
一、村若左門・同縫殿より同斷ニ付、御酒一樽三斤入獻
上也、
廿七日、丁酉、卯刻比初雪、後霽、當番、小川大藏卿・松井相模守山門・伊丹將監・木崎兵庫・岡本内匠、
一、勝安養院殿使者登山、御住山中爲伺御機嫌、干菓子
一箱被獻之事、尤登山可被致之處、勅許之儀難計候
故、略儀なから使者を以被上候由也、
一、今日於御宿院被催論議、衆中巳刻過參集、其人數、
華德院(亮周)・相住坊(淑徽)・歡喜院・法曼院・善光院・松林
院・寂光院・乘實院・五智院・無量院・寶積院・
寶嚴院・南樂坊・一音院、
右論議畢被引御布施、美濃紙貳束ツヽ、卽生院勤也、
一、御夕料理香物五菜・御吸物・御酒尤中酒也、夕飯畢而、
酉刻過衆中与御對面、巳刻退出、

*西塔坂御下山

*松井永亨友田掃部御宿院引渡等の御用にて在山

御迎の人數登山

*勝安養院より還御恐悅幷に申大僧正勅許御禮申上

御宿院へ御下山御暇乞に參上の輩

*勝安養院參上

*傳奏幷に職事へ大僧正勅許御挨拶

*東本願寺御夫妻より還御御歡

但、御宿院ニ而可有之處、御間狹故、本行院寺院御借用也、

一、配膳五人、溪廣院江入魂、坂本より雇也、但シ、麻上下着用也、

一、家具其外、妙觀院江入魂也、

一、寶園院權僧正・中正院大僧都、論議聽聞參上、御對面被仰付、已後御料理被下也、常樂院・妙觀院御取持として參上、御料理被下之、

一、明日還御、依之爲御迎松井若狹守登山、

廿八日、戊戌、快晴、當番、菅谷中務卿・今小路兵部卿・松井若狹守・中村帶刀・中嶋織部山門・青水内記同、

一、寅刻過、山門江御迎之人數差登、

一、今日御下山ニ付、御暇乞として、御宿院參上之輩、左之通、

無量院・樹王院・行光院・乘實院・總持坊・敎王北谷惣代院・南樂坊横川解脱谷惣代・鷄頭院都卒谷惣代・一音院般若谷惣代・瑞應院戒心谷惣代・禪林竹林院代僧院・吉祥院南谷惣代・五智院東谷惣代・大乘院無動寺惣代・護心院西谷惣代・藥樹院滋賀院御留守居・正觀院前大僧正・延命院執行代・大林院別當代・妙觀院・寂光院・定光院香方谷惣代・唯心院飯室谷惣代・溪廣院執行代・圓覺院前大僧正・常樂院、

一、巳半刻御宿院御發輿、釋迦堂前ニ而溪廣院執行代・五學頭代御見送り、西塔坂御下山、山鼻田家ニ而御休息、夕御膳被召上、申刻過御本殿江還御、御供日嚴院殿・金剛院殿・松井若狹守・中嶋織部・青水内記・緒方靫負・三谷金吾・三上右膳、茶道賀善、御先三人、

一、今日迄ニ而、御住山御引被遊候得とも、表向御沙汰無之、先御本殿江還御と申分也、但先年、右ニ付院内より御見送り無之候得共、此度ハ何れも罷出也、

一、松井相模守、御宿院引渡シ御用等有之候ゆへ、山門ニ相殘ル也、

一、友田掃部、諸道具等萬端取片付ニ付、右同斷也、

一、入夜勝安養院殿より使を以、今日御機嫌克還御恐悅、幷申大僧正之事、只今蒙勅許候、仍不取敢御禮被申上、尙明日參殿可被致旨也、

廿九日、己亥、晴、當番、小川大藏卿・松井相模守山門へ・伊丹將監・木崎兵庫・岡本内匠、

一、勝安養院大僧正御參殿、申大僧正勅許御禮被申上候事、

一、右ニ付、傳奏衆幷職事小川坊城殿(俊親)江御挨拶被遣候、御使九十九、

一、東本願寺(乘如光遍)御門主より、御住山被爲濟候爲御歡、昆布一折五拾本、使者を以被上之事、尤千代宮(伏見宮貞建女)御方よりも

*竹門より御室の儀御取計に御禮

*護持御本尊撫物細川常芳へ相渡

日光准后宮より御歡

中山忠尹御對面

*溪廣院より御住山相濟み御挨拶

*淨妙庵より御機嫌伺

水戸尾張家より大樹樣への御悔に御返翰

*閑院宮四御所へ御參

御宿院にての御用

*勝安養院へ御祝儀御遣

*鳴物停止は家業の分は明日より差免じ無益の遊興は相愼むやう傳奏觸

御傳言之由也、

一、竹門樣御內千種形〔刑〕部卿參上、御室之儀御內〻御取計被遣候ニ付、爲御禮參上、

一、隨宜樂院宮(公遵)樣より御使、御住山被爲濟爲御歡、羊羹一折五棹被進之、

一、中山中納言(忠尹)殿御伺公、於梅之間御茶・多葉粉盆出ス、於御書院御對面、暫時して御退去也、

一、安祥院參上、御住山被爲濟候恐悅申上ル、山本內藏同斷、三宅宗達同斷、

一、水戸宰相(德川治保)殿・尾張大納言(德川宗睦)殿より奉書來ル、大樹樣(德川家治)薨去御悔之御返翰也、廿八日付落、

同、

一、松居六右衞門、御住山被爲濟候恐悅申上、方金三百疋獻上之事、

一、山門ニ而御用向、左之通、

一、此間御借用之論書御返却、中正院江掃部より相渡ス、

一、妙觀院へ、明日御宿院引渡可申旨、手紙ニ而申遣ス、

一、今日御本殿江運送人足、寺戸・牛ケ瀨・千代原、合四拾人、庄屋壹人ツヽ付添、

一、奧向御長持貳棹、一、上下臺所御長持四棹、一、屛風貳雙ツヽ、一、分持四荷、一、疊九疊、一、御疊一つ、一、御翠簾貳枚、

卅日、庚子、快晴、當番、菅谷中務卿・今小路兵部卿・松井若狹守・中村帶刀・中嶋織部・靑水內記、

一、護持御本尊幷御撫物申出、細川極﨟(常芳)・地下役人兩人附添參上、於鶴之間中務卿法印面會、出家卽生院持出相渡ス、以後御對面被仰付候事、

一、溪廣院參上、御住山被爲濟候恐悅、院內中より昆布一折五十本獻上、幷爲伺御機嫌御菓子一折獻上、於御書院御對面之事、

一、惠宅師より、爲窺御機嫌梨三ツ獻上之事、

一、巳刻過御出門ニ而、閑院宮樣被爲成、夫より女院御所、次御參內、次大女院御所、次御參院、還御懸、又閑院宮樣江被爲成、子刻比還御、御供大藏卿・求馬・內記、御先三人、

一、勝安養院殿、今般申大僧正被蒙勅許候ニ付、爲御祝儀、昆布壹箱被遣候事、

一、傳奏觸壹通到來、左之通、

口上覺

先達而相觸置候鳴物停止之儀、渡世ニいたし候鳴物・音曲家業之分、明廿八日差免候、右之外遊興之音曲・鳴物無用可致候、其外無益之遊興、多勢

御宿院引渡*
松井永亨等下山*
山門よりの運送終了
四御所女一宮閑院宮へ當日御祝儀仰上*
東本願寺へ御挨拶*
智積院へ下關につき御餞別御遣*
妙觀院へ金子御遣
勝安養院より御祝儀御請御禮使*
御附武家より呼出状*

之講會等、其人柄ニより別而相愼可申候、
右之通武邊より申來候間、爲御心得各迄可申入之
旨、兩傳被申付如此候、以上、
十月廿九日　兩傳奏　雜掌
御名前例之通、
坊官御衆中
追而、御廻覽之後、油小路家へ御返し可被成候、
以上、
一、今日山門より運送人足大原村・鹿ケ谷村合貳拾人、庄屋壹人ツ
ヽ付添、
一、上下御臺所御長持貳棹、一、下臺所荒道具類、其外分
持等、
一、東尾殿長持壹棹、
右ニ而不殘差下候也、
一、妙觀院、此度護持莊嚴、并論議之節、器物等御世話
申上候ニ付、爲御挨拶方金貳百疋被下、
一、本行院寺論議之節御借用、依之方金百疋被下之、尤
當時無住ニ付、學頭代妙觀院へ相渡ス、
一、岡本對馬、御住山中彼是御世話申上候、依之青銅三
貫文被下也、

一、今日御宿院引渡也、院主嚴王院當春より在府ニ付、
學頭代妙觀院江松井相模守・友田掃部引渡也、但し、
新ニ建候御湯殿・御便所并供侍小屋等、其儘ニ指置也、
一、引渡相濟、依之松井相模守・友田掃部、下役岡田林
藏、板元土田安兵衛・下部三人召連下山也、

閏十月　御用番菅谷中務卿(寛常)、

朔日、辛丑、曇、當番、小川大藏卿(純方)・松井相模守(永亨)・伊丹將監(三谷寛重)・木崎兵庫・岡本内匠、西市正(松井永昌)在府、三河内(初瀬川宗邦)・藏人所勞、
一、四御所(光格・後櫻町・舍子・富子)・女一宮(欣子)樣江當日御祝儀被仰上候事、閑院宮(典仁)
樣江も同斷被仰進候事、右御使松井若狹守、
一、東本願寺(乘如光遍)御門主へ御使、此間御住山被爲濟候爲御歡
使者被上候御挨拶として、昆布一折五十本被爲送候
事、御使岡本内匠、
一、智積院(實嚴鑁啓)僧正此間關東江下向ニ付、爲御餞別白綿貳把
被遣之、尤下向之節可被遣之處間違、今日以御使被
遣候也、御使青侍中、
一、勝安養院大僧正使者、昨日御祝儀被遣候御請被申候
事、尤所勞ニ付、先使者を以御禮被申上候由也、
一、入夜御附武家(水原保明・建部廣般)より手紙到來、
相達候儀有之候間、各方之内御壹人、明二日巳刻

(水原保明)攝津守御役宅江被相越候、以上、

閏十月朔日　　水原攝津守(保明)
　　　　　　　建部大和守(廣般)

松井長門守様
木崎河内様

右承知之旨及返事也、

一、當日爲御禮參上之輩、山本内藏・篠田主膳・三宅宗甫・香山大學・市川養元・岩永右衞門・土岐要人、

*西本願寺より御歡使

*淨妙庵恐悦申上

*東福寺へ御成紅葉御覽

二日、壬寅、晴或曇、當番、菅谷中務卿・今小路兵部卿(行先)・松井若狭守(永喜)・中村帶刀・中嶋織部・青水内記(徳方)、

關東への御機嫌伺の菓子依頼につき年寄衆より先格に准ずとの御達

一、昨日御附武家より申來候趣ニ付、青水内記行向候處、達之趣左之通、

妙法院宮(眞仁)

右宮より此度爲伺御機嫌、上様江御菓子一箱、自分御役宅迄以使者被頼度由、

右之通書付例書等被差出候、先格ニ准し取計候様、年寄衆より申來候間、被得其意可被達候、

閏十月

右之通戸田因幡守(忠寛)より申聞候ニ付、此段相達候、以上、

閏十月二日　　水原攝津守

建部大和守

三日、癸卯、晴或曇、當番、小川大藏卿・松井相模守・伊丹將監・木崎兵庫・岡本内匠、

一、日嚴院(洞海)大僧都御參殿之事、

*徳川家齊への朦中御見舞品につき御聞繕書を御附衆へ差出

一、昨日御附武家より達之趣ニ付、御聞繕書差出候事、

九十九(牛丸)持參也、

大納言様(徳川家齊)江御朦中御機嫌爲御見舞被進物、二條表江御使何日頃ニ可被差向候哉、此段宜御聞繕可被進候、以上、

閏十月三日　　妙──御内　菅谷中務卿

一、西本願寺(法如光闡)御門主より使者、御住山被爲濟候爲御歡蒸菓子五棹被遣也、

四日、甲辰、晴、當番、菅谷中務卿・今小路兵部卿・松井若狭守・中村帶刀・中嶋織部・青水内記、

一、常樂院(志岸)參上、

一、惠宅師參殿、此間御機嫌克御下山恐悦申上ル、

一、午刻頃御出門ニ而、東福寺江御成、紅葉御覽、於方丈御吸物・御酒等被召上、酉刻還御、御供中務卿(菅谷寛常)・主税・内記(青水)・靭負・金吾(岡本)・内匠(堀部)・多仲・勇・右膳、

御先三人、

*關東への御進物明日所司代へ差出すやう御附衆より來狀

一、御附武家より手紙到來、

其御方より此間被差出候御聞繕書之通、御使者明

*萬里小路政房御對面

*妙觀院御對面

*關東への御贈經につき拜領物の御禮を所司代と關東へ仰入るるか先格例書を傳奏より問合

關東への御見舞品所司代へ差出

竹門より一件相濟みにつき御挨拶進上關與の者へ金子御遣

東御殿御棟上につき棟梁以下へ御祝儀御遣

*禁裏より月次和歌御題進上

五日巳刻、戸田因幡守御役宅江被差出候様、因幡(戸田忠寛)守より申候儀ニ付、相達候、已上、

閏十月四日　水原攝津守
建部大和守

松井長門守様
木崎河内様

右承知之旨及返書也、

五日、乙巳、晴、當番、小川大藏卿・松井相模守・伊丹將監・木崎兵庫・岡本内匠、

一、關東御朦中爲御見舞、大納言様江干菓子一箱、諸司(戸田忠寛)代亭まで以御使被進之、御使菅谷法印・副使軍治、

一、竹門様より御使千種中務卿、御室一件無滯被爲濟候ニ付、爲御挨拶御卓一箱・御香爐一箱・御菓子一箱被進之、右ニ付中務卿江白銀三枚、松井西市正(永昌)・松井相模守江金三百疋ツヽ被下也、

一、知足庵參上、御對面之事、

六日、丙午、晴、當番、菅谷中務卿・今小路兵部卿・松井若狹守・中村帶刀・中嶋織部・青水内記、

一、此度東御殿被引、今日御棟上ニ付、修理方役人幷棟梁已下江御祝儀被下也、左之通、

金百疋ツヽ、木崎兵庫・友田掃部、下役兩人江銀五匁宛、一、銀子貳匁棟梁佐原利左衞門、下大工廿五人へ靑銅貳拾疋ツヽ、

一、萬里小路前大納言殿(政房)御伺公、於御書院御對面已後、於梅之間、御湯漬出也、暫時して御退去也、

一、山門妙觀院(俊榮)參上、於御書院御對面被仰付候事、

一、傳奏觸壹通到來、

口上

一、關東江御贈經之御使者上京之後、拜領物之御禮、所司代江御使者を以被仰入候哉、關東江も以御飛札被仰入候哉否之儀、御先格被成御吟味、來ル八日迄御書付、久我家(信通)江可被仰聞候事、

一、關東江御飛札被差向候ハヽ、鳥居丹波守殿(忠意)へハ不及御呈書旨ニ御座候事、

右之趣、各迄可被申入之旨、兩傳被申付如此御座候、以上、

後十月六日　兩傳奏雜掌

御名前例之通、
坊官御衆中

追而御廻覽之後、油小路家へ御返し可被成候、以上、

一、禁裏(光格)御所より女房奉書を以、御月次和歌御題被進、

*右承知の返書

關東への御納經使者は自分拜領物の御禮に所司代に罷出るも關東への御飛札仰入はなしとの先例を傳奏へ返書

則御返書被遊事、

七日、丁未、快晴、當番、小川大藏卿・松井相模守・伊丹將監・木崎兵庫・岡本内匠、

一、傳奏衆江被差出候書付、如左、

覺

關東江御納經之御使者上京後、自分拜領物之爲御禮、所司代(戸田忠寛)江罷出候儀、先格ニ御座候、且御飛札を以被仰入候儀、是迄御例無御座候、以上、

閏十月七日　妙法院宮御内　菅谷中務卿

油小路(隆前)前大納言樣御内　伏田右衞門殿

久我(信通)大納言樣御内(章業)　下村丹司殿

辻信濃守殿

岡本内記殿

*養源院門前假番所取建の立合

右書付、久我家江被差出候事、九十九持參、御落手也、

*圓山應擧を繪御稽古に御召出御對面席畫仰付

養源院にて大樹樣御法事につき假番所設置の旨西町奉行の申付にて屆出書

一、砂川猶右衞門より來狀、

以手紙致啓上候、然者、於養源院、浚明院(徳川家治)樣御法事相勤申候、依之所司代より勤番被仰付候ニ付、養源院門前ニ先格之通假番所取建被申付、明八日より取懸り申候、尤取建中、棟梁壹人被附置候間、此段可得御意旨、大隅守(山崎正導)被申付如此御座候、已上、

*鳥居忠意は御本丸にて月番加判の旨御附衆より傳達

閏十月七日　妙法院宮　砂川猶右衞門

御坊官中

右返事、左之通、

御手紙致拜見候、然者、於養源院、浚明院樣御法事御座候ニ付、養源院門前ニ御先格之通、假番所被相建候ニ付、明八日より御取懸り、尤取建中棟梁壹人被附置候旨、委細御紙表之趣致承知候、右御報如此御座候、以上、

閏十月七日　菅谷中務卿

砂川猶右衞門樣

八日、戊申、晴、當番、菅谷中務卿・今小路兵部卿・松井若狹守・中村帶刀・中嶋織部・青水内記、

一、金剛院殿(眞應)御參殿之事、

一、養源院門前假番所取建取繕として、棟梁壹人罷越、中村平右衞門立合也、

一、圓山主水(應擧)畫御稽古ニ付被召、於御白書院御對面、御口祝被下、已後於御側席畫被仰付候、於御廣間御湯漬・御酒等被下也、

一、入夜御附武家より手紙到來、

鳥居丹波守事、去朔日御本丸江被召連、月番加判可相務旨、奉書到來ニ付、此段爲御心得相達候、

以上、

閏十月八日　　水原攝津守

建部大和守

松井長門守樣

木崎河內樣

右承知之旨及返事也、

九日、己酉、快晴、當番、小川大藏卿・松井相模守・伊丹將監・木崎兵庫・岡本內匠、

一、後桃園院尊儀、御忌日ニ付、泉涌寺江御代香今小路兵部卿、

一、岸紹易・三宅宗達・常樂院參上、御對面之事、

一、中村靜安參上、於御書院御對面之事、

十日、庚戌、快晴、當番、菅谷中務卿・今小路兵部卿・松井若狹守・中村帶刀・中嶋織部・青水內記、

一、圓山主水畫御稽古ニ付、爲御祝儀方金三百疋、白綿貳把被下也、尤表役より奉書ニ而遣ス也、

一、傳奏觸壹通到來、左之通、

口上覺

關東江御飛札被差向候ハヽ、鳥居丹波守殿江者、不及御呈書旨、先達而被申入置候、然處、丹波守(鳥居忠意)殿事者、朔日御本丸江被召連、月番加判可被相勤旨、被仰出候段申來候、依之以來老中方被加連名

後桃園院御忌日につき泉山御代香

*御附衆より呼出状

圓山應擧へ畫御稽古につき御祝儀御遣

關東への御飛札に鳥居忠意には呈書不要と申入れしが朔日より御本丸にて老中方に連なりし旨傳奏觸

*妙門宮より座主宣下御祝儀を關東へ差出すに及ばずと年寄衆より申來る旨御附衆の傳達

候儀ニ御座候、尚又此段爲御心得、各迄可申入旨、兩傳被申付如此候、以上、

後十月九日　　兩傳奏 雜掌

御名前例之通、

坊官御衆中

追而御覽之後、油小路家へ御返し可被成候、以上、

一、御附武家より手紙到來、

相達候儀有之候間、各方之內壹人、今日中大和守(建部廣殷)御役宅江御越可有之候、以上、

閏十月十日　　水原攝津守

建部大和守

松井長門守樣

木崎河內樣

右承知旨及返書也、

右之趣ニ付、建部大和守役宅江中嶋織部行向之處、達之趣左之通、

妙法院宮、此度座主宣下相濟候爲御祝儀、昆布一箱被獻度、先格者、不相見候得共、當時依御由緒、自分御役宅へ以使者被獻度旨、家司差出書付被差出之候、年寄衆へ相達候處、此度被獻物ニ不及段

申來候間、得其意可被相達候、

右之通、戸田因幡守申聞候ニ付相達候、以上、

閏十月十日　　水原攝津守

建部大和守

*養源院御法事の三日間とも所司代御參詣につき三十三間堂に供廻用を御明置くやう依賴狀

一、深谷平左衛門より來狀、

以手紙致啓上候、然者、來ル十六日・十七日・十八日、右三ケ日之間、於養源院御法事相勤申候、右ニ付三ケ日共、所司代御參詣之事ニ御座候、其節三拾三間堂內ニ而、所司代供廻、休息并仕度等いたし度由御座候、御差支も無御座候ハヽ、右堂內御明ケ置可被下候、此段拙者より御掛合申候樣被申候ニ付、如此御座候、否御報被仰聞可被下候、其外御世話ニハ及不申候、以上、

閏十月十日　　深谷平左衛門

妙法院宮

御坊官中樣

右承知之旨、返書ニおよぶなり、

一、三宅宗達參上也、

十一日、辛亥、快晴、當番、小川大藏卿・松井相模守・伊丹將監・木崎兵庫・岡本內匠、

*鳥居忠意に御老中御登庸の賀書差出

一、鳥居丹波守殿、今度御本丸御老中被仰付候ニ付、御

賀書被遣也、左之通、

今度登庸之由

珍重之事、爲演

賀詞如斯ニ候也、

閏十月十一日　御判

鳥居丹波守殿

上書如此、上箱同斷、

鳥居丹波守殿　妙

右御書、此節大膳（三上）在府ニ付、宜取計候樣申遣ス也、

十二日、壬子、晴、當番、菅谷中務卿・今小路兵部卿・松井若狹守・中村帶刀・中嶋織部・青水內記、

十三日、癸丑、晴、入夜少雨、當番、小川大藏卿・松井相模守・伊丹將監・木崎兵庫・岡本內匠、

一、常樂院參上、

*柴田平左衛門より御用達御免の願書

一、御用達柴田平左衛門儀、病身ニ付、御用達御免之儀相願候ニ付、御屆書壹通被差出候事、

覺

妙法院宮御用達
柴田平左衛門

右之者、泉州萬代庄高田村百姓平右衛門方ニ致同居候旨、去五月御屆被仰入置候處、此度病身ニ付御用達御免之儀相願、則願之通被差免候、仍御屆被仰入候、此段堺御奉行所ヘ宜御通達可被進候、以上、

午閏十月十三日　　妙法院宮御內　菅谷中務卿印

*浚明院様法事養源院にて修行につき知恩院にての惇信院様御法事には御參詣御納經ありし故此度も同様かと存じ法事刻限を御通知する旨傳奏より來狀

近衞經熙内佐竹靜休へ染筆物獻上につき御挨拶

閑院宮へ御成女院へ御參内

養源院の番所出來所司代家來へ引渡し取拂ひ通報なき旨西町奉行申付の來狀

油小路前大納言様御内　伏田右衞門殿
久我大納言様御内　下村丹司殿
辻信濃守殿
岡本内記殿

右御居書、九十九持參、御落手之由也、

一、近衞様(經熙)御内佐竹靜休江、此間染筆物被仰付候處、昨日差上候ニ付、右爲御挨拶、方金百疋被下也、尤表役より奉書ニ而遣之也、

十四日、甲寅、晴、當番、菅谷中務卿・今小路兵部卿・松井若狹守・中村帶刀・中嶋織部・青水内記、

一、午刻前御出門ニ而、閑院宮様江被爲成、夫より女院(舍子)御所、次御參内、子刻前還御、御供小川大藏卿・中嶋織部・鈴木求馬、御先三人、

一、砂川猶右衞門より來狀、

以手紙致啓上候、然者、此間及御逐合候養源院門前假番所出來ニ付、明十五日棟梁より所司代御家來へ引渡申候ニ付、爲御心得此段得御意候、御法事相濟番所取拂候節、最早得御意間敷候間、左様御心得可被成候、右之段可得御意旨、大隅守被申付、如此御座候、以上、

閏十月十四日　砂川猶右衞門

菅谷中務卿様

右承知之旨、及返書也、

一、傳奏衆より左之通申來ル、

浚明院様御位牌、養源院ニ被建候、依之來十六日・十七日・十八日右三ケ日之間、養源院自分之御法事修行之間、寶暦十二年四月、惇信院(德川家重)様御位牌、知恩院ニ被安置、知恩院方丈、自分之御法事修行之節御參詣、御納經候者、此度も右三ケ日之内御參詣、又者御納經候様ニと被存候、否之儀明十五日晝時迄ニ以御書付、油小路家へ被仰聞候、尤御參詣御座候ハヽ、御法事刻限之通相濟候迄、暫御待合不被遊候てハ相成間鋪哉、御法事相濟候以後、御參詣可然被存候、仍而御法事刻限、左之通爲御心得被申入候、

十六日未刻始行、十七日辰刻始行、十八日酉刻始行、

右十七日・十八日巳刻迄ニハ、御法事相濟可申候、

右刻限附之通ニ而、御法事相濟候由ニ候、右爲御心得各迄可申入候旨、兩傳被申付如斯候、以上、

閏十月十四日　両傳奏　雑掌

御名前例之通、

坊官御衆中

追而、御代參被差向候御方樣御座候ハヽ、下乘ハ前々より養源院惣門外之趣ニ御座候、爲念此段被申入置候、尤早々御廻覽之後、油小路家ヘ御返し可被成候、以上、

十五日、乙卯、曇、入夜晴、當番、小川大藏卿・松井相模守・伊丹將監・木崎兵庫・岡本內匠、

一、當日御祝儀として參上之輩、山本內藏・村若縫殿、

一、山門善住院住職繼目爲御禮參上、扇子三本入獻上也、

一、圓山主水參上、此間御目錄拜領仕候御請申上、早速御請參上可仕候處、此間より浪華へ罷越、一昨日上京仕候ニ付、乍延引御請申上候也、

一、昨日傳奏衆より申來趣ニ付、油小路家へ御書付壹通被差出候事、

今度浚明院樣御位牌、養源院江被建候、依之來ル十六日・十七日・十八日、右三ケ日之間、於養源院自分之御法事執行ニ付、御參詣之事、此節少々御違例ニ被爲在候故、御名代院家中被差向候事、

一、御納經等之儀ハ、御先格無御座候事、

*難波宗城飛鳥井雅威へ御家來の蹴鞠色目御免の御禮仰入

圓山應擧參上御目錄拜領の御請申上

傳奏へ養源院への御參詣は御名代差向け御納經は先格無しとの御書

*南尾南谷北尾の各惣代御住山恐悅申上

閏十月十五日　妙―――御內　菅谷中務卿

油小路大納言樣御內　伏田右衞門殿

久我大納言樣御內　辻信濃守殿

下村丹司

岡本內記ヽ

右料紙、奉書半切、上包美濃紙也、

一、難波前大納言殿（宗城）・飛鳥井侍從三位殿（雅威）江御使、御家來蹴鞠色目之儀、以御使左之通書付被差出候事、

右明年之布羅上、此度御免之事　菅谷中務卿

木崎兵庫

青水內記

右同斷、萌黃下濃、此度御免之事、

右之通、被爲免候樣、御禮被仰入候事、

閏十月十五日　妙―――御使　初瀬川采女

右料紙、奉書半切也、

十六日、丙辰、晴或曇、當番、菅谷中務卿・今小路兵部卿・松井若狹守・中村帶刀・中嶋織部・青水內記、

一、山門南尾惣代無量院・南谷惣代大仙院參上、御住山被爲濟候恐悅申上ル、

松尾佐兵衛へ此度の普請につき白銀下賜

*一條家へ御染筆物仰遣はされし御挨拶金子御遣

勝安養院大僧正勅許參內相濟み御禮獻上

常樂院佛書御講釋奉

養源院にての浚明院樣御法事に金剛院御代香

*南都藥師寺の修造勸化狀につき傳奏觸

御代香は坊官諸大夫然るべし

一、北尾惣代寶嚴院、右同斷、別段外良餅一折獻上之事、

一、尹宮(美仁)樣より御書被進、即御返書被進候事、

一、松尾佐兵衛、此度普請仕候ニ付、竹木拜領之儀相願候ニ付、白銀三枚被下之事、

十七日、丁巳、曇、當番、小川大藏卿・松井相模守・伊丹將監・木崎兵庫所労・岡本內匠、

一、勝安養院殿使者濱崎右京(推敬)、申大僧正以後參內今日相濟候ニ付、爲御禮引合十帖被上之事、

一、常樂院參上、佛書御講釋奉ル、

一、浚明院樣御法事、於養源院修行ニ付、金剛院大僧都御代香御勤也、御先廻り出家惠乘房(玄隆)、大僧都御參詣待請、道場江隨從ナリ、金剛院殿御供、輿脇兩人・先三人、尤養源院惣門外ニ而下乘、常ノ玄關也、

一、堂上方ハ內〻門ノ外ニ而下乘、車寄より被進、若院家ニ而も自分參詣なれハ、右同樣之事之由也、仍而重而ハ、坊官・諸大夫之內、御代香相勤可然事也、

十八日、戊午、快晴、當番、菅谷中務卿・今小路兵部卿・松井若狹守・中村帶刀・中嶋織部・青水內記、

一、金剛院殿御參殿之事、

一、於梅之間論議、巳刻過始、金剛院殿・常樂院・寶生院・惠乘房・安住房・一位等也、講師常樂院、問者金剛院大僧都、

十九日、己未、雨、當番、小川大藏卿・松井相模守・伊丹將監・木崎兵庫所労・岡本內匠、

一、金剛院殿御參殿之事、

一、一條樣(輝良)御內岡本甲斐守(保考)へ、先達而染筆物被仰遣候爲御挨拶、御菓子料方金貳百疋被下也、尤表役より奉書ニ而遣ス也、

一、勝安養院大僧正御參殿、鞍馬木ノ目漬一函・さんしやう一袋被上也、

二十日、庚申、快晴、當番、菅谷中務卿・今小路兵部卿・松井若狹守・中村帶刀・中嶋織部・青水內記、

一、傳奏衆より觸書壹通到來、左之通、

南都
藥師寺

山城　大和　河內　和泉　攝津

右諸伽藍、就大破修造爲助力勸化御免、寺社奉行連印之勸化狀持參、當午閏十月より來ル酉十月まて、役人共御料・私領・寺社領・在町可致巡行候間、信仰之輩者、物之多少ニよらす可致寄心旨、御料者御代官、私領ハ領主・地頭より可被申渡候、

午閏十月

右之通可被相觸候、

口上覺

*松井永昌の歸京の屆

難波飛鳥井兩家より御家來蹴鞠色目御免狀到來

桃園院御忌日につき泉山御代香

*松井永昌の繪符につき歸京屆

松井永昌歸京

閑院宮へ御詠草進上

別紙之通、武邊より申來候間、此段爲御心得各迄
可申入旨、兩傳被申付如斯ニ候、以上、
閏十月十九日　兩傳奏 雜掌
御名前例之通、
坊官御衆中
追而御覽之後、油小路家へ御返し可被成候、以上、
一、難波・飛鳥井兩家より御家來蹴鞠色目之儀、此間御使を以被仰入候處、卽御許容ニ付、今日免書付以使者來ル也、
廿一日、辛酉、晴、當番、小川大藏卿・松井相模守・伊丹將監所労・木崎兵庫・岡本內匠、
一、桃園院尊儀御忌日ニ付、泉涌寺江御代香今小路兵部卿相勤ル、
一、金剛院大僧都御參殿、
一、坂上清心院・十如院爲伺御機嫌參上、於御書院御對面之事、
一、關東御納經御使者松井長門守、今日歸京也、
一、三宅宗達參上、御對面被仰付候事、
廿二日、壬戌、晴、當番、菅谷中務卿・今小路兵部卿・松井若狭守・中村帯刀・中嶋織部・青水內記、
一、金剛院殿御參殿、
一、閑院宮様江御詠草被進事、尹宮様へ御書被進候事、

一、長門守（松井永昌）、關東より歸京ニ付、御屆書壹通、幷繪符御屆被差出候事、
覺
去ル十月御屆被仰入、關東江御差下被成候御納經御使者松井長門守、昨廿一日罷登申候、仍御屆被仰入候、以上、
閏十月廿二日　妙――御內 松井相模守印
油小路前大納言樣御內 伏田右衞門殿
下村丹司殿
久我大納言樣御內 辻信濃守殿
岡本內記殿
又壹通、
覺
去ル十月御屆被仰入、關東江御納經御使者松井長門守、被差下候節、御繪符被差出候處、昨廿一日罷登申候、仍御屆被仰入候、以上、
閏十月廿二日　妙――御內 松――印
宛名同前也、
右御屆兩通、久我家へ被差出候處、御落手也、武知安之丞持參也、

難波飛鳥井兩家へ御挨拶
*大德寺へ御成
*長老無覺御目見
*惣見院にて御膳
閑院宮へ山茶花芙蓉の株進上
勝安養院平野表へ下向につき御暇乞
禁裏和歌御詠進
*准后宮へ御挨拶
圓山右近へ御目見仰付
大炊御門家孝へ御染筆物進上
*閑院宮へ御成參内
*智積院關東より歸京の御土產獻上
日光准后宮へ御成

一、難波・飛鳥井兩家江御使、御家來色目之儀爲御挨拶、外郎餅一折五棹宛被遣候事、御使青水内記、
一、山科岱安參上、於御書院御對面之事、
廿三日、癸亥、快晴、當番、小川大藏卿・松井相模守・木崎兵庫・岡本内匠、將監所勞、
一、閑院宮樣へ山茶花二株・芙蓉一株、此間御約束被爲在候ニ付被進也、尤諸大夫迄、手紙ニ而遣ス也、
一、勝安養院大僧正御參殿、來ル廿七日平野表へ被差下候ニ付、御暇乞被申上ル也、
一、惠宅律師參殿、
廿四日、甲子、晴或時雨、當番、菅谷中務卿・今小路兵部卿・松井若狹守・中村帶刀・中嶋織部・青水内記、
一、禁裏御所御月次和歌御詠進、奉行上冷泉殿(爲泰)江被差出候事、御使松井多門、
一、圓山右近、依願御目見被仰付候事、
一、岸紹易參上、
一、大炊御門殿(家孝)より使者、先達而被仰入候御染筆物被上候事、
廿五日、乙丑、晴、當番、小川大藏卿・松井相模守・伊丹將監・木崎兵庫・岡本内匠、
一、依御契約隨宜樂院宮樣(公遵)へ御成、巳刻比御出門之事、還御酉半刻、御供若狹守(松井永喜)・兵庫・内記、御先三人、
廿六日、丙寅、晴、當番、菅谷中務卿・今小路兵部卿・松井若狹守・中村帶刀・中嶋織部・青水内記、
一、卯刻御出門ニ而、大德寺江御成、依御契約尹宮樣御同道、先方丈江被爲成、長老無覺御目見相願、次之間へ出ル、名披露アリ、夫より於惣見院夕御膳、御吸物・御酒等一山より獻上也、且坊官・諸大夫へも一飯出ル也、以後寺之什物御覽、又於惣見院御夜食・御提重等、御本殿より相廻スなり、子刻過御本殿へ還御、御供中務卿・若狹守・主税・織部・求馬・内記、御先五人、知足庵・宗達・圓山主水・同右近等、御供被仰付候事、友田掃部・堀部多仲、御先へ廻ルなり、右御成ニ付、長老中へ井籠壹荷被下之也、
一、隨宜樂院宮樣へ御使、昨日被爲成、御馳走共被進候御挨拶被仰進候也、
一、御同所樣よりも御挨拶、御使被進候事、
廿七日、丁卯、當番、小川大藏卿・松井相模守・木崎兵庫・岡本内匠、將監所勞、
一、午刻比御出門ニ而、先閑院宮樣江被爲成、夫より御參内、還御子刻、御供大藏卿・主税・織部、御先三人、
一、智積院(實嚴鑁啓)僧正昨日關東より上京ニ付、御屆申上ル、且下向之節御餞別拜領仕候御禮申上ル由也、銘酒二陶・淺草海苔一箱獻上之事、

大徳寺より御成御禮申上

圓山應擧大徳寺御供御禮申上

*大徳寺御成につき一山以下へ御挨拶

勸修寺經逸より御菓子御請申上

小山屋吉兵衛手代共の關東より歸京につき御繪符御届

*春日祭新嘗會につき各傳奏觸

一、大徳寺使僧快首座、昨日被爲成候ニ付、御禮申上ル、
一、三宅宗達參上、昨日御供被仰付候御禮申上ル、
一、圓山主水右同斷、
一、金剛院殿御參殿之事、

廿八日、戊辰、曇、入夜少雨、當番、菅谷中務卿・今小路兵部卿・松井若狭守・中村帶刀・中嶋織部・青水内記、

一、勸修寺殿(經逸)より使者、昨日以御使御菓子被遣候御請被申上候事、
一、小山屋吉兵衛手代共、先達而關東へ差下候節、御繪符相願候處、此節上京ニ付、御届書壹通被差出候事、

覺

去ル六月御届被仰入、江戸山王江若黨壹人被差下候節、御繪符被差出候處、昨廿七日罷登申候、仍御届被仰入候、以上、

閏十月廿八日　妙法院宮御内　菅谷中務卿印

油小路前大納言樣御内　伏田右衛門殿
久我大納言樣御内　下村丹司殿
辻信濃守殿
岡本内記殿

右御届書壹通、久我家へ被差出候事、御落手候由也、

九十九持參、

廿九日、己巳、雨、當番、小川大藏卿・松井相模守・木崎兵庫・岡本内匠、將監所勞、

一、此間大徳寺江被爲成候ニ付、御挨拶として左之通被遣候也、尤表役より奉書ニ而遣ス也、
一、白銀貳枚　一山中　一、金貳百疋　役者中
一、金貳百疋　雲林院　一、同百疋　行者
一、右御成之節、岸紹易、彼是御世話申上候ニ付、爲挨拶方金百疋被下也、
一、傳奏觸貳通到來、

口上覺

一、就來月二日、春日祭自來月一日晩至三日朝、仙洞樣御神事之事、
一、就同廿一日新嘗會、自來月十九日晩至廿二日朝、仙洞樣御神事之事、

右之趣爲御心得各迄可申入之旨、兩傳奏被申付如此候、以上、

閏十月廿八日　兩傳奏　雜掌

御名前例之通、
坊官御衆中

追而御覽之後、油小路家へ御返可被成候、以上、

*町奉行所與力目附より御領分内にて杭木打渡のため呼出狀

又壹通、

口上

來月廿一日就新嘗會、從來卅日晩御神事、從來月十九日晩至廿二日朝御潔齋候、且重祓之御方幷御法中ハ、至廿三日朝御參內之儀可被憚候事、

一、從廿日暮六ツ時至廿二日朝五ツ時、佛事類之鐘之音停止之事、

一、從廿一日朝六ツ時至廿二日朝六ツ時、御築地之內、僧尼法躰幷不淨之輩、往反停止之事、

但、其形俗躰ニこしらへ候て、穩便ニ往反之分ハ不苦候事、

一、火之用心儀、常〻可被仰付候得共、此節御神事ニも相成候間、別而堅可被仰付候事、

右之趣爲御心得、各迄可申入旨、兩傳被申付如此候、以上、

閏十月廿八日　兩傳奏 雜掌

御名前例之通、

坊官御衆中

*柳原荘こゐなりにての杭木打渡の經過記錄

追而、御院家中へも可被成御傳達候、尤御覽之後、油小路家へ御返し可被成候、以上、

一、町奉行所東組與力目附方本田金右衞門より來狀、

以手紙致啓上候、然者、明晦日御領分大佛柳原庄之內、こいなりと申所、杭木爲打渡罷越候間、朝四ツ時、右場所江御出可被成候、右可得御意如斯御座候、以上、

閏十月廿九日　本多金右衞門

中村帶刀樣

尙〻、先達而御談申置候通、御同役御壹人御出有之候樣、御取計可被成候、以上、

右致承知候間、及返書候事、

晦日、庚午、曇或雨、當番、菅谷中務卿・今小路兵部卿・松井若狹守・中村帶刀・中嶋織部・青水內記、

一、金剛院殿御參殿之事、

一、御領分柳原庄之內、元錢座跡敷地、穢多居小屋地續字こゐなりと申所、北ニ而東西十九間六尺、南ニ而東西九間五尺餘、東ニ而南北十九間半、西ニ而南北貳十壹間貳尺餘之地面、元錢座跡支配、年寄源左衞門組下河內屋市兵衞居小屋建添地ニ、先達而相願候而、御免被成下候刻、奉行所江も、去ル二月廿六日御使を以被仰立候處、同十月十二日被仰立候通、無滯相濟、東町奉行丸毛和泉守(政良)於御役所達有之、今日杭木爲打渡、東目附方本田金右衞門・西目附方上田

*尹宮樣より御書御返書進上

*冬至

*三御所女一宮へ當日御祝詞

*禁裏へは御神事

花山院愛德使者へ御染筆御遣

*勝安養院大僧正より勅許の御禮夕御膳獻上但し御取持は金剛院

禁裏より御文匣御文箱拜領

喜次郎、同心雑色松尾左兵衛、棟梁・筆耕等召連來、爲立會代官方山下監物所労ニ付、中村帯刀壹人、町役石野忠三郎・中村平右衞門召連罷越、先休息所江罷越相待候處、午半刻比、右場所ニ而立會、杭木爲打渡無滞相濟、夫より武邊休息所へ罷越及挨拶、繪圖裏書ニ、山下監物・中村帯刀兩人致印形、尤監物所労ニ付不參、印形者、帯刀持參之旨金右衞門江申候而相濟候也、何れも及挨拶、休息所へ引取候處、追付武邊役人退去候事、繪圖裏書一枚金右衞門(本田)より相渡候ニ付、帯刀受取持返り候也、

一、武邊役人休所鹽小路村正行院、
御地頭役人休所鹽小路村庄屋用助方、右者柳原庄より借受置、諸事庄屋重右衞門・忠左衞門兩人取計候也、

一、花山院(愛德)殿使者、先達而御染筆被仰入候處、今日被上候事、
先達而本庄勘ケ由判官へ、染筆物被仰遣候處、右使者ニ罷越候故、乍序爲御挨拶方金百疋被下之也、相模守面會ニ而相渡ス、

一、禁裏御所より御文匣貳ツ・御文箱被進候事、則御請之由也、

一、尹宮樣御書被進御跡より、御返書被進候由也、御使青侍中、

十一月　御用番、

朔日、辛未、曇、今日冬至也、當番、小川大藏卿(純方)・松井相模守(永亨)・伊丹將監・木崎兵庫・岡本内匠、西市正(松井永昌)不參、藏人(三谷寛重)所労、

一、仙洞(後櫻町)御所・大女院(舍子)御所・女院(富子)御所・女一宮(欣子)樣江、當日御祝詞、以御使被仰上候事、尤禁裏(光格)御所御神事故其儀無之、

一、金剛院殿(眞應)御參殿之事、

一、閑院宮(典仁)樣へも同斷被仰進事、御使小川大藏卿、

一、當日爲御禮參上之輩、山本内藏・土岐要人・三宅宗甫・市川養元、

二日、壬申、曇或晴、當番、菅谷中務卿(寛常)・今小路兵部卿(行先)・松井若狭守(永喜)・中村帯刀・中嶋織部(德方)・青水内記、監物(山下重好)出、勤夜御斷、

一、金剛院大僧都御參殿、

一、勝安養院(堯海)殿大僧正、首尾好就勅許、依之右爲御禮夕御膳被獻、尤大僧正兼帯所(平野大念佛寺)へ歸院、且日嚴院(洞海)大僧都

ニも、此節所労ニ付、金剛院殿御取持也、
　但、御家來一統へ祝酒被出候也、

中嶋徳方丹州表へ罷越

一、中嶋織部、明後日より丹州表江前後五日罷越度旨相願候、願之通被仰付候事、

大徳寺惣代より御目録頂戴の御禮

一、大徳寺惣代興嚴雲林院、此間被爲成候ニ付、御目録頂戴仕候ニ付、右御禮參上候由也、

大坂吹田屋吉兵衛に日嚴院用達申付の届書を大坂町奉行も承知との傳奏衆への紙面

一、先達而、日嚴院殿用達之儀被相願候節、例之通傳奏衆へ添御書付被差出候ニ付、大坂町奉行より御附へ紙面之寫左之通、油小路(隆前)家より出來候事、

南本町三丁目吹田屋吉兵衛儀、今度日嚴院用達被申付候旨、日嚴院大僧都より御差出書付幷妙法院宮より被差出候添書付共貳通、(油小路隆前・久我信通)傳奏衆より御到來之由ニ而被遣之、御紙面之趣致承知候、則吉兵衛儀も、同居伺出候ニ付、居町役人共呼出、丁內障有無相尋候處、差障無之旨申候ニ付、承屆、定例之通證文申付候間、此段宜御通達可被下候、以上、

　閏十月廿九日

猶々、日嚴院大僧都より被差出候書付ニ、南本町三丁目吹田屋吉兵衛と有之候處、吉兵衛儀、右町大和屋市郎兵衛支配借屋ニ罷在候間、是又宜御通達可被下候、以上、

右承知書被差出候事、左之通、料紙奉書半切、

大坂南本町三丁目吹田屋吉兵衛儀、今度日嚴院用達被申付候旨、先達而日嚴院大僧都より書付被差出候ニ付、大坂町御奉行所江御通達被進度旨、先達而添御書付被差出候處、定例之通、吟味之上相濟候趣、大坂町御奉行所紙面之寫御達被進、委細承知仕候、且又日嚴院大僧都より被差出書付ニ、南本町三丁目吹田屋吉兵衛与有之候處、吉兵衛儀、右町大和屋市郎兵衛支配借屋ニ罷在候儀、御達是又承知仕候、以上、

　十一月六日　　妙法院宮御内　松井西市正(永昌)

油小路前大納言(隆前)樣御内　伏田右衛門殿
久我大納言(信通)樣御内　下村丹司殿
辻信濃守(章業)殿
岡本内記殿

右承知書、油小路家へ小嶋軍治持參、御落手之由也、

三日、癸酉、晴、當番、小川大藏卿・松井西市正・松井相模守・伊丹將監・木崎兵庫・岡本外記、

*岡本内匠外記と改名

一、岡本内匠、改名外記、

*山門正教坊より御住山中御手許の密經御返却を願出

*淨心寺より三州表へ罷下るにつき挑燈并に先觸を願出

*大川筋御普請高役銀の書付を傳奏へ差出すやう觸

東町奉行へ元錢座跡建添地につき御挨拶

*尹宮姫君裕宮より御深曾木御祝儀進上

一、三宅宗達參上、

一、淨心寺、生國三州表へ罷下リ申候ニ付、御屆申上ル、左之通、

乍恐御訴申上候口上書

一、拙寺儀、生國三州表江明四日罷下、滯留難計候得共、日數三十日計茂手間取歸京仕度奉存候ニ付、此段御屆奉申上候、右ニ付、世柄惡敷盜賊等茂徘徊仕候得者、何卒御挑燈壹張拜借井先觸等迄も御願申上度候、此段宜敷御取成奉希候、以上、

天明六年午十一月三日　御末寺淨心寺印

御本所樣

御役人中樣

右御聞濟、先觸等被差出候事、

一、丸毛和泉守(政良)江元錢座跡建添地之儀、無滯相濟候ニ付、爲御挨拶御菓子一折蒸菓子干菓子・杉二重折詰、眞田緒鑽付・御花一筒被遣之、尤御口上ニハ時節爲御尋被遣、且先達而柳原庄元錢座跡建添之儀ニ付被仰立候處、彼是御取計御苦勞ニ思召、無滯相濟御滿足御事ニ候、右御挨拶も被仰入候旨也、

四日、甲戌、晴或曇、當番、菅谷中務卿・今小路兵部卿・松井若狹守・中嶋織部・青水內記、

一、常樂院(志岸)參殿、

一、西塔北谷正教坊參上、先達而御住山中、上置候蜜(密)經、此度後住江引渡仕候ニ付、何卒先御返脚(知)之儀相願候由也、

五日、乙亥、晴或曇、當番、小川大藏卿・松井西市正・松井相模守・伊丹將監・木崎兵庫・岡本外記、

一、傳奏衆より觸書壹通到來、

去巳年、大川筋御普請御入用高役銀、村〻より懸屋方江相渡候ニ付、前〻之通、懸屋手形ニ納手形被爲相添、來七日より九日迄之內、油小路家へ御差出可被成候、此段各迄可申入旨、兩傳被申付如此ニ候、以上、

十一月四日　兩傳奏

雜掌

聖護院宮樣(忠譽)　照高院宮樣(同前)　青蓮院宮樣(尊眞)

知恩院宮樣(尊峯)　妙法院宮樣(眞仁)坊官御衆中

追而、御抱寺御兼帶御寺領も御書出可被成候、且又御院家中江も可被成御傳達候、尤御覽之後、油小路家へ御返可被成候、以上、

一、閑院裕宮樣(美仁女)より御深曾木爲御祝儀、赤飯一蓋被進之事、

六日、丙子、曇、當番、菅谷中務卿・今小路兵部卿・松井若狹守・中村帶刀・中嶋織部・青水內記、

裕宮へ御歡進上閑院両宮へも御傳言

一、裕宮樣江御深曾木爲御歡、昆布一折五十本入御使被進候、尤御儉約中故、御音物御斷之由ニ候得共、格別之御事故、別段ニ右爲御祝儀被進候由也、且又一品(典仁)宮樣・尹宮樣(美仁)へも御傳言被仰進候事、御使牛丸九十九、

輪門宮へ御花生御扇子進上

一、輪王宮樣(公延)江御花生一箱・御扇子一箱五本入御封中ニ而被進候事、御使靑侍中、

一、金剛院大僧都御參殿之事、

七日、丁丑、辰刻前少雪、後晴、當番、小川大藏卿・松井相模守・三谷藏人・伊丹將監・(寛重)

八日、戊寅、晴、當番、菅谷中務卿・今小路兵部卿・松井若狹守・山下監物・中村帶刀・靑水內記、岡本外記、西市正・兵庫所勞、

一、常樂院參上、

花山院愛德へ御染筆物進上につき御挨拶

一、花山院大納言殿(愛德)江御使、先達而御染筆物被仰入候處、此間御認被上候ニ付、爲御挨拶羊羹一折五棹被送之也、

後桃園院御正忌御逮夜御法事

一、後桃園院尊儀御正忌、御逮夜御法事、於梅之間御執行、

九日、己卯、小川大藏卿・松井相模守・三谷藏人・伊丹將監・岡本外記、西市正・兵庫所勞、

泉山御代香

一、泉涌寺江御代香、今小路兵部卿相勤、

後桃園院御法事

一、後桃園院尊儀御正忌、於梅之間御法事御執行、

青門宮より御色紙御染筆の御頼

一、靑蓮院宮樣御使隱岐刑部卿、御色紙貳枚、來十八日迄ニ御染筆被進樣、御賴被仰進候由也、卽御承知之趣御返答也、

*高役銀書付差出

一、高役銀書付、例年之通傳奏衆へ被差出候事、

覺

一、高九拾五石
此高役銀拾匁七分六厘八毛
山城國愛宕郡之內
鹿ケ谷村

一、高九拾三石貳斗九升
此高役銀拾匁五分七厘四毛
山—愛—
大原上野村

一、高貳百拾四石九斗四升
此高役銀貳十四匁三分六厘三毛
山—愛—
柳原庄

一、高貳百石四斗
此高役銀貳拾貳匁七分壹厘五毛
山城—葛野郡
牛箇瀨村

一、高三百貳拾八石八斗
此高役銀三拾七匁貳分六厘九毛
山—葛—之內
朝原村
千代原村共申候

一、高五百八拾九石貳斗八升
此高役銀六拾六匁七分九厘三毛
山—乙訓郡之內
寺戶村

一、高百拾壹石八斗六升
此高役銀拾貳匁六分七厘九毛
山—葛野郡之內
東鹽小路村

一、高合千六百三拾三石五斗七升
此高役銀百八拾五匁壹分六厘壹毛

一、高三百三拾八石七斗壹升貳合　大佛廻り境内
此高役銀三拾八匁三分九厘三毛
惣高合千九百七拾貳石貳斗八升貳合
惣高役銀貳百貳拾三匁五分五厘四毛
但、百石ニ付銀拾壹匁三分三厘五毛宛、
御抱
一、高八石四斗　山城國愛宕郡之内 清閑寺村
此高役銀九分五厘貳毛
一、高貳石五斗　山城ー葛野郡之内 谷山田村 下山田村共申候
此高役銀貳分八厘三毛
合拾石九斗
此高役銀壹匁貳分三厘五毛
但、百石ニ付銀拾壹匁三分三厘五毛ツヽ、
右者、此度山城木津川・桂川・賀茂川・宇治川、攝津河内淀川・神崎川・中津川・大和川筋御普請ニ付、山城國高役銀書面之通、妙法院御門跡御知行所幷御抱蓮華王院領村〻取立之、嶋本三郎九郎方江相納申候、以上、
天明六丙午年十一月　妙法院御門跡御内 松井西市正印
御勘定所

右書付ニ、三郎九郎請取手形拾通添、油小路家江丸毛彌内持參、御落手也、

＊三上大膳歸京

一、三上大膳、關東より上京之事、
十日、庚辰、快晴、當番、菅谷中務卿・今小路兵部卿・松井若狹守・山下監物・中村帶刀・中嶋織部・青水内記、

＊閑院宮へ御成

一、巳刻頃御出門ニ而、閑院宮樣へ御成之事、御供松井若狹守・初瀬川采女・丸毛彌内、青水内記・末吉味右衛門、小嶋軍治、

＊三上大膳の歸京届

一、三上大膳上京之御届幷繪符御屆貳通、油小路家へ被差出候事、
覺
去ル十月御屆被仰入、江戸山王へ被差下候御家來三上大膳、昨九日致上京候、仍御屆被仰入候、此段戸田因幡守(忠寛)殿へ宜御通達可被進候、以上、
午十一月十日　妙法院宮御内 松井西市正印
油小路前大納言樣御内 伏田右衛門殿
下村丹司ー
久我大納言樣御内 辻信濃守殿
岡本内記ー
覺
去ル十月御屆被仰入御家來三上大膳、江戸山王江

被差下候節、御繪符被差出候處、昨九日致上京候、仍御居被仰入候、以上、

午十一月十日　　妙―――　松井西市正 印

宛名前同、

十一日、辛巳、晴、當番、小川大藏卿・松井西市正・松井相模守・三谷藏人・伊丹將監・木崎兵庫・岡本外記、

一、金剛院大僧都御參殿之事、

一、常樂院參上、佛書御講釋奉ル、

十二日、壬午、晴、當番、菅谷中務卿・今小路兵部卿・松井若狭守・山下監物・中村帶刀・中嶋織部・青水內記、

一、鹿ケ谷安樂寺後住職ニ付、願書左之通、

乍恐奉願候口上書

一、拙僧儀、従來奉蒙御高恩候、安樂寺再建仕、偏ニ御影故与難有仕合奉存候、然ル處、近來多病ニ罷成、寺役等茂難相務候ニ付、隱居仕度之旨、先達而御願奉申上候處、以御憐愍御許容被爲成下、難有仕合奉存候、當時安樂寺無住ニ付、後住之儀、拙僧法類忍周与申僧ニ附屬仕度奉願上候、勿論村方檀中一統納得仕、何方ニも故障無御座候間、右之通御許容被爲成下候者、難有仕合可奉存候、以上、

天明六年午十一月

安樂寺先住　益隨 印

後住　忍周 印

常樂院佛書御講釋奉

*青門宮へ御色紙進上且つ一行物御賴仰進

安樂寺より隱居致し後住仰付を願出

*安樂寺へ御伺相濟み相達

*竹門院家伺候御門室の儀につき坊官以下一同の御禮言上

庄屋　太郎右衞門 印

年寄　惣左衞門 印

惣代　宇兵衞 印

妙法院宮樣

御役人中樣

十三日、癸未、雪、巳刻過霰、當番、小川大藏卿・松井西市正・松井相模守・三谷藏人・伊丹將監・木崎兵庫所勞・岡本外記、

一、靑蓮院宮樣江御使、此間御賴被仰進候御色紙爲持被進、且又此御方より一行物御賴被仰進候也、御使初瀨川采女、

一、鹿ヶ谷村安樂寺願書、伺相濟、帶刀(中村)江相達候也、

一、山本內藏・香山大學參上、

十四日、甲申、晴、當番、菅谷中務卿・今小路兵部卿・松井若狭守・山下監物・中村帶刀・中嶋織部・青水內記、

一、金剛院大僧都御參殿之事、

十五日、乙酉、晴、當番、小川大藏卿・松井西市正・松井相模守・三谷藏人・伊丹將監・木崎兵庫・岡本外記、

一、竹門樣院家靜盧院大僧都御伺公、於鶴之間西市正出ル、先達而御門室之儀ニ付、內ゝ彼是厚御世話被進、忝仕合、坊官・諸大夫、其外一統難有奉申候、早速爲御禮伺公之處、少ゝ故障之儀有之、乍延引右御禮被申上候由、折節御用被爲在、無御對面退出也、

一、御出入方御講、於圓山御催有之、元〆方・代官方出
役之事、
十六日、丙戌、快晴、戌八刻、入寒、當番、菅谷中務卿・今小路兵部卿・松井若狭守・山下監物・中村帯刀・中嶋織部・青水内記、
一、三嶋大明神神事ニ付御代參、中嶋織部相勤、
十七日、丁亥、晴、當番、小川大藏卿・松井西市正・松井相模守・三谷藏人・伊丹將監・木崎兵庫・岡本外記、
一、午刻過御出門ニ而、泉涌寺江御成、御內〻ニ而方丈
御覽被遊候事、申刻頃還御、御供相模守・求馬・外記、御
先三人、
一、御附武家(水原保明・建部廣般)江御聞繕書左之通、九十九(牛丸)持參、
上様(徳川家齊)江寒中御見舞被進物、二條表江御使何日頃可
被差向候哉、此段宜御聞繕可被進候、以上、
十一月十七日　妙――御內　松井西市正
十八日、戊子、晴或曇、菅谷中務卿・今小路兵部卿・松井若狭守・山下監物・中村帯刀・中嶋織部・青水内記、
一、金剛院大僧都御參殿之事、
一、今日子御祭、如例年、
一、御門前ニ而施行米十九石餘、
一、智積院僧正代養眞院(實嚴鏝啓)、寒中伺御機嫌、所勞ニ付以使
僧申上候事、
一、土岐要人、爲伺寒中參上、
一、三宅宗達參上、
十九日、己丑、晴、當番、小川大藏卿・松井西市正・松井相模守・三谷藏人所勞・伊丹將監同・木崎兵庫・岡本外記、
一、金剛院殿より寒中爲御窺、砂糖漬一箱被獻之、
一、常樂院參殿、
一、爲伺寒中御機嫌參上之輩、篠田主膳・市川養元・高森同玄・高森正因、
一、村若左門・同縫殿よりくわゐ一折獻上、寒中伺御機
嫌也、
一、三宅宗達參上、御對面拜胗被仰付候事、
一、尹宮様より御返書被進候事、
廿日、庚寅、晴、菅谷中務卿・今小路兵部卿・松井若狭守・山下監物・中嶋織部・青水内記所勞斷、(卽全)
一、山門横川別當代大林院參上、寒中爲伺御機嫌、院内
中より密柑壹籠獻上、且元三會回章被備叡覽被下候
御日限爲窺參上候旨也、中務卿(菅谷寛常)出會、回章來三日・
四日被備叡覽候間、例之通前日回章持參可入御內覽
旨申達、已後退出也、
一、明廿一日新嘗會ニ付、大佛殿・荒神鐘之緒、鐘樓堂
繩張、蓮華王院鐘之緒、毘沙門堂鐘之緒、新日吉社・
飛梅天神鐘之緒、護摩堂・御臺所飯鐘之鍾木等〆上

御出入方御講
*金剛院より寒中御伺
三嶋大明神に御代參
泉山御成方丈御覽
*三宅宗達拜診
關東への寒中御見舞進物につき御附衆へ御聞繕書
*横川大林院寒中御伺且つ元三會回章御叡覽につき御伺
御門前施行米
智積院より寒中御伺
*明日新嘗會につき諸堂鐘の緒等締上げ置くやう觸

＊閑院宮へ御成参内
桃園院御忌につき泉山御代香
＊鷹司輔平へ御違例御見舞
少々御口中氣
＊播州清水寺寒中御伺
溪廣院寒中御伺
＊虎屋饅頭
＊聖門新宮より寒中御見舞且つ二品宣下御吹聽及び二十七日御招請の思召
横川元三會回章叡覽日限につき傳奏へ御伺

置候樣申渡、尤御家中へも今日廿日暮六ツ時より廿二日朝五ツ時迄、鐘之音停止之旨申觸、使若黨也、
廿一日、辛卯、卯半刻頃より雪、當番、小川大藏卿・松井西市正・松井相模守・中村帯刀・木崎兵庫・岡本外記、藏人・將監所勞、
一、桃園院尊儀御忌ニ付、泉涌寺へ御代香、今小路民部卿、
一、少〻御口中氣ニ被爲在候ニ付、松田秀山江御藥取ニ遣ス也、
一、尹宮樣より御書被進、則御返書被進候事、
一、村若左門參上、寒中伺御機嫌也、
一、三宅宗達參上、
廿二日、壬辰、晴、當番、菅谷中務卿・今小路兵部卿・松井若狹守・山下監物・中嶋織部・青水内記、將監所勞、
一、西塔院内惣代溪廣院（堯瓊）、寒中爲伺御機嫌參上、密柑壹籠獻上之事、
一、安養院參上、右同斷、薯蕷幷蛇砂獻上、
廿三日、癸巳、晴、當番、小川大藏卿・松井西市正・松井相模守・中村帯刀・木崎兵庫・岡本外記、
一、油小路前大納言殿（隆前）江御使松井西市正、御口上左之通、
御口上覺
山門横川恒例元三會回章、來月三日・四日兩日之内、被備叡覽度候ニ付、御日限御窺被成候、以上、
十一月廿三日　　妙法院宮御内　松井西市正
右之趣申入候處、雜掌出會申云、前大納言殿へ可申入、尚明後日罷出可申旨也、
一、巳刻頃御出門ニ而、閑院樣江御成、夫より未刻、次御參内、還御亥刻、御供西市正・外記・求馬、御先三人、
一、鷹司右府樣（輔平）江御違例御見舞、且此間者御參役御勤被爲在、御歡旁御使被仰進候由也、御使岡本外記、
一、山本内藏參上、爲伺寒中御機嫌、干菓子貳袋獻上之事、
廿四日、甲午、快晴、當番、菅谷中務卿・今小路兵部卿・松井若狹守・山下監物・中嶋織部・青水内記、大膳・將監所勞、
一、播州清水寺、寒中爲伺御機嫌、例年之通蕎麥粉獻上也、
一、知足庵同前、
一、嶋村紹億同斷、
一、三宅宗達同斷、虎屋饅頭一折獻上、
一、三宅宗仙參上、
廿五日、乙未、晴、當番、小川大藏卿・松井西市正・松井相模守・中村帯刀・木崎兵庫・岡本外記、藏人所勞、
一、播州清水寺御暇之儀相伺、勝手ニ致歸國候樣申達也、
一、聖護院新宮樣（盈仁）より寒中御見舞被仰進、且又來廿七日二品宣下ニ付御吹聽被仰進、尤廿七日午刻頃より御招請被遊度思召候間、目出度御成被進候樣ニ被成度、

*青門宮へ寒中御見舞御染筆物の御挨拶
藤嶋石見より新日吉末社樹下社祭禮執行の御伺
*香山大學伺候
頓阿法印と源頼朝の黑本獻上
廣橋伊光へ御染筆物御賴
四御所女一宮へ寒中御伺蜜柑獻上
*今小路行先へ法眼申請するやう申渡
元三會回章叡覽は來月四日と仰出
*横川大林院へ回章叡覽につき呼出状
九條尚實へ坊官參向元三會回章叡覽につき仰入
聖門新宮へ御歡且つ二十七日御成御對顔の旨仰入

尤先達而御用意被仰出候節、院家衆御語合之儀、御賴被仰進候處、此節院家ニも出勤ニ付、不被及御語合候故、右御斷も被仰入候由也、御使入谷左京、

一、藤嶋石見參上、新日吉末社樹下社、昨年鎭座御座候處、當年より來廿七日例年祭禮執行申度旨、内〻相伺候處、伺之通被仰付候事、

一、廣橋殿(伊光)江御染筆物御賴被遣候、委細ハ御書ニ被仰遣候由也、御使青侍中、

一、禁裏御所・仙洞御所・兩女院御所・女一宮樣江寒中御伺御機嫌として密柑一籠宛御獻上之事、御使菅谷法印、

一、一昨日書付を以、御伺被遊候山門横川元三會回章、今日御使を以被相伺候、來月四日叡覽御日限被仰出候旨也、御使菅谷法印、

一、九條關白樣(尚實)へ中務卿參向、御口上左之通、
山門横川元三會回章叡覽御日限之儀、御窺被成候處、來月四日被仰出候、右御届被仰入候旨申入、御返答御相應也、

一、聖護院新宮樣江御使、來廿七日二品宣下ニ付、御吹聽被仰進候ニ付、不被取敢御歡、且御當日目出度被爲成、委細ハ御對顔可仰入候事、且又寒中御見舞も乍御序被仰進候由也、御使松井多門、

一、靑蓮院宮樣江寒中御見舞被仰進、且先達而御染筆物御賴被仰進候處、早速御認被進、右之御挨拶茂乍序被仰進候由也、御使同人、

一、香山大學寒中爲伺御機嫌參上、頓阿法印黑本・源頼朝黑本獻上也、

廿六日、丙申、晴、當番、菅谷中務卿・今小路兵部卿・松井若狹守・山下監物・中嶋織部・青水內記、大膳・將監所勞、

一、今小路兵部卿、此度法眼之儀相願候樣、於梅之間中務卿・西市正列座ニ而申渡也、

一、山門横川大林院へ手紙遣ス、其案、
一翰致啓達候、然者、恒例元三會回章備叡覽候御日限之事、爲御窺明廿七日御參殿可被成候、右可得御意如此御座候、以上、
十一月廿六日　菅谷中務卿
大林院樣
右之返書、左之通、
貴翰致拜見候、然者、恒例元三會回章被爲備叡覽候御日限之事、爲御窺明廿七日參殿可仕旨承知仕候、右御報如斯御座候、以上、

聖門へ御成*
花山院愛德へ御頼みの料紙本庄元規にも仰付
禁裏へ冬至之御祝儀獻上
柿本御社遷宮につき仙洞御神事の傳奏觸*
三御所女一宮へも御祝詞
御妹君より寒中御見舞
回章は叡覽の前日持參するやう申達
關東への寒中御伺使者は二十八日所司代へ差出すやう御附衆より來狀*
閑院兩宮へ寒中御見舞進上
孝宮へ御見舞

霜月廿六日　　大林院

菅谷中務卿殿

一、花山院殿(愛德)江御頼被遣染筆物料紙、井本庄(元規)勘解由判官へも被仰付候事、

一、禁裏御所江御使、朔旦冬至之爲御祝儀、昆布一箱被獻之也、

一、仙洞御所・大女院御所・女院御所・女一宮様江も右同斷、御祝儀被仰上候事、尤御口上計、

一、孝宮様より寒中御見舞として求肥壹箱、龜御乳より文ニて來ル也、

廿七日、丁酉、當番、小川大藏卿・松井西市正・松井相模守・中村帯刀・木崎兵庫、藏人・外記所勞、

一、山門大林院參上、元三會回章被備叡覽被下候御日限爲窺參上旨也、於梅之間西市正面會、回章來月四日被備叡覽候間、例之通前日回章持參、可被入御内覽之旨申達也、

一、閑院・一品宮様江寒中爲御見舞、干温飩壹箱、尹宮様江同斷、爲御見舞蜜柑壹籠被進之、尤閑院宮様御儉約中故、諸大夫迄手紙ニ而被進也、

一、孝宮様江同斷、爲御見舞饅頭壹折被進之、尤龜御乳迄文ニ而參候也、

一、午刻前御出門、今日聖護院新宮様二品宣下ニ付被爲成、酉刻過還御之事、御供相模守(松井永亨)、求馬・内記・内藏・主膳・彌内・味右衞門・軍治・源之進・城之進、

一、傳奏觸到來、左之通、

口上覺

柿本御社正遷宮ニ付、自今廿七日晩到來月朔日朝、仙洞様御神事候、仍爲御心得各迄可申入之旨、兩傳被申付如此候、以上、

十一月廿七日　　兩傳奏雜掌

御宛名如例、

坊官御衆中

追而、御廻覽之後、油小路家へ御返し可被成候、以上、

一、御附武家より書狀到來、

其御方より關東江就寒中爲御伺御使者被差出候儀、御聞繕書之通、明廿八日巳刻、戸田因幡守(忠寛)殿御役宅へ被差出候様可申達旨、因幡守(戸田忠寛)より申越候ニ付相達候、以上、

十一月廿七日　　水原攝津守(保明)

建部大和守(廣般)

今小路行先勘例萬里小路政房へ持參御指圖の由

禁裏より寒中御尋品拜領

*御境内細屋喜八の白鳥を御覽

關東への寒中御見舞所司代へ差出

*丸毛彌内へ差控仰付

禁裏へ拜領御請御返書仰上

今小路行先勘例小折紙書改め傳奏内覽職事へ奉書差出

菅谷中務卿樣
松井西市正樣

右承知之旨及返書、

一、兵部卿(今小路行先)小折紙勘例、萬里小路殿(政房)江相模守持參候處、少ゝ存寄も有之、差圖被致由候也、

一、禁裏御所より女房奉書を以、寒中爲御尋蒸菓子一折十棹御拜領之事、尤御里坊參ル也、

一、山門安祥院(善應)寒中爲伺御機嫌參上、

一、南尾惣代無量院右同斷、御留主故申置也、

一、岸紹易同斷、且此間拜領物御請申上ル也、

廿八日、戊戌、曇或雨、當番、菅谷中務卿・今小路兵部卿・松井若狭守・山下監物・中嶋織部・青水内記、

一、關東江寒中爲御見舞、所司代(戸田忠寛)亭迄例之通、御使被差向候事、御使菅谷法印、

一、昨日禁裏御所より寒中御尋御拜領物御請御返書被仰上也、御使牛丸九十九、

一、金剛院大僧都御參殿之事、

一、兵部卿勘例小折紙、昨日萬里小路殿御差圖之趣、書改被及御内談候處、存寄も無之ニ付、月番油小路殿江被及内覽、存寄も無之候ハヽ職事江被附度申述候

處、參内被致候ニ付、明日罷出候樣、雜掌相答候也、

御口上書左之通、料紙小奉書四ツ折、

御口上覺

此度行先申法眼之事、未年齢相滿不申候得共、中置段ゝ相延候儀ニ御座候間、何卒蒙勅許候樣御願被仰立候、此段宜御沙汰賴思召候、以上、

十一月廿八日　妙法院宮御使　松井相模守

油小路前大納言樣
久我大納言樣
雜掌御中

〔コヽニ圖アリ、便宜次頁ニ移ス。〕

一、御境内二宮町細屋喜八、白鳥取得候ニ付、入御覽度旨、一昨日相伺候ニ付、今日御覽也、

一、丸毛彌内、昨日御供先ニ而不調法有之、差控被仰付候事、

廿九日、己亥、雨、當番、松井西市正・松井相模守・中村帶刀・木崎兵庫、大藏卿・外記所勞、

一、金剛院大僧都御參殿之事、

一、油小路殿江昨日被入御内覽候小折紙、勘例申出として相模守參向、思召も無之候ハヽ、職事方江被附度思召、大納言殿(油小路隆前)何之存寄も無之候間、御勝手ニ職事

今小路行先小折紙

*小川坊城俊親へ申法眼御口上

*正教坊寒中御伺且つ御借用之佛書返却につき打合

*圓滿院宮へ難福之圖御借用願出づるも再度御斷にて御了承

小折紙小奉書三ツ折

	申法眼	法橋行先

四ツ折

敍日	安永二年三月二日敍法橋 十一歳 至今年中十二年		

四ツ折

勘例	妙法院宮坊官 寛常 明和七年十月一日敍法橋 十二歳 中三年	安永三年九月十五日敍法眼 十六歳	

上包美濃紙

妙法院宮坊官
中置十三年
二十四歳
法橋行先

方江可被附旨也、

一、小川坊城殿（俊親）江兵部卿同道ニ而參向、御口〔上脱〕書左之通、

御口上覺

此度行先申法眼之事、未年齡相滿不申候得共、中置段々相延候儀ニ御座候間、何卒蒙勅許候樣御願被仰立候、此段宜御沙汰賴思召候、以上、

十一月廿九日　妙法院宮御使　松井相模守

一、山門寶嚴院寒中爲伺御機嫌參上、折節御用被爲在御對面なし、

一、山門正教坊右同斷、且先頃就御用ニ付罷出候樣被仰聞候處、折節所勞ニ而引籠罷在、漸全快仕候故罷出候旨、西市正面會、先達而御借用之佛書籍御返却之旨相達、內眞言抄四十一番ノ箱ハ、追而又々御借用被遊度旨相達候處、左候ハヽ、右壹箱御留被遊、跡ハ山門江爲持被下置候樣願上度由、入魂ニ而退出也、

一、圓滿院宮樣（覺淳）御使、先達而難福之圖御借用被成度由、被仰進候處、御斷之旨、又々此間御借用被成度旨被仰進候得共、此儀者、近頃乍御氣毒御斷被仰進候、此段御領掌被爲在候樣被成度由也、即御承知之旨御返答也、

竹門坊官等寒中御伺
*九條尚實へ御書進上
*此間御覧の白鳥吉瑞の故に閑院宮へ御内談の上表向御奏聞に及び來る七日長橋御局迄白鳥持參仰出
四御所へ御參
閑院宮へ御成
菅谷寛常へ關東への年頭御使仰付
*萬里小路政房の御差圖にて吉瑞の白鳥の件議奏衆へ奏聞
尹宮より寒中御見舞
飛驒味噌
西本願寺兩門主より寒中御見舞

一、尹宮様江御書被進、御文匣添、御跡より御返書被進候由也、御使青侍中、
一、大河内立成寒中爲伺御機嫌參上、
一、竹内様御内千種中務卿・山下(本)(清住)筑前守、寒中爲伺御機嫌參上之事、

十二月　御用番松井相模守(永亨)、

朔日、庚子、雨、當番、菅谷中務卿(寛常)・今小路兵部卿(行先)・松井若狭守(永喜)・山下監物(重好)・中嶋織部(德方)・青水内記、大膳・將監所勞、(三上)(伊丹)
一、巳刻頃御出門ニ而、御院參(後櫻町)、次大女院御所(舍子)、御參内(光格)、女院(富子)御所、夫より閑院宮様(典仁)江被爲成、御供若狭守(松井永喜)・采女・織部、御先三人、
一、當日爲御禮參上之輩、山本内藏・三宅宗達・市川養元・三宅圓達、
一、菅谷中務卿明春關東へ年頭御使相務候様、被仰付候事、於御廣間申渡ス、
一、尹宮(美仁)様より寒中爲御見舞、羊羹一折五棹被進之、尤諸大夫より手紙ニて來ル、
一、山門鷄足院(堯岷)、寒中爲伺御機嫌、飛驒味噌壹箱獻上之事、書狀以來ル、
一、西本願寺門主より使者、寒中爲御見舞、大門主(法如光闡)より氷砂糖壹曲、新門主(文如光輝)より蜜柑壹籠被上之、且此間聖護院新宮様(盈仁)二品宣下被爲濟候御歡も、乍序被申上由也、

二日、辛丑、曇、當番、松井西市正(永昌)・松井相模守・中村帶刀・木崎兵庫、(三谷寛重)大藏卿・藏人・外記所勞、(小川純方)(岡本)
一、關白様(九條尚實)へ御書被進、委細御承知被遊、尙御跡より御返書被進候由也、御使末吉味右衞門、
一、此間御境内より入御覽候白鳥、吉瑞之儀故、御調被爲在、則昨日御參賀之節、閑院一品宮様(典仁)へも被及御内談候處、表向御奏聞可然之儀故、早朝西市正非藏人口へ罷出、御當番儀(議)奏衆六條前中納言殿(有榮)江御奏聞之處、萬里小路前大納言殿(政房)、其後御面會、則被及披露御喜色之由、來ル七日長橋御局迄、白鳥被出候様与の儀也、御使松井西市正、
一、御世話卿御差圖ニ付、關白様へ御使、今度御境内之者、白鳥取得候者、此間入御覽候ニ付、吉瑞之事故、今日閑院一品宮様江も被及御内談候處、表向御奏聞可然之儀故、早朝非藏人口へ罷出、御當番儀(議)奏衆六條前中納言殿迄被及御奏聞候故、此段御吹聽被遊候段申込、御相應之御返答也、御使同人、
一、入夜禁裏御所より女房奉書を以、御文匣壹ツ來ル也、

三摩地院宮御正忌につき淨妙庵へ手紙

正教坊より御借用の密經一箱留置き十二箱山内へ返却

大林院元三會回章持參御内覽濟まされ明四日御里御殿へ出向下命

*元三會聽衆出仕者

元三會法華八講出仕者

一、武川幸伯寒中爲伺御機嫌參上之事、

三日、壬寅、晴、當番、菅谷中務卿・今小路兵部卿・松井若狭守・山下監物・中嶋織部・青水内記、大膳・將監所勞、

一、三摩地院(堯恭)宮様御正忌ニ付、惠宅師(淨妙庵)江方金百疋・菜具三種被遣、尤手紙ニ而參ル也、

一、山門正教坊より先達而御借用被成候蜜〔密〕經、拾三箱之内壹箱被留置候、殘り拾貳箱、今日山門へ爲持被返候事、

一、大林院(公全)參上、於梅之間次、相模守(松井永亨)出會候處、元三會回章持參幷寫貳通差上候由也、受取之、御内覽被爲濟候ニ付、大林院江相渡シ、相模守言、明四日巳刻過、御里御殿江向被參候様申置、尚又御用ニ御座候ハヽ、北御門前紙屋庄兵衛迄、可被仰下旨申也、以後退出也、

定心坊經藏

別當探題前大僧正法印大和尚位良諶

法印大僧都大和尚位堯岷

法印大僧都大和尚位亮周

法印大僧都大和尚位義珣

法印大僧都大和尚位孝俊

法印大僧都大和尚位觀光

法印大僧都大和尚位宋印

法印權大僧都大和尚位亮弼

右、來年元三會八講衆、依例所唱如件、

天明六年十二月三日　長行事阿闍梨光歡

長行事阿闍梨忍衣

座主二品親王(眞仁)

楞嚴院檢校

又壹通、

定心坊經藏

屈請

正觀院(義遍)探題前大僧正

正覺院(豪靖)探題前大僧正

圓龍院(貫剛)探題前大僧正

覺林坊(堯端)探題大僧正

竹林院(實乘)探題僧正

寶園院(榮範)擬講權僧正

中正院(光賢)大僧都

安詳院(善應)大僧都

藥樹院(孝覺)大僧都

總持坊(順性)大僧都

*東本願寺より寒中御見舞
*勝安養院より寒中御伺
*日嚴院より寒中御伺
*聖門新宮より二品宣下の節御成に御挨拶
*先宮御正忌に智積院御位牌へ御葩
兩本願寺興正寺へ寒中御見舞
*丸毛彌内の差控御免
*大林院松井永亨元三會回章叡覽に供へ相濟み退出
石山基名長橋殿大典侍殿へ寒中御尋
圓山應擧寒中御伺參上拜領物御請

(恭副)行光坊大僧都
(淑徽)相住坊大僧都
(昌宗)歡喜院大僧都
(慈觀)瑞應院大僧都
(義存)戒光院大僧都
(堯瓌)溪廣院大僧都
(亮寛)延命院大僧都
(卽全)大林院大僧都
(深玄)等覺院權大僧都
(深定)長壽院權大僧都

右、來年元三會聽衆、依例所唱如件、

天明六年十二月三日　　長行事阿闍梨光歡
長行事阿闍梨忍衣

座主二品親王
楞嚴院檢校

一、兩本願寺・興正寺(寂聽常順)江寒中爲御見舞被仰遣也、御使靑水内記、委細ハ御進物記ニアリ、
一、石山中納言殿(基名)・長橋との・大典侍とのへ寒中爲御尋御使被遣、靑侍中、委ハ御進物記ニアリ、
一、圓山主水寒中爲伺御機嫌參上、此間拜領物御請申上ル、
一、山本卜泉同斷、三宅宗仙・同宗甫同斷、外郎餅七棹獻上之事、
一、柳川了長寒中爲伺御機嫌參上、山科岱安同斷、御對面被仰付候事、
一、東本願寺(乘如光遍)御門主より使者、爲寒中御見舞、宮重大根一折被上之、尤千代宮(光遍室)御方よりも御傳言之由也、
一、勝安養院(堯海)大僧正より寒中爲御伺、牛房壹籠被獻之事、
一、日嚴院(洞海)大僧都より同斷、粽一折十把被獻之事、
一、聖護院新宮(盈仁)樣より御使近藤治部卿、先達而二品宣下之節御成被進、御滿足ニ被思召候、右御挨拶被仰進候由也、

四日、癸卯、曇或雨、當番、松井西市正・松井相模守・中村帶刀・木崎兵庫・岡本外記、大藏卿・藏人所勞、
一、三摩地院宮(堯恭)樣御正忌ニ付、例年之通智積院(實嚴鑁啓)御位牌所へ葩三十葉被備、御使安住房、
一、丸毛彌内差控御免之事、
一、今日元三會回章被備叡覽候ニ付、上御殿江大林院參上、松井相模守罷越出會之上、大林院同道ニ而、長橋との御玄關へ罷越、御口上、
恒例元三會回章被備叡覽幷御札獻上之候ニ付、御

*大林院へ回章御判相濟み御返

大林院御禮參上御判願上明日申出として退去

仙洞より寒中御尋拜領

所司代より寒中御伺

*花山院愛德へ時節御尋且つ御染筆の御挨拶

三摩地院宮御逮夜御論議

三摩地院宮御法事

*大林院より戒定院は勸善院兼帶にして今般當山寺院差上ぐとの御屆

*萬里小路政房より明日關白白鳥を御內覽との御達

添使被差添候旨申入、暫時控罷有候處、叡覽被爲濟候ニ付、回章被備下兩人退出、

一、大林院參上、今日回章叡覽被爲濟、難有奉存候、爲御禮御菓子一折五棹獻上也、回章御判之儀奉願上旨申、相模守出會回章受取、明日爲申出參上可有之候、其節御對面可被爲在之旨申達、後退去、

一、仙洞御所より女房之奉書を以、寒中爲御尋御菓子一おり十棹御拜領、卽御返書被遊候也、

一、岡田傳藏、寒中爲伺御機嫌參上、

一、戸田因幡守(忠寛)同斷、御對面之事、

一、三摩地院宮樣、御祥月御逮夜ニ付、於梅之間御法事、御論議被爲在候也、

論題　應身八相

講師　上(眞仁)

問者　大行房

金剛院大僧都(志岸)・常樂院(善資)・寶生院(玄隆)・惠乘房・安住房・一位等出勤也、

五日、甲辰、雨、當番、菅谷中務卿・今小路兵部卿・松井若狹守・山下監物・中嶋織部・青水內記、大膳・將監所勞、

一、金剛院大僧都御參殿之事、

一、三摩地院宮樣御祥月、於梅之間御法事御執行之事、

〔以下缺文〕

一、山門大林院參上、回章相窺、御判被相濟御返シ被下候也、

一、坂上淸心院より寒中爲伺御機嫌、宇田芋壹籠獻上之、文にて來也、

一、十如院より右同斷、御菓子壹折、文ニ而獻上之事、

一、此御方よりも寒中爲御尋、蒸菓子貳棹被下之也、

一、京極樣へ御使、寒中御見舞被仰進候事、御使青水內記、

一、花山院大納言殿(愛德)江御使、時節爲御尋羊羹一折五棹被送之、且先達者御染筆賴被仰入候處、早速御認被上、右之御挨拶も被仰入候由也、御使同人、

一、山門大林院より左之通御屆申上ル、

口上

戒定院(公珪)寺院是迄東叡山勸善院兼帶御座候處、今般當山寺院者差上申候間、此段御屆申上候、以上、

十二月五日　別當代

一、入夜萬里小路殿より西市正(松井永昌)御招、明日白鳥殿下(九條尚實)樣御內覽可被遊之旨御達也、

六日、乙巳、曇、當番、松井西市正・松井相模守・中村帶刀・木崎兵庫・岡本外記、大藏卿・藏人所勞、

*萬里小路政房より白鳥を明日議奏へ差出すやう御達
關白へ白鳥持參
禁裏より月次和歌御題進上に御返書
*參內往反共閑院宮へ御成
萬里小路政房より白鳥叡覽御延引との御達
*白鳥叡覽に供へられ何時御招きの儀もあるかと仰出
閑院宮へ御成參內
*松井永昌に右元〆兼役仰付
*初瀬川宗邦退役仰付評議は是迄通
兩貫首へ戒定院差上の御届
*三谷寛重へ貸附方御仰付
*伊丹將監へ御用人仰付三上大膳上座
*小畑主稅へ御小納戸方仰付
*中嶋德方へ御進物方仰付

一、禁裏御所より女房奉書來ル、委細御封中之由也、
一、昨夜御世話卿より御達ニ付、殿下(九條尚實)樣へ白鳥爲持進候也、
一、金剛院大僧都御參殿之事、
一、禁裏御所より御使、女房奉書を以、御月次和歌御題被進、則御返書被遊候事、
一、萬里小路殿より御招ニ付、西市正行向候處、白鳥明日叡覽之儀御延引之旨御達也、
七日、丙午、曇或晴、雨、當番、菅谷中務卿・今小路兵部卿・松井若狹守・伊丹將監・山下監物・中嶋織部・青水內記、
一、巳半刻御出門ニ而、閑院宮樣へ御成、以後御參內、亥刻過還御、御供中務卿・采女・內記、御先三人、
一、山門寶嚴院權僧正、寒中爲伺御機嫌參殿、
一、兩貫首(坊城俊親・園基理)江御届書被差出、園頭中將殿・(基理)坊城頭辨殿、(俊親)
料紙小奉書四ツ折、

山門
戒定院大僧都公珪

右戒定院公珪儀、是迄東叡山勸善院兼帶仕候處、此度戒定院差上申候ニ付、御届被仰入候、以上、

午十二月
座主宮御內
松井相模守

一、非藏人口より御招ニ付、中務卿(菅谷寛常)罷出處、萬里小路前大納言殿御面會にて、昨日殿下江御內覽被入候白鳥、明八日午刻當番之儀〔議〕奏江向被差出候との御事也、
八日、丁未、曇或晴、當番、松井西市正・松井相模守・中村帶刀・木崎兵庫・岡本外記、大藏卿・藏人所勞、
一、巳半刻御出門ニ而、閑院宮樣へ被爲成、申刻過御參內、亥刻過還御、再閑院樣へ被爲成、丑半刻御本殿へ還御、御供相模守・主稅・外記、御先三人、
一、白鳥、非藏人口へ松井相模守持參、當番儀〔議〕奏衆中山前大納言(愛親)殿へ申込、則被及披露候處、珍敷鳥被備叡覽御喜色之由、此御方江被預置候、何時可被招儀も被爲在候段、被仰出候由也、
一、松井西市正、右元〆方兼役被仰付候事、
一、初瀬川三河介(宗邦)、右願之通退役被仰付、尤評儀之儀者是迄之通相加可申事、
一、三谷藏人、右御貸附方被仰付候事、
一、伊丹將監、右御用人被仰付、尤大膳可爲上座事、
一、小畑主稅、右御小納戸方被仰付候事、
一、中嶋織部、右御進物方被仰付候事、
右之趣、於梅之間中務卿・相模守列座ニ而申渡ス也、
九日、戊申、曇或雨、當番、菅谷中務卿・今小路兵部卿・松井若狹守・伊丹將監・山下監物・中嶋織部・

後桃園院御忌に泉山御代香

難波宗城より寒中御尋の御請

新日吉社司藤嶋石見御對面

新日吉社末社樹下社御法樂和歌閑院両宮へ御頼

*萬里小路政房伺候御對面

*輪門宮より御書と榮仙畫進上

*中山忠尹より御招明日白鳥叡覽仰出

堂上方へ樹下社御法樂和歌御詠進御賴

*圓山應擧に席畫仰付

一、後桃園院尊儀御忌ニ付、泉涌寺江御代香今小路兵部卿、青水内記、大膳所勞、

一、難波前大納言(宗城)殿使者、此間寒中御尋被遣候御請被申上候由也、

一、金剛院大僧都御參殿、

一、藤嶋石見參上、御對面之事、

十日、己酉、曇、當番、松井西市正・松井相模守・中村帶刀・木崎兵庫・岡本外記、

一、新日吉社末社樹下社、御法樂和歌御勸進ニ付、御詠進之儀御頼被進、閑院一品宮樣・尹宮樣へ左之通御口上、

御口上覺

御鎭守新日吉社末社樹下社御再興ニ付、御法樂和歌御勸進被成度思召候、依之兩御所樣より來ル廿二日迄ニ御詠進被爲在候樣御賴被遊候、於御詠進者、御滿足ニ思召候、以上、

十二月十日　妙法院宮御使　牛丸九十九

一、堂上方江賴被遣ケ所左之通、

中山前大納言殿・萬里小路大納言殿・廣橋前大納言(伊光)殿・花山院大納言殿・日野前大納言(資枝)殿・勸修寺(經逸)中納言殿・中山中納言(忠尹)殿・三條西宰相中將(延季)殿・芝山前宰相(持豐)殿・八條修理權大夫(隆輔)殿・勸修寺辨(良顯)殿・廣橋辨(胤定)殿、

御口上左之通、

御口上覺

御鎭守新日吉社末社樹下社御再興ニ付、御法樂和歌御勸進被成度思召候、依之來ル廿二日迄ニ乍御苦勞御詠進被成候樣賴思召候、以上、

十二月十日　妙――御使　丸毛彌内

一、閑院一品宮樣へ御書被進候處、御參內故、御跡より御返書可被進由也、

一、萬里小路前大納言殿御伺公、寒中御窺、於御書院御對面、以後於梅之間御湯漬出ス、追付退出也、

一、輪王寺宮(公延)樣より御書、幷御紙入三榮仙畫貳枚被進之事、

一、入夜中山中納言殿より非藏人口江御留守居御招、此間之白鳥、明十一日巳半刻より午刻迄ニ入叡覽候樣、被仰出候旨御申渡候也、

一、圓山主水參殿、於御書院席畫被仰付候事、

十一日、庚戌、快晴、當番、菅谷中務卿・今小路兵部卿・松井若狹守・伊丹將監・山下監物・中嶋織部・

白鳥を非藏人口にて勸修寺經逸に相渡し夕方御返
白鳥につき清家菅家の官外記へ勘進仰付
*御煤拂
*小泉有重より御方違勘進書持參
志水喜間多へ青侍格御家來分仰付
御禮に曾我肅白畫獻上
*日吉社司禁裏仙洞の御撫物の御卷數當門への御卷數獻上
明年の御祈禱料相渡
志水喜間多の宿所屆
*禁裏より御星拜領
*仁門宮へ御書

一、三宅宗達參上、御對面之事、青水内記、大膳所勞、
一、白鳥非藏人口江青水内記持參、議奏衆勸修寺中納言(經逸)殿被相渡、御里坊江退控居、夕方御招ニ而御返被願置候趣ニ而、白鳥御渡候也、
一、理覺院寒中爲伺御機嫌參上、於御書院御對面之事、
一、金剛院大僧都御參殿之事、
一、白鳥、今日清家・菅家官外記江勘進被仰付候事、
十二日、辛亥、晴或曇、當番、松井西市正・松井相模守・三谷藏人所勞・中村帶刀・木崎兵庫・岡本外記、大藏卿所勞、
一、志水喜間多、此度青侍格御家來分被仰付、於麝香之間相模守申渡、以後御吸物・御酒被下、右爲御禮扇子壹箱・曾我肅白畫壹枚獻上之也、
一、久我家(信通)江宿所屆壹通差出ス、左之通、

妙法院宮御家賴
志水喜間多

右喜間多(志水)儀、新町椹木町上ル腹帶町近江屋傳兵衞家ニ借宅仕候、此度御家賴ニ被召抱、右家ニ其儘致住居候、依而爲御屆如此ニ御座候、以上、

午十二月
妙法院宮御内
松井相模守　印

油小路前大納言(隆前)樣御内
伏田右衞門殿
下村丹司殿
久我大納言樣御内
辻信濃守(章業)殿
岡本内記殿

一、自休庵爲伺御機嫌參上、於御書院御對面、暫時御噺申上、退出也、
十三日、壬子、雨、當番、菅谷中務卿・今小路兵部卿・松井若狹守・伊丹將監・山下監物・中嶋織部・青水内記、大膳所勞、
一、今日御煤拂之事、
一、小泉陰陽少屬(有重)、例年之通御方違御吉方勘進書付持參也、
一、生源寺民部大輔(行整)參上、
禁裏御所・仙洞御所御撫物・御卷數、當御方江御卷數・蜜柑一籠相添獻上也、於御玄關三ノ間中務卿面會、湯漬出ル、外ニ御卷數・牛房壹折獻上、來未年御祈禱料白銀壹枚相渡、請取書付差上、退出、
一、禁裏御所より例之通、女房奉書を以御星御拜領、則御請被仰上也、尤御使御里坊まで來ルなり、
一、仁和寺宮(深仁)樣江御書、井長芋一折十本被進之、御使末吉味右衞門、
十四日、癸丑、曇或晴、當番、松井西市正・松井相模守・中村帶刀・木崎兵庫・岡本外記、大藏卿・藏人所勞、

禁裏仙洞へ日吉社卷數撫物獻上
一、禁裏御所・仙洞御所江日吉社御祈禱之卷數・御撫物被獻候、御使岡本外記、

閑院宮へ御風邪氣御見舞
一、一品宮樣少々御風邪氣ニ被爲在候ニ付、爲御見舞長芋拾本被進候也、御使同人、

三宅宗達拜診調藥
一、三宅宗達參上、御對面拜診、御藥調進之事、

一、惠宅師江御文匣爲持被遣、御請也、御使安住房、

松田秀山へ御口中御藥取
一、松田秀山江御口中御藥取ニ遣ス也、

十五日、甲寅、雨、當番、菅谷中務卿・今小路兵部卿・松井若狭守・伊丹將監・山下監物・中嶋織部・青水内記、大膳所勞、

一、當日御禮參上之輩、土岐要人・山本內藏・篠田主膳・香山大學、

御寒邪につき中村靜安拜診調藥
一、少々御寒邪之御氣味故、中村靜安依召參上、拜診、御藥調進也、

仙洞へ日吉社の御撫物御檀料請取の御使
一、仙洞御所江日吉社江之御撫物幷御檀料爲請取、御使中嶋織部、則請取案左之通、料紙小奉書竪、

覺

一、御撫物　一封

一、金子　貳百疋

右者、來未年日吉社爲御祈禱料請取申處如件、

十二月十五日　妙──宮御使　中嶋織部印

大嶋殿

十六日、乙卯、曇或雨、當番、松井西市正・松井相模守・中村帶刀・木崎兵庫・岡本外記、大藏卿・藏人所勞、

*白鳥を非藏人口へ持參六條有榮に相渡
一、白鳥非藏人口へ岡本外記持參、當番儀(議)奏衆六條(有榮)前中納言殿江相渡、御里坊へ引取、夕方御招被預置候趣ニ而、白鳥御渡也、

一、一品宮樣より御書被進、則御返書被進候事、

一、中村靜安江御藥取ニ遣ス、

*座主職につき禁裏來年御星供仰出御星御撫物御檀料拜領
一、禁裏御所より女房奉書を以、來未年御星供御執行被仰出、卽御星幷御撫物・御檀料白銀五枚御拜領、御返書被遊候事、尤右者座主御當職ニ付如此也、

*長橋御局にて來年日吉社御檀料御撫物受取
一、長橋御局江御使を以、來未年日吉社御檀料・御撫物爲申出牛丸九十九被遣、卽御撫物・御檀料受取也、其案如左、

覺

一、御撫物　一封

一、白銀　三枚

右者、來未年日吉社爲御祈禱料請取申處如件、

午十一月十六日　妙──宮御使　牛丸九十九印

右京大夫殿

*白鳥を御前にて御攝家方拜見博士方の勘進にて白鳥と相極る由
一、白鳥、今日御攝家方江於御前拜見被仰付候由也、菅

*日吉社司參上禁裏仙洞の御祈禱につき委細受取御請書差出

日吉社司へ禁裏仙洞御祈禱料申出に參上あるべしと申遣

節分にて御方違

禁裏仙洞の御星供御執行座主職につき禁裏へ御星御撫物御卷數申出御口上

*渡世の者以外の遊興の鳴物遠慮に及ばずとの傳奏觸

中村靜安拜診調藥

家・清家官外記よりハ、白鳥ニ相極候由勘進也、文
匣差上候由也、
十七日、丙辰、晴、當番、菅谷中務卿・今小路兵部卿・松井若狭守・伊丹將監・山下監物・中嶋織部・
一、青水内記、大膳所勞、金剛院大僧都御參殿、
一、青蓮院宮樣へ御書被進、卽御返書被進候事、御使靑
侍中、
一、坂本社司江兩御所御祈禱料相渡可申候間、明十八日
申出參上可有之旨申遣ス也、
一、今日節分也、爲御方違、入夜御座之間・中之間おい
て、御雜煮・御吸物・御酒等例之通御祝、常住金剛
院大僧都御相伴、戌半刻頃御小書院江還御、
一、入夜兩御所之御星供御執行也、
一、就座主御當職、禁裏御所江御星幷御撫物・御卷數被
獻候、御使中嶋織部相務、御口上、
座主宮仰候、御星供御執行被成候ニ付、御星幷御
撫物・御卷數被上也、此段宜御沙汰賴思召候旨也、
一、中村靜安參上、拜診、御藥調進之事、
一、三宅宗仙參上、
十八日、丁巳、雨、入夜大雨、當番、松井西市正・松井相模守・中村帶刀・木崎兵庫・

一、岡本外記、大藏卿・藏人所勞、金剛院大僧都御參殿、
一、日吉社司樹下大藏大輔(茂慶)參上、來未年禁裏御所・仙洞
御所御祈禱御檀料幷御撫物申出候、松井相模守出會
にて、右御撫物・御檀料相渡、御請證文差出、如左、
一、御撫物　一箱　　一、御撫物　一箱
一、御檀料　白銀三枚　　一、御檀料　金貳百疋
右者、禁裏樣より、　　右者、仙洞樣より、
右之通、慥ニ落手仕候、以上、
天明六丙午年十二月十八日　樹下大藏大輔印
生源寺民部大輔印
座主宮樣
御坊官御中
一、傳奏觸到來、左之通、
渡世ニいたし候鳴物・音曲、家業之分者差免、其
外之者共、遊興之鳴物等可相愼旨、先達而觸置候
得共、最早鳴者不及遠慮候條、此旨洛中洛外へ不
洩樣可相觸者也、
午十二月十四日

三*宅宗達拜診
昨*日禁裏へ願出の御星申出
鹿*ケ谷安樂寺繼目御禮
閑*院宮より御違例御見舞
三宅宗達持參
非*藏人口にて坊城俊親より今小路行先法眼勅許の書付相渡
角倉玄壽より歲末御祝儀獻上
御口中氣につき津田順碩拜診
坊*城辨殿へ御挨拶
三*宅宗達津田順碩拜診
中村靜安津田順碩拜診調藥

口上覺

別紙之通、武邊より申來候間、爲御心得各迄可申入之旨兩傳被申付、如此候、以上、

十二月十七日　兩傳奏 雜掌

聖護院宮樣(忠譽)
照高院宮樣(同右)
青蓮院宮樣
知恩院宮樣(尊峯)
一乘院宮樣(尊映)
妙法院宮樣(眞仁)
坊官御衆中

一、三宅宗達參上、拜胗之事、
一、角倉與市(玄壽)より例年之通、歲末御祝儀として、蜜柑一折三百獻上之事、
一、御口中氣ニ被爲在、松田秀山被召候處、依所勞弟子津田順碩參上、拜胗也、

十九日、戊午、曇或雨、當番、菅谷中務卿・今小路兵部卿・松井若狹守・伊丹將監・山下監物・中嶋織部・青水内記、大膳所勞、

一、金剛院大僧都御參殿、
一、中村靜安參上、拜診、御藥調進、津田順碩參上同斷、

一、三宅宗達參上、拜胗、
一、禁裏御所江御書被上、御使青侍中、
一、昨日禁裏御所へ被獻候御星爲申出、御使九十九(牛丸)被差出候處、御星出ル、
一、鹿ケ谷村安樂寺繼目爲御禮參上、於御内玄關吸物・御酒被下、中務卿法印會ス、御禮錄左之通、
獻上、延紙一折五束、兩院家衆へ延紙三束ツヽ、表役三人へ銀五匁ツヽ、兵部卿・大藏卿・若狹守へ銀三匁ツヽ、代官兩人へ銀壹匁ツヽ、
一、閑院宮樣より此節御違例爲御見舞、御菓子一折被進之、尤老女より文ニて來ル、
一、非藏人口より御留守居御招、坊城辨殿(俊親)被仰渡趣、今小路兵部卿申法眼勅許之由、別紙書付被相渡、尤口宣案、來ル廿六日被相渡候由也、
年齡雖未滿宮、依格別願容許了、不可爲後例之事、

廿日、己未、晴、當番、松井西市正・松井相模守・中村帶刀・木崎兵庫・岡本外記、大藏卿・藏人所勞、

一、今小路兵部卿申法眼勅許ニ付、坊城辨殿江、右御挨拶御使被遣也、御使牛丸九十九、
一、三宅宗達參上、拜胗之事、
一、津田順碩參上、同斷、知足庵參上、御對面之事、

來正月護持仰出
*智積院より寒中御伺獻上
勸修寺良顯より樹下社御法樂和歌御詠進御里坊へ御持參
*三宅宗達拜診
*圓山應擧その他へ歲末御祝儀御遣
山科岱安拜診
三條西延季より樹下社和歌御詠進
*小泉有重へ御勘進につき金子御遣
日野資枝同じく御詠進
*芝山持豐より御法樂和歌御詠進
中村靜安拜診調藥
圓山應擧御法樂和歌詠進御對面仰付
*禁裏月次和歌御詠進御届
樹下社御法樂を御延引御詠進の堂上方へ仰遣

一、禁裏御所御使女房奉書來ル、則御返書被遊候事、
一、來年正月護持被仰出候事、尤勸修寺辨殿(良顯)より奉書ニ而申來ル也、
一、勸修寺辨殿御里坊江御伺公、此間御賴被遣候新日吉末社御法樂和歌御詠進、中納言殿(勸修寺經逸)和歌御一緒ニ御持參也、
廿一日、庚申、晴、入夜少雨、當番、菅谷中務卿・今小路兵部卿・松井若狹守・伊丹將監・山下監物・中嶋織部・青水內記、大膳所勞、
一、山科岱安參上、拜脉被仰候事、
一、三條西宰相中將殿(延季)より以使、樹下社御法樂和歌御詠進也、
一、日野前大納言殿(資枝)御伺公、時節御窺、且御法樂和歌御詠進御持參被申置也、
一、中村靜安參上、拜診、御藥調進之事、
一、圓山主水參上、御法樂和歌詠進、御對面被仰付候事、
廿二日、辛酉、晴、申刻頃少雨、當番、松井西市正・松井相模守・中村帶刀・木崎兵庫・岡本外記、大藏卿・藏人所勞、
一、今日樹下社御法樂之處、少ゝ御違例ニ付、御延引被遊候事、
右之趣、御詠進御賴之堂上方江被仰遣也、尤御日限御治定次第、追而可被仰遣由也、
一、智積院(實嚴鍐啓)僧正使僧、寒中爲伺御機嫌、蜜柑壹籠獻上之事、
廿三日、壬戌、晴、當番、菅谷中務卿・今小路兵部卿・松井若狹守・伊丹將監・山下監物・中嶋織部・青水內記、大膳所勞、
一、金剛院大僧都御參殿、
一、三宅宗達參上、拜脉之事、知足庵・宗仙參上、
一、圓山主水江銀三枚、岸紹易金貳百疋、御室坊官へ金百疋ツヽ、四人へ爲歲末御祝儀被下之、尤奉書ニ而遣ス、
一、小泉陰陽少屬へ、御方違御吉方勘進ニ付、方金百疋奉書ニ而遣ス、
一、芝山前宰相殿より使を以、樹下社御法樂和歌詠進ニ付被上、尤坊官・諸大夫まて書狀ニ而來ル、
廿四日、癸亥、快晴、當番、松井西市正・松井相模守・中村帶刀・木崎兵庫・岡本外記、大藏卿・藏人所勞、
一、御月次御詠進之處、此間より少ゝ御違例ニ付、御未進之由、御奉行、御口上書を以被仰遣也、

御口上覺

禁裏御所御月次和歌御詠進可被遊候處、依御所勞御未進被成候、此段宜御沙汰賴思召候、以上、

大山崎社務歳末御祝儀胡麻油獻上
日吉社司歳末御祝儀獻上
*閑院宮へ御短册進上
津田順碩拜診調藥
山科岱安拜診
*廣橋父子樹下社和歌御詠進
*非藏人口にて萬里小路政房より正月八日參內の仰出
所司代より歳末御祝儀狗脊獻上
中村靜安拜診調藥
*德川家齊御本丸へ御移徙につき御歡仰入るべく傳奏觸
四御所女一宮へ歳末御祝儀獻上
禁裏へ藥師供御表物御返獻
御用の儀につき中山愛親より御呼出状

十二月廿四日　　妙――御使 牛丸九十九

一、大山崎社務松田藏人、歳末爲御祝儀、例年之通胡麻油壹樽獻上之事、

一、自休庵參上、

一、樹下式部大輔參上、歳末之爲御祝儀、昆布壹折貳十本獻上、御玄關於三ノ間御湯漬被下之、

一、津田順碩參上、拜脉、御藥調進之事、

一、山科岱安參上、拜脉、被仰付事、

廿五日、甲子、晴、亥過刻より雨、當番、菅谷中務卿・今小路兵部卿・松井若狹守・山下監物・中嶋織部・青水內記、大膳所勞、

一、戸田因幡守殿使者、歳末之爲御祝儀狗脊壹箱被獻候也、

一、中村靜安參上、拜脉、御藥調進之事、

一、兩町奉行江御使、

一、四御所・女一宮樣江歳末之御祝儀、例年之通被獻候事、御使松井若狹守、

一、禁裏御所江藥師供御表物御返獻之事、御使惠乘房（玄隆）、

一、入夜取次より手紙來ル、左之通、

御用之儀御座候間、明廿六日未刻非藏人口へ御參候樣可被進旨、中山大納言殿被仰渡候、仍如此御座候、以上、

十二月廿五日　　町口美濃守

妙法院宮樣
坊官御中

右承知之旨、及返書、

廿六日、乙丑、雨、當番、松井西市正・松井相模守・伊丹將監・中村帶刀・木崎兵庫・岡本外記、大藏卿・藏人所勞、

一、閑院一品宮樣江御短册被進、委細ハ御封中ニ被仰進候由也、

一、廣橋前大納言殿（伊光）・右中辨殿（胤定）御父子より、樹下社御法樂和歌御詠進、御里坊まて被差出候由也、

一、非藏人口へ相模守差向之處、萬里小路前大納言殿御面會にて、正月八日午刻御參內被仰出候事、

一、傳奏衆より觸書壹通到來、左之通、

口上覺

大納言樣御本丸江被爲移、去月廿七日御移徙御祝儀相濟候由申來候、依之來ル廿七日・廿八日兩日巳刻より未刻迄之內、戸田因幡守殿江御使者を以、右御移徙之御歡可被仰入候、此段各迄可申入之旨、兩傳被申付如此候、以上、

十二月廿五日　　兩傳奏 雜掌

御名前例之通、

*長日不動供御巻數を禁裏へ獻上
禁裏より御内内御檀料拜領
*中村靜安拜診
所司代へ關東御歡御使
*來月護持御勤修仰出御本尊御撫物持參請取
東御殿御學問所御普請相濟み御移徙
*坊官より鏡餅獻上
小泉有重へ勘進につき金子御遣
*諸大夫より御錫獻上
淨妙庵へ禁裏御星供御名代につき金子御遣
藤嶋石見へ色紙御染筆下賜
*歳末御儀式

坊官御衆中

追而御覽之後、油小路家へ御返可被成候、以上、

一、入夜禁裏御所より女房奉書を以、御内〻御祈禱御檀料御拜領、卽御返書被遊候事、

廿七日、丙寅、曇、當番、菅谷中務卿・今小路兵部卿・松井若狭守・山下監物・中嶋織部・青水内記、大膳所勢、

一、昨日傳奏觸之趣ニよつて、今日所司代亭江御歡御使相模守相勤ル也、

一、三宅宗仙參上、

一、金剛院大僧都御參殿、

廿八日、丁卯、曇、當番、松井西市正・松井相模守・伊丹將監・中村帶刀・木崎兵庫、大藏卿・藏人所勢、

一、此度東御殿御學問所、北之方へ被引移御普請相濟候ニ付、今日辰刻御移徙也、尤日時之儀、兼而小泉陰陽少屬より勘進仕也、

一、三宅宗達・知足庵參上、

一、小泉陰陽少屬江金百疋被下之、奉書ニ而遣ス、

右者、御移徙日時勘進ニ付被下也、

一、惠宅師江禁裏御所御星供御名代ニ付、金百疋被下、

一、藤嶋石見、先達而相願候色紙御染筆物被下候也、

廿九日、戊辰、晴、當番、菅谷中務卿・今小路兵部卿・松井若狭守・山下監物・中嶋織部・青水内記、大膳所勢、

一、土岐要人より例年之通、屠蘇・白散獻上之、爲御祝儀方金百疋被下之、

一、長日不動供御卷數、禁裏御所江被獻之、御供出家中、

一、中村靜安參上、拜診之事、

一、歳末爲御祝儀參上之輩、篠田主膳・三宅宗達、

晦日、己巳、晴或曇、當番、松井西市正・松井相模守・伊丹將監・中村帶刀・木崎兵庫、所勢大藏卿所勢、

一、金剛院大僧都御參殿之事、

一、座主御當職ニ付、來正月護持御勤修被仰出也、護持御本尊并御表物細川極﨟(常芳)持參之、地下役人衞出來ル、卽於鶴之間相模守出會、御本尊・御表物・辛〔唐〕櫃之錠、出家請取之、次ニ於同所細川江御雜煮・御吸物・御酒等出ル、地下役人へも於御玄關三之間、御雜煮・御吸物・御酒被下也、已後於梅之間、極﨟(細川常芳)御對面可有之處、御違例ニ付御對面無之、

一、例年之通、菅谷中務卿・今小路兵部卿より御鏡餅獻上也、

一、小川大藏卿・松井西市正・松井相模守・松井若狭守より、例年之通御錫壹對宛獻上也、

一、入夜歳末御儀式、例之通院家・坊官以下出家中奥迄、御禮相濟、三谷金吾・山下勇・三上右膳等御禮申上ル也、

浚明院(徳川家治)様御中陰御贈經御使松井西市正(永昌)在府中日記

江戸山王社家到著

一、十月六日、京都發足、道中無難二十七日未刻過、山王樹下采女正方へ着、掛合料理出、暫時對話ニ而無程旅宿へ行也、

御三家へ御口上

一、十八日辰刻過、旅宿より出駕、行向ケ所左之通、

尾張大納言(徳川宗睦)殿　取次　常川文藏
同　宰相(徳川治行)殿
紀伊中納言(徳川治貞)殿　取次　草野源之丞
同　中將(徳川治寶)殿
水戸宰相(徳川治保)殿　取次　美濃部又三郎

御口上

前大樹(徳川家治)公薨去ニ付、御愁傷御察思召候、此度御法事ニ付、御贈經御使者被差向候故、乍序御悔御見舞被仰入之旨申演候處、紀州殿ニ而者、御相應之御請、其外御兩卿ニ而ハ、今日ハ紀州殿へ被參候故、歸館之砌可申入之由也、

御法事掛御一統へ御口上

一、御法事懸り寺社奉行
阿部備中守(正倫)殿　取次　武田小藤太

月番高家
六角越前守(廣孝)殿　連名之御書出ス、　取次　名村喜八郎
月番若年寄
酒井石見守(忠休)殿　連名之御書出ス、　取次　小花川又四郎
月番老中
水野出羽守(忠友)殿　取次　久米半藏
御法事掛り御老中
牧野越中守(貞長)殿　連名之御書出ス、　取次　竹五大夫
老中
松平周防守(康福)殿　取次　加藤小左衞門
西丸若年寄
井伊兵部少輔(直朗)殿　連名之御書出ス、　取次　岡吉右衞門
西丸老中
鳥居丹波守(忠意)殿　御書出ス、　取次　杉浦彌藏
大老
井伊掃部頭(直幸)殿　御書出ス、　取次　松井武太夫
御法事掛り高家
有馬兵部大輔(廣之)殿　取次　伊藤久二

御口上手控之案、左之通、大奉書半切ニ認ル也、

御口上覺

此度就御法事、爲御追福御贈經御使者、御當地へ被差出候、尙御書ニ被仰入候、

十月十八日　妙法院宮御使　松井長門守

右手控、取次へ渡、御書不相渡ケ所ハ連名故、月番或御法事懸リ江差出し置旨申演、各登城歸宅之節、可申聞旨言也、但宿所札取次へ渡ス、

妙法院宮御使
松井長門守
山王樹下采女正方ニ旅宿仕候

御法事掛に御口上先例書相渡

一、（御法事懸り寺社奉行）堀田相模守殿（正亮）連名之御書出ス、寺社役人 朝比奈新藏

御口上如前、且御先例書新藏（朝比奈）へ相渡、何角不案内ニ候條、宜御指圖有之樣申演、委細承知、今日ハ御用ニ付、東叡山江相模守罷越候、歸宅之節可申入、尚追〻可申述由也、

別紙、先例書、大奉書半切ニ認、左之通、

覺

一、嘱累品　紺紙金泥　一軸

右今般就御法事、爲御追福御備被成候、

寶暦十一年之度も如斯ニ御座候、以上、

十月十八日　妙法院宮御使　松井長門守

覺

一、寶暦十一年惇信院（徳川家重）樣薨去之砌、御贈經御使者御暇被下候節、於傳奏屋敷時服四・白銀拾枚拜領仕候事、

右之通先格ニ御座候、以上、

十月十八日　妙――　松――　御使

右御使相勤、申刻過旅宿へ歸ル也、

廿日、

*門跡方使者參集

一、勅使西園寺前内府公（賞季）、院使橋本前大納言殿（實理）・大女院使庭田宰相殿（重嗣）・女院使芝山前宰相殿（持豐）・宣命使高辻少納言殿（世長）、其外侍下役人、今日着府由也、

一、昨日御奉書御使相勤候段、京都へ申登ス也、

廿二日、

一、未刻頃、堀田相模守殿用人小林典膳・倉澤甚大夫・朝比奈新藏連名ニ而書狀到來、

以手帖致啓上候、然者、御達候儀有之候間、明廿三日八ツ時頃御出候樣、相模守被申候、以上、

右之趣申來、承知之段及返事候也、

廿三日、

一、井伊掃部頭殿より、此間御使被差向候御請使者來ル也、使庵原奥左衛門、

一、堀田相模守殿より、昨日達之趣ニ而、未刻前彼亭江行向、

聖護院宮樣御使（忠譽）　杉本刑部卿　仁和寺宮樣御使（深仁）　芝築地中務卿　青蓮院宮樣御使（尊眞）　大谷治部卿

知恩院宮樣御使（尊峯）　角田相模守　一乘院宮樣御使（尊映）　内侍原宰相　圓滿院宮樣御使（覺淳）　古松式部卿

大覺寺御門跡御使（寛深）　成田美濃介　大乘院御門跡御使　松井法眼　三寶院御門跡御使（高演）　山田治部卿

專修寺御門主使僧（圓遵）、

一同參集、用人小林典膳面會、未被致歸城候、無程

歸宅之上、各法華堂へ御參集可被成之旨、何れも一同承知之段申、乍去寶暦十一年之度、於增上寺者宿坊有之候、此度無之哉之旨一同相尋、用人云、此度ハ上野執當へ懸合被置候故、法華堂之由と云也、且又御暇幷拜領物、於傳奏屋舗、勅使其外一統相濟候上、跡ニ而可被達候、右日限之儀者、明日何れも首尾克相濟候段、可被届候故、其節拙者共之内より、御達可申段申、尤御暇之節、拜領銀ハ高家月番六角越前守(六角廣孝)殿ニ而可被相渡候、此段越前守殿へ懸合被置候旨申、一同承知之段申、各退散也、

但、此度ハ一向御先格之儀なとも尋無之、先年寛延之度、東叡山拜禮席ヨリハ此度ハ一疊相進ミ候而、侍從之席之由傳聞也、

廿四日、

上野法華堂へ參集

一、子半刻過、山王出駕ニ而上野法華堂江參着、尤法華堂前ニ而下乘、攝家・親王・宮御門跡・攝家御門跡・清花・傳奏・昵近之堂上・專修寺使僧・樂人惣代等參集之處、高家宿坊より六角越前守殿使者來、左之口上書切紙ニ而、

攝家方使者壹人、親王方使者壹人、門跡方使者壹人、清花之使者壹人、昵近之使者壹人、

右壹人宛高家宿坊凌雲院へ御越可被成候、

十月廿四日　使名前 淺岡平八

右ニ付、攝家・親王・宮御門跡・攝家御門跡壹人宛、御法中御使之内、御上座芝築地中務卿行向候處、御座次間違無之様、得与相調可申出、尚後刻習禮可有之、六角越前守殿被達候由、仍而相調、再中務卿より行向、其後親王方御使より順達、書付左之通、

法華堂へ參集之輩、寶暦之度之通り仕切ニ不被能候得共、

攝家方　宮御門跡　清花衆

親王方　攝家御門跡　昵近衆

右之通、別序之心得相分リ候而、混雜無之様、席順相守可罷在候事、

十月廿四日

右之仕切無之段、臨期儀ニ候得者、仕切有之形、寶暦之席之通可相心得事、

右順達之書付、清華之使者へ達、無程午刻過何れも習禮ニ候間、相廻り候様案内有之、攝家方御使者はしめ、昵近之衆使者迄、順々ニ勅額門迄進ミ、何れ

も着座之上、
勅使西園寺殿御衣躰・小直衣、院使橋本殿狩衣、兩女院使庭田殿・芝山殿狩衣、宣命使高辻殿狩衣、其外大内記・副使ニ至迄御進ミ、暫して御退去之上、攝家方御使をはしめ、一同ニ習禮有之、法華堂へ先歸ル、

但、勅額門之手前よりウスヘリ敷有之、夫よりスヽム、右棧門より堂迄、段廊下、凡三十四・五間有之也、

〔以下缺〕

申刻頃拜禮始候間、一統相廻り候樣案内有之以前御習禮、棧門之前ニ而御納經御長持より取出、請取、着座、無程勅使・院使・兩女院使・宣命使、各衣躰束帶、御作法被爲濟御退堂、畢而攝家御使を始、專修寺使僧・樂人惣代・御格座・京極樣御使・仁門樣御使・大覺寺御門跡御使迄、段廊下右側、清花之使者を始、昵近之使者迄着座之上、兩人宛初之檀ニ而御納經、出家へ相渡、暫して高家衆差圖有之、仍而相進ミ、埋圍之外、一疊目ニ而一拜相濟、棧門より追々退去歸路、

老中御法事掛リ牧野越中守殿・高家月番六角越前守殿、

寺社奉行納經掛リ堀田相模守殿江行向、

今日於上野、御納經・御代拜首尾克相勤候段、手札ニ認、取次へ申置、尤六角越前守殿ニ而者、用人呼出、昨日堀田相模守殿ニおいて御暇之節、拜領銀當御屋舗おゐて可被相渡之旨被達候、御暇之節、卽刻彼亭へ罷出可申哉与相尋候處、明日於傳奏屋敷可被相渡候間、請取可致持參之旨申、承知之段申歸ル、用人宮澤織右衞門、夫より堀田相模守殿へ行向、今日首尾好相勤候段、取次へ申述、寺社役致面會度申述、別席通、無程寺社役倉澤勘太夫罷出、別紙之通被達候旨申、承知之段申退去、亥半刻過旅宿へ歸ル也、相模守殿より被達候切紙之案、左之通、

妙法院御門跡使者
松井長門守

明廿五日五ツ時、傳奏屋舖江被可被罷出候、

十月廿四日

一、宮方・御攝家方・宮御門跡・攝家御門跡御使衣躰、
坊官　素絹・指貫・帶釼、但素絹カラゲナリニテ、諸大夫　狩衣・帶釼ナリ、

一、御贈經持貳人、宰領壹人麻上下、乗物四人、若黨貳人麻上下、草履取壹人、鑓持壹人、長柄壹人、挾箱壹人、傘籠壹人、挑燈三張也、

一、松平周防守殿、此間御使之御請使者來ル、使金山増右衛門、

廿五日、

一、辰刻傳奏屋舗江罷出、着用熨斗目長上下、供廻り如昨日、攝家・親王・宮御門跡・清花・傳奏・昵近之堂上□使者・專修寺使僧・樂人・惣代參集、各相揃、午刻過習禮可有之候間、明日之通次第ニ可參旨案內、一同習禮相濟、再休所へ歸ル、申刻頃、老中月番水野出羽守殿被申渡、但、使者都而一同ニ出ル也、何れも退候上、攝家方御使を始、兩人宛罷出、拜領物有之、樂人惣代・御格座迄相濟、拜領物直樣玄關江持出ル、供之物へ相渡、夫より又一同ニ平伏、高家披露御暇、拜領物御禮ト云ゝ、畢而、再休所へ退出、別所高家用人拜領銀相渡、請取、左之通、

但、拜領物、時服四、長持ニ入、歸ル也、時服色目　納戸茶熨斗目一、黒一、花色一、納戸茶一、

御暇拜領物相濟御禮

覺　大奉書、半切、認之也、

一、白銀　十枚

右御暇拜領銀御渡被成、慥ニ受取申候如件、

十月廿五日　妙法院宮御使　松井長門守

宛名なし、

右銀受取、各退去、

傳奏屋敷拜領之間之圖、左之通、

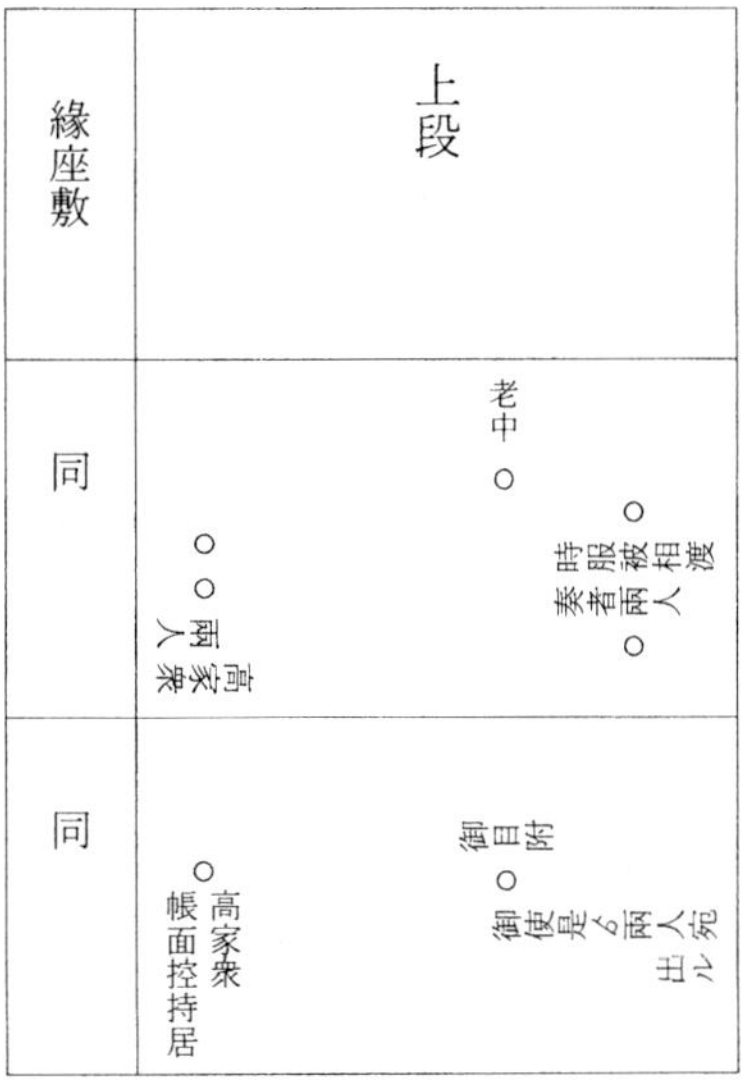

一、今日御暇、拜領物首尾克相濟候御禮、手札ニ認之、

今日御暇被下置、拜領物仕、難有仕合奉存候、右御禮參上、

妙法院宮御使
松井長門守

老中御法事掛リ	牧野越中守殿
老中月番	水野出羽守殿
若年寄月番	酒井石見守殿
若年寄御法事懸リ	太田備後(資愛)守殿
大老	井伊掃部頭殿
寺社御法事懸リ	阿倍備中守殿
寺社御納經掛リ	堀田相模守殿
高家月番	六角越前守殿
御法事掛リ高家	有馬兵部大輔殿
西丸老中	鳥居丹波守殿
西丸若年寄	井伊兵部少輔殿

右之ケ所へ行向、戌刻過旅宿へ歸ル也、

一、牧野越中守へ鳥居丹波守より、此間御奉書御使被遣候御請使者來ル也、

八日

一、京都江御使、首尾克相勤候段、注進申登ス也、

一、輪王寺(公延)宮樣江御使相務、御口上左之通、

*輪門宮へ時節御見舞

*青龍院及び佛頂院眞覺院へ行向

*堀田正亮方寺社役と諸事打合

京都へ首尾克く相勤めし旨注進

此度□法事御贈經、御當地へ御使被差向候ニ付、時節爲御見舞御目錄之通被進之、委細者御書被仰進候趣申述、取次□大膳、

御畫　一箱　　御茶　一箱三種

御返答、下村長門守相懃也、御返書ハ山王旅宿迄爲持被進之由、夫より青龍院へ行向、爲御尋御茶一箱被下之旨申述ル、暫對話、次執當佛頂院・眞覺院へも行、茶一箱ツヽ被下、暮頃旅宿へ歸ル也、

同日、
一、堀田相模守殿江行向、寺社役小林典膳面會、先達而御役人衆へ被遣候御書返翰、未何方よりも旅宿へ不致到來候ニ付、催促有之候樣致度候、併此節御用多事候ハヽ、被取集候上、山王樹下釆女正方へ御達被下候得者、早速京都へ相達候趣申、左候ハヽ、取集次第、山王へ爲持可遣、典膳答、然ル上者、少々御用之儀も有之、四・五日致逗留、外御用向相仕舞次第、勝手ニ致出立候、別段御屆ニ不罷出候段申候へハ、承知之旨、逗留中、彼是世話ニ相成候段一礼申、退也、

閏十月朔日、

樹下采女正へ御目録相達

一、樹下采女正方へ例之通、御目録金子五百疋持參、相達、已後吸物・御酒出ル、御用向及熟談、戌半刻旅宿へ歸ル也、

上野執當より御請使

一、上野執當佛頂院・眞覺院より、此間爲御尋拜領物御請使僧來ル也、

七日、

青龍院より座主宣下恐悅金子獻上

一、青龍院より□先達而座主宣下御恐悅、昆布料金貳百疋獻上之事、

八日、

輪門宮より御返翰及び御土產進上

一、輪王寺宮様より此間之御返翰并烟管一箱・砂糖漬一箱被進也、御使大澤內記、

一、京都江明後十日出立之趣申登ス也、

九日、

樹下采女正より拜領御禮

一、樹下采女正江、先達而御目録拜領爲御禮、旅宿江入來、申置也、

十日、

十日出立二十一日京著

一、卯刻過旅宿出立、樹下玄關にて申置發足、道中無難ニ廿一日京着也、

同月廿七日、

所司代へ行向

一、所司代亭行向、口上、手札ニ認持參也、

先達而關東就 御法事、御贈經御使相勤 候節、於關東拜領物仕、 難有仕合奉存候、右爲御禮參上、 妙法院宮御內 松井長門守

一、寶暦十一年
惇信院様御中陰僧〔增〕上寺拜禮之繪圖、後ゝ之例ニも可相成哉ト此度寫置也、如之、
〔コ、ニ圖アリ、便宜次頁ニ移ス。〕

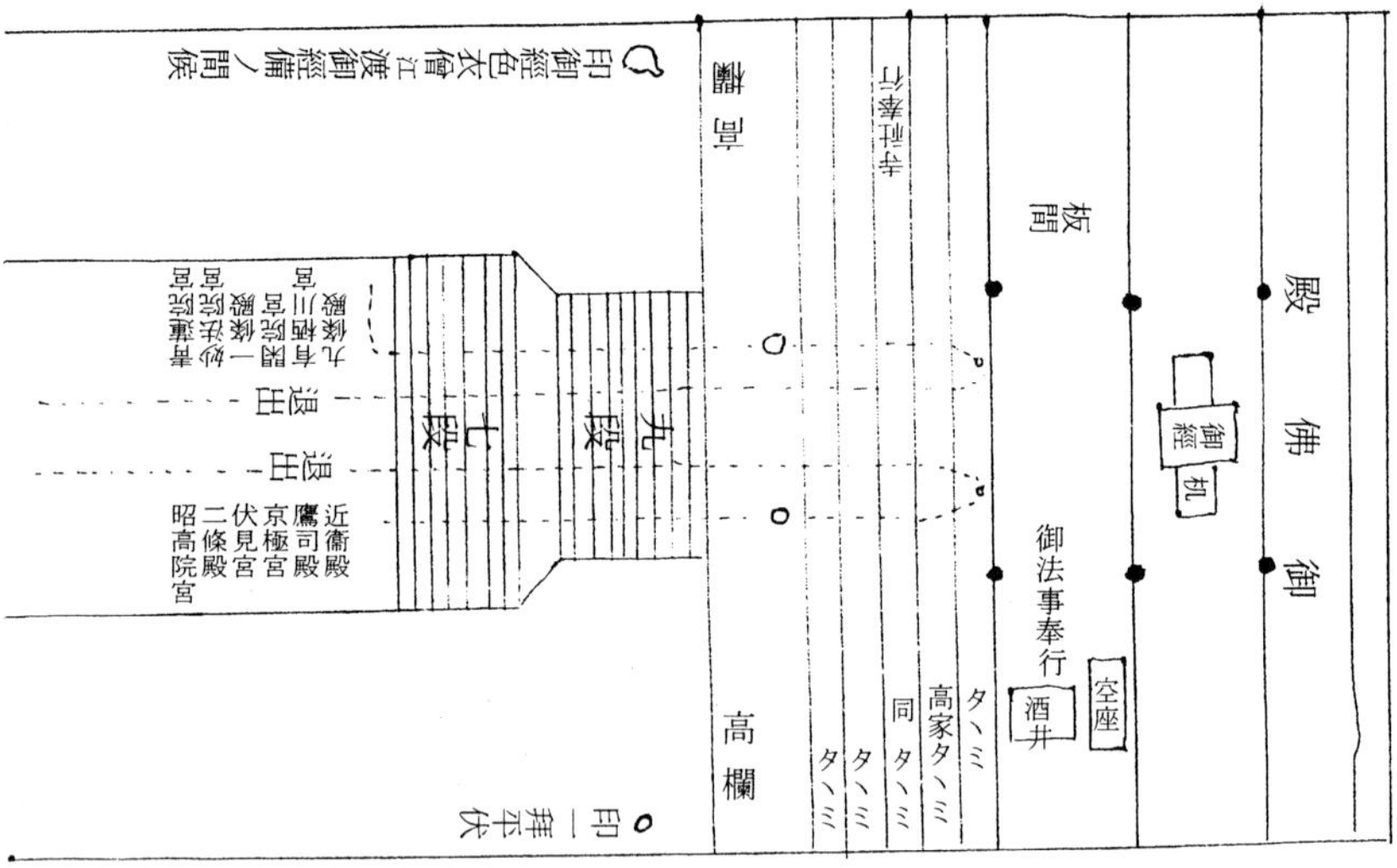
御佛殿
御經
机
板間
御法事奉行
空座
酒井
高家
同
高欄
九段
七段
退出
退出
近衛殿
鷹司殿
京極宮
伏見宮
二條殿
昭高院宮
印一拝平伏
印御經色衣僧江渡御經備ノ間候

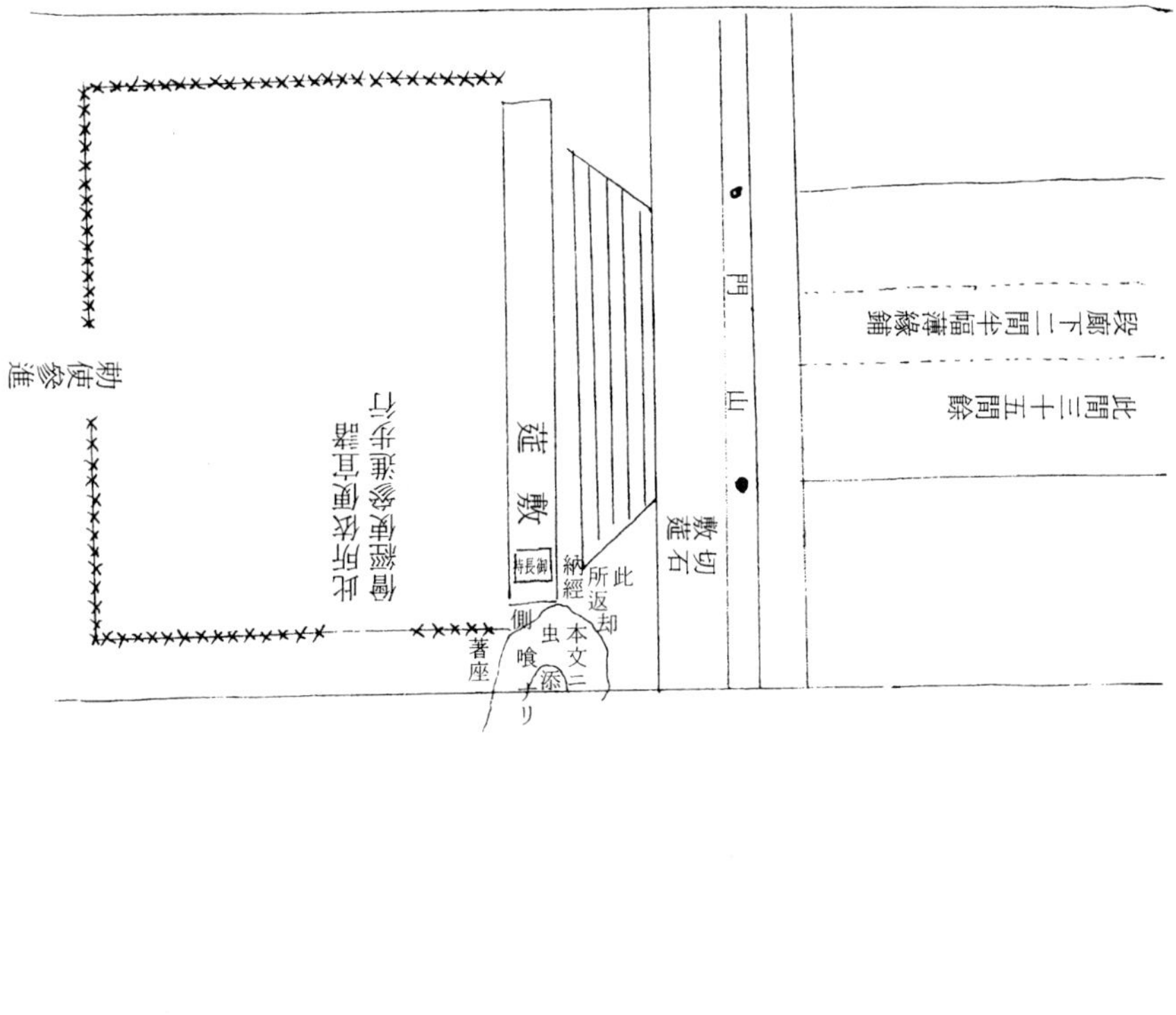
此間三十五間餘
段廊下二間半幅薄縁鋪
山門
切石敷筵
筵敷
御長持
此所返却納經
本文ニ添
虫喰アリ
側著座
此所依便宜謁
傳奏衆参進歩行
勅使参進

妙法院日次記第二十　天明六年十二月

編纂校訂　妙法院　京都市東山區妙法院前側町四四七番地

妙法院史研究會

代表　村山修一　大阪女子大學名譽教授　文學博士

今中寛司　同志社大學名譽教授　文學博士

杣田善雄　大手前大學助教授　文學博士

野本覺成　天台宗典編纂所編輯長

水尾寂芳　叡山學院助教授

藤平寛田　天台宗典編纂所編輯員

荒槇純隆　天台宗典編纂所編輯員

主幹　三崎義泉　龍谷大學客員教授　文學博士

平成十六年七月十五日　印刷
平成十六年七月二十日　発行

史料纂集 ⑬⑨
妙法院日次記　第二十

校訂　妙　法　院
（妙法院史研究会）

発行者　太田　史
製版所　続群書類従完成会製版部
印刷所　株式会社　平文社
東京都豊島区南大塚二丁目三五番七号
発行所　株式会社　続群書類従完成会
東京都豊島区北大塚一丁目一四番六号
電話〇三（三九一五）五六二一
振替〇〇一二〇‐三‐六二六〇七

史料纂集既刊書目一覧表

77	師郷記	3
78	妙法院日次記	3
79	田村藍水西湖公用日記	全
80	花園天皇宸記	3
81	師郷記	4
82	権記	2
83	妙法院日次記	4
84	師郷記	5
85	通誠公記	1
86	妙法院日次記	5
87	政覚大僧正記	1
88	妙法院日次記	6
89	通誠公記	2
90	妙法院日次記	7
91	通兄公記	1
92	妙法院日次記	8
93	通兄公記	2
94	妙法院日次記	9
95	泰重卿記	1
96	通兄公記	3
97	妙法院日次記	10
98	舜旧記	6
99	妙法院日次記	11
100	言国卿記	8
101	香取大禰宜家日記	1
102	政覚大僧正記	2
103	妙法院日次記	12
104	通兄公記	4
105	舜旧記	7
106	権記	3
107	慶長日件録	2
108	鹿苑院公文帳	全
109	妙法院日次記	13
110	国史館日録	1
111	通兄公記	5
112	妙法院日次記	14
113	泰重卿記	2
114	国史館日録	2
115	長興宿禰記	全
116	国史館日録	3
117	国史館日録	4
118	通兄公記	6
119	妙法院日次記	15
120	舜旧記	8
121	妙法院日次記	16
122	親長卿記	1
123	慈性日記	1
124	通兄公記	7
125	妙法院日次記	17
126	師郷記	6
127	北野社家日記	7
128	慈性日記	2
129	妙法院日次記	18
130	山科家礼記	6
131	通兄公記	8
132	親長卿記	2
133	經覺私要鈔	6
134	妙法院日次記	19
135	長楽寺永禄日記	全
136	通兄公記	9
137	香取大禰宜家日記	2
138	泰重卿記	3
139	妙法院日次記	20

史料纂集既刊書目一覧表

古記録編

配本回数	書名	巻数
①	山科家礼記	1
②	師守記	1
③	公衡公記	1
④	山科家礼記	2
⑤	師守記	2
⑥	隆光僧正日記	1
⑦	公衡公記	2
⑧	言国卿記	1
⑨	師守記	3
⑩	教言卿記	1
⑪	隆光僧正日記	2
⑫	舜旧記	1
⑬	隆光僧正日記	3
⑭	山科家礼記	3
⑮	師守記	4
⑯	葉黄記	1
⑰	経覚私要鈔	1
⑱	明月記	1
⑲	兼見卿記	1
⑳	教言卿記	2
㉑	師守記	5
㉒	山科家礼記	4
㉓	北野社家日記	1
㉔	北野社家日記	2
㉕	師守記	6
㉖	十輪院内府記	全
㉗	北野社家日記	3
㉘	経覚私要鈔	2
㉙	兼宣公記	1
㉚	元長卿記	全
㉛	北野社家日記	4
㉜	舜旧記	2
㉝	北野社家日記	5
㉞	園太暦	5
㉟	山科家礼記	5
㊱	北野社家日記	6
㊲	師守記	7
㊳	教言卿記	3
㊴	吏部王記	全
㊵	師守記	8
㊶	公衡公記	3
㊷	経覚私要鈔	3
㊸	言国卿記	2
㊹	師守記	9
㊺	三藐院記	全
㊻	言国卿記	3
㊼	兼見卿記	2
㊽	義演准后日記	1
㊾	師守記	10
㊿	本源自性院記	全
51	舜旧記	3
52	台記	1
53	言国卿記	4
54	経覚私要鈔	4
55	言国卿記	5
56	言国卿記	6
57	権記	1
58	公衡公記	4
59	舜旧記	4
60	慶長日件録	1
61	三箇院家抄	1
62	花園天皇宸記	1
63	師守記	11
64	舜旧記	5
65	義演准后日記	2
66	花園天皇宸記	2
67	三箇院家抄	2
68	妙法院日次記	1
69	言国卿記	7
70	師郷記	1
71	義演准后日記	3
72	経覚私要鈔	5
73	師郷記	2
74	妙法院日次記	2
75	園太暦	6
76	園太暦	7

史料纂集既刊書目一覧表

古文書編

配本回数	書名	巻数
①	熊野那智大社文書	1
②	言継卿記紙背文書	1
③	熊野那智大社文書	2
④	西福寺文書	全
⑤	熊野那智大社文書	3
⑥	青方文書	1
⑦	五条家文書	全
⑧	熊野那智大社文書	4
⑨	青方文書	2
⑩	熊野那智大社文書	5
⑪	気多神社文書	1
⑫	朽木文書	1
⑬	相馬文書	全
⑭	気多神社文書	2
⑮	朽木文書	2
⑯	大樹寺文書	全
⑰	飯野八幡宮文書	全
⑱	気多神社文書	3
⑲	光明寺文書	1
⑳	入江文書	全
㉑	光明寺文書	2
㉒	賀茂別雷神社文書	1
㉓	沢氏古文書	1
㉔	熊野那智大社文書索引	
㉕	歴代古案	1
㉖	歴代古案	2
㉗	長楽寺文書	全
㉘	北野神社文書	全
㉙	歴代古案	3
㉚	石清水八幡宮文書外	全
㉛	大仙院文書	全
㉜	近江大原観音寺文書	1
㉝	歴代古案	4
㉞	歴代古案	5
㉟	言継卿記紙背文書	2

妙法院日次記 第20　史料纂集 古記録編〔第139回配本〕
〔オンデマンド版〕

2014年2月25日 初版第一刷発行　定価（本体12,000円＋税）

校訂 妙法院史研究会
発行所 株式会社 八木書店 古書出版部
代表 八木乾二
〒101-0052 東京都千代田区神田小川町3-8
電話 03-3291-2969（編集） -6300（FAX）
発売元 株式会社 八木書店
〒101-0052 東京都千代田区神田小川町3-8
電話 03-3291-2961（営業） -6300（FAX）
http://www.books-yagi.co.jp/pub/
E-mail pub@books-yagi.co.jp
印刷・製本 （株）デジタルパブリッシングサービス
ISBN978-4-8406-3389-5　AI402